Une Histoire du Diable
XIIe-XXe Siècle

悪魔の歴史
12〜20世紀

西欧文明に見る闇の力学

ロベール・ミュッシャンブレ【著】
平野隆文【訳】

大修館書店

UNE HISTOIRE DU DIABLE

Robert MUCHEMBLED

15世紀の祭壇画

異種混合の怪物的で邪悪な悪魔が、聖アウグスティヌスに「悪魔の書」を見せている。コウモリの如き翼は闇を象徴し、臀部の顔は魔女の接吻を受けることを暗示している。

（ミュンヘン、Alte Pinakothek）

▲カトリーヌ・ド・クレーヴの時禱書（祈禱書）の挿絵（1440年）
地獄が悪魔の投げ込む罪人を呑み込んでいる。淫乱とされた猫が悪魔化されていたことも、動物の顔から窺える。
（ニューヨーク、The Pierpont Morgan Library）

◀カナヴェッズィオ『悪魔と首を吊った男』（1492年）
イエスを裏切ったことを悔やんで自殺したユダの腹部から、悪魔が彼の魂を引き出している。自殺者に救いはあり得ないというより一般的なモラルも含んでいる。
（ラ・ブリーグ、chapelle Notre-Dame-des-Fontaines）

◀ジャック・トゥルヌール監督『キャット・ピープル』(1942年)
猫族の女役を演じているのはシモーヌ・シモン。女の鉤爪と黒い衣装が、彼女の悪魔性を暗示している。

▶ポール・フュルスト『医師の衣装』(1656年)
ペスト患者を診る医師は全身を覆い、さらに香料をまぶせた。ペストの「毒気」が身体の「孔」から浸入するのを防ぐためである。なお、香料も「毒気予防」に効果があると信じられていた。(個人蔵)

▶**トッド・ブラウニング監督『魔神ドラキュラ』（1931年）の一場面**
ベラ・ルゴシ演じるドラキュラが女の血を吸おうとしている。相手に身を委ねたままの美女は、女性が「闇の君主」の誘惑に弱いとする伝統的な見解を思い起こさせる。また、相手に傷を与えるドラキュラは、魔女に印をつける悪魔とぴったり重なってくる点も重要。

◀**ルネ・クレール監督『奥様は魔女』（1942年）のポスター**
軽快で詩的なこの作品は、魔女のテーマを「非深刻化」させたものの一つ。魔女の復讐よりも愛が勝利を収めるという筋立てがそれを雄弁に物語っている。

（出典：R. Muchembled《Diable !》, Seuil／Arte Editions, 2002）

目次

訳者注：〔　　〕内および左頁脚注

悪魔の歴史 12～20世紀

——西欧文明に見る闇の力学

序章　悪魔との一千年

キリスト教紀元二千年期の末を迎えつつある今〔この書のフランス語版の初版は二〇〇〇年に刊行されている〕、悪魔は西洋を見捨てつつあるのだろうか。「二十世紀は、地獄の消滅した世紀として、否、少なくとも地獄が翳《かげ》りを見せ、あるいはそれが変貌を遂げた世紀として記憶され得る」、ロジェ・カイヨワは一九七四年の時点で既にこう述べている。(1) 熱心なカトリック教徒も含めた、当時の多くのヨーロッパ人の目には、サタンは劇場の小道具用の棚に片付けられてしまったかの如く映っただろう。そもそもカトリックの信者たちすらが、トリエント公会議（一五四五年―一五六三年）〔宗教改革の異端を排斥し、教会刷新を行った。原罪、義化、秘跡、聖人崇拝、煉獄などについて定律を発表した〕の目指した悲劇的で激越なキリスト教よりは、第二ヴァチカン公会議（一九六二年―一九六五年）〔カトリック信仰と道徳の諸原則を確認すると同時に、その現代化を目指した。聖体祭儀、秘跡の儀式書、教会行政組織などに多くの改革と進展を見た〕が提示した、より近代化したキリスト教、言い換えれば、世界に対し開かれたかなり楽観的なキリスト教を支持したのである。十六世紀の中葉に、今まで以上に内向的で、しかも深刻ぶらない信仰を奨励したエラスムス主義者たちが敗北を喫すると、以後の四世紀に亘って、その意図を決して掴《つか》めない恐るべき神というイメージが、大いに幅を利かせることになる。

なるほど、神はデーモンの統括者である。がしかし、この恐るべき神は、罪人を罰するために、強力なデーモンが猛威を振るうのを放任したのである。(2) こう見てくると、三千年期を迎えようとする今日にあっても、上述したカイヨワの発言には、若干の修正を加える必要があるかも知れない。もっともカイヨワ自身、予言的な調子を込めてこう付け加えている。曰く、「地獄を追い払っても、それは全速力で戻って来よう(3)」と。一九九九年、ローマ教会は、悪魔払いの新しい儀式を提示し、この任務に当たる聖職者の数を増加させ（フランスでは十五人から百二十人に増えている）、教皇自身の口から、悪魔の実在を改めて力強く宣言している。また、ローマ教会とは対極にある社会的・文化的な領域〔主にプロテスタント圏を指す〕を覗いて見ると、合衆国やドイツなど幾つかの国では、悪魔崇拝《サタニズム》を掲げる多種多様なセクトが、深く根を張っている。(4) 悪魔は華々しい返り咲きを果たしていると言えよう。

実のところ、悪魔はこの一千年来、舞台から本当に降りたことは一度もない。中世以来ヨーロッパという布地に深く織り込まれた悪魔は、ヨーロッパのありとあらゆる変貌に、常に付き添って来たのである。悪魔は我らが大陸のダイナミズムを構成する不可欠な一部なのだ。同時にそれは、ノルベルト・エリアスが理論化した西洋の文明化の過程のページを順に捲《めく》るごとに、その背後に透けて見えてくる黒い影でもある。因みにエリアスは「悪」の問題、ならびに、「悪」が、「善」や「進歩」への動きといかなる関係を結んでいるか、という問題にはあまり触れていない。(5) だが、デーモンは何も教会のみに由来するわけではないから、こうした観点も重要である。デーモンは、我々の文化の闇の部分を体現している。それは、文化が生み出し、十字軍の頃から宇宙征服に乗り出すまでの間に、全世界に送り出してきた偉大なる思想の、ちょうど対極に位置している。裏面のないメダルがないように、代価のない進歩も存在しないのだ。我らが旧大陸に絶えず一体性を付与しようと腐心してきた、宗教的、政治的、および社会的な諸々の力を前にして、『新約聖書』で「分裂をもたらす者」を意味していた悪魔〔le diable〕は、まさに断絶の精神を体現していたのである。こう考えると、悪魔は、ヨーロッパ世界の変化と不可分の関係にあると言える。つまり悪魔は、変化を重ね世界を席巻しようとする動きと、あるいは、ヨーロッパ独自の人間観と、さらには、生活を管理し希望を編み上げ多様な世界を創出する上での、西洋特有の集団的手法などと、決して無縁ではないのである。従って、西欧のデーモンを、単なる一つの神話に還元することは不可能である。それが宗教的なものであれ、あるいは十九世紀フランスのロマン派に見られた如く、より世俗的なものであれ、とにかく一つの神話には還元できない。しかし一つの神話でないからといって、悪魔が実在する具体的存在だ、という結論に落ち着くはずもない。デーモンの実在性を主張するのが仕事である神学者は気にくわないだろうが、歴史家にとっての目的は、多様な社会を一つに纏《まと》め上げ動かしている諸要因を探ることである以上、悪魔への信仰がいかなる結果をもたらすかを正確に評価すればよく、そのために悪魔の実在を前提とする必要は全くない。悪魔を信じる姿勢こそが、歴史家の目には厚みある現実と映る。なぜなら、この信じる姿勢が、個人と集団の双方の行動を動機付けているからである。仮に歴史家自身が、悪魔の存在を個人的には信じていなくとも、彼は、悪魔の力を信じた者たちがなぜ十七世紀に魔女を火炙りにしたのか、あるいは、現代にあっても、一体いかなる理由からルシファー崇拝の儀式を行うのか、といった問題を、何とか説明できるよう努めねばならないのである。

想像界《イマジネール》は、目に見える人間の行動と同様に、学術的な研究の対象となる。ここで想像界《イマジネール》と言う場合、それは、信仰などのように、神の意図に発するある種包括的な覆いを指すわけでも、あるいは、ユング的な意味での集合的無意識を指すわけでもない。そうではなく、社会を灌漑している多様な文化的運河が生み出す、一つの集団的現象を指している。これは、物事の表層の奥に隠れている一種の仕掛けであり、強い作用を及ぼす。と言うのも、この仕掛けこそが、物事の説明原理を提示し、同時に個人的行為と集団的行動の双方を動機付けるからである。誰もがこの知識と、それを統御している諸法則を自己内部に保持している。だからこそ、誰もが自分の身に起こる事柄の内容を理解できる。換言すれば、他者と、少なくとも他者の一部と、常識〔sens commun：「常識」の意味だが、文字通り訳せば「共通感覚」

となる」を分かち合うことができるのである。しかも、「共通感覚＝常識」という名が示す通り、ここからまさしく一体感が醸成されることになる。実は、噂話〔本書の第7章で論じられている「都市伝説」を指す。具体的には、猫を電子レンジに入れて乾かしたら爆発してしまった、といった類の話を指す〕ですらがこの空間に属している。噂話を軽視できない理由を考えればこれは即座に理解できる。すなわち、噂話は、表面には殆ど現れない文化的な参加のメカニズムに基づいて伝播するからである。集団的想像界《イマジネール》は強い生命力と影響力を有している。だがそれは、完全に均質なものとは言い難い。なぜならそれは、社会的諸集団や年齢層あるいは性別や時間や場所に応じて、如何様にも変化しうるからである。フランス人の想像界《イマジネール》とアメリカ人のそれとが異なるように、想像界《イマジネール》は、確かに国家的枠組み内の文化に、先ずは基礎を置いている。だがそれは、特殊な事情に応じて変動しうる。例えば、郊外の若者のものの見方と、他の同世代の者たちのそれとは異なるし、また、フランス人の若者文化の諸形態は、大人のそれとも（もっとも、大人の世界も多様ではあるが）異なっている。ある特定の時で切り取って見るならば、文明には多種多様な要素が流れ込んでいるのが理解できる。我々は、各世代に固有の体験がいかに重要であるかを忘れがちである。この共通体験は、その世代の構成員たちを束ねる結合剤として機能すると同時に、他の世代とは異なっているという感覚をも醸成する。だからこそ、世代間の常識にズレが生じるのだし、国全体の総譜にも様々な変奏が施されることになる。この集団的想像界《イマジネール》という柔軟なシステムは、目に見えない運河が錯綜としている様子に譬《たと》えられよう。この運河は様々なフィルターや中継点を通って全体を灌漑するのだが、必ずしもその供給先に、同質同量の概念や感情を配給するわけではない。無論、この運河はカウンター・カルチャーにも達している。もっとも、カウンター・カルチャーは届けられたメッセージを拒んだり逸らしたりはするが。

これほど複雑なシステムを理解するには、多種多様な証言を集めることが不可欠となる。この領域で歴史家が利用すべき資料は、普段お世話になっている古典的な手稿原典《マニュスクリ》よりも、遙かに広範なものでなければならない。文化を研究する場合は、代表的な美術作品や「大いなる伝統」を背負っている文学の如き、「正当な」産物ないしは上層部に位置するものだけに努力を傾注するわけにはいかない。そうではなく、「取るに足りないもの」も、他と同じように存在していると見なさねばならない。第七芸術たる映画から、子供用の挿絵入り新聞や駅売りの大衆小説、テレビの連続ドラマやコマーシャル、あるいはピアスを付けるため身体に穴を空けたり（悪魔は身体の孔から侵入しやすいと信じられていたため、その近くに護符の類を付ける風習が生まれた。ピアスを付ける習慣も、ここに由来していると筆者は第7章で論じている）、衣服によって帰属意識を外在化したりする都会の慣習に至るまで、あらゆる伝達媒介を等しく重要と見なす必要がある。凡庸な探偵映画も、ムルナウやドライエル（一八八九―一九六八年：デンマークの演劇評論家・映画監督）ないしはイングマール・ベルイマン（一九一八年―　：スウェーデンの映画・舞台監督）の傑作と同じくらい、風俗の変遷について情報を与えてくれるのである。文明を基底で支えている諸伝統の坩堝《るつぼ》にあっては、あらゆるものが意味を有する以上、これは当然であろう。地下室から屋根裏部屋に至るまで、一つの建物がいかにして立派に持ち堪えているかを説明する上で、無視できるもの、取るに足りないものなどは一切存在しない。従って本書の中で、ヴィクトル・ユゴーや司教のジャン＝ピエール・カミュと並んで、今は忘れ去られた雑文家や夥しい数の「悲劇的物語」の書き手が、あるいは、アルフレッド・ヒッチコックと並んで多数の幻想的映画作品が登場しても、驚かないで頂きたい。それ以外にも本書は、挿絵入りの教理問答書や漫画家、コマーシャル、さらには都会というジャングルを駆け巡る噂話まで引き込んでいるのである。文化とは、一枚の豪華な織物であって、あらゆる角度からそれを眺めねばならない。と言うのも、古典やクラシック音楽を愛で、芸術の良き理解者でもある人が、幼少期には子供用の絵本を読み、その後へビー・メタルのロックを聴き、映画やテレビを見ながら数々の決まり文句を蓄積し、自分とは随分異なった人々と付き合い、おいしいことを前面に打ち出した食べ物を口にし、自らの守護神が困難から自分を守ってくれると夢想したりすることは、十分にあり得るからである。全体を見渡すのを拒むことは、社会の機能に対し盲目になることに等しい。あるいは、不可視ではあるが、歴史の流れから汲み取られた根源的な共通了解を無視することに等しい。文化という存在は、意味が様々に結び合う場所であり、過去の何世紀にも亘る経験を蓄積して、それらを再配分している。だからこそ歴史は限りなく重要なのであり、各時代の違いを越えて継続性が存在するという感覚を、我々に与えてくれるのである。

サタンの形象を、誰もが直面せねばならない「悪」の、哲学的ないしは象徴的表現と定義し、その定義に押し込めてしまうならば、この場合もやはり十全な解釈へと至る鍵を得ることはできない。勿論、あらゆる時代、あらゆる場所にも通用するような、人間の本性の深部を抽出したいと願っている思想家ならば、それで十分かもしれない。だが、こうした存在論的な方法は、人文科学が用いるものではない。因みに人文科学そのものが、ある意味で悪魔の生んだ娘と言えなくもない。と言うのも、人文科学は、ある根本的な断絶から生まれたと考えられるからである。つまり、十八世紀および十九世紀の西洋が、それまでの角を生やし蹄《ひづめ》の割れた悪魔を放棄し、個人の紆余曲折する意識および無意識を探り出すようになって初めて、人文科学が産声を上げたと考え得るのである。その際、個人が、自らが組み込まれている集団全体といかなる関係を結んでいるのか、という問題意識も芽生えている。こうした研究に従事する者たちは、自分たちの同時代人たちと同様、常に自分を取り巻いている種々の偏見や迷信を、完全に払拭することはできないだろう。それでも研究者たる者は、研究対象となる現象が、社会＝文化的に見た場合常に相対的な存在であり続ける、という考え方を主張するのである。ただし、その際の基本姿勢は、例えば十五世紀の枢機卿ニコラウス・クサーヌス〔一四〇一―六四年：ドイツの神学者。神に於ける対立物の一致と知ある無知とを二大原理としたプラトン主義者〕のように、労苦の生涯を送った末、自分は何も知らないことを知ったとする姿勢とは異なっている。この「知ある無知」〔«docte ignorance»〕は、神の不可知なる意図を前にして、信仰にのみ信を置くという態度へと繋がっていくからである。我々の姿勢はまた、自分たちこそが知を占有しているとする、排他的で権威主義的なシステムとも全く異なっている。つまり、義務に基礎を置いた過去の宗教だとか、自己の普遍性を主張する世俗主義だとか、実証主義だとか、あるいは進歩を標榜する者たちの「堅実な」科学万能論だとか、さらには何らかのエコロジーに基づく千年王国論だとか言ったものとは、我々は無縁なのである。こうした思想の独占を主張する全ての立場は、敵を悪魔視して排除する方向へと向かう。そこで、デカルトに倣って先ずは疑うこと、マルク・ブロックが主張したように「人間の肉体」を追い求めること、そして、社会という複雑な仕組みを一つに纏《まと》め上げている、秘やかな絆を見付けようと努めること——本書では、こうしたより単純かつ野心的な方法を採用している。我々は突飛な判断を下したり、客観性を欠く議論に於いて何らかの立場を表明したりする積もりはない。なぜなら、その場合、純粋にあることを信じ込む以外に、答えは見付からないからである。少なくともこの書では、こうした信仰の領域に引きずり込まれないよう注意し、完全に客観的であることは何人にも無理だと承知しつつも、極力客観性を目指したいと考えている。さらに我々は、先行研究に照らし合わせつつ、主観が入ることを覚悟の上で、情報を選択していくであろう。ただし、真実よりは教義《ドクマ》を重視する、あらゆる戦闘的なセクト主義者に譲歩して記述する積もりは毛頭ない。

本書は、悪魔に関する「ある一つの」歴史を扱っている。つまりこれは、無数の著者たちを誘《いざな》った主題にアプローチする、僅か一つの試みに過ぎない。(6) しかも場所は西洋、時代は中世から現代までに絞っている。西洋以外の諸文明も、それぞれ固有のデーモンを育んでいるだろう。だが、それらを全て俎上に載せることも、また、生成する現場に置き直さない限り意味をなさない現象を、全て一緒くたに扱うことも、共に不真面目な試みだと思われる。ところで、歴史家が陥りやすい最大の危険の一つは、強い喚起力を備えた著作家一人に依拠しながら、頭の中でその内容をコラージュしてしまうことである。その上、人類史の順序に沿って、少なくとも極めて表面的な次元で、異なった文明間に照応関係を築くことは容易にできてしまう。悪魔というテーマは、取り分けこうした罠にはまりやすい。ただし、ここでは単なる間違いや、意図的ないしは奔放な想像力が生み出した偽造は考慮に入れていない。こうした偽造の一例として、反教権主義のジャーナリストであるレオ・タクスィルが一八九七年に種明かしをした、とんでもない悪ふざけが挙げられる。この悪ふざけはカトリック陣営に動揺をもたらし、テレーズ・ド・リジュー〔一八七三―九七年：聖テレジア、カルメル会修道女〕などはディアナ・ヴォーガンなる女性に書簡まで送ってしまう。ヴォーガンは、「パラディオン」〔Palladium：元来は古代都市トロイアの守護神（女神）パラスの像のこと。この像が存在する限りトロイアの安全は保証されたという。なお、オカルトの領域では、サタンの図像を意味する〕というセクトを改悛して脱会した元女司祭とされている。このルシファー崇拝を旨とするセクトは、ユダヤ人やフリーメーソンのメンバーを主に受け入れていたとされるが、ヴォーガンは、バタイユ博士が一八九三年に上梓した『十九世紀に於ける悪魔』の中で、このセクトが世界征服を企んでいると告発したのである。ところが、「パラディオン」もディアナ・ヴォーガンも、全くの作り話に過ぎなかったのだ！　次に、イギリスの優れたエジプト学者マーガレット・アリス・マレーが立てた説にも触れておかねばなるまい。彼女は一九二一年に全く専門外の領域に敢えて乗り出し、ヨーロッパに於ける魔女崇拝について論じたのである。マレーは、魔女の集会が、角を生やした異教の神に対する原始崇拝の残滓であり、サバトの原型を成していたと主張した。一九五七年に仏訳が出ているこの著作は、その後半世紀以上に亘って世界中の専門家たちに絶大な影響力を行使し続け、イタリア人の学者カルロ・ギンズブルグの最近の仕事によって継承されている。また、マレーの著作は、ルシファー崇拝を掲げるイギリスおよび諸外国のセクトや、映画あるいはディディエ・コメスの『ラ・ベレット』のような漫画などにも、大きな影響を与え続けている。(7)

もう少し別の角度から見てみよう。悪魔を主題に据えた著作は、超自然の問題を避けて通ることはできない。だがその場合、超自然を堅く信じて疑わない者たちの確信や、逆にそれを完全に疑ってかかる者たちの信念と、抵触してしまう危険がある。だが、ここで急いで付け加えるべきは、問題を信者や無神論者の用語で設定してはならないという点であろう。さらに、私自身が何らかの立場を、少なくとも意識的ないしは理性的に選び取ることはあり得ない。

私が何よりも興味を抱いているのは、様々な現象を大きな文脈の中に置き直すこと、そして、その文化的・社会的な変遷の跡を辿り直すことであって、何かに与したりそれを拒絶したりすることではない。例えば、アルスの主任司祭は、一八二三年から一八五九年に他界するまで、ル・グラパン〔Le Grappin：「グラパン」は「多爪錨」の意〕と名付けたデーモンに苦しめられている。彼はさらに七百万匹の悪魔が存在するとか、人間には誰でも守護天使がいるはずだとか主張してもいる。こうした彼の苦悩や見解こそが、この時代に於けるカトリック教の生身のあり方を教えてくれる貴重な証言となるのである。また、現代人の多くが悪魔の存在を揺るぎない真実と見なしている点も、私の関心を掻き立てる。例えば、プロテスタント系のラジオ局「ラジオ・ノートルダム」が一九九三年三月十三日に放送した「悪魔の実態の全て」という番組で、あるカトリックの女性の聴取者が司会者たちと会話を交わしているが、これは私には興味深く思われる。また、守護天使のテーマも、合衆国に限らず、多くの現代人にとって重要なものであり続けている。この点はフランスで出されている様々な書物や、発行部数の多い雑誌類が証明するところである。それだけではない、映画に目を転じると、より遊戯的な調子で、フィリップ・ノワレが天国に迎えられる予定の死者の役を演じている（ジェラール・ウーリー監督の『運転手つき幽霊』、一九九六年〔殺され幽霊となった二人の男が、あの世に行くまでに自分たちを陥れた犯人探しに奮闘するコメディー〕）し、さらに、ジェラール・ドパルデューとクリスチャン・クラヴィエも、自分たちと性格が同じデーモンおよびそれと闘っている守護天使が登場する作品で好演している（ジャン＝マリー・ポワレ監督の『俺たちは天使だ』（一九九五年）〔原題は *Les Anges gardiens*：「守護天使」である〕）[8]。読者や視聴者がこうしたものに好奇心を抱き、面白がる理由は、彼らの想像界《イマジネール》の中に蓄積している、様々に異なる時代に由来するイメージ群や概念と、これらの作品が暗々裡に繋がってしまうからである。十九世紀末に刊行された挿絵入り教理問答書の時点で既に、恐るべき地獄という古典的な見方が緩和されているが、この見方は、一九六〇年代の漫画になるとますます親しみやすいものに変わっていく。例えば、一九六〇年にエルジェ〔『タンタンとミルー』という冒険漫画で有名なベルギーの漫画家）が刊行した『タンタンとチベット』の中では、主人公タンタンの飼い犬ミルーには、ミルーにそっくりな天使とデーモンとが付き従っている。一方、ジャン・シャキールが一九六二年から一九六九年まで、挿絵入り新聞「ピロット」に描き続けた『トラカッサン』の冒険に於いては、セラファンという天使とアンジリュールというデーモンとが主人公に付き従っている。このテーマは結局のところ、スクリーン上で死を「非深刻化」してしまう、愛らしいコメディーへと行き着いたわけである。(9) こうした展開は、悪魔が完全に否定されるには至らないにせよ、我々の文化に対するその影響力が弱体化しつつあることを、間違いなく物語っていよう。

本書は西洋に於ける想像界《イマジネール》を多面的に見渡し探求することを目指している。従って、一般的に認められている形態の悪魔のみが、関心の中核を占めるわけではない。と言うのも、我々の文化の中で「悪」が巧みに変貌を重ねてきたその過程は、社会の中にいる人間の不幸のあり方の変遷と密接に重なり合うからである。身体の歴史、精神の歴史、ならびに社会的紐帯の歴史は、互いに密接に絡み合いながら、キリスト教紀元の二千年期を通して、悪魔に纏《まつ》わる大きな枠組みを形成してきた。この一千年間を、年代順に四つの区分に分けることができるだろう。第一章は、十二世紀から十五世紀に亘る期間に、サタンが西洋の舞台に登場してくる様子を描いている。ちょうどこの時期に、教会人や世俗の支配層の世界に、悪魔を巡る神学的概念が具現化してくるからである。この当時の悪魔は、一般の民衆の視線の殆ど届かないところに出現しており、不安を掻き立てる姿をしているものの、実態は人間に極めて類似していた。従って、人間と同じように、担がれたり負かされたりもしていたのである。いずれにしろ、こうして、未来を約束された豊かな二重の神話が誕生し、緩やかに広がっていったのである。一つは、業火と硫黄が燃え盛る恐るべき地獄に、無数のデーモンの軍勢を従えた、身の毛もよだつ恐ろしい君主ルシファーが君臨しているという神話。もう一方は、罪人の腹部に身を潜めている汚らわしい獣、という神話である。因みに後者の方は、多くの現代人に対しいまだに影響力を保持し続けている。さて、その後に続く三つの章は、十六世紀および十七世紀に多くを割いている。これには個人的な好みも入っているが、それ以上に、この当時の人々がデーモンという強迫観念に強く囚われており、ついには幾千もの魔女を火炙りの刑に処してしまった、という事情が絡んでいる。魔女狩りは、どうにも解しがたい謎である。なぜなら、全歴史を繙《ひもと》いて見ても、これほど組織的に、いわゆるデーモンのセクトを絶滅せしめることを欲した者は、ヨーロッパ人ならびにアメリカのセーラムの同類たちしか見当たらないからである。第二章は、この暗い魔女のサバトについて検討している。それに続く二つの章は、悪魔的身体の把握について、さらには、強力な悲劇的文化を生み出した、サタンに纏わる文学の伝播について、その理解を助ける鍵を提供している。こうした検討が必要なのは、大いなる発見の時代、知的かつ芸術的な進歩の時代、そして信仰と宗教戦争の時代を生きた当時の人々が、我々と同じように身体や魂を把握していたわけではないからである。もっとも彼らは、悪魔に纏わる大いなる遺産を我々に伝えている。この財産は、いまだに極めて悲劇的な色彩を残しながら、世界の征服という叙事詩を奏で続けている〔悪魔との間に個人的な緊張関係が築かれ、それが集団的なエネルギーとなって、外界の征服へと繋がる、と著者は本書で論じている〕。すなわち、この文化を継承した偉大なる相続人は、今日でも内的な緊張を外へと発散しているのだ。この相続人とは、言うまでもなくアメリカ合衆国である。一方、アメリカとは異なり、啓蒙思想を経由したヨーロッパでは、悪魔の衰退や、角を生やしたルシファーの後退が観察される。第五章がこの問題を扱っている。ところで、幻想譚の創造と共に、「悪」の内在化のプロセスが始まったと言える。なぜなら、幻想譚とは、信じ込む姿勢、疑う姿勢の何れにも傾き過ぎることなく、敬意をもって超自然を扱おうとする、文学的かつ文化的な方法だからである。こうした内在化の傾向は、十九世紀ならびに二十世紀の大部分を通して、加速の度を強めていく。第六章は、この内在的なデーモンの巧みな変身の軌跡を追っている。換言するならば、この章は、サタンへの恐怖から解放された代わりに、自分自身、およびその悪魔的ないしは病的な衝動をますます警戒するようになる、西欧的自我の誕生を追跡しているのである。だが、こうした唐突な事実確認だけで事足れりとすべきではない。従って第七章では、悪魔を巡る最近の想像界《イマジネール》の実態を広く観察し、二十世紀の悪魔を全く別の角度から分析することになる。こうした地獄の実態を摑《つか》む上では、あらゆる材料を検討することが最小限必要となろう。従って、古典的な資料から得られる情報に、映画、漫画、広告および都会の噂話などから抽出できる情報が、新たに加わることになる。これにより、無数の秘められた場所に身を隠している悪魔を、何とか見付け出すことが可能となろう。さて、最後に極めて重要な点を確認せねばならない。すなわち、西洋文化は、二つの相異なる大きな流れに分けられる、という点である。その一方は、フランスならびに若干趣は異なるがベルギーによって代表されるもので、好奇心の生み出す幻想譚や、ユーモア、あるいは日常生活上の楽しみにデーモンを引き込む過程〔例えば、コマーシャルに悪魔を使ったりすることを指している〕を通して、不安を解消しようとするのである。この点については、フランス文学の専門家たちが使う意味に於いての、「夢幻的な文化」を持ち出してきてもよい。つまり、「幻想譚の著者が幻想に語らしめる方法が、悪魔を光りある場所へと導き、それを魅惑や幻惑あるいは美学的悦楽の対象へと変貌せしめる」(10)のである。こうして幻想の根源と戯れつつ、作家や映画人、広告関係者、その他このテーマと関わる諸々の人々は、文化的な仲介者として機能するに至る。なぜなら、彼らのお陰で、過去の記憶を、現代の必要に順応させつつも、生き生きとした状態で保存できるからである。さて、もう一方の流れは主にアメリカ合衆国で、あるいは、強迫観念の水位は若干低くなるが、ヨーロッパ北部に於いても見られるものである。そこでは、この五百年来受け継がれてきた、邪悪で危険な自己内部の獣に対する激しい不安が、いまだに疼いている。こうした獣は、打ち負かすか制御するかせねばならない。勿論、この恐怖心は、現代の実情に合わせて表現される場合が多いが、いずれにしろ、極力払い除ける必要がある。そこで、映画やテレビ、そして最近ではインターネットの映像の中にまで、それを時に激しい調子で投影しようとするのである。

第一章　サタンの登場（十二―十五世紀）

いかなる人間社会も、「悪」の問題を自らに課し、その問題を解決しようと試みてきた。例えば、哲学者の観点に立つならば、この問題に対する解決策は、人間の本性をいかに把握するか、という一点にかかっていることになる。その答えは、思索を巡らす当人の楽観的ないし悲観的なスタンスに左右されよう。つまり、人間は同胞に対して、オオカミにもなりうるし、子羊にもなりうるという命題から出発する。しかし、歴史家の場合、このような思考法に身を委ねようとする可能性は低い。なぜなら、歴史家の思考法は、この種の、「個人」を基底に据えた倫理的な考察に組み込まれることを、根元的に回避しようとするからである。歴史家にとって、一つの文明とは、個人の単なる集合体ではない。そうではなく、文明とは、一つないしは複数の集団的な目的を指向する、個人間の関係性のシステムである。文明は、それを達成する上で妨害となるような、あらゆる自然の脅威ないし人為的な危険を避けるべく、可能な限りの手段を尽くす存在である。栄光と歴史とに包まれた偉大なる文明のいずれもが、こうした社会関係なるものを、厳密かつ大々的に維持してきたのだ。換言すれば、偉大なる文明は、その構成員の周囲に、複雑に交錯する強力かつ理性的なシンボル体系の網を張り巡らしてきたのである。それのみにとどまらない。大いなる文明は同時に、具体的な実践的行為を編み出し、それによって集団的な秩序を保とうともしたのだ。文明はこのようにして、揺り籠から墓場に至るまで、個人を全体に結びつけてやまない。

従って、ある文明がいかにして一体性を保ち、進化し、存続し続けるかを理解する上では、どれほど小さな手懸かりであっても有益な情報となる。ところで、人間存在の多様な諸側面を分析する際に、それらを切り離して別々に分析することほど、歴史学的思考法とほど遠いものはない。歴史学は、芸術や文学、あるいは生活に纏《まつ》わる諸用品、ないしは悪魔など多様なものを対象にする。その際歴史学は、基本となる文化概念を、隠れた連結符《ハイフン》のようなものと見なすのである。そして、この連結符こそが、歴史学が対象とする人間世界に、ある包括的な意味を付与するのだ。一見あちこちに張り巡らされているようでも、このアリアドネの糸〔アリアドネは、ギリシア神話に登場するクレタ王ミノスの娘。テセウスに恋し、道しるべの糸玉を渡して、迷宮のミノタウロス退治を助けた。そこから、「アリアドネの糸」は「困難解決の手懸かり」という意味で使われることもある〕を辿って行けば、必ずや文明の核心へと到達する。言い換えれば、宗教を政治的領域から、あるいは、経済を人間の心理的表象から切り離すならば、途方もない意味の欠落が生じてしまうことになる。一つの社会は、ある一つの全体として評価せねばならない。その弱点をぼかしたり、その暗い側面に触れるのを拒んだりしてはならないのである。

さて、サタンが西洋文化圏に華々しく登場するのは、比較的遅い時期である。確かに、悪魔に纏《まつ》わる雑多なイメージ群は、太古から存在していた。しかし、こうしたイメージ群が、様々な図像や実践の内部で、決定的に重要な位置を占めるに至ったのは、十二世紀から十三世紀頃のことにすぎない。ましてや、悪魔に纏わる、強迫神経症的な恐るべき想像界《イマジネール》が確立するのは、さらに遅い中世末期である。ところで、こうした現象を、神学的かつ宗教的な領域のみの出来事とみなしてはならない。なぜなら、この現象は、ある一つの文化が、苦悩を伴いつつも力強い出現を果たした事実と直結しているからである。ローマ帝国の時代以来、国家や地域が不安定化し溶解する危険は常にあったが、それに何とか持ち堪えてきた。しかし、激変を経験しつつあったヨーロッパという実験室にあって、この溶解現象は突然加速することになる。ヨーロッパは当時、政治的かつ社会的に見てバラバラであり、言語や文化の面でも、まさしくバベルの塔そのもの、という状態にあった。そこでヨーロッパは、このように分断された地域全体に徐々に浸透できるような、同質性を帯びたある種の「象徴的言語」を拵《こしら》え、それを通して自らの独自性を確立しようとしていたのである。きわめて独創的なモデルを元にして、悪魔と地獄とを発明したという事実を、大して重要ではない宗教上の現象と見なすわけにはいかない。この発明は、教皇庁と強大な諸王国とが共有していた、統合を指向するある概念の出現と繋がっている。もちろん、以上の諸権力が、こうした動きから得られる利益を独り占めしようと、互いに激しく争った点は否めない。それはともかく、絢爛たるサタンのイメージを練り上げた思考システムの誕生は、西洋の活力が飛躍的に増大したことと密接に繋がっている。「中世の秋」は、この点では近代の幕開けを告げる春だったといってもよい。なぜなら、この時期には、教会や国家が打ち出してきた新たな諸概念が、実験的に試され、その結果、人々を社会的に抑制するための全く新しい形態が幾つも生まれてきたからである。悪魔の派手な登場や不気味な死のイメージの誕生の背後で、西洋を世界の舞台の前面に押し出そうとする一つのプロセスが、混乱を伴いつつも出現しつつあったのだ。結局のところ悪魔とは、ヨーロッパを飛躍的に前進せしめた原動力だった。なぜなら、悪魔は、古代ローマから継承された諸帝国の野心と、一二一五年のラテラノ公会議〔第四ラテラノ公会議。信者に対し、一年に一度の告白と復活祭の聖体拝領が義務づけられた〕によって足腰を強くしたキリスト教とを、見事に合体させようとする、あの驚異的な力学のいわば裏の顔だからである。しかもこうした動きは、社会の上層部から、つまりは宗教的・社会的なエリート層から発したものであり、彼らは多種多様な糸を、何とか束ねようと努めたのだった。もちろん、この運動を引っ張ったのはデーモン〔本書では「悪魔」を指す名称として、「デーモン」、「サタン」、「ルシファー」など別のタームも用いられている。これは多くの場合同一用語の連続使用を嫌うフランス語の特質に由来している〕そのものではなく、デーモンのイメージを創り上げた人間たちである。彼らはこうして、過去とは異なった別の西洋を発明した。換言すれば、その後の数世紀に強固なものとして定着することになる、いくつかの文化的な連結符《ハイフン》を練り上げていったのだ。

サタンと、原初の闘いという神話

悪魔は、キリスト教の最初の千年紀には目立たない存在であった。もちろん、神学者や道徳家たちは悪魔に興味を示しはしたが、芸術作品はほとんど見向きもしていない。(1) これだけでも、社会の中枢部に、悪魔に対する大いなる強迫観念が宿っていなかったことの、立派な証左となりうるだろう。もっとも、「悪」の象徴は当然存在していた。ただし、こうした象徴は、人々の深部に根を張っていた多神教に対応するだけの、様々な広がりを有していた。これらの象徴の多くが、いずれは中世末の悪魔学の巨大な流れの内に流れ込んでいくことになる。その際、地獄の王者ルシファーの肖像に、多様な色合いや時には相矛盾する色彩を施した点にも留意せねばならない。ところで、神学者たちは、新旧双方の聖書が教えるところと、同じ主題に関しオリエントの文化遺産が教えるところとに引き裂かれ、サタンに関する首尾一貫した見解を打ち出す上で、非常な困難を覚えている。初期教会の教父たちは、異教徒やグノーシス派あるいはマニ教徒たちに対抗できる神学システムを構築する上で、悪魔に纏《まつ》わる、それも出所の異なる多種多様な伝統に、首尾一貫した意味をどうしても付与する必要があった。そこで彼らは仕方なく、蛇の逸話を、反乱者や暴君、あるいは淫乱な誘惑者や強大なドラゴンなどの逸話と合体させざるを得なかったのである。最近ある著作家が次のような説を唱えている。すなわち、この領域でキリスト教が成功を収めた原因は、中近東でも最も良く知られた説話モデルの一つを借りてきたことに求めうる、というのである。そのモデルとは、宇宙的な広がりをもつ神話であって、原初に神々の間で闘いが交わされ、その闘いが人間の置かれるべき状況を根元的に左右した、というものである。右の著作家によれば、この説話を次のように要約し直すことも可能だという。すなわち、強大なるヤーヴェに反旗を翻したある神が、地上を自らの支配圏の延長線上に組み込み、罪と死という権力をかざしてそこに君臨した。ところが、聖パウロが「現世の神」と名付けたこの反乱者は、キリスト教史の中でも最も不可思議なあの出来事の際に、つまり、敗北と勝利とを同時に組み合わせたあの「磔刑」が行われた際に、創造主の息子たるキリストによって打ち負かされた、というのである。もっとも、現世の時間にピリオドが打たれるまでこの闘いは終わらないわけだが、そこにおけるキリストの役割とは、人類の宿敵サタンから、人類を潜在的に解放することに存する。先の著作家の見解によれば、以上の神話を成り立たせている諸要素は、実は新約聖書の内に忍び込んでいるのだが、それらが曖昧かつ断片的であったために、神学者たち、否、十六世紀のユマニストたちまでが、キリスト教の思考システムの内部で悪魔が果たしている役割に関し、無知のままであったり、それを過小評価したりしたのだという。[2]

聖アウグスティヌスは、こうした宇宙的スケールの闘いという見方を巧みに変奏し、神は、そこから善を引き出すためにも、悪の存在を許容したのだ、と主張している。こうなると、罪そのものが、世界を一方で支える一つの構造となってしまうが、それは恩寵に与る者からすれば、大して悪質な構造には映らないだろう。現にヒッポの司教〔アウグスティヌスのこと。ヒッポは北アフリカの古代ヌミディア王国の首都。アウグスティヌスはここで司祭を務めた〕は、サタンの〔現世への〕墜落というスケールの大きな神話に再解釈を施し、この失墜は、最終的に贖罪を可能にするために「神が企てた陰謀」であるとさえ述べている。こうしたシステムの中にあっては、悪魔は、人間の悪弊を正すための手段にすぎなくなる。換言すれば、神の敵であった存在が、回心を促す手段へと変じたことになる。[3]

神学によってルシファーの肖像が明確な輪郭をとるまでに、それほど長い時間は必要なかった。ただし、こうして生まれたルシファーが、大規模な社会的もしくは文化的な影響を与えることもなかった。中世全体を通して、アウグスティヌスが組み立てた理論が、一種の意味の貯蔵庫として機能し続けたからである。彼の理論は、キリスト教関係者の中のエリート層を生み出したが、きわめて多様かつ強力な民間信仰や実践に阻まれ、社会全体に深く浸透するには至っていない。アウグスティヌスの理論に修正や変更が施されることはあったが、十三世紀に至るまで、悪魔という主題に決定的な変化がもたらされはしなかったのである。なるほど、六世紀末の教皇であった聖グレゴリウス一世〔在位：五九〇―六〇四年。教会博士。教会改革と教皇権の強化に努め、「グレゴリオ聖歌」集を定めた〕は、神の王国における階《ヒエ》層制《ラルキー》という考え方を受け入れている。天の国は九つの位階に分かれており、その頂点をセラフィム〔熾天使ともいう。九階級中最上級の天使で、三対の翼をもって描かれる〕が占めている、とする見解がそれだ。この考え方はすぐさま西洋中に伝播し、中には、ルシファーこそ最上級の天使である、つまりはセラフィムである、と主張する者まで現れる。[4] だが、こうした悪魔学《デモノロジー》は、まだ純粋に学問的な関心の的でしかなかったのである。それは、修道僧や隠修士たちの瞑想のための素材、ないしは教義上の議論の対象にすぎなかったのだ。ところで、七八七年の第二ニケア公会議〔聖画像破壊主義者の異端を処罰した〕は、天使およびデーモンに対して、空気と火を本質とする、きわめて軽やかな肉体を認めている。ところが一二一五年の第四ラテラノ公会議〔既出〕の方は、天使、悪魔のいずれも純粋に霊的な被造物であって、肉体的物質とは一切の関わりを有していない、と断言している。[5] もっとも、この種の教義上の議論や変遷も、ごく限られた狭い世界を例外とすれば、デモノロジーの問題に対する関心を掘り起こすことなど、ほとんどなかった。魔術や魔女術の領域も似たり寄ったりである。ただし、民間で盛んだった多様な魔術的実践の存在は広く知られており、司教ビュルシャール・ド・ヴォルムスのように、自らがしたためた聴罪提要〔聴罪師用のマニュアル。信者に接する際の心得などが記されていた〕の中で、それらの実践を非難した者も存在してはいた。しかしながら、それらに系統だった非難が浴びせられたり、一貫した関心が向けられたりしたことはなかった。そもそも、こうした実践に悪魔そのものが関わっているケース自体が、ほとんど存在していないのである。このように、十二世紀に至るまで、知識人や神学者たちは、民衆的な魔術の実践に対し、沈黙を保ったり、比較的無関心であり続けたりしたのだ。こうした沈黙や無関心は、民衆の迷信的な信仰、さらには、三世紀後に激しい非難の的となるはずの、悪魔崇拝という反宗教的な実践を前にしても、この当時のローマ・カトリック教会が一向に脅威を感じなかったことを証している。(6) 確かに、当時の最も博識な者たちは、神の無限の力に服従した、暗黒の存在としてのサタンに言及している。しかし、聖書の中で与えられた戦慄すべき役割を、完全に我が身に引き受けるようになるには、まだしばらくの時間を必要としたのである。

良き悪魔ないしは悪しき悪魔

サタンを巡る諸観念は、言わば現実離れした、社会とは無関係なものとして空中楼閣を築いてきたわけではない。悪魔をめぐる諸見解が真に重要性を帯びるのは、これらの見解が、社会の必要と密接に絡まったり、社会が被る変化に呼応するようになった時以外にはありえない。永遠に善悪の狭間にあるという人間が置かれた状況の中で、悪魔もまた普遍的な姿を保ち続けてきた、とする意見ほど誤ったものはない。もっとも、こうした観念の虜になった文明は数多く存在する。特に古《いにしえ》の中近東の諸文明にはその傾向が強く、その場合、敵対する神どうしの原初の闘いという捉え方をするのが普通だ。また、こうした観念は、千年足らず前からヨーロッパにおいてより具体的な輪郭を取るに至っている。もっとも、我々の文化が今日にまで伝達してきた、一つの普遍主義的な定義に囚われてはならない。そのためにも、距離を置いて眺める必要があろう。なぜなら、問題となるのは、特定の時期に作り上げられた一つの想像《イマジネ》界《ール》だからである。この想像界は、ヨーロッパ大陸の独自性を理解する上で根元的なものだが、それ以上に、西洋が可視および不可視の世界をどのように把握してきたかという点と、より密接な関係を結んでいるのである。

ごく大雑把に捉えるならば、西洋における悪魔の歴史とは、悪魔が、社会に与える影響力を徐々に拡大していった、その推移の歴史だと言える。その際悪魔は、自らの属性に大きな変化を被っていくことになる。先ず、初期教会の教父や神学者たちは、きわめて知的な仕方で悪魔を定義していた。彼らにとっての悪魔とは、ある一つの原理であり、堕落した大天使〔九階級の天使の内、第八階級に属する天使。ガブリエル、ミカエル、ラファエルなど〕であった。やがてこの失墜した天使は、光の天使に化けた一群のデーモンたちを従えて空中を飛び回る、神の一種へと変じていく（四世紀の聖エフレム〔三〇六―三七三年：教会博士で、メソポタミア地方のエデス学派を支えた人物。聖霊の博士と呼ばれた〕などがこう考えていた）。もっとも、悪魔を視覚的かつ具体的に描き出すのは容易ではなかった。当時のカタコンベ〔地下墓所〕の絵画に、全く悪魔が見当たらないのも納得がいく。それでも、悪魔は中世初期になると、今度は修道院の核心部へと忍び込んでいく。宗教的な規範を示す役割、および、当時の文化の本質を伝播する役割を担っていた世界に入ることで、悪魔は新たな活力を手に入れることになる。悪魔は、砂漠で聖ヒエロニムス〔三四七頃―四一九／四二〇年：聖書の標準ラテン語訳「ウルガタ」を完成させた初期キリスト教の教父〕を惑わせようと躍起になる永遠の誘惑者というイメージを獲得し、それによって、近代に大成功を収めることになる絵画の重要なモチーフを準備しつつあったのだ。それでも、後になって悪魔に付与されるはずの、あの多種多様な恐るべき性質を悪魔はまだ身に纏ってはいない。都市が発展を遂げロマネスク芸術が隆盛を見るようになる以前は、ルシファーはまだ社会全体に浸透するだけの術を有していなかったのだ。デーモンに関する学問、すなわち悪魔学《デモノロジー》も、まだ神学のみが扱うきわめて特殊かつ狭い分野にすぎなかった。なるほど、紀元一千年前後に、この学問に熱を入れる者が増えたのは事実である。しかし、それは、千年紀が終わりを迎えると共に、悪魔が一斉に解き放たれ、善の軍勢を潰走させようとする、という観念が人々を捉えたからにすぎない。実際、悪魔に纏《まつ》わるイメージには、まだ力強さや確固たる性質が欠けていたのである。この点は、例えばラウル・グラベールという修道僧の語るところに耳を傾ければ、よく分かるだろう。ラウルは、生涯に三度悪魔に出会っていると記しているが、その最初の出会いを次のように物語っている。

> 私が、福者に列せられた殉教者レジェ〔七世紀のオータンの司教。エブロインという市長ともめ、拷問を受けた後に殺された。聖人に列せられている〕が建てた、シャンポーと呼ばれる修道院にいた頃のこと。ある晩、朝課〔聖務日課の一つで夜明け前に唱える最も重要な祈り〕の祈りが行われる前に、私のベッドの脇に、見るだにおぞましい小人のごときものが立っていた。私の見る限り、身長は低いのに首がひょろ長く、顔は痩せこけ、目は真っ黒で、しかもざらざらとした額は痙攣していた。さらに、鼻孔はきつく閉じたようになっており、口は突出していて、唇は腫れ、顎はのけぞるように伸び、山羊のような髭に覆われ、とがった耳は毛むくじゃらで、髪の毛は逆立っており、犬のような歯をしていた。また、頭部は上にとがっており、胸は腫れ、せむしで、臀部は震えが止まらず、汚いシワだらけの衣服を纏っており、全身が前方につんのめっていた。彼は私が休んでいた寝床の一端を掴み、ベッド全体を激しく揺らした後、私にこう言った。「お前はここにこれ以上長くいられないぞ」と。
> 私は仰天して飛び上がるように起きたのだが、その時、上に説明したこの男を目にした次第である。[7]

この人物が魅力的であるはずはないが、さりとて、形容しがたいほどの恐怖感を人々に与えるとも思えない。研究者の中には私とは異なった内容を主張する者もいるが、彼らは、中世末のデーモンが備えていた、あの恐怖心を煽《あお》る様々な特徴を、この人物の内に見出せずに困惑しているのではなかろうか。実際、話者がここで提示しているのは、奇形で悪意に満ちた攻撃的な人物、つまりは、当時間違いなく出会う可能性のあった（そして、今でも町の通りで出会う可能性のある）悪魔を思わせるような人間にすぎない。背の低さや顎の様子、とがった頭部やせむしなどといった、肉体的特徴を執拗に強調する筆からは、その身体の異常が具体的に浮き上がってくる。しかもその異常は、人間に起こりうる異常に留まっており、直接その超自然性を思わせる箇所は見当たらない。また、この人物のせわしない様子も、却って彼が生命を宿した存在であることを、逆に印象付けている。もっとも、このせわしなさが、平穏という理想に基づいた修道院での生活の優越性とのコントラストを、よりはっきりさせているのも事実であろう。また引用部の筆触からは、純粋に比喩的な次元に留まってはいるものの、かの人物に動物的な側面が備わっていた様子も伝わってくる。山羊のごとき髭、毛むくじゃらの耳、犬のごとく尖った歯などがこれに当たる。ただ、この「デーモン」には、尻尾もなければ、二股に分かれた足もついていない。さらに、恐るべき悪臭だとか、異常に光り輝く目（黒い目を有しているにすぎない）だとか、その他明らかに超人間的な諸側面などとも無縁である。結局のところこの「デーモン」とは、デーモンを思わせる悪人、世間からの外れ者、言わば当時の善良なる修道僧の陰画《ネガ》に当たる人物にすぎないのである。つまり、彼は、硫黄の立ち込める地獄の君主というよりも、むしろ「悪」そのものを体現していたにすぎないのである。

この修道僧ラウル・グラベールは、デーモンに関し神学が蓄積してきた伝統と、ヨーロッパ中の様々に異なる民衆たちが育んできたデーモンの具体的な表象とが交錯する、極めて微妙な結節点に位置している。キリスト教が歩んだ最初の一千年間だけでは、「民衆的」（広義の意味で）と呼ばれる種々の信仰や実践を根こそぎにする上で、とても十分とは言えなかった。しかもこうした諸々の信仰や実践は、民衆のみの専有物ではなかった。教会人をも含む指導層のエリートも、それらを共有している場合が少なくなかったからである。両者を分かつ本当の分割線は、むしろ、瞑想のために宗教的著作をラテン語で読みこなせるごく一部のマイノリティーと、それ以外の社会全体との間に引くべきであろう。ここで言うそれ以外の社会全体とは、正当な教義に忠実な信者から、その実践において聖書の内容とキリスト教以前に遡る古い伝統とをない交ぜにしてしまう者たちまでの、非常に広い層にまたがっている。だが、一部エリートから成る少数派とそれ以外の全体との間の分割線すら、必ずしも明瞭ではない。これは、ラウル・グラベールが描いている悪魔像を思い起こせばすぐ了解できよう。グラベールにおいては、当時の「民間伝承」的な実践と隣接している概念に依拠している場合の方が、専門的な神学に頼っているケースよりも多い。もっとも、彼は後者の神学から、悪魔の実在性や遍在性などの教義や、倫理的な教訓を継承しており、それらを通して、聴衆の恐怖心を煽り「善行」へと導くことを目指しているのである。また、民衆的土壌から彼が抽出しているのは（より曖昧な概念であることは否めないが）、超自然および人間を超越している存在への恐れという感情である。こうした超自然的存在は、人々を怯えさせるが、同時に、無力な側面や笑い者の種になるような特性をも備えている。例えば、グラベールが描いて見せる小人は、それなりに彼を怖がらせ、反省へと導いているように映る。だが同時に、この小人の特徴の幾つかは、寝込みを襲う形で突然現れるのではなく、仮に修道院の玄関に立っていたとしたら、必ずや嫌悪の情や軽蔑の念を掻き立てる性質のものでもあるのだ。もっとも、グラベールに限っては、慌ててベッドで飛び起きたにも拘わらず、冷静に小人の様子を綴ってはいるのだが。

ヨーロッパでは、十二世紀ないし十三世紀に至るまで、デーモンに関する叙述は極めて数多く、しかもその種類は多岐にわたっていたが、これは別に驚くべきことではない。当時のヨーロッパ大陸に存在していた諸文化は、それぞれが極めて活力に満ちた特有の性質を宿していたからである。それゆえ、キリスト教はこれらの文化に、画一的な制服を着せることには成功しなかった。地中海の人々、あるいはケルト人、ゲルマン人、スラブ人、ないしはスカンジナビア人は、それぞれ程度に差はあろうが、キリスト教の教えの浸透を経験している。さらに、この浸透に伴って、新たな枠組みに合わせる形で、自分たちの過去の遺産に部分的な修正さえ加えている。しかし、ジェフリー＝バートン・ラッセルも強調しているように、悪魔に関してキリスト教が練り上げた本来の概念は、逆に「民間伝承的」な諸要素に、それも無意識の内に血肉と化していた民衆的実践や伝統に、きわめて強い影響を受けているのである。こうした要素は、民衆に受容されたもう一つのキリスト教、すなわち意識的かつ意図的に受け入れられた、従ってより一貫性を保ったキリスト教とは、一線を画するものである。[8] だからこそ、こうした「民間伝承化」によって、例えばケルトにおける豊饒と狩りと彼岸の神セルヌノスの諸特徴が、デーモンに受け継がれる場合も間々あったのだ。もっとも、この「民間伝承化」から、マーガレット・マレーが魔女狩りを説明するために持ち出した説、すなわち、「角を生やした西方の神」に対する密かな崇拝が何世紀にもわたって存続した、とする説[9]を支持するわけにはいかない。なるほど、様々な信者の影響下にあったために、キリスト教が多くの借り物を背負い込んだのは事実である。しかし、キリスト教が、自らと平行関係にあるような、別のある宗教の存続すら許したとは考えにくい。従って、以下に叙述する悪魔の主要な諸特徴が、一つの組織的な集合体を成していたと見なすのは、明らかに誤りである。こうした諸特徴は、ヨーロッパ大陸のあちこちに分散しており、しかも多様な世界や様々な時代に由来する、非常に雑多な要素から成っていた。それでも、これらの諸特徴が、十二世紀に至るまでは、多少なりとも諸説が混在した信仰システムの内部に、ほとんど問題なく組み込まれることができたのである。それもそのはずで、人々はそれぞれ、自分の土地特有の信仰の中で暮らしていたからであり、また、当時のキリスト教の方も、自分たちの衣の下に巣くっている数々の「迷信」を、排除しようと躍起になったりはしなかったからである。

サタン、ルシファー、アスモデウス（アスモデ）、ベリアルないしはベルゼブルといった聖書や黙示文学に登場するもの以外にも、悪魔はヨーロッパのあちこちで、多種多様な名称、場合によってはあだ名まで冠せられていた。あだ名の多くは、異教時代の小さな神々の延長線上にある群小デーモンたちに与えられている。例えば、英語では、オールド・ホーニー〔直訳すれば「角を生やした老いぼれ」くらいの意〕、ブラック・ボギー〔「ボギー」には「幽霊」の意味がある〕、ラスティー・ディック〔直訳すれば「好色なおちんちん」となる〕、ディコン、ディケンズ〔共に「悪ガキ」を意味する〕、ジェントルマン・ジャック、グッド・フェロー〔「いい奴」を意味する〕、オールド・ニック、ロビン・フッド、ロビン・グッドフェローなどといった異名が、またフランス語ではシャルロ〔「道化者、ほら吹き」の意味がある〕などが、さらにドイツ語では、クネヒト・ループレヒト〔従者ループレヒト。クリスマス前によい子には贈り物を、悪い子には鞭を与えるという〕、フェーダーヴィッシュ〔「羽箒」の意〕、ヒンケバイン〔「びっこ」の意〕、ハイネキン、ルンペルシュティルツキン〔「小人」の意〕、ヘンマーリン〔「マイスター・ヘンマーリンで「悪魔、魔法使い、死神」の意〕などの渾名が存在している。指小辞（シャルロ〔シャルルの指小辞〕といった名称や、ドイツ語における指小辞 -kin の使用）や打ち解けた名称〔例えば「角を生やした老いぼれ親父」を意味する「オールド・ホーニー」など〕の使用により、これらの悪魔はほとんど人間と変わらぬ存在と化しており、それゆえに本来有していた恐ろしい側面も、かなり削ぎ落とされている。この当時の平均的なキリスト教徒にとって、不可視の世界とは、聖人、デーモン、あるいは死者の魂などの、大なり小なりおっかない存在に充ち満ちた場所であった。こうした存在が世界で占めていた位置を、「善」と「悪」に完全に分割するべきではなかろう。というのも、聖人が人間に悪を為す場合もあったし、逆に生者がデーモンに助けを求めるケースもあったからだ。結局のところ、中世全体を通じて、人々は超自然との間に、極めて打ち解けた文化的な関係を結んでいたと言えよう。神学者が練り上げた冷徹な想像の産物たる悪魔は、しばしばずっと具体的かつ地方色豊かな衣装を纏い、数々の群小デーモンとして、ほとんど人間と変わらぬ存在になり果せたのである。彼らデーモンたちは、人間同様に情念に左右されたり、あるいはラウル・グラベールの描く悪魔のように、身体を震わせたりしていたのだ。また、デーモンたちが人間に騙されることも珍しくはなかった。いつも勝つのは悪魔の側だと思ったら大間違いである。それどころか、悪魔は、人間に担がれたり負かされたりからかわれたりしていた。嘲笑の的になることで、デーモンは、自分たちと関わる人間に安堵感を与えていたのだ。人間に打ち負かされる悪魔という主題は、恐怖心を癒す強力な薬として機能していたことになる。その上、担がれる悪魔という主題が、ヨーロッパ文化圏から消滅することはなく、大規模な魔女狩り旋風が過ぎ去った後でさえ、民衆的なコントや伝承の中に受け継がれている。古い神話を壮大なスケールで書き換えたゲーテのあの『ファウスト』においてすら、この主題は消え去ってはいない。なぜなら、神は、サタンの誘惑に負けたことを結局は咎めず、博識なるファウスト博士を許してしまうからである〔つまり、ファウストは最終的には悪魔メフィストフェレスを騙した、ないしは担いだことになる、と著者は主張しているのだろう〕。

　中世末に至るまで、悪魔は多様性の同義語であったと言っても過言ではない。その後、単色的なキリスト教の満ち潮が、自分とは相容れない多種多様な諸要素を、換言すれば、一般的にその歴史的ないし地理的な由来を特定できないような諸要素を、ことごとく押し流してしまうのは事実だ。ところで、上述した多様性に対し、「悪」はいかなる形態をも採りうるという説明を施すのは、多少単純すぎると言わざるをえない。むしろ逆に、異教的な信仰や実践に対し、キリスト教が一千年にわたる闘いを続けてきたと捉えるべきだろう。それでも、真ん中に位置する異教の核心部を全て破壊できたわけではない。それらは緩やかに同化されていき、新しいヴェールを被らせられたり、異なった枠組みの中で、新たな方向付けを施されたりしたが、それでも、元来のイメージを喚起する力を保ち続けたのである。確かに、神学が築き上げたサタンのイメージが席巻し始めると、悪魔に纏《まつ》わる多様な文化が沈没の憂き目を見ることになる。だが、それでもこうした多様性を、完全に払拭するには至らなかった。だからこそ、悪魔は数え切れぬほど多くの外観を纏《まと》う結果となったのだ。例えば動物の姿をとる場合、悪魔は、ユダヤ・キリスト教の伝統と、異教徒たちが諸々の生物と関連付けた神々との間で、揺れ動くことになる。なるほど、キリスト教の強い影響により、子羊が、加えて牛ないしロバもそこから排除される。しかし、キリスト教と言えども、ルシファーを吼えるライオンだと主張した聖ペテロの意見を、人々の脳裏に定着させることはできなかった。話は変わるが、「創世記」に登場する蛇は、異教徒におけるドラゴン（竜）と容易に混同されてしまう。また、雄山羊は、悪魔が選び取る動物の中でも特権的な地位を占めているが、この特別扱いは、おそらくパン〔ギリシア神話で、アルカディアの牧人と家畜の神。上半身は人間だが山羊の角と耳を有し、下半身は山羊の姿をしている〕ないしはトール〔北欧神話に登場する神。ただし、北欧のみならずゲルマン全域で崇拝されていたことがわかっている。槌ミュルニルを駆使して様々な巨人を倒したという逸話が数多く残っている〕と山羊とを結び付けようとする古い伝統に因るのであろう。さらに悪魔が好む動物として犬が挙げられる。[10] もっとも、中世の終わりの数世紀には、横臥彫像〔墓上などで死者の生前を再現している像〕、それも特に女性の彫像の足元に犬の像が置かれることがよく見られた。これは、悪魔の姿に関して、確固とした定義を下すのが困難であることを雄弁に物語っている。なぜならば、この場合犬の像は、忠実さと信仰とを体現しているからである。もっとも、少数の例や後世の文化的前提を根拠にして、物事は一切不変であると解釈する愚を犯してはならない。例えば、猿、猫、鯨、蜜蜂ないし蝿は、中世初期の時点から、すでに極めて悪魔的な動物と見なされていたのだろうか。そうとも言えるが、同時に、他の動物全体に関してもほぼ同様の事柄が言える点に注意すべきである。ただし、梟、豚、サンショウウオ、狼および狐が、特別な地位を占めていたことは否めない。とにかくこの分野では慎重を期す必要がある。特に、キリスト教以前からの悪魔像の系譜や断絶を把握する上では、偏見を排し、地域的な差をも考慮に入れた正確な研究を行わねばならない。

多様な遺産から悪魔が受け継いだ性質は、以上の他にも多く存在し、歴史家たちによって指摘されてもいる。[11] もっとも、それらを総合したところで、現実と符号しないあまりに合成的な悪魔像が出来上がるだけだろう。ただし、十六世紀、十七世紀における魔女裁判の被告たちが、判事たちの細かい質問に答えて自白することになる、あの悪魔の諸々の特徴を定着させる上で、これらの多彩なイメージ群が大きく貢献したのは確かだろう。先ず、デーモンはいかなる人間の姿でも現れることができると信じられていた。その中でも悪魔のお気に入りだったのは、聖職者の姿であったという。また悪魔は話し掛けている相手に対して、自分が光の天使であると信じ込ませる術をも有していた。巨人のごとき体格で現れたり、偶像を介して話し掛けたり、吹きすさぶ突風の中で毒を撒き散らしたりするが、悪魔は必ずしもこの種の凄まじい側面のみを見せつけるわけではない。悪魔は、その角や、全身を覆っている山羊の毛、力強い男根あるいは大きな鼻などの図像学的な特徴を、恐らくはパンの神〔ギリシア神話のパンの神。既出〕に負っていると思われる。(12) ところで、黒という色の象徴性は、キリスト教徒においてのみならず、多くの文明でも共通しているが、悪魔の身体もやはり黒である場合が多い。もっとも、時には赤い身体をしていたり、赤の衣服を纏《まと》っていたり、あるいは燃え上がるような赤の髭をたくわえていたりする。さらに緑の悪魔すら存在した。四四七年のトレド公会議は、次のような悪魔像を打ち出している。すなわち、背が高く身体は黒色で、角と鉤爪とを持ち、ロバの耳を垂らし、燃えるような目と軋《きし》む歯を有し、巨大な男根を備え、硫黄らしき悪臭を撒き散らす存在である、というわけだ。こうなってくると、神学に因る部分と民間信仰に負っている部分とを、明確に腑分けすることは非常に困難になってくる。ところで、緑色の悪魔について補足しておくと、恐らくこれは、ケルト人やチュートン人における「緑の男」に見られるような、豊穣の神々に関する遠い古《いにしえ》の記憶に由来していると思われる。十七世紀のアルトア地方〔現在のパ・ド・カレ県にほぼ相当する北仏の旧州〕では、悪魔の名称として「ヴェルドレ」や「ヴェルドロ」〔《Verdelet》,《Verdelot》：共にフランス語で「緑色の」を意味する形容詞 verd から派生した単語〕が頻繁に使われているが、これもその名残であろう。もっとも、中世の前半頃から既に、悪魔を巡る表現や描写を練り上げる際に、異教的な概念を明確かつ意識的に使いこなしていた可能性は低いと思われる。例えば、悪魔の家族に言及する場合でも、ある特定の神話を下敷きにしていたわけではない。同様に、上述の様々な概念にしても、キリスト教という大海の水面を漂う漂流物のごときものとして、やっと命脈を保ったと言えるだろう。具体例を先の家族に採れば、今の歴史家とは異なり、当時の人々は、サタンの祖母（サタンの母親とされたリリスないしリリトよりもずっと引き合いに出される頻度が高かった）が、キュベレ〔古代のフリュギア地方の大母神。豊穣多産の女神として小アジア一帯で崇拝の対象となっている。ギリシャ・ローマ神話では、ゼウスの母レアをはじめ多くの女神と同一視される〕やホルダ〔ゲルマン圏に於ける一種の妖精。魔女の女王とも考えられるようになった〕などの、ある意味で怪物を思わせる貪欲な母親のイメージを帯びた、恐るべき女神に由来していることなど知るよしもなかったろう。また、悪魔に配偶者の女性がいるという説もあったが、これも当時豊穣の女神とされたあるる存在をモデルにしていた。そのお相手は性悪女と相場が決まっており、ゆえに多くの場合悪魔の結婚は不幸なものとされていた。これは、まさしく騙され担がれ殴られる悪魔、というあの伝統の系譜上に位置づけうる内容だろう。こうした話題を触れ回った男たちが、自分たちの不幸な結婚の方が悪魔のそれに比べればまだましだな、と互いに安堵感を抱いたことは想像に難くない。今日にまで伝えられている俗諺に、悪魔が妻をぶん殴ると雷鳴が轟く、という内容の言葉があるが、これもまた同じ伝統に根ざした俚諺であろう。さらに付け加えると、諸々の伝説は、悪魔の七人の娘という主題に、あれこれと尾ひれを付けている。もちろん、七人の娘は、各々が七つの大罪の一つを体現していることになるのだが、この噂以外にも、悪魔には「死」と「罪」という二人の子供がおり、その子供たちと近親相姦で交わった際に七つの大罪が生まれた、しかも悪魔はそれら七人の孫を現世に送り込んで、人間を誘惑しようと企んだ、などという話がまことしやかに語り継がれていたのである。

デーモンは遍在しうる存在だが、それでもやはりお気に入りの場所や時間があった。先ず、地上を照らす神の光に対抗して、夜を自らの王国としていた。しかも、冷たく荒涼とした場所を好んだため、そこに棲む夜行性の動物は、悪魔と直結させられてしまっている。また、四方の中では、冷気と闇が支配する領域、すなわち北が悪魔の方位とされた。もっとも、あらゆる文明が、この荒涼とした方角に危険を感じ恐れていたのも事実だ。例えば、十六世紀のアステカ人〔メキシコの原住民族で、アステカ帝国を形成していた〕たちにとって、北という方位は、死の神が支配する領域であった。また、キリスト教徒の著作家たちも、自分たちにしか通じない代物だが、次のような理屈を捏ねている。曰く、教会は東に向くように建てられている。従って、入口から入ると、左側に北がくることになる〔後陣が東向きなので、入口は西になり、西から入れば北は左側になる、という理屈〕。ところで、人間の身体の左側、あるいは、神が創造した世界の左側は、悪魔に与えられた領分ではないか。なぜなら、ラテン語の「不吉な、忌まわしい」を意味する「シニステル」の本来の意味が「左」だからである〔フランス語ではsinistre、語源はラテン語のsinisterで、これは元来「左」を意味した。因みに、古代ローマの鳥占いでは左が凶兆とされていた〕、という理屈だ。ところで、悪霊とは、人間、とりわけ女性や罪から抜け出せない者たちを、地獄へ引き寄せようと躍起になる存在である。そこから、悪霊を、異教における死神と重ねて表象しようとする姿勢が生まれる。これは、西洋の文化の中でも極めて永続性のある見解で、少なくとも伝説や文学的な逸話という形態を採りつつ今日にまで伝わっている。ここで、ブルターニュ地方に伝わる「アンクー」、すなわち死者を運ぶ荷馬車を想起してもよいだろう。「悪霊の夜行」ないしは「夜鬼の軍団」〔原語では、«mesnie hellequin»：「エルカンの軍団」の意。「エルカン」とは魔王ないしは夜鬼の頭領を指す〕とも呼ばれる伝説は、中世を通してあまねく知られていた。この伝説は、悪霊たちがその頭領を先頭に、しかも犬や野生に生きる女たちをも伴いながら空を飛ぶ、という信仰に由来している。死者たちは、嵐の中をこの軍団によって、怪しげな場所へと連れ去られていくことになる。これを、単なるゲルマンの諸宗教の残滓とのみ捉えるべきではない。また、オーディン〔北欧神話における最高神〕の使者ワルキューレたち〔オーディンに使える武装した乙女たち〕が、戦死した勇士らの魂をバルハラ〔オーディンの殿堂。戦死した英雄たちを迎え、宴を催しながら終末の巨人族の来襲に備える場所〕まで導いていく、という神話が存在するが、これを意識的に取り込んだとも言い難い。ここでは、せいぜい次のように見なすのが妥当だろう。すなわち、出身地から引き離された様々な伝統が、その象徴的な力を保持し続けたために、キリスト教的宇宙の内部に取り込まれても強固な光彩を放ち続けた、しかも、そのおかげで悪霊の肖像に豊かな要素と同時に様々な矛盾点をも付加する結果に至ったのだ、と。

　当時の神学者たちの思惑に反し、「善」と「悪」との境界線は明確に固定されてはいなかった。恐らく西洋人の大部分は、毒麦と良い麦のそれとを簡単に見分けられるとは考えていなかったのだ〔「マタイの福音書」XIII・37—40のたとえ話に由来する表現。悪人と善人ないしは悪と善を意味する〕。異端ないしはユダヤ人という具体的な脅威として立ち現れない限り、悪魔学的な言説は、たとえ紀元一千年の終末期が近づいていた時でさえ、社会的な強迫観念として広く浸透することはなかったと思われる。つまり、キリスト教世界のエリート層を捉えた終末論的な苦悩は、一般の人々の内奥にまで達しなかったと考えられるのだ。それもそのはずで、エリート層の苦悩を増幅するような、ある一つの強力な悪魔学の文化なるものが存在していなかったからである。言い換えれば、一つの具体的な脅威を前にして、人々を組織的な行動へと駆り立てるような文化的背景に欠けていたからである。当時の多様性を特徴とするヨーロッパにおいて、「悪の中央集権化」という理論は、細分化した諸々の社会層に浸透していく上で必要な中継役を有していなかった。加えて、ヨーロッパ大陸には、デーモンを巡る多彩なイメージ群が存在しており、それが、神学的概念の浸潤を阻むついたての役割を果たしていた。例えば、反キリストとは、ルシファーに積極的に手を貸す共犯者というより、むしろ、遙か彼方に霞んでいる一つの概念でしかなかった。さらにルシファーからして、その肖像には一貫性がまるで欠けていたから、広範にわたって恐怖心を煽る力なんぞ備えてはいなかったのである。十六世紀の医者ヨーハン・ヴァイヤー*は、ルシファーを、各々が六、六六六のデーモンから成る一、一一一の軍団《レギオン》を威厳を持って率いている存在、すなわち合計七、四〇五、九二六の忠実な家来を持つ地獄の皇帝であると見なすに至っているが、中世のこの当時にあってはまだ、ルシファーの力はこれほどの規模には達していなかった。政治的に細分化され、また、異教的過去から継承された数多の「迷信」に対しても宗教的な寛容の精神を保っていた時代にあって、ルシファーはむしろその力を削がれたと言える。と言うのも、ルシファーは、あちこちの文化内に取り込まれざるを得なかったがゆえに、

＊　一五一五―八八年：現在のベルギー領のブラバント出身。クレーヴェ公爵ヴィルヘルムの侍医となる。悪魔と魔女を論じた書物を著し、当時のフランスの経世学者で悪魔学者でもあったジャン・ボダンから、激しい非難を浴びている。ヴァイヤーはメランコリーの概念を駆使して魔女現象を捉えようとしたため、魔女狩りに歯止めを掛ける上で大きな功績を果たしたと評価されると同時に、現代の精神医学の先駆け的存在と見なされることも多い。

その外観にも首尾一貫性が感じられなくなったからだ。ここで紀元一八〇年に目を移せば、テュロスのマキシムスはデーモンの数を三万と見積もっているが、これだけでは多分デーモンに課せられた「仕事」を遂行できないだろう。また、マキシムスの見積もりは、民間で培われたデーモンに関する夥しい数の形態を全く考慮に入れていない。このように、サタンの世界は一貫性、秩序および力強さを、明らかに欠いていた。さらに付け加えておくと、怪物は必ずしもデーモンの世界に組み込まれてはいない。当時は、デーモンと怪物を区別するのが普通であった。なぜなら人々は、小人や巨人あるいは三つ目の人間などは、なんらかの肉体的特徴の欠如がいかなるものであるかを人間に示すべく、神が意図的に創造した存在だと捉えていたからである。また、人々は、こうした怪物が魂を有しているか否か、という問題意識さえ抱いていた。同様に、ゲルマン人やケルト人あるいはスラヴ人における霊的存在も、キリスト教の理論家たちには下っ端のデーモンと見なされたが、一般の人々の目にはしばしばより曖昧な存在に映っていた。こうした霊的存在を悪魔視しようとする努力は徐々に高まりつつあったが、それでも容易にその効力を発揮しえなかったのである。その証拠に、コーボルト〔ドイツ民話における家の精。家事の手伝いもすれば、意地悪もする〕、トロール〔北欧伝説で森や山、地下に住む悪しき妖精〕、エルフ〔北欧神話で、大気、火、大地の力を象徴する精〕、ゴブラン〔悪戯好きの小妖精〕ならびにその他の様々な小人たちは、超自然の世界を、人々にとって身近な存在とする上でかなり貢献しているのだ。財宝を守ってくれたり盗人をやっつけてくれる妖精がいるかと思えば、軽率な旅人を迷わせて喜んだり、眠っている人の悪夢に滑り込む霊なども存在していた（因みに、「悪夢」cauchemarsという語に含まれるmaresは、英語のnightmaresにも取り込まれている）〔語源としては、中世オランダ語で「幽霊」を意味したmareに由来すると思われる〕。またエルフなどは、人間や家畜に向かって矢を放ち病気にしてしまうと信じられていた。もっとも、一方的にやられっ放しというわけではなく、人間の方がこうした霊を捕まえて怯えさせたり、担いで一杯食わしたりする場合も少なくない。さらには、これら小妖精と仲良くなって可愛がるケースすらあった。また、小話や伝説中で頻繁に描かれる、あの極めて人間くさい悪魔たちについても、同様のことが言えるだろう。

戦慄を呼ぶルシファーというイメージが登場しても、超自然の世界をごく身近な存在と見なす傾向は、しっかりと根を張って生き残った。様々な民間信仰や慣習は、超自然界からおどろおどろしい側面を削ぎ落とすことを、ないしは少なくとも、目に見えない霊的存在に働きかける可能性を残すことを目指していた。こうすることで、霊のもたらす被害を避けたり、逆に、様々な領域で霊的存在の貴重な助力を得たりできたのである。ここで極めて重要となってくるのが、あの騙される悪魔の話である。この主題は、トロールや巨人の間抜けな行いに由来し、悪魔の世界全体を染め上げていく。このモチーフのお陰で、人間の方が利口かつ勇敢で、悪魔よりも優れているという優越感を抱くことが可能になった。中世のファブリオー〔十三、十四世紀に書かれた韻文の笑話。風刺的ないし卑俗的な内容のものが多い〕や物語作品は、ごく平凡な人物が、闇の帝王たる悪魔を圧倒する逸話を、頻繁に盛り込んでいた。そもそも、神御自身が人間に対し、サタンの誘惑に抵抗する力を授けて下さったはずではなかったか。また、神学者たちもルシファーの力を強大としつつも、その理解力は根元的に限られているとすら述べていた。これは、上の騙される悪魔という説明原理と根底で繋がっている。つまりサタンは、主導権を握るというにはほど遠い場所にいる。それどころか、サタンは、神の意志に呪縛されていると同時に、人間の狡知によっても憂き目を見させられているのだ。なるほど、サタンは「悪霊の夜行」を先導するトップであるかも知れない。しかしそれだけでは済まない。サタンは時として、動物に逆さまに跨ったりするとも考えられた。これは、当時の人々の目には嘲笑の的以外の何物にも映らなかった。ここで想起すべきは、ロバに跨って練り歩くという慣習であろう。これは、弱みを見せた人間を対象にその受けた屈辱を天下に知らしめるべく行われた社会的慣行であったからだ。特に、自分の妻を寝取られた男（コキュ）がこの犠牲となり、尻軽の女房に尻を敷かれていることへの罰として、野次馬の揶揄を浴びながら引き回されたのである。デーモンおよびその一味もこれと同じ境遇にあると想像されていたことは、デーモンからその深刻な側面を削ぎ落とそうとする力学が、いかに強固に作用していたかを物語る。ただし、動物に逆さまに跨るという行為は、さらに時を経ると、ずっと悲劇的な文脈の中に組み入れられてしまうだろう。なぜなら、逆さまの状態で動物に乗ったり歩いたり踊ったりした、と告白すれば、それはすぐさま、邪悪なる魔の世界に属していることの証左と見なされたからである。

十二世紀に至るまで、世界は数多の魔術的存在に満ちていたため、ルシファーのみが、恐怖や恐れや苦悩の空間を占有するわけにはいかなかった。悪魔には有り余るライバルが存在していたので、絶対的な支配圏を獲得できなかったのだ。さらに追い打ちをかけたのが十二世紀の演劇で、そこでは、騙された悪魔に関する民衆的な発想を取り込みつつ、パロディ化した、ないしは純粋に滑稽な悪魔のイメージが結実していった。アイルランド文学、とりわけ『聖ブレンダンの旅』に由来する一つの伝統に目を転じるならば、神の側、デーモンの側のいずれにも与しない中立的な天使さえ登場してくる始末である。つまり、理論家たちがいくら声を大にして申し立てようと、デーモンが、小人や妖精などの存在を支配することも、また、怪物と関わり合いを持つことすらも適わなかったのである。このように、多様性に富みしかも様々な霊的存在に充ち満ちた世界にあっては、「善」と「悪」との闘いを、永久に対立している二つの上位的実体間でのみ繰り広げられるものとは見なせない。むしろ、「善」と「悪」との闘いに参画するのは、日常的な勇気であり、熱意であり、人間たちの狡知であるのだ。少なくとも、当時の人々が以下のように考えていたのは、想像に難くない。すなわち、超自然の存在は、原則としての善ないし悪のいずれかに分けられるのではない。むしろ、それらは曖昧で日和見主義的な存在だ。だから、彼らを相手にする場合には、人間の側の行為や選択や欲求こそが、大きな役割を果たすのだ、と。例えば、最悪の犯罪ですら、当時は神明裁判〔神の裁きの名の下に、火、熱湯、決闘などの試練を無事くぐり抜けた被告が、無罪とされた〕で裁かれた事実を想起すべきだろう。と言うのも、神の介入の方向すら、人間の情熱によって、あるいは、目には見えない味方を見付け出してくる才能によって、簡単に変えられると思われていたからだ。種々の象徴が宿る、巨大だが見分けがつくと信じられていた象徴の森の中から、目には見えない味方を呼び出すことは、きわめて重要な才能だったのだ。もっとも、この世を、白と黒の二色のみに読み分けようとする、キリスト教側からの攻勢が強くなってくるのも事実である。ジェフリー＝バートン・ラッセルは、この変化を、それまで以上に強力な悪魔学を生成しうる、あのスコラ学の台頭によって説明している。[13] 十三世紀以降、悪魔の様相がますます重要性を帯びてくるのは事実である。だが、こうした考え方が、もし社会の変化と無関係であるならば、大きなうねりとはならなかったはずである。ヨーロッパが、それまで以上に宗教的な一貫性を求め始めたちょうどその時期に、そして、ヨーロッパが、後の十五世紀以降に世界の征服へと乗り出す、その先駆けとしての新しい政治システムの構築を始めたちょうどその時期に、ルシファーは強大な存在として立ち現れるのである。

恐怖心を煽る――中世末期に於ける悪魔という強迫観念

「悪」の肖像は、ある社会の有する集団的想像界《イマジネール》とでも呼ぶべきものから産み落とされる。従って、この「悪」の肖像は常に、その社会の諸価値と密接な関係を切り結んでいることになる。そこで、この肖像に込められた意味を引き出すためには、諸価値の錯綜とした糸枷《いとかせ》を解きほぐさねばならない。さて、中世の最後の四世紀を経験しつつあった西洋は、何はともあれキリスト教世界であったから、諸事象の説明を試みるにあたっては、キリスト教が最も主要な役割を果たしていた。しかしながら、宗教の世界は、それだけで自己完結していたわけではない。それどころか、宗教は、政治的、社会的、知的ないしは文化的な諸現象と密接に繋がっていたのである。従って、ルシファーが徐々にその地位を上げていった背景に、宗教的な変動のみを措定するわけにはいかない。ルシファーの地位の向上は、西洋文明全体の動向の反映であり、新たな集団的アイデンティティーを生成すべき、種々の強力な象徴体系の萌芽とも連動しているのである。もちろん、この過程で宗教が数多の重要な矛盾を内部に抱え込んだことも否定はできない。であるにしろ、ヨーロッパが、厳密な意味でのキリスト教以外にも、統合へといざなう他の諸々の因子を、ゆるやかにではあれ獲得していったのも事実である。もちろん、その過程で、ヨーロッパを幾つにも細分していた諸集団、すなわち互いに競合関係にあった多様な政治的ないし社会的な諸集団からの、執拗な抵抗が見られたことも忘れてはならない。その上、一般に、危機の時代ないしは「中世の秋」と呼び慣わされてきた、あの十四世紀および十五世紀に於いて特に顕著に見られることだが、統一の側へ引き込もうとする磁力は、周縁へと向かう遠心力よりも、ずっと弱いものであった。しかしながら、である。大陸社会の深部のさらに内奥にあっては、微妙な関係性の網がこっそりと張り巡らされつつあり、そこに、共通の文化的な象徴《シンボル》の数々が析出しつつあったのだ。そして、統合を指向する動きは、やがて、聖職者や修道院といった狭い世界の垣根を越えてゆき、諸々の都市に根付いていくようになる（特に、北部イタリアのように、各都市が強大な力を有していた地域で、この傾向は顕著に見られる）。さらに、この統合を目指す動きは、有力な王侯貴族の間にも浸透していくと同時に、芸術や文学作品の中にも流れ込んでいく。こうして、人間関係に関する新しいモデルが生まれてきたのである。こうしたモデルは、宗教的ないしは文化的な言語によって組み立てられている。だが重要なのは、このモデルが、社会的な連結の強化を目的としている点である。それが聖職者階級の言葉で表現されていようと、あるいは君主的野心の言語で表出されていようと、核心にあるのが権力の問題である点は変わらない。エネルギーを一極に集中させ、それを通じて、分断化された不安定な状況から抜け出すために、多大な努力が傾注されるのである。その際、典拠となるのは、ローマ帝国ないしはシャルルマーニュの西ローマ帝国という輝かしいモデルだ。この長きに亘る一連の期間こそ、ノルベルト・エリアスが見事に分析した、西欧に於ける「習俗の文明化」が始まった時期だと見なすべきであろう(14)。というのも、これらの矛盾を孕んだ数世紀は、同時に全体としての一貫性をも有していたからである。この一貫性こそが、十字軍からアメリカ大陸の「発見」に至る、西洋の外的世界への拡張を可能にしたといえる。なるほど、数々の危機や内部の敵対関係に目を奪われて、本質を見失う危険もある。だからこそ、西洋社会の成熟の要因をしっかりと見極めねばならない。そうした要因は、例えば、世界や人間の身体に注がれる、真に新しい視線の登場の内に、あるいは社会を結ぶ糸をより緊密に張り巡らせる方法の確立の内に、そして、後に西洋文明による征服を可能にした様々な強みの生成の内に見出せるであろう。

従って、悪魔のイメージの変化は、孤立した事象などとはほど遠く、上述したようなダイナミックな動きの中に組み込まれているのである。しかも、そのイメージの変遷は、西洋の変動を促す原動力ですらあった。なぜなら、それは、人々を統合へと導くための強力な説明因子の一つとなり得たからである。しかも、統合を目指す説明システムは、魔術的な観念に覆われしかも細分化された世界、換言すれば、農業人口や都会の庶民の大部分が浸っていた世界に対し、ますます対立の旗幟《きし》を鮮明にしていったのである。

十一世紀および十二世紀のロマネスク彫刻は、サタンを、人間ないしは動物の姿をとった種々雑多な形態に象《かたど》っている。(15) サタンは神学的な抽象の世界に別れを告げ、人食いや不実な封臣ないしは、サン＝スヴェールの教会〔フランス南西部、モン＝ド＝マルサンの南、アドゥール川沿いにある。ロマネスク様式の教会内部には、「サン＝スヴェールの黙示録」と題された挿絵入りのマニュスクリが残されていた〕で描かれた獣などのように、具体的な姿を纏《まと》って登場する。とはいえ、これらもまた、修道士たちの想像力が生み出した産物には違いない。例えば、ソーリュー〔ブルゴーニュ地方のディジョン西方の町。ロマネスクの教会がある〕では、人間の背丈くらいで、羽根をはやし、鼻はアリクイのように尖っているサタンが登場しているが、これなんぞは、尊者ピエール〔Pierre le Vénérable：十二世紀のクリュニー修道院の修道僧。乱れていた規律を正し、アベラールを迎え入れたことでも有名〕の報告にある通り、クリュニー修道院の一僧侶の幻視に現れたサタン像から、直接派生したイメージであろう。では、オータンで鑑賞できる、頭が小さく手足が無闇に長い巨人はと言えば、やはりギベール・ド・ノジャン〔一〇五三―一一二四年：ノジャン＝スュール＝クーシーのベネディクト会修道士。十字軍の記録などを著した〕による描写をその原型とするであろう。こうしたロマネスク芸術に登場するデーモンたちは、歪んだ恐ろしげな顔つきをしており、信仰を守るエリート層には恐怖心を吹き込んだであろうし、また、素朴な平信徒たちにも、柱頭〔柱上部の彫刻〕にあしらったそのデーモン像によって、自らの存在を刻印しようとしたのである。もっとも、世俗の信徒たちは、民衆的ないし演劇的伝統のお陰で、滑稽極まりない外観を施されたデーモンたちにも慣れ親しんでいた。つまり、悪魔といえども「正体見たり枯れ尾花」といった揶揄を一蹴できなかったわけだ。また、デーモン像自体が知識人独自の好みに染め上げられすぎていたために、一般庶民を心底戦慄させるには至っていないとも言える。その上、十三世紀のゴチック芸術も、悪魔には凡庸な地位しか与えていない。大聖堂のタンパン〔正面入口の彫刻〕を眺めればそれは明らかだ。そこでのデーモンは、玉座に座するキリストに踏みにじられ、それによって他者を引き立てる役割のみを頂戴している。つまり、天国に向かって歩を進める選ばれし者たちの至福を、否が応でも強調する任務を担っているのだ。従って、デーモンは多少は醜い顔つきをしながらも、極めて人間に近い相貌を保っており、しかも諦念の混じった冷笑気味の表情を色濃く浮かべる結果になっている。つまり、デーモンは、民衆の嘲笑の対象となった独特の相貌を備えており、そうした存在として神出鬼没のケースもあるが、場合によっては、身動きを封じられてガーゴイル〔ゴシック建築などに見られる動物や怪物を象った軒先の吐水口〕に押し込められ、御主人である神の視線に縛られながら、自由のきかない毎日を送る羽目にも陥らざるを得ないのである。

つまり、悪魔は自分が占めるべき位置を計りかねていた、否、むしろ、悪魔を想像界に描いた人間たちの方こそが、多くの人々の気に入るどこか異様だが滑稽な悪魔の形象と、グレゴリウス一世〔既出〕以来重ねられてきた神学的思索に由来する、より恐怖心を煽る悪魔像という二者の間で逡巡してきたと言うべきだろう。だが十四世紀を境に、悪魔は否定的かつ不吉な特徴を次々としかも本格的に背負い込むことになる。これは当然で、上述したような歴史の導きの糸は、修道院という狭い世界の外でも紡がれるに至ったからだ。こうして、権力や主権ないしは従属形態などの問題が具体化しつつあった世俗の世界の内奥で、歴史の横糸と縦糸とが新たに織り込まれていく。つまり、中央集権的な政治主権を掲げる新しい理論が登場し、それに伴って、封建的主従関係に基づく世界がゆるやかながらも遠景に遠ざかり始めた時期を境にして、サタンをめぐる言説の数や規模に激変が起こるのである。もっとも、〔サタンと政治権力という〕明らかに異質なこの二つの領域の間に浸食関係が成立したのも明白な事実であって、この傾向は、フランスやイングランドといった、君主政体の近代化に最も熱心であった国々や、イタリア半島のように多くの有力な都市国家が発展した地域に於いて顕著に見られる。この場合、常に芸術が両者〔政治権力とサタンの世界〕の橋渡し役を務めている。と言うのも、芸術は、その作品を注文する支配層たちの強大さを計る指標であり、同時に、それまではほぼ未知の存在であった超人間的な悪魔や地獄絵図を、その他のモチーフと共に描き込んでいたからである。ジェローム・バシェ[16]は、サタンを主題とする、中世末のイングランドとフランスで制作された一連の細密画（六十三）に分析を施し、その冒頭を飾る逸話についてこう述べている。「主権という問題、それも反逆的手段で絶対権力の獲得を目指す、という角度から捉えた主権問題が、現世の歴史を物語る冒頭の逸話の主題として、突如立ち現れるのである」と〔もちろん、サタンが神に反逆した逸話と、政治上の権力争いとが重なって表現されている、という意味〕。

この期を境に、ルシファーの強大さを示す特徴は増加の一途を辿る。ルシファーは他のデーモンたちとは比較にならないほど巨大な体軀を獲得し、玉座を暖めることになる。さらに特権的なことに、冠を戴く栄誉にまで浴している。この点は、例えばランブール兄弟〔十四世紀後半のフランドルの画家兄弟で、Pol, Herman, Jean の三人を指す。本文中の『ベリー公の時禱書』を共同制作したことで有名〕が一四一三年に制作した『ベリー公のいとも豪華なる時禱書』を開けば一目瞭然である。サタンの長身を強調するのも、十四世紀に現れた新たな傾向と言える。例えばイタリアでは、フィレンツェ、パドヴァ、トゥスカニアなどでこの特徴がはっきり見られる。のみならずこれらの都市では、デーモンにキリスト以上の存在感を与える描き方すら観察される[17]。また、悪魔は長身であるという見方が広がると同時に、その怪物性も時を経るごとに露骨となっていく。さらには、中央の玉座にルシファーが帝王として陣取り、周囲ではデーモンや罪人がひしめいているという、どこか眩暈を起こさせるような地獄絵図もいや増しに増えていく。ピサの共同《カンポ・》墓地《サント》の壁や、トスカナ地方の町サン・ジミニャーノの教会の壁面（ここのフレスコ画は一三九六年にタッデオ・ディ・バルトーロ〔一三六二―一四二二年：シエナ生まれの画家。シエナの宗教絵画の伝統を受け継ぎつつも、絵の主題の幅を広げようと努めた〕が手掛けたものである）には、劫罰に処せられるべき罪人たちを罰しようとせわしなく立ち働いているデーモンたちを、角を生やした巨大な顔のサタンが睥睨している姿が認められる。さらにサタンは、罪人たちを手で押し砕いた後、猛り狂ったようにそれらを飲み込んでいるのだ。(18) また、フィレンツェやパドヴァのサタンの場合、その長い耳からは二匹の蛇が顔を出し、三つの口の各々は罪人をがぶりとくわえ込んでいる有様だ。因みにダンテは、三つの顔を持つ貪欲な地獄の帝王を描くにあたって、このフィレンツェのモザイク画に着想を得ていると思われる。さて、獣のような腹部を有するフィレンツェの恐るべき悪魔は、罪人たちを休み無く飲み込んだり放り出したりしている。しかも、悪魔の台座に控えている蛇やらドラゴンやらが、罪人の身体に襲いかかっている。それに加えて、数え切れないくらいの悪魔の軍団が、追い打ちをかけるようにして、彼ら罪人の身体にサディスティックな虐待を加えている始末だ。

こうなると、地獄も悪魔ももはや比喩的な存在ではなくなってくる。芸術作品は、この悪魔の王国に関し、極めて正確かつ具象的な言説を組み立てるに至るからだ。しかも、罪の概念を的確な形で前面に押し出し、信者を罪の告白へと誘《いざな》うのである。「恐怖心を植え付けるとは、すなわち情的なショックを与えることであり、このショックを通じて、行動すること、つまり罪を告白することへと駆り立てる所作なのである。」換言すれば、サタンを舞台上に載せ、それに関連する司牧活動を展開することによって、宗教的な従順を浸透させ、なおかつ、教会と国家の権力を人々の頭に刻印しようとするわけである。しかも、厳格な道徳規範を課して、社会秩序を堅固に保つことも可能となるの

だ。(19)

悪魔を巡る言説が社会に与えた影響を、正確に計るのはほとんど不可能だろう。しかし、その言説が時を経るに従ってより広範囲に浸透していったのは確かだと思われる。王侯貴族から世俗の富裕層に至るまで、皆が自分の時禱書の内に地獄の景色を見出したはずだ。さらに、多くの都市住民が地獄絵図で飾られた教会に足繁く通ったこと、また農民の中にも、地獄に関する説教に耳を傾ける者が存在したことなども忘れてはならない。もっとも、人々がこうしたメッセージから引き出した教訓は、宗教的なものに留まっていたわけではない。と言うのも、人々の心に宿っている、地獄や悪魔に纏《まつ》わるイメージは、法や統治のあり方についても何事かを語りかけてくるからだ。十四世紀以降になると、地獄に於ける責め苦が事細かに描写されるようになるが、それは、神が欲する容赦なき最終的な正義のあり方がいかなるものであるかを、人々に知らしめる一助となったのである。しかも、この神の求める正義は、地上の無力な司法の正反対に位置していた。いずれにしろ、こうした過程を通じて、主権の証は、鉄槌を下しうる剣の力の内に宿っている、という考え方が、緩やかなテンポではあったが、人々の意識にしっかりと滑り込んでいく。つまり、神の名において、今まで以上に厳しい裁きを下す国家、罪の重さに応じて種々の刑罰を使い分ける国王、という見解が徐々にその輪郭を明らかにしてくるのだ。なるほど、十六世紀になると大逆罪という概念の内に全てが収斂していくことになる。だがそれ以前でも、様々な刑罰の内には段階化した一連の意味が宿っており、その意味のおかげで、人間の行為と神の意志との間に橋渡しがなされている、という考え方が、罪人に対する容赦ない見せしめの刑の土台を支えるようになっていったのである。従って、悪魔と戯れうると考えた者たち、つまりは神とも戯れうると考えた者たちに対して、新たな地獄絵図は、その行為による代償を払わざるをえないだろうと教えたのだ。こうした脅迫は著しい効果を収め、罪悪感を植え付けられた信者たちは、災いを避けようと、我先に告解や礼拝へと赴いたのだ。地獄と悪魔に対する恐怖心の増大は、こうした主題に関心を奪われた信徒たちに対し、教会の象徴的な力の大きさを刻印する結果を招いたと思われる。ジェローム・バシェは、個人に対し強烈な罪悪感を植え付けていくメカニズムを、的確に引き出して見せる。もっともバシェは、単なる恐怖によるキリスト教化を主張してはいない。彼が指摘しているのは、信徒たちに恐怖心を乗り越えさせようとするメカニズム、予め用意した信仰の道を以前以上に熱心に辿らせることによって、安心感を得させようとするメカニズムである。地獄と悪魔を中心に据えた脅迫のシステムとは、キリスト教社会を深部から改革する試みである。それは、個人の行いを改めるよう呼び掛けることによって、社会的統制と良心の監督を可能にしようとする制度なのである。[20]

こうした観点を広げていくと、西洋に於ける人々の行動領域にも、ようやく近代的な波が押し寄せた、という見解へと辿りつくやもしれない。と言うのも、悪魔および地獄のイメージの変革をバネにして、ヨーロッパ社会の諸階層に対し個人的な罪悪感を植え付けるというメカニズムは、多種多様な結果をもたらしたからである。先ず、このメカニズムは、修道院で錬成されてきた死および肉体に関する考え方を、世俗の社会にますます浸透させていくようになった。そのため、「死を超越した連続性」[21]に軸足を置く民衆的な死生観は背景に退いていったのである。また、原則として「善」と「悪」が完全に分離していない、錯綜とした茂みのごとき超自然、という見解も退場を余儀なくされたのだ。さらに、こうした古い魔術的な世界観の後退は、強大な悪魔のイメージの伝播に寄与したというよりも、むしろキリスト教そのものの覇権の確立をもたらしたと言える。地獄の自立性を強調する動きは、結局のところ、キリスト教の神聖さをより純粋に刻印するための途方もない努力であったと解しうる。なぜならこの姿勢は、キリスト教の神聖さをぼかしてしまう数多の「迷信」を、何とか削ぎ落とそうとする試みに他ならないからだ。また、死および来世に関して、今まで以上にきめ細かい定義を下そうとする動きも見られたが、これは、現世がどうあるべきか、換言すれば、人間が権力といかなる関係性を切り結ぶべきか、という問題にも大いに光を当てることになった。複数形の神々を退け、唯一の神を崇めるべきだ、サタンには特別な地位が与えられているが、神の意志には逆らえない、あるいは、罪人や犯罪者は正当なる罰を逃れられない、等々の諸見解を通して、カトリック教会は、ダイナミックなヨーロッパという存在の諸特徴を築き上げていったのである。ヨーロッパは、言わば個人的次元で罪悪感を刻みつけることによって、集団的次元でエネルギーを蓄えていったのである。と言うのも、ジェローム・バシェが主張するように、個人的罪悪感を抱かせるとはすなわち、宗教という現場に於いて、個人に宿る破滅的衝動を上手く整理誘導することへと繋がり、最終的には、宗教的な錬金術を可能にするからである。換言すればこうだ。「個人的主体は、信仰（自分個人の信仰）を告白しかつ権力（教会の権力、およびある意味では、教会の「法」を自らの内にも織り込もうとする国家の権力の双方）を承認する代償として、自らの罪の赦しを獲得するのである。[22]」ただし私に言わせれば、バシェのこの解釈は、宗教的な領域に重点を置きすぎている嫌いがある。ここではむしろ、他者の征服を指向する一つの文化の誕生を見て取るべきではなかろうか。なぜなら、個人に罪悪感を植え付けるというメカニズムは、元来は道徳的かつ宗教的な操作であったわけだが、ここで生まれつつある文化は、このメカニズムを、他者に対する優越感と外に向かって拡張していきたいという欲求の内に、すなわちより広い一般的な領域の内に組み込んでいったからである。ヨーロッパは、それまでの重苦しい魔術的世界観を捨て、恐るべきルシファーよりもさらに強大な神を中心とした、根本に於いて階層的な社会秩序のモデルを構築する過程を経て、将来の世界制覇へと繋がる様々な道具を編み出していったのである。この社会的モデルは、人間の活動のいかなる領域にも、無限に適応可能なものであった。こうして、個人的な罪悪感を強烈に刻印するプロセスを経て、集団的な拡張発展の可能性が追求されていったのである。

こうした連鎖的な動きの嚆矢が放たれたのは、世俗の権力世界の内部においてである。フランスでは、君主制がローマ帝国をモデルにしつつ、自らを極端に神聖化し始める。ここで言う神聖さとは、十六世紀にボダン〔一五三〇―九六年：経世思想家。主著『国家論』で近代的主権概念を確立。インフレのメカニズムを初めて「解明」した功績も大きい。また、『魔女論』を著し、魔女の撲滅を主張したため、評価は分かれる〕が体系化することになる概念、すなわち、唯一にして分割不能かつ不可侵にして譲渡不可能なる至上権、という概念に依拠している。今問題にしている至上権とは、ある一個人の集団に対する単なる優位性などでは断じてない。そうではなく、一二〇〇年以降に於ける、王権の華々しい伸長を可能にした全く新しいコンセプトなのである。もちろん、人々が一斉にこの至上権にひれ伏したわけではない。中世末期でも事情は同じであり、この至上権に対する異議申し立ては、アンリ四世の時代まで頻繁に繰り返されている。この見解が政治意識を強く刺激し、「人々の心の内に、魅力と同時に懸念を刻み込んだ」[23]わけだから、異議が唱えられたのも当然と言える。ところで、上で大雑把に素描した政治思想の図式の背後に、それと全く平行する形で、サタンの権威の図式が浮き彫りになってくる。なるほど、同時代人の誰一人として、その定義上正反対に位置するこれら二つの領域の間に、一致点が存すると気づいた者はいないように映る。だが、悪魔に纏《まつ》わる原光景は、王権の至上性を強調して見せた、正に同じ芸術家たちによって描かれているのである。従って、彼ら芸術家たちが、サタンに、極めて強大な地上権力特有の象徴的特徴を付与していたとしても、別段不思議はない。もっとも、当然と言えば当然だが、彼らはデーモンの力を格下げするために、否定的な象徴をそこに添えることも忘れてはいない。さて、地獄の主の威厳は、特に十五世紀になって確固たるものになる。例えば、一四五六年、テオフィルが敬意を込めつつ描いている悪魔は、壇上の玉座に腰をおろし、王冠を戴き、王杖を手にしている。しかも、白を主体とした衣服を纏い、自分と同じく贅沢な衣服に身を包んだブレーンたちに囲まれている。ただし、ブレーンたちのいかにも悪魔らしい表情や、サタンの動物を思わせる四肢を眺めていると、偉そうな外観を裏切る胡散臭さも漂ってくる。ちなみに、「闇の帝王」の至上権を物語る図像的な証拠は、他にも数多存在している。一例として、アルヌール・グレバン〔一四二〇頃―七一年：中世聖史劇の傑作の一つである『キリスト受難劇』を著した劇詩人〕が一四五〇年に世に送り出した『キリスト受難劇』を挙げうる。この劇詩中では、「王者ルシファー」が大号令をかけると、臣下の者たちはすぐさま命令に従うのだ。こここには、サタンが神ないしは人間の猿まねをする存在だ、という古典的な見方が反映している。だが、それだけではない。こうしたイメージは、王権の至上性という概念を下敷きにして構築された、地獄界のヒエラルキーという概念の伝播に一役買っている。さらに、当時の政治思想は、権力の行き過ぎや堕落、あるいは暴君殺害というテーマを巡って、上記二つの支配形態を意図的に結び付ける場合すらあった。イタリアではバルトロ・ディ・サッソフェラート〔一三一四―五七年：イタリアの法律家。ローマ法の精神を教会法や封建制度に適合させようとした〕の筆が両者を結び付けているし、フランスではオルレアン公〔ルイ、一三七二―一四〇七年：ブルゴーニュ公のジャン無畏公と争い暗殺される。以後ブルゴーニュ派とアルマニャック派に分かれた内戦が始まる〕の暗殺を契機に、二つの世界が比較対照されている。サタンの絶対的権力は、上手く制御された統治権の対極にある権力形態を想起させる一方で、強大な権力にしか封じられない邪悪な陰謀の脅威をも思い起こさせるわけだ(24)。いずれの場合であれ、悪魔は当時の論争の核心を占めていた。つまり、悪魔には、至上権を保持していることを示す記章が付けられている、従ってこの記章と照らし合わせれば、権力の行き過ぎを批判したり、反対に権力の強化の必要性を訴えたりすることが可能になる、というわけである。そう、悪魔は堕落した権威を帯びているため、常に体制の転覆を象徴する存在となっていく。しかもこの転覆は、それが自身の権力であれ暴君のそれであれ、必ずや権力の行き過ぎという形で表現されることになる。また、悪魔は人間を食い尽くすという強迫観念についても、同じような説明ができそうである。つまり、国王による政治的な「人肉食《カンニバリスム》」への恐怖が、あるいはイタリアの場合は、自分たちに都合のよい方向へと都市権力を誘導していく野心家たちへの恐怖が、悪魔のあり方に重ねられているとは言えまいか。現にルシファーは、フランスないしイングランドではおよそ一二〇〇年頃を境に、またイタリアのフレスコ画にあっては十三世紀の後半以降に、貪欲な怪物の姿を纏うようになっていく。そこには、貪り食う口を二つ備えた悪魔が見出せる。しかもその内の一つは下半身に付いている始末だ。さらにひどい場合は、身体のあちこちに恐ろしい口が穿たれている。こうして、口と肛門の双方の機能を果たす悪魔は、劫罰を受けた罪人たちを、絶えず貪り食ったり吐き出したりするのである。[25] 従って、悪魔は、過剰な政治権力を連想させるにとどまらない。なぜなら、サタンの身体は獣的であるというテーマが、ここで新たに立ち現れるからである。上述したとおり、悪魔には君主を想わせる属性が備わっているため、ごく普通の人間とは異質な存在だ。だが、こうした悪魔の特異性は、動物的な属性を付与されることを通してさらに強調されていく。ラウル・グラベール〔既出〕やゴシックの彫刻家たちは、悪魔を想像するに当たって、奇形の人間を思い浮かべていたにすぎない。これに対し、中世後期の人々は、悪魔を人間の領域から決然と締め出し、十二世紀以降不気味さを増していく、あの動物の世界へと送り込んでいったのである。

悪魔と獣

中世の一千年間を通して、ヨーロッパ社会はそのあらゆるレヴェルに於いて、悪魔を巡る定義を探し求めてきた。先ず言えることは、多様な民衆的伝統が厳然として存在していたために、キリスト教以前に起源を持つ形態を無視できなかったという点だ。従って、教会も、単にその行き過ぎを修正し、民衆の頭に刻み込みたいと思っていた自分たちの教えの内に極力うまく嵌め込めれば、それで十分とせざるを得なかった。一方、民衆的なるものの対極にあった知の領域では、神学者、隠修士、あるいは聖人たちが、悪のコンセプトに関し民衆とは随分異なった考え方を展開していた。ただし、いくら異なっていようとも、大部分の人間が理解し信じられる見解を練り上げなければならなかったため、彼らは民衆がデーモンに貼り付けていた種々の属性を、しばしば取り込まざるを得なかった。いずれにしろ、経済や都市が飛躍的発展を遂げたために、また、王侯、皇帝ないしは教皇たちが以前にもまして露骨な野心を抱くようになったために、社会は様々な次元で複雑化の様相を呈するようになった。加えて、何世紀にも亘るキリスト教化の努力が、社会や人々の深部にまで達しつつあったのだ。こうした要因が重なって、知的エリートと民衆という二つの文化領域に見られた均衡には、緩慢ながらも変化が生じてきたのである。もちろん、民間信仰の中核部を完全に葬り去ることなどは到底できなかったが、それでも知識層が先ず攻勢を強めていき、一般信徒の生活態度や信仰のあり方を純化する努力を行っている。修道院が掲げた純粋という理想は、民間の「迷信」という広大な田畑の内部に、自らの理想へと至る道筋を精力的に何本も引いていったわけだ。とは言っても、民間の「迷信」も黙ってはおらず、機会をとらえては、何度も派手な返り咲きを果たしていたものである。だが、信仰純化を目指すこうした動きの中で本当に革新的だったのは、この目標に向かって活動しようとする意志そのものではない。信仰を純化しようという志は何世紀も前から存在する。では何が真に革新的かと言えば、それは、純化へと誘《いざな》うメッセージを自ら受け入れ、それを、その当時重要性を増していた社会階層の間に伝播できるような仲介者が登場してきた、という点に求めうるだろう。つまり、王侯貴族や有力諸侯、学校や大学で教育を受けた聖職者、知識人ないしは医者、都市で活躍する進取の気性に富んだ商人、あるいは、信仰の証としたり生活に潤いを与えたりするために、人々が争って注文を寄越した職人や芸術家、等々に該当する者たちが、言わば思想伝達の中継点の役割を演じたのである。彼らは雑多な集団ではあるが、世俗世界の教化を目指した学者や聖職者たちが発していた見解を、積極的に受け入れようとする「社会」の土台を成していたと言える。ところで、こうした動きの推進者として、とりわけ、地獄と悪魔の捉え方に関する領域で明らかになってきた動きの推進者として、スコラ哲学・神学のみを挙げるのは、あまりに単純すぎると思われる。[26] もっともこうした見方にも一理ある。なぜなら、この見解からは、聖職者の一群が受けた衝撃がある程度伝わってくるし、さらに言えば、思想家たちが大々的に、西洋の想像界《イマジネール》に知的「植民地化」を施そうとする時代が到来しつつある事実を、ここに読み込むことも可能だからだ。実際のところ、この知的「植民地化」の動きは、今後数世紀にもわたって、都市に於ける知識人たちの重要性を増大せしめていくのである。その証拠に、権力の座にある者たちが、知識人たちの助言を請う機会は増加の一途を辿っていく。権力者たちは、政治理論や宗教上の教義のみならず、人生の意義といったより複雑な問題や、さらには、いまだに強力に残存していた魔術的宇宙観の影響下にある、諸々の民間信仰に関する事柄についてまで、知恵を拝借しようとしたのだ。しかも知識層と支配層とが暗黙裡に結び付くことによって、魔術的な世界観に覆われていた頃よりも、より積極的な力学《ダイナミズム》が作用しうるようになる。と言うのも、魔術的な世界にあっては、個人個人は慎重に慎重を期して歩を進めざるを得なかった。ところが、権力層と知識層の二者が暗黙裡に結託した領域にあっては、人間界の内に、突然超越的な力学が引き入れられる。と言うのも、地上の権力者は、聖職者に支えられることを通して、至上権の源たる「神の摂理」という、心強い味方を手中にするからである。例えば、フランスやその他のヨーロッパ諸国の王権を定義するに当たって、神聖な性格が呼び込まれたのは言うまでもない。それ以外にも、キリスト教圏そのものや、十字軍ないしはムーア人〔中世にスペインを侵略したイスラム教徒〕を再征服したスペインをも、神聖な使命の遂行という色彩で染め上げており、ここに「神の摂理」の効用をはっきりと看取できる。だが、超越性は以上のような事柄にのみ関わるわけではない。なぜなら、超越性は人間そのものをも高みに引き上げていくからだ。この背景には、同質的な西欧文化内において、聖職者たちがラテン語により、神聖なる人間という概念をひろめつつあったという事実が横たわっている。さて、神へと至る道を辿るべきこの理想的な存在の対極、すなわち人間の対極に位置していたのが、そのイメージが大幅に改変されたデーモンである。先ず人間の方だが、これは完璧な臣下に譬えられる。しかもこの完璧な臣下は、自身完璧な神をモデルに成立している君主に倣わねばならない。つまり、可視、不可視の両世界を律する上で必要な、諸存在の調和に満ちた体系が構築される必要があったのだ。一方、サタンの王国とは、こうした体系全体を、まさしく裏返しにした存在に他ならない。もちろん、以上に示した図式が、例えば十六、十七世紀に於けるように、民衆文化の内にまで強く刻印されていたわけではない。それもそのはずで、当時急務とされたのは、長期間にわたって許容されてきた民衆の種々の行動様式を弾圧することよりも、むしろ、世俗や都市の権力者たちの世界の内部に、人間自身の「超神聖性」という概念を深く浸透させることであったからである。

　右に見た極めて抽象的な見解は、主に美術や文学あるいは演劇作品を通して広がっていき、さらにその裏面を構成している悪魔の世界と呼応しつつ、具体的な像を結んでいった。しかも、悪魔をめぐる言説は、人間の身体、それも非難されるべき状況にある人間の身体について、多言を費やすようになった。知的営為に明け暮れていた世界に限ると、十二世紀頃に断絶が生じたと言える。なぜなら、知識人の世界にあって、人間と動物とを隔てていた境界線が曖昧になり始めるのが、ちょうどこの頃だからである。それまでの聖職者たちは、デーモンは非物質的存在であり、それ故にデーモンが生き物に働きかけることは現実には不可能だと信じていた。それゆえ、デーモンと生き物との間の性交は、悉《ことごと》くあり得ないものとして退けられていた。ところが十二世紀は、こうした点で決定的な変化を経験する。[27]先ず一方では、インクブス〔男夢魔：眠っている女性を犯すとされたデーモン〕とスクブス〔女夢魔：女の姿をとり男と交わるデーモン〕は本当に人間を誘惑できる、その際これらのデーモンたちは、一般的に美青年や魅惑的な女性の姿を纏《まと》って相手の前に現れる、といった見方が定着していった。同時に、こうした自然に反する性的関係は、獣的であると見なされ、しかも異端と密接に結び付けられていった。教会史の専門家たちは、こうした見解が、煉獄という概念が台頭してきた時期と重なっていると指摘している。つまり、〔デーモンたちが〕魂を罰しうるという考えが正しいのなら、〔魂の躓きの元である肉体に関心を抱いてもおかしくない、よって〕デーモンたちが人間の身体に性的に干渉することぐらい朝飯前のはずだ、と言うわけだ。さて、十二世紀の断絶と関係するもう一方の要因として、動物の世界が、中世初期に比べてずっと不気味な領域になり始めていた点が挙げられる。十二世紀を境にして、獣と人間とを分け隔てていた境界線がぼやけ始めたのだ。従って、知識人たちの想像界《イマジネール》の中では、この異なる二つの種の間に性的関係が生じることへの恐れが、急速に膨らんでいった。例えばトマス・アクイナス（一二二五―一二七四年）は、獣姦を、性的な罪の中でも最悪のものと見なしている。なぜなら、獣姦によって、異なる二つの種を分け隔てていた壁を切り崩すことになるからだ（神が作った被造物の秩序を乱す行為である、という意味であろう）。もちろん、当時の司法が同性愛の方により強い懸念を抱いていたのは事実である。しかし、獣姦も今後重要なテーマとならずにはいない。例えばスペインの法典は、十三世紀末の時点で既に獣姦を大罪であると認めている。その証拠に、マジョルカ島（地中海西部のバレアレス諸島中の最大の島でスペイン領。マヨルカ島）では十五世紀に獣姦罪による処刑が行われている。またイングランドやスウェーデン（一五三四年）でも、獣姦は死刑に値するという判決が下されている。何人かの研究者たちが主張するように、こうした厳しい抑圧措置は、人間と動物という異なった種を分かつ境界線の侵犯を、絶対に認めようとしない姿勢に由来しているのである。[28]

人間と動物の交接を巡る以上のような強迫観念は、一見すると大昔から存在するありきたりのものに映る。古代の文献は、この二つの世界が相互に行き来しうる可能性を既に認めている。この点は、例えばオウィディウスの『変身譚』やアプレイウスの『黄金のロバ』を繙《ひもと》けば明らかであろう。さらに、数々の民間信仰もこうした二世界間の往来を認めていた。もっとも、中世のローマ教会に於いて支配的だった教義は別で、人間の動物への変身は、幻想にすぎないとしていた。聖アウグスティヌスが擁護し、トマス・アクイナスも依拠し、さらに十六世紀に魔女狩りに携わったアンリ・ボゲも認めていたこの理論が、地平から姿を消すことは全くなかった。しかしながらこの理論は、同じく知識層の文化に由来する別の見解（変身の真実性を認める見解）の流行によって、覆い隠されてしまう。オウィディウスの書物が十二世紀から十四世紀に至るまで、大々的な成功を収め続けたことからも明らかなように、この見解は文学を介して伝播していった。さらに、自然の変容に関心を奪われていた知識人や、賢者の石（人の若返りを可能にしたり、卑金属を金に変える力を持つとされたもので、錬金術師たちが探し求めていたとされる）探しに夢中になっていた錬金術師たちも、こうした意見に好意的であった。[29] では、新たに台頭してきたこのような立場は、何を目指していたのだろうか。もしかしたら、変身を信じる民間の魔術的世界を、敢えてそれと同じ土俵に立つことによって、逆に退けようとしたのかも知れない。変身という神秘を神の意志と結びつけてしまえば、民間信仰を隅に追いやれるからである。いずれにしろ、変身を現実と見なす立場は、ルシファーが現世で行いうる業に関し、より正確にかつより具体的に考察しようとする動きと連動していた。現に、悪魔学と結び付いたこの見解は、地獄をリアルに描いた絵画の内にも看取できる。さらにこの見解は、十五世紀になると、次章で紹介するような魔女狩り用のマニュアルにも結実する。もっとも、こうした見方が人々の意識に絶大な影響力を行使するには、悪魔の容姿を極端なまでに誇張する必要があった。と言うのも、聖アウグスティヌスが主張していたように、悪魔が神の意志に縛られすぎていたり、あるいは、あまりにも無色無臭で人間臭さに欠けていたり、逆にラウル・グラベールの幻視やゴシック彫刻に見られるように、あまりにも人間的であったりすると、集団的な次元で激しい嫌悪感を掻き立てるに足るような力、言い換えれば人々の感情に強烈に訴えかける力を、悪魔は獲得できないからである。

以前は奇形の人間にすぎなかったサタンも、以後は人間とはかけ離れた威力の持ち主として、人間を押し潰す王者として立ち現れることになる。さらに言えば、サタンは、獣的ないしは異種混合の外観を纏《まと》うことができ、しかもあらゆる生きた身体に忍び込める、きわめて理解しがたい存在になっていく。ところで、みごと獣に成り果《おお》せた以上、悪魔は人間の身体をも占拠できるのではなかろうか。

中世の想像界にあっては、動物は、主に食料と労働の提供者という機能を付与されていた。六千冊に上る写本に描かれた図像を分析したところ、動物の主たる役割がこの二つである点は一目瞭然である。しかし、時代を下るにつれ、動物を巡るテーマはメタファーを獲得する。すなわち、人間の最大の長所と最大の短所を際だたせるために、動物を人間の戯画として登場させ行動させるようになるのだ。十三世紀から十五世紀にかけて、写本の余白には、この主題を扱った絵がますます多く描き込まれるようになる。人間の寓意として特に頻繁に登場するのは、猿、犬、および狐であるが、この分類の第二位には異種混合のケンタウロス〔ギリシア神話で、腰から上が人間の姿をした馬身の怪物〕がつけており、第五位には、人間と動物の双方の性質を有した野生人がランクインしている。死や悪魔を連想させる蛙と蛇は、写本画の中では野生人よりも頻繁に登場するが、余白に描き込まれることは全くない[30]。さて、以上の指摘から次のように言えよう。すなわち、怪物の如き人間や多様な異種混合の存在を登場させ、それを通して伝統的な動物誌をさらに充実させていった学殖豊かな書物が、時を経るごとに成功を収めるようになったのだ、と。その一例として、トマ・ド・カンタンプレの作品を挙げられよう。魔女狩りの体系化へと収斂していった悪魔学史の系譜上に於いて、非常に重要な位置を占めるこの書は、コンラット・フォン・メーゲンベルクによって独訳され、次いで、十五世紀にライン川の向こう岸で怪物の図像を世に送り出す知識人たちの動きへと繋がっていく。さらには、一四八七年に日の目を見た『魔女への鉄槌』、すなわち魔女の絶滅を声高に主張したかの有名な書物にまで連なっていくのである[31]。また、アルブレヒト・デューラーもこうした不気味な存在を素晴らしいタッチで描き出している。もちろん、一四九一年に没したデューラーの先駆者マルティン・ショーンガウアー〔一四五〇頃―九一：アルザスの画家、版画家で多くの銅版画を残している〕が、目も眩《くら》むような『聖アントワーヌの誘惑』を彫り込んだことも忘れてはならない。この銅版画には、漫然と人間を連想させはするものの、種々雑多な要素が組み合わさった気味の悪い生き物が、まるでマンドルラ〔神の像やキリスト像の全身を取り巻き、その神聖さを示す光〕のように不思議な光を放っている。それはあたかも、聖アントワーヌを包む目眩くようなニンブス〔頭光。宗教美術で神やキリストなどの頭部を囲む後光〕の如きである[32]。

学殖に溢れてはいるが幻覚をも与えそうなこの種の表現は、徐々に社会的エリート層の心象界を支配下に収めていく。ところで、こうした描写の淵源を探っていくと、十二世紀末にフィオーレのヨアキム〔一一三二―一二〇二年：イタリアの修道士・神秘主義者〕が行った黙示録的な預言へと辿り着く可能性もある。その預言の内容は、イングランドおよびノルマンディーの版画作品によってヨーロッパ中に広められていき、さらに、ダンテの筆が描出し、かつ十四世紀イタリアの偉大な画家たちが活写した地獄絵が世に出るに至って、新たな命を吹き込まれることになる。十五世紀に入っても、多少知名度は落ちるものの、多くの画家たちが、相変わらずこのテーマをキャンバスに繰り広げていった。勢いはまだ止まらず、印刷術への移行ならびに版画技術の向上に伴って、この現象は加速度的な展開を見ることになる。その上、イタリアとフランドル地方とが緊密に繋がっていたが故に、このモチーフはライン川の両岸にまで、換言すれば、当時のヨーロッパに於ける第二の先進地域にまで到達したのである。こうしてデーモンに対する恐怖心は、人々の不安や異端への危機感を背景として、さらに加えれば、宗教の刷新を図ろうとする努力（エラスムスもデーフェンテル〔オランダ東部の町〕に設立された「共同生活兄弟団」〔十四世紀末頃デーフェンテルの市民ヘールト・フローテが始めたもので、信仰生活に於ける内面性の重視やその他の刷新を行った〕でその恩恵に与っている）を背景として、その強度をぐんぐんと上げていった。もちろん、こうした恐怖心が、説教や芸術的表現に見出される、あの攻撃的なほどのレアリスムによって煽られたのは言うまでもない。サタニズムに覆われていたこの十五世紀半ばに生を受けたヒエロニムス・ボッシュも、かの有名な作品〔ここでは『愉悦の園』を指すと思われる〕に様々な形態や象徴を描き込むに当たっては、やはりサタニズムに着想を得ている。その画布上には、爬虫類、昆虫、夜行性動物、異種混合の身体を纏ったデーモンたち、不吉な怪獣、犬の頭を有したサタン、等々がひしめいている。それもそのはずで、こうした存在は、ボッシュの同時代人たちに取り付いて離れない、諸々のテーマの一つとなっていくのである。

悪魔が繰り広げるこの種の舞台光景が、強迫観念のように人々を悩ませた可能性はあるが、しかし、この舞台に見入ったり聞き入ったりしていた者たちが、果たして何を心底感じ取っていたか、となると正確なところは藪の中であろう。もっとも、最低限言えるのは、サタニズムの氾濫の背後には、〔絵画などの〕イメージ媒体の消費が増大したこと、および、図版の意味内容に関する知識が浸透していったこと、の二点であろう。この傾向は、ボッシュ作品の顧客層を形成していた階層、とりわけスヘルトーヘンボス〔オランダ南部の北ブラバント州の州都〕の都市富裕階層の内に顕著に見出せる。もっとも、こうしたイメージ群が一般の人々にどれだけのインパクトを持ち得たのかとなると、それを正確に摑むのは不可能であろう。誰も彼もが恐怖に打ちひしがれていた、などと想像するのは明らかに間違いである。その証拠に、悪魔たちは小話の中や日常空間に於いて、相も変わらず馬鹿にされたり茶化されたりしていたのだ。また、教会堂前の広場で演じられた聖史劇も、聖なるものの合間に、わざわざ愚弄すべき対象を混ぜ込んでいた。礼拝行進や宗教上の祭りが行われる際には、愚かで頭の弱い悪魔や、ちっとも怖くない怪物などが舞台に登場している。一五〇八年のこと、尊敬すべき司祭エロワ・ダメルヴァル〔生没年不詳。十五世紀末から十六世紀初頭にかけて活躍した音楽家、詩人〕はパリで『悪魔劇の書』と題された作品を刊行している。そこに登場するサタンやルシファーは、きわめて正当な教訓を伝える役割を負わされている。従って、悪魔のおどろおどろしい側面が強調されることはまずない。むしろサタンやルシファーは、人間に大変近い存在であることが分かる。その証拠に、彼ら悪魔の頭《かしら》たちは罵詈雑言や下品な言葉を操り、お互いに激しく口論し合ったりしている。しかも、怒り、悲しみ、陽気、自慢癖、敵意、優しさ、自信、絶望、等々の、人間にならありうる様々な性質や喜怒哀楽を、悪魔もそのまま体現している。その上、著者はデーモンたちに身体を与えている。そこで、一方のデーモンがもう一方に向かって、鼻や耳あるいはキンタマを切り落としてくれるわい、と脅してみたり、ケツに火を付けてやるだの、目ん玉を引き抜いてやるなどと、凄んでみたりする始末である。また、ルシファーが感極まって「ズボンの中に小便を垂れてしまう」のも一度や二度ではない。悪魔たちは、この数十年後にラブレーが真似てみせるあの流儀で、乱暴に罵り合っているが、同じくラブレー流に相手に優しく呼び掛けることも忘れていない。曰く、「わしの可愛いふぐりよ」、「吾輩の愛らしい立ちションよ」と言った具合だ〔ラブレーの『第三之書・パンタグリュエル物語』の第二十六章と二十八章では、ジャン修道士とパニュルジュが、親愛の情を込めつつ、様々な形容を冠した「ふぐり」で相手を呼ぶ場面が挿入されている〕。だが、サタンには尻尾がついている、という反論があるやもしれない。しかし、サタンの方はこの尻尾の存在には辟易しているようで、地獄の祝祭の折には、頭の回りに巻き付けて畳んでいるほどである。(33)

つまり、中世末期に於けるサタニズムの高揚と言っても、それを額面通りに受け取らないよう注意せねばならない。この点で、ダメルヴァルの著作は、古い悪魔のモデルがねばり強く残っていることを雄弁に物語ってくれる。こうしたモデルは、文盲の人々の間に於いては言うに及ばず、ダメルヴァルが先ず対象にしていた都会の読者層の世界にあっても、いまだに命脈を保っていたのだ。確かに、地獄はその戦慄すべき影で社会を覆いつつあった。しかしながら、その社会を代表する者たち、時にはダメルヴァルのような神父までが、いまだ人間臭さの抜けないデーモンたちと親密に付き合うことに、何らかの愛着を抱いていたのである。逆に言えば、サタンに超人間的なイメージを付与する戦略は、何よりも先ずはプロパガンダを目的としていたことになる。知識層がこうしたイメージを練り上げ、芸術家や著作家あるいは聖職者などが、それを普及させるという仕組みだ。例えば聖職者なら、説教の中に於いて、あるいは信者と直接接することを通して、悪魔のイメージを植え付けていくことができる。と言うのも、民衆や民衆的伝統と近いところにいた知識人たちの双方が、担がれ騙される悪魔や、自分たち人間と同じように感じたり苦しんだりする悪魔を頭に思い描いているため、そこには不気味さが欠落してしまう。そこで、この不気味さには縁遠い人間的諸特徴を消し去るためにも、悪魔に相応しい気味悪い側面を、系統だった形で誇張していく必要がある、という判断が働いたのだ。この場合、悪魔への恐怖心を煽りたいと考えていた者たちにとって、先ず解決すべき問題は、実際に人々が不気味な悪魔に出会うようにするにはどうすべきか、という点にはなかった。そもそも悪魔は、不可視の霊的存在が埋め尽くしているこの世界の一員であるから、見える必要はない。そうではなく、人々が道を横切る際に、悪魔に出会うのではないかという恐怖心を、心底抱くように仕向けることさえできれば十分なのである。そして、戦慄を覚えさせる上で効果的なのは、悪魔のことを見たり読んだり聞いたりする場に於いて、信用してもらえると同時に恐怖心を煽るような様々な象徴を、数々仕掛けていくやり方だ。従って、当時整いつつあった悪魔学は、物理的に即座に理解できるような概念を基礎に置いて、議論を組み立てていったのである。そこで、悪魔学は一方で、当時ますます至上権を強めつつあった君主を登場させ、その君主に罰される罪人の運命をやたらと強調している。しかも、この同じ君主は、罪を悔いた罪人には慈悲深くあることも心得ている。これと照らし合わせて見るならば、地獄こそは、人を罰する至上権を神から付託された究極の場所である。さて、悪魔学は他方で、比喩に富んではいるがリアルに感じられる右の考え方をさらに押し進め、個人個人の身体こそは、善と悪とが対峙し合っている特権的な空間である、という見解へと人々を誘《いざな》うのである。

当時生じた変化の二番目のベクトルは、西洋に於ける新しい身体の文化の構築へと向かっていった。ただし、ここで言う身体とは、神学者たちが高みに持ち上げた身体、つまり一般庶民の遙か彼方にのみ存在する、あの聖人の身体を意味しているわけではない。そうではなく、常人の身体に焦点が当てられており、その身体が肝要な闘いの場と見なされるに至っているのだ。以前は、サタンは人間に似ていることしばしばであった。しかし今後サタンは、化け物や野獣に急接近していくため、その気色の悪い相手が、どんな存在の内部にも侵入できると想像するだけで、人々は大変な不安感に襲われ、極力その嫌悪の対象を、自分たちの周辺から遠ざけようと努めたはずである。この不安感を醸成する要素には二つある。その第一は、デーモンが本質的に非人間的な存在だと強調し、そのデーモンが罪に汚れた身体を侵犯し、それをデーモン自身の似姿に変えうると執拗に説く傾向であろう。第二の要素が本当の意味で定着するのは、大規模な魔女狩りが本格化する時期を待たねばならない。完全に悪魔に牛耳られた身体というテーマがこれに該当する。中世末期にあっては、この見解は漠然と漂っていたにすぎない。悪魔が、人間と同じ平凡さの内に引き込まれていた以上、当然である。従って、比喩的な次元でならいざ知らず、悪魔が現実に一人の個人の身体を完全に憑依《ひょうい》してしまう、という見方は受け入れがたかったのだ。*

だがこの見解へと向かう道は、「獣」の登場と共に開かれていく。先ず、異種混合の存在が可能であるとする考え方は、十二世紀以来その重要性を増していった。その上で、デーモンが動物や混合体の形態を採って登場しうるという信仰が加わると、更なる一歩が踏み出されたことになる。こうして、この種の変身や変容を報告した文献は、増加の一途を辿っていく。その結果、狼男《ルー・ガルー》も、新たな側面を備えるようになる。それは人間を食らう単純な捕食者の域を脱し、『魔女への鉄槌』も認めているとおり、相変わらず狼には違いないが、デーモンに憑依された存在、しかも極めて知的な存在へと脱皮するのである。研究者のジョイス・E・サリズベリーは次のように指摘している。中世末に動物を見る人々の視線に変化が生じたが、この変化は同時に、自らの内部に巣くう獣への恐怖を人間に抱かせるに至った（因みにサリズベリーの著書のタイトルは「内なる野獣」となっている）、と言うのも、この内部の獣は人間の合理性と霊性とを消し飛ばしてしまい、まさしく獣の如き淫欲と食欲と攻撃欲のみを残すだけだからである、と[34]。この主題を巡っては、恐らく異教の古い伝統が、キリスト教の本体部分と堅く結び合っていると思われる。もちろん、キリスト教は異教的要素と闘ったが、この場合はむしろ、高まりつつあった自己内部の獣に対する恐怖感を、キリスト教内部に統合しうる用語で掬《すく》い取ったのであり、さらには、この恐怖に対する治癒法として、信仰と献身とを前面に打ち出していったのである。なるほど、いかなる信者も、聖人、とりわけ聖アントワーヌのような強い魂を有するのは不可能だ。しかしそれでも、各人は、自己内部に巣くっている獣的な性質を押さえ込まねばならないとされていた。聖なるものと悪魔的なるものとの中間に、あるいは聖人と悪魔との中間に置かれた人間には、自分を獣の方へと押し戻す力を、何とか押さえ込む義務が課されていた。確かに、人間に宿る獣性は、人間と動物という別々の種

＊　もっとも、いわゆる憑依現象と、魔女「現象」とは全く別物である。前者は身体が悪魔に占拠される犠牲者と見なされるのに対して、後者は一般的に悪魔と積極的に契約を結び悪事をなす「加害者」である。この点は、後の章で論じられるはずである。

の間に連続性が保たれることを、神自身が欲した証となりうるだろう。こうした視点は、例えば十三世紀の『聖フランチェスコの生涯』という作品などに看取できる〔アッシジの聖フランチェスコは、小鳥に説教したとされている〕。だが、聖フランチェスコは一方で、自分の身体を「兄弟ロバ」と呼んで、そこに潜む獣的な側面を厳しく抑え込んでいる。彼はがむしゃらに働き、ほとんど食物を採らず、頻繁に自らの身体を鞭打ったのだ。聖人は、〔人間性と獣性という〕二つの相反する世界をこのように把握していた。換言すれば、人間性を獣性の対極に位置づけていたのである。彼からすれば、精神は、情念や欲望を統御できるはずだと思われたのであった。(35)

現代にまで伝わっているこうした見方は、ノルベルト・エリアスが西欧に固有であるとした、あの「習俗の文明化」の過程と連動している。人間と動物とを分け隔てる明快な境界線が十二世紀頃に消滅すると、人間は自らの内部の獣的な側面を以前よりも遙かに恐れるようになり、その結果、自分の獣性をより効果的に抑制する努力をも払うようになっていく。結局のところ、自己に対する強烈な恐怖心が芽生えたことになる。この傾向は農村人口に於いてよりも、文化的・政治的エリート層に於いてより顕著であったと考えられる。また、聖性や聖徳のモデルも、以前に比べてより幅広い人々の共有するところとなっていった。そうは言っても、社会全体から見れば、まだまだ少数派にすぎないが、それでも彼らは、自分たちが胸ときめくほどの神聖な事柄に、つまりは最良の信者のみに可能な事柄に参画しているのだ、という自負心を感じていたのだ。ところで、こうした心理的プロセスは、自己の罪悪感をより高じさせるという仕組みに支えられている。そして、この罪悪感がとりわけ高じるのは、自己内部に潜む獣性をうまく抑制できなかった場合である。この不完全かつ悲惨な身体には、神の目が組み込まれているのだ。同時に、追い払われたり、門戸を堅く閉ざされたりしない限り、デーモンもまたこの身体を居心地良く感じるだろう。ところで、こうした世界把握の仕方は、西洋のダイナミズム、あるいは西洋の拡張発展と連動している点を思い起こそう。悪魔は、醜く歪んだ人間ではなくなり、罪人の腹部に潜む汚らわしい獣へと変じたが、その一方で、狂信的追従者〔魔女のこと〕

から成る巨大な軍隊に君臨する、恐るべき地獄の君主の座にも収まったのだ。残された問題は、以上の二つの概念を密接に結び合わせることである。だがそのためには、先ずは堕落した人間たちのセクト〔主に魔女たちの集まり、サバトを指す〕が、狂気の沙汰の如く湧いてきた様を見届けねばならない。彼らは、必死で神の業の破壊を目論む闇の帝王の栄光を高めるために、もっとも汚らわしく獣的な事柄を意識的に行う連中である、換言すれば、その目的のために自らの獣的な部分を抑制するのを拒む連中なのである。

第2章　サバトの夜

悪魔のイメージは中世末に劇的な変化を被った。民衆的な想像力と修道僧たちの想像力の双方に淵源を持つこのイメージは、両想像力の間にしばしば往来があったとは言え、やはりこの時点ではほとんど相容れがたいものであった。ところが十五世紀を境にして、デーモンに関する本格的な学問、すなわち悪魔学《デモノロジー》が、緩やかにその輪郭を明らかにしていく時代が幕を開ける。その悪魔学は、この領域で大部分の者たちが信じている内容を、徐々に深奥に押し込み覆い隠していくようになる。しかしながら、この悪魔学の影響によって、大衆の「迷信」が突如消え失せるはずもない。それでも、「迷信」の多くは、魔術的な世界解読格子としての側面を徐々に失って行かざるを得ない。「迷信」は、あたかも、海底に沈んだ異教の基盤を覆っているキリスト教という大海上に、まばらに浮かんでいる漂流物や残存物の如く、断片的に生き長らえているにすぎない。ところで、「迷信」を撃沈しようとする本格的な動きは、ヨーロッパの住民全般を傘下に収めて、拡張を続けようとしたカトリックに由来するものであり、伝統的な宗教史学が主張するように、「サタニズムの大波」が打ち寄せた結果生じたわけではない。[1] では、中世末のヨーロッパ文化に於いて、サタンが人々の頭に浸透してそこに居座るに至ったのはなぜか。実はそれも、キリスト教の思想家たちが、修道院で生まれたサタンを巡る強迫観念的な幻想を、白日の下に引っ張り出すことに成功したからなのである。グロテスクではあるが人間的要素に満ちた悪魔というイメージに慣れきっていた民衆たちに、何とか恐怖心を植え付けようと、彼らカトリックの思想家たちは、不安を煽る教義体系を築き上げていった。もちろん彼らとて、民衆に根ざす一定のサタン像を、それに新たな装いを付与して受け入れるだけの能力はあった。もっとも、両極端のサタン像を上手く接ぎ木させ、それを社会のより広範な層に浸透せしめるには二世紀以上を要した。だが二世紀後には、魔女という形で、絶対「悪」を体現する人間の原型が整うことになる。ここに到達するまでの長い道のりは、サバトに関する理論を作り上げていく道程であり、異端審問官たちが、さらには「善」が「悪」との間に繰り広げる闘いに、自らも参画していると信じて疑わない世俗の判事たちが、その理論を実践で適用するに至る道程でもある。こうして、ルシファーは神と同じくらい遠い存在に成り果て、しかも極めて不気味な相を帯びるようになる。それと同時に、ルシファーは人間の中の共犯者たちの身体にそっと忍び込む能力をも獲得していく。* 一四〇〇年前後から一五八〇年代にかけて、悪魔学はヨーロッパ大陸全体にじわじわと広がっていった。その過程で、悪魔学は幾世代にもわたるその生みの親たちの諸見解に、漸次修正を施していったのみならず、社会のより広い層の見方をも徐々に変容させていったのである。

異端への道

サタンと関わりを持つとされる魔女という存在、すなわち激しい弾圧の対象となった魔女なる存在は、現世に於ける悪魔の活動についての新たな考え方から析出してきたものである。この新しい考え方自体は、十五世紀の幾つかの異端に対する仮借ない闘いから直接結晶してきたと言える。なぜなら、こうした異端は、初期キリスト教以来遍《あまね》く伝わっている、あの神に対する反逆というモデルを、さらに精緻に練り上げる上で大きく貢献したからだ。異端諸派の爆発的な広がりを経験し、さらに魔女たちからなる新たなセクトが勃興した、二つの代表的な地域を挙げるならば、アルプス地方とブルゴーニュ公の配下にあったオランダの一部であろう。十二世紀には、ピエール・ヴァルドー〔一一四〇頃―一二一七年頃：初期キリスト教のような清貧への回帰を説いた。ヴァルドー派の創始者。ワルド派と書かれることもある〕の弟子たちが、イタリア北部、フランス南東部、さらにはアルトア地方〔北仏。現在のパ＝ド＝カレ県にほぼ相当する旧州〕や、伯爵領の各都市がイタリアと経済的かつ文化的に密接な関係を保っていたフランドル地方にまで、勢力を広めていった。イタリア半島から北海へと伸びる流通経路とその一帯は、宗教上の闘争が絶えなかった空間であり、一五八〇年代以降は、ヨーロッパの中でも魔女狩りの中心地として重要な位置を占めた場所である。つまり、サタンがその辺り一帯にお気に入りの界隈を設けたとでも言えようか。

十五世紀に澎湃《ほうはい》として起こった数多の異端諸派は、後の魔女現象にそのまま当てはまるような悪魔学上の雛形を提供することになる。ヤン・フス〔一三七一頃―一四一五年：チェコの宗教改革者で、異端として焚刑に処せられた〕やウィクリフ〔一三三〇頃―八四年：イングランドの神学者、宗教改革家〕の弟子たち、およびヴァルドー派の信徒たちは、オランダでは悪魔的なるものと関連付けられてマークされ、有罪の判決を下されている。さらに、十五世紀初頭にはトゥルネー〔ベルギー南西部の都市〕で、一四二〇年にはドゥエー〔リール南方のスカルプ川沿いの都市〕で、また同時期にリールでも、彼ら異端者は「テュルリュパン」〔Turlupins：「悪ふざけを為す者、異端者」の意〕という名称で括られて捕らえられて

＊　悪魔が魔女の身体に入り込むという印象を与えるここの記述は不正確だと思われる。魔女は悪魔の協力を得て「悪事」を為すとされる存在で、いわゆる憑依された人物（悪魔が入り込んで身体機能を奪ってしまった人物）とは区別せねばならない。

いる[2]。彼らに浴びせられた非難の内容は、別段目新しいものではなかった。そこに見出されるのは、例えば、破廉恥極まりない性的行為に及んだとか、近親相姦の結果生まれた子供の灰を悪魔的な目的で使用したとか（一〇二二年、オルレアン司教区会議）いった類の内容である。また、告発された場合でも、一体いかなる異端的言動に及んだのかを、正確に摑《つか》むことが困難な場合も珍しくない。一例としてカルメル会修道士トマ・コネクトのケースが挙げられる。彼は熱烈な説教家で、一四二八年にドゥエーやアラスで、一四二九年にはヴァランシエンヌ（北仏、リール南東の町）で、弛緩しきった道徳を槍玉にあげ、一四三一年にはなぜか焚刑に処せられているのだ。なお、「テュルリュパン」たちが主に影響を受けたのはヴァルドー派だと思われる。例えば一四二〇年のこと、ドゥエーでは十八人の人間が、ヴァルドー派の教義に染まっているとして非難されている。もちろんそれのみではなく、彼らは、一四一五年にコンスタンツ公会議（コンスタンツはドイツ南部の町。一四一四年から一八年にかけて、ここで教会大分裂を解決するための公会議が開かれた）で、死後に有罪判決を下されたウィクリフの思想をも少なからず取り込んでいた。さて、十八人の被告たち（内四人が女性）は、ドゥエーの市門の外に位置していた「ド・グラン・ヌリー」なる呼称の家で逮捕されている。十八人の内十二人は、ドゥエー裁判所の管轄圏内に住む者たちで、その他に、三人はドゥエーから程遠くないワズィエ（ドゥエー北方の町）の管轄区に属し、二人はポン・タ・マルク（リール近郊の村）に住んでおり（一人はジル・デ・ザニオーというエキュイエ（騎士に叙せられる以前の貴族の称号）すなわち貴族であり、もう一人はその従者）、最後の一人はヴァランシエンヌの出身であった。あらゆる情報を考慮すれば、このグループが、二人の聖職者および様々な都会の職人たち（例えば、タピスリーを扱う織工、梯子職人、蹄鉄工、ムルキニエすなわち織物工等々）から構成された、小規模なセクトであるという事実、および、タピスリーの織工宅で押収された「何冊かの書物」を有していたという事実が浮かび上がってくる。彼らに対する訴訟は、ドゥエーもその管轄下にあるアラスの宗教裁判所で、ドミニコ会修道士でもある一人の異端審問官によって進められた。ヴァランシエンヌの住人は、アラス司教区裁判所の管轄内で、所有していた書物の一部とともに火刑に処され、また十八人の中で唯一の貴族である男は、司教管轄下の牢獄に終身刑で収容された。さらに、女性一人を含む六人のドゥエーの住人たちが自分たちの町の裁判所に送られ、一四二〇年五月一〇日、残った書物と共に火刑台に上らされている。その他の者たちの内、ある者は終身刑を言い渡され、もう一人の十五歳の被告はパンと水のみで長期間過ごすよう命じられている。残りの者たちは、神と教会が被った汚名を雪ぐべく、様々な贖罪行為を課されている。

アラスの司教マルタン・ポレが臨席する中で、しかも書記の言を額面通りにとるならば、途轍もなく大勢の見物人たちに囲まれた状況で、彼ら被告人たちに言い渡された判決は、彼らをこう非難していた。

この者たちは異端の教えで団結し、多くの誤りを含む書物を読んでいた。その誤りとは以下の如くである。すなわち、自分たちは父と子と聖霊が一体であるなど信じない、今まで執り行ってきた秘蹟の儀式なんぞ無に等しい、聖母マリアには複数の子供がいた、聖人が天国にいて力を貸してくれるなんざ嘘八百だ、修道院なんぞは売春宿にすぎない、神父に告解しても全く意味がない、聖水なんぞは悪い冗談でしかない、と言った調子である。また、この者たちは、我々は土曜日にサバトを開催している、十字架なんぞは死刑台そのものだ、そんなものには一切敬意を払うべきではない、レクイエム〔ここでは死者のためのミサ〕でミサをあげても、死者には何の御利益もありゃしない、等々と公言し、さらにその他にも数々の異端の意見を表明した、と。(3)

処刑に先立って公開で行われた説教では、観衆が押すな押すなの大混乱となり、その重みで演壇が崩れ落ち、十三人が負傷、数人の死者まで出す始末となった。さて、以上のように壊滅へと追い込まれたセクトのメンバーたちは、土曜日の宗教上の集会を指すために「サバト」という言葉を使用していた。例えば、聖職者のメンバーの一人エヌカン・ド・ラングルがそう証言している。因みに、ド・ラングルは、司教自身の手によって「小型の鋏で髪を刈り込まれ」、聖職の特権を剥奪されている。さて、サバトなる集会は、市門の外部の、町から離れた場所で開かれていた。これは、暗闇の保護を得るためである。その証拠に、「異端の書」を保持していた廉《かど》で起訴された例の貴族は、「毎回行っていた集会で、夜陰に乗じてこの書を読んでいた」と記録されている。こうした異端者は一人残らず、公然たる糾弾を浴びねばならなかった。彼らは皆、衆人環視の下で「悪魔の図柄の入った帽子」を被せられたのだ。その上、生き長らえたとしても、服の前後に黄色の十字架を、死ぬまで下げていなければならなかったのである。[*1]

右に見た四つの要素、すなわち、サバト、夜の暗闇、一般人から隔絶した場所、デーモンとの直接的な関係性、という四要素は、魔女たちのセクトに関して、将来の悪魔学《デモノロジー》の言説が織りなす重要な横糸を構成することになる。これらの要素は、ここではまだ、厳罰に値するきわめて具体的な異端の一派を形容しているにすぎない。そもそも、サバトという言葉自体にも、まだあの伝説的な響きが備わっていない。ここで言うサバトとは、組織的な秘密のセクトが、その信奉者を集めて夜毎開いていた集会を意味していただけなのである。因みに、残された資料によれば、例の貴族（エキュイエ）が司祭役らしきものを演じていたにすぎない。そこでは、異端の書を読み上げながら、このセクトに属していた女性メンバーの一人も、何冊か著作を有しており、仲間たちにそれらを読んで聞かせていたらしい。その上、この女性が、信者に助言を与えるなど、非常に積極的な役割を担っていた節も伺える。この点は、彼女が死を目前にしながら、毅然とした態度をとったことからも裏付けられる。彼女は公衆の面前でこう言い放ったのだ。

「たったの二時間ほど我慢すれば、殉教者として死ねるのよ」と。

ヴァルドー派から魔女へ

右に見たような諸セクトに直面した異端審問官や教会人たちは、以前にも増して懸念を募らせつつ、このテーマを巡って思索を重ねるようになった。しかも、一四一七年、教会大分裂に終止符が打たれると、キリスト教圏に於ける内的な再組織化を手掛けようという動きが出てくる。先ず、教皇権を巡る教義上の闘い〔教皇と公会議の何れが優位にあるか、を巡る論争を指す〕は、バーゼル公会議（一四三一―一四四九年）において決着を見る。公会議は、教皇優位権を排し公会議首位説を採るのである。[*2]この闘いが背景となって、教義上の揺らぎの幅が小さくなっていった事実は否めないだろう〔徐々に意見の収斂を見、キリスト教圏に於ける「統一感」が増大した、そして異端の排除が容易になった、という論旨〕。こうなると、現実界の諸々の異端に対する恐怖は、想像界に於ける強迫観念的な一原型、すなわち悪魔的魔女という一原型へと、その位相を大きくずらしていくことになる。サバトという神話は、一四二八年から一四三〇年にかけての期間に、本格的に産声を上げている。そこには、魔女裁判の激増と、それに着想を得た文学の隆盛という、二重の要因が作用している。こうして、本来の異端と、以後専門的なマニュアルに刻み込まれるようになるような、

＊1　キリストを裏切ったイスカリオテのユダの服装が黄色だったとされたため、この色はユダヤ人を始めとする異教徒を表すものとされた。また、地獄の硫黄の色を連想させることから、悪魔を象徴する色ともされている。ここでは後者の意味合いが込められていると考えられる。

＊2　ただし一四三一年に即位したエウゲニウス四世は、一四三一年から四五年にかけて開催されたバーゼル、フェラーラ、フィレンツェ、ローマなどで開かれた会議を、一切公会議として認めていない。また、一四三八年から四五年に開かれたフィレンツェ公会議は、公会議首位説を覆し、教皇の首位権を確立する。

魔女の概念の正確な定義との間を繋ぐ、言わば移行期間が始まったわけである。この魔女への移行を目指す動きの知的・物理的な震源地は、ヴァルドー派への弾圧や、バーゼル公会議に由来する新たな知的形態の誕生と直接関わっている地方、つまりはアルプス地方に求めうるだろう。また、種々の異端が猖獗を極めたオランダの諸地域にも、右の動きは波及していく。それを象徴するのが、一四六〇年のアラスで起きた、かの有名な「魔女ヴァルドー派」事件であろう〔詳細は以下に紹介されている〕。

一般的に異端を意味していた「ヴァルドー派」という用語が、魔女術〔sorcellerie：「妖術」、「呪術」、「魔法」などと訳すのが普通であるが、ここでは魔女が行う妖術であることを明確にするため、敢えて馴染みの薄い「魔女術」という新しい訳語を当てた〕を非難する言葉へと変化を遂げるのは一四二八年前後であり、その後の十年間でこの意味が定着するに至る。文献資料の中で「シナゴーグ」と呼ばれていたサバトも、魔女たちが夜に集う集会という意味を獲得するようになる。こうした意味の横滑りは、特定の文化的・宗教的なコンテクストの中で実現している。また、この点で地理的に重要なのは、サヴォア＝ピエモンテ公アメデオ八世〔一三八三―一四五一年：初代サヴォア公。ピエモンテを併合していた。なお、フェリックス五世として最後の対立教皇を務めている（一四三九―一四四九年）〕配下の地域、すなわち、サヴォア、ドーフィネ地方〔フランス南東部の旧州。ほぼ現在のイゼール、ドローム、オート＝ザルプ県に当たる〕、現在のスイス・ロマンド〔スイスのフランス語使用地域をこう呼ぶことがある〕のほぼ全域、それにイタリア北西部となる。これらに、バーゼルを中心としたアルザスおよびスイスに跨る一帯も加えるべきであろう。さて、これらの地域で、何百人もの被告を対象とした魔女狩りが猖獗《しょうけつ》し始めるのは、一四二八年以降のことである。一四三〇年頃に著された『誤謬の宝庫《エローレス・ガザリオールム》』という匿名の論考を繙《ひもと》くと、関係する地域の中のフランス語圏に於ける裁判で表明された諸概念が、そこに滑り込み混在していることが見て取れる。この書物は、被告たちを、夜陰に乗じてシナゴーグに集うメンバーだと定義しているのだ。彼らメンバーたちは、黒猫の姿で現れた悪魔に敬意を表するためその臀部に接吻をし、自分たちが殺したり墓から掘り出したりした子供たちの死体を喰らい、集会の間中、悪魔の命令通りに乱交を繰り返したとされている。サタンと魔女に纏わるこの種の「理論」は、ヨハンネス・ニーデル〔一三八〇頃－一四三八年：ウィーン大学の神学教師を務めたこともあるドミニコ会士〕の筆によって、さらに明確な輪郭を与えられる。バーゼル公会議に参加している間の、一四三五年から一四三七年にかけて執筆された『蟻塚《フォルミカリウス》』の第五巻の中で、ニーデルは、ベルンとローザンヌに挟まれた地域で積極的に活動を展開していた形跡のある、一つの新しいセクトの様子を叙述している。それによると、メンバーたちは夜中にデーモンどもを崇拝する儀式を実践し、新生児を殺し、時には我が子まで手に掛け、その後幼児らの死体を貪り食い、さらには種々の呪術を操って、雹の嵐を引き起こすなどの悪事に手を染めていたという。[4]

　魔女現象を、競うように暗黒のサタンの色調に仕立てていったインテリ層の中には、地方の判事や異端審問官、およびバーゼル公会議への参加者たちも含まれていた。中でも目立ったのは、一四三九年にフェリックス五世の名で対立教皇に選ばれた、あのサヴォア公の側近たちであった。因みに、この最後の対立教皇はサヴォア公国の真の創始者と見なされているが、一四四三年には廃位を余儀なくされ、一四四九年には教皇の地位からも追われている〔アメデオ八世すなわちフェリックス五世は、一四三九年にバーゼル公会議の紛糾で対立教皇に選出されるが、教皇ニコラウス五世に屈服して教皇位を放棄した〕。ところで、彼の私設秘書官であったマルタン・ル・フランという人物は、主人の退位直前の一四四〇年から一四四二年にわたる時期に、長編の詩作品を発表している。これは『御婦人方の擁護』と題されてはいるが、極めて女性蔑視の色合いが濃い作品であるから、内容を裏切るタイトルと言わざるをえまい。それはともかく、この詩には、フランス語による初の魔女の描写が見出せる。さらに、これも初めてのことだが、棒ないしは箒に跨って、サバトめがけ飛んでいる魔女の挿絵まで付されているのだ。

〔彼女は〕小さな棒に跨って飛び立った、

汚らわしい集会《シナゴーク》に行くために、
そこでは一万人の老魔女が集まっている。

彼女たちは、その集会で呪術を学んだり、サタンの命に従って乱交に及んだりするわけだが、その前に悪魔と出会わない限りは何も始まらない。

猫ないしは雄山羊の姿で現れた、
紛れもない悪魔を目にして、
彼女たちは服従の印に、
悪魔の尻に直接接吻をしたのだった。

もっとも著者は、女性の擁護者を登場させ、論敵が展開して見せたこの種の描写に関して、疑義を呈するよう仕向けてはいる。それでもやはり、魔女に関する紋切り型が、異端審問官のラテン語とは異なる言語で、しかも異なった仕方で、確実に伝播していったのは確かだ。さらに、聖職者たちまでが競うようにして〔たとえ使用言語がラテン語であっても〕、この紋切り型の伝播に荷担していた節がある。その証拠に、一四三一年から一四四七年まで教皇位にあったエウゲニウス四世自身までが、サタンと結ぶ魔女を指すために、「ワウデンセス」〔ヴァルドー派を指す〕を意味するラテン語を用いている。この当時の人々は、それ以前にも増して、魔女の存在に恐れを抱き始めたと言えるかもしれない。その証拠に、一四一七年には、魔女術によってサヴォア公を暗殺しようとした廉で、公爵のある私的顧問が斬首の刑に処せられている。だが、問題の核心は恐らく、一四四九年まで危機に陥っていた教会内の、過度な緊張状態に求めるべきだと思われる。なぜなら、ある象徴的な敵に焦点を絞ることによって、恐らくは内部全体に張りつめた緊張をほぐし、同時に、影響力ある特定の集団、特にこの場合は、対立教皇フェリックス五世の取り巻きであった、聖職者集団の正当性と正統性の双方を確保しうるからである。だが、こうした論点は、教会史およびサヴォア＝ピエモンテ公国の歴史に属する事柄であるから、これ以上細かく吟味する余裕はない。むしろここで注目すべきは、十五世紀の第二・四半期に於けるヨーロッパのこの地域の宗教的・政治的状況と、新たなタイプの魔女の「発明」とが、驚くほどの一致点と繋がりを有している点であろう。もっとも、対立教皇フェリックス五世に忠実であったフランス語圏の外部、すなわちドーフィネ地方、サヴォア公国、および現在のスイス・ロマンド以外の場所では、この新たなモデルもすぐさま浸透していったわけではない。これを説明する仮説としては、一四四九年まで、つまり死の二年前まで教皇位に座り続けたフェリックス五世と、その敵としての魔女のモデルという対立図式が、この地方以外では通用しなかったからだ、と言えるかもしれない。サタンと結託する魔女たちという神話が、特に一四五〇年以降になって飛躍的な結晶化を遂げたのが事実だとすれば、それは恐らくは、魔女のモデルが上のような政治的含意から解放されたからだ、と推測できるのではないか。いずれにしろ、新たなタイプの魔女像は、一四五〇年を境に、特定の分野の文学や芸術作品を通して、そして何よりもかの有名なアラスでの裁判を通して、徐々に明確な輪郭をとるようになっていく。

フィリップ善良公（一四六七年に死亡）の治世末の頃のオランダは〔この頃オランダはブルゴーニュ公（＝フィリップ善良公）の配下にあった〕、サヴォア地方で描かれた「魔女モデル」の下絵を、他所へと中継する役目を果したように思われる。確かに、起訴の際に用いられた用語は相変わらず「ヴァルドー派」的言辞であったが、この「ヴァルドー派」という言葉は、これ以降サタンと結託する魔女を意味するようになっていった。さて、このテーマが以前よりも遙かに広い層に浸透していく契機となったのは、世間を大いに騒がせたある一つの事件であった。一四五九年から一四六一年にかけて、伯爵領アルトアの首都アラスで、大がかりな裁判が行われたのである。この裁判は、アルトアは言うまでもなく、その他のブルゴーニュ公治下の地域でも、人々の想像力に決定的な刻印を施すことになった。[5] 一四五九年のラングル〔ブルゴーニュ地方、ディジョン北東の郡庁所在地〕でのこと、アラスの異端審問官が立ち会う中でアルトア出身のある隠修士が火刑に処された。ところが、この隠修士は、拷問にかけられた際に、共犯者として二人の男女の名前を漏らしていた。さらに、名指された男の方、すなわちジャン・タノワ（別名ラヴィットないし「無思慮の神父」）も、数人の共犯者がいたと連鎖的に告白してしまった。一四六〇年五月九日、アラス司教総代理、司教区付き異端審問官、および教皇がフランスに派遣してきた異端審問官たちから成る教会裁判所が組織され、最初の二人の男女に四人の女性を加えた六人を、教会の「腐りきったメンバー」として、世俗の司法に引き渡すよう判決を下している。諸々の情報や被告たち自身の告白から、彼らが「ヴァルドー派なるおぞましく忌むべきセクト」に属していた罪に問われていたのが分かる。

しかもこのセクトの中にあって、彼らは偶像を崇拝し、真の信仰を棄てて、悪魔と性交するというおぞましい罪を犯し、我らが創造主を破棄し、聖なる教会の秘蹟および秘蹟用の器具を否定し、悪魔に対しては、もう教会なぞには行かぬ、真実を受け入れる気はさらさら無い、その上、虚偽の告白以外には殊更上記の罪を白状などしない、などと誓っている。加えて、地面に描いた十字架を侮蔑の念を込めて踏みにじり、悪魔たちに助けを求め、現にその助力を得ている。さらに、悪魔と契約や約束を交わし、悪魔に供物を捧げ、悪魔に敬意を表したという。しかも、悪魔の命に応じて、我らが創造主の名誉を汚す邪悪この上ない悪事を幾つも働き、極めて悪質なことに、聖体を冒瀆する言動にまで及んだのである。また、ジャン・タノワとドニゼットの二人は殺人を犯している。すなわち、ジャン・タノワは二人の子供を殺し、ドニゼットは自分自身の子供を、洗礼も施さずに手にかけた上で悪魔に捧げているのだ。また、ジャン・タノワとドニゼットの二人は、種々の粉末やその他のいかがわしい小道具を使って、小麦、ブドウ園に加えその他の地の糧にも、甚大な被害を及ぼしたのであった。〔……〕

ジャン・タノワは以上に加えて重婚罪でも起訴されているが、その相手がドニゼットであった可能性も低くない。なお、アラスではなくドゥエー出身であったドニゼットは、出身地に於いて地元の判事たちにより火刑を言い渡されている。ところで、一四二〇年のこと、同じドゥエーのグラン・ヌリーという農場内で、秘密の異端組織を営んでいたのが発覚し死刑に処せられた者たちが存在したが、あらゆる状況に鑑みて、ドニゼットもまた彼らと同じ秘密の異端結社に属していた可能性が高いと思われる。それはそうと、今回の件で新しい点は、法廷の異端審問官たちが、魔女に関する包括的な定義を築き上げたことに見出されよう。その定義に於いては、現実的要素と伝説的要素とが絡み合うように混在し、全体として統一したイメージを織り上げるに至っている。このイメージとは、サタンとの契約、自然に反する悪魔との性交、嬰児殺害、および呪術の行使、という軸を中心に結晶化しているものを指す。なるほど、サバトそのものが明確に定義されてはいないが、悪魔との様々な接触がそれを間接的に喚起しているのは確かである。

ジャン・タノワとその他四人の女性たちはアラスで処刑されるが、その後も、彼らの自白の信憑性を巡って調査が続いた。この間、住民たちは一種の狂乱状態に陥っていく。六月末には裕福な住民三人が逮捕されるが、その中に一人の市参事会員〔市長と共に市政府を構成した都市役人〕と、騎士〔貴族制度で男爵baronの下の位〕のパイヤン・ド・ボーフォールが含まれていたために、町は動揺に包まれる。七月にはさらに二人の市参事会員が逮捕者のリストに加わってしまう。その内の一人アントワーヌ・サックペが、最も有力かつ名望ある家の出であったことも手伝って、上流階級に属する市民たちは町から脱出し始める。もっとも弾圧の手は、社会的により身分の低い層にも及ぶようになり、例えば売春婦が四人も逮捕されている。最終的には計三十二名が異端審問官の尋問を受ける羽目に陥る。その内の六人については、資料もその身元を明らかにしていない。残りの内訳は、男性が十七人、女性が九人となっている。逮捕者の大部分が死への道を辿ったと思われるが、資料の語るところは死刑に関しては若干の矛盾を含んでいる。いずれにしろ、パリ高等法院によって被告の名誉回復が行われた一四九一年の時点で、既に十八人が死没している。だがそれ以前に、この事件は大きな波紋を呼んでいた。これに困惑したブルゴーニュ公は、既に一四六〇年の時点で、この裁判の一件をブリュッセルに移して審議するよう命じている。騎士のボーフォールはその地に於いて、空中を移動し乱交に参加した廉で起訴される羽目に陥る。また、逮捕された市参事会員の一人ジャン・ジャケのように、悪魔と血の契約を交わした嫌疑をかけられた被告も存在する。もっとも、アラスの人々の意見が完全に一致していたわけではない。中には聖職者たちの行き過ぎに密かに異を唱える者も存在した。また、この件に関して、憤怒や嘲笑を込めた歌謡も人々の口の端に上るようになる。さらに、ボーフォールの息子は、世俗の裁判所が自分の父親に下した判決に異議を唱え、パリの高等法院に控訴しているが、その結果、高等法院は一四六一年一月に法廷執達吏をよこし調査を行わせている。翌月に入ると、アラスの助任司祭たちがパリに召喚される。最も執拗な迫害者の一人で、アラスのノートルダム教会の主任司祭であったジャック・デュ・ボワが、パリからコルビー〔アミアン近郊の町〕に向かう途上で狂気の発作に襲われているが、この件を巡っては、年代記作者ジャック・デュ・クレールの筆が伝えているように、これはヴァルドー派が彼に呪術をかけたせいだとか、いや、そうではなく神様による天罰が奴さんに下ったのだ、といった種々の噂が流されている。一方、高等法院は急がば回れのスタンスをとっていた。それもそのはずで、シャルル勇胆公とフランス国王ルイ十一世とが覇権争いを展開していたために〔シャルル勇胆公はルイ十一世の領土拡大政策に抵抗していた〕、高等法院は微妙な立場に置かれていたのである。しかし結局のところ、高等法院は被告たちの側につき、彼ら全員の名誉回復を行っている。この結果に基づき、一四九一年七月十日、公的な償いの儀式が執り行われた。さらに、アラス司教区付きの助任司祭たちが重い罰金刑に処せられる一方、亡くなった受刑者たちの遺族には損害賠償が約束されている。加えて、贖罪のための記念碑を建立する決定も下されたが、これは結局実現せずに終わっている。また、アラスの司教や異端審問官たちに対し、拷問に訴えることを以後は禁じる措置がとられている。この決定は、拷問によって密告の連鎖反応が起こるのを避けるためというよりも、むしろ、パリ高等法院という最高司法機関の権威を強調するために下されたと思われる。

一四六〇年のアラスに於ける一連の裁判では一つの伝説的な型が生まれたが、そこには、その後の魔女現象を特徴付ける諸側面が出揃っている。この伝説的内容には、宗教的逸脱から生ずる現実の要素と、サタン的なセクトの伸展という新たな要素とが混在している。もっとも、サタンと結託したセクトの内には、嬰児殺しや嬰児喰らい、あるいはデーモンとの乱交といった、古《いにしえ》から存在する雑多な諸概念がアマルガムの如く絡み合っている。こうした諸特徴の各々は、様々な異端に対する起訴状の内に、既に看取できるものである。それに留まらず、ユダヤ人を告発した文書にさえも、嬰児殺しを儀式的に行っているとする記載が見出される。もっともこうした文書に於いては、どれもが例外なく一致を見るような、構造化された記述は見当たらない。逆に言えば、アルプス地方に於いて、それまでバラバラだったジグソーパズルが、互いに組み合わさり絵柄を示し始めたのである。同時に、マルタン・ル・フラン〔一四一〇頃―六一年：フランスの詩人。代表作に既出の『御婦人方の擁護』がある。本文にもあった通り、この書がサバトのステレオタイプの伝播に寄与したと著者は主張している〕の筆を通して、異端審問という狭い世界の外へと、事件やイメージを伝播せしめる、言わば「マスメディア」の元祖も産声をあげることになる。こうして一四六〇年には、新たな一歩が踏み出されたのである。なぜならば、ヴァルドー派の右の一件が、魔女現象に纏わる新たなモデルの波及をもたらしたからだ。学者や芸術家たちは、このモデルをこぞって作品中に取り入れ、都市のエリート層やブルゴーニュ公の宮廷人たちの間に広めていった。もちろんパリも例外ではなく、高等法院による調査ないしは書籍や絵画の形で、このモデルが人々の間に浸潤している。こうした過程で重要な役割を果たしたのは、おそらくは恐怖心というよりも〔事件の実態や本質に向けられた〕好奇心であろう。アラスに於いてすら、ヴァルドー派を迫害する連中に真っ向から異議を唱える者たちが、事件勃発当初から存在していたくらいだ。つまり、一四九一年の名誉回復の決定は、こうした懐疑派の意見を裏付けたにすぎないとも言える。彼ら懐疑派は、具体的な異端の活動を否定しはしなかった。そうではなく、サタンと結託したセクトの存在を前提に、組織的な告発を行うことに疑義を呈したのである。彼らの中には、この背景に政治的ないし宗教的な抗争が見え隠れする、と考える者さえ存在していた。その上、この悲劇的事件が、集団的恐怖へと結実していった気配は全くない。この点は、十五世紀後半を通して、アルトア地方およびその隣のフランドルで、魔女の告発がほとんど行われていないという事実からも明らかであろう。つまり、魔女現象に対する新たなイメージは、おそらくは上部の有力者層のみを捕えたのであって、民間信仰を根底から揺さぶるには至らなかった、と言えるであろう。

一四六九年に亡くなったフランドルの聖職者ヨハンネス・ティンクトールは、アラスの事件に直接想を得て、『反ヴァルドー派論』という書物を著している。このラテン語の著作はフランス語に訳されており、現在では三つの版が知られている。三冊はそれぞれオックスフォード、ブリュッセル、パリ（国立図書館）に保管されている。重要なのは、いずれの版にも、ほとんど同規模の大きな写本画が扉に付されている点である。夜のサバトで悪魔を崇拝する、というのがそのモチーフである。空は、箒ないしはデーモンの背中や足の間に跨って飛び回っている無数の魔女（男女両方とも）で、埋め尽くされている。地上に視線をやると、遙か彼方に町が霞んで見えるような人気のない場所で、多数の男女が（蠟燭を手にしている者もいる）巨大な山羊の周囲で祈りを捧げている。一人の参加者がその山羊のお尻に接吻できるように、もう一人がその尻尾を持ち上げている。さらにパリの版には、同じ主題を扱った円形の単色画が二つ載っている。一方の絵には、角を生やした悪魔が、猫の尻に接吻するよう魔女たちを嗾《けしか》けている様子が描かれている。もう一方にも、角を生やしたデーモンが登場しているが、こちらの方には、垂れ下がった乳房とコウモリの巨大な翼が描き込まれている。しかも当のデーモンもまた、自分の崇拝者たちを焚きつけ、猿の尻に接吻させようとしているのだ。ただし、サタンに駆り立てられて、魔女たちが山羊に接吻しているという図式は、十五世紀の時点では右の例以外には全く見当たらないようである。その上、空中を飛び回っている者たちも含め、描かれた人物は皆服を纏っている。ブリュッセルの写本に至っては、その着こなしが優雅ですらある。従って、性的な側面は下品な接吻によって間接的に喚起されているにすぎない。つまり、サタンの下での乱交や獣姦を暗示する要素は皆無といってよい。また、全体を眺めた場合、恐怖心を煽るというよりも、むしろ逸話性に満ち興味深いという印象を受ける。(6) 当時これらの写本を手に取ることのできた者は、こうした挿絵を、身の回りに存在した具体的な異端の相の下に解釈したであろう。また、人間と等身大の悪魔ないしは雄山羊、猫、猿などに取り憑いた悪魔が、現世に介入している図にすぎないと感じたであろう。

一四三五年から一四八七年までの間に、換言すればニーデルと『魔女への鉄槌』に挟まれた期間に、魔女現象を扱った論考は二十八見付かっている。これに対し、一三二〇年から一四二〇年までの期間には十三しか見付かっていない。(7) 激増とは言えないまでも、明らかに増加の傾向にある。つまり、魔女を巡る諸概念が、聖職者の世界に浸透しつつあったのは間違いないと言える。しかし、悪魔を崇拝するとされた集団を描出した図像が、ごく僅かしか残っていないことからも分かるように、社会のその他の層は魔女を巡る諸見解を、熱狂的に受け入れたとは言い難い。なるほど、ラテン語は教会人の宗教上の見解を一つにまとめ上げる役割を負った。しかし、その同じラテン語が、一部の研究者がかなり誇張して表現している、例の「サタニズムの大波」を防ぐ防波堤としても機能していたのである。異端審問官の思い描く悪魔、イタリアの画家たちがフレスコ画に描いた悪魔、そしてヴァルドー派が拝む巨大な雄山羊が、具体的存在として民衆の目に映るにはまだかなりの困難があった。中世末期の数十年間に魔女現象の輪郭が浮かび上がってきたのは確かだが、それが砕ける波のごとく社会に押し被さってきたわけではないのである。

魔女たちを打ち砕くための鉄槌

一四八〇年代に入ると、決定的とまではいかないが、極めて重要な局面を迎えることになる。近代に於ける迫害と比べれば規模はまだ格段に小さいが、それでも、魔女裁判はその数に於いて最初の山場にさしかかる。しかも悪魔学の教義は、教皇の権威という支柱まで得るのである。と言うのも、一四八四年、イノケンティウス八世は『スンミス・デシデランテス・アフェクティブス』という教皇教書を発し（教皇教書ないし勅書は、通常書き出しの文言で呼ばれる。ここでは、「頭《こうべ》を垂れ心より欲す」くらいの意）、二人のドイツ人聖職者たちに対し、ドイツで急増しつつある魔女たちへの裁判を強化するよう勧告している。二人のドミニコ会士、インスティトーリス（ドイツ語名クラーメルで呼ばれることもある）とシュプレンガーは、魔女の実態調査を開始し、その後魔女狩りに関する最初の本格的な論考、すなわち『魔女への鉄槌』の著述に勤《いそ》しみ、一四八七年に出版へと漕ぎ着けている。二人の著者は、教書を援用しつつ、七十八の問題を立てて入念に検証し、自分たちが「魔女たちの異端」と呼ぶ事柄に関し、その起源と変遷に光りを当てようとしている。その後、本書の第三部に至って、「この異端撲滅のための最新の手段」を提供しようと試みている。彼らは、サタンとの契約、悪魔による印（悪魔は手下となった魔女の身体に印を付けるとされていた）、および魔女たちの為す諸々の有害なる業には言及しているが、サバトは念頭に置いていない。[8] また、魔女現象に於いて女性が負うべき責任に関し、この書は強迫観念的と思われるほど執拗に強調しているが、この点は、本書が決定的な変化をもたらしたことを物語っている。なぜなら、ニーデルやル・フランが既に女性を俎上に載せていたとはいえ、裁判沙汰で対象となったのは多くの場合男性だったからである。中でもアラスのヴァルドー派たちの場合は男が多数を占めており、また、ティンクトールの写本中の絵でも、描かれている男の数は少なくなかったのである。

だが、さらに重要な点がある。すなわち、魔女に纏《まつ》わるこうした強迫観念は、印刷術の登場によって、写本の時代には考えられなかったほどの規模で伝播するようになった、という点がそれだ。多くの図書館のカタログをもとに実施された調査によると、この著作は一五二〇年までに少なくとも十五の版を数えている。そのほとんどがライン川流域〔ラインラント地方〕の諸都市とニュルンベルクで出版されている。例外は一四九七年および一五一七年にパリで刊行された二版と、一五一九年にリヨンで出された一版のみである。一つの版につき、印刷部数の平均を一〇〇〇部から一五〇〇部と見積もるならば、宗教改革の到来以前に、二万部以上が流布したという計算になる。その内の数千がフランスで、残りが神聖ローマ帝国内で出回ったと考えられる。ところが、一五二〇年から一五七四年に至る期間は、この書が突如姿を消してしまう。その後復活を果たし、分かっているだけで十九の版が刊行されている。その内三つの版が一五七四年から一五七九年にかけてヴェニスで、また十の版が一五八四年から一六六九年にかけてリヨンで日の目を見ている。(9) さて、右で見たように、最初の読者層は主にドイツ語圏、とりわけライン川流域に存在していたことが分かる。そもそも二人の著者たち自身が、悪魔の跋扈《ばっこ》する中心地をライン川流域と見なしていたのである。バーゼルの近郊で生まれケルンで学んだシュプレンガーは、当時マインツ、トリール、ケルン、ザルツブルクおよびブレーメンの各司教区を担当する異端審問官であった。また、インスティトーリスは、コルマール北方のセレスタに生まれ、セレスタのドミニコ会修道院の副院長を務めた後、強面《こわもて》の異端審問官として頭角を現す。その活動範囲は、エルベ川〔チェコ北部に発し、ドイツ北東部を北西に流れて北海に注ぐ〕より西側の神聖ローマ帝国内全域にわたっている。こうした活動範囲を見ると、彼らがライン川流域に重心を置きつつも、一方ではベルンやローザンヌの方に、他方ではオーストリアおよびイタリア北部の方にも触手を伸ばしているのが分かる。その証拠に、インスティトーリスの命令で投獄されていた約五十人の魔女が、一度だけ司教の介入により釈放された事件があるが、その投獄場所がインスブルック〔オーストリア西部のイン川に臨む都市〕だったのである。[10] 先に検討したように、悪魔学のモデルはアルプス地方で生まれ、アラスで成長を遂げ、イタリアから北海までを結ぶ流通経路にのって伝播していったわけだが、二人の著者に関する情報も、全てこの地理と見事に合致している。現にインスティトーリスは、アラスの事件の二年前に当たる一四五八年、ストラスブールでヴァルドー派の司教フレデリック・ライザーの火刑に、わざわざ立ち会った節がある。また彼は、トルコから追われボスニアのクラネア〔スロヴェニアのクラーニの間違いか〕の大司教の座にあった、同じドミニコ会出身の人物と激しく争ってもいた。なぜなら、この人物がバーゼル公会議の精神を受け継ぐような、新たな公会議の開催に奔走していたからである〔バーゼル公会議は教皇優位権を退け、公会議首位説を採っている。従ってこの大司教は後者の支持者。言うまでもなくインスティトーリスは反対の立場〕。インスティトーリスは、相手を「石で叩き殺すべき獰猛な態」だと罵っている。なぜなら、この男は「聖なる頂上すなわちローマ教皇」を汚したからだという。つまり、ヴァルドー派への糾弾が悪魔的サバトという神話へと変貌を遂げていったその背景には、公会議首位説の信奉者たちと、教皇優位権を主張するものたちとの間の闘いが既に潜んでいたことになる。『魔女への鉄槌』を著した二人のドミニコ会士の考え方については、さらなる研究を進めるべきだろう。いずれにしろ、ヨーロッパの中でも、異端、あるいはヴァルドー派という名称で括られていた多様な宗教的逸脱が顕著に見られた地域に於いて、右の二人が今度は魔女に対する弾圧の叫び声を上げたのは、全くの偶然とは言い難い。また、騒擾《そうじょう》の絶えないこの一帯は、教皇すなわち宗教権力は無論のこと、神聖ローマ帝国やサヴォア公国、スイス連邦あるいはブルゴーニュ公国などの世俗権力も、様々な野心を競って投影していた領域であった。一見するとサタンが猛威を振るったように映るが、実際のところは、人間たちが、熾烈な争いの絶えないこの空間の中で、自分に都合のよい法や信仰形態を押しつけようと躍起になっていたのである。問題となっている一帯は、印刷術が生まれた場所であり、また、ルターが登場するまで、知的な対立が激化していった空間でもある。と言うのも、この一帯は、イタリアから伝わったユマニストの思想や、新しい芸術ないしは文化が伝播していった経路とも重なっているからだ。芸術的な表現形態と思想様式との衝突、あるいは古きものと新しきものとの衝突が、そこでは激しさをいや増しに増していったのである。

サタン的なる裸体

当時の思想家の中には、印刷術を悪魔的な技術と見なした者も存在する。確かに、印刷術は多数の人々の頭に、サタンに関する新たなイメージ群を刻印している。しかしながら、印刷術を、サタンに纏わる概念を伝播した唯一の、いや、主要な媒体とさえ見なすわけにはいかない。なぜなら、芸術もまた非常に重要な役割を果したからである。これは、とりわけ中世末期のドイツ語圏によく当てはまることだ。図像《イマージュ》は、分厚い論文のエッセンスを凝縮して表現してくれる。同時に図像は、宗教的な感情一般に変化を加える上で主要な役割を果たす。中でも図像は、悪魔学の理論そのものに何らかの変化をもたらそうとする根本的な試みに於いて、重要な核となるのである。

その場合の問題点は、サバトというモチーフよりも、むしろ原罪の表現としての裸体というモチーフにあった。もっともイタリアに由来する教訓〔後出〕が、この原罪と結び付いたことは全くない。一四〇〇年代《クワトロチェント》が輩出したユマニストや芸術家たちは、古典古代が思い描いた理想的な人体の美しさを再発見し、そこに罪悪感を覚える感性を遠ざけている。ボッティチェリがその典型例だが、彼らは新プラトン主義に依拠しつつ、見事な裸体は、その持ち主の内面的な美しさ、つまりは魂の美しさを目に見える形で表現しているにすぎないと信じたのであった。さらに、世紀の転換点に当たる頃から、デューラーの勝ち誇ったかのような裸体や、より繊細で影のあるルーカス・クラナッハ〔一四七二年―一五五三年：痩身の官能的な女性像で知られる）の裸婦像が世に出ることになるが、これらは、まだ古い表現形式が数多く残る極めて複雑なゲルマンの文化圏の内部に、人体に関する全く新しい捉え方を導入することになった。(11) 一四九六年のデューラー作の版画に描かれた、運命を象徴するブロンドの美女の力強いボディーライン、あるいは、一五〇六年にクラナッハが正面から描いた、二連の真珠のネックレスのみを纏《まと》い豊かなヒップを誇る、あの素晴らしいヴィーナス像などを眺めていると、そこに罪の意識から解放された物の見方が宿っているのがよく伝わってくる。あるいは、ニュルンベルクのルートヴィヒ・クルークが一五一四年に、アダムとイヴをテーマにして制作した一枚の凸版画を、仮に当時の異端審問官に見せたとしたら、一体どう思ったであろうか。と言うのも、正面から描かれたこの人類最初の女性は、陰毛および恥部の裂け目まで露わにしたまま、鑑賞者に背を向けているアダムの肩に優しく寄り掛かっているからである。なお、右手は下腹部の位置にあり、左手はリンゴを握りしめている。さらに足元では、一匹の猿が同じくリンゴを齧っている。(12) この猿の存在に加えて、木に蛇が絡み付いていること、その上イヴが挑発的な態度を取っていることなどから、ここに悪魔のテーマが織り込められているのは想像がつく。だがそれより重要なのは、版画家が、生殖器を描いてはならないとするタブーを侵犯している点であろう。一五〇四年にデューラーが、また一五二四年にクルークが制作した版画でのアダムとイヴは、恥部を木の葉で覆い隠していた。ところが、同じクルークが一五一五年には、ブロンズの彫版上に、今度はアダムの性器を入念に彫り込んでいるのである。(13)

人体をこのように写実的に描くという態度は、真の意味で文化的な革命を意味し、宗教上も非常に重要な争点となっていく。なるほど、性器や恥毛を隠すための不自然な小細工を一切排し、完全な裸体を提示することは、十六世紀前半には珍しくなくなっていた。ところが、トリエント公会議がこの傾向に決定的な禁止を突きつける。イタリアでは、悪意のこもった「性器専門画家《ブラゲトゥール》」なる渾名を頂戴した画家たちが、ミケランジェロのフレスコ画の場合のように、もはや見られるべきではないとされた部分を覆い隠さねばならなかった。もっとも神聖ローマ帝国にあっては、新たな芸術表現への熱意が強かったこと、また、こちこちの伝統主義者たちに逆らいたいという意識的欲求も恐らくは働いていたこと、あるいは、狭苦しい禁忌を比較的合法的な手段で侵犯する可能性が残っていたこと、等々の要因が重なって、女性の身体を新たな視線で見つめる傾向が生じてくる。その際、一五三〇年にスバルト・ベハムが描いた「女たちの入浴」に典型的に見られるように[14]、神話的ないしは日常的な情景描写から、罪の意識が消え去っていく。あるいは消え去らないにしても、聖書を題材にしたクラナッハの描写に於けるように、罪の意識は極めて希薄になっていくのである。これに伴って、裸と連動した罪悪感は横滑りを起こし、全く新しい対象へと注がれるようになる。こうして、魔女の裸体が誕生するのである。

それまで、芸術作品の中では、上品なタッチではあったものの、罪人は裸の状態に描かれていた。逆に魔女は男女を問わず服を着ているのが普通で、ティンクトールの写本画に描かれたサバトに於いてさえ、裸の魔女は登場しない。つまり、性は隠喩的な方法でのみ喚起されていたにすぎない。例えば、肛門や腹部に顔が付いているといった表現法がそれで、この顔は悪魔に貼り付けられることが最も多かったが、時には女性がその顔を有している場合もあった。悪魔の性器に重ねられたこの顔面というマスクは、罪、とりわけ性的な罪を象徴している[15]。こう考えるならば、デーモンの臀部などに接吻をして崇拝することが、悪魔的な性のあり方を暗示しているとすぐさま理解できる。悪魔的な性とはすなわち、アダムとイヴが原初に犯した過ちを象徴するものに他ならない。キリスト教の説く道徳は、このようにして肉体の誘惑という問題に具体的な相を与えていたのである。十四世紀には、「罪としての女」、換言すれば身体の各部位が、ある罪と対応しているような女の存在がクローズアップされるに至る。例えば腹部に張り付いた頭部ないし口は、女性の貪婪な性的欲求を暗示していた。具体例をあげておこう。おそらくはボヘミアで一三五〇年から一三六〇年にかけて制作されたと思しき写本を繙《ひもと》くと、大きく開かれた巨大な口を持つ狼の頭部が描かれている。しかも、その開かれた口からは特大の「ペニスとしての舌」が躍り出ている。これを目にすれば、十二世紀の聖女ビンゲンのヒルデガルト〔一〇九八―一一七九年：ドイツのベネディクト会修道女、神秘家。後のカトリック神秘思想の源泉となる〕にとって性器を意味していた、あの「悪徳に餓えきった口」をすぐさま想起できるだろう。[16] あるいはまた、一四九三年にバーゼルで刊行された、ジョフロア・ド・ラ・トゥール・ランドリの作品のドイツ語訳を飾っている版画には、媚態を見せる女が、虚栄の象徴としてのデーモンと共に描かれている。人間の身体と動物の頭部を持つこのデーモンは、自分の肛門を露わにしており、しかもそれが鏡に映っている。これはまさしく、髪を結いながら、自分の姿を鏡に映し出している女性の顔のイメージと対応している。[17] 顔面を利用したこの種の操作からは、多分次のようなことが推論できよう。すなわち、女性の顔とはデーモンの肛門部に張り付いた恐ろしいマスクに等しい、と。換言すれば、原初から女が淫猥な存在である点を考慮に入れれば、男を惑わす女の美しさは、地獄の口を隠蔽する手段にすぎないことが分かる、と。

神聖ローマ帝国では、一四九〇年から一五二〇年代、一五三〇年代の頃まで、こうした複数のテーマがますます頻繁に交錯するようになった。先ず一方では、エロティシズムに満ちた作品群が盛んに制作されている。例えば、一五〇八年にクラナッハが、さらには一五二九年にドマス・ヘーリングが描いた『パリスの審判』〔パリスはギリシア神話でトロイアの王子。スパルタ王妃ヘレネを奪いトロイア戦争の原因を作った〕や、ロイ・ヘーリングが一五二五年頃に制作した極めて暗示的なタイトルを持つ『愛の庭園』などがこれに当たる。他方で、死者の踊り〔もちろん「死の舞踏」danse macabre を指す〕という伝統的なテーマも、装いが刷新された上で、新たな飛躍を見ることになる。この場合、若い女性の美しい肉体は、物事の儚《はかな》さに関する考察へと人々を誘う契機と考えられた。そのために、若い娘の身体は、老女の肉体とのコントラストの下に、さらには、恐ろしげな死体＝骸骨というより印象の強いコントラストの下に提示されるのが普通となる。一五二〇年頃のハンス・シュヴァルツの手になる凸版画を見ると、メダイヨン〔円形や楕円形の中に表現された肖像〕の中に描かれた、裸体の若く綺麗な女性の半身像が目にとまる。彼女は、未だに肉片を残している骸骨が自分に触れそうになるのを避けられそうにないため、絶望感に苛《さいな》まれつつも、顔を背けようとしている。ハンス・バルドゥンク・グリーン〔一四八四―一五四五年：ドイツの画家、彫刻家。デューラーの弟子となる。北方ルネサンスを代表する画家と言えるが、同時に悪魔的なるものや死の舞踏などを好んで採り上げたため、後期ゴシックの特徴をも兼ね備える〕が一五一七年に描いた一幅の絵画には、うら若い裸の女性の立像が見出せる。彼女が纏《まと》う薄いヴェール状の織物は、彼女の恥毛を全く覆い隠せないでいる。この女性は苦悩の表情を浮かべながら手を合わせている。もはや自分は、後ろから抱きつこうとしている巨大な骸骨、つまりは死から逃れられないことを確信しているのだ。因みに、この絵の背景を成す暗い色調は、女性の肉体の白さとそのラインの丸みを強調する上で、非常に効果的に使われている。[18]

同じ一人の芸術家であっても、エロティックなテーマと、苦悩を喚起する儚《はかな》さのテーマのいずれをも扱うことができたはずである。これは、芸術家のその時々の着想にもよるだろうし、また恐らくは顧客の注文の性質に応じても変わるだろう。個人の収集家の要望が、教会の装飾担当責任者のそれと重ならないのは、火を見るより明らかだからである。だが、事態はもっと複雑である。例えば、儚さのテーマ一つとっても、それが大いなる悲観主義を表現する場合もあれば、この世の生を濃密に味わい尽くすことへの誘いとなる場合もあるからだ。もっとも、伝統的な死の舞踏（これは当時もまだ描かれていた。例えば一五二八年のハンス・ホルバインの作品などを見よ[19]）と比べて、ここにテーマ上の変容が起きていることは事実だろう。と言うのも、シュヴァルツやバルドゥンク・グリーンは、死によって社会的格差が平らに均されるという主張を、作品に持ち込んではいないからだ。彼らはむしろ、死と女性との間に緊密な関係性がある点を強調している。さて、次のような仮説は多少強引に聞こえるかも知れない。だが敢えて言えば、当時のドイツ語圏の芸術は、この世界に於いて第二の性が如何なる位置を占めているのか、取り分けこの女性なる存在が超自然と如何なる関係を結んでいるのか、という問題意識を、絵画に翻訳していると思われてならない。聖書にあっても、死は、罪とデーモンに結び付くと同時に、原罪を犯すようアダムを唆《そそのか》し、それによって現世に罪を持ち込んだイヴとも繋がっている。同じドイツの文化圏の中で、『魔女への鉄槌』こそが、古来あるこの見解に新たな息吹を吹き込むことになる。なるほど、魔女現象に於いて女性の責任を殊更《ことさら》強調する姿勢は、何よりも先ずマリア信仰に対するアンチテーゼとして理解されねばならない。だが、この解釈だけでは不十分だろう。というのも、女性の肉体を余すところなく描こうとする芸術が広がることによって、非常に深刻な問題が発生するからだ。罪に汚れた裸体という伝統的な見解に揺さぶりがかけられる、というのがその理由である。確かに、この不敬極まりない人体表現には、いずれ教義上の禁止措置が採られることになる。だがそれまでは、古来ある表現上の諸規範《コード》は、裸体の女性をひたすら悪魔化していくという手法のお陰で、かえって命脈を保つことができたのである。つまり、ヴィーナスの性器やディアナ〔狩猟の女神でギリシア神話のアルテミスと同一視される〕の色気や水浴中の女性の魅力を描出するのを、一律に禁じるのがたとえ無理だとしても、見かけが、いかに偽りに満ちた危険なものであるかを、いやと言うほど強調することができたのだ。そしてこの延長線上に、裸の魔女が登場してくる。もちろん、裸体の魔女像に画家のエロティックな趣味が反映するケースもあろうが、ほとんどの場合、この魔女像は、当時気味が悪いとされた一連の否定的な象徴群と結び付けられていたのである。

サバトと魔女を描いた画像は、『魔女への鉄槌』が著された時期に、それと同じ文化圏内で増殖を重ねていく。一四八六年にアウクスブルクで出版されたハンス・ヴィントラーの『徳の鏡』にも、このテーマを巡る版画が複数掲載されている。最も有名な六枚の木版画と言えば、何度も再版されたウルリヒ・モリトールの『予言者と女予言者について』の内に見出せる。この書は、一四八九年にコンスタンツで刊行され、その後の約百年の間に十五回ほど重版が出ている。[20] ただしこれらの版画では、魔女たちも悪魔と同じくまだ衣服を纏っている。その上、魔女はコウモリ状の翼を付けた悪魔の助力を得つつ、先が枝分かれした棒に跨ってサバトに飛んでいくという、あのゲルマン特有の伝統的な見解を、モリトール自身は、悪魔に引き起こされた夢に由来する幻覚にすぎないと見なしている。魔女の行動は

〔幻覚ではなく〕現実であり、また、サバトの主人公たちは裸である、という「信仰」が現れるまでにはもう数年待たねばならない。その証拠に、一四九三年に出されたハルトマン・シェーデルの『年代記』を開くと、悪魔が先導する馬の尻に跨った裸身の魔女に出会うことができる。この魔女の場合、胸まで見えているのだが、さすがに恥部だけは暗色のヴェールに包まれて見えない[21]。この著作は同年に二回再版されているから、それなりの成功を収めたと思われる。また、一五〇九年から一五二七年までの期間に十一回版を重ねたU・テングラーの『新・信徒典範』も、たった一ページしか割いていないが、それでも魔女の種々多様な活動シーンを描き出している。もっとも、衣服を着た伝統的な魔女像が、完全に姿を消していくわけではない。例えば、一六〇八年にミラノで刊行されたグアッツォの『魔女概論』では、悪魔たちは真っ裸だが、魔女たちは男女を問わず衣服を着けている。しかし、ドイツの一連の版画作者たちは、一糸も纏わない魔女というテーマに相当固執しており、この点ではヨーロッパでも随一の制作数を誇っている。名声の高いデューラーを筆頭に、アルトドルファー、ハンス・バルドゥンク・グリーン、ニコラ・マヌエル・ドイッチ、バークマイアー、ルーカス・クラナッハなどの名前が挙げられよう。また、当時の宗教的、社会的、および政治的な闘争にしばしば関係していた他の芸術家たちも、この主題にはこだわっていた。裸婦の魔女という主題は十六世紀の最初の四半世紀に最盛期を迎えている。それは、ルネサンスの受容が進み、宗教改革へと至る諸問題が煮詰まりつつあった、そういう文脈の中で絶頂期を迎えたことになる[22]。

このテーマを扱った巨匠たちの中でも、最も名高いのがデューラーだとすると、最も多作なのはハンス・バルドゥンク・グリーンである。既に見たように、死に寄り添われているうら若い娘を描いたこの作者は、一五一〇年以降、大勢の魔女を原版の上に再現していった。また、バーゼル大学ならびにフリブール大学の神学教授ヨーハン・ゲイラー・フォン・カイゼルベルクが、一五一七年にストラスブールで出版した『蟻』という書物には、裸体の魔女を描いた挿絵が幾つか見出せるが、これらも彼の作であると推測されている。グリーンは、自ら描く裸の若き魔女たちを、エロティックな色合いに染め上げている。ここでは、一五一四年に工房で制作された版画をもとに描かれた、一枚のデッサンに例をとろう。そこには、身体はいかつく、乳房は垂れ下がり、顔面は皺だらけという老婆が描き込まれている。この老婆が、色っぽいポーズをとった二人の若い女たちの魅力を、いやが上にも引き立てている。若い娘の内の一人は、四つん這いになってお尻をこちらに向けており、もう一人は、炎の上がった香油の壺を振りかざしつつ、股間にその油を塗り付けている。この薬まがいが、サバトへと飛翔する力を与えてくれるからだ。もっとも、この他に悪魔との関係を示唆する要素は見当たらない。この点はグリーンの他の作品とは異なっている。通常、彼の絵やデッサンには、骸骨やら怪物、ないしは噴煙を上げる鍋、頭蓋骨などが描き込まれている。さらに、しばしば重版されたある木版画には、悪魔の化身たる巨大な雄山羊に跨って、夜空へと翔《かけ》る一人の魔女が描かれてもいたのだ。[23]ところで、既に一五〇六年の時点で、アルトドルファーは先のグリーンの作品と同じタイプの、『サバト』と題した版画を彫っている。これらの版画作品を評して、些細な逸話を写し取っただけだとか、単にエロティックなだけだと言うなら、全く的外れである。これらは、若い娘の勝ち誇った肉体を、老いさらばえた老女の肉塊と、執拗なまでに比較対照してやまない。因みに、一五一五年に制作されたハンス・フランクの『四人の魔女たち』も同様の手法を採っている。もちろん、これらの背後に潜む主要な強迫観念が、性的なものであることは言を俟たない。この点は、例えばグリーンが一五一五年に、なりふり構わず素描した『若き魔女』を一瞥すれば明らかだ。なぜなら、魔女はその大きなお尻を、ドラゴン姿の悪魔の、陰茎に似た舌の方へと突き出しているからである。だが、以上の作品のモチーフは、性のみならず、老衰や死とも結び付いている。つまり、作品が発散するエロティシズムは、不吉な側面をも含み込んでいるのだ。と言うのも、優れて美しい女体が、老化や死といった不可避な徴の下に描かれているからである。上述の骸骨に絡み付かれた乙女たちの場合もそうだが、性的世界《セクシュアリテ》は、破壊的な象徴をも帯びているのだ。芸術家たちは、制作の際、教会人の懸念と、作品を購入してくれる世俗の名士たちの関心の双方を、恐らくは無自覚の内に汲み取っている。だからこそ、魔女を主題に据える芸術家たちは、女性像と死の形象とを緊密に絡め合わせるのである。たとえ何もかもが平穏に包まれているような場合でも、あるいは、愛へと誘う女性像が心地よく視線を惹き付けるような場合でも、背後には危険が潜んでいる。例えば、フランクフルトに保管されているグリーンの作品を見てみよう。そこには、裸体のうら若き二人の魔女たちが、神話的世界から今にも抜け出しつつあるように見える。だが、視線をずっと下にやると、雄山羊姿のサタンが、ほぼ全身に黄色いヴェールを纏いつつ、絵を鑑賞する者たちを盗み見している。さらに目を凝らすと、座っている方の魔女が、サタンの背中に寄り掛かっているのが分かる。[24] 女性とサタン〔ないしは死〕という結び付きは、デューラーが一五〇〇年から一五〇一年にかけて制作した年老いた魔女像の内に、さらにはニコラ・マヌエル・ドイッチ（一五三〇年没）の手になる魔女像の内に、より明白に看取できる。[25] 彼女は、素っ裸なまま髪を振り乱し、生い茂った陰毛を露わにしている。しかも、時としてデーモンに付与されることもあるあの垂れ下がった乳房をも備えている。老衰の兆しが見られる割には挑発的なポーズを採り、不気味な作り笑いを浮かべながら、彼女は見る者を睨み付けている。女性の根元的な淫欲（当時の見解によれば、女性の性欲は年齢とともに増大すると考えられていた）とその破壊的側面とを、これほど見事に表現した作品は他にない。なぜ破壊的かというと、当時性行為は男の体力減退をもたらすと見なされていたからである。病人や怪我人は、性交によって死に至るとすら思われていたのだ。

　数多くの木版画や金属彫り版画が、大量の複製を可能にし、このジャンルに大成功をもたらす。この大成功は同時に、版画への需要が増大したことをも証している。史上初めて、サバトという神話は、思想家や読書家の地平の外へと広がっていったのだ。それは、ラテン語から俗語に翻訳された諸作品が出回り、お陰でより多くの人々が、この神秘の世界に触れうるようになった頃と時を同じくしている。これら〔魔女やサバト〕の図像《イマージュ》は、明らかに、より広範な層の人々の想像界《イマジネール》の内に根を下ろすようになった。同時に、悪魔学者《デモノローグ》たちの見解を伝播する上でも、図像《イマージュ》は大いに寄与している。ただし、広く流布したとは言っても、都会の大部分の住民を含め、民衆世界の深部にまで達していたと考えるのは早計だと思われる。それよりもむしろ、ゲルマン語圏、特にライン川流域、およびその周辺、とりわけヒエロニムス・ボッシュの時代のオランダが、最も積極的にこの世界観を受け入れた地域であると考えるべきだろう。少なくともこれらの地域の宮廷人や都市の富裕層が、その主たる受容者になったと思われる。こうして、悪魔および女性への恐怖心を煽る宗教上ないし道徳上の様々な象徴体系が、彼らの間に浸透していったのである。十六世紀の第二・四半期に於いて、信仰を巡る大いなる闘いが激化していくが、その徴候が既に見え始め動揺していた空間にあっては、老いた裸体の魔女は、純然たる幻想ではあったものの、同時に極端な恐怖の一表現でもあったのである。この宗教的かつ文化的な動きは、十六世紀末から十七世紀初頭にかけて、神聖ローマ帝国内で猖獗《しょうけつ》を極めたあの恐るべき魔女狩りへと繋がっていく。この点では、上述の地域の男たちに、〔魔女狩りを惹起したという〕それなりの責任があったと言わねばなるまい。ヨーロッパの他の地域では、こうした現象はほとんど、あるいは全く見られなかったからである。アルプス地方でラテン語によって練り上げられた、あのサタンが司るサバトは、先ずはゲルマン圏の上流階級の内に根を下ろし、やがてその様子を描いた図像《イマージュ》が登場してくる。これらの画像は極めて凝縮された形で、デーモンに対する恐怖心を煽《あお》り、信者たちに「善」の道を選び取るよう誘ったのである。その際、罪深き女という神話を改めて蘇らせ、その罪の権化として、邪悪なる魔女を持ち出してきたのだ。もっとも、大規模な迫害の時代は、未だやって来てはいない。宗教改革とそれに続く両陣営間の軍事的な衝突のために、サタンが引き起こした奔流の水が、突然干上がってしまうからである。こうして、一五二五年のドイツ農民戦争終結後、およそ五十年間の小康状態が続くことになる。この間、悪魔とはそれぞれの陣営〔プロテスタント、カトリックの両陣営〕にとって、ローマ教皇ないしはカトリックから離脱した僧侶を指すことになった。* 換言すれば、この期間、悪魔は、自分の秘密の崇拝者すなわち魔女のことを、いちいち構っている暇など無かったことになろう。こうして『魔女への鉄槌』は全く売られなくなる。一五七〇年代ないし一五八〇年代以前に、悪魔を巡る熱狂に火がつくことはなかったのだ。では、魔女たちがこの小休止に乗じて、好き放題に振る舞ったかというと、そうではない。上述したのと同時期まで、魔女裁判が極めて稀であったという事実が、この点を裏打ちしてくれる。激烈な迫害が巻き起こるまでには、魔女を巡る神話が改めて広がっていく必要があったのである。

悪魔への熱狂の高まり

ヨーロッパに於ける大規模な魔女狩りが、神聖ローマ帝国を中心にして本格的に巻き起こるのは、一五八〇年以降のことである。一五一九年にルターが表舞台に登場してからこの時期に至るまでの間、単発的な告発や、幾つかの「小規模な司法上のパニック」が見られた以外には、その後の大規模な現象と通ずるような出来事は起きていない。この謎に関しては分析の必要があろうが、ここで詳しく論じる暇はない。ただ次の点だけは指摘しておかねばならない。すなわち、魔女狩りに一定の歯止めが掛けられたのは、宗教改革派側の魔女に対する態度が全く異なっていたからではない、と言う点だ。その証拠に、一五四〇年代の初頭、ルターもカルヴァンも、魔女に対する極刑の適用を認めている。同じく一五四〇年代の十年間に、デンマークのルター派は約五十人を処刑しているし、改革派に宗旨替えしたオスナブリュック〔ドイツ北西部の都市〕旧大司教区にあっても、魔女の訴追が始められている。また同じ頃、カ

＊「離脱した僧侶」とは、カトリックの司祭職を棄て、新たな宗派を築いた宗教改革派のルターたちを主に指している。なお、プロテスタントの多くはローマ教皇を反キリストつまり悪魔の化身とみなし、逆にカトリック側はルターらの異端を、悪魔の使者と見なす傾向が強かった。

トリックのフォーラールベルク〔オーストリア西部のスイスと国境を接する町〕でも訴追が少なからず行われており、さらにはティチノ〔スイス南部の州でイタリア語圏〕でも幾つか訴追の形跡が残っている。一五六〇年代以降になると、カトリック、プロテスタントの区別に関わりなく、魔女狩りはスイスのその他の様々な地域にも広がっていく。(26) フォーラールベルクやティチノの例は、魔女現象の発祥地たるアルプス地域に於いて、火刑台の火が灰の下で燻《くすぶ》り続けていたことを物語っているように思われる。だが、こうした小規模な迫害の大部分は、それまで魔女狩りとはほとんど、ないしは全く無縁だった地域に、新しい権力が築かれた事実に由来している。換言するならば、プロテスタントも魔女狩りを避けて通ったわけでは全くない、となろう。改革派はその狼煙を上げた頃から、既にサタンに纏わる神話を手中に収めて利用し、デーモンの崇拝者と名付けた者たちを厳しく処罰していたのである。ルターは悪魔の存在を堅く信じて疑わなかったし、また後に検討するように、十六世紀末のドイツのプロテスタントたちは、悪魔を中心に据えたある強力な文化を共有していたのだ。(27) ジュネーヴに至っては、十七世紀中葉まで魔女を燃やし続けていたし、また長老派のスコットランドでも魔女に対する大規模な迫害が行われていたのである。

それまで盛んに魔女狩りがなされていたカトリックの地域で、裁判の数が明らかに減少した事実を説明する仮説としては、改革派の登場を眼前にして、当局が茫然自失の状態に陥ったこと、および、この当面の最大の脅威を押さえつける様々な努力を実行に移すために、当局が新たな方向性を打ち出したことが挙げられる。十五世紀に悪魔学の流通経路となったアルプス地方およびライン川流域という空間は、まさしく、信仰を巡って激しい衝突が起こる一帯に変貌していったのである。特に衝突が顕著だった場所として、スイスの諸領域、ドイツの北西部と南西部、および新しい宗派が浸透していったオランダの諸都市が挙げられよう。こうした場所には、プロテスタントの高波が押し寄せて来たため、悪魔学に由来する種々の懸念は遠景へと後退してしまったのだ。現にカール五世〔一五〇〇―五八年：神聖ローマ皇帝。カルロス一世としてスペイン王、シチリア王、オランダ王を兼ね、ヨーロッパの覇権を巡りフランスのフランソア一世と対立する」は、帝国内で厳しい立法措置を採って、プロテスタントの高揚を抑えようとしている。一方宗教改革派は、デンマークに於けるように、堅固な政治的基盤を一旦築き上げるや、さっそく領域内の人々に対する倫理的な締め付けを率先して強めるようになる。その際彼らは、デーモンと結んだセクトを壊滅せしめるために、元々カトリック起源の魔女現象という概念を、何の躊躇《ためら》いもなく利用している。こうして一五六二年、ドイツの南西部で、最初の大規模な魔女狩りが行われることになる。舞台となったのは、両陣営が激しく争いはしたが、一応はプロテスタントが治めるに至ったヴィーゼンシュタイクという町で、六十三人の被告が処刑されている。もっとも、その後、一カ所で二十人以上が処刑された例は、この領域では一五七五年まで見当たらない。ただし、この領域には三五〇に上る様々な裁判所が犇《ひし》めいており、両陣営は競ってその取り込みに躍起になっていた。だが、やがて迫害は過熱の一途を辿る。一六九八年までの期間に、魔女として告発された者の内、何千もの人々が死刑に処せられるのである。[28] 十九世紀ドイツのプロテスタント系の歴史学者たちは、宗教改革が、人々を魔女迫害から解放する上で大いに貢献したと声高に主張していたが、これは事実とは全く異なる。否、正反対と言うべきで、一五六〇年から一六〇〇年までの期間をとると、魔女狩りに関しては、プロテスタント、カトリックのいずれの陣営も、同じくらい熱心だったのである。ただし、前者にあっては判事たちが次第に熱意を失っていったのに対し、後者にあっては、その後も弾圧は過熱し続ける点が異なっている。[29]

いずれにしろ、魔女という概念は、宗教的一体性の瓦解に伴い出現した新たな状況にも、柔軟に適応し得たことが分かる。カトリック世界全体にあっては、およそ一五六〇年頃まで、魔女現象はじっと息を潜めていた。もっとも一五四〇年頃から、プロテスタントが散発的にではあるが、魔女なるコンセプトを引き継ぐようになる。そして一五六二年、ネッカル川とドナウ川に挟まれたアルプス・シュワーベン地方のヴィーゼンシュタイクで、魔女狩りはパニックを引き起こす大規模なものへと豹変する。その後、ドイツ南西部とスイスの様々な地域に、換言すれば、魔女発祥の地であるあのライン＝アルプス地域の中心部に、さらには、その他の一帯にもじわじわと広がっていく。しかしながら、ヨーロッパ全体が同じような影響を受けたと主張するのは間違っている。悪魔が惹起した大地震の震源は、やはりイタリアから北海にかけて伸びる例の一帯であり続けた。十六世紀末の最も大規模な魔女狩りは、この地域に集中しており、ドイツ全体に浸透していくのはその後のことにすぎない。また、地中海地方では魔女狩りはほとんど皆無に近い。その上、中央ヨーロッパおよび東ヨーロッパに到達するのも、相当遅い時期のことにすぎない。

十六世紀の最後の四半世紀に、魔女狩りが突如とした高揚を見せたという事実は、同時期に、悪魔に対する恐怖が極端に強くなったことを物語っている。いずれにしろ、このような現象が生じた原因と、それが与えた社会的影響に関し、さらに掘り下げて分析する必要があろう。この現象を説明する複合的な要因としては、宗教上の対立と不安、政治的緊張、「小氷河期」を原因とする凶作、「小氷河期」がもたらした湿度の高い夏と度重なるペスト、あるいは宗教戦争という文脈の中でますますとげとげしくなった人間関係などが挙げられよう。だが、これらの多様な因子は、様々な社会階層のいずれにあっても、全く同じ調子で受け取られたと言えるのであろうか。大多数を占める民衆の恐怖心は、本当に、彼らの世界観を数年の内に激変せしめるほど、そして、彼らが悪魔に対する新たなる戦慄に怯えざるを得ないほど、激烈に高まっていたのだろうか。こうした疑問に対しては、否と答えるのが妥当だと思われる。深部で変化を被ったのは、民間信仰の内容そのものと言うよりも、むしろ支配層の苦悩の方ではなかったか。魔女狩りの突然の再出現とその加速度的展開は、恐らく、農民たちの心的状態の変化よりも、むしろ社会的エリート層内に生じたある文化的革命と、より一層緊密に結び付いていると思われる。当時の知識人や芸術家、聖職者、都市富裕層、および貴族たちの世界は、宗教改革および反宗教改革の闘いから生じた連鎖状の様々な結果に、激しい揺さぶりをかけられている。この時期以降、ルネサンスの光およびイタリアの人文主義《ユマニスム》にいまだ照らされていた地中海地域と、ヨーロッパの北西部、中でも神聖ローマ帝国およびその隣接地域との間には、新たな亀裂が入ることになる。と言うのも、後者の領域に於いてこそ、信仰を巡る緊迫した衝突が生起していたからである。一五六〇年代には、フランスとスペイン治下のオランダに於いて、宗教戦争の火ぶたが切って落とされている。当時の文学や芸術作品は、十六世紀初頭にユートピアを求めたユマニストたちの楽天主義の衰退を示している。その代替として、闇や悲愴的なるもの、悲劇的なるもの、ないしは暴力的なるものを、目を見張る勢いで描出し始める。なるほど、イタリアではルネサンスからマニエリスムへの移行が生じつつあった。だが、より危険に満ちていたと映る上述の一帯では、ずっと暗く劇的な表現法が生まれつつあったのである。都市の権力者や役人たち、加えて、宗教上、世俗上の義務を果たすべき指導層は、この世の中が「災厄に満ち」つつあるのを眼前にして、大いなる不安に駆られている。あたかも神は、罪にまみれた人間を罰するために我らを見捨ててしまったかのごとく、この世には無数の擾乱や危険がはびこっている。世紀初頭のエラスムスのように、まだ創造主の善性に全幅の信頼を置き、しかも、まだ教会を内部から改革できると信じていた者たちは、一五六三年に閉会したトリエント公会議の折りに、失地および奪われし信者の回復を軍事的に実現すべきだと唱える者たちにより、屈服を余儀なくされている。つまり、譲歩なき反宗教改革が始まったのだ。ユマニストの世紀は、不寛容の時代へと急降下していったのである。

悪魔は、以上のような一連の出来事に連なるようにして、復活を遂げた。悪魔の再生は、主に教会が目指した建て直しの方針から可能となり、世俗の権力がそれを実現していき、インテリ層や芸術家たちがその規模を押し広げていったのである。その上、プロテスタントとカトリックとの間に、一種の競争関係が生まれもした。デーモンたちが以前にも増して活動的になっているのは、敵方の犯した罪や犯罪のせいである、と互いに牽制し合ったのだ。こうしたテーマを特に重視したのは、先ずは改革派の方である。彼らは、サタンの策略を教えているとして、旧約聖書の検討に力点を置いたが、この主張は重要な役割を果たし大いに広まった。と言うのも、俗語訳の聖書によって、誰でもテキストに関する知識を得ることが可能であったし、また、印刷術によって聖書の数そのものが飛躍的に増えていたからである。その上、宗教改革派は、中世伝来の悪魔学《デモノロジー》を、その内容が聖書に見出されないにもかかわらず、無批判に受け入れていた。そもそもルター神学からして、悪魔に対しては、カトリック神学以上の重大な地位を与えていた。十六世紀後半を通して、ドイツでは、「悪魔の書」という特定の文学ジャンルが隆盛を極めているが、この事実は、悪魔がどれほど重要視されていたかを裏打ちしてくれる。同じく、詩や劇作品に於いても、悪魔はやはり大いなる存在感を示していた。(30) 彼らの党派的なプロパガンダは、こうした作品を上手く活用し、宗教上の敵をより効果的に悪魔化しようと努めている。なかんずく彼ら改革派は、ローマ教皇を好んで採り上げ、これこそは、サタンによる現世の支配の象徴、すなわち反キリストであると見なしていた。また、プロテスタントが悪魔払いと個人による告解とを放棄したことにより、デーモンに対する恐怖心がさらに増大した点も指摘せねばならない。と言うのも、カトリックによるこれら二つの実践は、悪魔への恐怖心を抑え込む、少なくともそれを上手くコントロールする機能を有していたからである。(31) カトリックの側に目を転じると、二つの要因が、悪魔への恐れを増大せしめているのが分かる。第一に、プロテスタントたちとの激烈な対抗戦略のゆえに、カトリックは、敵が捨て去ったものの正統性を再確認する立場を採った。つまり、プロテスタントたちの過ちの証を突きつけようとしたのだ。例えば、十六世紀の終わり三分の一世紀には、しばしば公衆の面前で悪魔払いの儀式が執り行われたが、カトリックはこの儀式により、憑依された身体から、改革派の教義の伝染媒体たるデーモンを追放したのである。他方、トリエント公会議に端を発する反宗教改革は、様々な試みの中でも、今まで以上に個人的で積極的な信仰形態に力点を置いた。こうした信仰のあり方を体現していたのは、イグナティウス・デ・ロヨラと彼率いるところのイエズス会である。この立場は、最良の信徒たちに対し、自分自身の責任を十分自覚すること、および自らへの正確な問いかけを行うことを通じて、信仰に於けるあらゆる揺らぎを克服するよう求めている。中世のキリスト教が、この狭き門を、聖人ならびに「神のための闘士」にのみ開いていたのに対し、トリエント公会議以降のカトリックは、この門を、全ての司祭ならびに俗界に於ける最も熱意に満ちた信者にまで、開いてみせたのである。こうしたキリスト教徒は、内省へと促されるため、自らの罪にたった一人で対峙せねばならなくなる。少なくとも彼は、共同体的な信仰の持ち主であった中世の信者たちよりも、以下の点をずっと明確に意識していた。すなわち、自らの身体の内部に潜んでいるデーモンと、あるいは、考え得る限りのありとあらゆる誘惑を仕掛けてくる悪魔と、全く個人的に向き合わねばならないと確信していたのである。現世のあらゆる財宝および知識と引き換えに、自らの魂をメフィストフェレスに売るという、あのファウスト神話が初めて登場するのは、一五八七年のフランクフルト・アム・マイン〔西ドイツ中部、ヘッセン州最大の都市〕に於いてだと思われる。この神話は、デーモンとたった一人で対峙せねばならない苦悩を表現している。ファウスト神話はまた、社会的かつ文化的観点から見て極めて重要な現象を反映してもいる。聖性のモデルが、社会的により広範な層へと浸透しつつあったことが、そこに映し出されているのだ。この聖性のモデルの浸透は、今まで以上の罪悪感を当事者たちに刻印し、同時に、彼ら一部の信者たちと、その他の大部分の信者たちとの間に断絶が生じている、という感覚をも生み出したのである。なぜなら、その他大勢のキリスト教徒たちは、いまだに、無意識的かつ自動的な信仰装置という安全弁に護られ続けていたからである。[32]

一五二〇年から一五二五年頃にいったん消息を絶った悪魔学は、一世代後のプロテスタント世界に於いて、再び姿を現す。ルター派の牧師たちが、信者の教化のために易しい言葉で綴った『悪魔に関する書』は、十六世紀中葉の神聖ローマ帝国に於いて、悪魔学に改めて大いなる活力を注ぎ込むことになる。そのため、一五六〇年を境として、魔女狩りは明らかな復活を遂げるに至る。トリエント公会議で息を吹き返したカトリックと、その不倶戴天の敵との間に生じた教義上の争いが契機となって、悪魔に対する恐怖は、両陣営に於ける宗教界ならびに世俗の世界のエリート層全般へと広がっていく。従って、一五八〇年頃成人に達した世代は、十六世紀初頭に成人に達した世代とは、根元的に異なっている。遅れてきた世代は、現世を一種の閉ざされた空間と見なしており、その中で「善」と「悪」の勢力が大規模な闘いを繰り広げていると考えていた。宗教と道徳によって、同時に文学や芸術作品によっても根付くに至った、この悲劇的な文化のゆえに、人々は己の身体を、恐れと共に眺めるようになる。と言うのも、デーモンが自らの内部に潜んでいる危険があるからである。[33] 聖書の人〔聖職者〕にとっても、書物の人〔知識人〕にとっても、世界は平衡を失い急変したのだ。ユマニストは、トマス・モアやラブレーのように、ユートピアで生きる可能性をもはや失っている。神の善良さ、人間の美しさや偉大さ、あるいは、悪魔が入り込む余地の無かった新プラトン主義的な「存在の階梯」などを、もう信じるわけにはいかないのである。いずれの陣営を選ぶかを迫られ選択した後は、一切の妥協を排して、選んだ陣営を擁護するためにひたすら闘わねばならない。世紀末のヨーロッパのユマニストたちから見れば、地獄がそのまま現世に降りてきたように映っただろう。その上、神自身が、恐ろしい、かつ復讐心に満ちた存在へと変わっている。『死の勝利』（一五六二年頃）や『嬰児虐殺』（一五六六年頃）〔これはユダヤのヘロデ王がキリストの降誕を聞いて、二歳以下の男児の殺害を命じたことに由来するキリスト教絵画の伝統的図像の一つ〕といった作品の中では、ピーター・ブリューゲルの筆の下に、世界は炎上し人間は苦痛に苛《さいな》まれている。さらに、見ていて幻覚を覚えずにはいない『ドゥーレ・グリート』（『愚かなマルゴ』とも。一五六三年頃）は、脇に空しい財宝を抱え、前方に剣を向けながら、茫然自失とした様子で、大きく開いた地獄の入口へと突き進んでいる。その一方で、デーモンの軍勢が彼女の背後で、炎上している世界へと押し寄せてきている。そこでは女たちだけがデーモンどもを撃退しようと踏ん張っている有様だ。農民の歓喜に満ちた様子を描いたことでより有名なこの画家は、当時、実力者の枢機卿グランヴェル〔一五一七―八六年：枢機卿、政治家。父ニコラの後を継いでカール五世、フェリペ二世の大臣となり、ナポリの副王も務める〕の庇護の下にあり、従ってブリュッセルの宮廷とも直接の接触があった。さて、ブリューゲルの作風は一五六一年を境に急変し、新しい苦悩と大いなるペシミズムに染められていく。これは、当時のスペイン治下のオランダが、恐るべき出来事に備えざるを得なかったことと連動している。と言うのも、一五六六年八月、プロテスタントによる極めて大規模な叛乱の火ぶたが切って落とされるからである。彼ら偶像破壊者の大群は、教会の彫像を木っ端微塵に破壊し始め、国王に反旗を翻す時代を呼び込んだのである。

ブリューゲルのデーモンは、一五一六年に没したボッシュのデーモンに着想を得ている。因みに、ボッシュが、悪魔学の伝統に精通していたことは上述の通りである。現に、この著名な幻視者が描いた『聖アントワーヌの誘惑』（リスボン蔵）や『最後の審判』（ウィーン蔵）の内には、ニーデルの『蟻塚《フォルミカリウス》』および一四八七年に刊行された『魔女への鉄槌』の形跡が看取できる。[34] ボッシュおよびブリューゲルの作品の重要性は、悪魔に関する複雑な概念を図像《イマージュ》へと変換させ、その概念に極めて人間的な相を付与している点にある。他の画家ないし思想家にも当てはまるかもしれないが、以上のように「悪」を人間性の核心部へと引き込む操作により、彼らの作品もまた、悪魔をより具体的に描き出し、その存在感をアピールし、しかもそれが煽る恐怖を増大せしめる役割を果たしている。ただしここで忘れてはならないのは、彼らの作品が一般民衆を全く相手にしておらず、都市や宮廷のエリート層のみに語りかけている点である。これらの作品群は、彼らに対し自己を映し出す鏡を提供しているのだ。つまり、エリートたちは直接、ないしは農民たちの卑俗さやスカトロジックな側面との対比を通して、そこに自己を投影することになる。逆に言えば、農民たちがこれらの絵画の買い手となることなどあり得ない、となる。また、描かれた形態《フォルム》が二人の画家の個人的な天才を反映しているのは確かだが、同時に彼ら巨匠たちの想像力が、その顧客たちが共有する関心と一致しているのも事実である。悪魔的なるものを強調する姿勢は、当時の権力と連動していた知識人の文化空間を規定していた。そして、この知識人の文化空間は、都市部のさらに上位の権力層のそれとも繋がっている。その証拠に、あの厳格なスペイン王フェリペ二世（一五九八年没）も、ヒエロニムス・ボッシュの絵を所有し愛でていたのだ。これは、フェリペ二世に備わっていた反宗教改革に典型的に見られる宗教的感性が、巨匠の絵画に描かれた内容と見事に合致していたことを物語っているのである。

一五八〇年以降、悪魔学の概論書《マニュアル》が急増しているが、右に見たとおり、これは長い醸成期間を経て出現した現象である。宗教上の分裂は、悪魔学の分野に於ける意見交換を堰き止めるどころか、反対にそれを活発化したのである。いずれの陣営も、競うように信者の魂を管理しようと躍起になったが、この場合もそれに似ている。一五二〇年からおおよそ一五六〇年頃にかけて見られた悪魔学の後退現象は、多分最も楽観的なユマニストたちの見解が一時的に勝利を収めたからだと思われる。例えば、一五三〇年頃のラブレーは人生をバラ色に見ていた。だが、彼が世に送り出した「巨人」たち〔ラブレーの作品の主人公であるパンタグリュエルとガルガンチュアを指す〕は徐々にその歓喜の歌声を失っていくし、またラブレー自身現世の色彩が暗色に覆われつつあるのを、確実に感じ取っていたのだ。もちろん、ユマニストたちはヨーロッパの各地で、できるだけ迷信から脱却し、より個人的な信仰を実践すべきだと説いていた。こうして、彼らが織りなすエラスムス流の「文壇」が、悪魔を括弧に括っていたのである。だが、その間、悪魔はじっと出番を待っていたのだ。

しかし、この出番を悪魔に与えたのは、逆説的なことに、魔女狩りに初めて異を唱えた人物、すなわちヨーハン・ヴァイヤーの握る筆であった。魔女たちの活動の現実性に疑義を呈した十五世紀末のモリトールを唯一の例外とすれば、ヴァイヤーこそは、魔女を、治癒すべき病人と見なす伝統の創始者だと言える。もっとも、ヴァイヤーは、この問題に関して懐疑的な意見を述べたあのモンテーニュと同じく、一世紀も早く登場してしまったのだ。一五六三年に出版された彼の『悪魔による幻惑と魔術師ならびに毒殺者について』〔以後は慣例に従い『悪魔の幻惑』と訳出する〕と題する著作は、悪魔の存在や企てを認めはするが、その悪魔を、「恥ずべき魔術師」と契約を結ぶことのできるペテンの名人だと定義するのである。こうした魔術師に対しては、本物の毒殺者の場合と同様に、厳しくその罪を告発せねばならない、だが、いわゆる魔女については正反対で、告発の必要はない、と彼は主張する。一五五〇年以来、クレーヴェ＝ユーリッヒ公〔クレーヴェ、ユーリッヒは、共にドイツ西部のノルトライン・ウエストファーレン州に位置する町。旧クレーヴェ公の領地〕の侍医を務めていたヴァイヤーは、既に何本かの医学論文を手がけていた。彼は、医術の立場から、憑依された者および魔法にかかった者について考察を進めている。それによると、こうした人々は、メランコリーの気質、「癲癇《オー・マル》」の気質、ないしは老化による「耄碌《もうろく》」の影響下にあるという。[35] だからと言って、彼を合理主義の先駆者として祭り上げるのは見当違いである。彼はやはり心底時代の人であった。もちろん、寛容を説いたのは事実だが、その大義名分は、二十一世紀の人間からすれば、馬鹿げた突拍子もない代物にすぎなかったのである。[36] さて、バーゼルで世に出た彼の著作は、一五六八年までに三つのラテン語版を数えている。その他にドイツ語版が一つ、また一五六七年にはフランス語版も刊行されている。著者が腰を落ち着けていたのがラインラント地方〔ライン川流域〕であり、また最初の出版地もバーゼル〔スイス北部のライン川沿いにある港湾都市〕であることは示唆的で、この一帯に於いては、いまだに悪魔学のコンセプトが強く根付いていることを想起せずにはいられない。そもそもヴァイヤー自身、一五六二年に人々を震撼させた、あのヴィーゼンシュタイクに於ける六十三名の焚刑を契機として、魔女狩りの再開に抗議のリアクションを起こしたのである〔ヴァイヤーの著作の初版は、事件の翌年に当たる一五六三年に出版されている〕。その後、彼の書は、何千部にも上る数が一五六〇年代末まで出回っており、一五六九年にはフランス語版の再版も刊行されている。もっとも、この時点では、悪魔学の信奉者〔魔女現象の現実性を説く者たちを指している。後述のジャン・ボダンが有名〕たちとの激しい論争は、まだ幕を開けていない。これは、その後の約十年間、魔女裁判が下火になっていたという事実と符合している。もちろん、その間もデーモンや魔女を扱った論考は幾つか公にされている。プロテスタントのランベール・ダノーが、一五七四年にジュネーヴで刊行した、ラテン語タイトルの『毒殺《ウエネフイキス》…』なる書物はその一例である。だが、激越な論争が常態化するのを目の当たりにするには、やはり一五八〇年代初頭まで待たねばならない。この時期に至ると、夥《おびただ》しい数の誹謗文書や魔女現象を扱った書籍が出回り、その流通は、大規模な魔女狩りが終息するまで続く。ロベール・マンドルーは主にこの期間にフランスで流布していた作品を、何と三四五点も列挙している。この数字は、現実に出回った版の数が、何十万単位であったことを物語っている。[37]

ここに至って、一人のフランス人が悪魔の舞踏会の扉をこじ開ける。あの高名なユマニストで法律家のジャン・ボダンがその人である。ボダンは、一五八〇年に、パリで『魔女の悪魔狂について』〔以下では『魔女の悪魔狂』と略す〕を刊行する。当代きっての一流の人物が、どうしてこのような書を認《したた》めたのか、その動機を探ろうとする者は後を絶たない。これだけ思考訓練と学識を積んだ者が、このような煽動的な駄作に手を染めるはずがない、と言わんばかりである。だが、こうした見解は、全くの時代錯誤《アナクロニスム》である。なぜなら、宗教戦争の真っ最中に当たる一五八〇年という時期にあっては、寛容はもはや空しい言葉にすぎなくなっていたからである。つまり、この時期のユマニスムは、エラスムス流の平和を旨とする理想論と既に縁を切っていたのだ。ボダンは単に時代の人だったにすぎない。彼は、裁判での本格的な実践経験も、また上記のごとき言動を操らねばならない個人的な理由も有してはいなかった。それにもかかわらず、彼は自分が表明している内容を、知的には確信していたのである。それでも、フランス国内でこの種の裁判は当時かなり稀であったから、ボダン自身が訴訟の一から十にまで関わる機会はなかった。一五六七年のポワティエで行われた「高等法院巡回法廷」〔Grands Jours〕で幾つかの審理を受け持った主席検察官を補助したり、一五七八年にリブモンで開かれた裁判で適切な質問を行ったりした、といった程度の実践経験があるにすぎない。彼は読書以外にも、友人の話や報告を引き合いに出しているが、それでも著書で言及している裁判のケースは、半ダースを越える数ではない。それもすべてフランス北部での事例である。因みに、その裁判で火刑の結末を迎えた人数は十二人だという。だが実例の少なさ以上に驚くべきは、魔女現象に於ける女性の責任を重視した、あの『魔女への鉄槌』の命題を、ボダンが全く継承も展開もしていない点である。彼自身非常に女嫌いで鳴らしており、その点は、一五七六年から一五七八年にかけて刊行された『国家論』を繙《ひもと》けば、一目瞭然であるから、なおさら不思議に映るやも知れない。だが、魔女罪という例外的な犯罪を取り締まる法体系は、当時ほとんど整っていなかった点を考慮すべきだろう。つまり、ボダンはこの罪に関する王国の法整備を主要な目的としていた、と考えられるのである。例えばこの時期にあっても、手足を縛って水中に沈め、身体が沈んだ場合のみ無実を宣言する、といった妙な証拠探しが民間で実践されていたが、ボダンはこうした手法〔神明裁判の一種であろう〕に歯止めを掛けたかったのであろう。彼は、このやり方を評して、本来神聖たるべき司法を悪魔的に真似たパロディーである、と非難しているのである。[38]

ボダンの著作は、「サタンに操られているとしか思えないほど、あらゆる手段を講じて魔女どもを助けよう」と試みる全ての輩を非難すると同時に、ヨーハン・ヴァイヤーその人をも直接槍玉にあげている〔ボダンの一方的な「反駁」であって、ヴァイヤーの反論は残っていない〕。この作品は、司法の現実を扱っているというよりも、むしろ知的論争という範疇に属するものである。この観点から見ると、それなりの名声を博したわけだから、ボダンは当初の目的を達成したと言えるだろう。と言うのも、一五八〇年から一六〇〇年までの間に、少なくとも十のフランス語版が次々と世に出ており、翻訳の方でも、一五八一年にバーゼルでラテン語版が刊行されている他、一五八九年にはヴェネチアでイタリア語版まで出版されているからである。ヴァイヤーに対しては、ボダンは医学的な議論を吹っかけて相手の誤りを指摘し、同時に、魔女とデーモンとの性的交接は現実にあり得ると主張している。これに関しては魔女たちの自白を引いてきて、「彼女らは悪魔の精液は冷たかったとまで言っている」[39]と記しているのである。

一五八〇年以降になると、魔女を糾弾する論考が急増する。神学者や判事たちは、博識を競うが如くに筆を走らせて、悪魔の宗派を撲滅する必要性を説いている。神学者の中でも際だった存在はペーター・ビンスフェルトで、一五八九年にトリールで自らの著書を刊行している〔『魔女と悪人の自供について』というタイトルであった。なお、ビンスフェルトは司教であると同時に、法理学の専門家でもあった〕。これがその後、ドイツのこの地域に於ける数々の焚刑を煽ることになる。また、魔女というテーマを巡って、文字通り悪魔に憑かれたかの如く精力的に筆を滑らせた司法官たちも存在する。例えば、フランシュ・コンテ地方ではアンリ・ボゲが、フランス側のバスク地方ではピエール・ド・ランクルが、また、ロレーヌ地方ではニコラ・レミが活躍している。さらに、神学者であり判事でもあったイエズス会士のマルタン・デル・リオは、『魔術の研究・六巻本』を一五九九年に上梓している。これは、魔女関連の書物の中でも、最もよく読まれたものである。特に、スペイン治下のオランダの判事たちが、熱心にページを繰ったという。一五九二年にフェリペ二世が発した王令により、彼ら判事たちは元々追い風に乗っており、ゆえに激しい魔女迫害に専心していたからである。[40] このように、十六世紀末は、サタンが未曾有の規模で猛威を振るった時期だという印象を与える。ヨーロッパのあちこちで、魔女を焼く炎が燃え盛っていたのだから当然だろう。ただし、歴史家たちが皆指摘するように、盛んに噴煙を上げていたのは、主にイタリア北部から北海へと達する、あの流通経路に当たる一帯に集中していた。中でも猖獗を極めたのは、神聖ローマ帝国の西部である。加えて、広義のスイスやスペイン治下のオランダでも、魔女狩りは猛威を振るっている。フランスでも、一六二〇年代に至るまで、魔女への迫害は暴威をほしいままにしている。スコットランドも忘れてはなるまい。さて、この時期以降、被告に浴びせられた非難の内容は、非常に整然とした内容から構成されるようになる。それは、悪魔の主催するサバトを主軸とし、女性および自然に反する性交にますます力点を置くようになっていく。中でも後者は、魔女が犯す罪として特に強調されたのである。

悪魔の印

あらゆる角度から考えて、悪魔学上の理論が本格的な発展を遂げるのは、ボダンには気の毒だが、理屈の世界に於いてではなく、むしろ実践の世界に於いてだと言ってよい。悪魔学の概念上の様々な変化は、現場の行為と密接に繋がっているのである。恐怖心ないしは苦悩を煽り立てるためには、悪魔の世界が、確認可能で具体的なものへと結実せねばならない。一五八〇年以前のヨーロッパの大部分の国に於いてそうであったように、裁判が極めて少なかった時期には、悪魔学者がいくら堅固な理論を立ててみても、本格的な強迫観念を掻き立てるには十分でなかった。フランスなどはその好例である。もっともこの点は、魔女狩りが頂点に達していた時期にも当てはまる。その証拠に、裁判沙汰にするのを差し控えた国も少なくないのである。例えばポルトガルでは、サバトを構成する諸要素は想像界《イマジネール》の中には存在していたが、それらは他のものと連動せずに孤立したままで、具体的に構造化されることは非常に稀だったのである。[41] 検邪聖省〔一五四二年に教皇パウルス三世が創設した宗教裁判所。異端、特に当時のプロテスタントと闘うことを目的としていた〕の判事たちが、魔女たちの行う夜の集会の描写に無関心であったことに加え、ポルトガルでは世俗の司法による裁判も極めて稀であったことから、サバトという神話が、弾圧によって本格的に膨らんでいく結果には至らなかったのである。実のところ、この弾圧という言葉こそ、ある地域や国で、サバトのモデルが深く根付くようになるプロセスを理解する上で、重要なキーワードとなる。弾圧が悪魔学の理論に滋養を与えるのだ。逆に言えば、弾圧の具体例が増加しない限り、悪魔学の理論はすぐさま痩せ細ってしまうのである。一五六二年から一五八〇年にかけて、サタンに纏《まつ》わる諸概念を積極的に受け入れてきた、かのライン川流域に於いてさえ、魔女狩りが小康状態を保った時期が少なからず見出せるが、ここにも同じメカニズムが働いているのである。

厳密に言えば、魔女裁判とは悪魔学を肉付けする場であった。* 魔女裁判が、悪魔学の真実性を証明していたのである。魔女裁判は、複雑な神学的理論を、観察可能な現実へと加工していったのだ。魔女裁判を通して、神と同じく根

＊ 著者はこの後の数行で、憑依と魔女現象とを厳密に区別していないかのような印象を与えている点に注意を喚起しておきたい。魔女は、悪魔に憑依されているわけではない。悪魔と契約を結んで魔術を行使する存在であり、場合によっては、魔女の術により、悪魔を第三者に憑依させることもある。つまり、憑依された者は、魔女ではなく、魔女の犠牲者なのである。著者は象徴的な言い方、多少格好をつけた言い方をするために、誤解を与える表現が多くなっていると思われる。また、悪魔学というが、本来悪魔学とは、悪魔の数、性質、力や、地獄の様子などを研究する学問であり、ここで言う「悪魔学」は、魔女をその中心テーマに据えており、伝統的な悪魔学とは異質である。ここでは、むしろ「魔女学」と訳すべきであるが、原則として慣例に従うことにした。

元的に不可知なるデーモンは、男女のいずれであれ、被告という肉体に具象化していったのである。その過程で、天空に於ける「善」と「悪」の闘いが、人間の心の内へと呼び込まれ、各人が個人的に罪悪感を引き受けねばならないという、新たな恐るべき一幕が開くのである。こうして悪魔は外部から内部へと移行した。もっとも、一般の民衆も、このような内在化のプロセスを同じ強度で経験したとは言い難い。彼らは、「悪」を具体的な人物の如きものとして想像し、それに働きかけるのも可能だと考える傾向が強かったから、当然であろう。そこで、魔女裁判が一種の舞台装置として機能し、新しい規範を習得させる場となったのである。そこでは罪人は、良きクリスチャンとは正反対の存在として提示される。この存在によって、その親族や隣人たちは、伝統的な迷信を捨て去り、正しい改悛の道を進む以外に選択肢はないことを、思い知らされるようになる。魔女の告白は、個人による自白という神話を生み出す。この自白は、唯一の判断根拠として人々に提示されるのである。こうして人々は、悪魔の罠と闘うための内省や体系的な自省へと誘導されていく。悪魔は、こっそりと身体に忍び込んで魂を危機に晒すと考えられていただけに、非常に危険と見なされるようになり、ゆえに先の内省や自省が必要視されたのである。

右のような経緯から、悪魔学は以降その焦点を身体と性器に収斂させていく。サバトには、これらに纏《まつ》わる象徴《シンボリズム》が見事に織り込まれている。それは、誰が見ても瞬時に分かる性質のものであるがゆえに、誰に対しても語りかけることができる。もっとも、空中での飛行の後に催される夜の集会のイメージは、特殊な舞台装置として機能しているにすぎない。だがこの舞台装置によって、魔女の行動の異常性を際だたせることが可能となる。当時の画家たちは、このモチーフを巡って競うように絵筆を走らせ、キリスト教のミサを裏返しにした図像を作り上げている。この逆しまの世界で、神の猿真似屋であるサタンが音頭をとるのである。だが、最も重要なことはここにはない。たとえば、粉末や有害な香油が配られるといった内容も本質的ではない。もちろん、判事たちは、これらの小道具を、魔術に対する民間の恐れと連動させ、被告に対して、嵐、病気、動物ないし人間の急死に関し各地域に残る伝承に根ざした諸々の逸話を、詳細に話すよう誘導できるのは事実だろう。では、悪魔の信奉者たちの異端的な言動に本質があるか、と言うと、これまた否である。彼らに出来るのは、秘蹟を忌み嫌い不敬な態度を採ることくらいだからだ。サバトの神話の本当の核心部は、実は身体の把握の仕方の内にある。なぜなら、以後身体は本質的に邪悪なものとされ、自然に反する性交へと傾斜せざるを得ない存在と見なされるからである。こうして、内省へと達する道は、自らの身体と性の行使に関して罪悪感を抱くという経路を、通過せねばならなくなるのだ。

結局のところ魔女裁判とは、当時の文化の最深部に根ざす苦悩が反響する場であった。いずれの裁判も、宗教的・道徳的に見て最大の禁忌《タブー》を犯すことに由来する恐怖を描き出しているからだ。また悪魔学は、最悪の逸脱に関し、緊密に構成された総括を行っている。そこでは、いわゆる信仰のあり方に関わる逸脱に関しては、儀礼的な嬰児殺しに象徴されるような、過去の数々の異端が犯したとされる古典的なものばかりを採り上げている。だが、性の領域に関わる逸脱については、全く新しい規範を採用しているのである。そこでは、乱交《オージー》のように、昔の数々の異端も犯したとされるありきたりの罪は特に問題にならない。真に問題なのは、神がその似姿に作った肉体という衣を決定的に汚す、前代未聞の破廉恥な行為である。そして、十六世紀を通し多くの国で、世俗の裁判所が、受け入れがたい性的犯罪に関する序列リストを作成したため、破廉恥な行為に対する人々の恐怖心も、なおさら深く根付くに至ったのである。こうして、中世末にはまだ見られた比較的自由な風俗は、徳化の高まりを前にして後退せざるを得なかったと言える。以後、婚外の性的交渉に対しては、罰金が科される可能性も出てきた。さらに深刻なケース、すなわち同性愛、獣姦、肛門性交、父親ないし母親との、あるいは兄弟姉妹間での近親相姦などは、火刑をも含む極刑へと繋がっていくようになった。それゆえ、性的犯罪は、異端ないし魔女と関連づけられる可能性が高くなったのである。実際、性的犯罪者に対する処刑は、魔女裁判の数が増えつつあったちょうどその時期に、例えばフランスやオランダなどに於いて増加している。[42] 一見関係がないかに映るこれら二つの現象は、実は、自らの内部に潜む野獣を各人が制御

するよう誘《いざな》う、同種の罪悪感の高まりに根ざしている点で共通しているのである。(43)

ヨーロッパの世俗の司法で行われていた魔女裁判は、十六世紀も残り三分の一となった頃より、悪魔学が提供する学術的なテーマと、民間信仰とを、うまく混合させるようになっていく。魔女狩りは、処罰するという機能に加えて、魔女に関する言説に統一性を与えるという機能をも備えていた。裁判の現場では、諸々の地域的な特殊性に加工が施され、結果それらは、サタンに関する組織だった理論を肉付けする種々の逸話的な要素へと姿を変えていった。処刑の現場に来るよう促された被告、証人およびその共同体の人々は、こうして出来上がったサタンに関する「聖典」の内容を習得し、さらにそれを周囲に伝播するようになる。だが、彼らだけがその役割を負ったのではない。判事たち自身もまた、裁判を通して、サタンの不可解な世界を学んだのである。と言うのも、ボダンのように多くの判事が、実際に訴訟に関わる以前は、正確な詳細について全く無知だったからである。また彼ら判事たちは、理論的概念だけではなく、具体的な助言をも提供してくれるマニュアルによって、その知識に磨きをかける必要もあった。例えば、サン・クロード〔国境のジュラ山脈東麓にある群庁所在地。ボゲはここの法廷で裁判長をしていた〕の地で優秀な裁判長を務めていたアンリ・ボゲが、一五九一年に上梓した『魔女の忌まわしき言葉』などが、こうしたマニュアルに該当する。その中には、裁判で得た具体例に加えて、サラン゠レ゠バン〔ジュラ山脈西麓の町〕の裁判所で活動していた同僚ダニエル・ロマネに宛てた、様々な助言も掲載されている。

第五条

魔女を捕らえるたびに、その魔女が土に触らないようにしようとする判事が存在する。そうすることで、真実の告白をより容易に引き出せると、彼らは考えているのだ。だが私はこうしたやり方を好まない。レミ〔原注：ロレーヌ地方の判事〕と同様に、私もこれは迷信だと思っている。もっともシュプレンガー〔原注：『魔女への鉄槌』の著者の一人）は、この見解を擁護しているが、その為の議論は話にならず、ここで反論するには及ばない。

第六条
同著者〔シュプレンガーであろう〕は、判事に対し、魔女に手や腕を直に触られないように、また、（原注：邪悪な視線にやられる恐れがあるので）最初に自分の方から魔女を見ないように、と警告している。こうすれば、判事が魔女に惑わされずに済むからだという。しかし私自身は、これはやはり迷信に満ちていると考えている。なぜなら、魔女の手や目に、そのような効果を発揮する力などないからである。(44)

悪魔学者たちは、全員が完全に一致するような統一見解を提示しているわけではない。彼らの間では激しい議論が闘わされていたのである。だが重要なのは、彼ら全員が、以後魔女現象という概念で括られるようになる、史上最悪の神に対する大逆罪に関して、ある共通の枠組みを有しているという点である。彼らの目から見ると、根元的な三つの条件を満たしてさえいれば、悪魔の秘密結社に属している明白な証拠となるのだ。すなわち、悪魔との契約、サバトへの参加、そして呪術の実践の三つである。これら三つの概念は、多様な文化的・歴史的諸層をアマルガムの如く混合して、出来上がったものである。例えば呪術だが、ここには、魔法の効力や特殊な人々の有する力に関する、古来の無数の信仰が流れ込んでいる。また、サバトの方は十五世紀以来、悪魔学者たちによって、徐々に醸成されてきたものだ。契約はどうかと言うと、これは学者たちの想像界《イマジネール》がこの当時新たに作り出したものである。契約の概念には、幅広く浸透していた古来の民間信仰と、ルネサンス期の教養ある魔術師が実践した、錬金術や占星術と連結したイメージ群が流れ込んでいる。だが同時に、契約の概念には、人間とメフィストフェレスとの関係を巡る新たなヴィジョンが凝集してもいる。ファウストの例と同じく、魔女は悪魔と極めて個人的かつ物理的な関係を結び始めるのである。契約の神話は、文学と犯罪という二重の側面を含み込みながら、西洋の想像界《イマジネール》に浸透していく。換言すれば、悪魔学の論考の著者たちは、魔女が、ファウスト博士と同じく、現世の財や快楽を手中に収めるために、来世での劫罰を意図的に選び取った存在だと見なしたのである。

魔女裁判を検討していくと、悪魔学に培われた判事たちが、個人的な過ちや罪の自発的選択という観点から、事態を把握しようとしていることが見えてくる。彼ら判事たちは、この点を被告や証人に教え込むのである。これは、当時の説教が、大衆に同じ内容を伝えていたことに似ている。つまり、訴訟の全過程は、言わば教化を目指した対決集会を成しており、その間に、文字文化に浴する者たちが、民間信仰に向かって、それらを統制する網を投げかけるのである。判事たちは、デーモンの居所を魔女の臓腑に定め、魔女が自らの重責を意識するよう導いていく。彼らの主たる関心は、魔女の身体の全体像から、具体的な諸要素によって確認されるその身体の悪魔的な機能へと移っていく。魔女たる証拠をあれこれ詮索しようとする民衆的慣習に対して、ボゲが沈黙を保っている事実も、この文脈の中に於いて理解できる。と言うのも、彼から見れば、魔女罪の被疑者は普通の人より軽いとか、魔女は肉体的接触ないしは視線によって魔法をかけるといった類の事柄は、全く重要ではない。こうした事柄の内にこそ「迷信」が宿っているからである。では核心はどこにあるのか。それは、以後「悪」を宿命付けられた肉体内部の密やかな変異に存するのである。この点を証すために、判事たちは、被告の身体上の契約の印と、逸脱した性行為に重点を置くようになる。

魔女の嫌疑を掛けられた者たちの尋問調書と、魔女を告発する証人たちの供述書とを読み比べていくと、両者の間に存する根元的な相違が浮き彫りになる。証人たちの供述書は、サバトはおろか悪魔の姿にすら言及していない。だが、違いはそれだけではない。証人たちは、我が身に降りかかった不幸、病気、あるいは誰かの死といった、極めて具体的な話を執拗なくらい繰り返している。こうした不幸は全部、被告がかけた呪いが原因だ、と言ってきかない。ところが司法官の方は、こうした申し立てを一応考慮に入れつつも、被告の魔女性、特にデーモンとの性交に関する質問を付け加えずにはいない。司法官は同時に、被告の身体上にあるはずの、サタンの印を見付け出そうと調査する。例えば、ロレーヌ地方はレストレ出身のジャン・パルマンティエの、二十三歳になる娘クレティエンヌは、一六二四年の裁判で以下のように答えている。


―悪魔に関してどうか。

―彼女答えて曰く。悪魔は黒衣の長身の男です。黒衣に身を包み、お尻に剣をぶら下げ、羽根飾りの付いた帽子を被っており、悪霊に違いないと思いました。

―お前に例の悪魔の印を付けたのはどれくらい前のことか。

―答えて曰く。恐らく四年ほど前です。付けられた後の二日間はとても痛かった。

―トーパン（彼女の相手の悪魔の名前）が眼前に現れたのは何処か。

―答えて曰く。それはサバトでした。（中略）

―先のトーパンとの間に肉体的交渉があったとするなら、それは何回くらいか、また場所はどこであったか。

―答えて曰く。性交を持ったのは一回だけです。ティオの近くのシャンパーニュという一帯にあるニコラ・ゴデルの息子の家がその場所でした。悪魔のせいで痛い目に遭いました。とっても冷たい感覚が走り、大変な苦痛を覚えたのです。それはまるで、両脚の間に棘をぶち込まれたようなものです。お陰で、十五日間病に伏しておりました。（中略）

―結局、彼女は神にひどく反したことを大いに悔いており、復活祭での聖体拝領を受けたのち処刑されること以

外に、何も考えていないのである。(45)

悪魔による印、デーモンとの性交、および罪悪感が、一組のセットとして判事の視線の下に表出されている。こうして一連の意味付けが完成し、自らの魂と同時に身体をもデーモンに与える行為が、想像しうる最大の罪として確定されていく。これは極めて重要な現象である。なぜなら、この過程を経て、魔女の糾弾が具体的な形を獲得し、以後一切の当局がこれに沿って魔女を告発するようになるからである。特に、悪魔による印は、悪魔学を構成する主要な要素として確立されていく。なるほど、十五世紀にも悪魔の印の具体例を見出せないわけではない。例えば、一四六〇年のアラスに於けるヴァルドー派の場合が、これに該当する。しかし、悪魔の印が確固たる地位を築くのは、やはり十六世紀から十七世紀にかけての、大規模な魔女狩りの時期に於いてである。悪魔はその鉤爪を使って、魔女の身体のどこかに、それも悪魔の好む左側〔「左の」を意味するラテン語の sinister は、「不吉な」という意味も有しており、古来縁起の悪い側とされている〕に印を付ける。その箇所は大概隠れた部位である。「恥部」や目の中に印が付けられる場合すらある。しかも、この印は、サタンと契約を結んだ証となってしまう。否、むしろ司法用語で言うところの「半証左」の方がより的確だろう。なぜなら、印の発見のみをもって、死刑を宣告するわけにはいかないからである。ただし、悪魔の印が見付かれば、司法官たちはさらに奮起し、被告が頑迷に否認を続ける場合には、拷問に訴えることが可能となる。この邪悪なる傷痕〔原文では stigmate maléfique. なお、stigmate「聖痕」とは、十字架上のキリストの五つの傷跡に相当する傷痕のこと。聖人の身体に現れることがあるとされている。悪魔による印が、この聖痕を裏返したものであるという解釈もある〕は、体毛を完全に剃った裸体の状態で、床屋外科医の指示の下に探すのが普通である。こうして被告の注意力が散漫になっている時を見計らい、怪しい箇所を長い針で突き刺したのである。その際、苦痛の呻きや流血がなければ、悪魔による印が一つないし複数あると判断することになった。ところで、こうした公認のテクニックは、すぐさま民衆の間に浸透していった。彼らは我先に「刺し師」の元に走り、どこそこの隣人に関する疑念を持ち込むようになったのだ。一例を挙げよう。一六〇一年のこと、カンブレズィ地方〔北仏のパ＝ド＝カレ県南東部からノール県にかけて広がる地方〕の七十歳になる農婦アルデゴンド・ド・ルーは、自分の村バズエルから、馬で一日かかるアルデンヌ〔北仏のベルギーと国境を接する県〕の町ロクロワへと赴いた。印の発見に長けているという噂の地元の死刑執行人に、悪魔の印があるか否か、自発的に見て貰うことにしたからである。この執行人すなわちジャン・ミナール師は、バズエルの市参事会員たちに対し、彼女の左肩に五つの小さな点から成る異常箇所を発見したと報告した。ミナール師加えて曰く、それらは「人類の敵〔悪魔を指す常套句〕が、初めて魔女と交わる時に刻み込む点」に似ている、と。彼はそれまでにも、何と二七四人もの身体に同様の印を発見したと報告している。因みに、二七四人は魔女罪の廉で、全員が処刑されている始末だ。また、調査から六週間と立たない内に、バズエルでは、アルデゴンドを焼く火刑台が組み立てられている。[46] さらに、一六七一年には、ベアルン地方〔ポーを中心とする南仏の旧州〕で猖獗を極めた魔女狩りを制止するために、国務諮問会議が介入を余儀なくされている。そこでは、一人の少年が、三十以上の町にわたって六千人を越える人間を告発していたのだ。少年は、自分には悪魔の崇拝者を見分ける能力がある、なぜなら、奴らは普通の人間には見えない仮面を顔に被っていたり、左目に白い印を付けていたりするが、自分だけにはそれが見えるからだ、と言い張ったのである。[47]

デーモンによる印は、社会から除外されたことの象徴だとも解釈できる。特に、犯罪者など社会の周辺に生きる者たちに対し、不名誉な印が刻印されていた時代であるだけに、この解釈には説得力がある。さて、不名誉な印とは、例えば耳を切り取る、あるいは盗人の身体に灼熱の焼き鏝をあてて、消し去ることのできない痕跡を刻み込む、といった形で付けられていた。ところで、悪魔の印は、生まれに関する象徴をめぐる数々の民間信仰や民衆的実践を、たった一つの主題の周囲に結実せしめる役割をも負っている。[48] もっとも、この種の説明を積み上げてみたところで、悪魔の印という概念が持つ豊かな膨らみを全て描き出すことは無理だろう。ただここで言えるのは、この概念が、サタンとの契約ならびにサバトを規定する定義の内に取り込まれることで、悪魔学が醸成した神話を、経験則に基づいた物理的な確信へと変じせしめた、という点であろう。つまり、魔女本人に加え、判事、「刺し師」、そして処刑を見物する者たちのいずれもが、魔女の物理的存在感を確信するに至ったのである。被疑者の中には、それまで事実無根だとして容疑を否認していたのに、痕跡が見付かったと告げられた瞬間、動揺を隠せなくなる者までいたのである。さらに視野を広げると、悪魔学の理論家たちも、デーモンは魔女に刻印をした上で魔女と性的に交わるのだから、これを単なる霊的存在と見なすわけにはいかず、そう思った瞬間から、魔女罪の嫌疑をかけられた被告の罪の現実性を、もはや疑えなくなったと言える。つまり、サバトはサタンが思いこませた夢想などではなく、実物の肉体が現実に抱擁し合う集会と相成ったのである。もっとも、こうした難題をめぐっては、知的なレベルでまだ幾多の矛盾が存在していた。だがこれらの矛盾も、悪魔に肉体を付与する操作を通して、簡単に克服できたのであった。悪魔の印は、判事の目には、少なくとも悪魔の肉体的存在および被告たちの有罪性を、同時に証明してくれるものに映ったのである。

デーモンとの性交に関する詳細についても、同様のことが言える。これについては、司法官たちの性的抑圧、否、性的倒錯が堰を切って流れ出た、という説があるが、これだけで全てを言い尽くしたことにはならない。もちろん、破廉恥な話を聞いたり、裸体を調べて悪魔の刻印を探すといった行為が、のぞき見趣味を掻き立てた点を一様に否定するわけにはいかない。ただ重要なのは、こうした性的な側面が、裁判の論理に於いて非常に重要な役割を果たしたという点である。先ず、悪魔との交接が証人によって喚起される例は皆無であり、必ず被告との対話の過程で明らかになることを押さえねばならない。被告に対してしばしば詳細に及ぶ質問がなされると、当事者は否認ないし黙秘を選ぶ場合もあれば、紋切り型の告白を行う場合もある。さて、性的な内容の告白は、訴訟の転換点ないしは被告の抵抗の終焉、あるいは被告による有罪の承認を意味することが多かった。例えば、一六二四年、ロレーヌ公領で、クレチエンヌ・パルモンティエという女性は、悪魔とのセックスは苦痛に満ちたもので、冷たい感触がした、また、痛みはその後も長く尾を引いた、と述べている。さらに、悪魔の性器は凍るように冷たくてバカでかい、セックスの際は大変な痛みを感じ、まるで性器に棘がついているかの如く、自分の肉体が掻きむしられた、その上悪魔の精子は冷たかった、などと詳述する者までいた。ここでは、デーモンの死体をはじめとする凍った身体に纏《まつ》わる古来の概念が、苦痛を伴う性交についての詳細と重ね合わされている。もっとも、魔女の中には、苦痛ではなく快楽を感じたと告白する者もいたことは、付言しておかねばならないだろう。

　いずれにしろ以上のような事柄を、単純明快な論理で説明したくなる衝動に駆られることもあろう。例えば、右の如き告白は、性をめぐる月並みな内容を、多少歪んだ方向へと移し替えたにすぎないとする解釈も成り立つだろう。一例を挙げれば、上述したクレティエンヌ・パルマンティエは、ある男に処女を奪われた経験を語っているにすぎないのではないか。ただ単に、悪魔の冷たさといった、紋切り型の文言を、後で付加して話しただけではないのか。だが、このように解釈することは、被告の返答を裏打ちしうる実体験が、サタンに対する嫌悪感、ならびにサタンの共犯者の証拠を摑もうとする探求心、という文脈の中に置き直して初めて本来の意味を獲得する、という点を忘れてしまうことになりかねない。と言うのも、悪魔学が包摂する「性科学」なるものは、純粋に知識人の世界に属しているにすぎなかったからである。逆に言えば、人間と超自然的存在との間に成り立つ性的関係について、民間信仰は苦痛に一切の力点を置いていないのであり、この点は例えばメリュジーヌ〔中世伝説上の人物。アルバニア王と水の精ウンディーヌの娘。土曜日になると、下半身が蛇になったという〕の伝説が例証してくれている。換言すれば、悪魔学の包摂する「性科学」は、デーモンという霊的存在に対し、何らかのメッセージないしは論理的な説明原理を宿していたはずなのである。とどのつまり、悪魔学に於ける「性科学」は、一つのある禁忌を明示したのであり、その禁忌をことさら強調する過程を通して、さらなる禁忌を犯そうとする者たちを退けようとしたのである。

女ないしは男と、インクブスないしはスクブスとの間の、いかにも自然に反した性的関係が、人々に嫌悪感を催せしめたのは、このおぞましき光景を強調した必然の結果であった。だが、より掘り下げていくと、こうした強烈なイメージ群は、性的な領域に於ける侵犯しがたい別のイメージ群を殊更際だたせているように思われる。と言うのも、サバトにあっては、やれ類縁だやれ家族だという聖なる関係を無視し、そこの参加者全員が誰彼構わず遠慮無く交わり、ひいては男色やら異常な体位のセックスに身を任せる始末だったからである。さらに、魔女の子供たちは悪魔に捧げられ、サバトに於ける食人の儀式に供されたり、呪い用の粉末や香油の調合に使われたりしていた。こうした想像界《イマジネール》は、聴罪司祭が監視していた諸々の禁忌、例えば自慰行為《マスターベーション》、女が男を支配するような体位、あるいは中絶に纏わる様々な実践、さらには死刑に値した男色という極めて自然に反した行為などを思い起こさせる。だが同時に、逆しまの世界という観点から見れば、こうした想像界《イマジネール》は、性的関係によって快楽を得ることではなく、繁殖そのものを目的として設けられた結婚による聖なる結び付きを、逆に喚起することにもなる。さて、さらに調べていくと、一五七〇年以降、サバトの視覚的な表象が急増していくのが分かる。そこでは苦悩の色調がますます濃厚に表れ、不吉な動物や骨、頭蓋骨、その他人々を恐怖で凍らせる要素が、周囲に描かれるようになる。その一例として、十七世紀初頭のジャック・ド・ガイン二世を挙げられよう。彼は、死体の内臓を切り裂いたり、身体の一部を焼いたり、人間の血液を吸い出したりする様子を、キャンバスに展開して見せている[49]。さて、悪魔学の論考にあっても、当時の裁判にあっても、悪魔に汚された魔女の身体と、その完全に堕落しきった性行為が、際だって強調されている。これは、魔女が想像を絶する破壊力を有していることを、喚起しようとしているのだ。なぜなら、サタンとの交接は、怪物《モンスター》を創造するのではなく、ただ単にかつ純粋に、生命そのものを禁じてしまうからである。

魔女狩りに纏《まつ》わる理論書、訴訟および視覚的表象は、複雑に絡み合ったある一つの全体を構成していた。そしてこの全体が、エリート層の想像界《イマジネール》に恐怖心を植え付けていった。次いでエリート層は、非常に儀式化され体系《コード》化された裁判の機会をとらえて、自らの恐怖心を民衆にも共有させようと努める。この恐怖心は、死、悪魔および女の性と結び付いた様々な幻想《ファンタスム》を、一つの布へと織り上げていく。神聖ローマ帝国ないしはオランダに於ける悪魔学者や芸術家たちは、既に十五世紀と十六世紀の転換点の頃に、早くもこの主題を追求していた。それもそのはずで、死と悪魔と女性という主題は、この地方の諸都市にあっては、既に前面に躍り出ていたからである。[50]さて、こうしてサバト神話の構築が完成に近づくに従い、焦点は悪魔の刻印を受けた身体と、デーモンとの肉体関係へと収斂していった。それに伴い、死に対する感覚と、女性の激しい性的衝動との間に、暗に等式が成立するようになっていく。つまり、魔女という存在の背後に、老いたヒステリー女の影が揺らめくのだ。この老女は極めて危険な存在である。と言うのも、その年齢と寡居状態のゆえに、彼女は女の破壊的な側面をさらに悪化せしめるからだ。魔女裁判は、ある一つの限界点、あるいは純粋に神話的なある一つの禁忌《タブー》を設定し、その過程を通して、〔死と性という〕人類にとって重要な二つの領域に関し、巨大な象徴の網の目を織り上げていったのである。つまり西洋の想像界《イマジネール》に於いて、性と死とが、この頃緊密に絡み合い始めたと言えるのだ。魔女裁判で援用された悪魔学は、女性一般の恐るべき淫欲を制御すべきだ、と語っていた。[51]なぜなら、女の中で肉体に悪魔を宿した存在は、何も魔女だけとは限らなかったからである。こうして、西洋に特有のあの習俗の文明化過程が、[52]その速度に違いはあれ、知的世界ならびに社会的実践の多様な領域に於いて、既に最初の一歩を踏み出したのである。サタンがこれほど存在感を増し、エリート層にとって大きな脅威になっていたとするなら、それは、知の世界が急速な地殻変動を起こしていたからだと言える。同時に、動物への視線にも変化が生じていた。人々は、自らの内部に息づいていると感じていた獣の方を、より恐れるようになったのだ。以後、宗教権力、世俗権力の双方とも、危険極まりないという烙印を押された性の世界に、一定の枠を嵌めるようになっていく。身体はもはや以前と同じように把握されることはなくなったのである。

第3章

肉体の悪魔

長期にわたって悪魔の表象は諸々の変化を被ってきたわけだが、十六世紀ならびに十七世紀に於ける魔女狩りにも、この変遷が影を落としている。しかも、この魔女狩りもまた、知識人の身体観、すなわち身体に不可能はなし、とする見解を支えにしていたのである。つまり、当時の知識人たちは、我々とは根元的に異なった世界観を抱いていたことになる。従って、あの博識なるユマニスト、ジャン・ボダンが、迫害者たる判事集団の武器を磨き上げたのを見て驚くとしたら、それは、歴史家にとって最も重い罪、すなわち時代錯誤《アナクロニスム》の罪を犯すに等しい。と言うのも、『国家論』の著者は、この点では、火刑台を準備した無慈悲な法律家たちと、全く同一の地平に立っていたからである。その上法律家たちの方はと言えば、悪魔の存在を肯定し、その多様な出現形態をリストアップしていた学問を、その支えとしていたのだ。二十世紀に生きる我々にとって、当時の学問、文化、神学および人間のその他の知的営為の全てが、世界を解釈するある一つにして唯一の全体を成していたことは、忘却の彼方に消え失せている。現代の細分化された知識、あるいは蛸壷《たこつぼ》化した専門知識のせいで、我々は、ボダンが、何について語ろうと、全く同じ一つの言語を操っていることを理解できなくなっている。貨幣、政治理論、宗教、あるいは魔女狩りのいずれを話題にする時も、ボダンは同一言語を用いていたのである。彼の最も優れた同時代人たちに関しても、事情は同じである。医学と宗教とを、学問と信仰とを分断する境界線なんぞは、存在していなかったのだ。

悪魔に関する歴史を記そうとするなら、身体とその表象についての研究を怠るわけにはいかない。もっとも、身体観を巡るカタログを作れば済む話ではない。そうではなく、ウェサリウス〔一五一四―六四：ベルギーの医者、解剖学者。近代解剖学への道を開く〕、アンブロワーズ・パレ、ないしはモリエールに揶揄されたディアフォアリュス父子〔モリエールが『嫌々ながら医者にされ』で嘲笑の対象にした登場人物〕の時代に流通した医学上の概念に、先ずはどっぷりと浸かってみる必要があろう。そうすると、知識人層と民衆層の抱いていた概念が幾重にも重なっており、しかも、当時に於ける最良の知性ですら、民衆と同程度の「迷信」を共有していた事実が浮かび上がってこよう。とりわけ、懐疑主義を信条とする二十世紀末にあって、我が身を安全圏に置きながら、当時の人々の態度を現代のそれと比べることのできる我々にはますますそう映っても不思議はない。だが、仮に悪魔の存在が我々には到底信じがたく思われるとするなら、それは、我々が身体の機能を、ある理性的なモデルに基づいて把握しているからである。換言すれば、身体には不可能なこともあり得る、とするモデルに従っているからである。ここで、十六世紀にあっては、信仰が学問的視線の内部に取り込まれていた点を想起せねばならない。さらに重要なことは、ルネサンス期には一般に人間精神の進歩の証とされたあの古代への回帰が、伝染病を始めとする病についての医学的な再考察を促した点である。しかもこの考察が、病の領域に悪魔が侵入する契機となったのである。

医学はさらに、集団的な想像界《イマジネール》にも新たな影響を及ぼすに至る。医者にして物語作家であったラブレーの時代に既に、肉体的下部に対する楽観的な見方は、徐々に遠景に退きつつあったのだろうか。言い換えれば、自然なる肉体的機能と性的機能は、教会分裂に端を発した教化の影響下にあって、足早に禁忌の領域へと送り込まれたのであろうか。だが、この分野に於いて、笑いを喚起し続けた中世と、悲しき抑圧へと走った近代とを対置するのには、いささか無理があると思われる。この変化にはより長い時間を要したのではないか。つまり、ある文化的な動きが緩やかに進行し、個人が自らの身体を手なずける方向へと徐々に向かっていったと考えるべきではないか。こうして、宗教的な内向化が進み、それに伴って、人間に於ける感覚器官の再定義が生じたと思われる。すなわち、視覚はますます神聖なるものと結び合うようになり、一方嗅覚は悪魔的なるものへと傾斜していったのである。ここでは、思想と実践が一種の循環論法を形成している。なぜなら、感覚の訓練と自己の制御という思想は、社会的な理想であると同時に、敬虔な態度を生む道徳的規範でもあり、医者の関心の的でもあり、さらには逸脱者を罰する根拠でもあったからである。当時のヨーロッパは、一般に共有されていた魔術的思考から、デカルトやニュートンが体現していた合理的な見解へと、緩やかな変遷を辿っていたのだ。言わば西欧独自の流儀によって、矛盾に満ちた大海の内部から、「主体」が徐々に立ち上がりつつあったのである。

魔術的身体

人間の身体は、四体液を内包した外装と見なされており、この四体液の均衡によって健康が保たれるとされていた。男性は生まれつき高温で乾いており、女性は低温で湿気が勝っているとされた。このように異なったコンビネーションが組み合わされて、多様なタイプを生み出すに至っている。例えば男勝りの女性の場合、湿気の点で他の女性とはかなり異なるとされた。と言うのも、こうした女性は、普通の女性よりも高温で、しかもより乾燥していると見なされたからである。そこで治癒法は、主に内部に於ける四体液のバランスを回復することに重点を置くようになった。もっとも、直接患者を診て診断を下していたとは限らない。例えば、患者の尿を「薬剤師《ミール》」の元に送り、この

「薬剤師」がそれを見て適切な治療法を処方したりしていた。つまり、モリエールがさんざん茶化してみせた、あの排泄物に基づく医学は、実は何世紀も前から存在していたことになる。さて、瀉血ないしは浣腸によって、過剰な四体液を清浄な状態に戻してやる必要があった。さらには、食餌療法を通して、患者の生来の状態を丈夫にする場合もあった。

一三五八年の主の奉献の祝日（聖母マリアの御潔めの祝日でもある。二月二日）から聖ヨハネの祝日（恐らく洗礼者聖ヨハネの祝日だと思われる。六月二十四日。使徒聖ヨハネの祝日なら十二月二十七日。これだけの情報では判断不能）にかけての期間に、フランス語で著されたと考えられているある医学上の処方箋は、各月に関し必要な助言を与えている。(1) そこでは、一月には瀉血を避ける方がよいとされている。断食をしつつワインを飲み、セージ、塩、ショウガ、ならびにその他の「熱い香辛料」を摂取せねばならない。「三月には甘めの飲み物をとるべきで、瀉血は良くない。また、食すると便通を催すものは摂取するのを控えねばならない。」四月には、瀉血と新鮮な肉の摂取が勧められている。五月は熱さと冷たさの双方の徴に支配されている。そこで、身体を暖める飲み物や食べ物と、瀉血とが同時に勧められる結果になる。ただし、「肉の頭部および足の部分は決して食するべきではない。さらに、頻繁に入浴し、かつあらゆるハーブ類の入った冷たいスープを飲むべきである。」「六月には、断食をしつつ冷水を飲み、晩には酸っぱいワインに漬けたレタスを採るのがよい。また、女との交接は避けるべきである。なぜなら、この月には四体液が脳から下ってくるからだ。」七月、八月、九月は瀉血は避けるべきだが、九月だけは、必要ならば、少量しか血を抜かないという条件の下で瀉血を行っても構わない。なお九月には、節度ある摂取を守るなら、如何なる食べ物も健康に良い。十月には下剤を服用する。さらに、断食の状態でブドウのみを摂取し、かつ「胃をきれいにするために」少量の「ブドウ果汁ないしは山羊の乳」を飲むとよい。十一月と十二月には「瀉血が身体によい」、と言うのも、四体液が瀉血に適した状態になっているからである。一方、入浴は避け、シナモンやヒソップ（ヤナギハッカ。地中海地方原産のシソ科の植物で、強壮剤として使われる〕などを摂取するとよい。

一月から三月にかけては、瀉血や排泄作用のある食物を避け、体液を温存することが重要である。春は、瀉血の時期の到来を告げている。同時に、この時期は入浴〔冷水浴〕や食餌療法で身体を冷ますのがよい。六月には性交を控えるべきとされる。身体を冷却すべきだとする以上の考え方の背後には、身体が過度に熱気を帯び精気が高まっているがゆえに、それらを抑制すべきだ、という見方が透けて見える。なお、女性との交接への言及から、この処方箋は主に高温で乾燥している男性の身体を念頭に置いていると察せられる。ただし、五月に関し、身体が温まる食物や飲料を摂取すべきだ、という指摘は例外と言うべきだろうか。もっとも、五月は寒暖の両方にわたる処方が必要としているが、これは、この月が冬の養生法から夏のそれへと移行する時期に当たるからかもしれない。ところで、五月は以前は恋の季節とされていたのに、反宗教改革が聖母マリアの月に定めてしまった経緯がある。これにより、五月は結婚には最も向かない月となってしまう。さて、夏は血液が体内に残るべき時期である。これは恐らく、刈り入れ時期の辛い肉体的労働に耐えられるようにするためであろう。もう一つの理由として、夏は医学的な処方がなくとも、健康を保ちやすい期間だという点が多分あげられる。秋は、排泄を促すべき時期、それも一年で二度目のその時期を告げるものである。すなわち、胃を清浄にし、瀉血によって四体液の均衡を保たねばならない。なお、入浴の禁止は、寒さが厳しくなっていく十一月、十二月には、身体を極端に冷却してはならないことと関係している。

二十一世紀の読者なら、きっと民衆的なものに違いないと思うであろう以上の如き考え方は、実は十六世紀にあっては、知識人たちの医学の中核に居座ってさえいたのである。なるほど、解剖学の進歩に寄与しようとした者もいるが、彼らは相当の困難に直面せざるを得なかった。ただし、教会の敵意が立ちはだかっただけではない。それだけではなく、解剖そのものの技術的な問題に加え、古典古代に対する大いなる畏敬の念や、「医学を四体液に基づく生理学や病理学へと誘導していく動き[2]」などが障碍となったのである。もっとも、これをもって、当時の医学が旧套墨守に汲々としていたと結論すべきではない。たしかに、ユマニスムの強い影響下で古典古代の源泉へと遡る動きが顕著となり、それゆえ、ガレノスに由来する病理モデル〔病気を四体液の不均衡で説明しようとする体液病理説〕が確立するに至った点は否めない。しかしながら、ものの見方の変化や宗教上の新たな態度が、「病の経験則」に大きな変容をもたらしたのも事実なのである。現に、「生理学」ならびに「病理学」の父たるジャン・フェルネル（一四九七―一五八八年）を始めとする改革者たちは、この時代の刻印を大いに受けている。フェルネルが古典的な四体液説の信奉者であり続けたのは事実である。だが、いかなる医者から見ても、全体を説明する枠組みに変化が生じていたのは否めない。先ず、種々の新しい病が発見されている点が重要だ。とりわけ、梅毒、流感、百日咳といった、今日伝染病と呼ばれている病気の発見は見逃せない。特に新大陸アメリカで猖獗を極めたこれらの新しい災禍の仕組みを説明するために、医学は、古典古代には抑圧されていた、否、少なくともほとんど無視されていた、ある概念に頼らざるを得なかった。伝染ならびに星の感化力がそれである。[3] 後者がパラケルスス〔一四九三―一五四一年：スイスの医学者・化学者。医薬に水銀などの金属化合物を用い、医科学の祖とよばれる。膨大な著作を残している〕の生気論や神秘的理論に道を通じているのは確かだが、さらに重要なのは、この概念がより広範な学問領域に影響力を行使した点であろう。その際重要な役割を担ったのは、「人間がある意味で世界そのものを反映しており、身体というミクロコスモスは、至る所に見出せる構造的な類似を介して、宇宙というマクロコスモスと繋がっている」という見解である。この理論は特に目新しいものではなかったが、詩人や文学者たちにも広く共有されていたため、強固な根を張り巡らすに至り、ついには今日まで西洋の想像界《イマジネール》に消えがたい痕跡を残したのである。次に伝染という原理についてであるが、こちらの方は、身体に魔術的な視線を注ぐ傾向に拍車をかけたと思われる。身体の不吉な側面は、悪魔学の様々な命題に信憑性を与え、ひいては大規模な魔女狩りを惹起する上で、少なからぬ役割を負ったと言える。後にも検討するが、以上の諸現象を繋ぐ糸は、病気の結果からその伝染病の原因へと辿り直す過程で見出されるようになっている。そこでは悪魔は、例えばペストを引き起こす毒気〔体液から蒸発すると考えられていた〕を生成する上で、また、伝染性を有するとされた魔女の身体に変容を起こす上で、不可欠な役割を担ったのである。病気の伝染という見方が、医者、患者の双方を捕えて離さなくなっていた時期にあって、悪魔と連《つる》む魔女のセクトは、その強い伝染力により、全く新しい意味合いを帯びるようになっていったのだ。

　ギリシアの医学から追放されていたこの伝染病という概念は、世界を魔術的に読み解こうとする態度から生まれたものである。つまり、健康にとって危険な汚染物は、病人そのもの、諸々の物体、不可視の諸存在、あるいは空気などによって運ばれると考えられていたのだ。ところで、伝染の概念から、「禁忌《タブー》」の原理が生まれてきたと考えて良い。また、伝染自体は、民俗学者たちが研究した非ヨーロッパ世界にあっては、様々な儀礼的禁止事項によって抑止すべきものでもあった。さて、医師たちは、感染した者たちがある共通の要素を有していることに着目しつつ、悪疫の仕組みを説明しようと試みている。十六世紀後半には、「伝染毒《コンタージュ》」という物質が、人から人へと伝達されていくという説明が廃れ、代わりに、吸い込む空気が汚染されているとする「瘴気《ミアスム》」〔パストゥール以前に伝染病の原因と考えられた大気中の有毒気体〕の理論が一世を風靡するようになる。この理論は、イタリアの医者ジロラモ・フラカストロが、一五四六年に上梓した論考『伝染、伝染病ならびに治療法について』の中で展開したものである。彼は発疹チフス、梅毒、疱瘡、ハンセン病、狂犬病などの「汚染性」の種々の病気について説明を施している。彼によれば、一切の悪疫は、外的な要因に基づいて、四体液が部分的に腐敗することに由来する。そして、この外的な要因こそが毒性を帯びており、生命体に類似した特性を備えていて自己増殖できるが、これを肉眼で見ることは不可能だ。ある人の腐敗した四体液から自然発生的に生じることもあるこの種の「原始病原体」は、直接的な接触によって、ないしは汚染された物体を介して間接的に伝達されるが、同時に空気によって伝播する場合も存在する。「原始病原体」は、人間を神の創造物全体と繋いでいるあの「共感」〔人間と宇宙との間で、互いに引きつけ合い感応するという考え方〕の力学により、四体液の方へと引き寄せられるのである。

つまり、一切が一切の内に包含されていることになる。人間の身体という小宇宙《ミクロコスモス》は、宇宙というマクロコスモスと繋がっているのだ。この魔術的な（この時代にあっては「学問的な」と換言しても良い）ものの見方の連鎖によって物事を説明しようとする体系内に置き直してはじめて、伝染もその真の意味を露わにする。この点に関し、研究者ミルコ　D・グルメクはこう結論を下している。「倫理的な汚染、原罪、病原を巡る罪悪感、そして神による懲罰といった考え方が、伝染の概念と明確にないしは暗黙裡に、結びあっているのである。」さて、病に冒された人間の身体内部と星辰の動きとの間に成り立つ並行関係が、「インフルエンザ」という名称を生み出した点は重要である。なぜなら、「インフルエンザ」とは、惑星などが及ぼす感応力《インフルエンス》に由来しており、十六世紀に猖獗を極めた流感性感冒を指す名称となったからである。周知の通り二十一世紀への敷居を跨いだ現在にあっても、科学や医学とは無縁になったとは言え、星占い《ホロスコープ》がいまだに大流行しているが、これも当時と同様の世界観を継承している証だと思われるのである。

十七世紀の間に、病気を、化学や物理学に基づいて説明する新たなシステムが徐々に確立していく。しかし、それまでは、病気の脅威や悪魔主義の台頭を前にして苦悩を覚えていた知識層にあっては、伝染という考え方が、ある意味でその思考を上手く誘導し得たと言える。伝染という見解が生まれた時期が、大規模な魔女狩りのそれと重なっているのは偶然ではない。身体が不可視の病的な力に犯されるという見解は、そのまま〔身体が不可視の悪魔に犯されるという〕サバト神話へと転用可能なものである。逆に言えば、サバト神話が、病の神秘の仕組みを明らかにしてくれるのである。このように、サタンへと投影された禁忌《タブー》の概念は、悪疫の際に汚れているとされた空気への恐怖を、そのまま平行移動したものなのである。後に詳しく検討するが、デーモンはペストなどの悪疫や悪臭と、直接結び付けられていたのだ。だが先ずは、不安の対象たる身体というテーマについて、医学が如何なる知見をさらに提供していたかを検証せねばなるまい。

女性の身体

当時、女性は悪魔的な方向に傾斜するという見解が、神学ないし倫理の領域に於ける唯一の見方であったわけではない。ルネサンス期は、高貴な御婦人、換言すればラブレーが描いたテレームの僧院〔フランソワ・ラブレーの『ガルガンチュア物語』に登場する「アンチ・修道院」。「汝の欲するところを為せ」が唯一の規則とされ、高貴で教養に優れた男女が入れるとされた〕に入る資格を有した御婦人に対しては、輝かしい地位を与えていたのである。また、フィレンツェで花開いた新プラトン学派も、例えばボッティチェリの筆に描かれたように、女性を、輝くオーラで包み込んだのであった。さらにロンサールは、カッサンドル・サルヴィアーティのためにバラを摘み、またアグリッパ・ドービニエもカッサンドルの姪に当たるディアーヌに対し、若き日の詩集『春』（一五七二年）を捧げて崇拝している。だが女性を巡っては、激しい論争がすぐさま火を噴くことになる。十六世紀も中盤に差し掛かると、この論争はフランスの文学界を席巻するに至り、ラブレーなどは一五四六年、『第三之書・パンタグリュエル物語』を上梓してこの論争に参加している。この作品は、結婚問題ならびにそれと不可分な関係にあるとされたコキュアージュ〔妻を寝取られることを意味する。中世以来頻繁に議論された「問題系」の一つである〕を中心主題に据えている。つまり女性が謳歌した春は長くは続かなかったし、またそれを謳歌できたのも、ごく僅かの例外的な期間にすぎなかったことになる。要するに、西洋は自らが刻んできた今までの畝を、改めて掘り続けることになったのである。こうして、美しき裸体にはヴェールを被せざるを得なくなり、遂には、当時の全ヨーロッパの上流層に広まったスペイン風の重々しい衣装によって、身体を一分の隙もなく覆わねばならなくなったのである。十六世紀の後半と次世紀の初頭の二、三十年間にあっては、それまでは流行に従って大胆に露出することもあった胸部を完全に隠蔽し、慎ましやかな女性へと戻るよう説教する傾向が強くなっている（この点で唯一の例外は、イングランドのエリザベス一世であろう）。また、プロテスタント世界にあっても、男性の女性に対する優位という問題が深刻に論じられるようになっている。その結果、ドイツでの魔女狩りや悪魔払いの儀式に於いても、男性の身体と女性の身体とを対照的に把握する見解が、前面に押し出されてくる。つまり身体は、権力および知が覇権を争う場となったのである。(4)

このように、知的世界ならびに社会生活のあらゆる領域に於いて、女性の性《さが》に関する再定義が行われるようになっていった。例えば、医学、法学、あるいは版画や絵画によって伝播した視覚的なプロパガンダなどが、女性という根元的に憂慮すべき不完全な存在に対しては、監視を怠るべきではない、という姿勢を根付かせていったのだ。(5) 医者たちは、女性の内に、未完成な被造物、不完全な男性を見て取り、だからこそ女性は弱く不安定だと結論していた。多くの著作家たちが、女は生まれながらにして、影響されやすく、厚かましく、嘘つきで、迷信深く、淫奔であると見なしており、また、女は子宮の運動にのみ支配されている、しかも子宮から女の病気の一切、特にヒステリーが生じるのだと考えていたのである。こうして、女＝子宮としての女性は、自らの内部に生の力学と死の力学の双方を抱え込んでいることになる。(6) 当時の版画を見れば、この問題に関し男性が抱いた「漠然たる不安」ないしは「潜在的な不信感」がよく看取できる。大規模な文化的媒体である当時の版画の中で、一四九〇年から一六二〇年にわたって世に出た、しかも以上の主題を扱った六〇〇〇点の作品を分析すると、興味深い事実が浮き彫りになる。先ず、こうした作品は、主に都会の様々な社会層に向けて発信されたことを押さえねばなるまい。さて、こうした版画が女性を扱う際には、神学、医学、法学などが練り上げた学問的な理論と、一般に広まっている民衆的な偏見の双方を、不可分な形で混在せしめている点に先ずは目がいく。さらに、全体の四分の三は宗教的な主題を扱っているが、それらを支配しているのが罪の概念である点も重要だ。女性は、最も頻繁に話題に上がる淫乱の罪から始まって、妬み、虚栄、怠惰、そして傲慢の罪へと連なるような順番で、何の恥じらいもなく罪を犯すというのである。例えば、ある商人が有していた当時流行の銅版画には、女が媚態を見せているという一見凡庸な主題が展開されているが、そこに誘惑者としてのデーモンが潜んでいる点が目を引く。なぜならこの銅版画は、男性がその他の男たちのために築き上げた思考システムを見事に代弁しているからである。つまり、サタンに直接支配されている女の罠から、自らを守る術を教えているのである。(7)

知識人たちの白黒に塗り分けられた世界内にあっては、女性という性は、創造主の作品の暗い側面に属していた。神の霊感をより良く享受している男性に比べ、女性は悪魔に近い側に傾いているのである。説明のための説明といったこの種の二分法を援用しなければ、当時の医学的な叙述を理解できないだろう。以上を歴史的な語彙で言い換えれば、右の二分法によって男性の優位が確立され、同時に社会全体に於いて女性の従属が求められるに至った、となろう。だが、当時の人々はこのような〔歴史学的、社会学的な〕見解を受け入れなかった可能性も高い。と言うのも、同時代人たちから見れば、そもそも女性は生まれつき、すなわち神の意志によって、男性よりも劣った存在に作られていたからである。こうした見解を抱いていた医者に、一五〇五年にゼーラント〔オランダ南西部の州〕のジーリクセーに生まれ、一五六八年に没したレヴィヌス・レムニウスがいる。ジェロニモ・カルダノ〔一五〇一—七六年：イタリアの医学者、数学者、占星術師〕やパラケルスス〔一四九三—一五四一年：スイスの医学者、自然学者、錬金術師〕といった先輩、ならびに、面識のあったアンドレアス・ウェサリウス〔一五一四—六四年：ベルギーの医者、解剖学者〕に加えヨーハン・ヴァイヤー〔一五一五年—八八年：ブラバントの貴族の家に生まれた医者。その著作『魔術論』は、魔女迫害に反対を唱えた書として有名〕といった後輩たち（後者の二人は共にレムニウスに約十年遅れて生を受けている）とほぼ同時代人であったレムニウスは、偉大なる人文学者エラスムスが威光を放っていた文化的空間、すなわちヘント〔ベルギー西部の都市。フラマン語圏の文化的中心地）やルーヴァン大学で勉学を修めた後、生誕の地に帰って慎ましやかな生活を送った人物である。もっとも、同時代の典型的な知識人、ユマニストであった彼は、当時のヨーロッパが共有していたと思われる医学観の何たるかを、我々に教えてくれる存在である。彼の著作物は十七世紀中葉まで再版ないし翻訳され続けており、この事実からも、彼が文芸の世界で大きな影響力を誇ったことがわかる。ところで、レムニウスは、中世人とルネサンス人の両方の側面を兼ね備えていた。中世から魔術的世界観を継承していた彼は、占星術、占術ないしは錬金術の力を信じており、さらには、幾つかの合（星と星の結合の仕方により、運の強弱が決まるとする考え方）の際には、瀉血を控えるべきだとする見解を抱いてもいた。その一方で、当時の最良の知識人たちと同じく、彼もまた、ヒポクラテスやガレノスの学説に夢中になっている[8]。一五七四年にパリで出版した書物『神秘なる脅威と自然の秘密』の中でレムニウスは、当時のヨーロッパの数多の医者たちが共有していた、そして医者以外のより広い読者層にも浸透しつつあった、ごく一般的な医学観を提示している。この書のラテン語版の初版は一五五九年に刊行され、続いて一五六〇年にはイタリア語版が、一五六六年には初めてのフランス語版が『自然の驚異的秘密』なるタイトルの下に刊行され、さらに一五六九年にはドイツ語版が一点出されている。つまり著者の生前に、この著作は数千部がヨーロッパ中に出回っていたことになる。しかも、再版や重版が続けざまに登場し続けた点から判断するならば、この成功はその後も衰えることがなかったと言える。一五七〇年にはイタリア語版が四つ出され、フランス語版も一五七三年までに同数が世に出ている。一五八〇年以前に刊行されたドイツ語版も三つ存在している。また、ラテン語版や英語版を含むその他の様々な版も、十七世紀中葉に至るまで数多見付かっている[9]。

　レムニウスの指摘の多くは、いわゆる民間信仰として括られていた（間違って括られたものも存するが）巨大な信仰体系の内部に、うまく収まるものである。例えば、彼は実生活を送る上で、七番目、九番目、およびそれらを掛け合わせた六十三番目なる数字を、不吉なものとして恐れていた。ところが彼自身は、まさしくこの六十三歳で亡くなっている。もっとも、この数字への恐怖心が、彼の死と関係があったか否かは不明である。何にでも関心を抱いたレムニウスは、様々な助言や素朴な説明を、数珠繋ぎの如く連ねている。例えば、中世の判事たちが裁判で依拠していた古い見解を鵜呑みにし、死体は自分を殺した相手の前に置かれると出血すると述べている。また植物学者としてのレムニウスは、ニンニクを植えるならバラの木の根元がよい、なぜなら、ニンニクのお陰でバラにさらなる香気が加わるからだ、と勧めている。また彼によれば、「男性器を勃起させる」上で効き目のある最良の催淫薬には、幾つにも枝分かれして直立しているアザミ類（イメージを思い浮かべるだけで、説明は不用だろう）や、コキジバト、アーティチョーク、タマネギ、種々のカブ、アスパラガス、あるいは砂糖漬けのショウガなどが挙げられるという。さらに彼は医者として、自分は酔っぱらいが飲んだ酒の種類を言い当てられる、と落ち着き払った様子で語っている。もしその酔漢が前方に蹌踉《よろ》めくようなら、飲んだのは先ず間違いなくワインだという。一方、後方へのよろめきは、その酔漢がビールを飲み過ぎたことを物語っている、なぜなら、ビールが発する酒気は当事者の後頭部に集まってしまうからだ、と言うのである。レムニウスはまた、痛風を治療するためには、四肢の病気に冒された箇所に小型の犬を数匹置いてやるのが良い、と示唆している。それにより、病人から出ていった熱気を、そこに回復せしめることが可能となるからである。(10)

人間の本性に関するレムニウスの考え方は、男と女とを悉《ことごと》く対置する方向へと向かう。なるほど彼の物言いは我々には奇妙に感じられるが、その著作群が大成功を収め、またその思考法が当時の平均的な医学的見解と軌を一にしている点を考慮に入れるならば、彼の意見を真面目に受け取るべきだと分かる。例えば彼は、溺死した男性が仰向けで浮かんでいるのに対し、女性の場合はうつ伏せで漂っている例が多い点を指摘し、それを恥の概念と結び付けて説明しようとしている。だが、彼が真に示唆しようとしたのは、男性が熱気、光、そして神へと繋がっているのに対し、湿気と冷気とに連結している女性の方は、その視線を高き天空へと向ける可能性が低いという点である。ここでは四体液の理論が、原初に有していた二分法を際だたせる方向へと作用している。後にも検討するように、匂いに強い関心を寄せていたレムニウスは、男が生まれ付き香気を漂わせているのに対し、女は自然と不快な臭いを放っていると主張している。「女の身体には排泄物が詰まっており、しかも生理がある。その為、女は悪臭を放ったり、あらゆる事物を悪化せしめ、それら事物の自然の力や能力を台無しにしてしまうのである。」ところで、大プリニウス〔二三―七九年：古代ローマの政治家・学者。当代最大の『博物誌』を残したことで有名〕は、月経血との接触が起こると、花や果実は枯れ果て、象牙はその輝きを失い、鉄はその鋭利さを喪失し、犬は狂犬病に陥る、と記している。実は、この古典的な医学的見解を共有している点では、レムニウスもアンリ＝コルネイユ・アグリッパ（一五三五年没）と足並みを揃えているのである。ただ、アグリッパはさらに踏み込んで、月経血との接触は、蜜蜂の死や逃亡をもたらしたり、亜麻を熱すると黒ずんだり、牝馬の堕胎を惹起したり、雌ロバの不妊症を引き起こしたりすると述べていた。さらに加えて、月経血で汚れたシーツを燃やした際にできる灰によって、深紅の布や種々の花々が色褪せるとまで言い切っている。[11] ただし、レムニウスの方は、女性の放つ臭気が総じて有害であるという概念をさらに押し広げている。彼によれば、女性のこの臭気は、そもそも女性特有の冷気と湿気に由来していることになる。一方、「男性の生まれ付きの香気は、揮発性で甘美でありしかも心地よく、何らかの芳香に包まれていると言える」のである。つまり、女は男とは全く異なっており、馥郁《ふくいく》たる香りとは無縁な存在なのだ。甚だしい場合は、女が近づくだけで、「ナツメグの実」が水分と色艶を全く失い、黒っぽく変色する始末なのである。同様の論理により、珊瑚は、男性と接触したり、マスタードの種に漬けたりすれば赤みを帯びるのに対し、女性と接触を持てば、青白く変色し輝きを失うという。さて、男性固有の熱気が、それに近づく事物の輝きにますます磨きをかけ、一方、女性はその正反対の作用を及ぼすとする比喩は、極めて現実的なレベルへと移し換えることが可能だ。この点で医者レムニウスは、『第三之書・パンタグリュエル物語』でコキュアージュ〔妻を寝取られることを意味する。中世以来頻繁に議論された「問題系」の一つである〕に怯えるパニュルジュも間違いなく気に入ったであろう一言を吐いている。曰く、姦夫となった男が「美しく清潔な宝石の類を身につけ続けることはあり得ない〔当時の男性はしばしば装身具を付けていた〕。なぜなら、こうした宝石類は、毒気を放つ女の身体の悪徳を吸引してしまっているからだ。それはちょうど、生理中の女性が、よく磨かれた綺麗な鏡を汚し台無しにしてしまうのと同様である。[12]」つまり、男性に本来備わっていた香気は、姦淫の罪によって変質し、肉体の交接によって吸収された有害なる湿気が、男性本来の熱気を冷ましてしまうのである。」ここでは、既に指摘したあの伝染の理論、すなわち物理的接触によるそれから毒気を含有する空気によるそれまでの、例の汚染の理論が、改めて重大な意味を帯びるに至っている。つまり、罪に汚れた女性の身体はある毒気を発散し、それに由来する臭気が、この上なく純粋なる存在をも汚染すると考えられたのである。換言すれば、身体というミクロコスモスは、神による全ての創造物と、様々な不可視の糸によって繫がっているということになろう。いずれにしろ、悪臭を放っているとされた女性は、常にその不吉な側面を露わにしていたと考えられていた。特に生理中ほど、女性が周囲にとって危険な存在だと見なされた時期はない。当時にあっては、生理中に性交渉を持つことなどは、問題外の禁忌だったのである。[13]

一五八〇年頃、すなわち大規模な魔女狩りが狼煙を上げ始めた頃になると、ヨーロッパ全体が女性の身体に関し共有するに至った医学的見解は、レムニウスのそれに近接していった。もちろん、我々現代人から見て、より懐疑的に映る著作家もいなかったわけではない。現に、共通了解の図式に異を唱えたり、さらには、月経による「赤いヤニ」の毒性を真っ向から否定する者まで存在していた。その一例として、一五七〇年に『医学ならびに健康法に関する巷間の誤解についての論考』を上梓した医師ロラン・ジュベールを挙げることができる。ただし、彼を始めとする批判的な知識人たちを、蒙昧主義者と闘った進歩的な理性の体現者だ、などと解する愚を犯してはならない。当時は誰もが、神が創造した世界にあっては、男性が優位を保っているという絶対的原理に基づいて世界を見ていたのであり、この解読格子を退け得た者など一人も存在しなかったのである。一五七九年に刊行した『笑いについて』の中で、ローラン・ジュベールは、当時の名門中の名門たるモンペリエ大学医学部大学長の肩書きを掲げて、自らの言に権威を付与せんとしているが、彼もまた男性優位の原理を明確にしている点では他と何ら変わらない。[14] 先ず彼は、「創造主が人間の顔に無限の多様性を付加し、あらゆる存在のモデルとして人間の優位を示した」こと、また、この点を通して人間と獣とを峻別したことを採り上げ、神の偉大さを褒め称えている。さらに、顔つきからその人の性格を読み取る学問、すなわち当時大流行した人相学を援用しつつ、ジュベールは、人々の関心を皮膚、言い換えれば「顔色」へと惹き付けている。その微妙な色合いから、「皮膚の下部にある四体液の色合い」までが察せられるというわけだ。その結果彼には、女性が男性よりも美しい存在に映った。なぜなら、肌の色がより繊細に出来上がっているからである。「男は労働するために生まれついている」から、女以上に太陽光や風や雨に晒されやすい。一方「女は家によって太陽から守られ、休息に向くように生まれついている。と言うのも、女は、ちょうどカタツムリや亀のように、家を背負っていかねばならないからだ。女が、その夫に喜んでもらうために、自然から与えられた美しさに気を配るのも当然と言える。なぜなら、男は、妻と一緒にいて睦み合うことにより、仕事や労働に由来する不満や疲労を癒し、精神の緊張をほぐすことができるからである。だからこそ神は、男の伴侶として、より美しく優雅な女を創造なさったのである。神はその際、自らの美を保ちたいとする欲求を女の内に組み込み、男にとって心地よい存在となるように計らったのであった。[15]」女性は言わば戦士に休息をもたらす存在だということになろう。この叙述は確かに女性を美化してはいるが、それはあくまで、女性が妻および母の役割を果たすことを前提としている点に注意せねばならない。女性は、家族を背負っていく上で、美しくあらねばならないにすぎないのだ。つまり、四体液理論の信奉者ジュベールは、第二の性が生来劣った存在であることに何ら疑念を抱いてはいないのである。例えば慎重さという美徳に関し、彼はこう筆を運んでいる。「慎重さは乾燥状態によってもたらされると信じられている。一方、湿気ないし多湿が愚かさを生ぜしめる。こうした理由から、〔乾燥状態にある〕男性の方が女性よりも、また年輩の男性の方が子供よりも、ずっと思慮深いことが説明できる。「女や子供のように多湿な存在」はまた、悲しみや喜びといった感情に支配されやすいため、情緒不安定になりやすい。反対に熱気は、自信や陽気さをもたらす。こういう次第だから、「男は誰であれ愛の行為の後は、精神が疲弊し、悲しみに襲われるのである。と言うのも、身体に必要な物質が吸い取られるため、男は精気を失うと同時に、身体が冷えてしまうからである」[16]、となろう。従って、病気や怪我のために初めから衰弱している場合には、性交によって死に至ることもありえる。因みに一三五八年に刊行された医学の処方の書〔上述〕が、一年の各月に関し説いていた内容も、同じ原理に基づいている。つまり、時と場合に応じて、減退した四体液を強化したり、その過剰を抑えたりすべきだ、と主張しているのである。

当時の二流とされる文人たちの想像界《イマジネール》を覗いて見ても、身体に関する同様の医学理論が見出せる。彼らは、こうした理論を、当時のその他諸々の文化的要素と付き合わせようとしている。例えば、一五一五年、すなわちレムニウスより十年遅れて生まれ、一五九四年に没した印刷出版業者のギヨーム・ブーシェは、一五八四年、人々の雑談と小話から成る『夜話』と題した書物を刊行している。この雑談は、ブーシェの故郷であるポワティエの市民たちが晩に行うという設定になっている。貪欲な読書家でユマニストでもあったブーシェは、この著作に自らの豊富な知識を注ぎ込んでいるが、その中でも医学的な知識が重要な役割を果たしている。特に女性の主題に関しては、ポワティエという地方都市にあっても、プラトン主義的な伝統が生き残っていることが目を引く。それによると、神が万物を創造したのは言うまでもないが、「身体と魂との間には照応関係があるため、身体の美しさは、魂の美しさを映し出す鏡のごときもの」というわけである。もっともブーシェの時代には、もはや女性への賛嘆を文字通りに受け取るわけにはいかない。例えば、雑談に加わっている別の人物は、プラトン主義的伝統とは無縁の医学的教養を持ち出し、こう主張している。「非常に美しい女性、しかも、それ相応に湿気と冷気とを保ち、自然に上手く適応しかつ成熟している女性は、極めて繁殖力に富み多産であると言える。なぜなら、こうした女性は生殖に向いた体質を有しているからである。従って、この女性はどんな男性ともうまく合い、またいかなる男性もこの女性を欲することになるのだ。」こうして、醜女と美女とを主題に据えた会話がこの後続いていく。その中にはラブレー的な逸話もふんだんに盛り込まれており、例えば、醜女と「いたす」ための方法などが論じられている。やれ、袋で相手の顔を覆ってしまえばよいとか、バッカスすなわち酒の力を借りればよい、などという発言が飛び出す始末である。その後、「我々が醜女を好まないのは、その多くが魔女だからだ。現に、『魔女のように醜い』という諺まで存在している」という意見を巡って議論が展開していく。この意見を裏付ける医師カルダノの言葉も引かれている。また、『夜話』とほぼ同時期に出版されたジャン・ボダンの『魔女の悪魔狂』の一節も引かれている。「醜女の醜さこそは、彼女らが魔女であること、つまり悪魔に身を捧げていることを物語っている」、なぜなら、もし彼女らがもっと良い相手を見付けられるなら、そもそも悪魔なんぞを恋人になどしないはずだから、というわけである。(17)

さらに『夜話』の別の箇所では、閑談が弾んで出産のテーマにまで及んでいる。そこでは、新月の時期の出産が最も軽いとする見解が披露されているが、これにはレムニウスも賛意を表したに違いない。「女性は、月から大きな影響を受ける。逆に言えば、月は女性に多大な影響力を行使する。特に、繁殖に関わる器官、および嬰児を育てる器官に感応力を及ぼすのである。」出産の時期を迎えると、女性は湿気の不足のゆえに病気の状態に陥る。だが、「満月へと向かうにつれ、月は光に満ち、ゆえに湿気と活力にも満ちることになる。なぜなら、月は全ての湿気の母だからである。」従って新月の頃に生まれた子供は、〔満月へと向かう時期に生まれたがゆえに〕健康で長生きできるとされていた。逆に、これから欠けていく月の下に生まれた者は、健康に恵まれないと信じられた。新月の頃に生まれた子供たちは、母親同様に湿気と柔軟さを備えているわけで、それゆえ最初の数年間は、男の子でさえ「女の子の如くくるまれた」、つまり女性の世界に属していると見なされていた点を忘れてはならないだろう。(18)

怪物と驚異

十六世紀の人間の心象世界にあっては、不可能という概念が存在する余地はなかった。それは、自然界と、我々が超自然と呼び慣わしている世界との間に、明確な境界が存在していなかったのと同様である。[19] ただし彼らは、デーモンと怪物とはかなり明確に区別していた。前者をサタンの従者と見なすのが当たり前であったのに対し、後者が地獄に由来する存在として彼らの目に映じることは稀であった。怪物は相変わらず、神から送られた徴《しるし》、ないしは正常な生殖過程に起こった変調の結果だと考え続けられていた。魔女たちの開くサバトという想像世界が、インクブス〔男夢魔〕やスクブス〔女夢魔〕ら悪魔との交接に由来する怪物の誕生へと繋がっていくことは皆無だったのだ。あたかも神が両者による雑種の誕生だけは許していなかったかのごとく、悪魔と人間との二種の間には、完全な断絶が設けられていたことになる。サタンは自らの存在の幻影のみを感知させうるにすぎないとする概念、つまり、サタンは非物質的な存在であるとする古い神学上の概念が、当時の悪魔学者や判事たちの頭に、いまだに宿っていたと考えることも可能であろう。確かに、神学者たちは際限のない知的歪曲を積み重ねて、悪魔による射精の現実性を訴えようとしていた。その際、死体から精子を採取してくる、というのが彼らが頻繁に用いた説明方法である。もっともこの説明自体が、人間と悪魔との間には真に「肉体的」な交接が不可能であることを、逆に裏打ちする結果となってしまう。いずれにしろ、デーモンの息子ないし娘を主人公とする映画や書物によって育まれた我々現代人の幻想を、今から三、四世紀前の世界に持ち込んでも、全く通用しないことは明白であろう。

怪物の数は、アメリカ大陸の征服以後、極端に増大していったと思われる。現にモンテーニュも『エセー（随想録）』（「馬車について」）の中で、「我々の世界は、別の新たな世界を見出したばかりだ」と興奮気味に話している。ヨーロッパは、他から隔絶した新しい人類を発見し、そこでの数々の驚異的現象を喚起することに熱中し始めたのである。[20] 以後、西欧人たちは極度に想像力を逞しくし、競うようにして怪奇のテーマを誇張していく。例えば、一本の巨大な脚だけで歩行するインディアン、あるいは、頭部が下に付いていたり、一つ目しかなかったり、口の代わりにラッパが付いていたりする人間を平気で描き出していく。文化的なショックが、身体に関する魔術的な見方を強化したのは、まず間違いなかろう。こうした身体観は、特に当時の医学書の中でますます強烈に打ち出されるようになっていく。しかし、その源泉は、実は中世の思考様式の内に既に見出されるものだ。口ないしは頭部を欠いた人間は、中世にもう既に知られていた。例えばマルコ・ポーロは、十三世紀末に旅をした際、そうした人間の一人に出会ったと主張しているし、自著『東方見聞録』〔フランス語の原題は、『驚異の書』*Livre des Merveilles*〕の中にも、その種の写本画が挿入されている。またゴチック彫刻も、悪魔のみならず、人間や動物の双方の諸特徴を雑然と身に纏《まと》った、多様な雑種を彫り上げている。さらにまた、スウェーデンに伝わる「森の娘たち」や、フランシュ＝コンテ地方の「緑の婦人たち」は、美しい娘の姿で男性を性的に誘惑しにやってくるが、事が済むと、醜い元の姿に戻ると信じられていた。つまり、肌は皺だらけ、胸は地表にまで垂れ下がり、時には肩で担ぐほどになったという。また、中世の淫らな野生の女たちは、自分たち同様に性的衝動を制御できない、毛むくじゃらで粗暴な男の相手を伴っていた。彼らもまた、人類の原始的な側面を体現した存在として、忌避されていたのである。[21]

ルネサンス期の怪物は、印刷術と版画、とりわけ旅行記の逸話を飾るための版画によって広く伝播していった。芸術家たちが、自分の描いた未知の諸動物を、理解可能な範疇に押し込むこと、換言すれば、伝統的な驚異の諸タイプに分類することもよく見受けられるようになった。ところで、宗教改革の登場で激越な論争に火が付いたという事実は、新たな怪物の誕生という結果をもたらしている。こうした怪物は、敵の陣営を貶めるべく、大抵の場合恐るべき醜悪さを付与されている。一五二二年の『パリ一市民の日記』〔パリの匿名の一市民が、フランソワ一世統治下の事件や日常の出来事を綴ったもので、資料的価値が高い〕を繙くと、ザクセン地方のフライベルクで、ある肉屋が雌牛の死体から、一匹の雑種の怪物を発見したことが分かる。「その怪物は巨大な醜男の頭部を有していた。その白みを帯びた頭には大きな冠が被さっており、その他の身体は牛の形をしていたが、同時に豚の姿をも彷彿とさせるところがあった。肌の色は赤みを帯びた濃い褐色で、尻尾は豚のそれであった。さらに、頭巾のような肌が二重になって垂れ下がり、首のところで他の肉と接合していた。」この記述に呼応するように捻《ひね》り出されたあるバラードを読めば、当の驚異的存在が、ルターの身体的特徴と彼の悪徳とを表していたことがはっきりする。と言うのも、ルターは聖職を棄てて還俗していたからである（「冠」は聖職者の環状の剃髪《トンスラ》を、また赤みがかった身体は、ルターの多血質の体質を仄めかしている）。この怪奇的存在の絵を先ず最初に一枚売ったのは、何とフライベルクの町当局であった。もっとも、宗教改革の父の方も同じ武器、すなわち誹謗中傷文書《パンフレ》をもって反撃し、「ローマの教皇＝ロバとフライベルクの牛＝修道士なる二つの恐るべき怪物に関する説明[22]」を世に問うている。

十七世紀の中葉に至るまで、怪物信仰が衰えることはなかった。それもそのはずで、知識人たち、中でも医者たちがこれを本気で受け取ったからである。怪物は主として女の身体から生み出されると信じて疑わなかった者たちが、言わば自分たちで怪物を生み出したわけである。一五四五年に『創傷治療法』を上梓した著名な外科医アンブロワーズ・パレ（一五〇九ないし一五一〇年―一五九〇年）もその一人であり、暗示的な挿絵を満載した著作『怪物と驚異について』を世に問うている。パレは人間の身体についての第一人者であったが、それでも、現代人には実在するとは到底思えない、種々の異常な存在を信じて疑わなかったのである。

怪物が生まれる原因は色々ある。第一に、神がその栄光を示されるため、第二に、神がそのお怒りを示されるため、という原因が挙げられる。第三は、精液の量の過多、第四は、精液の量の微少さである。第五に、想像力を挙げうる（例えば、妊娠している母親の「憎悪の気持ち」が現実的な結果を生むなど）。第六に、子宮が小さすぎるないしは狭すぎるという原因が考えられる。第七には、妊婦の不適切な姿勢が挙げられる。例えば、余りにも長時間脚を組んでいたり、脚を腹部に当てていたりした場合がこれに該当する。第八は、妊婦の腹に何かが落下したり追突したりする場合。第九は、先祖伝来の、ないしは偶発的な病気である。第十には、精液の腐敗ないし汚染が考えられる。第十一は、精液の混合や混在。第十二は、邪悪な施療院関係者による操作。そして第十三は、デーモンや悪魔による場合である。(23)

右のカタログでは、サタンに対し取るに足りない役割しか与えられていないが、これは当時の常識に照らし合わせて当然である。なぜなら、表現されたデーモンと怪物の図版にはかなり類似点が見られたにしても、現実に怪物がデーモンと混同されることはなかったからだ。後者のデーモンは非物質的な存在と見なされており、他者の肉体を介して現実に干渉すると考えられていたのに対し、前者の怪物は現実の一部を成していると見なされていたからである。つまり後者は悪魔による誘惑を具現化していたのに対し、前者は神の力に基づいて生じたと考えられたことになる。また、当時の医者ならば、怪物現象の多くが頭の中の想像力に由来していたことを、あっさり認めたと推測される。と言うのも、彼らはこうした諸現象の一部を「見た」と確信していたがゆえに、この種のテーマを巡る他のお話の一切合切に信を置いたからである。例えば、アンブロワーズ・パレは、密接に繋がった三つの概念を、自らの説明の根拠として採用している。すなわち、神の意志、歪められた性、そして逸脱した想像力の三つだ。怪物とは何をさておいても、先ずは驚異現象や彗星などと同じく、神の力を示す徴《シーニュ》であった。創造主は、怪物を使って自らの意思を人間に伝えたのである。とりわけ神は、人間の過度の罪に対する怒りを怪物によって表現し、人々を改悛や悔い改めへと導こうとしたことになる。このように、「怪物」を神の意志の可視的な現象と見なす姿勢は、中世に公で為された説教の内に既に広く見出せるが、この当時に至ってもまだ、同様の喚起力を強く宿していたと言える。現代でも、エイズの内に、悪徳に対する神罰を読み込もうとする言説が見受けられるが、ここにも当時の微《かす》かなこだまを聞き取れるだろう。ところで、パレの時代にあって最も新しく映るのは、性的逸脱に対する医者の強迫観念と関連する領域である。パレはこう主張していた。「この種の怪物的ないし驚異的な被造物は、神の御判断に由来して生起する。と言うのも、神は、両親が性交渉の際に、獣のごとく激しい欲望に任せた行為に及んだ場合に、上記のようなおぞましい存在が生まれるように計るからだ。」右に於ける禁忌への明確な言及は、道徳的な抑制、特に奔放な性のあり方に対する司法上の抑制が、徐々に強まっていたことを物語っている。因みにこの領域での最大のタブーは獣姦であって、この罪を犯せば、通常は動物と共に火刑に処せられる運命にあった。怪物が隆盛を極めたという事実は、それがいかに重視されていたかを裏付ける。なぜなら、怪物は容認しがたい行為の結果生じるものであり、そうした結果を見て、人々に罪悪感を植え付ける役割を負っていたからだ。現に、性のあらゆる領域が、怪物と関連付けられていた。その証拠に、医者たちは、性行為に於ける行き過ぎ、逸脱した想像力、とりわけ生理中の性交などが、怪物の誕生を促すと主張していたのだ。この点でもパレは例外ではない。曰く、「生理中に妊娠した子供は、母体内に於いて、邪悪で汚れ、かつ堕落した血液によって育まれる」、と。同様に「怪物的存在」もまた、「母親が妊娠の際に思い描いた、特定の激しく強烈な想像」に由来するという。「こうした想像は、男ないし女が受胎の際に目にした途方もない物体や夢、ないしは夜に体験する何らかの幻影によって、惹起されるのである。」

　結局ここで問題となっているのは、女性そのもの、およびその性の本質、あるいは性行為の折りに女性が胸中に抱く危険なイメージなどである。なぜなら、女性の極端な性欲を抑制できない場合には、あるいは男性が、神が定めた繁殖の目的を越える快楽を追求する場合には、女性は怪物を産出してしまうからである。実際のところ、怪物に極端に重きを置いている著作家たちは、ヨーロッパ圏の知識人に共通に見られた女性への恐怖感を、まさしく共有していたのである。この恐怖感は、悪魔に唆《けしか》けられている少数の魔女へのそれには留まらず、女性一般へと押し広げられるべきものであった。もっとも、魔女ないし女性一般のいずれの場合にも言えるのは、彼ら男性知識人の視線が女性の身体を極めて不吉な存在と見なしていた点である。とは言え両者の間に相違はある。つまり、当時の医学ならびに怪物を巡る諸概念は、〔女性ないし性に関する〕教訓を垂れる役割を担っていたのに対し、魔女狩りの火刑台は、デーモンに心身を捧げるという極端な異常性を際だたせる役割を負っていたのである。

ハーヴィー〔一五七八―一六五七年：イングランドの医師、解剖学者。血液循環を発見〕による血液循環の発見、あるいは、初歩的とは言え顕微鏡が発明されたという事実は、十七世紀に於ける生理学上の進歩を物語っている。にもかかわらず、医師たちの世界では、怪物的なるものの流行は衰えを見せていない。例えばピサ、ボローニャ、そしてパドヴァで教授を務めたフォルトゥニーオ・リチェッティ（一五七七―一六五七年）は、一六一六年になっても『怪物原因論』なる書物を上梓している。この著作には、角を生やした子供の版画が複数掲載されている。もちろん、この主題が当時の流行のテーマの一つであったのは周知の事実である。現に、アンリ四世の元には、角を生やした一人の男が召し出されている。フランソワ・トルィユという名のこの男は、額の右の部分に雄羊と同様の角を生やしていた。この角は、その持ち主を絶えず傷つけるため、定期的に切り取ってやる必要があったという[24]。だからと言って、こうした具体例（中には角を生やす女性の例も存在した）を、魔女のサバトに於けるサタンの変装＝雄山羊と直結させる者は皆無であった。つまり角を生やしてはいても、彼ら怪物は、神の意志を体現する存在だったのである。たとえそれが牛の角を生やし、炎を放つ目を備え、毛むくじゃらの、ある貴族階級の子供であったとしても、神の意志を反映していた点は疑い得なかったのである。

専門家たちは明らかに獣姦の可能性を視野に入れていた。これは到底許容できるものではなく、ここから生まれた幼き怪物たちは、大規模な天災、激しい嵐、血の雨、猖獗を極める疫病などの前兆とされたのである。この場合対象となったのは動物界全般と言える。ただし、リチェッティも記している通り、陸生の昆虫はこのカテゴリーには属していない。昆虫が獣姦とどう関係するのかと笑う節もあろうが、ここでは、昆虫の多くが自然発生〔生命は自然発生するというパストゥール以前の説〕しうる生き物の範疇に属する、ある特別の存在と見なされていた点に注意せねばならない。当時の多くの知識人にとって、この自然発生という理論は議論の余地がないほど明白なものであった。例えばレムニウスもこう綴っている。曰く、汚物や腐敗物が、しばしばネズミやオオヤマネ、あるいはウナギ、ナツメウナギ、カタツムリ、ナメクジ、ないしミミズの類を生成するのだ、と。もっとも、こうした生き物が、それぞれの種に独自の繁殖方法で増える場合もありうる、という但し書きが付いてはいるが。また、毛虫、蝶々、蟻、バッタ、蟬などは、空気中の蒸気から発生するとされていた。[25] ところで、感染、疫病と縁の深い悪臭、そして腐敗した空気などは、伝染病を巡る医学理論と密接に繋がっていたと同時に、デーモンの属性とも連動していた。そうだとするなら、蠅[26]に代表されるような、自然発生する昆虫の類が、サタン的世界と親密な関係を結んでいても不思議はあるまい。なるほど、怪物とするには昆虫は余りに小さすぎるという議論もあろう（もっとも、驚異の世界にあっては、この種の些事は意味を持たない）。それでも、昆虫が怪物という概念から除外され、サタンの世界へと送り込まれていったことは、十分に納得がいくはずだ。この自然発生という考え方は、その後も長らく表舞台に留まっている。その証拠に、ドイツのイエズス会士にして自然学者、かつ光学機器発明の父でもあったアタナシウス〔アタナーゼ〕・キルヒャー（一六〇二―一六八〇年）ですらが、この自然発生法を応用して、ミミズなり蛇なり蛙なりを生成しうると主張していたくらいである。

さて、驚異的存在の愛好家たちが特に関心を寄せたのは、海獣である。その歌声でオデュッセウスをも罠にかけそうになった、あのセイレン〔シレーヌ：上半身が女性、下半身が魚の海獣で、人を魅する歌い手〕に纏《まつ》わる古き神話が、ルネサンス期に改めて持て囃されるに至っている。また、リチェッティは、「鱗を纏《まと》った生き物」と人間との間に、恋情が芽生えうることを信じて疑わない。さらに、オデュッセウス〔ユリシーズ〕を思わせるユリッソ・アルドロヴァンディ（一五二二―一六〇七年）という名の、当時著名だった医師兼自然学者も、こうした恋情を信じ込んでいた。彼は『怪物論』（仏訳のタイトルは『怪物の話』）という著書をものしているが、その仏語版の方に掲載されている木版画には、人間の顔をしたトリトン〔ギリシア神話中の半神。ポセイドンとアムピトリテの息子。頭と胴は人、下半身は魚の姿で海馬《セイウチ》に跨ってホラ貝を吹き鳴らす〕がセイレンに言い寄っている様子が描かれている。これらは「海でとれた怪物で、教皇に奉献された」という説が、当時は根強くあった。なるほど、こうした驚異譚を満載した瓦版〔「カナール」。十六世紀前半から十七世紀初頭にかけて出された小冊子で、不定期の刊行物。怪物、魔女、悪魔、犯罪、天災等々の「三面記事的」な題材を好んで採り上げた〕などが流行したことをも考え合わせると、そこに、夢を売って儲けようとする出版戦略が透けて見えるのも事実である。だが、医者たちが、上記の海獣に関し自説を曲げなかったのも否めない事実なのだ。その中の一例として、一五七六年に没しているカルダノ〔既出〕を挙げておこう。彼もまた、ポモジェ地方〔ポモジェは、ポーランドと旧東ドイツにまたがるバルト海沿岸の地方〕の湖で捕れた「人魚」の話を嬉々として語っている。海上の嵐が原因で起こった洪水が、「人魚」を運んできたというのだ。この女性＝人魚はオランダに連れて行かれ、女の手仕事を学びながら、暫くの間生きていたらしい。カルダノの言葉によれば、この女は口はきけなかったが、それでも「たいそう淫乱であった」という。

上述したとおり、奔放な性行動が怪物をもたらすとされていた。男が動物の子宮に精液を解き放ったりする場合などが、これに当たる。だが、女が何らかの動物と交わってその種を宿した時にこそ、もっとも恐るべきタブーの侵犯がなされたと考えられていた。少なくとも当時の人々は、こうして、女の貪るが如き性欲に対する恐れを表明し、さらには、広大な宇宙全体に対し開かれた女の身体を前にして、不安を隠すことができなかったのである。宇宙と女の身体との間には、緊密な照応関係が成立しており、マクロコスモスで生起した出来事は、いずれも、「似たような現象を、人間の身体という小さな世界」に引き起こす、とアンブロワーズ・パレは主張している。[27] つまり、女性の身体に於ける生理学的諸現象は、自然と共鳴していたことになる。しかも、当時、自然という語は神およびその伺い知れぬ意思と直結していた。従って、何事も創造主の力の発現と見なされたため、何が起こっても不思議はなかった。こうして妊娠期間が五年も続いたり、分娩が十九カ月にわたって行われたりすることになる。さらに、イタリア人のある女性が二回の出産だけで計二十人の子供を産んだとか、別のある母親は四匹のウサギを生んだとか、さらに別の女性は幾つかの卵を産んだとかいった話が、まことしやかに語られる。[28]

ところで、怪物は、それがどれほど醜いかという美学的な問題のみを投げ掛けているわけではない。[29] ルネサンス期から理性が勝利を収める時代に至るまで、怪物が犇《ひし》めき合うように表舞台へと躍り出てきた事実は、社会的かつ文化的に重要な意味を帯びている。中世の末以来、人間と動物とを隔てる境界線をより明確にしようという動きが見られたが、怪物もまた、この動きと連動していて、両者を明確に区別する役割を負っていた。だが、怪物は同時に、人間界に於いては、男性と女性とを隔てる役割をも負っていたのだ。ギヨーム・ブーシェは、怪物の由来を巡る会話を通して、この区分けに言及している。つまり、こうした会話の際は、男たちは、「女たちが怪物的な子供に関する話を耳にしないように」[30]、離れた場所に行ったというわけである。自分たちの話が女たちの想像力に影響を及ぼし、異常な存在が誕生するのを避けようとすることが、その目的であったのは言うまでもない。だが歴史家は、さらに広範かつ重要な現象に焦点を絞るようになっている。それは、出産する身体に関する知の管理を巡って、両性が競合関係にあったという問題である。平常時には、女性がこの知を完全に掌握しており、十六世紀にこうした事柄に口を挟む医者は存在しなかった。だが怪物が誕生すると、少なくともブーシェの言を信じるならば、女性はこの知の制御力を失ってしまう。もっとも、医者たちは、普段は誕生の神秘から疎外されているがゆえに、ここぞとばかりに怪物の主題に関心を寄せるようになったと解釈するならば、それは恐らく間違っている。女性がその身体を通して、かつその身体について、掌握していた力に関し、医学の領域を越えた幅広い考察が展開されたと考える方が妥当であろう。こうして、性の領域は、知識人たち、および神学者、道徳家、判事、芸術家、そして著述家たちの、主要な関心の的となっていった。こう考えると、十六世紀中葉前後にフランスに起こった文学運動たる「女性論争」も、ヨーロッパ全体を取り込んだ、より広範な枠組みの中に位置付けることが可能になろう。言葉に尽くしがたい新たな諸現象の波に呑まれつつあった西洋文化は、男女関係についての再定義を模索していたのである。(31) 一方では動物性を排除しようとする動きがあり、他方では、エラスムスが一五三〇年の『子供のための礼儀作法』で推奨したように、衝動を抑制すべきだとする意見が出始めていたが、これらは相反するものとは言い難い。要するに、女性の情念という火山を抑えるのは、不可能に近いと感じられたのである。だからこそ、男性による統率を強化すると同時に、自己の肉体に対する恐怖心を、殊更強調する必要が生じたのであった。その際、婚姻関係内での節制のとれた性行動を別にすれば、性の《セクシュ》領域《アリテ》は、人々を激しく動揺させるイメージ群と結び付けられていったのである。怪物の増殖は、万人を念頭に置いて、中でも女性を念頭において具現化されてきた諸々の性的禁忌を、神話的に表現した結果だと言える。今後、肉体的下層を個人的に抑制していこうとする姿勢は、徐々に人間の本性の定義の中核を占めるようになっていく。もっとも、人間の本性と言っても、男女間の性の境界線を取り払うには至らなかった、否、反対にその違いを際だたせていったのであった。

性という地獄

フランソワ・ラブレーの作品は、ミヒャイル・バフチンを、民衆文化に関する考察へと導いている。バフチンは、民衆文化を、公的文化が吹き込む神秘主義的恐怖や精神的恐怖とは袂を分かつ、カーニバル的な断絶であると見なしている。彼の見解の大枠に意義を唱える者はいないであろう。彼によれば、「中世の人々は、公的生活とカーニバル的生活という二つの生活に、全く同等な形で参画していたことになる。これらは世界の二側面であり、一方は敬虔かつ真面目なもの、他方は滑稽なものであった。この二側面は、彼らの意識内に共存しえたのである。〔……〕[32]」じっくりと考え詰めていけば、当時の人々が信仰と野卑な事柄との間に何ら障壁を設けてはいないことを、現代人たる我々も理解できるだろう。フランソワ一世の敬虔なる姉マルグリット・ド・ナヴァールは、周知の通り『エプタメロン（七日物語）』というタイトルで著作を上梓しているが、この書には随所にエロチシズムとスカトロジーとが鏤《ちりば》められている。歴史家ルシアン・フェーヴルの才をもってして初めて、マルグリットが二枚舌などではなく、二重の存在であったことの証明が可能となった[33]。当時の人間たちは、現代人には生得的なものに映る羞恥心とも無縁な存在であったのだ。羞恥心はまさしく文化的な所産であって、十六世紀を通して押し進められていったあの文明化への動きに由来している[34]。この時期に至るまでは、肉体の下層が地獄的なるものと結び付けられることはなかったのだ。もちろん教会は、肉体的下層が地獄であるというメッセージを絶えず流し、それを、「神の為に格闘する者たち」、すなわち聖性という狭き道を登りうる者たちや、厳格な修道院生活に耐えうる者たち以外の、より広範な階層にまで押し広げようと努めてはいた。しかしながら、同性愛や肛門性交といった極端な性的逸脱を別にすれば、社会全体が、肉体的快楽に対しては極めて寛容だったのである。さらに、排便や屁、体臭などの生理的諸現象も、別段避けるべきものではなく、日常的にジョークの対象となっていたのである。十九世紀の知識人に大変な衝撃を与えたこのラブレー的なテーマを、十六世紀の物語作家たちは存分に展開して止まなかったのだ。何せ、国王が「おまる」〔当時の腰掛け式の便器〕に座ったまま、訪問客に面会していたくらいである。現に、一五八九年にドミニコ会士ジャック・クレマンに暗殺された時、アンリ三世もまた便座に座ったままの姿勢だったのだ。

ラブレーにとって、糞尿は両義的な性質を帯びていた。一方で、糞尿は動物性を喚起し、誰かにそれらを実際に、ないしは比喩的に投げ付ける場合、これは当然軽蔑の念を顕示する行為となる。他方で、糞尿は、「誕生、豊饒、刷新、充足」とも極めて積極的に結びついていた。バフチンは、この「愉快な物質」の内部で、死の象徴と誕生の象徴とが統合されている、と説明する。性の領域の場合も全く同様のことが言える。例えば、巨人たち〔パンタグリュエルとガルガンチュア〕の生みの親ラブレーも、性的現象に大きな比重を置いていた。彼は『第三之書・パンタグリュエル物語』の中で、男性の睾丸を修飾する形容詞を三〇三も並べ立てて、その調子の良い状態と悪い状態とを列挙している。パニュルジュは、自分が結婚すべきか否かを巡ってジャン修道士に助言を求めるが、その際相手を「金玉」呼ばわりした後、一五三の肯定的な形容を並べていく。曰く、「おい聞いてくれ、この可愛いふぐり、半欠ふぐり、名うてふぐり〔……〕」。一方、ジャン修道士は反キリストが到来するから、最後の審判がくる前に睾丸を空っぽにしておくべきだと答えている。パニュルジュはさらにエスカレートして、犯罪人には処刑前に、子種を吐き出させてやるべきだと応じる。この発言に続いてジャン修道士が、否定的な意味合いの形容詞を延々一五〇並べ立てて見せる。曰く、「おいこら、傷肌ふぐり、黴生えふぐり、〔……〕」[35]。〔以上はラブレー『第三之書・パンタグリュエル物語』二十六―二十八章を参照せよ。なおテクストの訳出に当たっては渡辺一夫訳（岩波文庫）を参照した〕ここには、男性器と最後の審判と地獄とが明らかに連結しているが、これは、十六世紀の中葉頃に凝縮しかつ重要性を増しつつあった、ある一つのイメージと重なって見えてくる。さて、こう書くとバフチンは気に食わないかもしれないが、性的な事柄に関し、より慎ましくより節制した態度を求められたのは、何も民衆層には限らない。この過渡期にあっては、貴族や富裕な都市階層、さらには聖職者の多くにあっても、肉体的ないし性的な実践に於いては、その実態は民衆とさほど変わらない。ブラントームが、主に『風流艶婦伝』の中で描いて見せた、ヴァロア朝の最後を飾るフランス宮廷人たちの様子を読めば、この点がよく理解されよう。またスペイン治下のオランダにあっても、スカトロジーや性的にあけすけな言動は、宗教と上手く両立していた。例えば、公で演じられた神秘劇の合間に猥雑な悪魔劇を挟み込んだり、宗教的な祝祭に滑稽な要素を交えたりする伝統が存在していたお陰で、ヒエロニムス・ボッシュは、自らの宗教画に滑稽な付属絵を交えることができたのである。さらに時代を下っても、すなわち、トリエント公会議の煽《あお》りで公認の売春宿を廃止するようになっても、あるいは、ヘントの市参事会員たちが反売春の行政命令を執拗に発する（一五二八年から一五八八年までの間に十一も発せられている）に至っても、文学や芸術は、このジャンルに属する内容を活力溢れる筆で描き続けている。例えば、フランドル人魂の体現者であるティル・オイレンシュピーゲルは、その活躍を物語る話の中の版画中で、読者に自分のお尻を見せ付けたり、あるいは、「病気の子供に脱糞」させたり、フランクフルトで「ウンコを売りつけて」三人のユダヤ人たちを騙したりしている。もっとひどいのは、教会の内陣聖職者席の起立姿勢維持用の支えに、この種の絵が描かれていたケースである。そこでは「脱糞野郎」がやりたい放題という図が見られたが、幸いなことに、ミサの間は敬虔なる者たちの背中で隠されたのであった。右の例を越える喚起力を持ち得たのは、当時の版画作品のみであろう。その具体例として、コルネイユ・ヴァン・ダーレンが一五九〇年頃作成した「淫売宿」や、その他「貞操帯」、「ブラゲット（股袋）」、「プリアポス〔ギリシア神話で生殖と豊穣の神。生産力を示す男根で表される〕」などの、様々な主題にわたる作者不詳の作品が挙げられる。[36]

性《セクシュアリテ》は、権力の問題になっていった。元来極めて個人的な人間の営為たるこの領域は、種々の禁止事項の網に巻き取られていき、さらには、不安や違和感を掻き立てうる強力な文化的イメージによって絡め取られていったのである。その根底には、身体というミクロコスモスが、各々の行動を、より広大な世界で生起する事象と密接に結び付けている、というあの見解が横たわっている。宗教上のプロパガンダは、禁忌の侵犯を犯した際の罪悪感を高めるために、こうした見解を利用した。個人的な侵犯によって、世界全体の秩序が危険に晒される、という理屈を使ったのだ。その後、都市や王権といった世俗の権力も介入してくるが、彼らも同様の概念に拠りながら、服従を強いるための糸の緩みを締め直そうとしている。先ずは、個人個人に対し、自らの動物的な情念を抑制する能力を身に付けるよう仕向けていった。近代的国家の形成に当たっては、統一体としての家族の基盤を固めることが、意図的に重視されたと言える。なぜなら、家族こそは、社会の堅固なる鎖を構成する、最初の、かつ不可欠な要素だからである。こうして社会が安定して初めて、君主の権力が安泰となり、神への献身も可能となるのだ。フランスでは、ルイ十三世の治世が終わりを迎えつつあった一五三〇年〔一六三〇年の間違いだと思われる〕、国家と家族との間に、新たな契約が結ばれている。[37] その後数々の王令が発布され、父親の権威を確立していくと同時に、子供の結婚に於ける父親の権限をも強化していった。秘密の結婚〔mariage clandestin：「秘密婚」と訳すも可。両親、特に父親の許可なく、本人同士の意思のみで結婚すること。ルネサンス当時社会問題化していた〕を行った者には、遺産相続の権利剝奪という制裁が加えられた。また、必要な場合は婚姻関係を一方的に解消できる権利を男が得たことで、男性の支配権はさらに強固になった。女性による姦通は、男性の場合よりも遙かに厳しく罰され、修道院に幽閉されるのが常であったが、夫には、この不義の妻を再度手元に引き戻す自由が与えられていた。また、法律は、誰かの後を継ぐためには、正当なる婚姻内で生まれている必要性をも強調している。全体的に見るならば、法は、妊娠と誕生とを司る女の王国の周囲に監視網を築き上げ、さらに、子供に対する母親の教育権の占有を緩めようとしたのであった。「出産偽証」の罪を犯した女性、すなわち自分で妊娠したのではない赤ん坊を我が子と称した女性は、裁判で厳しく追及された。一五五七年二月にアンリ二世が王令を発して以降、妊娠を隠匿し、しかも新生児が死亡していたことが分かった場合には、死刑が適用されるようになっている。以後パリ高等法院は、広大な管轄区域から送られてくる被告人たちに対し、厳しい態度で臨むようになった。現に、アンリ二世の王令以降、この罪を犯した女性たちが何百人も処刑されている。[38] さて、国王とその判事たちは、結婚ならびに深刻な性的逸脱行為を対象とした諸々の法律によって、女性の性《セクシュアリテ》を抑制しようとしたわけだが、その際、家父長制の比喩を存分に利用している。つまり、国家の権威は、夫の妻に対する権威、および父親の子供たちに対する権威を介して、強化されていったのである。当時の社会契約は、家族の内奥から国家の歯車に至るまで、ひたすら男性の力を誇示することによって成立していたのだ。だが、人々が内心思い描いていたモデルは、諸存在の階梯の頂点を占めていた神のそれ、換言すれば、自らの教会に君臨する永遠の父のそれではなかったろうか。

上述のフランスのケースを見れば、女性に対する監視の度合いが増していった過程がよく理解できる。その他の諸国にあっては、十六世紀以降、支配者と被支配者との間に成立した政治的契約は、その形態こそ異なるものの、同じ問題を解決しようとしていた点では一致している。大いなる変動の渦中にあったヨーロッパにあって、両性の間の関係こそが、問題の核心を占めていた。つまり、世俗の権力のあり方も、宗教権力のあり方も、それに左右されたのである。ルターの時代から三十年戦争の頃に至るまで、宗教的危機に晒されたドイツは、人間の身体の把握ならびに女性の身体の監視の必要性という観点から見ると、独自の道を辿ったが、フランスのケースと異なるとは言え、それと平行する道であったと言える。数多の国家に分裂していた神聖ローマ帝国内に於いては、専門家のいわゆる「世俗の《コンフェシオ》宗教化《ナリザシオン》」の過程が進行した結果、一五五五年から一六二〇年までの間に、社会的なコントロールシステムの強化がもたらされた。少なくとも、外部から、すなわち「上」から抑制を受けているという感覚が生まれたと言えるだろう。恐怖心や不安定感は、宗教によって減じられるわけではない。恐怖心や治安への不安という感情は、宗教的文脈の中で、新たな意味付けを得たにすぎない。なぜなら、各々の人間が、「善」の「悪」に対する主要な闘いに於いて、自らの位置を定めねばならなかったからである[39]。

こうした枠組みの中では、罪、悪行および犯罪行為は、新たな形態、それも性によって非常に異なる形態を採るようになる。フランスに限らずその他のヨーロッパ圏に於いても、道徳家たちの説教は、人間の獣性を減じる方向を目指していた（もっとも、当時の外国人旅行家たちが、ゲルマン圏の人間に関し、その野卑な様子を紋切り型の如く繰り返していたのは事実だが）。諸都市の参事会の決定事項は、説教家や道徳家たちの意見と一致していた。その決定によると、男性の身体は欲望や種々の流体に満ちた火山のごときものであって、いつ爆発を起こしても不思議はない、ということになる。さて、今流体という言葉を使ったが、これは血液、精子、へど、糞便、尿などを指しており、ハンス・ザックス〔一四九四―一五七六年：宗教改革派のドイツの詩人〕のようなユマニストや、世俗の当局者たちの中には、これらの流体を、汚らわしくかつ周囲を汚染する代物だ、と見なす者も存在した。つまり男性の身体は悪徳を詰め込んだ袋のごときものであるから、例えば男が大酒を喰らったりすれば、すぐさまデーモンの餌食となり、それが契機となって、一群の悪魔が押し寄せる羽目になってしまう。こうして、酩酊を難詰する説教は、お酒の影響下で犯される一連の罪や犯罪を列挙し規定していく。ところで、飲酒は、古来より存在する男性文化、中でも伝統的な若者文化の一部を成していた[40]。いずれにしろ、極度の飲酒に対する非難は、文明化された男性に関する新しい理論的モデルを提供することへと繋がっていった。このモデルは、エラスムスに倣《なら》って刊行された数々の行儀作法の書によって広められたものと同じである。ところが、十六世紀の中葉に至ると、悪徳を抑え込もうとする命令文の生真面目な調子を逆手に取り、それらをグロテスクかつ滑稽に書き換えるという、言わばラブレー的な文学ジャンルが登場してくる。例えば、ヨーハン・フィシャール〔一五四六か四七―九〇年頃：ストラスブールの改革派のユマニストで、風刺作品でも知られる。ルター派からカルヴァン派へと転身。『ティル・オイレンシュピーゲル』やラブレーの『第一之書・ガルガンチュア物語』を韻文に書き換えたことでも知られる〕は一五七二年、ティル・オイレンシュピーゲルに体現されるあの狡猾な農夫に、ガルガンチュア風の性質を重ね合わせている。また、デデキント〔一五二四頃―九八年：ドイツのルター派の詩人〕は、自分が生み出した英雄グロビアンを、肉体的な過剰を抱え込んだ人物として描出している。その書『グロビアヌス』はカスパール・シャイトによって、ラテン語からドイツ語に翻訳されてさえいる[41]。こうしたスカトロジックな文学は、バフチンがラブレーについて検討したのと同様に、謹厳さの台頭と衝動への抑圧に対する反発として登場したのであろうか。それともただ単に、禁忌事項の増加を前にして、古来からの文化が反抗の姿勢を見せたに過ぎないのであろうか。こうした文学作品が、反吐、糞便、未消化の食べ物や嘔吐物、あるいは豚の象徴的な汚さに関心を集中させている点に着目すれば、このジャンルはむしろ、都会の社会が過渡期に差し掛かっていたことを物語っているとは解釈できまいか。と言うのも、これらの著作、特にラテン語作品の読者層は、教養のない貧民層などではなかったからである。つまり、これらの読者たちは、農民生活を描き、時には卑猥な立ち居振る舞いをも描き込んだピーター・ブリューゲルの絵画の購入者たちと、恐らくは同種の喜びに浸っていたと思われるのだ。自分たちが農民的世界から現実には距離をとれるようになったことに根ざす安堵感、新しい規範を想像上で侵犯する楽しみ、自分たちより獣的で軽蔑すべき他者を眺める時の満足感、読者はこういった感情を覚え、満足していたと推測できる。身体はまだ道徳家たちが主張するほど神聖で神々しい存在には成りきっていない。だが、身体はやがてその方向へと傾斜していく。その際、身体の所有者は、自らの身体に何ら足枷が嵌められていなかった時代に、幾ばくかのノスタルジーを覚え続けることになろう。

「世俗の宗教化」の動きによって、深刻な不安感を植え付けられた人々は、神が人間に割り振った役割をきちんと果たさねばならぬ、と思うように仕向けられていく。ここで言う心配の種の一つは、女性の身体に関するものである。女性も男性同様に一連の抑圧を課されてきたが、自らを律し罪から遠ざかるために女性に推奨された方法は、独特のものであった。女性に対する社会的な抑制法は、男性に特徴的とされた不服従、暴力ならびに酩酊を、その射程内に入れてはいない。それは専ら性の領域に的を絞っていた。市参事会の発した命令は、しばしば女による不義や姦淫に言及し、その後、結婚に於ける理想状態を強調した上で、女性に対し貞潔と謙虚と無口とを命じていた。研究者リンダル・ローパーの説によると、女性の身体は性的に透過性が高いと見なされており、常時欲求に満ちた活動的な子宮の存在のゆえに、男性による侵入に対し常に開かれていると思われていたことになる。これは、ラブレーの筆が描く医師ロンディビリス〔『第三之書・パンタグリュエル物語』三十一章―三十三章に登場する医者〕の見解とも一致している。例えば、リンダウ〔ドイツ南西部の都市〕の当局は、男性に拐《かどわ》かされた娘が、性的に無実であることをなかなか理解できなかった。処女を失ったことへの経済的補償が、微々たるものに留まっている理由もそこにある。結局、男性の方は、その流体や暴力が常にほとばしり出るがゆえに、世界を汚染して止まない存在と見なされていたのに対し、女性の方は、いつも開かれた状態の子宮に汚染を呼び込むことを通して、共同体内そのものに汚染を招き入れてしまう存在と見なされていたのである。従って、両性に適用すべき規律は、根元的に異なったものとならざるを得ない。裁判での追及で女性を対象とする場合、特にその不品行や口の悪さが問題になるが、蛮行や酩酊ないし冒瀆的言動が俎上に上がることは滅多になかったのである。(42)

こうした身体に対する二重の見方は、一五六〇年代に最盛期を迎えたカトリックによる悪魔払い《エクソシスム》の実践によって、さらに強化されていく。アウクスブルクに例を取れば、世紀末に至るまで、悪魔払いの対象となったのは女ないし処女のみで、男は一人もいない。同時代のプロテスタント信者たちにとって、これは、女性が軽信しやすいこと、ならびに、女性は迷信に根強く支配されていることを物語っていた。同時に魔女狩りが事態を増幅し、デーモンたちは男よりも女の身体に好んで入り込む、という考え方が支持されるようになっていく。(43)なるほど、悪魔払い〔憑依現象〕という現象を、第二の性に特有の犯罪や、女性の身体は外に開かれているとする見解へと直結せしめ、混同を引き起こしてはならないだろう。だが、悪魔払い〔およびその前提となる憑依現象〕に於いても、女性という危険な存在に対し、監視の度合いを厳しくせねばならない、というロジックが働いている点は同じである。つまり、男の助力が無い限り、女は自らの魂を救えないということだ。

アルトア伯爵領の様々な裁判所の古文書館から多くの判決文が見付かっているが、その編纂者であったある匿名の博識なる法律家が、一六四〇年頃、風俗紊乱の罪に関して、反宗教改革の影響を強く刻印された見解を打ち出している。フランスに占領される寸前の、スペイン統治下のオランダに住んでいたこの法律家は、流血沙汰には全体の六パーセントのページしか当てていないのに対し、この〔女性の性欲という〕主題には三十五パーセントものページを割いているのである。彼は、明らかに興味を引かれているこの主題に、自らの意見を付している。

肉欲というのは、熱病のごとき激しい情念である。この肉欲に取り憑かれた者は極めて危険な状態にある。その瞬間、その者がどこに身を置いているかを考えれば、理由も分かろう。この者はもはや自分ではなくなっている。その肉体は懸命になって快楽を追い求め、精神の方は、快楽に仕えるべく大変な拷問に耐えることになる。快楽が高じると、狂乱にまで達してしまう。肉欲という情念は、自然に根ざすがゆえに、激越であり、かつ誰もが共有しているものだ。性の営みの中で、この情念は愚者と賢人とを、あるいは人間と獣とを混同せしめると同時に、統合してしまう。この情念は、あらゆる叡智、決意、慎重さ、熟慮、そして魂の一切の作用を、愚鈍にし麻痺させてしまうのだ。(44)

結婚に関する決議事項を引用していることからも分かるが、この法律家はトリエント公会議の打ち出した教義に影響を受けており、さらには、教父たちの権威に依拠したり、あるいはより最近の書物、例えばベネディクティが一五八四年に上梓した『罪の大全』などをも援用している。アラスの市参事会員を何度か務めているこの無名の法律家は、こうして、人間を野蛮な獣から遠ざけることに腐心したのである。彼はこの点でキケロを引用しつつ、「自制は確かにつらい」が、それでも禁欲すべきだと説いている。なぜなら、彼にすれば、節度と節制と中庸とをモットーに生きるのは、素晴らしいことだからである。この法律家は、情念や衝動を節制すべきだとする時代の始まりに相応しい人物であろう。彼は聖職者階級には属していなかったが、淫欲、さらには「快楽、享楽、肉欲の過度の追求」を大いに警戒した。因みにこうした快楽追求を、ベネディクティはこう定義している。曰く、「それは精子を好き放題無駄に流出せしめることであり、婚姻外でふしだらな肉体的交接を持つことである。」フランスその他の地域同様にオランダでも、世俗の裁判所が宗教裁判所のあとを引き継ぎ、結婚の神聖さと獣的本能の抑圧を拠り所にしつつ、性的な規範《コード》のごく些細な侵犯に対してさえ、以前にも増して厳しい措置を講じるようになっていた。アルトアの匿名の法律家は、この点では、単なる姦淫から獣姦に至るまでの、あらゆる罪の階梯について検証を加えている。例えば、同じ姦淫でも、独身の男女間で行われた場合の罰は比較的軽かった。だが、聖職者、処女、ないしは近親関係にある者たちが関わっている場合は、ずっと重い罰が科されたのである。

この法律家にとって重要だったのは、結婚制度を守ることであった。「正式な妻と内縁の妻と売春婦との間には違いが存する。正式な妻は、子供を作り家庭の財産を保護するために存在している。内縁の妻は、婚姻外で性的につくしてもらうためにいる。売春婦は、ただ淫欲を満たすためにのみ囲われる。」当時厳禁されていた聖職者の内縁関係が明るみに出た場合には、司教たちはそれを留保事項〔cas reservé : casus reservatus：教皇や司教などの高位聖職者にしか赦免できない重罪のこと〕として扱っていた。トリエント公会議は、世俗での内縁関係をも禁じている。この場合、男性が既婚であれば、独身の場合以上の厳罰が下され、相手の女性は司教区から追放されるのが普通であった。では、売春宿はどうか。ベネディクティは、洗練された国家にあっては、淫売宿の存在は認めがたいと考えていた。だが、我らがアラスの法律家は、「ベルギー側の国々」の大都市では、こうした宿もある程度容認せざるを得ないという。もっとも、人里離れた場所に追いやるべきで、既婚の男が通うのは言語道断だとしている。我らが法律家は、一五三三年から一五八一年までの間にアラスで、売春婦と寝た不実な夫に対して下された十三件の判決文を吟味した後、こう結論づけている。「肉欲は、人間の本姓にとって相応しくない」と。換言するならば、性的快楽の追求は結婚の神聖なる目的に適っていない、なぜなら、結婚は人類の永続化をその目的として設けられたのだから、ということになろう。

「不義密通は重大な罪であり、恐るべき事柄である。なぜなら、この罪は人間社会全体を崩壊せしめ、家族を瓦解させ、国家の公的なる事柄を変質せしめるからである。」我らが匿名の法律家は、このホットな主題に、何と五十ページ以上も割いている。彼は正確を期すために、当時アルトア地方では、フランスと同じ現象が見られたと付け加えている。すなわち、愛人同士の身分が極端に違う場合を別にすれば、姦通罪に対し死刑が適用されなくなっていた、という点だ。どこかの庶民の男が、高位の貴族の婦人を誘惑した場合や、姦通罪以外の罪がさらに重なったりしていれば、死刑は十分あり得る。しかし、召使いが自分の女主人と乳繰りあっていたくらいでは、上述したとおり火刑台に値するとはもはや見なされなくなっていた。引用されているアルトア地方での多数の具体例は、主に一五七〇年から一六〇〇年にわたるものであるが、これらの罪も、公での贖いか罰金ないしは追放という軽い結果に終わっている。(45)ただし、「仲介」、すなわち男が自分の妻に売春を行わせた場合には、ずっと深刻な罰が待っていた。また、見事に欺かれたがゆえに「お人好し」と呼ばれたコキュ〔妻を他の男に寝取られた男のこと〕の場合も、寝取られた事実に気付いていながら手を打たなかった場合には、司法的に裁かれた。この点に関し、かの匿名の法律家はこう説明を施している。昔は、コキュの憂き目に合うと、町中を引き回されたものだという。「その際、本人はロバに後ろ向きに坐らされ、不義の妻のあの時の格好にあやかって、手綱のかわりにロバの尻尾を握らされた。不実な妻の方はこのロバを引き、前方には触れ回る役がいて、四つ辻ごとに〔コキュ様のお通りだと〕叫んだものである。このように若者がコキュをロバにのせてからかったという習慣が、司法の世界では、夫の追放に取って代わられる。さらに場合によっては、不実な妻に対する判決の執行に、夫が立ち会うよう求められることも存在した。

重婚の罪を犯した場合、昔のアルトアでは男根に似た二本の棒を脇に抱える形の、屈辱的な晒し刑に処されたと上述の法律家は伝えている。もっとも当時は、不義密通を犯した場合と同様の刑罰が科せられるようになったという。

さらにこの著者は、「フランスでは重婚の罪を犯すと絞首刑になる」とものの本で読んだ旨を付け加えている。また、貞淑な未亡人や、生娘を拐《かどわ》かして陵辱するがごとき破廉恥行為は、神の意志に逆らう行いであるがゆえに、極めて深刻な犯罪と見なされていた。我らが匿名氏はこう綴っている。「なるほど結婚は神によって設けられた良きものであるが、それでも禁欲生活を送り、処女ないし童貞を守る方が、さらに高貴で素晴らしい」と。ここに反宗教改革が理想に掲げた見解を察知するのは容易であろう。つまり、娘はできる限り「その貞潔と処女性という貴重な宝物」を守り、修道院に入ってイエス・キリストの花嫁となるべきだ、というあの理想をである。さて、強姦だが、これも死刑を呼び込む可能性は十分にあった。もっとも匿名氏は、強姦の具体例をほとんど挙げていない。それもそのはずで、フランス同様アルトアに於いても、強姦罪が法廷に持ち込まれるケースは極めて稀だったのである。因みにアラスでは、強姦に合った被害者が、結婚することを条件に相手の犯罪人を許しうるという風習が確立していた。次に、「神と自然と人間の権限」に反するおぞましい罪、すなわち近親相姦の罪もまた、理論的には極刑に繋がりうるとされていた。しかしながら、我らが法律家は、アルトア地方の刑事法廷記録を精査した結果、直系の間柄で近親相姦が行われた場合でも、判事たちは一般的に極刑を避けようとした、と指摘している。もっとも、嬰児殺しを伴ったがゆえに、刑罰が重くなったケースが二つ報告されている。先ず、一五三〇年九月のアラスでのこと、二十歳で独身のマルグリット・ル・ノワールという女性が、別々の男性により孕まされた三人の子供を殺害した廉《かど》で、火刑に処せられている。彼女の父タッサールも、娘と性的関係を持った上に、生まれた嬰児殺しを知りながらそれを阻もうとしなかった廉で、絞首台に登らねばならなかった。マルグリットの妹パスケットも、父同様に見て見ぬ振りをしたが、産婆が彼女の身体を調べた結果、処女であり「堕落していない」ことが判明したので、結局無罪放免となった。次に、この事件からほぼ一世紀後の一六二一年のこと、かの匿名氏はエピノワで弁護人としてある裁判に臨んでいる。被告の男は、十六歳の娘を犯し、その結果生まれた子供を殺して埋めた廉で、火炙りの刑に処せられている。娘の方は、まだ余りに若いこと、父親による無理矢理の強姦だったこと、および本人が自分の子供の死を望んでいなかったこと、などから情状酌量の余地ありと判断され、首に縄を掛けた状態で父親の処刑に立ち会うだけで済んだ。もっとも、その後、あちこちの四つ辻で血だらけになるまで鞭打たれた後、永久追放の憂き目に合わねばならなかったのだが。[46]

強姦、近親相姦ならびに嬰児殺しが、重大な禁忌であったことはまず間違いない。しかしながら、これらの犯罪が、アルトア地方で際立って厳しく追及されていたとは思えない。上述したル・ノワール家のケースを別にすれば、我らが法律家は、嬰児殺しの具体例を四件しか挙げていない。もっとも、その内二人は火刑、一人は絞首刑に処せられ、最後の一人は鞭打ち刑の後十年間の追放を命じられている。さて、嬰児殺しに関する限り、当時のアルトアとフランスとの間には懸隔の差がある。と言うのも、フランスの判事たちは、嬰児殺しの廉で捕まった何百人もの女たちに対し、情け容赦の無い態度で臨んでいたからである。また、直系の間の近親相姦（特に兄弟と姉妹の間の近親相姦）に対しても、フランスの方がアルトアに比べ、罰せられる率は若干高かったと言える。これに対し、フランスの法廷は、強姦罪を罰する熱意にはいささか欠けていたと考えられる。この寛容さ（ドイツの場合も同様）を根底で支えていたのは、その抑えがたい淫欲のゆえに女性は元来男性に対して開かれた存在である、という見解だと思われる。この観点から見ると、知識人たちの思考法は、民衆のものの見方と合致する。その証拠に、民間の諺はこう言っていた。「俺が雄鶏を放つ時は、雌鳥は匿《かくま》っておけ」と。恐らく現実には、強姦は絶対的なタブーではなかったようである。ついでに言い添えておくと、民俗学者が口を揃えて普遍的なタブーだと主張する近親相姦もまた、絶対的な禁忌であったとは断言できない。無論、十六世紀も残り三分の一となった頃から、文学作品が近親相姦をタブー視する傾向を広めたのも事実ではあるが。[47]ところで、こうした暴力や強制を伴う性的慣習は、当時の民衆の専売特許であったわけではない。これはむしろ一つの伝統の残存を物語っており、新しい思想によって完全に放逐できるものではなかったのである。また、この点を調べるために司法関係の資料を渉猟しても、困惑するばかりである。なぜなら、そこから引き出されるのは、暴力的な性慣習が存在しなかったという結論（これは極めて怪しい）か、理論的な規範が現実に適用されにくかったという結論かの、いずれかにすぎないからである。

アルトア地方に於ける男色や獣姦についても、同様のことが言える。匿名氏は、この「汚らわしき汚物」が火炙りに値することは知っていたが、その具体例にはほとんど触れていない。彼は、単なる男色ならば厳罰は免れないが、死罪を科されることはない、と指摘している。もっとも十六世紀中葉のこと、アラスのある小間物商は、頭の上で麻製の帽子を焼かれ、公然の償いを行った後、永久の追放刑に処されている。その上、万が一町に戻ってきたら、火炙りの刑を科すと脅かされてもいる。この小間物商は、ある少年と性的交渉を持ち、その他の者たちに対しても淫らな行為に及んだという。第二のレヴェルに当たる獣姦は、それに関わった人間と動物の双方を処刑することになっていた。動物をも焼き殺すのは、「獣姦という恐るべき事実を忘却しないため」だという。この注釈がわざわざ付くのは、そもそも非理性的存在に対し、過ちへの制裁を科すことはできない、とされていたからである。もっとも、ここでは具体例は一切挙がっていない。我らが匿名氏は、熊や猿と野合した女が産む可能性のある怪物について、あれこれ論じるに留まっている。文学的な発想から、この種の交接によって生じたとされるケンタウロスを、著者は喚起するだけなのである。匿名氏は、最後に第三段階の「同性愛」、すなわち死罪に値するレズビアンにも触れているが、やはりいかなる具体例も提示してはいない。なお、両性具有者については、二つの性のいずれかを選択し、宗教裁判所の判事の前で、生涯にわたってその性で貫き通すと誓う義務がある、と記されている。このレズビアンの場合も、具体例は全く提示されず、モンテーニュや悪魔学者のデル・リオなどを下敷きとした、単なる読書経験に基づく話がそれに取ってかわっている。例えば前者からはマリー・ジェルマンの逸話を拝借している。この女の子が飛び跳ねた途端に、男根が飛び出して来てしまった、という逸話である。その後地元の女の子たちの間では、大股での飛んだり跳ねたりはやめましょう、といった主旨の歌が歌われるようになったという[48]。

我らがアルトアの法律家の精神世界内では、肉体の誘惑という概念が極めて重要な位置を占めている。ただし、事件の深刻度、行為に至る状況、当人の置かれていた立場などを勘案し考慮した上で、この誘惑の力を抑制するよう強調するだけでは、彼には十分ではなかった。それだけではなく、肉体の誘惑に纏わる事件から教訓を引き出し、獣的な衝動を抑制しながら、節制と謙虚に導かれた生活へと向かうべきだと主張したかったのである。ここで、現世に於ける女性の否定的な役割が浮き彫りとなろう。勿論、「いかなる小細工を施しても元に戻ることのない」処女性をあくまで守り抜く、というのなら話は別だが。さて、司法当局は、自然に反する肉体の行使について、禁忌の度合いを強めようと努めていた。その際、男色や同性愛ないしは獣姦を、強姦、そして恐らくは近親相姦以上に悪質な禁止事項として、定着せしめようとしていた。この文脈にあって、女の性《セクシュアリテ》は、その中心部で抑えがたい情念が燃えたぎっているような、一種の開かれた容器の如く見なされていた。こうなると、男の役目は、道徳・実践上の諸々の義務でがんじがらめにして、女のこの過剰な欲望を抑え付けることにあるとされた。とは言え、事態が悪魔的領域へと飛躍する可能性は否定できなかった。もっとも、悪魔の領域へと跳躍することは例外的でなければならなかった。と言うのも、これがもし例外的でないとするならば、男には、自分の母親や伴侶ないしは娘を監督する能力すら欠けている、という結論が引き出されかねないからだ。つまり、魔女現象というのは、極端な例にすぎないとも言える。換言すれば、女性の本性を操る手綱を完璧に緩めてしまった場合にのみ起こる現象で、言わば単に悪しきものが、さらに恐ろしく有害なものへと変じる現象なのである。もっとも、悪魔界と人間界という二つの世界には、厳然たる区別が存したことも思い起こさねばならない。例えば、かの匿名氏の法律家は、デーモンとの性交によって、本当に子供が生まれ得るのかと自問した後、サタンの「子供たち」や魔術師メルラン〔マーリーン〕ないしその他の呪術師の実在という、いわゆる「庶民的」見解を軽蔑の念を込めて退け、こう断じている。「悪魔は、なるほど一定の形態を持った肉体を有しているとはいえ、生命に関わる業や行為は、一切行い得ない[49]」と。つまり、怪物とはあくまで人間の肉体を持った現実的な存在なのである。従って、その発生を抑制するには、全ての女性を絶えず監視しておかねばならない。と言うのも、魔女を幾人か焼き殺したところであまり意味はないからだ。なぜかというと、我らがアルトアの法律家と同時代の法曹家ピエール・デマズュールも力説している通り、「神は時として、〔……〕人間の悪徳を罰する神の義の執行人として、魔女を派遣している場合」も存在するからである〔魔女が、神の正義を実現する「エージェント」であるとする説は、極めて例外的と思われるが、例えばジャン・ボダンの『魔女論』にも見出される〕。デマズュールの意見を尊重すれば、ある特定の地方は、別の地方に比べて魔女の数が多いという事実が、上手く説明できることになる。彼は、このおぞましき魔女現象が、しばしば「貧困、過剰な愛の情念、嫉妬、ないしは復讐熱」に由来するとも書き加えている。(50) 結局のところ、情念の過剰が、男の、否、とりわけ女の身体の内部に、悪魔を呼び込むという結論に落ち着くであろう。

感覚（五感）の歴史を目指して――視覚の優位へ

悪魔は神の意志に拘束されているがゆえに、悪魔の人間に対する支配権もまた一時的なものの域を出なかった。ただし、悪魔が魔女に及ぼす権力は絶大であったので、これを教会に巣くう腐敗分子として焼き尽くす必要があった。こう考えると、当時の悪魔学の論考の新しさが見えてくるだろう。それは、サタンの主催するセクトに属する、ある一つの極端な人物像を創造したことにあるのだ。この人物は絶えずその身体を悪魔に侵食され、その侵食の痕跡を身体に宿しているのである。* サタンのセクトに属する者たちは、ただ単に異端を支持した廉のみで非難されているわけではなく、自らの身体の内部に、神の企図を絶えず反転させようとする存在を、敢えて招き入れた廉でも非難されているのである。なるほど、神学は、悪魔が肉体的存在として現出しうる可能性を相変わらず否定していた。しかし、神学の一分派たる悪魔学は、説明困難なこのテーゼを支持し、血と肉体を備えた人間が、完全かつ永久にサタンに自らを捧げることがあり得ると説明したのだった。他の様々な神話と同様に、この神話もまた当時の社会的かつ文化的な現実の内部に根を下ろしていた。勿論、この神話は、罪にまみれた人類全体、ないしは女性全体を殲滅することを目指していたわけではない。そうではなく、この神話はある不満のはけ口を設け、その周囲に、広範な現象に適用しうる一つの説明図式を打ち立てようとしたのである。当時の知識人や医者、裁判官たちが、魔女を前にして感じた恐怖心は、並大抵のものではなかった。なぜなら、魔女は最悪の禁忌を侵犯し、神に完全に背を向けた存在だったからである。これほど深刻な危険を克服するには、今まで以上の熱意を持って、ただひたすら闘う以外にない。そのためには、なるべく多くの人々に、一つの類型化された恐怖心を共有して貰う必要があった。もっとも、ここで言う恐怖心は、必ずしも民衆に根付く伝統（民衆の中の魔術を行うとされた女性の中には、人々から頼られ、有益と見なされた者も存在していた）や、日常生活上の種々の心配事と連動している必要はなかった。こうして、魔女裁判は前代未聞の作劇法《ドラマツルギー》を利用することにより、知識層の文化に依拠しつつも、周縁の魔術的文化の諸要素（財産、収穫、家畜、あるいは人間に掛けられた魔法について証言した者たちの叙述など）をも取り込んでいった、あのサタンに纏《まつ》わる一つのコンセプトを、広く伝播せしめるのに成功したのである。こうした悪魔学による総括は、民間信仰の信憑性を高めると同時に、「闇の君主」のイメージをも統合することに寄与した。のみならず、悪魔と闘う人、というイメージ

＊　ミュッシャンブレのこの言い方は適切とは思えない。魔女は悪魔と契約を結ぶ存在であって、身体が悪魔に侵食されるのは、憑依された人物である。魔女現象と憑依現象との区別が明確でなく、誤解を招く恐れがあるので、注記しておきたい。なお、以下の記述も、「学術的レトリック」という観点から見れば理解できなくはないが、訳者としては不適切と見なさざるを得ない。

まで作り上げていった。魔女（それが友人であれ姉妹であれ隣人であれ）は、その内奥に悪魔を宿しているがゆえに、本質的に邪悪な存在である、という説明を通して、逆に、判事たちが正常と見なしていた身体像が浮き彫りになっていった。しかも、悪魔に働きかけられるのは神のみであるから、あらゆる魔法や「迷信」の類は、邪悪と見なす以外にない。いずれにしろ、上述のごとく身体のイメージが統一化していったわけだが、同時に指摘すべきは、死のイメージから、幽霊の存在をも含め中間的段階があるとする見方〔生者と死者との間に、様々な霊的存在がいるとする見方〕が払拭されていき、ここにも統一化がもたらされた、という点である。しかも、こうしたイメージの統一が、超自然に関し多様かつ複雑な見方に縛られていた農村部で始まった、という事実を忘れてはならない。この統一化は、新しい感覚的知覚の出現とともに始まった。この新たな感覚的知覚が、都市部に浸透するまでには、ずっと長い時間が必要だったのである。

魔女現象という神話は、幾つかの感覚を通して悪魔の存在を個人的に感知する装置としても機能していた。当時のヨーロッパ知識層の文化は、この感覚という領域に於いては、移行期を経験しつつあった。ところで、ルシアン・フェーヴルやロベール・マンドルーは、感覚にもヒエラルキーが存在していたと主張した。それによると、当時は聴覚、次いで触覚に重点が置かれ、視覚はあまり重視されなかったという。また、嗅覚と味覚については、明解な説明はしにくいが、十六世紀の人間が我々現代人よりもそれらを重視していたことは間違いないという。[51] こうしたアプローチをそのまま受け入れる歴史家はもはやほとんどいない。しかしながら、当時の人々の感覚と我々のそれとの間に、顕著な相違があることは、今日の歴史学も認めるところである。従って、この領域で分析を進める場合には、当時の文化や社会のあり方全体と密接に絡めつつ行う必要がある。[52] 十六世紀および十七世紀のヨーロッパは、古来の世界把握の仕方を全て捨て去ったわけでは勿論ないが、しかし感覚について言えば、極めて本質的な変化を経験していた。[53] 当時の西洋の知識人たちが、科学的ないしは芸術的な進歩（遠近法）に貢献したこと、また、その進歩が人々の感覚に影響を与えたことは、ここで殊更強調する必要もなかろう。より重要なのは、彼ら知識層が二重の影響力を行使したために、当時の知覚の序列にゆるやかな変更が施されるようになった点である。その第一は、感覚を、罪へと至る扉と見なして、これを軽視しようとする道徳的かつ宗教的な見解に由来している。聖人や修道僧が肉体に対し抱いていた不信の念が、俗界の様々な階層に拡大し伝播したのである。上述したアルトアの匿名氏も、獣的な情念の虜になることへの恐れを、ものの見事に表現していたことをここで想起しよう。第二に挙げるべきは、いわゆる「習俗の文明化」が進行中であったという点である。節度と謙虚さを大切にし、粗暴な行動を避け、肉体の下層に纏わる物事を回避すべきだ、とする考え方がますます浸透していった。この二つの現象は言わば手を携えて、優れた品性を備えた人物を、換言すれば、野卑かつ性的な衝動を抑えることができ、かつ自らを律し礼儀正しく振る舞える人物を造型する方向へと舵を切ったのである。[54] こうなると、視覚や聴覚よりも、相手との接近を前提とする嗅覚、味覚、触覚の方が、制御すべき対象と見なされるようになっていく。ヨーロッパの各国家がそれぞれ独自の発展形態を辿ったのは確かだが、西欧全体として捉え直せば、個人間の距離を的確にとり、極度の緊張を避けるべきだというモラルが確立していったと言える。例えば、ダンスに警鐘を鳴らすプロテスタント側の著作物や、話し相手を直に触ってはならないとか、他人を訪問する際には手袋を着用すべきだなどと記していたカトリック側の行儀作法集も、この同じ系譜上にあると言ってよい。

このように、礼儀作法や品行方正さを身に付けていることがステイタス・シンボルとなる文脈にあっては、視覚と嗅覚とは正反対の方向性を帯びざるをえない。前者の視覚は、十六世紀以降、その地位をひたすら向上させていく。それは例えば、遠近法の発見、書物の伝播、光学機器の進歩などの具体的な形をとりつつ、西洋に於ける世界把握のための主要な解読格子となっていくのである。さらに多様な文化的比喩がそこに重なってきた結果、視覚は、四体液理論の医学で言うあの男性的なる熱さ、ならびに、世界を照らす神の明晰なる光などと結び付けられていく。勿論、視覚もまた他の感覚同様に、罪に繋がりうるとする微妙な立場も存在してはいた。それでも、新プラトン主義者や詩人たちが、目そのものを、魂が入り込む入口と見なしたように、視覚は肯定的に把握される場合の方がずっと多かったのである。もっとも、上述した医師レムニウスは一五五九年のこと、次のような例を書き残している。すなわち、冷たく多湿な存在の視線は、その視線の先にある者を病に陥れると。例えば、狼の脳髄は冷たいとされていたため、その視線に晒されると、感冒にかかったり、無声症になったりするという。同様に、「病に冒された目は、他人をも病に陥れる」、すなわち、他人にも自分と同じ病を伝染せしめる、というのである。こうなると、生まれつき多湿とされた女性は、その有害なる一瞥でもって、男性を弱体化できることになろう。ところで、知識人たちの見解によれば、視覚は「光を放つ霊」に由来するとされた。ここで思い起こすべきは、あの哲学上の論争であろう。先ず、プラトンの信奉者たちは、目から放たれる光線が、対象物を照らしていると主張していた。反対に、アリストテレスのシンパたちは、外部から光線を受け入れることによってモノが見えると説明する方が、理に適っているという論陣を張っていた[55]。前者にとって、視線はまさしく相手を焼き焦がすものとなり得た。従って、当時の詩人たちが、自分はある美女への恋情で身も焦がす思いであると詠う時、彼らは単なる比喩を紡いでいたわけではない。ギヨーム・ブーシェも、視覚こそは五感の中でも最良の感覚であるという意見を援用した後、最大の情念の発露たる恋愛の情も、相手の視線によって掻き立てられると説明している。彼はさらに、その相手の視線によって死に至る場合もあり得ると述べている。もっとも、この部分の記述はふざけすぎの観が否めず、文字通り受け取るわけにはいかない。それでもブーシェの見解は我々の耳目を引く。曰く、恋情の視線の犠牲者にあっては、「その内部の諸器官が収縮してしまい、心臓は熱せられ、肝臓は湯気を立て、肺臓は焼け焦げ、脳髄は爛《ただ》れてしまう。一切は恋情の熱線が引き起こした焦熱に由来するのである[56]。」

教養人の想像界《イマジネール》にあっては（デカルトがその典型例であるが）、視線は、男性的性質、神、明晰性、美、理性などとますます頻繁に繋げられるようになる。視覚は洗練の度を高めていき、蛙の姿をした悪魔と通ずるような魔女の視線などからは、遙か彼方へと離れていく。もっとも民間信仰に於いては、諸説入り乱れており、教養層の一元的な見方へと収斂する速度はずっと遅い。現代でも、水晶球による占いが残っているが、これは、魔術的視線を前提としたより危険な当時の占術、例えば鏡や水の表面や土に描いた円を使った占術などを、漠然と想起させはしないだろうか。それでも、視覚がその地位を向上させていくメカニズムが作動し始めたのは疑い得ない。その一方で、嗅覚は地獄へと通じる坂を転がり落ちていくのである。

感覚の歴史を目指して——嗅覚の悪魔化

だが上記の二つの現象は密接に絡み合っている。先ず、身体に距離を置こうとする傾向は視覚の重要性を高め、これを、ヨーロッパのアイデンティティー形成に欠かせない、一つの知的な感覚へと押し上げていった。その一方で、身体に張り付いた鼻は、動物性を強く帯びたものとして貶められていった。西欧に於ける嗅覚の衰退がここに始まったと言える。その後、カントは自らの美学を語る際に、嗅覚の問題を全く無視することになろう。さらに後になって今日に至ると、香水の強い香気が、元の臭いを全く消し去ってしまうという結果を招く[57]。人類学者の仕事を参照するならば、この現象の重要性がよく了解できよう。それによると、ヨーロッパ圏外の数々の国に於いて、嗅覚の問題は、死の捉え方ならびに汚染の概念と緊密な関係を結んでいるという。さらに人類学者は、誕生の喚起が死亡のそれと相関関係にあることを、しばしば指摘している。例えばコスタリカのブリブリ族に於いては、初めて妊娠した女の身体が最も不純であり、それに続くのが死体だとされている。また、出産後ないしは生理中の女性の身体が、同様に不純と見なされるケースは数多存在している。[58] ここで、我らが医師レムニウスが、女性は生まれつき悪臭と縁が深いのに対し、男性の身体は芳香を放っていると語っていたことを想起してもよい。いずれにしろ、十六世紀以降のヨーロッパに於いて、死の表象に重要な変化が生じたことは間違いない。その際、死と女性の身体と嗅覚との間に、暗黙の関数が成立した点も見逃せない。さらに、身体の知覚に生じた根本的な変化に於いて、嗅覚が共鳴箱のような役割を負ったことも重要である。さらに、臭いを悪魔視していくプロセスの進展は、嗅覚上のあるタブーの出現とも関連がある。このタブーは、性を死と関連付け、それによって、罪にまみれた肉体をよりよく抑制することを目指したのであった。

当時異臭は、とりわけ大きな都市にあっては、生活圏に属する当たり前のものであった。そもそも人々が体臭を放っていたし、それに対し誰もが眉を顰《ひそ》めていたわけではなかった。もっとも、ブラントームが指摘しているように、子羊の肩肉が腐って酸っぱくなったような臭いは、特に女性がそれを発している場合には非難されてはいた。そこで、例えば生理中の女性は、この種の非難をかわすために、太股ないしは腋の下に、香料を染み込ませた綿や、麝香、竜涎香ないしは霊猫香を含ませたスポンジなどを当てていたのである。もっとも、一六二六年、ジャン・ド・ルヌは『薬剤学論』の中で、麝香かシナモンなどと一緒にレモンの皮を燃やした方が効果があると説いている。「と言うのも、女の臀部が発する臭気は、この種の香気によって分散せしめられるからである。[59]」

さらに恐れられたのは、悪疫を汚染させるとされた臭気であった。これは、古典古代、とりわけガレノスやヒポクラテス以来、空気中の主要成分である熱気、冷気、乾燥、湿気の割合が変調をきたす結果生じるとされてきた。十六世紀に入ると、諸々の伝染病（全てペストと呼ばれていた）が猖獗を極め、しかもそれまで知られていなかった種類の疫病も登場したために、汚染の理論が以前にも増して注意を引くようになった。ただし、空気の汚染という説明法に若干の変化が生じ、特定の有害な毒気を見出しうるという見解が出てくる。例えばアンブロワーズ・パレは一五六八年に、こう書き記している。「ペストの原因となる腐敗は、その他の腐敗とは大いに異なっている。なぜなら、そこには言語に絶する隠された毒性が存在しているからである。」この不可視の危険を予防するためには、不衛生な場所を清潔にすること、ならびに、危険な毒気に侵食されやすい多孔質の人間の身体を守る術を身に付けること、が推奨されている。護身用の芳香に包まれ、長い嘴《くちばし》を備えたマスクの付いている、かの有名なペスト処置用の医者のコスチューム〔口絵参照〕も、右の原理に基づいて発明されたものである。また、この頃になると、有毒な臭気と、排泄物、罪、および地獄とが、ますます密接な関係性を取り結ぶようになっていく。ジャン・ド・ランペリエールは、一六二〇年にルーアンで上梓した『ペスト論』の中で、汚れた場所に生きている動物や、その排泄物が異常に臭い獣に責を負わせ、豚や鳩、ウサギ、鴨、家禽類、馬などを槍玉に挙げている。同じく『ペスト論』を著したアンジェルス・サラ（一六一七年、ライデン〔オランダ西部の都市〕で刊行）は、「家の中で飼っている大型マスチーフ犬〔家や大型家禽の番をする大型犬〕は、ひどい臭気を放つ」として非難の的にしている。「特に質の悪いのは、動物の腐乱死体や、臭気紛々たる内臓を喰らう犬である。その口から吐き出される汚臭に満ちた息は、それだけで町全体を汚染するに足る。同様に、猫の糞や尿が発する悪臭も極めて危険である。」彼はさらに犬や猫の同類として、「豚の如く不潔な生活を送っている、極貧の汚らわしい者ども」を挙げている。なぜなら、「汚さや臭気以上に、ペストを呼び込みやすいものは他に存在しないからである。」[60] ここでは明らかに人間の獣性に力点が置かれている。また、ギヨーム・ブーシェ描く登場人物の一人は、「野生の動物の糞の方が、何故か人間のそれよりも臭くない」ことに驚いている。さらにアンブロワーズ・パレは、同僚の医師たちに向かってこう忠告している。「病人に近づく際には、その息や糞便の臭気を吸い込まぬように注意せねばならない。」魔術的身体に対する古来の恐怖心が、ここでは人間の出す様々な排泄物へと収斂しつつあるように映る。当時の西洋は、疫病対策の名の下に、身体を以前にも増して遠ざけようとしていたのである。その際特に問題とされたのが嗅覚であった。と言うのも、嗅覚は身体に寄り添った感覚であり、人間の動物的悪臭を認知する感覚だからである。こう考えてくると、当時の医者たちの一見奇妙な発言も理解できるだろう。彼らは、感覚を理知的に把握しようと努めていた。その結果、他人の体臭を感じ取らずに済む距離というものが、浮かび上がってきたのである。アンブロワーズ・パレと全く同じように、レムニウスも、病人を診察する時には、その息を避けるように勧めている。そのためには、相手に対し顔を横に向ける必要があった。さらに加えて、この姿勢でいれば患者と視線が合う心配もなくなる、つまりは、視線によって病を移される危険も避けられる、と記している。また、患者と暖炉との間に身を置くことは、絶対に避けるべきだとも書き加えている。(61) こうした事柄は、十七世紀の礼儀作法集に反映することになる。そこでは、相手に近づき過ぎず、頭を若干横向きにするのが礼儀正しいとされていた。さらに、扉の反対側にある暖炉は、もっとも安全な上座、すなわち一家の主人にもっとも相応しい場所と見なされるようになる。以上から見えてくる伝染の概念は、我々のそれとは全く異質だと分かる。つまり、病人に対して距離を置くべきだとする医学的見解は、魔術的身体に対する恐怖心から発しているのである。一六二〇年、ジャン・ド・ランペリエールはこう主張していた。「ペストに汚染された家を見るだけで、多数の人間が疫病にかかった」し、「ペストにかかった人間の目に見られて」病を得た場合もあった、と。

人間の罪を罰する「神の災厄」としてのペストが、身体の腐敗が広がる形で発現する理由は、ペストが死と死体の腐乱とを予告していることに求められよう。さらに、神の怒りの徴《しるし》たるペストは、襲い掛かる相手に「ひどい悪臭」を浴びせずにはいない雷によって広がる場合もある。だが、疫病と縁の深い汚臭は、同時にデーモンの専有物でもあった。そもそもデーモンが現れる際は、かならず悪臭を伴っていた。当時の文化的想像界《イマジネール》は、耐え難い臭気と悪魔のイメージとを、頻繁に結び付けていたのである。例えば、ある匿名の詩人は、パリの泥土を地獄の糞便に譬えてこう綴っている。

忌まわしい罪人の糞
地獄の真っ黒けのウンコ
悪魔の汚らわしい糞

こうした点に関し、研究者ピエロ・カンポレージは、病気や死の表象と腐臭とを関連付けながら、「鼻の嗅ぎ出す地獄」と喝破して見せた。例えばイエズス会士のジャン・ド・ビュスィエールは、一六四九年に上梓した『詩的叙述』の中に、「硫黄」というタイトルのオードを挟み込んでいるが、その副題には「地獄への恐れ」という表現を採用している。[62] 結局、夜と死との支配者であり、おぞましい動物の統括者であり、汚物や腐臭を放つ動物の糞の中から自然発生によって生まれたとされる者たちの統率者でもあるサタン、自らも雄山羊の如く悪臭を放ち、硫黄に似た臭気を発散するサタン、このサタンこそは嗅覚を牛耳る存在なのである。この点でサタンの支配を免れうるのは、腐敗から奇跡的に逃れることのできた、聖なる香気を放つ身体のみである〔聖人の遺骸は神聖な香気を放つと信じられていたことを指す〕。この奇跡は、神の全能を証し、同時に天国への狭き門を開くものである。逆に言えば、この世にあって、著しい汚臭を漂わすということは、罪と病とを喚起するに等しい。もちろん、芳しい物質を使って、この悪臭を予防するのは構わないが、その極端な使用は避けねばならない。なぜならば、激臭によって本性を隠そうと躍起になる者の身体もまた、デーモンの餌食と成りうるからである。」

香水は、日常生活に於いて非常に重要な役割を負ったと同時に、両義的な意味合いをも帯びていた。先ず、香気は、疫病を撃退する上で様々に利用された。感染した家やモノや人は、何らかの消毒を施すか、芳香性の強い火で浄める必要があった。中には、毒をもって毒を制することを説いた者もいる。動物の角〔角は悪魔を喚起する〕を燃やして病人を治療するだとか、家の中で雄山羊を飼うだとかいった方法がこれに該当する。と言うのも、アンブロワーズ・パレによれば、この悪臭を放つ動物の発する「毒気」が、「ペストに汚染された空気の侵入を防ぐ」からである。予防法としては、多孔質で各所に大きな穴のある身体を守るために、口、鼻、耳、こめかみ、鼠蹊部、生殖器などを中心に、ビネガーを使って随所をマッサージしてやる必要があった。こうした措置は、数多の民族が、身体の開口部を防御するために実践した、諸々の儀式を想起させる。さて、スポンジを酢で湿らせて、町を歩きながらそれを頻繁に嗅ぐという方法もあった。もっとも、富裕層は「ポマンダー」すなわち「竜涎香の玉」〔《pomander》:《pomme d'ambre》以後は「匂い玉」と訳す〕を、換言すれば、芳香性の強い物質を入れた刻み穴入りの宝石を持ち歩く方を好み、必要に応じてそれを鼻孔にあてがい匂いを嗅いでいた。なお、芳香を放つ玉はこの他に幾種類も存在していた。さらに、芳しい粘土の玉といった素朴なものや、レモンとかオレンジなどの果物、あるいは香りの強い花束なども用いられていた。疫病が流行り出すと、町を歩く際には、人々は顔を覆った上で、芳香性の強い予防品をそこにあてがい、他人との接触を一切避けようとした。医者やその補佐役など、最も危険に晒されていた者たちは、完全に閉じたコスチュームで身を覆い、香りの強い物質で自らを防御しようとした。彼らは時として、肉体の開口部全てを塞いでしまうこともあった。例えば、口にニンニクを、耳に香を、鼻にヘンルーダ〔南欧原産のミカン科の多年草で薬草として用いられた〕を詰める、といった具合である。[63] また前述の「匂い玉」は、闇の存在から身を守るために持ち歩いた魔除けの一種でもあった。十六世紀前半のオランダ絵画を見れば、祈る人物像の手の内にこれを見出せるだろう。また、胴巻きやロザリオなどに取り付けられている場合もある。この御守りは、デーモンたちを遠ざけておきたい、という気持ちを代弁しているのだ。写本画や絵画作品には、この他にも、悪魔から身を守るのに効き目があるとされた植物などが描かれている。[64] いずれの場合も、その匂いのお陰で悪魔を撃退できるのである。因みに、現代のホラー映画でも、ニンニクは、吸血鬼の類を追い払う上で、最も確実な手段ではなかろうか。ペストの毒気を予防するためにニンニクを使うという行為は、二つの領域を、すなわち病気の領域とサタンの領域とを暗黙裡に結合せしめている。ここには、礼拝とは切っても切れない関係にある香が、「悪」の排除を象徴しているのと同じ構図が読みとれるだろう。

しかしながら、護身用の芳香は、場合によっては悪魔の罠にはまる契機ともなりえた。道徳家や教会人たちは、人工的な芳香の濫用に対し蔑視の視線を注がずにはいられなかった。ここで、当時のファッションが、手袋製造兼香水製造業者に莫大な富をもたらしていた点を忘れてはならない。手袋その他の革製品はもちろんのこと、剣を収める鞘にまで香りが付けられ、皮の放つ不快な臭いを消していたのである。我々は忘れがちだが、こうした習慣の背後には、動物の皮の悪臭を芳香に変換することによって、死そのものを昇華せんとする動機が働いていた。同様に、人間の身体からも、時の刻む老化現象や動物的な臭いを隠蔽せねばならなかった。そこで人々は、小さな袋（クッションすなわちコワシーヌと呼ばれていた）に詰めた乾燥芳香剤をさらに包んだ匂い袋を、衣類用の櫃の中に入れたり、自身の身体に付けたりしていた。ジャン・ド・ルヌもこうした匂い袋に言及している。それらは、「悪臭を放っている女たちが、自分たちの体臭などの欠陥を隠したり改善したりするために、乳房の間に忍ばせていた」ものだという。また、消臭の対象となる器官の形態に合うように作られた匂い袋も存在していた。この背後には、類似物同士が互いに引き合うとする、当時の魔術的親和力という考え方が控えている。それはともかく、パリの宣誓外科医ジャン・ボナールは、一六二九年、頭のためには縁なし帽の形をした、そして、胃のためにはコルヌミューズ〔バグパイプの一種。なお、cornemuseという単語は「胃袋」の意味でも使われていたようである〕の形をした匂い袋を使うよう勧めている。十七世紀に於いては、芳香剤入りの、さらにはビネガーを染み込ませたスポンジ入りの匂い箱を持ち歩くのが上品とされており、危険に直面した折りにはそれを鼻もとへ持っていって嗅いだという。その他にも、ネックレス、指輪などの様々なオブジェや宝石類、さらにはロザリオにまで、主に竜涎香や麝香を利用した香りが施されたりした。もっとも、単なる装飾や楽しみのためだけに、これらが使用されていたのではない。そこには、諸々の危険や死やデーモンなどへの恐怖心を抑え、身を守ろうとする動機も潜んでいた。一六〇九年の日付がついたマリー・ド・メディシス

（メディチ）の財産目録にも、次のような品が載っている。「黒い馬の頭蓋で、竜涎香と麝香が施され、金と銀があしらってある。上部や縁飾りには十個のルビーと八個のエメラルドが刻み込まれている。[65]」

道徳家たちは、特に女性がこの領域で行き過ぎることに、激しい調子で嚙み付いている。アンリ四世とルイ十三世の治世下、つまりカトリックの反宗教改革が勢いを得ていくこの時期は、同時に、胸が露わになりそうな服装の流行を受け入れていた婦人たちの大胆さに対し、激越な攻撃が仕掛けられた時期でもある。その他にも、自然状態をねじ曲げ、罪へと誘う慣習が槍玉に挙げられた。年齢のもたらす諸徴候を隠そうとする化粧や、自然のにおい（いくらそれが臭かろうとも）を包み隠すことで、神の御業に変更を施そうとする種々の調合剤も、同じく槍玉に挙がっている。例えば、多くの著作家がある慣習を非難しているが、医師ルイ・ギヨンも例外ではない。彼は、一六〇四年に上梓した著作『教訓集』の中でこう怒りを露わにしている。曰く、人々は衣服や髪に香りを付けているだけではない、「それどころか、少なからぬ者が、性的快楽を増大させる目的で、性交前に、陰茎の亀頭部分や女性器の外陰部に、香料の類を塗っているのである。[66]」色女の鏡と同じで、香料も使い方を誤れば、肉欲に火照ったその身体の内に、とりわけ女性の身体の内に、悪魔を呼び込んでしまう。スペイン治下のオランダにあって、フランシスコ会士フィリップ・ボスキエは、一五八九年にモンス〔現在のベルギー南西部エノー地方の町〕で、戯曲作品を刊行している。そのタイトルに曰く、『俗世の粉飾を切る小型カミソリと銘打った新たな劇作品。この中では、当世の一切の悲惨が、異端ならびに身体の過剰な粉飾に由来することが示される。』登場人物の中には、何と現世の罪の贖い主たる神の子まで含まれている。第二幕第二場では、聖エリザベツ〔洗礼者ヨハネの母〕が登場して、人間に対する怒りを何とか抑えようとする。ところが、神の子キリストの方は妥協しようとしない。それほど人々の罪、中でも流行の服装に身を包んだ女性たちの罪は重い、というわけである。

そして若き恋の生活を手に入れるためには、
緋色やら白色やらの顔料を塗りたくらねばなるまい。
私が彼女らに授けた自然の色を変えねばなるまい。
また彼女らは芳香を漂わせるだろう。
その衣装には麝香の匂いをしみ込ませ、バルサムの香りも手に入れよう。
その手には、芳しい匂い玉が握られているだろう。
私の鼻は、こんな臭いには耐えられない。
私の目は、こんな色に眩んでしまう。
私はこの空しき媚態に耐えられない。
彼女らはただただ淫蕩の火を掻き立てられるばかりだ。
愚かな若き男どもも、彼女らの粉飾に煽られて、
雄牛の如く彼女らの尻を追い回すだろう。(67)

ここでは嗅覚が淫乱の罪と密接に結び付けられている。ボスキエは著作冒頭の銘句として、シオンの娘たちに厳罰が下されるであろう、なぜなら主は彼女らが追い求める徴《しるし》〔様々な装飾品や化粧を指す〕を転倒せしめるであろうから、と述べているあのイザヤ書の第三章から引用している。曰く、「芳香は悪臭となり果てるであろう」と〔イザヤ、III・12〕。この種の悪徳を中傷する者たちが舞台の前面に出てくるという文化空間にあって、西欧は、性の領域と女性が追い求める香料とを明確に関連づけながら、嗅覚への抑圧を開始したと言える。もっとも、プレイヤッド派の詩人たちないしはその後継者たちは、全く別の主張を展開していた。彼らは、恋人の口元に、甘く心地よいものを見出して

いたのだ。彼らは「ソロモンの雅歌」を援用しつつ、接吻が甘美な芳香に包まれていることを強調している。相反するこの二つの視線の中間に位置していたのが、一五五〇年から一六五〇年の間に、嗅覚の主題を扱った版画家たちであろう。彼らの方は、嗅覚を象徴する女性を、一匹の犬や花々、あるいはバラを差し出されてその香りを嗅いでいる一人の恋する若者と共に描き、どちらかと言えば女性の美化へと傾いている。だが、花瓶や花籠がしばしば女性の膝の辺りに位置していること、また、犬の鼻がやはり膝の辺りに向けられていること、などを勘案するならば、女性器や生理が放つ汚臭が暗示されているように思われてくる。この点では、レムニウスの主張と何ら変わらない。もっとも、版画の方は、全体の動きを上方へと、つまり女の鼻や、彼女を抱きしめる男の鼻へと向かわせることによって、現実をうまく美化しているのである(68)。

諸見解が乱立しているというこの状況は、嗅覚の捉え方がまだ移行期にあり、時として相矛盾する様々な影響を受けていた、という事実を如実に物語っていよう。だがここでは、古来のイメージや実践と共存しつつも、二つの根元的な動きが徐々に地平線上に見えてきたことを指摘しておきたい。先ず、排泄物、特に人間の糞便に対する嫌悪感が定着しつつあったということ。次に、性的な領域での嗅覚の昇華が端緒についたということ。これは、生殖器用の香料が登場し始め、同時に詩人や芸術家が、性を花の比喩で包んだ事実に由来している。もちろん、肉体の下層が場所と人とを問わず、普遍的にその有り様を変えたとは全く言えない。少なくとも、糞便という「愉快な物質」を喚起する行為に、上級社会すらが大いなる楽しみを見出していた事実は、猥褻やスカトロジーを好んだ作家が大流行していた点からも裏付けられる。性の世界も、宮廷から農村に至るまで、粗暴であったと同時にかなりの自由を享受していた。聖職者の世界ですら例外ではない。この点は、神父たちに同棲生活を止めさせることが、一苦労であった点からも分かる。なお、聖職者の同棲の具体例は、例えば十七世紀の初頭から前半にかけて、フランシュ＝コンテ地方に見出せる。さて、肉体の下層に対する新しい見方が本格的に定着し始めるのは、恐らくさらに一世紀間待たねばならなかった。それは一五八〇年頃を境に明確になっていき、特権階級ないしは都市の富裕層や中間層の生活に於いて、重要な位置を占めるようになっていく。肉体の下層を悪魔視する傾向は、もちろん社会的には範囲が限られていたとは言え、やはり魔女狩りの時期とほぼ重なっている。もちろん、肉体の悪魔視が魔女狩りと直結していたわけでは毛頭無い。そうではなく、他者すなわち魔女の肉体に悪魔が作用しうるということ、ならびに罪を通して自らの身体にもデーモンが介入しうるということ、この二つを、同じ著作家たち、ならびに同じ都市部読者層が信じていたために、時期が重なったのである。

　悪臭を放つことが社会的劣等性を示す主要な特徴になる日が、いずれ到来するだろう。だが当時は未だそこまでには至っていない。悪臭は、悪魔のイメージを、病気ならびにそれを乗り越える上で不可欠な芳香による治癒を、あるいは、性的快楽と、それに溺れることに由来する罪悪感とを、同時に喚起していたのだ。つまり、鼻は快楽と恐怖の両方を嗅ぎ取っていたことになる。当時はまだ正式な学問と見なされていた人相学によると、この鼻という目立つ存在こそ、性器の状態を物語ってくれる器官だったという。デラ・ポルタ〔一五三五頃―一六一五年：イタリアの自然学者。レンズに関する論考などで有名〕が一五八六年にラテン語で刊行した論考は、その後何度も再版されているが、その中で彼は、恐らく古来の民間信仰をも取り込みつつであろう、こう書き残している。すなわち、鼻という突起物の形態と大きさは、男根のそれを反映している、と。従って、シラノ・ド・ベルジュラックのように長くて太い鼻を有している者に、同情などする必要はない、と相成る。では、短くてぺちゃんこの獅子鼻はどうかというと、こちらの方は、その持ち主が好色で淫乱で淫らである事実を証しているらしい[69]。女性の場合も同じであって、顔面の真ん中を占めている鼻を見れば、その淫乱度や「恥部」の様子までが「見えてくる」のだという。さらにレムニウスは、顔が青白く痩せている人の方が、赤ら顔で太った人よりも淫乱である、などと打ち明けている[70]。

　リンダル・ローパーは、十六世紀のドイツに於いて、「恥部」という表現には恥の概念がほとんど含まれておらず、敬意を払うべき対象として把握されていたに過ぎない、と主張している。(71) しかし、我々はこの見解に全面的に同調するわけにはいかない。なぜなら、ヨーロッパ全域に於いて、女性器は罪悪感を植え付ける装置として機能していたと思われるからである。なるほど、「恥部」という用語が、男性にも適用可能である以上、かなり中性的である点は否めまい。だが、魔女裁判の最中に、判事や外科医や死刑執行人が、悪魔の印を探す中で用いた場合には、この用語は、被告に密着しているがゆえに、極めて強い悪魔的な色合いに染め上げられるであろう。被告の女たちは全裸にされた上で体毛を剃られ、念入りに調べ上げられる。就中《なかんずく》、デーモンが好んで身を隠す例の秘所は、入念に調べる必要があった。その上、彼女らの中には、忠誠の証として、悪魔に「恥部の毛髪を一本」与えたと証言する者までいた。つまり、彼女らの悪魔との契約は、血よりは性によって取り交わされていたことになる。これは勿論サタンとの性的交渉を前提にしている。そして判事たちは、その交接の様子を詳細に語らせるのである。ここに判事たちの覗き趣味を看取するのは、恐らく適切ではない。むしろ、魔女を相手にする場合には、こうする以外に方法がないという確信が、そうさせたのだと思われる。たとえ被告の女がこの状態に狼狽したとしても、ここに働いている力学を、厳密な意味での恥のメカニズムとは言えまい。これはむしろ罪悪感を植え付けるメカニズムであろう。裁判官たちは、この仕組みを通して、彼女らに深い罪悪感を抱かせようと努めたのである。彼ら判事自身は、このメカニズムをよく理解し直感的に摑み取っていた。と言うのも、彼らが調べている全裸の悪魔的なる身体は、確かに現実の女の身体であり、自分の妻や母のそれと何ら変わるところがない。それでいて、この身体は、根元的に異質だからである。なぜなら、その身体は他に類のない最大の罪を犯しているからだ。こうして彼らの眼前で、罪は、目も眩むような内在化を遂げる。こう考えるなら、裁判が終わったあとで心的により大きな変化を被ったのは、自白を強要されてパニックに陥った農婦たちの方というよりも、むしろ判事たちの方だったのではなかろうか。つまり、彼らの属していたエリート層の想像界《イマジネール》に於いて、女性の身体観には何の変容も施されなかった、と考えるなら、それは誤りと言わざるを得まい。

デーモンに「下半身の顔」が描き込まれた意味合いも、こうしたコンテクストの中に置き直せばはっきりするだろう。「下半身の顔」の表象は、身体のこの部分に対する、幻惑にも似た強い関心を象徴的に示しているのである。なぜなら、この部分は、道徳家たちの執拗な格下げの対象となっていったからだ。その一方で、ラブレーが描いて見せた開けっ広げな文化が、相変わらず命脈を保っていたことも忘れてはならない。それでも、悪魔の「尻尾の下の顔」（悪魔学者たちの言を信じるならば、サタンの信奉者たちはここに接吻をしていたわけだが）が、ある幻影を織りなしていたのは確かである。その幻影は、肉体の下層に巣くう数多の罪と危険とを、その内部に集約している。西洋文化にとって、人間の動物的側面を指弾するメカニズムが、いかに重要であるかを、ここに見て取れよう。だがこの文化は同時に、人間に内在している神聖な部分を反対に称揚して、バランスをとるのである。さて、ピエール・ボエスチオーが一五五九年にその初版を世に送り出した『悲劇譚（悲劇的物語）』の扉を飾っているのは、玉座に腰掛けたサタンである。その猫のような頭には教皇の三重冠が載せられている。乳を垂らした女の身体を有し、鉤爪の付いた四肢を備え、その性器の正面部分には、ぱっくりと開いた半分人間のような口が描き込まれている。(72) しかも、人間の過剰な情念に焦点を当てたこの不思議な短編集の冒頭を飾るのが、猫の如き女の淫乱さとその悪魔的な性を主題に据えた作品なのである。これとは全く正反対に、聖なる身体は、肉の猛威とは無縁である。例えば、十七世紀の神秘家アントワネット・ブリニョンは、以下の如くアダムを両性具有者として叙述している。

敢えて名称は伏せますが、あの獣的な部分はアダムにはなく、代わりに、我々の身体が永遠の命を得た時に獲得するはずの身体を、与えられていました。アダムのこの部分には、顔の鼻と同じ構造の鼻が備わっておりました。そこからは素晴らしい匂いや芳香が漂っていたのです。また人間が生まれたのもそこからでした。なぜなら、そこには自足的な原理が働いていたからです。つまり、アダムの腹部には、小さな卵を生み出す管と、その卵を繁殖させる液体の入った別の管とが、二つ備わっていたのでした。(73)

悪魔学者たちの漆黒の想像界《イマジネール》にあっても、説教師の話の中にあっても、あるいは神秘家の夢想の内にあっても、鼻と臭いと性とは、常に手を携えていたのであった。神聖さの放つ芳香は、悪魔的な悪臭の文字通りの裏返しである。一方は、人間内部に存する聖なる部分を表現しており、他方は、絶対に制御すべき獣的な部分を表現していたのだ。魔術と科学との間に挟まれた移行期にあって、西欧は、内なるデーモン(74)を創造して、身体というミクロコスモスの神秘的な空間の征服に乗り出そうとしたのであった。良き風俗を目指していた文明は、真の進歩を遂げるべく、古い人間に揺さぶりをかけてきたのである。まだ懐胎段階にあったために、近代科学の地平を提示し得なかったこの文明は、分散していた過去の魔術の諸要素を、一つのまとまった世界観の内に何とか統合しようと努めたのである。そこでは、ある神聖な使命の完遂に協力すべく、悪魔は神の許可の下で行動することを要請された。また各々の人間に対しては、自らの情念、その無秩序な生命メカニズムを制御することが求められた。つまり、サタンは西欧の原動力の一つとして機能しだしたのである。サタンは絶えず闘って抑えねばならぬ人間の自己の一部を体現していたのだ。では、何のために闘うのか。神のため、と同時代人なら答えただろう。現代の歴史家なら、文明化を推進する神話の創出を通して社会関係を築き上げるため、さらには、自己と世界の征服へと人々を誘うようなダイナミックな緊張関係を生み出すため、と答えるだろう。

第4章 サタンの文学と悲劇の文化（一五五〇年——一六五〇年）

知の渡し守にして、「悲劇の漆黒の太陽」の下の素晴らしき導き手であった、アルベール＝マリー・シュミットの思い出に捧ぐ

十六および十七世紀のヨーロッパは、悪魔が津波の如く押し寄せる激動期を経験した。西洋の想像界《イマジネール》に於いて、「闇の君主」像がこれほどの重要性を帯びたことはかつてなかった。また、その後もこれほどの重要性を獲得することはないであろう。この現象は宗教的な枠組みを越えて、人々の生活のあらゆる側面と関わるようになっていく。現在の視点から当現象をより良く理解しようとするならば、この全体性というものを念頭に置いておかねばならない。なぜなら、この全体性のゆえに、デーモンへの信仰は、宇宙的規模で全てを説明する神話性を獲得したからである。「古き世界」に属していた社会の深奥で、ある重要な事柄が変化を遂げたのだ。当時の社会は、未知の大陸に於ける諸民族の発見や、宗教改革の出現による衝撃といった、前代未聞の諸現象によって、苦悩や不安定感を痛切に味わされていた。従って、社会全体が、人間の生存とそれを脅かす恐るべき危険を上手く説明するための、何らかの意味を模索せずにはおれなかったのである。不寛容の溶岩が燃え盛る中にありながら、また、あらゆる種類の熾烈な衝突の渦中にありながらも、西洋はその集団的なアイデンティティーを確立していった。西洋の勤勉な住民のほとんどが、世界に対する魔術的なものの見方を受け継いでいた一方で、その指導層、思想家、および芸術家たちは、統一性

のある新しい諸形態を生み出していった。もっとも、こうした新たな形態は、レヴィヌス・レムニウスやアンブロワーズ・パレの例で検証したように、科学に依拠していたのではない。それらは、デカルトの時代まで、否、その死後も長らく強い影響力を保った、ある強力な神学的見解に依存せざるを得なかったのである。だが、信仰上の激しい対立があったにもかかわらず、ヨーロッパ人たちを不可視の次元で繋げる象徴の輪が形成されてゆく。その結果、彼らは地球の征服へと向かうことになる。そこで出会った異国の民たちも、この点を見逃しはしなかった。なるほど、西洋からの訪問者たちには、国籍上、宗教上、ならびに社会上諸々の違いが見て取れる。それでも西洋人の内には、目には見えないが、全体に共通する独自の存在形態が見出せることを、異民族も直感したのである。

自己への恐怖

ヨーロッパの深奥に横たわるこの統一性は、ある人間中心的な存在観に由来している。もっとも、それは、エラスムスに代表されるような楽観的なユマニストたちのものの見方とは異なる。彼らは、人間をほとんど神に等しい存在と見なしたのであった。ここではそうではなく、ルターならびに人間の本性に悲観的な一群の人々、換言すれば、鉄と火と血の世紀の真っ直中にあって、自ら立ち上がった人々の見解に依拠していたのである。彼らの目には、創造主は復讐心に満ちた恐ろしい存在に映った。言い換えれば、創造主は遙か彼方の抽象的な原理などではなかった。それは不可視ではあるが、未だかつて無いほど人間に接近し、大災害、怪物、ないしは彗星といった、自分の怒りを表す諸々の徴《しるし》を通して、容赦なき自らの法を人間の頭に刻み込んだのである。こうなると、サタンも以前以上に身近で活動的で不吉な存在とならずにはいない。なぜならサタンは、神の許しの下に、罪人を罰したり人間を誘惑したりしたからである。その上に、サタンは死骸を纏《まと》ったり人間の身体に侵入したりして、人前に出現していたのだ。祓魔師《エキソシスト》が保証している通り、これは天使の行うところではない。

　歴史的観点から見ると、最も意識的だった信者たち、換言すれば自分たちの文化内の新たな諸問題に直接関係していた信者たちが、個人的な罪悪感をいや増しに募らせていった、と言えるだろう。その直裁な現れの一つが、デーモンである。想像界《イマジネール》に於けるデーモンの変遷を辿っていけば、それを生んだ宗教的・道徳的な形態を遥かに凌ぐ規模の、ある神話が立ち上がってくるのが見えるだろう。そう、個人の完全なる責任、という神話がそれである。人間個人の行動の逐一に関わってくる恐るべき神というイメージは、常軌を逸した力を発揮しつつ、揺り籠から墓場まで人間個人という餌食を絶えず狙っている悪魔、というイメージと反響し合う。ここに看取できる罪の個人化と内在化のメカニズムこそが、西洋の近代化の礎《いしずえ》となったのである。この観点から、『プロテスタンティズムの倫理と資本主義の精神』(1)に表明された、マックス・ウェーバーのかの有名な理論を読み直す必要があろう。この理論を巡って、経済学者たちの間で戦わされた激しい論争に気を取られすぎると、ウェーバーの論文の主題が、宗教を巡る社会学である点を忘れてしまう危険がある。(2)実は著者ウェーバーは、西洋文化の歴史的独自性という問題を提起していた。先ず彼は、プロテスタント信者という個人は、生活を送る中で、神の予定説で自分が選ばれているという具体的な証拠を摑《つか》もうとする、と述べている。このプロテスタント信者に対し措定された内的緊張は、不寛容のヨーロッパにあっては、信仰のために闘っていた全ての人間に、重ね合わせられるのではなかろうか。十六世紀の中葉以降、神の厳しい目に晒され、災厄だらけと見なされた世界に於いて、大いなる不安の時代が幕を開ける。プロテスタント同様にカトリックも、足元に地獄の裂け目が口を開けつつあるという感覚、あるいは、デーモンが各人の存在を絶えず狙っているという感覚に襲われたはずである。このようにして個人に罪悪感を刻み込むメカニズムが作動し出すと、人々は創造主が人間をまだ見放してはいない証拠を、躍起になって探そうとする。キリスト教徒としての勇敢な闘い、外部世界への宣教活動、他の諸民族への伝道、魔女に代表される内部の敵を殲滅しようとする姿勢、これらは皆、上記の精神世界に由来する行動である。つまり、当時の人間を蝕んだ疑念が、しばしば彼らを行動へと駆り立てる強い動機を形成し、同時に、ノルベルト・エリアスが西洋のダイナミズムと密接に結び付けた、あの「習俗の文明化」の道をも彼らに辿らせたのである。(3)

中世末に生じた人間と動物との境界線を再定義しようとする動きが、以上のような状況と重なりつつ、前章で検討したあの人間の身体を巡る「革命的変化」を準備したのであった。プロテスタント圏、カトリック圏のいずれに於いても、性の領域には、宗教や道徳のみならず、医学や刑法によっても、狭い枠が嵌められてしまう。自然に反する交接から生まれた「怪物」への恐怖は、婚外の性的交渉を一切禁じるという、この法的ロジックにまさしく由来する。こうして、父と夫、ならびに宗教上の当局と世俗権力の代表者たちが渾然一体となって、家族および社会の紐帯を引き締めようとしたのである。その根底にあるのは、女性を監督下に置くことを通して、権威の連携を強化しようとする考え方である。サタンが司る魔女現象という神話世界から、貪欲とされた肉体が繰り広げる諸々の性的行動の世界に至るまで、女性はこの世の秩序を混乱に陥れる存在だと見なされた。従って、彼女らを今まで以上の厳しさで囲い込まねばならなくなる。セックスに禁忌がもたらされ、女性は監視されるに至ったのだ。この主題を掘り下げていくと、本質的な事柄は全て、人間の身体という領域で生じているのが了解される。十七世紀も三分の一を過ぎた頃から、宮廷や都市の上流階級に於いて、いわゆる自己抑制という考え方が定着し始めるのは事実である。(4)だが一五五〇年から一六五〇年頃に至るまでの期間は、自己への恐怖が、変化をもたらす主要動因となったのである。

この時代に相応しい標語を探すなら、怖がらせて教化する、とでもなろうか。もっとも、教会や刑事裁判所が放つ演説（派手な演出を伴っていたにしても）だけで、本来の目的を達成するわけにはいかなかった。この領域に於ける西洋の想像界《イマジネール》を実際に形成したのは、実は何世代かにわたる作家たちである。広く深く民衆層に浸透していくことはなかったにしても、彼らは増加しつつあった読者層に語り続けたのである。つまり、芸術作品、中でも、悪魔がふんだんに登場するある種の文学作品を通して、悲劇的文化とでも名付けうるものが、新たな道を切り開くようになったのだ。事情はプロテスタントのドイツでもカトリックのフランスでも同じであった。こうして、書籍や小冊子の中で、あるいは「カナール」と呼ばれ、恐ろしいが好奇心を掻き立てられる血生臭い三面記事を扱った不定期刊行物の中で、ないしは登場したばかりの新聞などの中で、司法的現実と心理的幻影とが密接に絡み合うようになる。上流ないしは中流の都市層を中心に読書人口が増大していったという事実は、ヨーロッパが分裂状態にあったにも拘わらず、サタンという象徴的な人物像の周囲に、ある共通の文化概念が生まれつつあったことを裏打ちしてくれる。結局のところ、悪魔もまた何らかの有益な結果をもたらしたと言える。なぜなら、悪魔もまた――もっとも、悪魔を自在に操っていたのは神ではあるが――ヨーロッパ大陸に於けるアイデンティティーの確立に手を貸していたからである。こうして我らが文化の暗黒の側面が根付くことになった。これは、その後幾世紀にもわたって継承されていき、しかめ面のデーモンが退却ないし消滅した後も、生きた伝統として残ることになる。この伝統が、罪悪感に苛《さいな》まれる個人、という概念の基礎を形作ったと言えなくもない。そしてその仕組みは、後にスティーヴンソン〔一八五〇―一九四年：スコットランドの作家。『ジキル博士とハイド氏』や『宝島』の著者〕描くジキル博士、およびそのウィーンの「同僚」ジークムント・フロイトによって明るみに出されるであろう。

プロテスタント圏のドイツに見る悪魔関連の書籍

マルティーン・ルターは悪魔の存在を信じていた。彼は『食卓歓談集』（一五三一―一五四六年）の中で悪魔について大いに語っている。その主張によると、「悪魔は、衣装や下着以上に、否、自分の皮膚以上に、密接に人間に張り付いている」のだという。この点で、宗教改革の父は、当時の古典的な見解からほとんど隔たっていない。彼にとって、サタンは単なる「悪」の原理に留まる存在ではなく、日常生活に密着した具体的な一要素なのであった。悪魔はしばしば罪人を罰するために遣わされた「主に奉仕する死刑執行人」となりうるがゆえに、多様な姿を纏《まと》いつつ、何時如何なる時にでも行動できる存在だと、ルターの目には映った。悪魔は、異端者や暴動の煽動者、高利貸し、魔女、さらには老いた娼婦の身体にまで入り込める一方、白い天使の姿で出現することはおろか、自分を神だと思いこませることすら可能だという。サタンは同時に、様々な動物の姿をも纏いうる。例えば、ライオン、ドラゴン、蛇、雄山羊、豚、犬、多色の毛虫、オウム、長い尾の猿などで、特に多いのがハエだという。ルターは最後のハエを、「悪魔的で異端的なイメージ」を喚起するとして、特に嫌っていた。それもそのはずで、ハエは好んでその臀部を紙に擦り付けるため、書物のページを排泄物で汚してしまうからだという。これは、悪の霊が純粋な精神の内部に汚物を垂れ流すのに似ている。ルターの筆が列挙する上の動物誌も、悪魔と糞便とを関連付ける発想も、共に古典的である。(5) 彼はまた、民間信仰に登場する逸話を数多く触れ回っている。例えば、デーモンが好んで住まうのはプロイセンとラップランド〔ヨーロッパ最北部で北極圏内に属している〕であるとか、ザクセンには悪魔に憑かれて徘徊している犬がおり、信仰心がぐらついている者の周囲を嗅ぎ回るが、これはその人の死が近い証拠なのだ、といった調子である。さらに彼は、ペストをサタンの仕業と見なしていたし、多くの病気は、体内に忍び込んだサタンの手下どもが引き起こしているとも考えていた。狂人、梅毒患者、びっこ、盲人、聾唖者、中風患者などが、このケースに該当するという。ルターはさらに、「怪物的子供」にも強烈な印象を受けている。ヴァルトブルク城で彼が悪魔にインキ壺を投げつけたらしいというエピソードは、実は〔彼の死後半世紀ほど経った〕十六世紀末に出来上がったものである。もっともこのヴァージョンによると、悪魔がルター目がけて投げつけたことになっているから、半世紀も経たない内に役割が逆転してしまったわけである。『食卓歓談集』にはこの他にも、悪魔の策略に纏《まつ》わる逸話がごまんと紹介されている。我らが宗教改革の父の安眠を妨害しただとか、悪魔と論戦を交わした末、「俺のケツを舐めろ」と叫んだところ、敵は一目散に逃げ去った、といった調子なのだ。因みに最後の例では、ルターはサタンの戦略を見事に逆手に取って利用している。なぜなら、サタンは、服従の印として、魔女たちに自分の下半身の顔に接吻させていたからである。またルターは、ベッドで頻繁に悪魔に出会ったため、妻カティよりも悪魔と添い寝する方が多いと断言していた。ある日ベッドに犬が寝そべっていたので、ためらわずにそいつを窓から放り出したという。と言うのも、ヴァルトブルク城には犬は一匹もいなかったからだ。またある時には、サタンはハシバミの実を、部屋の梁に雨霰の如く投げつけ、ベッドを揺り動かしたとも言っている（これはその後有名になったエピソードである）[6]。多様な形態を採りうるデーモンが、人間と密接な関係を結ぶということ自体に、特に新しさはない。ルターは、人間に騙される悪魔という中世以来の伝統を受け継ぎ、自分と関わる滑稽な場面に、それを移し換えて叙述しているのだ。だが同時に彼は、この主題の不吉な側面をも強調している。そのためにルターは、サタン、否むしろ特定の役割を負ったその手下の悪魔たちの部隊を、人間の罪のそれぞれと緊密に結び付けているのだ。一匹のデーモンが身体に入り込むや、それに対応する毒が心に侵入するのである。

　ルターの説くところは、十六世紀後半のドイツ・ルター派圏内で大いに広まっていった。この分野を専門とする文学ジャンルが成立し、自己への恐怖を通して、サタンに対する恐れを内在化させていく。当時ヨーロッパ全土で性的、道徳的、宗教的な諸領域に於いて、刑罰を持ち込もうとする動きが見られたわけだが、これと並行して、自己の衝動を抑圧するメカニズムが、罪悪感を植え付ける具体的諸概念に拠りつつ、作動するようになっていく。こうした罪悪感は、宗教的な教訓を汲み取った文学や芸術の諸作品が媒介して広まっていった。

　ドイツ語で著されたトイフェルビュッヒャー（字義通りに訳すと「悪魔本」となる）の黄金時代は、ルターの最晩年に当たる一五四五年に始まり、一六〇四年まで続く。[7] 宗教改革が強固な基盤を獲得し、同時に教義上の激しい応酬が両陣営間〔カトリックとプロテスタントの間〕で始まり、しかも大規模な魔女狩りが端緒についたこの期間に、オリジナル版が三十九も刊行され、それらの再版も一一〇を数えた。大まかな計算によると、十六世紀後半に流通した部数は二十四万部に上るという。もっともヴュルツブルクやバンベルク、バイエルン地方、ライン川流域などのカトリック圏は、これらの書物の販売を禁じ、代わりにデーモンを扱った独自の著作物を広めている。この種の文学作品は、民衆の手に直に届くものではなかった。伝播の対象となったのは、言うまでもなく識字層、中でも裕福な都会人や、町の中間層の一部である。これらの印刷物に触れ得た人は、二つの世代に跨っており、その数は、購買者の妻や子供たちも含めると、おおよそ百万人に達すると思われる。もちろん、これらの書物を借りて説教を行った牧師や、口伝による民衆層への浸透は、ここでは除外されている。当時のドイツの人口は約二千万であったから、百万という数はマイノリティーに過ぎないかも知れぬが、それでも馬鹿にならない数だと言えよう。この他にも、書籍商の財産目録を基にした計算が幾つか為されているが、その結果もこれらの書籍の成功を物語っている。計算法によって変動はあるが、大体のところ、全書籍量の五パーセントから十五パーセントを占めていることが分かる。また、一五六八年にフランクフルト・アム・マインで開かれた書籍市での売り上げで大成功を収めたことに、非常に気をよくした地元の書籍商ジークムント・ファイヤーアーベントは、早くも翌年の一五六九年には、当時刊行されていた二十の書籍を、大きな一巻本に纏め、『悪魔劇場』というタイトルを付して刊行するに及んでいる。一五七五年、新たに四つの物語を加えて、この合本の第二版が刊行されている。さらに一五八七年から翌八八年にかけて出された第三版になると、改めて八つの物語が追加されたために、二巻に分冊せねばならなかった。そこに記された刊行の目的によると、この合本は、悪魔に関する情報を信者一般、ならびに牧師や知識人たちにも提供することを目指しているという。ファイヤーアーベントは、悪魔が単に肉体や魂を乗っ取るだけではなく、人間界、とりわけ世俗法や秩序および理性の領域に混乱を招いて、全てを支配下に置こうとしているのだ、と主張していたのである。[8]

トイフェルビュヒャーすなわち「悪魔本」を執筆したのは、ほぼ全員がルター派の牧師である（上記三十九作品中の三十二作品）。彼らは、同時代の悪徳や罪業を非難し、迷信、魔術、あるいは魔女術を利用することに警鐘を鳴らすのを目的にしていた。その形態も、説教集、小冊子、編集物、戯曲、公開書簡、教訓詩、小話等々と、まちまちであった。文学的価値も同様にまちまちだが、概して凡庸な作品が多かった。ルターが、これらの作品の原動力となったのは否めないが、その着想源がルターのみであったはずはない。それらは、鏡を意味するシュピーゲルという名称で括られていたより広いジャンル、換言すれば、教訓的ないし風刺的意図の下に書かれた、社会批判を旨とする作品群に属してもいたのである。このジャンルには、かの有名な『ティル・オイレンシュピーゲル』（フランス語では、大まかに『ティル・エスピエーグル』〔「悪戯者ティル」の意味〕と訳されている）や、セバスチャン・ブラントの『愚者の船』などが含まれている。さて、牧師たちの作品群の特徴は、特定の領域を専門とする悪魔が、必ず一人登場することにある。この文学が扱っている主要な分野は、いわゆる悪魔学、個人的な悪徳と罪業、そして家族の輪と社会生活、の三つに分類できる。

トイフェルすなわち悪魔という語（様々に変化はするが）を含む素朴なタイトルを一瞥するだけで、各作品の中味が容易に想像できる。第一のグループは、『悪魔の横暴』や『サバトの悪魔』に関する物語を掲載している。第二のグループには罪と闘う内容の作品が含まれる。『フルッフ・トイフェル』〔呪う悪魔〕では、罵り言葉や、妬みのデーモン、ダンスのデーモンなどを避ける旨が説かれている。『シュピール・トイフェル』〔戯れの悪魔〕では賭博師が槍玉に挙がり、また『ホーゼン・トイフェル』〔ズボンの悪魔〕（一五五六年）は、オランダで流行していた滑稽なズボンへの熱狂を煽っていた悪魔を扱っている。因みに、奇妙な流行に批判的な場所にあっては、こうした服飾を専門とするデーモンたちが最も頻繁に登場する。因みに「エピキュリアン」〔ここでは、快楽主義的な、くらいの意〕なる悪魔もいて、こちらの方は大食漢を付け狙う。最後に第三のグループを紹介しておく。『シュラップ・トイフェル』〔削減する悪魔〕（一五六七年）は、世俗権力の経済政策や極端な浪費に食ってかかる。『ヤーク・トイフェル』〔狩りの悪魔〕は、貴族が狩りに精を出すのは馬鹿馬鹿しく無意味だと非難する。『アイト・トイフェル』〔誓いの悪魔〕は、偽証や軽々しい誓約を行う者を激しく非難している。家族の輪の中に入り込んでくるデーモンも多い。『エー・トイフェル』〔結婚の悪魔〕は夫に不倫話を持ち掛けてくるし、また、家庭に巣くうデーモンはその調和をぶち壊してしまう。『ゾルゲン・トイフェル』〔憂いの悪魔〕は、文字通り様々な心配事を引き起こす。また女たちは言うまでもなく、女性のデーモンたる『ヴァイバー・トイフェル』〔女房の悪魔〕の姿で登場する。(9)

各々の作品は、キリスト教徒としての理想を一つに絞り込んでいる。しかも、最後に引き出される教訓から、肯定的なあり方が浮かび上がる仕組みになっている。つまり、テクストの中味に叙述されている嘆かわしい態度とは反対の態度を採ればよいことになる。各々の読者は、特定の悪魔と個人的に闘うよう誘《いざな》われ、その為に必要な助言も与えられる。このジャンルが成功した要因としては、才能ある著者の存在、面白い逸話、現地語の使用、また、時として見られる言語上の創造などが挙げられよう。こうした文学ジャンルは、中流層や上流層の世界観を統一する上で、一役買っている。そこから発せられるメッセージは、いわゆる民衆的で迷信的なものの見方とは一線を画していた。もちろん、闇の君主のイメージを濃厚にし、悪魔に騙されることへの恐れを掻き立てる過程を通して、民衆の見解に影響を与えたことも、あながち否定はできない。

この神話的な物語群は、牧師の日常的な説教や教会当局による道徳教育の試みの延長線上に位置し、人々がサタンに信を置かなくなることを目指していた。文学的にして宗教的なこの文化は、個人の力だけで罪から逃れうると信じることに警鐘を鳴らすと同時に、担がれる悪魔が備えていた肯定的で面白可笑しい要素をも排除しようとしたのである。宗教改革の時期に至るまでは、人間にちょっかいをかけてくるデーモンたちは、逆に人間に騙されることが多かった[10]。だがメフィストフェレスの方は、人類の滅亡を願って、ひたすら騙す側に回っている。ファウスト伝説の出現と同時に、悪魔との契約という古来のテーマは、新たな側面を備えるようになる。ファウスト伝説はテオフィル伝説〔サタンと契約を結んだ助祭のテオフィルは、聖母マリアの仲介によって救われる。十六世紀までヨーロッパ全体に伝播していた。リュトブーフやヴィヨンも主題として採り上げている〕の変奏だが、人間の「悪」との関わり方を巡るこれまでの見解に、大きな修正を加えた点で異質である。なぜであろうか。先ずテオフィルだが、彼は、司教にして貰うことを条件に、魂を売る契約を誘惑者たる悪魔と交わしてしまうものの、最期が近いと悟るや改悛している。しかも聖母マリアの執り成しによって、悪魔は決定的な書類を返却せざるを得なくなる。契約書は即座に焼き捨てられ、テオフィルはマリアの仲介のお陰で赦免を獲得できるのである。この話は、神聖な伝説として、十世紀以降ラテン語の韻文で広められていった。ここで民衆的伝統にも視線を向けておこう。ヨーロッパのどこであれ、民間伝承は、サタンとの契約から深刻さを排除する戦略を採っている。その際体系的に使われるのは、デーモンたちが契約内容を履行できずに不幸な目に合う、というお話であった。多くの人々は、悪魔の狡知なんぞを信用していなかったから、「紙屑」同然の契約書なんぞ、大した効力もないと軽く受け流していたのだ。ドイツでは、アーヘン〔ドイツ西部、ベルギーとの国境近くにある町〕の大聖堂の扉に、どうして亀裂が入ったかを説明してくれる面白い伝説があり、人々の記憶に残っている。悪魔は約束通りこの大聖堂を建てたのだが、町には十分な費用がなかった。そこで悪魔は、最初に足を踏み入れた者の魂をお代として頂戴することになった。そこで機転の利くある修道士の意見に従って、入口に狼の入った檻を置いた。檻が開けられるや否や、狼は建物の中に入っていったので、すぐさま扉が閉められた。怒り狂って出てきた悪魔は、余りに乱暴に扉を閉じたので、そこに亀裂が入ってしまった、という次第である。同じくヨーロッパ中に知られている笑い話をもう一つ紹介しておこう。これは、悪魔が一所懸命に作った橋に纏わる逸話だ。契約書には、ロタフェン近郊のレンクとエルスマット〔いずれもスイスの小さな町〕の間に橋を架ける見返りとして、最初にそこを渡る三人の魂が永遠に悪魔のものになる、と規定されていた。そこで人々は、先ずキャベツを転がし、それを雌山羊に追わせ、次に犬を放ってこの雌山羊を追わせたのである。そもそもローマ教会自体が、禁じられた契約書を取り返してくれるマリア様の力を借りてもよいから、サタンから何とか自分で身を守るよう信者を励ましていたほどである。(11)

ところが、十六世紀を通して、事態は大きく変化していく。先ず、ルター派、カトリックのいずれもが、悪魔は人間の魂を手に入れる上で契約なんぞ必要としていない、と考えるようになっていた。例えば上述のトイフェルビュッヒャーすなわち「悪魔本」は、罪を犯した人間は誰であれ不可避的に地獄の主の元へと落ちざるを得ない、と述べている。他方で、新旧双方の教会とも、契約の理論に深刻な意味合いを込めようと努めたのである。つまり、契約は、魔女のように、完全に正道から逸脱した人物にのみ関わるものとしたのだ。こうして、血による契約、悪魔の印、あるいは異常な性交と関連付けられた魔女たちは、自然界から閉め出されると同時に、それまでは可能だった神の仁慈も拒絶されてしまう。さて、サタンのセクトに対する大迫害が始まった正にその時に、知識層の中にも新しいモデルが浮かび上がってきた。ファウスト博士という人物像がそれだ。これは恐らく実在の人物である。ヴュルテンベルク〔ドイツ南西部の地方〕で生まれた医師で占星術師でもあり、一五四〇年頃亡くなったらしい。だが事実はここではほとんど意味を持たない。重要なのは彼の名前である。と言うのも、このファウストという存在は、同時代人のパラケルスス、一五六六年に死んだノストラダムス、あるいは一五三三年にジュネーヴで異端として火刑に処されたミッシェル・セルヴェなどのように、魔術師や占い師として当時恐れられた人物の多様な側面を、一身に統合する役割を果たしているからである。さらに、ファウストは、超自然との関わりをモチーフにした数々の民間伝承をも、知的に統合しつつ象徴しているのである。

ヨハンネス・ファウストゥスは悪魔メフィストフェレスを呼び出し、彼との契約書に署名する。可能な限りの知識を獲得すること、超自然の冒険を達成する能力を手に入れること、そして性の悦楽を味わい尽くすこと、これらの条件と引き換えに、彼は二十四年後自らの魂を放棄すると約束したのである。こうして、一五七八年に出版された『ファウストブーフ』〔「ファウストに関する書」の意〕には、テオフィル伝説とは全く異なったメッセージが織り込まれることになる。先ず、ルターの影響によって〔ルターは聖人崇拝やマリア信仰を否定している〕、聖母マリアは仲介役の資格を完全に喪失している。その当然の帰結として、ファウストは絶望的な死を遂げ、地獄堕ちとなる。カトリック側に於いても、悪魔との契約に関する理論は、改革派と同様の変化を被っている。例えば、イエズス会士ヤコブ・ビーダーマンが一六〇二年に著した劇作『虚栄』でも、ファウストは改悛せず、地獄の責め苦へと永遠に堕ちて行かねばならない。ここには完全な逆転が生じている。なぜなら、ファウストの契約は、もはや罪の原因ではなく、自らの罪の結果に変じているからである。こうして、ヨーロッパの知識人文化は、十六世紀初頭のユマニストたちの理想に、大々的な攻撃を仕掛けていく。古典古代から継承した知識と美に対し、ファウストが示した飽くなき探求心こそが、彼らユマニストたちの求めたものでもあった。ところが今後は、一切を知り、一切を行い、一切を味わい尽くすことは、神に対する反逆と見なされるようになったのである。この点ではルター派も、イエズス会士を含む当時〔十六世紀末から十七世紀前半〕のカトリック側の学者たちも、意見を同じくしている。結局、神に反するこの罪には劫罰しか残っていない、と見なされたのである。

キース・L・ルースも指摘している通り、宗教改革から啓蒙期に至る期間は、悪魔と契約を交わした場合必ず悪魔が勝利を収めるという、西洋の歴史の中でも他に類を見ない時期である。中世は騙される悪魔の方をより好んだ。また、最終的にはサタンが敗北するという考え方は、十八世紀の民話の中で息を吹き返している。さらに知識人の文化に於いては、同じ考え方がゲーテと共に蘇ることになる。改悛した主人公ファウストは、マルガリータの執り成しによって救われる。マルガリータは、メフィストフェレスの助力を得たファウストが誘惑した、庶民の汚れ無き娘である。彼女は、狂気の発作に襲われて自分の子供を溺死させてしまうが、天に召されて許され、ファウストをも救うのである。これに比べ、救済の余地の全くない例外的な契約とは、ルシファーとあまり違いを感じさせないあの恐るべき神に戦《おのの》いているヨーロッパの、暗い意識の表れと解釈できる。人間の本姓に対する根深い悲観論が表舞台を支配し、寛大な創造主の庇護の下にあったエラスムス的な自由意志に息づく楽観論は、二世紀にわたって息を潜めてしまう。ルターの奴隷意志説やカルヴァンの救霊予定説が支配していたプロテスタント圏にあっても、また反宗教改革のカトリック圏にあっても、人間は、容赦ない神の使者サタンの強大さに比べれば、まことに卑小で脆弱な存在に映ったのである。世界に注がれる視線は、どこでも悲劇と苦痛に充ち満ちていたのだ。一五九〇年、ハンブルクで『ファウスト博士の恐るべき罪に関する真実のお話』が刊行される。次いで、一五九九年、パルマ＝カイエがこれをフランス語に翻案し、『ジャン・ファウストの嘆かわしくも驚異的なお話。彼の契約とその恐るべき死について』を刊行する。だが、既に一五八八年の時点で、マーロウ（一五六四―九三年：イングランドの劇作家）が悲壮な戯曲、すなわち『ファウスト博士の生と死に関する悲劇譚』を完成させていた。罪に押し潰された存在は、恐るべき世界に生きていたのである。

フランスに於ける悲劇的文化

宗教戦争の凄惨さを経験する以前に、既にフランスは文化的な後退期に入っていた。早くも十六世紀半ばの時点で、やがてルネサンスの秋に支配的となるはずの悲劇的なスタイルが、最初の高揚を見せている。この新たな芸術形態はイタリアから入ってきたものだ。これらは、異論も多いが便利な「マニエリスム」という用語で括られることが多い。その起源は、一五一五年から一五二五年にかけて、若きポントルモとロッソ（ヤコポ・ダ・ポントルモとロッソ・

フィオレンティーニ。十六世紀初頭のイタリアのマニエリスム絵画を代表する画家）が展開した「反古典的なる抵抗」（ここでいう「反古典」とは、「反ルネサンス様式」の意味）にまで遡りうる（この様式は十六世紀後半に入ってさらに広範に花開くことになる）[12]。この芸術様式の主な特徴は、変形、捻《ひね》り、人物像の延長、身振りの誇張、埋め尽くされた空間、尋常ならざる遠近法、などであろう。「マニエリスム」は、以前にも増して混乱した状況の中で、強烈な感情を追求し、虐殺や苦悩や暴力のシーンに漂う悲愴さを誇張し、残虐さ、ひいてはサディズムの表現を強烈にし、苦しみ、絶望、苦痛、メランコリーをことさら強調する。これは結局のところ、怪物や幻想的な生き物、魔女、魔術師、錬金術師、占星術師、あるいはデーモンなどが跋扈《ばっこ》する、異常かつ不吉な夢の表現なのである[13]。西洋の知識層の文化は、ユマニストの楽観論から、曖昧さと不確かさが支配する場へと急転回したのだ。神の意志と、ユマニストのユートピアが提示した人間界の秩序との間の、深い調和に対する信頼に基づいて、かつては理想的な世界が思い描かれた。ところが、この理想的な世界は、全く到達不能と判明してしまった。このような世界観の瓦解には、分裂による宗教的不寛容や、一五二九年にウィーンを包囲し（陥落には失敗したが）ヨーロッパに脅威を与えていたトルコへの恐怖などによって、一層拍車がかかったのである。

一五五〇年から一五六〇年にかけて成人になった世代の新しいユマニストたちは、自分たちの先祖同様に博識ではあったが、人生を見る目は苦悩と苦い感情に満ちていた。彼らの目には、ラブレーの哄笑も、もはや季節外れに映った。彼ら新世代が、人間の内に知識欲に飢えた巨人を見るはずもない。それどころか、人間を、運命に押し潰された小人と見なすようになっていた。そもそも、人間の器は、古来ずっと減少傾向にあると言われていなかっただろうか。あの『世界劇場』は、本当に巡り歩くに値する場所であろうか。ピエール・ボエスチオーは、一五五八年に右のタイトルを冠して、深いペシミズムを湛えた書物を世に問うている[14]。一五五四年頃レヴァントに向かった大使の若き家来として、ボエスチオーは旅をする機会、とりわけドイツ、イタリア、そして恐らくはハンガリーを旅する機会に恵まれた。その後一五五六年に初めての著作、すなわち『キリスト教徒の君主の教育と王国の起源に関するシェリドニウス・ティグリヌスの話』を上梓している。彼はその中で、完全なる君主の一類型を描いて見せ、熱のこもった君主制擁護論を展開した。ボエスチオーによれば、君主制こそは唯一の適切な政体である。なぜなら君主制は、「自然の普遍的な秩序」を反映しているからだ。それはちょうど、太陽が他の星の上に君臨している様子や、四大（地、水、空気、火。古代に於いて万物を構成すると考えられた基本要素）にも序列がある状態と、見事に重なるのである。[15] 世界の解体を眼前にして狼狽した思想家たちの中には、やがて君主制の機能を巡る思索へと向かう者もいた。その格好の例は一五七六年に『国家論』を著したジャン・ボダンである。

三つの書から成る『世界劇場』は、人間のあり方の悲惨さを詳細に語って止まない。その際、この点に関する古代人の意見から始めている。「彼ら古代人は自然を実の母と呼ぶ代わりに、継母と呼んでいた。」プリニウスの見解も援用されている。「彼は人間を動物と比較している。そして、飲食への欲求を処理することに於いては、動物の方が人間より優れている、としている。その他、酩酊に関し特筆すべき例を少なからず引き、飲酒が人間にもたらす害悪にも言及している。」道徳家としてのボエスチオーは、同輩たちを「徳」に向けて教化しようとし、そのために、あらゆる分野で、行き過ぎが不幸を呼び込むことを具体的に示している。例えば、ワインの飲み過ぎによって、あの偉大なるアレクサンドロス大王も殺人を犯してしまった、と言うわけである。第二の書は、母親の胎内に九ヵ月間閉じ込められている子供の悲惨さについて論じている。第三の書は、宗教の乱立が惹起する様々な災禍を扱っている。そこでは、戦争、ペスト、飢饉などが先ず喚起される。「母親が自分の子供を喰らった」という恐るべき飢饉の例も引かれている。さらに、人間の身体を襲う三百種類の病（その中には、人間を狼男に変身せしめる病も含まれる）や、人間が発明した五百種類の毒などが列挙されていく。当時の人々の頭から離れなかったこの種のテーマに関係する逸話も、数多く紹介されている。例えば、ある種の花束の匂いを嗅いで殺された人物についての話、その他にも、聖体、首飾り、燭台、乗馬靴、鞍、拍車、さらには毒を塗られた書簡、等々によって殺害された人たちの話が語られているのである。この種の物にしばしば振り掛けられた香料は、上述したように、極めて不吉で危険なものと見なされるようになっていた。特に、カトリーヌ・ド・メディシスがフランスの宮廷に持ち込んだとされていた、数々のイタリア式殺害法の詳細を読んだ読者は、恐怖心を覚えずにはいられなかったはずである。ボエスチオーはさらに、四大や動物などの原因ないしは精神的苦痛によって、人間の身に降り掛かった多種多様な不幸をも列挙している。

エラスムス主義者の平和神学とは無縁のボエスチオーは、「人間の生というこの哀れむべき悲劇」を容赦ない目で凝視する。「先ず、人間は一体いかなる原因から生まれたのか考えねばならない。それは腐敗や瘴気以外の何物でもないではないか。人間が誕生する場所はどこか。それは汚らわしい牢獄以外の何物でもないではないか。一体どれほどの間、その牢獄、すなわち母親の腹の中に留まっていなければならないのか。しかも、そこにいるのは、無感覚で汚らわしい肉の塊以外の何物でもないではないか。」さらに次の点を指摘するのも忘れない。「人間の子供は母親の月経血によって養われる。この血ほど汚らわしく唾棄すべきものは存在しないから、私は、自然の神秘を扱った哲学者や医者がこれに関して書いている内容に言及するたびに、戦慄せずにはおれない。それでもこの主題に興味のある読者は、プリニウスを読むと良い。」つまり、胎児は長期間この「毒気」に養われていることになる。母親に関して言えば、妊娠期間中奇妙な行動に出たり、驚くべきものを食べたがったりする者がいる。例えば、灰や燃えている石炭などがそれだ。さらに、「人肉を食したがる」母親すら出てくる始末だ。「その哀れな夫が逃げ出すのを余儀なくされた話を読んだこともある」という。ここでは妊娠は病気の一つと見なされている。それは、女性の身体の中に、「腐敗し堕落した体液がたまってしまう」病なのである。この「人間の生という悲劇」は、妊娠期間後もまだまだ続く。と言うのも、子供の中には「驚異的なほどの奇形で生まれてくる結果、とても人間とは思えず、忌まわしい怪物だとしか考えられない者も存在するからである。例えば、二つの頭と四本の脚を持って生まれてきたりする。私はこうした例を、この書を綴っている間に現にここパリで目撃している。〔……〕従って、我々の誕生に伴う不可思議をつくづく眺めてみると、昔の諺が正しいと悟るだろう。曰く、我々は汚穢と腐臭の中で懐胎され、悲しみと苦痛を伴って産み落とされ、苦悩と辛苦と共に育てられる、と。[16]」

ボエスチオーには、時間的断絶の感覚が付きまとっていた。「何たることだ。今日、悪魔は人間の身体と魂の双方を見事に乗っ取ってしまったがゆえに、人間は悪を為すことばかりに精を出すようになったのだ。」彼の著作は、前世代の楽観的な物の見方と袂を分かつ、フランスで最初の悲劇的なユマニストの誕生を告げていると見なしうる。前世代の姿勢は、一五三二年にラブレーが世に出した『パンタグリュエル物語』の中の、ガルガンチュアから息子パンタグリュエルに宛てた手紙を繙《ひもと》けば一目瞭然だ。読者は生命と知識の讃歌をそこに見出すであろう。さて、ゴチックの闇が晴れたと思う間もなく、デーモンはまたもや現世に不吉な夜を呼び寄せてしまった。ボエスチオーは偉大なるルネサンスが生んだ哲学や芸術を退けている。もちろん、彼はそれらに通暁していたが、同時にそれらを揶揄してもいる。例えば、彼にとって恋の病なんぞは、人間に課された宿命の如き残酷以外の何物でもなく、詩的夢想の対象などにはなり得なかった。

恋する男に教養があり、多少とも才気が備わっているならば、海の如き涙や湖の如き悲惨をでっち上げ、天を呪い、自分の心を懸命に解剖し、夏に凍え、冬に燃え上がり、天国らしきものを崇拝し溺愛し賛嘆してでっち上げ、地獄を作り上げ、シシュフォス〔ギリシア神話。地獄で、山頂に上げてもすぐに落ちてくる岩を永遠に転がし続ける刑罰を科された〕の如く振る舞い、タンタロス〔ギリシア神話。地獄に堕ちて永劫の飢餓と渇きの罰を受けた〕の役回りを演じ、ティシー〔詳細不明。ローマ皇帝ティトゥスのことか?〕を気取ってみたりする。そして恋する対象を褒め称えようと思うや、相手の髪の金の如き輝きやら、比類無き曲線を描いた黒檀色の眉やらを褒めそやす以外無く、また、その両目は双子の星で、その視線は稲妻の閃光、その口は紅珊瑚のごとく深紅で、その歯はオリエントの真珠、その息はバルサム、竜涎香、麝香であり、雪のように白い喉、乳白色の首、透き通るがごとく美しい豊満な胸なども筆舌に尽くしがたい、と相成る。結局、身体のその他の部位も天空や自然が作り出した潤沢な宝以外の何物でもなくなり、自然は愛する対象を完璧さで包むために、それらの部位を用意していた、ということになる。(17)〔この引用部は、ペトラルカ風の恋愛詩を諷刺した作品となっている〕

プレイヤッド派の詩、宮廷人が好んだアマディス・デ・ガウラ〔十六世紀前半に隆盛を極めたスペインの騎士道物語〕のような騎士道的冒険譚、目を楽しませ肉体を喜ばせてくれる快楽の追求、当時の異教的美術作品に見られたエロチシズム、こういった事柄は、神と人間との間に広がる悲劇的深淵に心を奪われた著者には、もはやほとんど無意味に思われた。さて、ボエスチオーは、一五五八年、既に亡くなっていたマルグリット・ド・ナヴァール王妃の『エプタメロン』を最初に世に出した刊行者である。と同時に、彼はその後大成功を収めることになる、ある文学ジャンルの創始者でもあった。このジャンルは、当時のドイツの場合と同じように、一大読者層を形成していた都市の中流層ならびに教養人たちの期待の地平に、見事応えるものであった。一五五九年に発明されたこのジャンルとは、輝かしい未来を約束された『悲劇的物語』のことを指す。(18)これは、当時のドイツに於けるトイフェルビュッヒャー〔既出、「悪魔本」〕と同内容の、道徳的かつ宗教的な教訓を広めていった。ボエスチオーの著作のタイトルを詳細に見れば、そこにイタリアの強い影響を看取できる。『イタリアのバンデッロの作品から抜粋され、ブルターニュ出身のローネイことP・ボエスチオーによって仏訳された悲劇的物語』(19)。この作品の典拠が明確に示されているのが一目瞭然であろう。それは、この仏訳が日の目を見て間もない一五六一年に亡くなった、マッテオ・バンデッロで、ボッカチオ文学の系譜上にある人物である。もっともボエスチオーがバンデッロの作品から実際に抜粋したのは、六編しかない。それも、最も陰鬱かつ血生臭い逸話の中から選ばれている。さらに、彼はそれらを翻訳するどころか、話の枠組みや筋を好き勝手に変更している。ボエスチオーのこの作品は、何度も再版され、しかも英語やオランダ語の翻訳も多く刊行されている。その上、多種の翻案物や剽窃作品まで編まれている。つまり、一つのジャンルを生み出したこの作品が、即座に大成功を収めたことが分かる。その後、フランソワ・ド・ベルフォレが、バンデッロの作品から十二編の物語を選んで翻案し、ボエスチオーの著作に付け加える形で、一五七〇年に刊行している。因みに、アンブロワーズ・パレも、この作品に目を通していたことが判明している。と言うのも、彼は、一五七五年、怪物を扱った自作品への批判に反論する際、自分はボエスチオーの書から幾つか引用していると語っているからである。さらにパレは、「この書物は今日大流行していて、御婦人方や娘たちは大抵読んでいる」と付け加えている。一五八二年には、全七巻に上る大幅に増補された版が刊行されている。[20]

『悲劇的物語』の言わば変種としては、『驚異的物語』が挙げられよう。一五九七年に刊行された版には、口を開いたままの「下半身の顔」を備え、玉座に腰掛けている悪魔が描かれている。さて、『悲劇的物語』、『驚異的物語』が描いているのは、暴力や怪物的なるものに支配され、かつ、上流社会の規範が転倒せしめられた悪夢の世界である。そこでは、恋の話はプラトン主義的な雰囲気で始まりながらも、背徳の内に終わる。騎士道的名誉心は、誰かの庇護ではなく、その破滅へと繋がっていく。もちろん、人間の偉大さという神話が不在だとは言い切れない（現にボエスチオーは、一五五八年に『人間の卓越性と威厳に関する試論』と題した作品を上梓している）。しかしそれも、「サタンによる驚異」に覆い尽くされてしまう。そもそも『驚異的物語』の第一話が、サタンの逸話で幕をあけるのである。荒廃した世界は、恐るべき神の復讐心の餌食とならざるを得ない。『世界劇場』の場合と同様に、ボエスチオーは人間に内在する弱さを表舞台に載せている。情念の波に浚《さら》われてしまう人間、神聖な本質から逸脱してしまった人間、あるいは、創造主とルシファーとが宇宙的な闘いを繰り広げている世界で、翻弄され続ける人間がそこに描かれているのである。

「一方〔創造主〕は築き上げ、他方〔ルシファー〕は破壊する。後者は破滅させ消滅させ変質させることを目論み、前者は保存し修復し永遠の命を与えることを欲する。」もっとも罪人は両者を共に恐れねばならない。なぜなら、神もまた懲罰を加えるからである。例えば、両親の犯した戦慄すべき罪に対しては、怪物の子供をもって応えるのだ。「と言うのも、彼らは野獣の如く自らの欲望の赴くままに振る舞い、自分の歳や時代あるいは自然が課している諸々の法を、歯牙にも掛けないからである。[21]」

この作品のうち四編は、死によって結末を迎える。『ベローナの恋人たち』では、ジュリエットは、バンデッロの場合のように心痛で死に至るわけではなく、ロメオの短剣で自らの心臓を突き刺して果てている。シェークスピアは、ボエスチオーの英語訳を読んで、そこから着想を得ているのである。さて、物語の内、第一話と第六話では、恋人たちは様々な艱難辛苦を乗り越えて、自分たちの忠実さに対する報酬を手に入れている。一方、第二話と第四話では、犯罪的な激情に対する懲罰から、彼らは残酷な死を迎えねばならない。著者は、悲劇の場合と同じく、読者の恐れないしは同情心を掻き立てて、「楽しませると同時に教化する」ことを目指しているのだ。彼はまた、情念の働きに関心を寄せ、登場人物たちが強く感じ取ったそれを、読者にも理解させようと努めている。文学の専門家ならば、ボエスチオーの心理分析に特段の鋭さを認めないであろう。しかし、歴史家には、それが、文学的内省への第一歩を踏み出したかのように映る。もちろん、今日無意識と呼ばれている領域へと沈潜していくことなど、当時の読者は全く期待していたはずもない。また、創作者側も、我々には必然的な「自我」に関する知識を全く共有していなかった以上、やはり無意識などとは無縁であった。語り手は、当時のアクチュアリティーの中にありながら、二十一世紀の西洋をも戦慄せしめるような叙述を、直感的に我が物にしていたのである。だが、ボエスチオーの同時代人たちにとって、この戦慄は大して重要ではなかった。そもそも、公共の広場での公開処刑という恐ろしい光景などで、彼らは戦慄することには慣れっこになっていたのだ。彼らにとってより重要だったのは、物語から引き出される教訓の方である。換言するならば、犯した行為とそれへの神の寛大さ、ないしは神による避けがたい懲罰（こちらの方がより頻繁であるが）との間に、いかなる関係性が成立するかを知ることである。第四話を例にとって説明してみたい。妻に浮気されたある領主は、罠を仕掛けて夜その現場をうまく取り押さえた。「この哀れな全裸の二人の愛人たちは、こんな状態で見付かってしまったので、自分たちの罪が神に知られた時のアダムとイヴのように、穴があったら入りたいくらい恥ずかしかった。ただ、どうしていいか分からなかったので、ただ涙に暮れるばかりであった。」続きが読みたくなる語り口ではないか。さて、この領主は二人の罪人を一緒に縛った後、妻にこう語りかけた。

汚らわしく忌まわしい雌オオカミよ。お前の心は裏切りと不実に満ちておったから、こんなならず者をわしの城内へ連れ込んだのじゃ。おかげでお前は、命よりも大切なわしの名誉を汚したばかりか、尊く神聖なる結婚の絆をも永遠に破ってしまったのじゃ。我々を一つに結び付けたあの絆をじゃ。だからわしは、お前がわしに初めて忠実を誓ったはずのその自らの手を汚し、公衆の面前でこいつを縛り首にして絞め殺すよう命じる。この野郎を自分の手で殺す以上に、お前の罪に相応しい刑罰は他に考えられぬからじゃ。何せお前は、自分の名声、わしの名誉、そしてお前の生命のいずれよりも、この男の方を選んだのじゃからな。

不実な妻は、逢い引きの手引きをした召使いの手を借りつつ、「命じられた通り哀れな恋人の首の回りに綱を巻き付け」、二人で彼を殺した。だが裏切られた夫の方は、まだ満足できなかった。彼はベッドとシーツを焼き払い、「二匹の犬野郎〔傍点訳者〕を寝かせるのに」十分な藁以外は、すべてこの忌まわしい部屋から撤去した。その上で、パンと水の受け渡し口を別にして、部屋の開口部を一切塞ぐように命じた。その後、姦婦を「死体以外には誰も付けずに」、言い換えれば、愛人の死骸のみをあてがって、その部屋に閉じ込めた。「この汚臭の中で」彼女は間もなく「息を引き取ったのである。」物語はこの言葉で終わっており、他に何のコメントも付されてはいない。[22] こうしたフィクションは、現実を超越しているわけではない。なぜなら、この種のケースは、司法関係の古文書ではよく知られている実態だからである。では、著者が、恐怖心の喚起を通して狙っていたのは何か。それは、結婚という聖なる関係を破った場合に下される懲罰の度合いを、読者の頭に刻印することなのである。夫の過度な復讐は、実は、掟の侵犯の程度に比例している。もっとも、これは人々の現実の感覚と合致したものでは恐らくなかったろう。と言うのも、当時の貴族社会に於いて、貞節が最高の美徳として守られていたわけではないからだ。この点はブラントームが、『風流艶婦伝』の中で証明してくれている〔ブラントーム：一五四〇頃―一六一四年：フランスの武人だが、四十歳で宮廷での出世を諦め、『回想録』を著して、ルネサンスのフランス宮廷の風俗などを今日に伝える〕。従って、懲罰の文学的な激化を通して、右の物語は、神の容赦なき視線の下にあっては、現実とは別の基準で行動すべきだと強調しているのである。雌オオカミと呼ばれ、文字通り犬のように扱われ、自分の手で殺した遺骸と共に幽閉され、腐臭の中で死んだこの妻は、既に悪魔の支配下に入ってしまっている。使われている言葉や象徴のゆえに、この女性は、男を悪へと誘う邪《よこしま》なる女の原型、すなわち物語冒頭にも言及のあったイヴと同一視されている。一方で、彼女の夫は、無慈悲なる神が振り下ろす鉄拳を象徴している。結局、真の主題は、創造主とサタンが壮大な闘いを演じる舞台、すなわち人間の肉体である、否、その肉体が犯す罪なのである。この逸話は、不義密通という逸脱が日常茶飯事と思われていた社会に於いて、結婚の神聖さをことさら強調する役割を負っている。当時そろそろ終盤に近づきつつあったトリエント公会議も、やがてこの原則を高らかに宣言することになる。その一方で、フランス王も、性的逸脱や母親による嬰児殺しを取り締まるための法を、着々と整備し始めている。ボエスチオーは、婚外の性的関係を悪魔の誘惑と結び付けようとするこうした新たな文化的強迫観念を踏まえ、それを成す諸々の要素を利用しているのである。彼は、その後司法が何十年もかけて整備する道を、最初に切り開いたと言えるだろう。

悲劇的物語という文学の波は、十六世紀終盤の数十年に大きなうねりとなり、次いでルイ十三世の治世に入ると、文字通り怒濤のように押し寄せてくる。一世紀足らずの間に、教養人たちは、この種の作品が表現している感受性に違和感を抱かなくなっていった。ただし、彼らは、これとは全く異質の作品、例えば、騎士道物語や猥褻なコント、さらに時代を下ると、オノレ・デュルフェ〔一五六七―一六二五年〕の田園小説『アストレ』なども、同時に手にしていたのである。それでも悲劇的物語というジャンルは、増加と多様化の一途を辿った。一五八五年にはヴェリテ・アバンクが、一五八六年にはベニーヌ・ポワスノが、そしてその他多数の作家が作品を世に送り出している。中でも十七世紀の最初の三分の一の時期に最も名を馳せたのは、フランソワ・ド・ロセ、ないしは司教職にもあったジャン＝ピエール・カミュであろう(23)。このジャンルは、暴力や恋情や野心が主要な役割を演じる「当代のお話」を、舞台上にあげていたのである。モラルを説いた序文と結論に挟まれていることの多い様々な物語は、規範の侵犯とそれに対する不可避な懲罰とを描出しながら、世俗法と神の法を前にしていかに振る舞うべきかを、読者に説いて聞かせたのである。

『悲劇的物語』の大流行に対しては、辛辣な批判も浴びせられた。「批判者はこう言うのだ。この手の扇情的な書物を読んでわざわざ火に油を注がなくとも、我々人間の本性は、自動的に悪へと傾斜するようにできているのだ、と。人間の情念は放っておいても勝手に燃え上がるものであり、本来なら極力消し止めるべき淫乱の火に、わざわざ燃えやすい藁などを放り込む必要はないのだ、と。」ベニーヌ・ポワスノは一五八六年に『新悲劇的物語』を上梓した際、批判者やその他の厳格な道徳家たちに対しこう答えている。「この書物の中では、悪徳が非難され、美徳が称賛されている。我々は木を木と呼び、リンゴはリンゴと呼んでいる。立派でもなく称賛にも値しないものを、偽物の徳で覆ってごまかそうとしたって、土台無理な話なのである。」ポワスノの言わんとしていることは明快そのものである。彼はまた、フランソワ・ド・ベルフォレを中心とする自分の先駆者たちも、自分と同様である旨を強調している。

「彼らの作品を名誉ある婦女が手にすることもあり得る。だからと言って、彼女らが自らの名誉を汚すように唆《そそのか》されたりはしない。これらの書物は、いかなる形であれ、風俗を紊乱する性質を帯びてはいない。それどころか、正しい教義や教えへと読者を導くのである。[24]」悲劇的物語というジャンルは、極めて教訓的で宗教的かつ道徳的な動きと平行する形で、発展を遂げたと言える。こうした動きの中心にいたのは、イエズス会士のマルドナやボスキエ神父〔既出〕のような、聖職にある著作家たちである。ではなぜ悲劇的物語の方が成功を収めたのかと言うと、恐らくは、同じ主題を扱っていても説教臭さがあまりなく、読者に強烈な感情を抱かせるような、驚くべき逸話から成っていたためであろう。ドイツのトイフェルビュッヒャーが、物語の内部に浄化装置を仕掛けていたのに対し、悲劇的物語の方は、罪に対する闘いという共通の目的を掲げつつも、読書の快楽や共有できる好みを織り込んでいたと言える。物語の編纂者たちは、強い刺激や性の領域に対する読者層の好みを平気で煽り、怖いもの見たさを刺激するタイトル、あるいは、お涙頂戴を察知させるタイトルを付けたのであった。

そうは言うものの、三世代から四世代にわたる作家たちの間に、大きな相違点が存するのは否めない。彼らは皆、根本的には同じ問題を扱ったが、その文化的背景までが同じであったとは到底言えない。例えば、一五八五年に作品を刊行したヴェリテ・アバンクは、幾つかの物語の内に、エロティックな描写を差し挟むことができた。なぜなら、ヴァロア朝最後の治世に於ける宮廷〔アンリ三世がヴァロア朝最後のフランス国王。一五七四年から一五八九年まで在位。アンリ四世以降ブルボン朝となる〕、特にアンリ三世の周辺の人々は、ごうごうたる非難をそっちのけにして、性的な放蕩に率先して耽り、場合によっては同性愛に溺れる者すら存在したからである。従って、アバンクは、自分が教訓的役割を果たすべきか否か自問する必要など一切なかった。もっとも、放蕩の場面をリアリスティックに描いて、逆に読者を徳へと誘う気持ちが彼にあったのは確かだろう。だが同時に、禁忌を侵犯する快楽を抱いていた点も否定できない。こうして彼の読者層は、当時の厳格な道徳家たちが非難を浴びせかけていた内容に、言わば合法的に近づけたのである。作品が宿しているこうした曖昧さは、簡単に真理を打ち立てがたい不安定かつ流動的な時代にあっては、別段驚くべきことではない。従って、第七話の牧師の場合のように、その犯罪に対する神の制裁が、なかなか下されないといった奇妙な事態も生じうる。「国中で最も博識にして享楽的でもあったこの牧師」は、ある盲目の老人の信頼を逆手にとって、病を患っていたその娘アントワネットに、性的な興奮剤を中心とした治療法を処方してしまう。こうして、香料入り甘味ワイン〔hypocras：肉桂、丁字入りの甘みの強いワイン。中世で珍重された強壮飲料〕、シナモンその他の香料、香辛料の利いた雛バトなどを与え、さらに暖炉にあたりながら、「女の陥る途轍もない過ち」を教え込んでそれを回避させるためと称し、『アマディス』を読んで聞かせたりした。結局、乳房が大きくなったのを感じたアントワネットは、とうとう、「生娘はどうすれば女になれるのか」知りたくなってしまうのである。この物語の醸し出しているエロティックな雰囲気やアイロニーを説明しようとして、神による懲罰は遅れて下されるとするネオ・ストア主義的な概念を援用しても不十分であろう。結局この牧師には天罰が下るのだが、テクストはこう但し書きを付けている。

「ここでは何年間にもわたって懲罰が遅らされてはいるが、創造主が罪を放置することはありえないのである。」(25)

ロセ、デーモン、そして腐乱死体

アバンクの作品から三十年後になると、この種の詳細な叙述は不適切とされ、フランソワ・ド・ロセないしはジャン＝ピエール・カミュの悲劇譚にこれを見出すことはできない。さて、前者のロセは、一五七〇年に、恐らくは貴族の家に生まれている。一六〇三年にパリに腰を落ち着けた彼は、どうやら高等法院付きの弁護士になったようである。様々な書簡や恋愛詩をものしていたロセは、外国語にも堪能だったらしく、イタリア語、ポルトガル語、スペイン語の傑作や、ラテン語で書かれた宗教作品などを翻訳している。一六一四年、彼はセルヴァンテスの『模範物語集』の最初の六編を仏訳すると同時に、自らの筆になる『何人かの人々の不吉で嘆かわしい死が物語られる当代の悲劇的物語』を上梓している。ここに含まれた十五の物語（ロセがこの世を去ったと思われる一六一九年には、さらに八編が追加されている）は、十七世紀の出版史上最大の成功を収めた一例である。何しろ、一六一四年から一七五七年までの期間に、少なくとも四十回は再版されており、しかも、ロセの死後は、匿名の作家たちによって、数々の物語、短編、見聞録などが追加され増補されていくのである。ロセは古典古代に典拠を求めるのを拒み、フランスで起きた事件を利用している。彼は道徳化の方向を目指しており、読者が自らを「完全に知り尽くす」ことを欲していた。[26]反宗教改革が最も活動的だった頃に生きたロセは、様々な人間の身に起きた不幸な出来事を、悲愴な調子で描いて見せたが、その際、ジョルジュ・ド・ラ・トゥール〔ラ・トゥールは十七世紀前半に活躍したフランスの画家。『改悛するマグダラのマリア』などには、空虚や空しさを象徴する頭蓋骨が描き込まれている〕を始めとする数々の画家が行ったのと似たような要領で、万物の空しさを強調するのを忘れない。その後の語りは、感情の多様な側面に訴えながら、まさしく信じがたいが本当の、しかも途方もない出来事を叙述していく。ロセはその序文で、「フランスは、主演俳優である『愛』と『野心』が、様々な人物を演じている劇場である」と書き記している。コンチーニ〔一五七五頃―一六一七年：イタリア出身の政治家・軍人。マリー・ド・メディシスの寵愛を受け宰相となるも、ルイ十三世の近衛兵に暗殺される〕の暗殺、あるいは後の一八四六年にアレクサンドル・デュマが『モンソロー夫人』という小説に仕立て上げるあのビュッシー・ダンボワーズ〔一五四九―七九年：フランスの軍人。夫人を寝取られたモンソロー伯によって殺害される〕の殺害など、当時の有名な事件をロセは題材として取り込んでいるのである。

ロセの物語は、災厄に満ちた運命に加えて、悲劇的な死をも描き出す。その死は大抵激しいもので、場合によっては、悔恨の念や苦悩あるいは恐怖によってもたらされることもある。作品の中では、五十三の死を数えうるが、その詳細にわたる叙述は、非常に血生臭いものになる傾向がある。主人公たちの残虐さに、現代の読者はショックを受けるかも知れない。だが、この残虐性は、当時の風習や、公開処刑の様子などを反映しているに過ぎない。因みに、国王の容赦無い司法権の実践であった処刑では、拷問が行われたり、身体を切り刻まれたり、四肢を切り取られたりするシーンも珍しくなかった。そういう次第だから、例えばロセ描くある男は、敵を突き刺し、その血で手を洗ってしまう。さらに、「敵が生き返るのをすごく恐れたので、胸を切り開いて心臓を引き出してしまった」という。また、ひどく興奮したフルリという名の女性は、憎んでいる男に対して「隠し持っていたナイフを向け、それで相手の両目を突き刺し、それらを引き抜いてしまった。続けて彼女は、鼻と耳を切り取り、下男に助けを借りつつ、男の歯を全部抜き取り、爪を全て剝がし、指を順番に切り取っていった。」扱われているテーマの中には、兄妹間の近親相姦(第五話)、父親殺し(第十一話)、同性愛(第十三話)、マルセイユの神父で魔女とされたゴーフリディの有名な事件(第二話)、ある尼僧と悪魔との性的関係(第十六話)、後にデーモンであると判明する女と、リヨンの国王巡邏隊隊長との情愛関係(第八話)、等々が見出せる。道徳家の一面を備えた著者は、戦慄すべき事件を細かく語りながら、彼自身が「人々の下劣さが詰まった下水渠」と呼ぶ同時代の恥ずべき行為を、厳しく指弾していくのである。(27)単独であれ、サバトに於いてであれ、この作品の主役の一人は悪魔である。悪魔はおぞましい行動を人間に取らせる過程を通して、その役割を果たす場合が多い。例えば、ゴーフリディ神父はデーモンと血の契約を結ぶが、当然の報いというか、騙されて終わる。と言うのも、神父は契約期間を三十四年にしてくれるよう頼んでいたのに、実際には十四年としか記されていなかったからだ。また、第五話は、近親相姦の罪に陥った兄妹の処刑で幕を閉じている。語りが終わった段階で、ロセは次のような教訓を引き出してくる。「これは忘れがたい事件で、近親相姦や不義密通の罪を犯した者たちを、恐怖で震え上がらせるだろう。神は如何なる罪も処罰せずにはいない。〔……〕どうか神がその民をサタンの罠からお守り下さり、このような破廉恥な事件が、二度と起こらぬようにして下さいますように。[28]」

これら二つの逸話は、二つの原型を生み出している。一つは、必然的に人間を陥れずにはいない、あの悪魔との契約の原型で、そこにはファウストの話が直接こだましている。もう一つは、近親相姦と不義密通というタブーの原型である。だが、いずれの場合も、この禁止を徹底させるのは、司法の努力や魔女の火刑の増大にも拘わらず、極めて困難であった。悲劇的文学は、民間信仰の枠組みを借りているがゆえに、事件の真実性を補完する役割を確かに負っていた。だが、さらに重要な点は、この文学が、侵犯者を待ち受ける、神の恐るべき復讐を強調しているところだ。こうして、悲劇譚は、読者の想像界《イマジネール》の内に、刑罰を伴う道徳やら危機一髪の結末やらを刻印し、現実の「法」を援用し強化する方向へと向かうのである。読者の関心は、罪人の模範的な最期などに向けられてはいない。そんなものは、公開処刑などの折りに目にできるし、また道徳のマニュアルの内にも詳細に書かれているからだ。読者が本質的にこだわるのは、夢の翼に乗って旅をし、禁じられた事柄を目にして恐怖に震えること、しかもその後、良心の呵責を感じることなく、改めて現実の世界に戻って行くことなのである。つまり、ある意味で、禁断の果実を味わいつつも、その結果は被らないことなのだ！　こうして悲劇的文学の内部に於ける夢想上の探検を通して、ヨーロッパ文化の内に新しい一面が開かれていく。しかしこの段階は次の段階を、すなわち病的衝動を抑圧するという段階を準備することになるだろう。

ロセが物語る逸話の中でも、最も奇妙なのは、ある男と、若い女の姿で現れたデーモンとの間の恋情の話であろう。[29]この物語は、悪魔の同士たる女に対し、同時代が抱いた恐怖心を凝縮しており、その上、悪魔学者たちやルネサンス期のドイツの芸術家たちの女性観をも統合している。なぜなら彼らは、若い娘の身体を死のイメージと繋げたからである。彼らは、現代にまで伝わる幻想世界の窓をこじ開けたと言える。その証拠に、吸血鬼関連の映画や、アメリカで流行っている死後の世界を描いた映画は、いまだにこの幻想をうまく利用しているのである。さて、ロセはデーモンの出現を信じないのは、「無神論者」およびその他の「享楽主義者」に限られると宣言していた。ロセによれば、悪魔は神の許可の下に、死骸の中に侵入し、これを暫くの間利用できるという。つまり、ここでロセが物語っている話は、神学を現場に応用したものである。それは、悪魔が存在し行動するのは事実であるが、悪魔独自の身体は有してはおらず、ゆえに、繁殖の能力も欠いている点を証明しているに等しい。著者の力量のゆえに、この古いテーマは、濃密なリアリティーを獲得している。物語によると、リヨンの国王巡邏隊隊長ラ・ジャキエールは、普段は夜勤に就いていた。彼が売春婦を好んで訪れていたことも、夜勤と無関係ではない。ある晩、それも十一時から深夜にかけて、大変な興奮状態に陥ったラ・ジャキエールは、仲間の男たちにこう言い放った。「もし今悪魔の野郎に出会ったとしたら、奴さんが俺の言うとおりにしない限り、絶対に逃がしてやらねえぜ。」著者自身がイタリック体で強調しているこの冒瀆の言辞、主人公の性的な悪癖、好んで夜に行動するパターンなどから、悪魔が登場する場面設定は出揃ったと言える。案の定、彼が右の言葉を言い終わるが早いか、大層着飾った、それも比類の無いほど美しい婦人が、女中だけを連れて現れたのを目にする。両者は互いに甘い声を掛け合ったので、何となく色っぽい雰囲気が漂い始める。女の方は、自分の夫に関する愚痴までこぼし始めた。ラ・ジャキエールは、二人の仲間と共にこの女を自宅まで送り届けるが、そこで彼は女に言い寄り始めた。その熱意が功を奏して、「彼らは互いに快楽を貪り合った」、それも一晩に二回続けて。満足した色男は、自分の仲間たちにも同様の好意を示して欲しいと頼み込んだ。事が済むと、三人は彼女を眺めながら、その美しさを褒め称えた。象牙のような額、燃えるが如き目の輝き、ブロンドの髪、バラ、ユリ、ナデシコなどを想わせる頰、といった調子である。そうこうする内、彼女は立ち上がって、お前たちは一体誰を相手にしているか分かっているのか、と尋ねた。「そう言いながら、彼女はコット〔十二―十六世紀に男女が着ていたチュニック風の上着〕とドレスを捲《たく》し上げた。その途端に彼らの目に飛び込んできたのは、世にも恐ろしく、下劣で悪臭紛々たる、まさに吐き気を催すような腐乱死体であった。」突然、雷鳴の如き轟音が響き渡り、三人の男たちはまるで死んだように地面に倒れ込んだ。屋敷は消え去り、辺りは汚物に満ちた廃墟へと変じた。夜明けになると、一人は恐怖で息絶えていたが、残りの二人の呻き声を聞いて、近隣の者たちが集まってきた。彼らは「汚物にまみれたままの二人」を連れ帰った。男たちは聴罪司祭を呼んでくれるよう頼んだ。ラ・ジャキエールは翌日息を引き取り、最後の一人も、ここで述べた事件を事細かく語った後、三、四日後に亡くなってしまった。

この主題に関する教訓は、語りの後四ページも続く。ロセは先ずこう主張している。「淫蕩が不義密通を、不義密通が近親相姦を、近親相姦が自然に反する罪を呼び込んでくる。その後、神は、該当者が悪魔と交わるように事を運ぶ」と。もっとも司法官たちも、この逸話を読めばロセと全く同じように考えたであろう。罪と犯罪の連鎖というテーマは、司法関連文献ではお馴染みのものだったからである。ここでロセが強調している最初の教訓とは、性的な逸脱は、それが如何に些細であっても慎まねばならないということである。例えば、ラ・ジャキエールが娼婦を好んだ点は、夜の犯罪を取り締まるべき職にあったが上になおさら許し難いと言える。なぜなら、こうした逸脱は、結局のところ、より致命的な悪徳へと繋がってしまうからである。正道を踏み外した肉体、換言すれば、婚外の性的交渉は、全て地獄へと通じている。西洋はこの教訓を長らく記憶に留めることになろう。だからこそ反対に、サド的な逸脱や、フェリシアン・ロップス〔一八三三―九八年：ベルギーの画家、版画家。象徴主義と印象派への移行期に位置し、グロテスクでエロティックな作品を残した〕流のエロティシズムが持て囃されるとも言える。さて、ロセは考察を続け、哀れな男たちが交わったのは本物のデーモンなのか、それとも単なる幻影だったのか、という問題へと行き着く。彼はこう断言して憚らない。「私としては、それは亡くなったどこかの美女の死体だったと確信している。サタンがどこぞの墓でその死骸を纏《まと》い、操ったのである。」なぜかと言えば、サタンには、死体の腐臭を芳香に変じて行動することが可能だからである。ロセは自らの命題を裏付けてくれる例を他にも多く挙げ、それらですら霊的存在の出現を物語っているのだから、「私が今し方、皆様に御紹介した、ぞっとするほど恐ろしい話の場合は尚更だ」と強調している。文学が、現世に於ける何らかの存在証明を主張するケースは珍しくない。ここでは、その文学が、悪魔の能力に関し、我こそは揺るぎがたい真理を握っている、と主張していることになる。だがこれを笑ってはならない。現に、上述したアルトア地方の匿名の法律家（あの刑事事件の判決文を編纂した匿名氏）は、スクブスとインクブスとを主題にした箇所で、まさしくロセのこの逸話を引いているからである。匿名氏はさらに、アルトアでの魔女裁判に自身関わったと述べ、このテーマに関する膨大な書誌（その中には『魔女への鉄槌』も含まれている）を掲載している。その上で、この腐乱死体の逸話は、悪魔の邪悪さを端的に物語る証拠だとしている。匿名氏は、教化的文学から、もう一つ別の興味深い例を引いている。これはロセの直接の典拠になった可能性もある。修道会付き説教師のアントワーヌ・アラールが、『恋情を焚きつけるもの』と題して刊行した書物がそれである。アラールは、その第三十八章で、聖なるロザリオ〔Rosaire：ラテン語の rosarium に由来。「聖母マリアの冠」を意味していた〕に纏わる奇跡を多く挙げている。その中の一つに、一五九三年、メキシコの地で、ある一人の若者に起きた奇跡がある。この若者は、「娼婦の姿をしたサタンにまんまと騙されそうになった」、言い換えれば、美女の姿を纏った悪魔と交わりかけたのである。ところが幸いなことに、彼は虫の知らせでもあったのか、自分のロザリオを我が身から外さなかった。そのため、悪魔は敵前逃亡を余儀なくされ、若者は危うくのところで悪魔との交接を避け得たのである。これに関連して、我らが匿名氏はこうコメントしている。「アニュス・ディ〔『平和の賛歌』のこと。ミサ中の聖体拝領の時に唱えるか歌う〕や聖水、そして何よりも十字架を切る仕草こそは、悪魔に勝って追い払う上で効果的な鞭である」と。もっとも、ロセが描いた戦慄すべき結末の方が、申し分の無い信心が勝利を収めるここでの終わり方よりも、インパクトがあったに違いない。いずれにしろ、地獄の腐臭漂うこの逸話が、当時与えた印象は強烈であった。フランソワ・ド・サル〔一五六七―一六二二年：カトリックの神秘家。ジュネーヴの司教としてサヴォア地方のカルヴァン派の改宗に努めた〕の友人で彼の伝記をも残した、善良なる司教ジャン＝ピエール・カミュは、自らの小さな司教区ベレー〔リヨン東部の群庁所在地〕でこうした悲劇譚の面白さに触れ、同じテーマの下に、今までに類の無い巨大な作品を自分で編んでしまうことになる。こうして、恐怖を通して信者を善導するという道が開けていく。我らがアルトアの匿名氏もカミュの作品に目を通しており、放蕩とそれへの懲罰を扱った箇所で、禁欲に関するカミュの見解を引用しているほどである。(30)

ジャン＝ピエール・カミュあるいは恐怖のスペクタクル

アンリ二世の治世からルイ十三世の治世にかけて、フランスは、マニエリスムから悲愴様式へ、ついで悲劇的様式からバロックへと移行していった。この間、全ての世代が、自分たちの祖先よりも人生を暗く捉えていたが、物事の説明の仕方は各々異なっていた。一五八〇年代の時点では、例えばヴェリテ・アバンクは、まだ異なるジャンルの混合は可能だと考えていた。また、ベルフォレは悪徳の描写を自己目的化している、と言う非難に対し、ベニーヌ・ポワスノがベルフォレを擁護してもいる。当時はまだ抑圧の少ない社会であり、エロスとタナトス〔ギリシア神話で死の神。精神分析用語では「死の欲動」を意味する〕とが共に力を発揮できたのである。例えば、アバンクの第五話に登場するヴェネチアのヒロインのフローレンスは、将来の夫に残酷な殺され方をしたバイオリン奏者でもある恋人の仇を討った。初夜の晩に夫の胸を裂いてその心臓を取り出したフローレンスは、「その器官を自分の歯で細かく輪切りにした。」「彼女は生き生きとした様子で」、亡くなった愛しい「バイオリン」にその肉片を捧げてこう言った。「恋人よ、受け取って頂戴。貴方を私から奪った奴の生け贄を。そして、貴方のために私が果たした復讐を忘れないで下さいね。こうやって貴方に立ち会って貰えれば、忘恩にも私を忘れたりはなさらないでしょう。私にとって大切なのは、貴方が気に入って下さるように行動することだけなのよ。」血だらけの人間の心臓を供儀に付す時のアステカ人祭司も顔負けの、この異教徒の祈りを捧げた後、彼女は死んだ夫の衣服に身を包んで逃亡し、モスクワ大公国まで辿り着くと、ある異端の隠者の愛人になったという。「未だに愛人のままで生きている」という噂も聞こえてくるらしい。なるほど、彼女には懲罰が下ったと言えなくはない。と言うのも、モスクワ人たちは、自分の連れをひどく乱暴に扱うという評判であったからだ。だが犯した罪に鑑みると、下された罰はかなり軽い。神は、これ以上この件に介入なさろうとはしないと言ってよい。著者は結論で、男たちには、妻に裏切られないようにせよと助言し、女たちには、フローレンスのような運命を避けるためにも、妻としての名誉を守れと強く勧めている。(31)

だが、十七世紀に入ると、キリスト教社会は以前よりも堅固で模範的なモラルを求めるようになっていく。もちろん、暴力や残虐さが支配するスペクタクルは、いまだに人気を博してはいた。ただ、身震いするような光景の後には、必ず教化へと繋がる結末が用意されているのが、理想的と考えられた。と言うのも、戦慄の中には罪悪感が多少混入している分、よけいに心地よいものと感じられ、そこで終わってしまっては困るからである。さて、常に曖昧さが付きまとうとされてはいるが、それでもロセは、結末を教訓的にするというこの方向へ、第一歩を踏み出している。あの腐乱死体の逸話の前後に付した序文と結論とを読めば、悪魔の存在も魔女のそれも信じない無神論者や享楽主義者たちの理論に反駁していた、当時の教会人たちの筆になると見紛うほどである。自分の信じるところをズバリと明解に語りつつも、彼はこの主題に関する論争を物語中に持ち込んでいるのだ。これは、ロセが若い頃プロテスタント信者であった事実と関係があろうか。それとも、一六一四年頃の、ある種不安定な宗教的状況も影響していると考えられようか。一六一四年と言えば、アンリ四世が劇的な死を遂げて間もないし〔一六一〇年にカトリック修道者に暗殺されている〕、ナントの勅令も発令されてまだ日が浅かったから、カルヴァン派は少数とは言え強い力を有していた。その後、自信を付けたカトリック改革の進展に伴って、知的・宗教的状況は急速な変化を遂げていく。反カトリックが勢力を拡大していき、当時のユマニストたちは、ルネサンスの教えをますます廃棄する方向へと傾斜していく。ジャン・メナールは、一五八〇年から一六三〇年にかけての期間に、人間による大きな冒険の時期を見て取っているが、これは妥当な見解だろう。メナールによれば、この期間に於ける「〔美術様式などの〕諸形態の変化には、その後の二世紀をも凌ぐほど、複雑で急速な側面があった[32]」というのだ。

フランスに於いては、特に十七世紀も三十年代に入った頃に、事態の加速化が明確になってくる。だがこれもやはり、ヨーロッパ全体の現象の枠組み内で把握すべきだろう。つまり、バロック的感受性の爆発的広がりを考慮に入れねばならない。このバロックという用語が曖昧模糊としていて、複雑な宗教的・文化的事象を定義するには不十分だという考え方は理解できる。しかし、大陸全体を、特にカトリック圏を、強烈な密度をもって横断していった衝撃波を、上手く名指しうる語は他に見当たらない。このバロックという概念は、歴史家たちがかつて「集団的心理」と呼んだものをも包含している。つまり、バロックとは、同世代が知覚し経験した文化的現象の全体を包み込む概念なのである。スペインでの、一六三〇年から一六六〇年にわたるヴェラスケスの時代は、絵画的幻影、血塗れの十字架、大気中での幻想的な闘い、その他にも、魔術、憑依された女たち、何時血を見てもおかしくない街路、そして残虐な刑事事件などを特徴とする時代であった。カラヴァッジョ（一六一〇年に死亡している）とその信奉者たちのイタリアもまた、極端な情念が支配する場所であった[33]。フランスも似たような方向に進んでいたし、一方で神聖ローマ帝国は、三〇年戦争〔一六一八―四八年：ドイツを中心に欧州各国が参戦した宗教戦争。旧教側にスペイン、新教側にデンマーク、スウェーデン、フランスが加担し国際戦争に発展。ウェストフェリア条約で終結〕のゆえの荒廃に苦しんでいた。

一六一八年以降の大陸に於ける、宗教的緊張と政治的な敵対関係の激化は、サタンの爪からこの世を救おうとした、ある種悲劇的な闘いのあり方とも無関係ではない。この闘いを描き出した主要人物の一人が、フランソワ・ド・サルの友人にして弟子でもあった、ジャン＝ピエール・カミュである。彼は、一五二〇年に生まれ、一五六二年ないし六三年に亡くなっている。一六〇八年から一六二八年までベレーの司教を務めたカミュこそは、十七世紀を通し、最も多作で饒舌な作家の一人であった。彼の筆から生み出された作品のタイトル数は、最低でも二百六十五に上る。その内の二十一の選集は悲劇的物語であって、合計で九百五十の異なった物語が掲載されている。(34) 一六〇九年から一六一八年まで、世俗の無関心派が道徳問題を身近に考えてくれることを願い、かつ、プロテスタント信者をカトリックへ引き戻すために、彼は、『種々雑多な事ども』と題した作品を著し続けた。その後、カミュは信仰に纏《まつ》わる説話の執筆へと方向転換する。この点で友人フランソワ・ド・サルにも激励されたカミュは、『アストレ』のような有害と思われる作品を、読者から遠ざけようと目論む。彼は『モリバトないしは名誉ある御婦人』を含むこの種の作品を、三十程度刊行していく。だが、その冗長で粉飾の多い文体は、間もなく教養層の好みに合わなくなってしまう。そこでカミュは悲劇譚に関心を転じる。その話の短さと内容の多様性が、教化という目的にぴったり合致していると映ったのである。キリスト教徒のユマニストとして、また反宗教改革の熱烈な支持者として、カミュは古典古代の作品にも取材し、そこからキリスト教に同化しうる要素を全て吸収しようと考えた。こうした過程を経て、敬虔な信仰心をあらゆる階層に広めようと欲したのである。無関心派の心を動かす上で、また、自由思想家《リベルタン》や懐疑派の考えを揺るがす上で、多様性に富んだ文体と具体的内容は最適の手段と見なされたのである。(35)

カミュの最初の悲劇譚集は、一六二八年にリヨンで刊行された『異常な出来事』であった。そこでは、全体で千ページ近くに上る冊子の内に、七十の物語が収録されていた。一六六〇年までに同タイトルで十八の版が刊行され、さらに英訳版も二つ出されており、その上、多作なカミュの筆から同種の作品が矢継ぎ早に上梓されていった事実に鑑みると、彼がどれほどのブームを巻き起こしたか容易に想像がつく。さて、一六二八年に戻ると、彼はこの年に司教職を放棄し、物語作品を五冊刊行すると同時に、三十の中編を集めた悲劇的物語の第二弾『注目すべき出来事』をも世に問うている。同様のテーマの下に、一六三〇年には、このジャンルの中では完成度、評判ともに最も高い二作品、すなわち『血塗れの円形劇場』と『恐怖のスペクタクル』とを上梓し、さらに『様々なる成功』をも出版、加えて、一六三一年には『歴史の五角形』、『道徳説話』、『鏡の塔』を続けざまに出版している。まだ終わらない。一六三二年には『模範的教訓』と『歴史的記録』が、一六三三年には『歴史的十年』が出される。話の種がここで尽きたわけでは勿論ないが、次の出版ラッシュまでには、一六三九年を待たねばならない。この年より一六四四年までの期間に、『不吉な出会い』（一六四四年）を含む新作が八つ刊行されている。なお一六六〇年から一六七〇年にかけて死後出版された数作が、以上の作品群に付け加わることになる。[36]

潜在的読者がまだ比較的少数だった時期に於けるこの出版現象の規模を、正確に見積もろうとした研究はない。もっとも、潜在的読者に関しては、アラン・ヴィアラが以下の三層に分かれていたと指摘している。その第一は、行商により売られた民衆本の顧客たちであるが、彼らがカミュの作品の直接的な購買層であった可能性は低い。ただし、彼の筆になる物語そのものが、境界線を越えていないという証拠はどこにもない。他の二つの読者層は、それぞれが複数の要素から成っている。先ず、第二の層に該当するのは、知の専門家たち、すなわちユマニスト、識者および新世代の学者たちである。この層の構成員数は、十七世紀初頭には数百程度、本格的な古典時代に入ると、二千から三千くらいに増加している。最後の第三の層は、「拡大した読者」ないしは「世俗的読者」たちから構成されている。この層の数は、一六六〇年の時点で八千人から一万人程度と見積もられ、その内の三千人がパリの人間だったという。この層には、貴族、都市の富裕層、彼らの夫人や娘たちなどが含まれる。こうした人々は、詩作品や物語作品あるいは書簡文学などを愛好しており、単なる衒学趣味の著作には嫌悪感を露わにしていた。こうした趣味の持ち主たちが、カミュの悲劇譚の流行を先導していたと思われる。彼らは、ファレ〔一五九六―一六四六年：詩人でモラリスト。礼儀作法の書で知られている〕が一六三〇年に刊行した、行儀作法の書『オネットム』〔*L'Honnête Homme*：礼儀作法を弁えた温厚な人、の意味で、十七世紀の宮廷人の理想でもあった〕の内に、自らの理想を見出したタイプの人間たちである。[37]この時期に彼らこそが、カミュの一大読者層を形成していたと考える余地は十分にある。ところで、一六二八年から一六三三年までの間に十二作品が続けざまに刊行され、数多の再版も即座に出されたことを前提に計算するならば、ベレーの司教が世に送り出した悲劇譚の部数は、数万部単位にまで上ることになる。これは右で計算した、二つの教養ある潜在的読者層の合計数の倍に当たる。カミュの著作は、パリの様々な版元から多く刊行されているが、出版業で有名だった二大都市のリヨンやルーアンでも印刷されている。ドゥエー〔リール南方のスカルプ川沿いの都市〕でも、ヴィオン書店から『歴史的十年』が刊行されている。スペイン治下のオランダ領内にあった当時のドゥエーは、新教の侵入を防ぐ目的で、フェリペ二世がわざわざ大学を設けた町である。このように外国でも輝かしい名声を誇ったわけだが、カミュの悲劇的物語が、フランスで尋常ならざる影響力を誇ったと思しき点は、やはり銘記すべきだろう。そもそも、教養ある読者でこれを無視しえた者がいただろうか。仮に、熱心で忠実な一定の読者が一貫して彼の作品を購入し続けたのが事実だとしても、その他に数万単位の人間がカミュ作品と接点を持っていたことは、特にパリにあっては否定できないだろう。まだ狭い範囲内にあって、流行が流行を呼ぶ現象を引き起こしたことに鑑みれば、ベレーの元司教が執筆編集した九百五十に上る悲劇譚は、当時のマスメディアの如き役割を担ったと考えて間違いないだろう。

カミュは自分の話の種を、様々な人生模様、旅行での体験、読書経験などに求めていたと述懐している。こうして彼が筆を握っていた時期は、当時登場しつつあった初期の新聞が奇妙な三面記事を採り上げ、また「血みどろの瓦版」がますます持て囃されるようになっていた時期と重なっている（瓦版については後述）。強い刺激を求める教養人は、十六世紀の半ばから存在していたが、その後増加の一途を辿った。カミュはこれら教養ある読者層の好みを育む上で、大いに貢献しただろう。だが逆に、彼自身が読者層の需要に応えざるを得なかったのも、同様に真実だと考えられる。悪魔や罪悪に強迫観念の如く付きまとわれていた時代にあって、カミュは異常なるもの、残虐なるものを操るプロであった。そんな彼が、意識的な道徳家でありながらも、ものを書く快楽を退けず、しかも自らが描く戦慄すべき光景の詳細を省いたりしなかったのは、ある意味で当然である。また、彼を本格的な作家と見なす者も少なからず存在している。ここでさらに付け加えるとするなら、外的なものへの恐れから自己自身に対する恐怖へと移行しつつあった時代（もっとも、まだ前者を引きずっていたのも事実である）に生きた我らが悲劇譚の父は、十六世紀の物語作家から十七世紀の新しい文学への橋渡しを、あるいは口承的《オラル》なるものから記述的《エクリ》なるものへの変移を、見事に象徴する存在となっている。カミュとその同時代人クロード・マラングルの後に、悲劇的物語のジャンルを引き継いだ作家は多くない。先ず、一六四二年にF・ド・グルナイユが『君主恋愛歴史譚』を、次いでジャン＝ニコラ・ド・パリヴァルが一六五六年にライデンで『当代のオランダに起こりたる悲劇の物語』を刊行している。フランスでは、カミュの文体もテーマも、徐々に時代遅れとなっていった。彼はその地位を、悲劇譚のジャンルと縁を切り読者を楽しませることに重心を置いたシャルル・ソレル（一五八二―一六七四年：フランスに於ける初めての悪漢小説とされる『フランション滑稽物語』を執筆）に譲るのを余儀なくされる。なお、ソレルの後を、スグレ、スカロン、ドノー・ド・ヴィゼといった面々が続いていくことになる。[38]

　カミュは、あらゆる階層の人物が溢れかえっている一種の人間喜劇を書いたと言える。ただし、自分が理想とする価値観を体現していた貴族階級を、好んで採り上げている。もっとも、明らかに風刺的な調子を帯びる場合もあるにはあった。また、爵位を欲しがるような裕福な都市民に対しては、好意を抱いていなかった。特に彼が激しい非難を浴びせたのは、金銭の王国にしがみついている金融業者、司法や警察関係者、偽善的な修道僧などであった。なお、職人や商人が登場する機会は少ない。反対に、召使いや農民は頻繁に登場している。だが、後者に対するカミュの見方は曖昧で、憐憫の情と同時に嫌悪感をも抱いていた。なぜなら、彼ら農民は「普段から獣と一緒に暮らしており、獣的な側面を強く有している」からである。カミュは以上の緯糸に、最も関心を抱いている魂の情念という経糸を交差させようとする。もっともこのテーマには、一六一四年の『種々雑多な事ども』の一巻を既に捧げていた。彼の視線は心理学的ではあるが、規範による分類に留まっている。つまり、叙述の真の対象たる感情や情念のメカニズムの前に、個人は消え去ってしまうのである。だが、絵画的な要素や逸話的な側面が無視されるわけではない。結婚、女性、不義は、カミュにとって無尽蔵の主題を包摂しており、何度も採り上げるに値する。それらは、前代未聞の暴力的ないしは残酷な文脈の中に取り込まれるが、こうした暴力性や残虐性自体は、時代の現実をほとんど誇張せずに反映したものにすぎない。この点で、カミュは時代の現状に媚びを売っているなどと批判するのは、見当違いも甚だしい。もしこの非難を受け入れるなら、彼の同時代人は誰も彼もが時代に媚を売っていたという結論に行き着くからだ。そもそも、当時の人々は異常な事柄をそれこそ異常に喜んだからこそ、カミュの成功も説明が付くのである。なお、カミュ描く聖書の神は、情け容赦が無い。従って、神が慈悲を掛けてくれる例は極めて稀とならざるを得ない。そこには、アウグスティヌス流の悲観的なものの見方が作用しており、これは、身体に対する恐るべき刑罰の光景を介して犯罪の抑止を狙った、当時の王権の司法のあり方と見事に重なって見えてくる。カミュは幾つもの次元でモラルを提示し得たが、中でも聖性の理想を中心に据えると同時に、『アマディス・デ・ガウラ』〔既出〕の主人公が体現する騎士道的理想をも忘れない。同時に彼は、極端に模範的な人物を一際目立たせて、逆に悪徳の恐ろしさを読者に刻印する手法も頻繁に使っている。カミュの物語る快楽が高じると、時には本筋から脱線してしまう。例えば、ある恋人同士のカップルについて筆を走らせている内に、普段なら厳しく守っている社会的礼節を無視して、きわどい話題に走ってしまう場合があるのだ。さらに、立派だと思われる自殺を描いている内に、自分の宗教的信念を置き去りにしているような印象を与えるケースも見受けられる(39)。

傑作の一つである『恐怖のスペクタクル』の中で、カミュは常に、いかにして「悪」が人間の行動を動機付けているかを、多彩な手法で叙述して見せてくれる。殺人者、裏切り者、偽証者などが溢れるこの作品は、百二十六人もの死者を出している。プレヴォやサドの「暗黒物語」の先駆者たるカミュは、恐怖心を煽る破局的で劇的にして恐るべきシチュエーションを先ず提示する。「誘惑する者」たる悪魔は、作品の至る所に遍在しており、誰一人としてこれに抵抗はできない。人間は文字通り自己から抜け出してきて、血みどろの結果を招かずにはいない狂乱状態へと陥ってしまう。結局主人公たちは、「我らの生と我らの救済の敵が絶え間なく張り巡らす罠や落とし穴」に嵌り込まずにはいない。例えば「破局を招いた嫉妬」では、ある女が、夫の寝入るのを待って、「今回の恐るべき私刑のために準備しておいた大型ナイフを取り出し、それを彼の喉、腹部、胃の辺りに何度も突き刺した。彼女は、これを二度にわたって繰り返したので、余りにも忠実にして哀れむべき夫ポーランの肉体から、彼の魂を追い払ってしまったのだった。」また、「ゴンドラの船頭」という作品は、浮気な妻をその夫が罰した方法を物語っている。「母メデイア」〔メデイアは元々ギリシア神話に登場する女性。イアソンへの恋のために国を裏切り我が子を殺す悲劇の王女〕では、不実な夫に復讐するために、自分の子供たち全員を斧で叩き切って殺してしまった女が登場している。「食された心臓」というタイトル中の心臓とは、嫉妬に狂った夫が、自分を裏切った妻に内緒で食べさせた、その恋人の心臓を指している。[40] それぞれの物語の最後に付された短い結論は、罰、不幸、欺瞞、残忍さ、悲劇、嘆かわしい、おぞましい、忌まわしい、などの、神による復讐を喚起しうる素朴な語彙をふんだんに駆使して、読者を震え上がらせることを狙っている。こうして諭された読者は、悪徳へと至る数え切れない道を避け、今後はより良き道を歩いて行くよう誘われる。だが、こうした予測可能の陳腐なお説教が、読者の好奇心を駆り立てた主要な原動力であったかどうかについては、なお疑問の余地が残る。なぜなら、きわどくて面白さに富む細部に対しては、当然のぞき見趣味が頭を擡《もた》げるだろう。そうなると、禁忌に触れてみたいという心理もまた、暗黙の動機を形成していることになるからだ。しかしだからと言って、フランソワ・ド・サルの友人の伝導熱が冷めた、などという疑いを掛けるのは論外である。二種類の言説、つまりモラリストのそれと、血生臭く怪物的な逸話の愛好者のそれとが、縺《もつ》れた糸のように絡み合い、福音主義的な目的と、恐るべき光景のもたらす異常な結果という矛盾を解決しないまま、ある一つの全体を作り上げているのだ。カミュの同時代人でその作品を読んだ者たちも、この緊密に結び付いた矛盾の糸を解きほぐせなかったかもしれない。彼らもまた、最良の人物たちの内に感知した聖性の理想と、日常生活で展開される血みどろの激情の世界の共存を、上手く説明できなかったと思われるのである。

一六三〇年という時代を生きていた人間は、常に深淵を目の当たりにしていた。貴族が絶えず陰謀を企て、民衆が叛乱を起こし、残虐な復讐が日常茶飯事で、魔女を焼き殺す火が消える日はなく、サタンが解き放たれたという噂が駆け巡り、ペストが猖獗を極めていたのだから、当然と言えば当然である。サタンという暗黒の太陽が、彼らの心を黒く染めていた。悲劇的物語が強烈な印象を刻み込んでいたがゆえになおさら、異常な出来事も信じるに足ると思われた。例えば、中世の民間信仰に由来するものだが、殺人者の前に出されると、被害者の遺体の傷から出血が起こるとするレムニウスの医学的見解は、一六三〇年に刊行され二つの書から成る『血塗れの円形劇場』（第二之書第七話）によって、何千人もの読者の心に屈折しつつも入り込んでいった。『血塗れの円形劇場』も大成功を収めた作品の一つだが、そこにはブラック・ユーモアを看取しうる物語が見当たる。例えば、内縁の妻を囲っている托鉢修道士を扱った『遅すぎる悔悛』（第一之書第十一話）や、『悪臭を放つ同棲者』（第一之書第十話）などがこれに当たる。もっとも、これらの説話はブラックではあるが、必ずしもユーモアを湛えているとは断言できない。なぜなら当時の読者は、我々現代人には読み解けない解読格子を通して、そこにデーモンの爪痕を認め、それを笑うよりは、むしろそれに涙した可能性の方が高いからである。

『悪臭を放つ同棲者』は、現代の書物の判型に換算すれば、六ページにも満たない短編である。この作品は、「悪」ならびに「肉体の悲惨さによって、魂の永遠の破滅が予測できる」事実についての考察で幕が明く。フランスのある小さな町でのこと、寄宿学校《コレージュ》の某校長先生は「ギリシア語とラテン語での雄弁術に長け、哲学にも造詣が深かった。」

大変な才人で、部下の教師にも恵まれ、立派な教育を施していた。ただ、「学識に見合った魂さえ持っていたら、そして学問から良心を学んでさえいたら」何も問題は無かったはずだという。言い換えれば、彼は酒好きで美食家、加えて、賭け事と女には目がなかったのである。この校長先生は、三十年間にわたって様々な相手と同棲を続け、誰の目も憚ることなく御婦人や娘を拐《かどわ》かし、その成果を平気で自慢するほどであった。晩年になって、彼は一人の若い美女に大変な熱を上げ、以後恐ろしいほど嫉妬深くなってしまった。例えば、「ハエがこの娘の頬に留まったとしよう。その場合、いかに大変であろうとも、彼はそのハエがオスかメスかを知りたがったはずだ。そして、もしそのハエがオスだったら、即座に殺しかねないほどであった」という。「宝物のように大切にしていたこの娘」の元で七、八年暮らした後、病に倒れたこの男は、魂の救済に不可欠な終油の秘蹟を受ける必要から、不承不承ながらもこの娘と別れることに同意した。娘の方は、財産狙いで彼と暮らしていたに過ぎなかったから、髪を掻きむしりながら泣き散らし、結局は、自分に全財産を譲る遺言状を認《したた》める、という約束を取り付けた。聴罪司祭が、彼に向かって、翌日臨終の聖体拝領を授けると約したところ、「この地獄に堕ちるべき悪人」、つまり例の娘がまたやって来て、溜め息をついたり、涙に暮れたりして訴えた。聴罪司祭は娘に妙な約束をするなと命じたのだが、結局臨終の校長先生は彼女の言い分を聞き入れてしまい、その後自分を抱き締めてくれと頼んだ。そうするが早いか、彼は「この邪悪な女の胸で息絶えてしまった。」それから一時間も経たない内に、「彼の遺体はもの凄い悪臭を放ち始め、その余りのひどさに、部屋どころか家全体が居住不可能な状態に陥ってしまった」のである。人々は死骸を柩に入れたが、異臭は柩の木材から漏れ出てきた。そこで継ぎ目に、松脂、蠟、乳香、皮などを宛《あてが》ったが、何の効き目も無かった。仕方なく、鉛でできた柩に入れ替えたが、これを運ぶのを了承してくれたのは屎尿汲み取り人だけであった。さて、教会の内部で、床から六ピエ〔昔の長さの単位。一ピエは32・4センチ。従って、六ピエは二メートル足らず〕もの深さに柩を安置し、その上に墓石まで載せてみたが、死骸は相変わらず腐臭を発して止まなかったので、仕方なくもう一度掘り起こし、墓地に埋葬し直した。ところが今度は、その周辺の空気が悪臭に汚染されてしまい、ミサに行く際そこを通る者は一人もいなくなってしまった。夜中にまたもや掘り起こして田畑に放置した後、結局は河川に投げ捨てることになった。ところが今度は河川の水がその毒気に汚染されてしまい、「沢山の魚が腐った状態で死んでしまった。」同棲相手の女の方は、〔同棲という〕自らの罪を告白し、彼との間に複数の子供ができたことも白状した。もっとも、校長の家族の申し出により、相続権を失った彼女は、ある者によれば失意のためにすぐ死んだらしいし、別の者によれば、悲惨な境遇でしばらく生きていたらしい。カミュは淫乱という恥ずべき悪徳についてこう締め括っている。「淫乱は、これに執着する者の身体と魂と財産を破滅させ、その名誉と評判を著しく傷つける。〔……〕不義密通や姦淫の罪を犯す者、並びに不信心者は、決して神の王国を手に入れることはできないであろう。」

ハエに関する冗談に、ユーモアを感じ取るのは可能である。しかし、当時の人々が、我々と同じようにこのユーモアを解していたかどうかは怪しい。と言うのも、現代人には軽微なものとしか思えない性的な罪と、主人公に下された神の鉄槌や話の終盤の異常性との間に、余りにも大きな落差が存在するからである。カミュの時代には、この逸話は、結婚制度の神聖さを破り、正当な相続権を無化しようとする者に対しては、神の容赦ない懲罰が下ることを如実に示す典型例として、一般に読まれたと思われる。感覚的な快楽に身を任せていた主人公は、自らの情念と獣性とを抑制できる「オネットム」という当時のモデルの対局に位置している。その職業上の有能さにも拘わらず、否、むしろそれがゆえに、彼は劫罰に処せられたとも言える。なぜなら、コレージュの校長は、修めた学問を通して、敬虔な知識人が拒んだ古典古代そのもの、ひいては美そのものを愛したからである。なお、極悪人として登場する女性は、ここでは悪魔の奉仕者として描かれている。また、罪人たる主人公の死は、神の意志によりその亡骸が甘美な芳香を放つ聖人の死とは、正反対の位置を占めている。言うまでもなく、悪臭という概念の背後には、サタンの領域が控えている。従って、神が創造した自然が、この死体を文字通り吐き出したとしても、何の不思議もない。現にこの死体は、永遠の安住の地として名士に保障された教会から追い出され、さらに一般人の墓地からも追い払われ、農民たちの田野からも拒絶され、ついには河川にも見放されてしまうのである。腐臭で汚染を免れない自然が、さらに言えば水、土、空気の全てが、この死体を拒絶する。ここで引き合いに出されていないのは、異端者に対する最後の拷問としての火、ないしは地獄を喚起する火のみである。主人公は肉欲の罪で自らの身体を汚したがゆえに、腐臭の内に死を迎え、それによってマクロコスモスまでをも汚染してしまうのだ。カミュの才能は、古典的で重いモラルの問題から出発しながらも、詳細な叙述と文体の力によって、読者の好奇心を引っ張っていける点に如実に表れている。身体と魂の双方を破滅させる罪に関しての明々白々な結論は、読者にとっては大して重要ではなかっただろう。それよりも、具体的かつ生き生きと活写された事実の語りの方が、読む者の関心を引いたに違いない。しかも読者は、物語を辿りながら、自分自身の罪をも思い知らされずにはいない。悲劇的物語は、重苦しい説教や、同様の驚異現象を扱った瓦版などよりも遙かに上手く、現実と当時の想像界《イマジネール》とを結び合わせ、人々を熱狂させたのである。ところで、上述したカミュの物語と、一五八二年にパリの版元ブノワ・ショデが印刷した次の「瓦版《カナール》」とを比較してみたい。タイトルに曰く。『ブラバント公爵領のアントワープで、フランドルの若い娘の身に起きた、恐ろしくも奇跡的で前代未聞の話。この娘は、虚栄心と衣服に対する無用の関心のゆえに、最新の流行の襞が付いた胸飾りにこだわったために、悪魔に絞め殺されたのである。こうして神に罰せられた娘の死体を柩に入れたが、それは集まってきた人々の面前で黒い猫に変貌してしまった。一五八二年の出来事である。』物語の目的は、カミュの場合と同じである。それは、身体への死刑執行人たるサタンが、罪人の魂（ここでは服飾の流行にとらわれた見栄っ張りの女の魂）をも奪い取ることを証明する点にある。娘が、糊の利いていない襟で出掛けるくらいなら悪魔に攫《さら》われた方がましだ、といった冒瀆の言葉を吐いた途端、文字通り悪魔が出現して彼女を絞め殺してしまう。大勢の教訓にするためであろう、神の意志により、柩は屈強な六人の男によっても微動だにしなかった。そこで柩を開けて見ると、一匹の黒い猫が飛び出してきてどこかに消え去ってしまい、柩には何も残っていなかった[41]。さて、以上から看取できるのは、人間の身体が悪魔によって変質せしめられる、という根本的概念であろう。それは、瓦版の場合は極端に重くなり、魔女の場合は逆に軽くなり、またカミュの場合には耐え難い腐臭を発するようになる。こうした概念はしかし、当時は単なる幻想ではなく、確固たる現実だと考えられていた。つまり、悪魔を通して神が介入してくる具体例と見なされたのである。その証拠に、当時は魔女の体重を量ったり、手足を縛って水の中に投げ入れ、疑惑の有無を確認したりすることは当たり前であった。また、おぞましい臭いは、常に悪魔の到来を告げる合図であった[42]。この点は、二十一世紀に生きる現代人の想像界《イマジネール》へと繋がっている。なぜなら、我々は無意識の内に、悪臭に対し嫌悪感や拒否の感情を抱いており、それを放つ人間に対し同じく無意識の内に、獣的な性質を付与しているからである。

血みどろの瓦版《カナール》——三面記事の中の悪魔

悪魔は三面記事の発明者でもあった。少なくとも、中世の末期に創造された新しいタイプの印刷物は、悪魔を大事に扱った。この印刷物は十六世紀後半に人気を博するようになり、悲劇譚と平行する形で、一六三一年の直前頃その絶頂期を迎えるに至る。両者ともに、不気味なるもの、センセーショナルなものに対する嗜好を備えている。ドイツのトイフェルビュッヒャーと同じく、これらは、ルネサンスの光が遠のいた後に西欧文化を覆った暗い影を反映している。「カナール」と呼ばれるこの印刷物すなわち瓦版は、短い話を印刷したもので、様々なテーマを扱った他の不定期刊行物と共に、行商人によって呼び売りされていた。その主要な購買層は、悲劇的物語と比べた場合、より民衆的だったと思われる。だが教養人がそれを軽蔑していたわけではない。十六世紀末の日記作者ピエール・ド・レトワール〔一五四六―一六一一年：アンリ三世、四世時代の日常生活を伝える『日記』を残した〕は、瓦版に熱中しこれを蒐集していたほどだ。保存されている数が少ないため、研究も容易ではない。ジャン＝ピエール・スガンによると、瓦版は一五七五年以降急激に増加しているという。この年から一六〇〇年までのものが百十点、一六〇〇年から一六三一年〔一六三一年にフランス初の定期刊行物である、ルノドーの「ガゼット」が発刊されたので、それ以降瓦版は印刷されなくなったと考えられている〕までのものが三百二十三点見付かっているのに対し、一五二九年から一五七五年までのものは五十七点しか見付かっていない。全体の内五十八パーセントがパリで、二十八パーセントがリヨンで、四パーセントがルーアンで印刷されている（その他の都市は省略）[43]。テーマ別に分類すると、驚異譚が最も多い。これに続くのが、災害、刑事犯罪、および天体現象であって、どれもほぼ全体の五分の一を占めている。瓦版は、犯罪者の獰猛さや恐るべき事件に関する血生臭い細部を組み込みながら、諸々の犯罪を物語っている。例えば、愛人に弄《もてあそ》ばれた娘が、自分の子供の心臓や肝臓を相手に食べさせた、といった調子である。瀆聖や奇跡も重要なモチーフとなっている。例えば、一六二九年のサン・ジャン・ド・リュスでのこと、あるユダヤ人が聖体を盗んだ廉《かど》で火刑に処せられた、といった話が取り上げられている。こうした主題は、血を流す聖体という古いテーマを引き継いでいる。また、魔女が聖体を盗んで悪魔的な用途に使うという主題とも、うまく重なっている。瓦版に悪魔が登場しないことは滅多になく、直接的か間接的かは別にして、何らかの役割を担っている。妖術や呪いに関する逸話、悪霊の出現や魔女の処刑を扱った物語などで、悪魔は大活躍をしている。一六三〇年四月二四日、リモージュでサタンの手下三人が処刑された。その内の一人が絞殺された途端に、右の肩と耳の辺りから、「クルミの実くらいの大きさで、羽虫のような姿のデーモンが出ていくのが見えた。それは、しゅうしゅうと音を立て、煙の尻尾を後に引きながら、絞首台の上を通過していった。それを見た死刑執行人は恐怖のあまり「イエス様、マリア様」と叫んだ。絞首台がガタガタ振動しだしたのだから、なおさらである。二千人以上の人々がこの顛末を見たし、また、雷鳴の如き轟音をも耳にしたのである。」著者不明のこうした瓦版は、出来事を類型的に語るのが普通である。従って、必要に応じて新しい主題を採り上げる段になると、その時期に広まっていた噂話などから材を得ることも少なくなかった。木版画の場合と似ていて、同じものを再利用するケースも頻繁に見られる。また、瓦版は頻繁に素朴なモラルを読者に浴びせかける。例えば、大災害を、爆発した神の怒りと結び付けたりする。罪悪や咎むべき情念、とりわけ傲慢や淫乱の罪が目に余るから、神の怒りを買ったのだというわけである。(44)

瓦版と悲劇的物語とを比較してみると、両者間の相関関係が浮き彫りになってくる。瓦版には、現実に取材した事実の叙述や、『メルキュール・フランソワ』などの刊行物が伝えている犯罪に関する三面記事、そして全く空想的な内容などが、一緒くたに混在している。ロセとカミュは、このような雑然とした寄せ集めの記述から、多くの逸話を引き出している。研究者のモーリス・ルヴェは、ロセの幾つかの短編と、その基となった瓦版とを突き合わせながら比較し、おおよそのアプローチの仕方と筋の展開は、ごく細かい点を除いては、ほぼ同じであると指摘している。ただし、悲劇的物語の場合は、文学作品に仕立てようとする手法のゆえに、日常性から逸脱するベクトルが働いている。例えば、ロセは人物の名前を、小説らしいフィクショナルなものに変換し、同時に、場所の名称も変えている。ロセが念頭に置いていた読者は、瓦版の読者とは異なる層であったから、「激辛の香辛料を、極めて繊細な口蓋の持ち主に合う」ように工夫したのである。ただし彼は、自身が非難している、恋愛物語の極端なセンチメンタリズムに陥らぬよう用心している。こうして、幾つかの操作を行ったため、シャルル・ソレルなどは、ジャンルが混在していて受け入れがたいとカミュを非難するに及ぶ。モーリス・ルヴェはさらに、悲劇的物語は色恋に関する脱線を含み込みつつも、最終的には内的に劇的な展開を見せるので、瓦版とは違うトーンを獲得し、それまでの文学作品には見当たらない新しいタイプの戦慄を引き起こすに至っている、と指摘している。その具体例として、ジュリアン・ド・ラヴァレとその妹マルグリットとの、事実に基づいた話が挙げられよう。二人は近親相姦の罪を犯した廉《かど》で、一六〇三年十二月二日に処刑されている。この事件を基に、翌年、彼らの行いを「おぞましい邪悪な出来事」と断罪する、情け容赦の無い瓦版が綴られている。ところがロセの方は、法廷の判事や処刑の見物人の立場を捨て、内的な絶望に焦点を絞っている。従って、二人の主人公がその恐るべき秘密を何としてでも隠そうとし、苦悩や恐怖心を味わう様子が描かれるのである。その結果、女性は自分の愛情を、「ごく自然なもの」と主張する境地にまで達しているのだ。[45]

バロックと違反

バロックの時代は、悲劇的なるものに快感を覚えていた。絵画、彫刻、演劇、詩、文学の諸作品や、日常生活の様子の内に、その証拠を見出すことが可能である。十六世紀中葉以降、教養人の文化に、ある種の特殊な感受性が芽生えてくる。この感受性は十七世紀の最初の二、三十年の間に、より広範な層へと浸透していく。瓦版の愛読者であった都市の民衆層にまで、それは達したと言えよう。なお、地方の農民にまで達したか否かは不明である。さて、バロックの世界観は、宗教戦争時に狂信が生み出した恐るべき光景や、一五八九年と一六一〇年に於ける二度の国王殺害という前代未聞の事件（一五八九年にアンリ三世が暗殺されヴァロア朝が断絶、一六一〇年にはアンリ四世が修道僧に暗殺されている）などに由来している。さらに言えば、「アウグスティヌス的キリスト教[46]」の展開も、この世界観の醸成に一役買っていたかもしれない。もちろん、悲劇的物語が、悲観主義に充ち満ちた精神を形成する上で、重要な役割を演じたのは間違いない。パリヴァルは一六五六年に、このジャンルでは最後となる大作[47]を上梓し、その献辞で「暴力的で呪われた鉄の時代」と記しているが、こうした時代の活写がバロック精神と通底しているように思われる。あるいは、悲劇的物語こそが、この種のペシミズムから生じる極端な緊張を、上手く解きほぐす手段となっていたのだろうか。悲劇譚の主要な読者の供給源であった世俗社会は、神の為に闘う者たちや聖人のみで構成されていたわけではない。従って、彼らは道徳的な教訓を受け入れはしたが、度を超したお説教にはついていけなかった。それでも、女性や娘たちを含む多くの人間が、教訓をある程度まで受容できたのは、ロセのロマネスクな手法や、カミュの巧みな筆使いに負うところが大きいと言える。悲劇譚という文学ジャンルは、多くの者にとって、人生の模範であるよりも、むしろカタルシスをもたらす存在として機能していた。また、エリート層の大部分は貴族が占めていたが、その構成員にはその他にも多様な階層が含まれていた。こうしたエリート層の内部では、悲劇的物語が、文化的な枠組みを統一するのに貢献している。悲劇譚は、瓦版が重きを置いた驚異や幻想をある程度保ったまま、現世の人間の不幸や悲惨さを、濃密かつ単純な図式で説明してくれたのである。さらに悲劇の文学は、神秘的《オカルト》な力が多様に働いていると見なす民衆文化から、エリート層が離脱する一助にもなっている。なるほど、悲劇譚は民衆文化という宝庫から多くの逸話を引き出し、それを、「アウグスティヌス的キリスト教」（そこでは、サタンが神から重要な位置を与えられている）の内に組み入れているのは確かに事実である。いずれにしろ、こうした過程を経て、悲劇的物語は、一六二〇年から一六四〇年頃にかけて進行した第二の文化的洗練期に、自らの情念を抑制する主体が誕生する、その土壌を準備したのである。因みに、この文化的洗練は、礼儀作法のマニュアル[48]によって定義されるところの「オネットム」の勝利によって完成し、次いで、悲劇的文体にこびり付いた余計な部分を削ぎ落とした文学によって、換言すればマレルブ、ソレルおよびそれに続くルイ十四世時代の古典主義文学によって、受け継がれることになるのである。

　ボエスチオーの時代からその傾向は見えつつあったが、悲劇的物語の読者層がそれなりの安定を保っていたのは、やはり一六一〇年から一六三〇年にかけてであろう。その後になると、悲劇譚は教養人たちの需要に徐々に応えられなくなっていき、緩やかな没落過程を辿る。もっとも、都市部のより低い階層へと下っていった可能性は高い。その理由としては、低階層にあっては流行が遅れて入ってくるという傾向、および、識字率が上がりつつあったという事実が挙げられよう。いずれにしろ、ルイ十三世の治世の前半を通して、悲劇譚という文学的現象は、社会的に最も重要な影響を与え、上流階級の集団的な想像界《イマジネール》を形作ったのである。悲劇譚こそが、彼らの視線と外界との間に、世界を読み解くための解読格子を設けたのだ。この解読格子は、神の「法」、人の「法」のいずれを破った場合でも、厳しく罰せられるという見方に支配されていた(49)。ただし、貴族に関してはそう簡単に割り切れないのも確かだ。なぜなら、貴族は自分の名誉を何よりも重んじたからである。彼らは決闘を禁じた王令に平気で背いたし、修道院に引きこもった娘を無理矢理連れ去って、父親の許可無く勝手に結婚してしまったり、モンソロー伯爵よりもビュッシー・ダンボワーズの方を尊敬したりする始末なのである。周知の通り、モンソロー伯爵は、一五七九年、罠を仕掛けてビュッシー・ダンボワーズをその不義密通の相手である自分の妻の部屋に誘《おび》き寄せ、暗殺させて復讐を遂げた人物である。なお、貴族以外の社会階層に於いて、現状がどうであったかはあまり定かではない。ただ言えるのは、多くの刑事裁判記録が証明しているように、当時の人々はかなり自由に衝動を爆発させた、という点である。そのために、殺人や暴力沙汰が絶えなかったし、さらには、不義密通、近親相姦、親殺し、嬰児殺しなども、かなり頻繁に見られたようである(50)。

悲劇的物語は、服従というメッセージを連打する如く読者に浴びせている。だが、恐らく読者は逸話の内に、自らは危険を冒さずに違反の世界に触れるという、ある種甘美な快楽を味わっていたようにも思われる。従って、これらのテクストがもたらしたとされる、行動の規範化をそのまま真に受けるべきではないだろう。ただし、悲劇譚のテクストは、少なくとも行動原理を明確に示す過程を通して一本の道を開いたとは言える。その原理は数世代かかって実現していき、礼儀を重んじる社会へと繋がっていったのだ。ところで、悲劇的物語は違反と懲罰との間に、確固たる関係性を設けた。だが著者たちは以下の三つの図式を使い分けて、この関係にメリハリをつけようと努めている。第一は、有無を言わせぬほど強力な「法」を前提にして、容赦ない徹底した罰を下す、という方法である。これは現実とも呼応している。例えば、一六二七年のこと、リュクサンブール元帥（一六二八年―九五年：猛将として有名。多くの敵軍旗を奪取したため「ノートルダムの幡屋」と呼ばれた）の父親であるフランソワ・ド・モンモランシー＝ブトヴィルは、決闘を禁じた王令を破った廉《かど》で斬首刑に処せられている。第二は、悲劇的な死を持ち込む手法である。その場合、死は、神ないし人間の秩序に反旗を翻した代価と見なされる。罪人は、神の一撃をくらったり、悪魔に連れ去られることで、この代価を支払ったのである。第三は、以上の二つの中間に位置する解決法で、法の権威を掲げると同時に、咎められるべき罪人に対しては、愛情の入り交じった憐憫の情を示す、という戦略を採る。ジュリアンとマルグリット・ド・ナヴァールとの近親相姦を、瓦版は一六〇三年の処刑を中心に情け容赦なく断罪して叙述しているが、ロセはこの第三の手法を使って、同じ逸話を内的なドラマに仕立てているのである[51]。

悲劇的物語が説こうと欲し、かつ説かねばならぬと見なしていたのは、もし天罰、言い換えれば地獄での劫罰を避けたければ、絶対に自らを抑えねばならない、という教訓であろう。しかし、劫罰に値する行為は様々にあって、それらの背景にあるテーマは、当時注目を集めていた、社会的、宗教的ならびに政治的な諸問題と繋がっている。こうしたテーマは、同時代の法律学者たちの手になる犯罪の分類と対応している。例えば、クロード・ル・ブラン・ド・ラ・ロシェットが一六〇九年にリヨンで上梓した『民事裁判と刑事裁判』を例にとってみよう。この書物では、徐々に罪が重くなるような列挙法が採用されている。先ず、この法律家は、極めて広く見られた暴力沙汰に言及した後、窃盗を採り上げ、次いで性的な犯罪に触れた後、人間ないしは神に対する反逆罪を扱っている。最後の項目では、逃亡から王殺しまでの、国王の権威に対する侵害の全て、神の意志に反する行為の全て、および冒瀆、異端が列挙され、続いて、犯罪分類の頂点に君臨し、考え得る限り最も邪悪で恐ろしい罪、すなわち魔女罪が挙げられている。殺人犯や街道を荒らす悪党に対しては、死刑が頻繁に用いられた。場合によると、同じ死刑でも、見せしめの効果を狙って、復讐心を組み込んだ極めて残虐な方法で行われることもあった。例えば、追い剝ぎや強盗に対しては、車の刑によって長い苦痛を味わわせたし、国王殺しに対しては、傷口に燃え盛る硫黄を塗り込むという凝った拷問を加え、四頭の馬に四肢を引きちぎらせた。男色、近親相姦、魔女のためには、火刑台を用意し、本来なら死刑執行人が予め目立たないように止めを刺しておくのだが、その慈悲を掛けるに及ばないと判断すると、生きたまま火炙りにするのである。

さて、我らが悲劇譚が主に物語るのも、暴力沙汰と性犯罪と反逆罪である。[52] 先ず暴力だが、これは、力と粗暴さとを前提に人間関係が成り立っており、しかも殺人すら頻繁に見られた当時の日常的現実に鑑みれば、極めてありふれた現象であった。そこで、読者の想像力を揺り動かすには、ありきたりの暴力では駄目で、もっと過激に走る必要があった。だから、流血騒ぎで訴えられた女性は現実には稀であったが、悲劇譚は、荒れ狂った女性を敢えて舞台に載せたのである。もっとも、激越なる女性というこのイメージは、当時の人々が共有していた幻想でもあって、絵画作品などでは、ホロフェルネスを殺害したユディト〔ユダヤの英雄的女性。救国のために敵将ホロフェルネスを誘惑してその首を切り落とした〕や、陵辱された後自殺したルクレティア〔古代ローマ伝説上の貞女。セクストゥスに犯され、その復讐を親族に託して自害〕などが描かれている。さて、上述したが、ロセ描くところの女性フルリは、初夜の晩に残虐極まりない方法で夫を殺害している。また、カミュが「破局を招いた嫉妬」（『恐怖のスペクタクル』第二之書第一話）の中で描いたルクレティアの如き女性は、秘密裏に結婚した相手が、父親の命により他の女性と結婚せざるを得なくなるのを避けようと、その夫を殺してしまい、その後自らも自殺してしまう。彼女の遺骸は恥ずべきものとして馬やロバの死体と一緒に、公道に放棄された。メデイア〔既出。イアソンへの愛のために我が子を殺す〕が登場する頻度はさらに高い。咎められてしかるべき愛を生き抜くために、我が子を犠牲にするこの人物像には、自らの果実たる子供を貪り食ったり、魔女のサバトでそれを悪魔に捧げるとされた、いわゆる女性への恐怖心が折り重ねられているのである。

悲劇的物語は性の強迫観念に捕われている。「人間の抱く全ての情念の中で、『愛』の情念こそ最も激烈だと思う」、ロセはこう主張している。カミュがさらに畳み掛けてこう述べている。「この盲目なる情念の虜となった者は、恐るべき深淵へと転落し、悲痛かつ悲惨な最期を遂げる」、と。この世で幸福な恋愛など存在しない。物語の冒頭では美しく魅力的な恋人たちも、突如として欲望の深淵に落ち込み、避けがたい死への坂道を転げ落ちていく。悲劇譚の著者たちはこの点を心理的に説明せず、「人類の敵」を介在させて説明しようとする。つまり、悪魔が恋人たちの魂に忍び込み、彼らに憑依《ひょうい》し、彼らを自在に操るというのである。言うまでもなく、女の方が男よりも生まれつきこの情念に傾斜しやすい。特に、女という「〔地獄の火責めに値する〕極悪人」にほとんど信を置いていないカミュにとってはそうである。従って、愛の情念の危険から逃れるために必要な、服従を説くディスクールは、先ずは女性に向けられるのである。

さて、服従を説くディスクールは、「法」が問題となる際にとりわけ強調される。と言うのも、サタンによる侵犯への誘いは、世界の秩序を成す鎖の輪を一つ一つ外しながら、秩序全体を瓦解せしめようとするからである。当時の他の領域での作品と同様に、十七世紀の悲劇的物語もまた、何十年にもわたった宗教戦争により覆された世界の首尾一貫性を、何とか回復したいという深い渇望を内に秘めていた。当時の人々は、社会的調和が再度到来することを、今や遅しと待ち望んでいたのである。もっとも、当時の操作概念を成してはいなかった寛容の精神に期待したのではなく、如何なる違反も厳罰に処すことのできる堅固な力に期待を寄せたのであった。[53] つまり、絶対君主を待望する空気が明白に存在していたことになる。悲劇的物語も、詳細な説明を行わずに、この点を強調している。換言すれば、それに反抗すれば致命的となるような、ある絶対的権力を支える諸々の規範《コード》に、高い価値を付与していったのである。従って神は、君主に反抗する者を罰することになる。君主の正義は、断ち切られた社会的ないしは宇宙的な均衡を、絶えず修復しようと努める。また、世俗社会の各々の権威は、国王の権威と構造的に重なり合うようになっていく。例えば、一家の父は子供たちに対し、夫は妻に対し、主人は召使いに対し、絶対的な権力を行使できる立場にあるとされた。さらに、現実の司法は既に恐るべき力を発揮していた。その証拠に、大逆罪を犯した者の家族ならびに子孫は、屈辱的な扱いを受ける羽目に陥っていた。例えば、ラヴァイヤック〔一五七八―一六一〇年：アンリ四世の暗殺者。四つ裂きの刑に処された〕の財産は全て没収され、その近親者たちは皆追放された上に、名字を変更することをも余儀なくされている。それどころか、法律家の意見の中には、近親者も一人残らず処刑すべきだという極論まで存在していた。さて、当時、社会全体を構成する各要素の間には、直接的な繋がりが成り立っていた。なぜなら、各要素は全て神に属する点で共通しているからである。その神の現世に於ける代理人が国王であった。もっとも、この見解を一点の曇りもなく明言しているのは、一六三五年に『国家に関する多くの箴言を含んだ、当代の悲劇的物語』を刊行したクロード・マラングルただ一人である。これは、マラングルが国王の史料編纂官であり、君主制の熱烈な支持者であった事実と、恐らく無関係ではあるまい。「君主の法と勅令は、言ってみれば神の命令の枝や小枝の如きものである。そして神の命令が神聖不可侵である以上、君主の法も同様に神聖不可侵でなければならない。同様に、神の法を犯した者に対し死刑が命じられている以上、君主の法の違反者や侵犯者も極刑に処せられねばならない(54)。」

最終的に、人間を監視し罰を下すのは「容赦なき神」となる。ヨーロッパの大部分の国に於いてと同様にフランスでも、神に対する大逆罪の意味と輪郭とが徐々に明確になってくる。この枠内で考えた場合最悪の侵犯は、サタンと契約を結ぶ行為に集約されてくる。そこから、魔女と人類の敵とを結び付ける、自然に反した盟約が生まれるからである。悲劇譚はこの契約を巡る種々の話の筋を何度も描いて見せ、死の終幕のシーンへと読者を引っ張って行った。その上悲劇譚は、殲滅すべき少数によるこの極悪の罪と、ごく普通の哀れな人間存在が犯す通常の犯罪との間に、強い繋がりが織り成されている点を強調している。罪は累積的に悪化の一途を辿るという見解の中では、悪へのほんの小さな一歩を踏み出すと、結局は悪の深みに嵌ってしまうと考えられるようになる。卵を一個盗んだ者は、遂には牛一頭を盗むに至る、というわけである。ごくごく単純な行為が、絶対的な破滅へと至る危険を孕んでいるのだ。なぜなら、悪魔は人間の単純な行為を巧みに利用して、その者を破滅させようと目論んでいるからである。この点で『恐怖のスペクタクル』の第一之書、第十八話は、不条理と思えるほど異常な世界を展開している。カミュの語るところによると、父親が子牛の喉を掻き切る様子を目にした二人の子供たちは、真似をしたい欲求から弟を同じ目に合わせて、その遺骸を竈《かまど》に隠してしまったという。もちろん、カミュの目的は、子供の面前で乱暴なことは一切行うべきではないことを強調する点にあっただろう。当時の教育家によれば、子供は無垢の天然蠟の如き存在であるから、何であれそこに刷り込めてしまうというわけだ。また、同書の第二之書第三話、「山積みの死体」は、獲物を狙い澄ました悪魔によって、恐るべき悲劇的な連鎖が生じる様子を描いている。怒りに駆られたある農夫が、大した理由もなく二人の息子を殺してしまい、絶望の果てに自ら命を絶つ。この修羅場を目にした妻は、恐怖のあまり抱いていた赤ん坊を火の中に落としてしまう。「悪」はあちこちに罠を仕掛けているのだ。「悪」に対する「治療薬は存在しない。悪は生まれた直後の揺り籠と共に誕生し、墓の中に入ってやっと我らと共に死を迎えるに過ぎない」、一六一七年、ボワテルは『キルケの悲劇的物語』でこう述べている。(55)

上述したように、ここでも、悲劇譚の書き手たちが、人間存在の最も暗い部分になぜこれほどの情熱を傾けたかを説明する理由として、バロックの幻惑、闇の放つ魅惑、暗黒の有為転変への関心などを挙げうるだろう。(56)こうして練り上げられた想像界《イマジネール》の中心部に悪魔が忽然と姿を現すと、読者はその意識内で深い苦悩に囚われ、心の奥底で「悪」を棄て「善」を選択する方向へと向かうだろう。だが、神の支配とサタンの支配という単純化された図式は、実は完璧な統一性をその背後に隠し持っている。何故なら、サタンは神の明白な許可が無い限り全く行動できないからである。光が更なる輝きを放つためには、闇の存在が必要というわけだ。こうして善と悪とを宇宙的規模の舞台に載せることを通して、パスカルがリベルタンに証明しようと努めたように、結局、神は隠れてはいるが確実に存在している点を読者に理解させようとするのである。神の監視から逃れうる者は、誰一人存在しない。神の許可無く何かが起こることもあり得ない。罪ですらが神の掌の上にある。と言うのも、罪は、悲惨で堕落しおぞましい人間存在に、神が試練を与えるための一手段だからである。神の目とは、あらゆる侵犯行為に対する不可避的な懲罰を予測させるメタファーなのだ。(57)

罪悪感という概念がバロック文化の中心を占めていたことは、既に明らかになっている。ロセやカミュの読者たちは、自分たちの内部の情念を浄化せしめるように誘《いざな》われている。もっとも浄化と言っても、一六四九年に『情念論』でデカルトが説いたような、穏やかな方法が勧められたわけではない。デカルトは、良心に何の疚しいところもない生き方を美徳と呼んだのであった。(58)悲劇譚の作者たちは違う。彼らは、サタンの誘惑によって、知らぬ内にずるずると、恐るべき神の命に逆らってしまうことへの恐怖を説いたのだった。侵犯への恐怖心から生まれたこの心的メカニズムを免れた者は一人もいない。聖人ですら同様である。この心的メカニズムは、破壊的欲望を扱った寓話を、入れ子構造式に絡め合わせていく。そして、誰もがこの不可避とも思われる欲望から何とか逃れるために、自らに巣くう獣的な側面や暴力的かつ性的な衝動を抑える必要が出てくる。こうして、中世の修道僧たちを捉えた古い教訓が、世俗社会へと広がっていく。この教訓は、人間を善良なる神のイメージで把握した、あの初期のユマニストたちの極端な楽観主義を退けるのに成功している。同時に、悪魔を騙すのは朝飯前だとか、多様な魔術を介して自然に働き掛けうるとするが如き、悲劇性の希薄な民衆的「迷信」をも蔑視の念と共に葬り去ろうとする。フランスにあっては「アウグスティヌス的キリスト教」によって、ドイツにあってはプロテスタントの手になる「トイフェルビュッヒャー」〔既出、「悪魔本」の意〕によって、悪魔に纏《まつ》わる強迫観念が伝播していき、それに応じて新たなる見方が形成されてくるのである。そう、人間は無限に罪深い、という見方が。

しかしながら、ロセおよびカミュの時代に於ける罪悪感の源の大部分は、それを覚える主体の外部に存在していた。遍在しうるデーモンは、ここではある種の分身の役割を担っている。なるほど、デーモンはその犠牲者の身体内部に忍び込めた。だが、一般的に見て、両者は別個の存在である。つまり、デーモンは自らが虐げている者の魂に、隙間無くぴったりと張り付くことはできない。だからこそ、先ずは相手に恐怖心を与えるような、おどろおどろしい外観を備えて登場したのかも知れない。だがその後デーモンは、緩やかにではあるが、啓蒙の哲学者の時代を通して、個々の「私」の深奥へと沈潜していく。それをいずれフロイトが再発見することになろう。だが、ルイ十三世の治世下にあっては、デーモンはその悪臭と獣的な外観によって、自らがデーモンであることを示し得たのである。例えば、死に際して敬虔にも改悛した犯罪者の魂を諦めて捨て去った時、あるいは悔い改めた魔女の身体から逃げ去った時、サタンはハエの姿で行方をくらましているのだ。この種の公然と行われる改悛の儀式は、創造主が悪魔以上の力を有している事実を見事に証す場となりえた。だからこそ、聴罪司祭はこの種の実践を熱心に追い求め、悲劇譚の著者たちは感動的な言葉でその様子を描こうとし、印刷された瓦版《カナール》はその叙述で民衆を仰天させたのである。

　悪魔憑きの告白も上と同種の現象と見なしてよい。十六世紀の中葉以降、悪魔祓いの派手な光景は、プロテスタントの教義の過ちを証明する場として機能していた。と同時にこの儀式は、個人的な緊張や極度の罪悪感がどれほど強かったかを、吐き気を催すような悪魔の侵入の叙述を通して、逆に物語ってもいる。ところで、悪魔による侵入は、当時の語彙体系の中では、後世になって二重人格（ないしは人格分裂）と呼ばれるようになる現象を、少なくとも人格に潜む闇の出現を表現していたのである。こうして身体に悪魔祓いを授ける儀式は、後に改めて強烈な罪悪感を生み出すシステムが作動し始める際の、換言すれば西洋に於いて衝動の抑圧へと向かう動きが始まる際の、言うなれば前哨戦に該当しているのである。身体と魂の双方が派手に吐き出す苦痛の数々を、当時は命名しえなかったがゆえに、それらに取り憑く邪悪な一存在が原因に据えられるに至ったと言える。一五八四年から翌八五年にかけて悪魔祓いを受けたモンス（現在はベルギー領内）の修道女ジャンヌ・フェリーの話は、酩酊して暴力を働いていた父親のせいで、苦痛に満ちた若き日々を送らねばならなかった事実を浮き彫りにしている。彼女の告白に耳を貸そう。「私は父の呪いによって悪魔の力の下に置かれてしまったのです。」彼女は悪魔と血の契約を交わし、「真の自由」と自称するその相手と性的に交わったと告白している。また、悪魔は彼女に対し、王女の如き生活と引き換えに、信仰を棄てるよう求めたという。詳細に綴られた悪魔祓いの記録によると、彼女の身体からは「尿と共に、腐った肉片が二十も出てきて大変な悪臭を放った」という。その後、「彼女は口と鼻から、恐るべき量の汚物やシラミを吐き出した。それらは、馬の一群や毛虫のような形をした獣の如きものであった。それらのお陰で、辺り一面に汚臭が立ちこめた。」しかしながら、聖女マグダラのマリアが出現するという華麗なフィナーレで、悪魔が退散を余儀なくされるのは言うまでもない[59]。腐った肉片、異臭、害虫、毛虫などの存在は、『悪臭を放つ同棲者』でジャン＝ピエール・カミュが描き出した、あの悪魔的身体を彷彿とさせる。ジャンヌ・フェリーの場合は、悪魔祓いの力のお陰で、その身体が、肉体のありとあらゆる孔から、文字通り「悪」を吐き出すことにより逆の変貌を遂げていくのである。

　修道院を舞台とした大規模な憑依《ひょうい》現象は、特に十七世紀の前半に多く見られる。もっとも、頻繁に飛び火して広がるまでには至っていない。一六一〇年から翌一六一一年にかけてエクス＝アン＝プロヴァンスで起きた、ロセも物語っているかの有名なゴーフリディ事件〔上述〕を別にすれば、一六三二年から一六三四年まで続いたルーダンでの憑依現象が、最も大きな反響を呼んだものの一つであろう[60]。最近の幾つかの研究成果は、こうした儀式に於いて、憑依された者と祓魔師《ふくまし》とが結託していた可能性を強調している。彼ら双方の言説には結び目が幾つも見出され――悪魔が口にしたとみなされた言葉も同様に連動している――それらは宗教上の敵の信頼を失墜せしめることを狙っていた。一六一九年のアジャン〔フランス南西部の都市〕に於ける三つのケースは、少数派ながらもユグノー教徒〔カルヴァン派のプロテスタント〕が根を下ろしていた地方であるだけに、この点を雄弁に物語ってくれる。と言うのも、憑依された者たちは、言わばデーモンの口を装って、悪魔たる自分は人々を改宗させるために、またローマ・カトリックの真理を宣言するために、そしてプロテスタントがサタンと共謀している事実を明るみに出し、彼らの破滅が近いことを予言するために、神によって送り込まれたのだと述べているからである。[61]

ルーダンの悪魔憑き事件の際にも見られたように、一部の慧眼な関係者が、懐疑主義的な見解を公にし始め、それに呼応するように合理的思考が高まりを見せるようになったために、眉唾と思われるような悪魔祓いの儀式は徐々に廃れていく。もっとも、人々の関心の喪失を説明できる主要な理由は別にある。その原因は主に、教養層が悪魔という存在を過小評価し出した点に求められよう。彼らは一六二〇年から一六三〇年にかけての時期に、礼儀作法の書を通して、自らの情念や衝動を抑制し始めたのである。つまり、罪に対する恐怖心のライバルとして、優雅に振る舞い、洗練された話し方を身に付けたいとする欲求が、換言すれば、社交上の礼儀正しさという概念が出現したのだ。いつまでも悪魔の影に怯えているよりも、この方がまだ心地よく自らを律せられるというものである。確かに、一六四〇年代に悪魔が再帰を果たし、カミュを中心とした著作家の悲劇譚が売れると同時に、幾つかの地方では魔女狩りが改めて高まりを見せている。[62] しかしながら、全体として見れば、悲劇的なるものは緩やかながらも廃れていくのである。バロックのフランスは、やがてルイ十四世治下の古典主義の絢爛たる開花を前にその姿を消さざるを得ないだろう。これら二つの支配的文化に挟まれた過渡期にあって、悪魔の攻撃や汚染された空気に弱い開かれた身体という概念は、哲学的合理主義や科学的発見の影響の下で、徐々に遠景へと退いていく。このプロセスがその歩を速めるためには、確かに十八世紀を待たねばなるまい。だが、既に変化の兆しは見られるのである。この変化はやがて、羞恥心という敷居を高くしていき、身体の自然に基づく機能を隠蔽し、下着を付けるという風習へと繋がっていく。最後の下着については、それが閉じられた身体概念を形成する上で、象徴的な役割を果たしたことを忘れがちであるから、よく注意せねばならない。なお、こうした変化に伴って、罪の意識はますます内在化していき、個人的な罪悪感という一途を辿っていくのである。

もちろんサタンは即座に退場するわけではないが、往年の傲慢な輝きを失っていくのは認めざるを得ない。サタンは、哲学者たちの世紀に入って甘美な人生を享受しようとした上流階級にとっては、もはや罪を語る際の必需品ではなくなってしまった。そして、悲劇譚を持て囃した過去から伝わる悪魔への信仰と、啓蒙期の快楽主義的で無頓着ないしは無神論的な現実との間のズレが広がっていったところに、幻想的なるものが生まれてくるのである。哀れな悪魔は、今後自らの暗黒の太陽が、漆黒の輝きを失っていくのを目にせねばならないであろう。

第5章

黄昏の悪魔—古典主義からロマン派へ

西洋の想像界《イマジネール》は、十七世紀中葉に突如として悪魔を放逐したわけではない。ただしこの時期に、合理主義者たちと、思想界に於ける神学の支配的な地位を保持しようと努めた伝統的な知識人たちとの間に、知的断絶が生じたのは明解に見て取れる。その深部で変貌を遂げつつあった当時のヨーロッパにあって、実のところサタンは緩やかにしかも少しずつその傲慢な輝きを失っていった。激しく対立していた新旧キリスト教間の闘いの言説の中で、悪魔はそのイメージを凝縮していき、それをあらゆる社会階層へと浸透せしめていったわけだが、今やそのイメージが多種多様な破片となって弾け散ってしまったのである。深刻な宗教上の危機の終焉、互いにライバル関係にある国家の台頭、科学の驚異的な進歩、さらに、やがて啓蒙思想と称されるようになる様々な新しいものの見方の到来（今までよりも甘美な生活を送る理想をこうした諸見解から引き出した者も存在する）が、この種の変化をもたらした極めて動的な要因を成している。「旧大陸」に存在していた幾多の社会は、恐ろしいデーモンとおぞましい地獄への恐怖心という岸辺から、遂に遠ざかり始めたのである。もっとも西洋社会の全てが一斉に船出したわけではない。この点は、古い想像界《イマジネール》の産物が、それを守り受け入れる素地のあるところで、今日に至るまで伝えられていることからも、十分に了解できよう。つまりこの領域に於いては、ヨーロッパは歩調を揃えていたわけではないことになる。例えば、ヨーロッパ大陸の中部、東部に位置する地域では、サタンの概念と密接に絡み合った魔女裁判の数は、比較的遅い時期にならないと増大しない。大陸の西部では、一般的に十七世紀末には終息へと向かっているのに対し、例えばポーランドでは全魔女裁判の五十五パーセントが、一六七六年から一七二五年までの期間に集中しているし、また、ハンガリーでは、一七一〇年から一七五〇年までの期間にそのピークを迎えている。(1)

サタンの華麗なるフィナーレ

デカルトの時代からロマン派がその前奏曲を奏でる時代まで、西洋は多種多様な悪魔像を経験していく。その間に、悪魔を巡る旧来のシステムが終焉を迎えることになった。このシステムの中では、サタンが万人の上に揺るぎない形で君臨していた。その当時懐疑的な人間は極めて稀であった。もっとも彼らでさえ、信仰に反する罪、少なくとも不信心や微温的な信仰態度を槍玉に挙げられて告訴されるのを恐れたから、自分たちの意見を表明することなど論外と考えていたはずである。もっともこうした大胆な精神の持ち主ですら、デーモンの存在自体に異議を唱える者は皆無である。なぜなら、デーモンの存在は、教会の教義の中でも不可侵の教えであったからである。従って彼らは、デーモンの能力に疑義を呈するに留めていた。つまり、デーモンは本当に人間界の出来事に介入できるかどうかを検討したに過ぎない。その結果、デーモンは人間の夢に作用するか、人間を説得する以外の力はないと考えるに至る。ただし、彼らを合理主義の開拓者ないし先駆者と見なすのは、恐らく誤っている。彼らの各々が、その時代の争点と関わり合いながら、自らの立場を模索していた。なるほど、極めて不寛容な時代を生きていたのだから、彼らにそれなりの勇気を認めることに吝《やぶさ》かではない。しかしだからと言って、戦闘的懐疑主義の先駆者の陳列室に彼らを並べるとしたら、大変な時代錯誤《アナクロニスム》を犯すことになろう。(2) それに、闇の君主の現実の力に対し疑念を投じたからと言って、大きな問題に発展するわけでもない。なぜなら、中世も初期の段階で、悪魔は身体や物体などに物理的に作用する力を有しない、ただ人間に対し教唆できるのみである、と見なす神学の一派が既に存在していたからである。それに、スペインの異端審問官たちも、若干の例外を別にすれば、魔女罪の廉《かど》で捕えられた者たちを訴追していないのである。火刑台の時代の人間で、我々が誤って懐疑主義者と呼んでいる者たちは、実際は、上述の如く悪魔は霊としてしか行動できないと考えた知識人だったのである。例えばベネディクト会士のギヨーム・エドリーヌはそう考えた一人で、一四五四年、魔女の存在を否定した廉で訴えられている。同様に一五〇三年にバルセロナで印刷された『異端審問官の手引書』なるマニュアルも、「デーモンを創造主として扱わない限りは」、悪魔に祈願したからと言ってそれを異端と同一視すべきではない、と述べている。それもそのはずで、神の意志で動いているルシファーの役割そのものが、悪を為すことであるからだ。つまり、惑わされた状態でルシファーに祈念した人は、確かに罪を犯してはいるが、異端の邪説に陥ったわけではないと言う理屈である。(3)

魔女裁判に対し穏健な姿勢を見せるこの種の見解は、ライン川流域で活躍した医師ヨーハン・ヴァイヤーのかの有名な著作の内にも看取できる。この著は一五六三年にバーゼルで刊行され〔初版はラテン語で著されている〕、一五六九年にパリで仏訳版が出ている。『悪魔の幻惑と欺瞞に関する話と議論とコメント〔……〕』というタイトルを一瞥するだけで、この書で展開される根本的な議論が推測できよう。魔女現象などは、欺瞞ないしはペテンの名人たる悪魔がでっち上げた絵空事でしかない、というのがそれだ。モンテーニュも『エセー』（一五八八年）の「足萎えについて」〔第三巻第十一章〕の中で、魔女として告発された者たちが行ったとされる、種々の超自然の業の現実性に疑義を唱えている。一六二六年に自らの見解を公にしたイエズス会士のタナーや、ラインラントのカルヴァン派の領地内で匿名のまま『刑事犯罪の予防』(一六三一年)を出版したフリードリッヒ・シュペー・フォン・ランゲンフェルトも、同種の意見を開陳している。[4] だが、こうした著作家の中で、キリスト教の外部に拠り所を求めた者は、皆無だったように思われる。なるほど、ルシアン・フェーヴルのように、ラブレーの時代に無信仰という立場はあり得ないと主張するのは[5]、やはり行き過ぎの観を否めないだろう。しかし、宗教改革初期の時代を生きた人間が、仮にも既存の宗教を明確に拒否したとしたら、大変な危険を冒すことになるのも事実である。既存の宗教の圧力はそれほど強かったから、知識人たちはしばしば、正統の教義を信じていることをわざわざ公言したのである。優れた政治的論考の『国家論』の著者たる、かの有名なジャン・ボダンはその典型例である。ボダンは、信仰の正道から逸脱しつつあるとの疑惑を掛けられていた。と言うのもボダンは、手書き原稿の状態で残された『七賢人の対話』に於いて、キリスト教よりも自然宗教やユダヤ教により好意的な立場を採っているからだ。これは同時代人の目には許し難い暴言と映ったであろう。* 一五八〇年、ボダンはヨーハン・ヴァイヤーへの激烈な反駁として『魔女の悪魔狂について』を上梓しているが、もしかしたらこの書は自己防御の戦略から綴られたのかもしれない。自分を無神論者だと罵る非難から、身を守ろうとした可能性はある。少なくとも医師ギィ・パタンの意見はそうである。パタンはこう記している。「ボダンの『悪魔狂』には何の価値もない。なぜなら、彼自身が自分の書いている内容を信じていないからであり、さらに言えば、彼は自分がその内容を信じていると人々に思いこませるためにのみ、この著作を綴っているからである。[6]」もしこれが正しいとするなら、非常に奇妙な逆説が生じることになる。と言うのも、ボダンのこの著作は、ヨーロッパ全体に於いて、魔女狩りに関わる最も重要な文献の一つだからである。だが何れにしろ、「懐疑主義」は、一五八〇年から一六三〇年ないし一六四〇年に至る期間に、堰を切ったように襲ってきた魔女への嫌悪感の波を、上手く食い止めるための防波堤とはなり得なかった。当時の思想家たちが、不可能という感覚を有していなかったことが、これに拍車をかけている。神は全能である、その当然の結果として悪魔もこの世で活動する能力を与えられている、という見解を中核にした、濃密な概念のネットワークから抜け出せる者など、当時は存在しなかったのである。さらに医学が、神の似姿に象《かたど》られた人間の身体はミクロコスモス以外の何物でもなく、それは無限の実効的な関係によって世界というマクロコスモスと密接に繋がっている、と強調していた。ここでいう実効的な関係とは、十九世紀のロマン派が唱えた象徴的な次元に留まるのではなく、現実に何らかの影響を相互に与え合っている関係を言う。さて、動物への変身だとか、空中移動であるとか、未来を聞き出す能力だとかいった幾つかの現象は、なるほど荒唐無稽と言えなくもない。だが、当時の最良の知識人たちの目には、別段許容できない現象には映らなかったのである。アンブロワーズ・パレも彼の同時代人と同じく怪物の存在を信じて疑わなかった。彼らからすれば、神の無限の力を抑え付けることは不可能であったのだ。

つまりこの世は根元的に魔術的なる力の支配下にあり、遍在する神の属性に包み込まれていたのである。しかも神はデーモンを監督下に置きつつも、極めて限られた条件の下にではあるが、罪に汚れた不完全な人間に対し作用することをデーモンに許可していた。こうした概念は、「善」と「悪」とを二元論的に分割する考え方に基礎を置きつつも、さらに両者を、唯一にして序列化された世界観の内に統合しているのである。この中軸となる世界観の周囲を、神の道具と見なされていた堕天使の部隊や、悪の存在理由という難問を抱えていた知識人や、あるいはいまだに「迷信」に引きずられていた民衆などが取り巻いていたのである。因みに民衆から見れば、神による諸々の顕現は安心感を抱かせるものとは程遠かったし、また逆に、悪魔は必ずしも邪悪な存在とは限らなかった。また、この時期になると自分たちの存在根拠を問う哲学的な問題に、知識人の関心が向きやすかったのも事実であって、自らの宗教的アイ

＊　訳者は全面的には賛成しかねる。この書はキリスト教徒、ユダヤ教徒、自然宗教の信奉者などが対話を交わす形式で綴られており、誰か特定の人物が論争に勝つことはない。つまり、ボダンの本音（があるとするならば）が上手く隠れるように叙述されているのだ。しかし、読み方によっては、誰かに軍配を上げていると受け取れなくもないだろう。

デンティティーと関わる問題、すなわち教義や典礼を巡る問題への関心は若干希薄になっていたと言える。が、これには訳がある。つまり、宗教改革によって引き裂かれたキリスト教も、ヨーロッパ全体で、ある種の根元的な統一感を取り戻していたと説明できるのだ。この統一感をもたらしたのは、人間の運命を手中にした唯一の神、人間から見れば圧倒的で恐るべき神という存在である。新旧の両教会間の激しい対立にもかかわらず、また、長い宗教戦争にもかかわらず、一つの巨大な圧力が、カトリック、プロテスタントの双方を、「宇宙の至高なる支配者」に従うよう後押ししていたのだ。その場合、ルシファーはこの「至高なる支配者」の片腕として人間に天罰を下す役割を担っていることになる。これは、ちょうどフランス王が何人もの死刑囚に恩赦を与えて慈悲を示す一方で、国王の裏の片腕である死刑執行人が、国王の名の下に残虐な刑罰を科していたのと同じ構造となっている。(7) このように宗教的な秩序と政治的システムとを比較することは、全く強引とは言えない。なぜなら、社会の基準となる諸要素を統合していく特定のプロセスに於いては、様々な次元で社会全体が巻き込まれていくからである。こうして社会には、極めて序列化されてはいるが、調和の取れた秩序が出現するのである。なるほど、両教会間の激しい競争や、教会と国家との間のライバル関係、絶えざる戦争、諸々の共同体の内部をも侵食しつつあった根本的な不寛容などのゆえに、ヨーロッパ大陸は細分化の一途を辿っていたかのように見える。だがこの細分化の動きは、表象の領域に於いて統一性を回復せしめるという、全く逆の動きをも伴っていたと言えるだろう。

ヨーロッパが一切の相違点を否定する方向へと舵を切ったのも、まさしくこの頃である。それは、唯一の厳格な神の視線の下で、権威的な融和を図ることを目的としていた。例えば、カール五世ならびにハプスブルク家の後継者たちは、普遍的な帝国という観念に取り憑かれている。またフランスは、フランソワ一世からルイ十四世に至るまで絶対王政への道を歩んでいる。さらに反宗教改革のカトリックは、支配権の奪還に努めている。一方カルヴァン派も神権政治への道を歩むことになる。海上や植民地でも激しい覇権争いが繰り広げられる。この他にも、統一を企てる、ある種不可能な夢の追求が随所で為されている。こうして十六世紀の後半から十七世紀の前半にわたって、鉄と火と血の時代が続くのである。つまり西洋は、細分化に耐えられぬがゆえに、また、それぞれの陣営が己の法を他者へ押し付けようとしたがゆえに、却って細分化を免れなかったのである。ところでドイツの研究者は、一五五五年から一六二〇年頃にかけて、神聖ローマ帝国内で顕著に見られた現象を説明するために、「政治の宗教化」«confessionnalisation»〔今までは「世俗の宗教化」と訳出。ここでは、「世俗の政治・宗教化」と訳すことも可能〕という用語の使用を提案している。これは、教会と国家との間に極めて強固な相互作用が働くようになった結果、社会生活上のあらゆる側面が影響を受けるに至る現象を指している。宗教は当時は分離独立した領域などではなかった。それどころか、公私を問わず、人間の生活の全面を支配し、その中心に陣取っていたのだ。そのため、人生の何時いかなる時にあってもいかなる段階にあっても、信者たる国民が従わねばならぬ強力な規律が生み出されていく。(8) こうした時代も終焉を迎える頃になると、宗教と政治とが徐々に分離していく光景が見えるようになる。そして、啓蒙期の哲学者たちはこの話題を自家薬籠中のものとしたのである。

「政治の宗教化」の時期にあっては、サタンは人々の意識に絶大な影響力を行使している。こうして悪魔を中心に据えたヨーロッパの想像界《イマジネール》は、カトリック圏、プロテスタント圏の双方の領域に於いて、十分な一体性を保持し得ている。(9) 現実レヴェルでの一体化を望めなかった以上、政治、宗教に関わる指導層は、少なくともこの夢幻的ないし想像界のレヴェルで合意に達することを選んだと言えよう。ヨーロッパを渡り歩いたあのモンテスキュー描くところのペルシア人ならば、そう報告したのではなかろうか〔モンテスキュー著『ペルシア人への手紙』を念頭に置いた表現〕。あらゆる種類の抗争に明け暮れたヨーロッパという空間にあって、魔女裁判と火刑とは、各空間を包む最低限の共通項となったのである。詰まるところ、欧州のどこであれ、エリート層に属する者たちは、全く同じような仕方で悪魔の存在を信じたのであった。なぜならば、彼らは皆、様々な宗派の違いを乗り越えて、圧倒的な力を行使する神という観念に怯えていた点で、共通していたからである。こうしたものの見方は、中世末の大多数を占める民衆のそれとは全く異質である。と言うのも、中世の民衆からすれば、創造主は多種多様な形態により顕現することが可能であり、その際必ずしも悪魔との連携が成立している必要はなかった。それも当然で、彼らにとっての悪魔とは、小馬鹿にしたり担いだりしうる対象だったからである。また、上述した、怒れる神を中心に据えたものの見方は、エラスムス、トマス・モア、フランソワ・ラブレーなどに代表されるユートピア的哲学者の世界観とも著しい対比を見せている。なぜなら、彼らユートピアの思索家たちには、善良なる神が、迷信に陥らない人類に対して黄金時代の再来を約束してくれている、と信じる傾向があったからだ。また、上述した悲観的なものの見方は、古来の神学の見解とも袂を分かっている。なぜなら、古代人にとっての悪魔とは、確かに実体的存在であり、不気味な教唆を行う力を有してはいたが、現世で物理的に作用を及ぼしうる存在ではなかったからである。もっとも、魔女狩りの推進派の中には、この古来の概念を巧みに、つまりは部分的に利用した者もいる。例えば、サタンの存在の現実性を強調するにしても、女がデーモンと性的交渉を持った場合、不毛な結果にしか終わらない事実を説明せねばならない（死骸から精子を抽出してきた、という説明が通じるケースは別であるが）。その際に、サタンによる物理的作用の不可能性という古来の見解を援用したのである。

一五五〇年から一六五〇年にわたる期間は、宗教戦争で分裂状態にあったヨーロッパの混乱の中で、不安を掻き立てる強固な悪魔像のモデルが構築された時期に該当している。こうした荒廃の渦中にあって、サタンの強烈なイメージは、当時の前代未聞な災厄の原因を説明する役割と同時に、サタンを自在に操る厳しい神というイメージを強固に刻印していく役割をも担っていた。しかしながら、こうした現象が逆説的にも当時の人々にある種の安堵感を与えていた点を過小評価してはなるまい。彼らは、初期のユマニストとは異なり、絶望と隣り合わせの状態で悲劇の大海に揺さぶられていたのだ。彼らは、暗雲に覆われた世界の中に生き、君主ないしは教会への服従以外に（ただし教会は絶えざる抗争のゆえにもはや普遍的な合法性を有していなかった)、頼れる案内役を何ら持ち得なかったのである。こういう状況下に置かれると、悪魔に対する一般的な嫌悪感を共有することは、安心感を得ることに繋がっていくはずである。こうして魔女とされた者たちに向けられた共通の憎悪のお陰で、支配層、知識人、医者、教会人、その他火刑の派手な演出を見に来た関係者たちの間に、少なくとも見かけ上は、ある種の一体感が生まれるのである。もちろん、こうした事態を、誰もが同じように感じ取っていたとは限らない。だが、誰もが自分に期待されている役割を担い、悪魔学者や判事たちの要求に沿うように振る舞う必要があった。なるほど、魔女現象のモデルが、誰の頭にも完全かつ徹底的に根を下ろしたなどとは、絶対に言えない。だが、上述した「政治の宗教化」の過程が進んでいった点は明白である。つまり、悪魔に纏《まつ》わるイメージの強化によって、ある社会的なコンセンサスが出来上がることへの期待が膨らんだのだ。このコンセンサスは、同一人の中の公人と私人との間に完全な調和を保つことを前提としている。と言うのも、誰のいかなる側面も、他者の視線から免れることはないからだ。誰の内奥であれ、その闇に覆われた側面は、逸脱の可能性、換言すれば闇の君主と手を結ぶ可能性を宿しているのである。つまり、悪魔こそが、こうした不安定な人間〔公人としても私人としても不安定な人間〕を、国家や教会ないしは世俗の諸制度に、絶対的に服従せしめる必要性があることを、人々に初めて吹き込んだのである。つまりここでの悪魔は、後にロマン派が称揚するような誇り高き反逆者などではなく、神の完全なる道具なのである。換言すれば、悪魔は、危機に瀕したヨーロッパが生み出した、新しい服従のシステムと神とを繋ぐ、一種の失われた輪《ミッシング・リング》の役割を果たしているのである。

悲劇的なこの時代に、人々の心中の表象体系の中核を占めていたサタンは、現世が災厄と不安に満ちている理由を説明する原理として機能した。意味がないように映るところに意味を付与することを通して、サタンは変化を生む強力な動因と成り得たのである。逆に言えば、魔女狩りなどを通してサタンに仕掛けられた大規模な闘いは、宗教上の使命を呼び覚まし、知的、政治的および社会的な再分類を促し、全ての分野に於いて多種多様な超克の試みを誘ったのである。サタンがこれほど人々の意識の深奥に入り込んだことは、いまだかつて無かった。もちろん、人口の大部分を占めていた非識字層の民衆が、サタンについて抱いていたイメージを正確に摑《つか》むのは不可能であろう。この点については、司法文献などから、サバトに纏《まつ》わる古典的なイメージが浸透していたことだけが確認できるに過ぎない。いずれにしろ、現代の我々の想像界《イマジネール》がその往年の面影を象徴的に宿しているにしても、サタンが今後これほど重要な位置を占めることは、二度と無いであろう。

悪魔を巡る想像界《イマジネール》の断片化

根本的な断絶が生じたのは、十七世紀の中葉である。少なくとも西部に位置する国々についてはこう言ってよいだろう。換言すれば、東部ならびに中央ヨーロッパでは事情が異なる。そこでは十八世紀に入っても「政治の宗教化」に似た現象が生じており、大規模な魔女狩りも行われていた。もっとも、ギリシア正教会ないしはトルコの支配下にあった地域では、大規模な魔女現象が観察されたためしはない。さて、十七世紀中葉に生じたこの変化を説明するのは容易ではない。先ずは、様々な原因が絡み合った結果だと言うべきだろう。例えば、三十年戦争（一六一八―一六四八年）やイングランドの内戦（一六四〇―一六六〇年）〔清教徒革命に端を発する戦争のこと〕の悲惨さに帰因する深い倦怠感や嫌悪感、次いでデカルト（一六五〇年に死去）が体現している理性の進歩、さらには、一六六〇年以降特に飛躍的な進歩を遂げた科学などを、その原因として挙げうるだろう。こうした諸要素が全て絡み合って、人々は、より悲劇性の希薄な世界観の探求へと向かっていったのである。彼らが求めていたのは、以前よりも穏やかで合理的な目で、人間存在を見つめることであった。オランダでは、以前よりも温厚な神のイメージに基づいた、より寛容なカルヴァン主義、すなわちアルミニウス主義〔オランダの神学者アルミニウス門下の人々の説。改革派教会から異端として追放された〕が重要度を増していく。[10] ところで、サタンが凋落するに至った主要な理由の一つは、魔女狩りが終焉を迎えたからだ、と主張するならばそれは恐らく間違っている。[11] 因果関係は、実は全く逆なのだ。すなわち、悪魔の協力者とされた者たちへの迫害が減少ないし消滅したのは、デーモンへの信仰が弱まり、サバトや悪魔との契約の現実性に疑念が生じたからだと見なすべきである。ロベール・マンドルーは炯眼にもこう指摘していた。パリ高等法院の管轄地域では、一六三〇年代というかなり早い段階で、魔女を葬る火刑台からその炎が消えている。なぜかというと、高等法院の判事たちは、弾圧に躍起になっていた下級裁判所から引き継いだ多数の告訴事例に、慎重な態度を示し始めたからである。フランスの首都の上流層では、心的な変化が緩やかに生じていたのである。この変化を可能にしたのは、十八世紀の思想上の論争を予告する合理主義的ないしは科学的な態度の高揚のみではない。同時に、それまで支配的であった感受性や思考法が、括弧に括られるようになった点も重要な一因と言える。研究者の中には、偉大な歴史家マンドルーの巧みな論証を、十分に弁《わきま》えていない者もいるように思われるので、ここで採り上げておきたい。彼によれば、当時の知識人たちは、永遠不変の懐疑主義の内部に閉じこもっていたわけではない。なるほど、サタンの後退は、形而上学上サタンが障害として退けられたことと無縁ではない。だがそれに留まるわけではない。つまり高等法院の司法官たちは、「人間が、最後の審判を行う神によって、その些細な行いに至るまで日常的に監視されているような世界、〔……〕しかも日常的に闇の君主に悩まされているような世界」という表象を緩やかなテンポながらも放棄していき、代わりに「監視の目が彼方に遠のき、神やデーモンの介入が極めて稀になった世界という見方」を獲得していったという。[12] ここで起こっているのは、精神上の本格的な変化であると同時に、人間生活の様々な側面で見られる変化でもある。簡潔に言えば、宇宙の「脱魔術化」に由来するもの、となろう。医学、外科学、解剖学も、この変化に呼応している。と言うのも、こうした学問は人間の身体を調べていく内に、それが神ないしは悪魔の意志によって簡単に変化を被るものではないことを、徐々に発見していくからである。さらに、悪魔祓いも、知識人を含めた多くの観衆に対し、疑念を植え付ける上で貢献している。元来この儀式は、カトリックがプロテスタントに対する自らの信仰の優位性を示すために、執り行われていた。ところが、この派手なスペクタクルも、やがて主催者側に混乱が生じ様相が変わってくる。(13) 一六三四年、ルーダンでグランディエの事件が発覚した際、尼僧ジャンヌ・デ・ザンジュの霊的指導者を務めたシュラン神父が事態に誠実に対処したことや、長きにわたって苦悩したことは否めないだろう。しかしながら、彼に指導を受けたジャンヌの方は、相当の裏業師だったようで、まだ同時代人の意識をかなり支配していた恐怖をベースとするキリスト教を、極めて巧みに操っていた節がある。その後、悪魔に対する恐怖心の後退に伴って、この種の見せ物も徐々に消えていくことになる。裁判官や、上流層の、名士ないしは都会の何らかのグループの構成員などの目に、悪魔の存在自体が怪しげに映るようになっていた以上、これも当然と言わねばなるまい。(14)

サタンの全能に異議を唱えた著作家たちの作品のタイトルを追っていけば、こうした精神面での変化の有り様が見えてくる。もっとも、知の歴史は社会の変化から何ら独立しているわけではない。知の歴史は、その他の根元的な変動と結び付いた時に初めて、その意味を明らかにしてくれる。こう考えるならば、悪魔を信じる姿勢が後退した真の理由を、勇気ある知的先駆者たちの存在にのみ求めるのは不十分である。それ以上に深い理由として、宗教が、人間を取り巻くそれ以外の諸現象と取り結んでいた関係に、根元的な変化が生じたことが挙げられよう。「政治の宗教化」が過去へと送り込まれ始めた時期に、西洋社会は宗教的な象徴体系から徐々に離脱していった。なぜなら、世界を神学的に説明するシステムと競合する、新たな説明原理が少なからず登場したからである。例えばフランスでは、ルイ十四世の国家が固有の支配原理を築き上げ、政治的なるものを宗教的なるものから分離していった。こうして、政治的なるものは、君主制の神聖さを発現することに専心し、一方、日常生活に於いては依然重要視されていた宗教的なるものは、その日常の次元に留まり、ボシュエ〔一六二七―一七〇四年：聖職者、説教家。雄弁家としても有名〕が実践して見せたように、儀礼的な賞賛の機能を果たしていればよいとされた。また、文学や知識人の世界も自立性を獲得していき、少なくとも、新しいものを警戒する神学とは一線を画すようになると同時に、パリやロンドンなどの大都市に於いて絢爛たる花を咲かせるに至る。また、自由思想家《リベルタン》たち、すなわち神の存在を信じない者たちのグループも、秘密裡に組織されていく。デカルト、ホッブズ、ロック、その他知名度のやや低い大勢の作家たちが、文化に刻印を残すような忘れがたい仕事を残している。ただし、デカルトの作品がルイ十四世の下で発禁処分の対象となった点は銘記しておかねばならない。さて、簡潔に言えば、神学という衣装のあちこちに綻《ほころ》びができ、その間から新たな思想や欲求、あるいは悲劇性の希薄な人生観などが、顔を覗かせるようになったのである。勿論、こうした変化が生じるに当たって、障碍がなかったわけではないが、この点に関しここで詳述する余裕はない。いずれにしろ、西洋は、その上層によって駆り立てられ、支配層たるエリート、思想家や芸術家ないしは都市の教養層に先導されつつ、それまで教会が阻止しようと努めてきた多元主義への道を歩み始める。もっとも、こうした多元主義を、今度は絶対王政の国家が堰き止めようとするのではあるが。ただし、この後、啓蒙哲学へと至る道筋に於いて、ヨーロッパ精神が危機に瀕し、さらに深い亀裂が生じる点は周知の通りである。[15]

悪魔という存在は、大陸での覇権を巡る激しい宗教上の衝突と直接繋がる形で、人々の精神構造を支配してきた。その悪魔のイメージも、疲弊した両陣営が覇権主義的な意図を放棄すると同時に、粉砕の憂き目に合う。一六四八年のウェストファリア条約により平和が訪れるに伴い〔西ドイツ北西部の都市ウェストファリアないしはウェストファーレンで、三十年戦争終結のための条約が結ばれた〕、新しいヨーロッパが誕生する。この新たなヨーロッパは、なるほど未だに敵対する二つの宗教陣営に分かれてはいたが、そこでは教条主義が、内部から噴出した異議申し立てによって、徐々に揺さ振りをかけられるようになる。例えばカトリック国のフランスでは、ジャンセニスム〔十七、十八世紀のオランダの神学者ヤンセニウスに源を発し、ポール・ロアイヤル修道院を中心に展開された宗教運動。教会改革と厳格な教義で、異端視されている。またイエズス会と激しく対立している〕が勢いを持つようになるし、また〔プロテスタント圏ではアルミニウス主義のように〕神と人間との間により穏やかな関係を措定する一派も登場している。こうして、人々は全エネルギーを、兄弟分でありながら同時に敵でもある相手陣営殲滅のために注ぐ必要がなくなっていく。そもそも一世紀間にわたる抗争の末に、相手の撲滅など不可能だと皆が悟ったのである。こうなると、人間の悲惨さを想像界《イマジネール》へと取り込んだ際に生じる感情、すなわち終末が迫っているということへの恐れや恐怖心を極度に煽り、それを通して敵を粉砕するエネルギーを保とうとした戦略も破綻する。換言すれば、その道具たるサタンの有用性は大いに減じてしまう。そもそもキリスト教徒があれほどの大分裂を経験したことはかつて無かった。前代未聞の仮借ないあの宗教戦争の時代ほど、自分たちに関する神の意志に確信が持てなかった時代は、かつて無かった。十字軍や大航海時代の時と異なり、当時のヨーロッパは未来に夢を託すどころか、その深部で深刻な分裂を経験していたのである。そこで、怒り狂う神の道具としてのデーモンという、強迫観念に近いイメージが醸成されていった。このイメージは、誰も善行に確信が持てない状況下で、同時代人が自らの根元的な苦悩を受け入れることを可能にしたのだ。つまり、「善」と「悪」とが不可避的に激突するが、最終的には「善」が必ず勝利を収めるという図式を拵《こしら》えたお陰で、人類が当時歩んでいた暗い道に一条の光が差し込んできたのである。なぜかというと、この図式に沿えば、創造主たる神は人間を罰しはするが、完全に見放したりはしないという結論に到達するからである。こうして精神的な緊張感が生み出され、誠実な信者の内部では、伝道の熱意が燃え上がることになる。彼らはいつも以上の熱心さで、神のための仕事に邁進していく。ヨーロッパ大陸内で魔女狩りに従事した者たちは、遥か彼方の民族に福音を伝えに行った宣教師たちと、全く同種同様の使命感に燃えていたのである。ここに見られる不寛容と狂信は、新旧双方の教会が分かち持っていた精神であり、十六世紀中葉以降あちこちに浸透していった悲劇的文化が、大いに煽り立てた終末論的恐怖に由来している。こうしてサタンは、特に魔女裁判を通して、桁外れの存在感を獲得していく。それもそのはずで、〔サタンを道具として駆使する〕非情なる懲らしめの神は、神父や牧師の脅迫的な説教のゆえに深い罪悪感に苛《さいな》まれていた西洋人の意識に、強い刻印を残したのである。

このように何世代もかけてその像の統一化を果たした悪魔は、ルター派内であれカルヴァン派内であれ、あるいはカトリック圏内であれ、一切の多様性を打ち砕くための戦闘手段として機能した。だが、この統一化した悪魔像が、固定的に残っていくと考えてはならない。そもそも悪魔像の統一化は、人間の能力を信じた初期ユマニストの知的理想が廃墟と化した後の、極めて特殊な条件下で実現したに過ぎない。従ってそれが、啓蒙の思想家たちの新たな楽観主義の高揚によって、破綻を見ても何らおかしくないのである。サタンの支配下にある期間とは、西洋の歴史に於いては、それがたとえ長かろうとやはり括弧に括るべき例外的な時期なのである。換言すれば、このサタンの時代は、世界の魔術化という原理に貫かれた、最後の大いなる時代に該当していると言える。この混乱を極めた歴史的な一幕の間に、相対峙する両教会は、自らの世界観を押し付けることに成功している。教会は、魔術が横行し魑魅魍魎が跋扈する民衆の迷信的な世界を退け、恐るべき神と神出鬼没の悪魔という二つの存在のみを彼らの頭に刻み込もうと努めている。さらに両教会は、永遠不変の聖書の教えによって抑制してきた科学者は言うまでもなく、その他にも、初期ユマニストの後継者たちから、無神論ないし不敬虔の烙印を押され続けてきた知的自由思想家《リベルタン》に至るまでの、あらゆる反順応主義者らに沈黙を強いてきたのである。だが、宗教的な衣を装いつつも、その下で多種多様な思想が歩み続けていく。もちろん、白日の下でそれらを公に主張するのは、しばしば危険を伴った。また、民衆たちは新しい見方を取り込んだが、だからと言って自分たちに固有の世界観を全て破棄したわけではない。魔女裁判の尋問調書を繙《ひもと》けば、古来の魔術的な説明原理と、悪魔によるサバトなどの、外から持ち込んだ概念とが併存しているのがよく分かる。[16]さらに、人間に担がれる滑稽な悪魔という概念が消滅することもあり得ない。民俗学者が報告しているように、こうした悪魔像が今日に至るまで豊富に残存している事実からも、この点に疑問の余地はない。同様に、自由な精神の持ち主たちも、既にラブレーが実践していたように、ひたすら面従腹背の戦術を採り、当時の戦闘的キリスト教に完全にひれ伏したりはしなかった。また、ルネ・パンタールが研究したパリの自由思想家《リベルタン》たちも、追及の手を免れるために、二重の態度を採る戦略を採用している。一方では教会に通い、かつ規則や法を遵守して敬虔さを装ったが、他方ではこっそり集まって、保守派から見れば冒瀆的以外の何物でもない主題について、秘密裡に議論を交わしていたのである。(17)

一六四〇年代は、知的世界にとっては一大転換期に当たる。デカルトが形而上学に固執していた一方——彼は完全という概念に則り神の存在証明を行っていた——メルセンヌ〔一五八八—一六四八年：科学者、思想家。音の速度の測定や弦の振動に関する研究を行う。デカルトらとの親交も厚い〕ないしその周囲の思想家たちは、必ずしも明確に書き記しているわけではないが、形而上学が科学を支配することを拒絶している。ガッサンディ〔一五九二—一六五五年：哲学者、数学者。デカルトに反対し、エピクロスの唯物論的原子論の立場を採る〕も既に一六四一年の時点で、デカルト流の哲学と決別している。因みに、デカルト的哲学は、その生みの親の手を離れて一人歩きを始め、近代科学的な思考法を育む方向へと歩を進めている。この近代科学的思考法は、危機や困難に直面しつつもそれらを克服し、一六四〇年から一六七〇年頃にかけてその姿を整えていく。その後ニュートン、スピノザ、ライプニッツなどの著名な思想家たちの周囲で、さらに豊かな実を結ぶことになる。(18) また、この科学的精神の発展と密接に結び付いた哲学的懐疑主義は、限られた範囲内に於いてではあるが、およそ一六六〇年から一六七〇年にかけて、デーモンは人間内部の「悪」の象徴に過ぎないという見解を広め始める。(19) ところで、こうした思想家たちの教条主義は、彼らの論敵たちのそれに勝るとも劣らない場合が多い。彼らは、まだ完全に魔術から解放されていないと映った世界の中で、学問に従事していたのである。例えばニュートンは占星術に夢中にならなかったであろうか。彼ら思想家や科学者の残した文献を見ると、二十一世紀の読者は恐らく驚くだろう。例えば、ライプニッツの仕事は、形而上学とスコラ哲学の双方の特徴を備えているくらいである。ライプニッツにとって、知識は自然理性に基づいて得られるものだが、この自然理性の限界を越えて、神による啓示が知識を提供してくれることもあり得る、ただし、この啓示による知識獲得も理性の法則に合致していなければならない、というから複雑である。いずれにしろ、科学的合理主義者たちが、悪魔を巡る論争に自分たちの敵を引き込んだのは確かだろう。因みに、イエズス会士たちは、自然と超自然の次元を分け、科学と形而上学とを、二つの全く異なる領域として共に擁護し始めている。[20] こうなると、過去の教条主義の優位性には亀裂が入るだろう。そしてこの亀裂は十八世紀に入ると、さらに深まっていくことになる。昔日の秩序や悪魔の現実性を擁護していた者たちは、この点を見逃さなかった。彼らは、もしデーモンが幻影でしかないことを認めてしまえば、信仰が弱体化する危険が生じることを即座に察知したのである。こうして論争の火ぶたが切って落とされ、早くから激しい議論が交わされるようになる。保守陣営からすれば、宗教から深刻度が削ぎ落とされていくのを、何としてでも食い止める必要があった。なお、この激しい論争は、アンシャン・レジームの末期まで延々と続いていく。

イングランドでは一六四六年に、ある作家が深刻な様子でこう書き残している。もし人々が悪魔は存在しないと考えるようになったら、即座に、神も存在しないと思うようになってしまう、と。あるいは一六三五年のこと、やはりイングランドのある懐疑主義者は、こう挑発している。悪魔がいるなら現物を見せてくれ、そうしたら自分も神が存在すると信じるだろう、と。このように、神と悪魔の概念は密接に絡み合っていた。キース・トーマスはこの点に関し、「内在的な悪魔は、内在的な神という観念を支える主要な補完物である」[21] と喝破している。劇作家もこのテーマを扱っているが、それは観衆の側にこの主題を期待する向きが少なくなかったからであろう。イングランドの舞台では、十七世紀の初頭からそうした作品が試みられている。例えば、一六〇八年にウエブスター〔一五八〇頃—一六二五年頃：英国の劇作家〕が書いた『白い悪魔』に於いては、悪しき行為はサタンにではなく、人間の精神に帰せしめられている。また、ベン・ジョンソン〔イングランドの劇作家、詩人〕（一五七二年―一六三七年）も『悪魔はロバである』の中で、人間自体の愚かさに焦点を絞っている。[22] シェークスピアの劇作品でも、デーモンの影は既にかなり薄くなっているし、さらにクリストファー・マーロー〔一五六四―九三年：イングランドの劇作家〕の『ファウスト博士の悲劇的物語』（一五八八年）も、人間に与えられた条件を超克しようとする絶望的な試みを描くにあたって、ファウストの方に観衆の注意を引いているのである。

神学固有の世界から抜け出て、哲学ならびに文学の領域へと逃げ込むや否や、デーモンはその現実性を失ってしまう。例えば、デカルトはこう考えている。神は宇宙とその自然法則を創造し身を引いた。その際、宇宙が機械的に機能するように計らい、決して介入する必要のないようにした。従って、我々が霊的な世界について知るには、啓示による以外にない。啓示を通して、我々はキリストの受肉ならびに天使や悪魔の存在を知ることになる。だが、こうした霊的存在が自然に影響力を及ぼすことは金輪際ない、と。[23] デーモンは如何なる実体も有しないが、しかしデーモンは確実に存在している。そしてデーモンの全能なる能力とは、人間がこの世界について何かを知ろうとする際に、常に人間を妨害する点に存するという。結局、悪魔を想定することによって、現実と見せかけとを区別することが可能となるのである。ここから出発して、アーネスト・ゲルナーは、デカルトの同時代人がデーモンを「信じた」のに対し、デカルト以降の全ての哲学が、デカルトによって「発明」されたデーモンの内に一体性を見出してきたと見なしている。ゲルナーはさらにこう付け加えている。初期の段階では、デカルトの継承者たちは、悪魔を我々固有の精神と同一視していた、と。その後にロックやヒュームが準備し、恐らくはカントにも暗々裡に看取でき、さらにカント以降は支配的となる第二の理論によると、悪魔は歴史そのものだという結論に至る。換言すれば、悪魔は人間の悟性が一般的に発現したものだという結論に至る。ダーウィン以降の第三段階に達すると、歴史としての悪魔に加えて、自然としての悪魔や言語としての悪魔が登場する。つまり、デカルトの方法論的懐疑が開拓した新しい哲学は、悪魔を、精神や歴史、次いで生物学的自然や無意識ならびに言語と同一視する見方を生み出したのである[24]〔以上ゲルナーの説の紹介〕。こうした概念は、科学が地歩を固めていくにつれて厚くなっていく教養層の内に引き継がれ、それに応じて従来の悪魔に纏わる力学はますます弱体化していった。同時に「悪」の問題は、徐々に個人的な次元へと引き下げられていく。デカルトはその「第四省察」に於いて、心にこびり付いて離れない、あの誤りなるものは、彼の目には好意的に映った神に由来するのではなく、我々自身の過失に由来している、と言うのも、我々がその意志を、明快かつ判明な観念を越えた領域にまで拡張しようと試みてしまうからだ、と述べている。[25]人間を罰するための道具としてサタンを駆使する、あの恐るべき神の視線に射竦《いすく》められて、集団的に責任を取るというシステムは、こうして自身と向き合う個人が責任をとるシステムに変換されてしまう。つまり、罪悪感は個人の良心の問題に帰着するのである。そういう人間は、空虚な宇宙の中で、言わば裸体の状態にあり、方法論的懐疑以外には何ら武器を有していない。そういう人間は、自分の生存状態が損なわれたからといって、もはやその原因を神にも悪魔にも帰せられなくなったのである。なぜなら、人間は自らの不幸の責任を一人で引き受けねばならないからだ。この考え方は、デカルトが一六七三年に出版した『屈折工学』の内にも見て取れる。魔法から解かれ古来の魔術から自由になった人間の目は、突然この世の外部へと飛び出していき、目に映るいかなる映像《イマージュ》の背後にも、もはや何物も見ようとはしない。天空にも大地にも不可能なる物事を一切見ることはない。否、それどころか映像《イマージュ》すらそこには残らない。唯一残るのは、全てを感じ取るのが肉体ではなく魂であるという考え方、つまり、「我思う、故に我あり」という思想の確実さのみである。[26]

最も偉大な思想家と言えども、たった一人で、その時代の支配的な傾向を屈折せしめることはできない。デカルトの場合、彼はちょうど良い時期に登場したと言えるだろう。それは、火と血に染まった宗教戦争の数十年間と異なり、悲痛な服従心を捨てて、人生を見つめ直す必要が生じた時期だったのである。外部から課された真理が横暴を極め、それに反した場合には激しい刑罰に処される時代から脱却しつつあった時代に彼はやって来た。換言すれば、デカルトは、個人の良心がその地位を緩やかに高めていく過程の中に位置づけられるのである。ルネサンス前期のユマニストたちが奉じた「寛大な」神が再登場し、フランスに於ける殉教者の時代のアウグスティヌス主義という荒波や、イングランドないしオランダ連合州〔Provinces-Unies：一五七九年スペイン領オランダの北部七州がユトレヒト同盟に加盟して成立した。八一年にオランダ共和国として独立〕を荒らしたプロテスタントの一部の厳格主義の高波を食い止めたのである。西ヨーロッパは、商業が新たな発展を遂げ、十八世紀に於ける繁栄の基礎を築いたまさにその時に、火刑台の火を消し止めたと言える。もちろん極めて不平等な社会であったから、こうした有利な経済情勢の恩恵に全面的に与《あずか》れたのは、ごく少数の人間に限られるだろう。だが、特にフランスやイングランドやオランダ連合州のようにダイナミックな経済を誇っていた国々では、都市の庶民層、それのみか農村社会の一部ですら、その恩恵の一端に与ることができたのである。緩やかに始まりながらも哲学者たちの時代に加速したこの経済状況の変化が、少なくとも、増加の一途にあった都市の住民層に於いて、恐ろしい悪魔像の後退を早める上で重要な役割を担ったのは間違いない。幸福と進歩の観念が、あの悲劇的で弁証法的な思考の基盤を浸食していったのである。さらに、日常を囲む環境が和らぎ、ある者にとっては愉快なものにすらなっていた。この変化は、新しい生き方の追求へと繋がっていく。こうなると、我々は悪魔の腕力に抑え込まれ神の視線に射竦《いすく》められているのだ、そういう涙の谷〔現世のこと〕で生きている我々は、いずれ死によって互いに引き離されるぞ、などといった説教を聴くのが、段々苦痛になってくるだろう。このように、経済と国家と宗教的現象をも包含する広義の文化との間には、緊密な関係が成立している。さて、既に十七世紀の時点から、フランス的趣味なるものが、他国のそれとの比較を通して、独創的な好みとして定着し始めていた。レオラ・アウスランダーによると、国民性という概念と、その国民を取り巻く事物との間には、歴史的に密接な連関性が成立しているという。「人々は事物《オブジェ》を介して存在している」[27]というわけである。恐らくパリを別にすれば、十八世紀の段階で本格的な消費社会が到来したとは、とても言えないだろう[28]。それでも、人間が、自らの身体や生活を取り巻く装飾との間に新しい関係を取り結ぶに至った事実は、根元的な変化が生じつつあったことを物語っている。贅沢の喜び、衛生への関心、医学の発展、死の影の後退、感動の追求、あるいはチョコレートや紅茶、コーヒーなどの刺激物の摂取の増加、昔日に比べ自由になった性的行動。リストはこれで終わりではないが、こうした兆候は、快楽主義の高まりを裏付けている。言うまでもなく、最貧困層の生活はほとんど、否、全く改善されていないから、こうした傾向が見られる層は社会的に極めて限られている。それでもこの快楽主義は、前世紀初頭の厳格なキリスト教の基盤を切り崩していったはずである。少なくとも、厳格なキリスト教の方は、自発的な信者のみに支持される信仰として縮小を余儀なくされ、誰もがこれに縛られる状況は消滅している。多くの信者が、道徳的および宗教的な制約の緩和を利用して、自分に見合った信仰形態を模索したり、子供の寄宿学校《コレージュ》の選択基準を変更したりしている。文化、経済の両面に於ける需要と供給という作用に絡め取られてしまったサタンは、こうした新しい条件に順応せざるを得なくなった。以前の圧力の緩和は、地域にもよるが農民層にまで波及している場合もある。こうした現象の背後には、やはり外部からの影響、特に宗教的な領域の縮小、加えてプライベートな生活圏の拡大、さらには、性的な分野を中心に、個人の意識に秘密の閾《しきい》を認めようとする姿勢、等々が存在していると思われる。さて、こうした状況の中で、それまで埋もれていた民間信仰、消滅したと信じられていた迷信的実践、教会が撲滅を目指していた魔術主義などが、再び息を吹き返してきた点にも留意せねばならない。こうして過去の馴染み深いが曖昧な諸要素が改めて重なってきたために、ルシファー像は相当ぼやけてしまう。以前よりも弱体化し優しげになったこのデーモンは、宝探しや媚薬作りには協力しても、もはや、魔女と地獄の主と緊密に連動していた、あの身を苛《さいな》むような恐ろしい神のイメージを、そのか弱い双肩では支えきれなくなったのである。

魔力を失った悪魔

十七世紀末以降、人々は悪魔を自分なりの仕方で、あるいは自分にもっともしっくりくる姿形でイメージするようになっていく。勿論、誰も彼もがサタンの権威を一切認めなくなったわけではない。と言うのも、悪魔学者《デモノローグ》の後継者たちが多く育っており、彼らは、この世にサタンが遍在する恐怖を説いて止まなかったからである。さらに彼らは、増殖して止まない論敵との論争に明け暮れていた。しかしながらやはり、サタンは社会的実践の場を徐々に失っていき、神話や象徴の世界へと逃げ込んでいくことになる。ただし、オーストリア、ポーランド、ハンガリー、あるいはポルトガルのコインブラなどでは、十八世紀に入っても数多くの魔女裁判が行われていた点をぜひ銘記しておかねばならない。[29] さて、フランスでは一六八二年七月に、ルイ十四世、コルベール、およびルーヴォア〔一六三九―九一年：政治家。ルイ十四世に重用され軍隊の強化に努めた〕が署名した勅令によって、曖昧さは残ったものの、魔女に対する司法的な追及に、一応終止符が打たれたと言えよう。「世に言う魔術」という定義からして、サタンとの契約やサバトが暗黙裡に否定されているのが分かる。ただし、明確な否定が見出されるわけではない。それでも条文は、死刑が適用できるのは、冒瀆ならびに毒の使用が認められた場合に限ると明言している。その他の者たち、すなわち幻惑の名人とされた占術師、魔術師、魔法使い等は、重くても追放刑に処されるのが関の山であった。[30] ところで、当時はパリ以外の高等法院やその他の下級裁判所の判事たちの多くが、現世に対する悪魔の介入の現実性や、悪魔を信奉するセクトの危険性を鵜呑みにしていた。上述の勅令は、少なくとも、こうした法廷や判事たちに対し、新たな考え方と姿勢とを教示する役割は果たしたと言えるだろう。

この勅令よりわずか数年前の一六六七年、ジョン・ミルトンは『失楽園』を口述筆記して世に問うている。聖書を下敷きにしたこの壮大な叙事詩は、伝統的であると同時に、それまでにはない要素をも兼ね備えたサタン像を提示している。ミルトン描くサタンは、威圧的な神の枷を拒み、高々と自らの不服従を宣言しているのだ。曰く、「天に仕えるよりも地獄に君臨する方がよい」[31]と。このように、悪魔の有り様を巡っては、正反対の二つの陣営が明確に対立しているとする図式、換言すれば、一方にがちがちの伝統主義者がいて、他方に刷新者が対峙しているという図式に、あまり固執してはならないだろう。例えば、ナディア・ミネルヴァは、どちらの陣営にも急進派と穏健派が存在していた現実を正確に突き止めている。[32]確かに、悪魔のイメージに細分化が生じたのは明白である。この細分化は、あたかも多様に分割された社会階層の現実に呼応しているかのように映る。そして、断片化された各々のイメージと社会階層とが結び付くとき、場合に応じて高圧的な神という遺産、ないしは思慮深い神の名残りが、適宜活用されているように思われる。つまり、罪人に復讐の手を振り下ろす恐るべき神と、遙かに霞む寛大なる神との間には、数多くの段階が設けられており、その中には、宇宙の空虚を説く無神論者まで含まれているのである。同様に、悪魔そのものも変幻自在で、多種多様な活用形を与えられている。それは、曖昧模糊とした原理であったり、人間存在の闇であったり、悪戯好きな小悪魔であったり、二つに割れた足を持つ悪臭紛々たるデーモンであったりする。中には、ペテンと変身の天才が悪魔だ、といとも簡単に言ってのける者までいる。何れにしろ、悪魔は、それを考え出す人間抜きには決して存在しえない。従って、悪魔をあれこれの奇妙な衣装で飾るのは、まさしく人間の側なのである。

一六四〇年代以降になると、この領域での主要な革新は、デーモンの概念の内在化、それも多様にして混沌とした内在化、というプロセスを経て進んでいく。それまで圧倒的に人々を支配してきた見方、すなわち、自然界で様々な姿を纏《まと》うサタンの実在性を説いて止まなかったあの悲劇的物語に登場して、人々の恐怖心を煽った具体的な悪魔の表象は、その他諸々の表象の一つに過ぎなくなってしまうのである。なるほど、この具体的な表象は十八世紀の段階ではまだ相当の力を発揮していたが、その後凋落の一途を辿ることになる。反対に、内部へと向かう視線がますます強くなっていく。この視線は、人間の悟性に潜在する不気味な側面を抉り出し、「悪」や誤りの存在理由を説明しようとする。その際、創造主の寛大さを損なわないよう工夫するのは当然である。最悪の場合でも、創造主は無関心であるに過ぎない、という理屈で押し通そうしている。こうして一歩を踏み出した内省化は、実存的問題の核心を、〔外部にではなく〕人間の意識や理性へと送り込んでいく。理の当然として、この内省化は、神や悪魔が常時活動していてこそ、初めて意味を持つ諸々の意味《シーニュ》の森を、この宇宙から消し去ってしまう。また、医学や諸々の科学が、身体の神秘に注意を引き付けることを通して、さらには解剖学や生理学の発展、ないしは血液循環の理論などを通して、古い意味《シーニュ》の空洞化に非常に貢献している。その上デーモンは、四体液の理論が諸々の新たな概念に取って代わられたために、往年の傲慢なる輝きを大いに失ってしまう。以上の結果、身体的ミクロコスモスと宇宙的マクロコスモスとの間に分離が生じ、それがゆえに、超自然をこの両者の必然的な結びつきの相の下に見る可能性が、音を立てて瓦解していく。科学者にとって、霊魂や不可思議な力あるいは象徴に満ち溢れた世界は、突如として意味を喪失し空虚な空間に変じてしまう。ただし、詩人や文学者たちだけは、夢想ないしは幻影に通じているこの意味《シーニュ》の世界に、長らくそれなりの愛着を抱き続けることになる。そうすることで、彼らは〔理性によって何でも明るみに出そうと目論む〕極端な戦闘的合理主義に対し、一定の歯止めを掛けようと何度も試みているのだ。彼らは、各個人が、自分自身についてさほど知りたいとは思わないような事柄まで暴露しかねない、あの極端な内省の危険に陥るのを避けようとしたのであった。

　こうして頻繁に人間化を被った悪魔は、それでもかなりの影響力を持ち続けた。つまり悪魔は、我々が文化的、文学的、および芸術的イマジネールと呼び慣わしている領域に、上手く入り込んで来たのである。この想像界《イマジネール》はどこか軽やかで夢想的な性質を帯びており、サバトの現実性への信仰によって魔女狩りに火をつけた例の恐るべき社会的な想像界《イマジネール》の主要部分とは、対局に位置している。以上を換言すればこうなろう。以前は、デーモンに関する神話が、迫害に纏わる具体的な行動様式を生み出していった。だが、悪魔を巡るこの神話は、迫害様式を生み出す力を失って行き、それに伴って元来の厚みをも失っていったのだ、と。この現象は、先ずはヨーロッパ西部で、次いで大陸全体へと徐々に広がっていく。またこの現象は、政治権力や宗教権力に対し緩やかなペースながらも自律性を獲得していった、ある知的領域の拡大とも無縁ではない。フランスを例にとるならば、こうした公的空間は、社会上層部の様々な構成員間の、優れて象徴的な交換の場となっていく。ただし、こうした空間は、ユルゲン・ハーバーマス〔一九二九年―　：ドイツの現代哲学者〕が主張したように十八世紀に日の目を見たのではなく、ルイ十三世治下で創出されたと見なすべきである。(33) 一六六〇年頃、「社交界には八千人から一万人」の読者層が存在し、その内のおよそ三千人がパリの人間だったという。(34) こうした読者層の多くは、種々の新しい思想が議論されたサロンの常連であり、そこには、少なからぬ数の貴族、聖職者、裕福なブルジョアないしは中流の都市民が含まれていた。もちろん、才気煥発で言葉巧みな女性（必ずしも「才女気取り」とは言えない〔モリエールの『才女気取り』を念頭に置いている〕）をも忘れてはならない。さて、こうした読者層こそが流行の作り手であった。上述したとおり、彼らは一六四〇年頃に悲劇的物語というジャンルを手放している。(35) 悪魔の黄昏は、この公的空間に於いて比較的早期に始まっていたのだと思われる。とりわけ、パリ高等法院の裁判官たちがこの空間に出入りして、意見を変えていった可能性は高く、注目に値する。彼らパリの法服族たちは、下級裁判所で未だに数多くの魔女狩りが行われていた時期に、徐々にこの魔女現象に対し違和感と疑念とを募らせていったのである。もっとも、巨大な口承文化と比べるなら、あるいはさらに重要だが、驚異現象に満ちた民衆文学の受容者の大規模な世界と比べるなら、このサロンという人間空間はあまりに狭く感じられる。恐るべきデーモン像の後退速度がかなり緩やかであった点も、これによって説明がつくだろう。ところで、こうした変化に関わっていると自ら感じていたであろう、別の一団を挙げうる。それは寄宿舎学校《コレージュ》の生徒六万人と、パリの劇場を埋めていた観衆五万人である。[36] だが、例えばイエズス会が経営していた学校の大部分では、悪魔に関する言説はしばしば伝統的なものに留まっている。イエズス会士たちは、こうして若き魂を、サタンの罠から守ろうと試みたのであった。いずれにしろ、正確な情報を欠いているので、この当時の悪魔の「退却」を問題とする際には、慎重な操作が要求される。推測に頼る部分も大きいが、恐らくは最大で数万人単位の読者が、この悪魔像の変化に関わっていたと思われる。その一方で、現世に於けるサタンの実在について、伝統的な見解に傾きがちな民衆層を中心とするフランス人は、およそ二千万人に上っていたと考えられる。それでも、上述した公的空間の進展に伴って、悪魔像の変化も徐々にその伝播経路を広げていく。一六八二年の勅令は未だに曖昧な状況を反映してはいるが、それでも、魔女現象を疑う者たちの立場を堅固にしたのは間違いない。サロンや様々なアカデミーあるいは新聞も、知的、科学的な議論を活発にする上で一役買っている。また、自らの身体と衝動とを抑えうる「オネットム」、絶対的なエチケットに従って行儀作法を叩き込まれた宮廷人たちも、[37] やはり自分たちの先祖に比べれば、悪魔への恐怖心をかなり喪失している。つまり、自己抑制のメカニズムは、世界の秩序に関し、個人にある程度の安心感をもたらすに至っている。確かに世界の秩序を支配しているのは神の法だが、それを地上で遵守せしめるのは、神の代理人たる絶対君主だからである。こうして、バロックの時代は古典主義にその地位を譲り渡した。それに伴って、戦闘的な反宗教改革の激烈さも和らいでいく。いや、その熱意はフランス社会の周辺へと逃げ込んでいった、と考える方が正確かもしれない。その証拠に、熱狂的信者の一団、ジャンセニスト、あるいは戦闘的アウグスティヌス主義を奉じる集団などが、当時頭をもたげているのである。ところで、自らを律する太陽王のイメージは、フランス人の神を巡る表象のあり方に、逆に反射し影響を与えてはいないだろうか。フランス王と同じく、今までには考えられないほど超越的となった神は、悪魔が現世に内在して活動しているという見解を、ずっと後方へ押しやったのではなかろうか。なぜなら、こうした悪魔観は、人間の一挙手一投足を間近で監視する厳しい神なくしては、存続し得ないからである。

ところで、熱心な信者たちは、それも、苦悩に信仰の基盤を求める必要のあまりないキリスト教を模索していた信者たちは、懐疑主義者たちよりも遙かに懸命に、闇の君主のイメージの弱体化を計っていた。オランダ連合州〔既出〕では、デカルトの弟子で神学者のバルタザール・ベッカー（一六三四―一六九八年）が、悪魔の存在肯定論に闘いを挑み、『魔術的世界、あるいは、霊的存在、その性質、その能力、その機能、およびその行動に関する共通見解の再検討』という著作を刊行している(38)。この巨大な大全は一六九一年に出されており、一六九四年のフランス語版は四巻に及んでいる。この作品は先ず、宗教的近代性や寛容の次元では模範的と見なされていた国に於いて、魔術や悪魔への信仰が根強く存在していたことを、無数の例によって物語っている。だが、著者は最初から自分の本当の意図を強調せずにはいられない。

私は、この世の至上なる存在すなわち神の全能と叡智が放つ栄光を、改めて強固なものにする積もりである。人々がその栄光を神から奪い去り、悪魔に手渡してしまった以上これは当然である。私は世界からこのおぞましき存在を閉め出し、地獄に繋ぎ止めてしまう予定である。

不敬虔だという激しい誹《そし》りを免れないと意識していたベッカーは、反論を先取りする戦略を採っている。

私のように、悪魔の力や能力を信じる一般的な見方に反対している者以上に、無神論という見解とほど遠く、聖書の神聖さを心から信じ、神が値する栄誉と敬意を払おうと努める者は、決して存在しない(39)。

ベッカーはデーモンの存在を完全に否定するわけではない。だが、彼はデーモンを非時間的な地獄界に幽閉してしまう。これはデーモンを原理としてのみ認め、その現実界での具体的行動を認めなかったデカルトの意見を想起させるものである。

読者が最も驚くのは、恐らく、私が悪魔にほとんど重きを置いておらず、その力もほとんど認めていない点であろう。なぜ読者がこんなことに驚くかというと、今まで悪魔に対し奇跡的な能力を認めることが、信仰心の証であると勘違いするほど、皆が極端に走ってしまったからである。従って、何千もの証人の証言通りに悪魔が行動することを信じない者は、不遜ないしは不敬の誹りを免れないのだ。こうして、神と悪魔の双方を恐れることが、信仰の出発点となってしまった。この意見に異を唱えようものなら、お前は無神論者だ、お前は神の存在そのものを否定している、などとごうごうたる非難を浴びてしまう。だが、この意見に反対したとしても、善悪の二つの存在が共存していることは信じない、という罪にもならぬ罪を犯しているに過ぎないのである。[40]

このような言説は大変な顰蹙を買っている。現に著者は一六九二年、小教区での聖職を解かれてしまった。だが一方で、彼は哲学者たち、中でもヴォルテールの尊敬の念を勝ち得ている。ヴォルテールは『哲学事典』の中でこの「永劫の地獄と悪魔の大いなる敵」を喜んで紹介し、その末尾を皮肉の利いた調子でこう締めくくっている。「仮に、バルタザール・ベッカーが悪魔の爪を囓る程度で止めておけば、大いに持て囃されたであろう。だが司祭ともあろう者が、悪魔を無に帰せしめようなどとしたら、司祭職も無に帰せしめられるようになっているのだ。[41]」

啓蒙哲学の偉大なる思想が根を張る以前から、デーモンは既に、キリスト教の信仰を公言している者たちの筆によって、ある一つの概念へと還元されてしまっている。その最初の土壌を準備したのは、十七世紀末にあってその宗教的寛容で有名だったオランダ連合州とイングランドである。もちろん、ベッカーに対する場合と同様で、そこでも悪魔の実在を信じて疑わない者たちが、激しい反駁を仕掛けてきたのは言うまでもない。それでもイギリスでは、ダニエル・デフォーの多産な筆から、『悪魔の物語』が生まれている。この作品は一七二九年には既に仏訳され、ルイ十五世治下の王国で目を光らせていた検閲者たちの視線も、さすがに及ばないアムステルダムで刊行されている。[42] 長老派〔カルヴァンの流れを汲むプロテスタント。信徒の中から選出された長老が牧師と共に教会運営に当たる制度〕に属する家族に生まれたデフォーは、言うまでもなく『ロビンソン・クルーソー』（一七一九年）や『モル・フランダーズ一代記』（一七二二年）の著者として名高い。が同時に彼は、『イギリス商人大鑑』（一七二五―一七二七年）に典型的に表れているように、中流の都市民《ブルジョアジー》の声を初めて代弁した著作家の一人としても知られている。教条主義や不寛容に反対の立場をとるモラリストとして、『非国教徒処理の捷径』（一七〇二年）を著し、相手を容赦なくこき下ろしたデフォーは〔デフォーはトーリー党のシンパではあったが、その行き過ぎを批判し、晒し台の刑に処されてもいる〕、フィクションの作品に於いても同様の手法を駆使している。『ロビンソン・クルーソー』の中では、神の摂理の役割に関する論証が差し挟まれ、主人公が絶望に陥るのを防ぐ上で、この摂理が一役買っていると書き記している。また、悪魔を主題にした物語の方は、極端に走ることはないものの、比較的軽い調子で書かれている。それでも、闇の君主の存在に反論を浴びせたりはしていない。この物語の第一巻は、天からの追放以降の悪魔の軌跡を描いており、第二巻は、「現在に至るまでの」悪魔の行状に割かれている。デフォーは、悪魔が神に従属していることを、ズバリと言ってのける。「悪魔は一人の信者なのだ」、その証拠に「悪魔は神を恐れている」ではないか、と。彼はまた、聖書に見出せる夥しい名称をも列挙している。蛇、赤褐色の大いなるドラゴン、兄弟の中傷者、〔人類の〕敵、サタン、ベリアル、ベルゼブル、マモン、光の天使、深淵の天使、大気の力を治める君主、ルシファー、アバドン、アポリオン、現世の神、不純な霊、不浄の霊、誘惑者、朝の娘、等々である。デフォーはミルトンを頻繁に引用するものの、そのものの見方は批判している。さらに彼は、悪魔の問題の多面的な側面にも検討を加えようとする。例えば、サタンはなぜ好んで雄山羊の姿を纏うのか、といった問題にまで言及している。あるいはまた、先の割れた悪魔の蹄について長々と論じながらも、至って短い結論を引き出したりする。すなわち、「悪魔はむしろ猫の仲間に分類すべきであろう」と。結局のところ、この著作からは、二つの重要な意見が抽出できるだろう。その一つは、ベッカーの議論の直接の系譜上にあり、デーモンの人間に及ぼしうる影響力を極力制限しようとする見解である。理由は簡単で、悪魔は「我々人間の破滅を阻止もできなければ、促進もできないから」である。こうした考え方は、比較的穏やかな宗教哲学へと達する。それは、死後の地獄での拷問に対する恐怖を掻き立てて、人々に罪悪感を刻み込もうとする姿勢の対局に位置している。デフォー曰く、「地獄に関して我々の頭に詰め込まれたあれこれの概念や、悪魔が地獄で我々の魂を苦しめるといった考え方ほど馬鹿馬鹿しいものは、他に見付からないように思う。」二つ目の重要な主張は、悪魔とは結局、我々人間の精神内部で作用しているものだ、という点に求められる。デフォーは若干のアイロニーを交えながら、しかも細心の注意を払って対象をヨーロッパに限りつつ、悪魔の如き人間を多く俎上に乗せている。血に飢えたアルバ公（フェリペ二世治下のオランダで叛乱を鎮圧）〔一五〇七―八二年：スペインの軍人で政治家。有能な軍人であったが、同時に残虐な弾圧で悪名高い〕、極悪非道なバッキンガム公〔一五九二―一六二八年：イギリス国王ジェームズ一世の寵臣。その専横により議会と対立、ピューリタン革命の遠因を作ったとされる。最後は私怨を抱いた旧軍人に暗殺されている〕、政治の世界を嘘と狡知で渡り歩いたリシュリュー〔一五八五―一六四二年：フランスの政治家、枢機卿、ルイ十三世の宰相。絶対王政の基礎を築いた〕、裏切り者のマザラン〔一六〇二―六一年：イタリア生まれのフランスの政治家、枢機卿で、一六四二年、フロンドの乱を鎮圧し絶対王政を確立〕、吝嗇のマールバラ公〔一六五〇―一七二二：イギリスの軍人。スペイン継承戦争でフランス軍を何度も撃破し、ルイ十四世の野望を砕いたことで有名。晩年に公金横領の廉で告発され、対仏連合軍司令官の職を解任される〕等々である。[43] ロックやヒューム、その後のカントなどと同様に、デフォーも、悪魔を歴史の原動力と見なす方向に歩を進めている。[44] それはともかく、彼が英国の中流都市階層に向かって説いたのは、馬鹿馬鹿しい筆致で描かれた地獄絵図などよりも、偉大にして邪悪な人間の方を恐れるべきだ、という教訓であった。

十八世紀に於いても、危機感を抱いた神学者は存在した。その中でも最も近代的な者たちは、啓蒙の哲学者の批判に対し、「キリストの到来がサタンの支配に既に終止符を打っている」と応じている。その他にも、昔から知られておりその後も援用されるある種の逃げ口上、すなわち「悪魔の究極の巧妙さは、悪魔が存在していないと我々に思いこませる点にある」〔後にボードレールもこの言葉を発している〕という理屈で切り抜けようとした者もいる。その一方で、自分たちの確信を一旦括弧に括って検討しようとする神学者も現れている。彼らは、伝統に忠実でありながらも、もはや抗いがたいと思われた新思想とも、何とか絶縁しない方法を模索した。ベネディクト会の博識なカルメ師がこれに該当する。彼が一七四六年に上梓した『超自然的幻視論』は、各方面から反論を浴びせられた。そこでカルメ師は、一七五一年、同じ主題を巡って再び『論考』を著し、熱意を込めて反論している(45)。ベッカーによって既に揺さ振りを掛けられていた魔術的世界は、以上の如き多面的な懐疑主義の登場によって、ますます異議申し立ての対象となっていく。だが、悪魔の擁護者たちが、即座に武器を捨て白旗を上げたわけではない。悪魔に纏わるイマジネールの支配を巡る熱き闘いは、十八世紀全体を通して展開されていくのである。

象徴的な移行―サタンからメフィストフェレスへ

一八〇八年に着手され一八三二年にようやく脱稿に辿り着いたゲーテの『ファウスト』によって、周知の通り悪魔メフィストフェレスが脚光を浴びるようになる。だが、メフィストフェレスは昔日来の面影をいまだ多少は残している。例えば、靴の中に隠しているとは言え、彼の足の蹄は割れているのだ。もっとも角やら尻尾やらは姿を消しており、概して、考える個体の陰鬱な表情がその主要な特徴となっている。このように、著者ゲーテは、十七世紀中葉に始まり、一七二〇年から一七三〇年にかけて市民権を得るようになった特徴、およびその主要な結果を自作の中に取り込んでいると思われる。サタンの擁護者の懸命なる巻き返しも功を奏せず、地獄の主サタンはその重要な地位を喪失したのである。その一方で、各個人と直接交渉を持つ、より馴染みやすいデーモンが全面に押し出されてくる。人間の本性の深奥を覗きつつあった当時の芸術家や著作家たちは、地獄とは何よりも先ずは自分自身なのだ、と悟り、この命題をますます声高に唱えるようになっていく。だが、こうした象徴的な変化は、もちろん何の前触れもなく突然に生じたのではない。このサタンからメフィストフェレスへの移行がなされるには、無数に近い論争、あるいは学問的・神学的な議論が交わされる必要があった。先ずは、医学ならびに哲学者たちの理性が、ルシファーを擁護する者たちを徹底的に追い詰めねばならなかった。次に、フィクションの周囲を漂っているより軽い想像界《イマジネール》が、自分のペースや流儀でこの主題に取り組み、悪魔そのものの内実を骨抜きにしていかねばならなかった。これら二つの動きは、同時でもなければ並行してもいない。だが双方とも、悪魔を純粋な神話レヴェルに昇華するという、同じ方向を目指していた。そしてこの神話は、遊戯的ないしは夢幻的な色合いに染まりつつも〔十九世紀の幻想文学の流行などを想起すればよい〕、今日に至るまで西洋文化の主要なテーマとなり続けるのである。

その一世紀間を通して、激しく活発な議論が続けられたのが、十八世紀である。中でも魔女現象に関わる問題は、特権的なテーマであった。一九〇〇年に刊行された書誌の調査によると、このテーマを扱った書物（フランス語で書かれたものに限る）のタイトル数は、百二十二を下らないという(46)。これら出版物の三分の一以上が、一七三〇年代から一七四〇年代に日の目を見ている。その後一七七〇年を境にその数は急減している。最後の三十年間に刊行されたのは、全体の十パーセント強に満たない。なお、半数の著者たちの社会的出自ははっきりしていない。分かっているのは、当然の結果とは言え、全体の三分の一が聖職者であるという点だ。司法官の著者は稀であり、医者も七人を数えるのみである。さて、幾つかの重要な争点が、議論を先導する役割を負っていた。世紀の初頭には、一昔前に当たる一六八七年に出版されたフォントネルの『神託の歴史』（フォントネルは十七世紀後半に活躍した作家、思想家で、啓蒙の哲学者たちの先駆者となった。なお、『神託の歴史』はキリスト教の神学と奇跡を分析・批判し、神託なるものは司祭たちの欺瞞に基づくと主張した）に対する批判の書が出される。とりわけ重要なのは、バルトゥス神父が一七〇七年と一七〇八年に刊行した『フォントネルの神託の歴史に対する返答』と『神託の歴史に対する返答の続編』であろう。また、ピエール・ベール（一六四七―一七〇六年：プロテスタントの思想家。『歴史的・批評的辞典』により、十八世紀啓蒙思想の先駆的役割をはたした）も『諸問題に対するある田舎人からの返答』を出版している。ちょうど同じ頃、ベッカーは四方から非難を浴びていた。パリではダルジャンソン伯爵でパリ警視総監のルネ・ヴォワイエ（一六五二―一七二一年：パリ警視総監の後、財務諮問会議委員長や国璽尚書（大法官）も務めている）が、一七〇二年に『偽の魔女と自称占い師』という小論を綴っている。[47] 警視総監は、この手の詐欺師から成る、十九の組織的な集団について叙述を展開し、これらは宗教ならびに公的秩序への脅威であると論じている。さらにヴォワイエは、悪魔の力を現実のものと思いこみ、サタン的実践に効力があると思いこんでいる、迷信深い顧客が無数に存在していると断言している。もちろん、一六八二年以降（既出。魔女狩りを禁じる勅令が出された年）、魔女狩りがその意味を一変させたことは記憶に新しい。しかし、パリの人口のかなりの部分が、未だに、魔術的なるものや、デーモンとその活動に関する伝統的な見方に縛られていたのである。例えば、一六七八年から一七一〇年までの間に、人々の信じやすさにつけ込んで、占術やら魔女術やらを実践した廉《かど》で、サルペトリエール病院に拘留された女性は、二十七人に上っている。この事実は、当局が、魔女術の如き不気味な現象を根絶しようと努めていたことを裏打ちしてくれる。二十七人という数は、この病院兼監獄に収監された三百人強の女性の内、百三十三人の放蕩者や売春婦に次いで、二位を占めている。なお、女の窃盗犯は十七人と極めて少ない。さて、二十七人の内、四人は一年以内に解放されている。その他には、九人が二年以上にわたって拘留されている。その中でも六年から九年もの長期間にわたって抑留されている者が、二人存在している。残りの者たちについては、拘留期間がどれほどにわたったのか不明のままである。[48] ところで、ダルジャンソン伯爵自身が、特別の関心を持って、彼女らの様子を間近で観察し調査している点は、大変興味深い。なぜなら、それはあたかも、一六八二年以降魔女を無罪にする上で主役を演じたあの理性を、彼自身が心の底から信じてはいないように映るからである。法の良き奉仕者であったのは間違いないが、警視総監ヴォワイエが恐れていたのは、公的秩序の転覆だけだったとは思えない。彼は恐らく、それ以上の危険を察知していたのではなかろうか。それはあたかも、頭上を覆う悪魔の影がまだ完全には消え去っていないかの如くである。だが、この点について、真相は闇の中と言わざるを得ない。

フランスに於ける十八世紀最初の十年間は、デーモンの能力を主題とする論争に明け暮れていた時期と定義できよう。それまでの神学思想による独占状態は、多方面に広がる地平線から姿を現した人々が手を携えて攻撃を仕掛けてきた結果、空中分解してしまった。プロテスタントだがイエズス会で教育を受けたバルタザール・ベッカーやピエール・ベール、アカデミー・フランセーズ〔フランス学士院〕会員のフォントネル、あるいはオラトリオ会修道士のピエール・ル・ブランなどが、神学の独占状態を崩したのである。因みに、ピエール・ル・ブランは一七〇二年に、『民衆の心を惑わし知識人を困惑させてきた迷信的実践に関する批判的歴史。自然の結果によるものと、そうでないものとを区別するための方法と原理をも論ず』と題した書物を刊行している。科学アカデミーは、フォントネルとマルブランシュ〔一六三八―一七一五年：オラトリオ会修道士で哲学者。デカルトの物心二元論の克服を目指し、機会原因論を提唱した〕の意見を入れて、この新作を賞賛している。その上一七〇二年発行の「ジュルナール・デ・サヴァン誌」〔直訳は「学者の新聞」〕も、「多数の人間が、自分で見てもいない事柄を見たと信じ込んでいる」[49] とコメントし、それゆえにルブランの批判的アプローチの仕方を好意的に受け止めている。十七世紀末に生じたヨーロッパ精神に対する危機感は、こうして科学の世界にも伸展していったのである。いわゆる新旧論争〔十七世紀に起きた論争。近代の価値を優位に置く者たちと、古代人に忠実であろうとする者たちとの論争〕は、文学の領域とともに、この科学の領域に於いても激しさを増していく。先ず、伝統的な悪魔学《デモノロジー》の信奉者たちが、激しい反撃に打って出る。彼らは、新しい思想に対し激烈な批判を加えるに留まらず、当時まだ権威を誇っていた作品を再版するという戦術にも訴えている。こうして、一六七九年に遡るジャン＝バティスト・ティエール神父の『迷信論』が、一七〇三年、改めて日の目を見ることになる。また、既に悲劇譚というジャンルはこの半世紀来さっぱり人気を失っていたにも拘わらず、一七〇〇年にはロセの『悲劇的物語』がわざわざ再版されている。

ルイ十四世の治世の最後は、悪魔というイメージ像が、夢の領域へと転落していった時期に当たる。もっとも、この現象に本当の意味で関わりを持ったのは、ごく少数のインテリ層に過ぎない。こうした知識人たちは、未だ高い地位を保っていた悪魔学者《デモノローグ》たちに立ち向かわねばならなかった。と言うのも、デモノローグたちは、キリスト教の伝統、民間に於ける魔術信仰の永続性などに依拠し、かつ、パリ警視総監ダルジャンソン伯爵の行動の内にも看取できたような、当局のある種曖昧な態度を、上手く逆手に取ったりもしたから、なかなかの強敵だったのである。こんな次第だから、例えばルーアンを始めとする地方の高等法院の多くは、伝統を重視し、一六八二年の勅令に見出される国王の命令の適用には消極的で、仮に適用する場合でも不承不承ながら従ったに過ぎない。一七一七年にルーアンで匿名出版された著作のタイトルを見ると、この書が昔日の確信に貫かれているのが即座に了解できる。曰く、『デーモンの誘惑に関する教義上かつ道徳上の議論。そこでは、聖書ならびに教父たちの見解に照らし合わせながら、悪魔の能力、闇の霊の力の及ぶ範囲、悪魔の狂ったような激情、悪魔の人間に対する様々な策略、およびそれらから我が身を守る確実な方法が明らかにされる』。この当時〔筆者はここでは十八世紀のごく初期の時期について論じている〕はまだ教会が生活のあらゆる局面を支配していた時期であったから、この領域で教会の教えに敢えて打撃を与えようとする行為には、いくら「懐疑派」とはいえ相当の勇気を要したはずである。理性の道は、まだ勝利からはほど遠いところにあった。悪魔はまだ大部分の人間に恐怖感を与えていたのだ。脅迫観念的な悪魔のイメージが、説教や教理問答書、あるいは宗教美術や寄宿舎学校の中に侵入していたことを思えば、この点は容易に理解できよう。とは言え、悪魔を「非深刻化」する試みは、文学作品や芸術作品に色合いを添えていた一種のユーモアやアイロニーを通して、既に始まりつつあったのも本当である。小馬鹿にされる悪魔というこの主題は、言うまでもなく新しくはない。上述の通り、このテーマは、大規模な魔女狩りが始まる以前の民間伝承に豊富に見られたし、魔女裁判の終息後も農村部で息を吹き返している。十八世紀初頭の教養層の文化圏に、この滑稽な悪魔が再登場したという事実は、論争家たちの批判を浴びた結果、悪魔学《デモノロジー》の教義が有する絶対的な真面目さに、亀裂が生じつつあったことを物語っているのだ。数十年前なら震え上がっていた相手を笑うないしは微笑む行為は、恐らく博識な議論以上に、懐疑への扉を開くことに貢献したと思われる。

神学博士のロラン・ボルドロン神父は、その著書『魔術、魔法、悪魔憑き、魔女、狼男《ルーガルー》、インクブス、スクブスおよびサバトを扱った書物の読み過ぎで、荒唐無稽な空想に耽ってしまうウフル氏〔Monsieur Oufle：本文にも後述される通り、これは《le fou》（狂人）のアナグラム＝文字を並べ換えたもの、である〕についての物語』の初版を、一七一〇年にアムステルダムで刊行している。[50]「狂人」〔《le fou》：上述〕という語のアナグラムによる名前を冠された主人公は実に「哀れな男」で、「人生の大部分を、魔術や魔女術、亡霊や幽霊、あるいは狼男《ルーガルー》などを扱った夥しい数の書物を読むことに」費やしてしまったという。著者は、ウフル氏が「他人の目には信じがたく映った物事を、何よりも本気で信じ込んだ」と記し、この主人公と距離を取ろうとしている。ここに論争的な意図が込められているのは明白である。ところで、この著作は慎重を期してオランダで出版されている。ただし、ウフル氏とは異なり、新しい思想に通じた人々を、その主な読者層として想定している。しかし、この意図はかなり手前味噌であった。パリのサン＝トゥスタッシュ教会の礼拝堂付き司祭をも務めていたボルドロンは、一七一〇年頃になると、自らの意図を実現できなかったことを認めざるを得なかった。三十冊もの書を送り出した多作な作家ボルドロンは、その著の中で、妖精、人食い鬼、魔法、幽霊などを小説的《ロマネスク》な技法を使ってふんだんに登場させている。これらの作品は恐らく、読者の不安を取り除く機能を有していたと思われる。『ウフル氏』を飾ったクレスピーのエッチング作品も、全く同様の機能を果たしているように映る。この版画は、魔女狩りで有名なピエール・ド・ランクルが一六一三年に刊行した著作を彩った、ヤン・ズニアルコの作品をパロディー化したものである。左下に描かれたウフル氏は、専用の衣装を纏った道化を従えつつ、「サバトと呼ばれている魔女たちの集会」について想像を巡らしている。その想像図の中央では、サタンが玉座に陣取っている。サタンの角や爪、尻尾、毛むくじゃらの身体、雄山羊の足は、伝統的なイメージを喚起させる。しかし、体つきは人間そのもので、しかも楽しげな微笑さえ浮かべている。男女を問わず魔女たちは衣服を纏っており、女性は当時流行の被り物まで身に付けている。この光景には、どこか演劇的な雰囲気が漂っている。それは特に、角と翼を備え、筋骨隆々とした美しい身体のデーモンたちの様子によく見て取れる。彼らデーモンは、着飾った好みの魔女と一緒に和やかに食卓に付いており、皿に盛られた子供の死骸という御馳走に与《あずか》っている。こうしたシーンが本来喚起するはずの恐怖心も、ここでは緩和される仕組みになっている。なるほど、老婆の魔女が鎌で丁寧に切り分けた子供の肉片を、大鍋でぐらぐらと煮立てている様子などは、一見おぞましく思われよう。しかし、全体を見渡せば、こうした光景の全ては、いかれた精神の持ち主が投影している、馬鹿げた幻想に過ぎないことが了解できるのである。(51)

同じような着想で作品を手がけた芸術家は他にもいる。ここでは一例として、十八世紀初頭のクロード・ジロ〔一六七三―一七二二年：画家、版画家、オペラ座の衣装、舞台装飾を担当。ワトーの師に当たる〕を挙げておく。「これは一体魔法なのか、それとも幻想なのか」、ここでのサバトの演出家ジロは、諸種のジャンルを混在せしめつつ、こう自問している。(52)死刑に処せられた死体が二体転がっており、その周囲に悪魔を喚起する象徴物が鏤《ちりば》められている。しかし、これらのオブジェには、皮肉やパロディーの意図が濃厚に反映している。また、デーモンたちは、演劇の舞台に登場する仮装した人物のように映る。特に演劇的なのは、梯子の一段に足をかけているサタンと、鹿の角を生やしながらも人間以外には見えない一人の人物である。この人物は、デーモンの如き山羊髭をたくわえた巨大な馬に跨っている。その脇には、ふくよかで美しく着飾った婦人が、馬の小さな骸骨の上に立っている。その頭蓋骨には羽を広げたフクロウが留まり、先ほどの人物の方を向いている。ここには、コキュアージュ〔妻を寝取られること、妻に裏切られること。その場合、妻は夫をロバに乗せて町中を練り歩かねばならないという習慣が存在していた〕に対する仄めかしが感じられる。それが、全体の嘲笑的なトーンを際立たせてはいないだろうか。そもそも、裏切られた夫（鹿の角がそのよい証拠〔コキュには角を付けてからかう風習があった〕）は、よくロバに乗せられて連れ回され、身に起きた不幸を皆に知られたものである。さて、このカップルからほど遠くない場所に、その蹄と短い角のみから悪魔と認識できる小デーモンがおり、自分より大きな鏡を覗き込んで御満悦な表情を浮かべている。中央では死神がこの世を見張っている。もっとも、この死神はインカのミイラのような奇妙な外観をしている。足を組んで座り、一枚の布の二つの先端を頭で止めて、それで身体をすっぽり覆っている。やせ細った顔だけが覗いており、作品を見る者を凝視している。どこか虚ろで素性もはっきりしない、しかも人間に酷似しているこの種の悪魔が、恐怖心を掻き立てる可能性は極めて低い。その後、ケーリュス伯爵が〔一六九二―一七六五年：考古学者、版画家。エジプト、エトルリア、ギリシアなどの美術品の蒐集家〕ジロの教えを踏襲して、今度は低俗極まりない『悪魔へのオマージュ』という作品を仕上げている。これはどう見ても怖くはない。裸体の魔女たちは妙になれなれしい格好や、異常なほど服従的な姿勢をしている。その内の一人が身を屈めて、大きな雄山羊の臀部に接吻をしようとしているのだが、一方で、雄山羊の方も後ろを振り返って、自分の肛門への接吻を眺めているのである。その山羊の格好には品も威厳もあったものではない。前面では猫が丸くなって身を屈めているが、これも不安を煽るというよりは、馴染みやすい光景だと言うべきであろう。(53)

一七二五年から一七四〇年にかけての期間が、悪魔学者《デモノローグ》とその宿敵との間の闘争にとっては、恐らくは転換期を画する時期だったと思われる。それ以降になると、前者はそれまで享受していた主導権を、再び手にすることはない。彼ら悪魔学者《デモノローグ》たちは、社会で凋落の一途を辿りつつある見解を、今日に至るまで躍起になって守護するのが関の山であった。さて、一七二五年、先ずはクータンス〔ノルマンディー地方、コタンタン半島南西部の町〕の医師、フランソワ・ド・サン＝タンドレが、悪魔の舞踏会を巡る論争の火蓋を切っている。一七二五年、彼は、『魔術、呪文、および魔女に関し、悪魔と近しい者たち幾人かに宛てた書簡。普段デーモンの仕業とされている驚嘆すべき事象の仕組みを説明し、次いで、これら霊的存在がこうした驚異現象に何の関わりも持っていない場合が多い点を証明する』[54]というタイトルの作品を出版している。聖職者、判事、それに医者を主要なターゲットとしつつも、サン＝タンドレは、「悪魔と聞くと何でも鵜呑みにする一般の人々の迷妄を解く」ことを目的に据えている。彼の著作は、一六八二年の勅令からおよそ半世紀後という、極めてよいタイミングに世に出ている。こうして、この作品は、理性の光に照らされた医学の名の下に、敵の前線を徹底的に打ち負かそうとする。もちろん、理性と言っても当時の理性であって、二十一世紀のとば口に立つ我々が、そのロジックにお墨付きを与えるわけにはいかない。むしろここで重要なのは、この作品が、当時の知的変動を音にして響かせる一種の共鳴箱となっている点である。そこから聞こえてくる共鳴音は、悪魔が締め付けていた万力を、逆に緩めたいと思っていた者にとっては、十分に理解可能なものであった。彼は、増えつつあった教養層の一部が認めたがっていた事柄を、明確に定義したのである。その点では、パイオニアというよりも、むしろスポークスマンであったと言えよう。さて、サン＝タンドレは、現世に対するデーモンの介入を否定しているわけでは全くない。ただしデーモンは、誘惑という形で人間の精神にのみ介入できるに過ぎないとしている。その理の当然として、人間への憑依《ひょうい》に至ることになる。*〔二八五頁〕なるほど、「神は悪魔に対し行動することを許可している。」しかし、神の厳しい監督下でしか行動できない、という但し書きが付く。その上、「この御許可が広範囲にわたる無際限なものと考えてはならない。神は、特定の機会、特定の事柄、特定の時期に限って、悪魔に御許可をお与えになるに過ぎない。従って、神の御意志が成就されるや否や、悪魔への御許可も無効となる。」つまり神の許可があれば、サタンとの契約も存在しうることになる。ただし、悪魔学者《デモノローグ》たちの主張とは正反対で、契約によって当の悪魔は、魔術師の「奴隷」になるのだという。魔術師の方は、この契約に基づいて悪魔に「命令を出し」、自分の顧客の役に立つよう働かせるのだと主張し始める。だがこう主張する魔術師のほとんどが、ペテンを働いているに過ぎない。サン＝タンドレの以上の議論は、キリスト教の教義と、いかさま魔術師の追及とを、両立させようとする意図を孕《はら》んでいる。一七〇二年に報告書を認《したた》めていたダルジャンソン伯爵の脳裏をかすめたのも、おそらくはこうした思いであっただろう。が彼は同時に、被疑者の内に単なるペテン以上の危険をも予感していた点は、上述した通りである。さて、以上から類推できるように、サン＝タンドレはサバトの存在を信じてはいない。だが、一六六九年から一六七〇年にかけてラ・エ・デュ・ピュイ〔ノルマンディー地方のコタンタン半島の町クータンス（既出）近郊の村〕で起きたそれを始めとする、ノルマンディー地方での魔女関連の事件を調べていった結果、彼は、「こうした不幸な者たちが、自分は本当に魔女だと信じている」ことを認めざるを得なかった。「彼らは、本当にサバトに行ったと信じ込んでいる」と。だが、サン＝タンドレは、この思いこみだけでも深刻な罪を形成しうると見なしている。それどころか、場合によっては破門に値するとすら考えている。彼の立場は、合理的な懐疑主義者のそれとは随分異なっている。彼は、先ずは神の領域を守った上で、次に、悪魔に帰せられている数多の行為を採り上げ、それらの大部分が「純粋に自然に由来する、ないしは人工的な操作の結果」に過ぎない、と論を進めている。かつて「自然」という語は、単に創造主とその御業を指していた。だが、サン＝タンドレの筆にかかると、自然という語は、それなりの自律性を獲得する方向に動きだしている印象を受ける。これは、魔術的世界観の擁護者たちが盲目的に神の意志と結び付けていた諸現象を、医学や科学が検証できるようになった事実と連動している。こうして、結婚初夜の男性を性的不能に陥れたり〔nouer l'aiguilletteというフランス語の表現は、元来魔女が呪いを掛けて結婚初夜の男を不能にすることを意味していた〕、憑依に類似した現象を惹起したりするのは、実は魔法ではなく、観察可能な自然だったのである。例えば、毒蜘蛛に刺された犠牲者が憑依に似た状態に陥るのは、蜘蛛の毒の作用によると説明できることになるのだ。サン＝タンドレは、悪魔に帰せられていた事実を説明する上で、生理学的ないしは心理的な原因を持ち出していると、現代の我々なら思うかもしれない。だが、彼はそれほど単純でも現代的でもない。と言うのも、サン＝タンドレは、四体液理論に基づく医学を継承しているからで、例えば想像力を損なうある種の病気を説明する上で、「黒胆汁質の毒気、腐敗した精子に由来する毒気〔……〕」などを持ち出してくるのである。さらに、幽霊現象や遠距離間の情報伝達のように、当時の医学では説明のつかない現象を扱う際には、彼は「粒子の哲学」なるものに訴えている。具体例を挙げよう。魔術師が死者を呼び出せるのはなぜか。それは、「腐敗途中の身体が発する蒸気」に由来するという。小さな粒子が地中を貫通して、大気中で集まり、「死体の中にあった時と同じような形で」身体を復元するのである。結局のところサン＝タンドレは、非常に冷静な信者であったと言える。彼は、悪魔を、超越的な神の監督下に置いて、遙か彼方に退けたのである。こうすれば、地上でのその他全ての出来事は、医学および科学によって説明可能となる。啓蒙思想の揺籃期に生きた医師サン＝タンドレは、時代がずっと下った我々には不器用かつ不自然に映ろうとも、彼なりのある統合の試みを通して、自らの信仰と哲学とを両立させたのである。

ところが彼のこの立場表明は、嵐の如き激しい議論を巻き起こした[55]。先ず、一七三一年、ボワスィエが『呪文と魔法に関する書簡集。サン＝タンドレ殿の書簡集に対する返答として』を出版している。彼は、一六七〇年にルーアン

＊　原文では、obsessionとpossessionの二語が使われているが、これを訳し分けるのは困難。前者は、悪魔が主に人間の身体的機能を麻痺させている状態で部分的な憑依。後者は、悪魔が人間を心身共に「占拠」している状態で、完全な憑依。なお、外部的なtentation「誘惑」がなぜ必然的に、内部的占拠である憑依へと繋がるのか、その説明が今ひとつ不明で、不正確な印象を免れない。

の高等法院が、ラ・エ・デュ・ピュイの一件に関しルイ十四世に対して行った建言〔勅令や法の不都合に対し高等法院など最高諸院が王に行った〕の内容に依拠しながら、サン＝タンドレの見解の逐一に反論を加えていった。ノルマンディー地方は、パリが鳴らした警鐘にはほとんど耳を貸さず、換言すれば一六八二年の王令を無視し、相変わらず悪魔や魔女に関するもめ事に揺れていた。[56] 勿論、ノルマンディー以外にも同じような地方は存在していた。ここから、悪魔学《デモノロジー》が簡単には退却しなかった事実が浮き彫りとなる。一七三二年には、ルイ・ドージという別の著作家が、聖職者、判事、医師らを対象にして、自ら有益だと自負する作品を公にしている。タイトルに曰く、『魔術、魔法、憑依、および呪文に関する論考。これらの真実性と現実性とを証明し、同時に、これらを区別するための簡単かつ確実な方法を提供する』。こうして幾つもの論争が同時に巻き起こり、改めて悪魔や魔女が争点となった。ノルマンディーはヌシャテル近郊のビュリーという村では、一七二〇年、主任司祭が地元の娘たちの悪魔祓いを始めている。司祭は、僅か九カ月の間に二百人の子供を含む二百六十人以上が死亡しているのに、世俗の裁判所は「頑として聞き入れず、魔術の効果を簡単に信じようとしない」、と愚痴をこぼしている。結局彼の言い分は通らず、一七二六年に一件落着となった。さらに一七三〇年頃には、あちこちの地域で、またもや悪魔を奉じる集団の動きが活発化している。それはあたかも、悪魔学《デモノロジー》の信奉者たちが、サン＝タンドレの議論を叩きつつ、失われし先祖を取り戻そうと足掻いているかのように映る。バイユー司教区〔ノルマンディー地方北西部の郡庁所在地〕のランド小教区では、一七三〇年、地元の奥方たちやレオパルティー家の侍女たちが、悪魔による憑依《ひょうい》の兆候を見せ始めた。このケースは法廷には持ち込まれなかったが、一七三八年に至るまで医師の診察が続き、この現象を批判ないしは支持するパンフレ〔小冊子〕も飛び交う有様となった。こうした中で、最も反響の大きかった事件がプロヴァンス地方のトゥーロン〔地中海に臨むヴァール県の県庁所在地〕で起こる。一七二九年のこと、カトリーヌ・カディエールは、イエズス会の神父ジャン＝バティスト・ジラールによって孕まされた後、堕胎する。次いで、ウルスラ会修道院に監禁されるなどの紆余曲折を経た後、一七三一年、彼女は昔の聴罪司祭ジラールを、魔法の行使など様々な罪を犯した廉《かど》で告発する。ジラールの方も応酬し、彼女を裁判所まで引き連れて行って、聖女の振りをしたり憑依を装ったりした廉で告訴した。その結果、彼女には死刑が求刑される。エクス＝アン＝プロヴァンスの高等法院はジラールを無罪放免とし、魔女罪を含む一切の罪を認めなかった。一方、カトリーヌに対しては中傷を行ったとして有罪判決を下したが、訴訟費用の負担を言い渡すに留まった。カディエールないしジラールを擁護したり非難したりする手記が五十も綴られた事実だけを取っても、この訴訟がどれほどの評判になったかが察せられる。こうした手記の類は、パリで印刷され、首都ならびにエクスの「回廊や劇場の入口」で、大々的に配布されている。[57]

一七二五年以降、論争の数は増加の一途を辿り、その調子も激越になっていく。これは、悪魔に纏わる想像界《イマジネール》の支配権を巡って、熾烈な闘いが交わされていたことを物語っている。悪魔をいかに把握するかという問題は、厳格な神の信奉者と、これを敬して遠ざけようとする者たちとの間で、常に明白かつ重要な争点となってきた。前者の陣営の方が後者よりも、均質で纏《まと》まりがあるように映るが、懐古的な観点からそう見えるに過ぎないのかもしれない。いずれにしろ、教義上の独占状態はこれ以降完全に粉砕されてしまう。多くの知識人たちが、穏やかな信仰形態を模索していくからだ。トリエント公会議の際に、エラスムス主義者が敗退し、平和的な宗教観が後退してしまったために、恐るべき神という括弧に括られるべき時期が到来したのは、上述の通りである。そこで、フランスでは、否、より一般的に言ってカトリック圏の国々では、知識人たちが、特殊な時代を象徴するこの括弧を外そうと試みる。彼らは、人間の本性に関するより楽観的なユマニスムを取り戻そうとするのである。カルヴァン派のオランダ連合州でも、ホマルス説〔カルヴァンの予定説の厳格な解釈を主張したオランダの神学者ホマルスの教義〕の厳格さを退けようとするアルミニウス主義〔既出〕が、同じような目的地を目指していた。だが、何一つ決着が付いたわけではない。恐怖を基礎に据える神学者たちは、相変わらず力を持っていたからだ。十八世紀後半を通して行われたその他の論争が、この点を裏付けてくれる。新しい思想の到来や、哲学者による「迷信」との闘いも、この「恐怖の神学」を追放したわけではない。さて、一七四六年以降、オーギュスタン・カルメ師が、天使の出現やデーモン、あるいは幽霊や吸血鬼（最後の吸血鬼が問題となるのは、ハンガリー、モラヴィア〔チェコスロバキアの中部地方〕、およびシロンスク〔ポーランド南西部、シレジア〕である）をテーマにした作品を矢継ぎ早に発表していく。また、一七六四年には、エルヴュー・ド・ラ・ボワスィエール神父が、大部の作品を刊行している。タイトルに曰く、『奇跡論。ここでは以下の事項が検討に付される。（一）奇跡の性質、ならびに地獄が引き起こす驚異現象との見分け方。（二）奇跡の目的。（三）奇跡の扱い方』。さらに彼は一七六七年にも、『宗教的熱狂を退け、奇跡を重んじる論考の擁護』なる作品も世に問うている。しかしながら、一七八〇年以降になると、この種の著作はめっきりその数を減らしている（革命までに三点、世紀末の最後の十年でも僅かに五点）。この減少は、闘いの様相が大きく変化したことを示していよう。それでもデーモンはまだ消え去っていくわけではない。それどころか、文学空間に一旦逃げ込んだデーモンは、キリスト教道徳の中心に宿っている祖先が、何時の日か返り咲くのを待っていたのである。

フィクションの息吹

文化的な想像界《イマジネール》を探求していくのは、楽な仕事ではない。民衆の想像界《イマジネール》の大部分は、本人たちの筆になる文献が存在しないため、まず再現不可能である。外部の観察者による証言や描写を参考にして、間接的に窺い知ることは可能だが、これは微妙な問題点も孕んでいる。様々な方法の中でも、恐らくは司法文献の調査が最も実り多いと思われる。ただし成功するか否かは、研究対象としている階層の声を、上手く引き出せるか否かに掛かっている。換言すれば、訴訟を行いかつ記録する書き言葉のプロの視点を、上手く分離できるか否かに掛かっているのである。もっとも、一六八二年の勅令以降、十八世紀には魔女裁判が極端に減少するため、そもそも資料そのものが収集できにくくなっている。だが、人々が何を信じていたかを探るには、この他にも方法がありえるだろう。それはともかく、やはり民衆の場合は一旦諦め、社会的エリート層の精神構造をより深く研究する方が良いと思われる。なるほど、ある特定のテーマを巡って、明確な言語表現が為されているケースのみを、研究の対象にすると割り切るのも一つの手である。悪魔学《デモノロジー》の信奉者と反対者が闘わせた論争などは、まさしくこれに該当する。だが、様々な資料の対照を通して見えてきた内容を、全体を包括する真理だと勘違いしてしまう危険性は、常に存在する。いくら資料を突き合わせてみても、我々はそれらを解釈する鍵を、全て持ち合わせているわけではないからである。自分は正直かつ誠実に書いている、と誰かが主張したところで、二枚舌を使っていないという証拠にはならない。中でも、啓蒙の世紀に、皆が熱くなった宗教の領域に誰かが踏み込んでいる場合は、特に注意が必要である。迫害、あるいは単なる厄介事を避ける上で、慎重を期することが必要不可欠な場合、著者の中には、何かを隠蔽する者も出てこよう。あるいは、作品の文面からは重要に思われても、著者自身の本心では大して重視していない概念に、あたかも愛着を覚えているかの如く振る舞う場合もあり得よう。例えば、サン゠タンドレは良きカトリック教徒だったのだろうか。それとも、クータンスで聖職に就いていた以上、良い信者である旨を、ある程度表明する必要性に駆られたのであろうか。何と言ってもクータンスは、悪魔と魔女に関しては、伝統的なイメージに極めて忠実な地域であった。現に、サン゠タンドレは大変な顰蹙を買っているのである。ギィ・パタンの主張も全く同じケースである。彼によれば、ボダンは自分もその内容を信じていると人々に思いこませるために、あの恐るべき魔女狩りの手引き書を認《したた》めたことになっている。しかしこの見解にも不安は残る。何せ、これを肯定することも否定することも不可能だからである。従って、慎重に研究を進めるためには、同じ問題を、可能な限り多様な角度から検討する必要がある。さて、悪魔の能力を巡る論争の様子を調べていくと、この問題がどれほど重視されていたかが了解できる。この論争は、一七〇〇年から一七一〇年にかけての時期と、一七二五年から一七四〇年にかけての時期の、二度にわたって激化している。さらに一七五〇年頃、突如激論が再燃している。だが十八世紀も最後の三分の一になると、論争の水位は急速に低くなっていく。ところで、この主題は、論争で衝突していた人たち以外の教養層をも、引き付けていたのだろうか。デーモンは、より一般的な想像界《イマジネール》に於いても、重要な位置を占めていたのであろうか。

なるほど、我々の祖先たちの心の内奥を知るのは無理かもしれないが、その表層を大まかになぞることくらいは可能だろう。その場合、人々が所有していた書物と、著者が用いている語彙の使用頻度を調べるのが有効かと思われる。ダニエル・モルネは、一七五〇年から一七八〇年にかけてのフランスで、個人所有の蔵書を調査し、その中に、魔術やオカルト学関連の書籍が大量に見付かったことを報告している。多少性急な感は否めないが、彼はこの事実から、本の所有者である貴族、弁護士および医者たちは悪魔を信じていた、という結論を導き出している。マックス・ミルネールはこれに噛みつき、数の多さが確信の強さを何ら保証するわけではない、と反駁している。むしろこの膨大な数は、形而上学的な不安の現れとも解せるし、また、消滅の途上にあった現象に対する、ある種の民俗学的な興味の現れとも解しうる、とミルネールは言っている。(58) なお、この種の調査の場合、本の所有者が購入しただけで読んでいない可能性や、書物を獲得したり相続したりする際に用いられる諸々の戦略なども考慮せねばならないが、我々の手には余るので、ここでは深入りしない。

フランス語のテクストを収めたデータベース「フランテクスト」を利用すれば、かなり正確な情報が得られよう。このデータベースは、重要な書誌《ビブリオグラフィー》に掲載されている頻度に応じて選ばれた、三千足らずの文学テクストをそのコーパスとしている。因みに、選ばれたテクストの大部分は、『フランス語宝典』*Trésor de la langue française* の編纂の際に利用されたものである。さて、ここで選ばれた作品のジャンルを、数の多い順に列挙してみよう。筆頭に小説、その後は、演劇、詩、回想録、書簡、旅行記、パンフレ、雄弁術の書、論説と続き、最後に科学ないし専門技術に関する試論がくる。一七〇〇年から一八〇〇年までの期間に絞って、魔女現象とサタンに関わりのある概念を扱ったテクストを検索してみよう[59]。そうすると、四八四のタイトルが目録から呼び出せる。作家の数にすれば一六八人で、二人だけが匿名である。なお、著名人の名前と作品がやけに目立っている。ヴォルテールが三十八作品、ディドロが三十二作品、マリヴォーが二十二作品を誇っているが、なぜかサド侯爵の場合は一作品にしか言及がない。いずれにしろ、古典的作品に重点が置かれており、行商人の文学の製作者、誹謗文書の編纂者、あるいは、文学的ボヘミアンの作品中に於ける「哀れな悪魔」は登場しない。大雑把に言って、「文壇」の最先端を走っていた者たちが中心を占めている。なお、その読者の大部分は、いわゆる「オネットム」ないしは十八世紀の識者たちであった。

　このように極めて限定された枠内にあっては、デーモンという主題が最も重要な関心の的になっているとは思えない。だがそれでも、新しい思想が飛躍的発展を遂げた時期にあっても、この主題が無視し得ない比重を占めていた点は見逃せない。アラン・マサルスキーは、『百科全書』に於ける欄外記事への送りというシステムを利用して三十三の用語を選び出してそのリストを作成し、それらを吟味した後に大まかな分類を行っている。「フランテクスト」と組み合わせたその作業から、以下のような結果が得られている。先ず、悪魔を意味する語が二千六百五例と他を圧倒して優位を保ち、魔術に纏《まつ》わる語が五百八十二回の頻度で続いている。さらに、魔女現象と関わる語が二百七十二回でその後を追っている。これを合計すると三千四百五十九という数字が得られる。ただし、ここには例えば悪魔祓いといった幾つかの副次的な用語は含まれていない。それらも足し算すれば、全体で三千六百という数字が弾き出せる。ところで、我々の予想通り、魔女現象を喚起する用語の使用頻度は、比較的低かった。その上、魔女といっても男性形複数で使用されているケースが最も多い。男性複数〔sorciers〕の魔女が九十八回、男性単数〔sorcier〕が八回使用されているのに対し、女性複数の魔女〔sorcières〕は七十二回、女性単数〔sorcière〕は八回に留まっている。魔術師という項目でも、同様に男性優位の傾向が看取できる（男性単数が九十六回、男性複数が八十九回なのに対し、女性の魔術師〔男性形は magicien (s)、女性形は magicienne (s)〕への言及は、複数で五十九回、単数で五十一回と比較的少ない）。魔女裁判に於いては、女性が登場する頻度は男性の四倍にも上っていた。しかし、十八世紀の文学的な紋切り型《ステレオタイプ》は、もはや女性を特権化しなくなっている。いわゆる女の魔女よりも、むしろ、ペテン師や、一六八二年の勅令が規定していた偽の魔女といった、男性形の変種が優位を占めるようになっていく。

悪魔〔diable〕という語の出現頻度を性数別に分類していくと、単数が千五百六十八回と圧倒的な優位を誇っているのが分かる。また、単数のデーモン〔démon〕は四百二十四回、サタン〔固有名詞と見なすべきなので、単数のみ〕は百六十三回、加えて、複数形のデーモン〔démons〕は百八十五回、同じく複数形の悪魔〔diables〕は百三十六回、という結果が得られている。さらに、悪魔憑き《デモニアック》〔démoniaque〕という語は単複合わせて十三回、悪魔狂《デモノマニー》〔démonomanie：なお、現代フランス語では「悪魔憑き」の意で用いられる場合が多い〕という語は五回言及があるが、サタン的〔satanique〕ないしサタニスム〔satanisme〕という語は、このコーパスでは全く登場していない。同様に「闇の君主」という表現も、往年の傲慢なまでの輝きを失っている。サタン、その盲従者たち、および地獄は明らかに衰退し、悪魔やデーモンを中心とするより漠然とした呼称が、それらに取って代わっている。メフィストフェレスはどうかというと、この時点では、まだゲーテの才能が、彼を表舞台に押し上げるには至っていない。さて、今度は以上の用語全てを時系列順に分類してみたい。すると、一七〇〇年から一七〇九年までの十年と、一七一〇年から一七一九年までの十年は、わずかに百二十八を数えるのみで、使用頻度は最低である。反対に、一七六〇年から一七六九年までの十年間は、六百二十三回にまで上り、最高の頻度を誇っている。ところで、同じ十年間単位でも、データベースから抽出される作品数の全体は、各々異なっている。この点も考慮に入れるならば、一七二〇年から一七二九年までの十年間が際だっている。全体で二十七タイトルある内の、二十一作品で上述した何らかの用語が四百二十七回も使用されているからである。また、一七三〇年から一七三九年にわたる十年間も、抽出された五十五作品の内、四十三作品中で四百八十八回の頻度を記録している。二つを合わせたこの二十年間は、悪魔や魔女と何の関わりもない書物の出版率が、二十二パーセント前後と最も低い時期に見事重なっている。逆に、一七二〇年以前の二十年間と、一七四〇年以後の二十年間は、このパーセンテージがほぼ倍の数字を保っており、さらに一七六〇年から一七六九年までの期間をとっても、三十三パーセントと大幅な減少は見られない。その後、悪魔や魔女と無縁の書物は、印刷物全体の四分の一を占める状態が、大した変動もなく世紀末まで続くことになる。

従って、一七二〇年から一七三九年にわたる期間こそ、文学による悪魔の喚起が最も濃密であった時代と言えよう。この二十年間は、悪魔学《デモノロジー》上の激論が交わされ、サン゠タンドレの書簡が物議を醸し、トゥーロンではカディエールの事件で持ちきりだった時期と重なっている。熱の入った議論や訴訟の繰り返しのゆえに、主題自体が新鮮さを失い、それに伴って悪魔が、フィクションの世界へと居を移していった可能性も否めまい。逆に、世紀冒頭の二十年間は、コーパス上の著作中、悪魔が浸潤していった書物が極めて少ない時期である。つまりこの時期はまだ、悪魔というテーマが不安を煽りやすく、それを扱うには危険を伴ったという事実を、このデータが逆証しているのである。その上、パリ警視総監のダルジャンソンが、悪魔の領域で人々の軽信につけ込んで悪事を働いていたペテン師への刑罰を、ずっと重くしたのもこの頃のことである。さて、一七四〇年代にいったん頻度数は減少するが（三十作品で二百四十八回、ただし二十二作品はこの種の用語を一言も発していない）、その後このテーマは改めて飛躍を見せ、一七六〇年から一七六九年までの十年で最高点に達している。この期間には、記録された七十三作品中四十九作品で、六百二十三回の使用が確認されている〔既述のデータ〕。十八世紀最後の十年間になると、四十一作品中三十作品で百六十七回の言及があるにすぎないから、ここに明らかな後退を認めることができる。[60]

単数、複数のいずれであれ、悪魔〔diable(s)〕という単語を、全体で五十回以上使用している作品は十を数える。

一七〇七年のルサージュの『跛《びっこ》の悪魔』(百一回)以前には一作品も見当たらない。その他に、三作品が一七三〇年代に創作されている。一七三六年には、マリヴォーの『変奏したテレマック』と、ダルジャン侯爵ジャン゠バティスト・ド・ボワイエの『ユダヤ書簡』、一七四〇年には、ヴァレンヌの『ラヴァンヌの騎士の手記』が刊行されている。さらに一七五一年にアベ・プレヴォーが著した『イギリス書簡』(百十一回)が加わる。その他の五作品は、全て十八世紀最後の三分の一の時期に出版されている。デュ・ロランの『相棒マテュー』(一七六六年)、一七七三年のディドロによる『運命論者ジャック』(七十九回)、ヴォルテールの『暴かれた聖書』、およびミラボーの二作品、すなわち『天守閣からの手紙』(一七八〇年)と『立派なリベルタン』(一七八三年)である。

ルサージュ描く跛《びっこ》の悪魔アスモデ〔アスモデウス。旧約聖書外典「トビト書」に現れる悪魔の名称〕は、魔法の瓶の中に閉じこめられてしまう。ドン・クレオファスという男子学生に助けて貰ったアスモデは、彼をマドリッドの上空まで飛んで連れて行き、家々の屋根を取っ払って、その中での人間模様を見せてやる。その後学生に感謝するために、アスモデは彼を裕福な家の娘と結婚させてやる。ルサージュはここで、デーモンの召喚というテーマを面白可笑しく利用している。これについては、ダルジャンソンも一七〇二年に、似非占い師と自称魔女を攻撃する手記を認《したた》めた際に、様々な具体例を挙げている。例えば我らが警視総監はこう書き残している。ボワイエなる男は、「永遠の契約によって悪魔と約束を交わそうとしているが、結局契約を結ぶには至らなかった」と。ボワイエはまた、「グラスの秘密」を知っていると言ってきかない。これは、水を入れたグラスによる占術の一種で、この術により「アンジェリエルないしはユリエル」を呼び出し、こちらが要求したものを、「何のごまかしもペテンも」なしに見せるよう事を運べるのだという。また、堕落した神父ルイヨンは、「地獄の霊を召喚するために犠牲を捧げている。」この男は、「小さな獣」の秘密を握っていると言い張って止まない。だがそのためには、一度も荷を運んだことのない牝馬の「陰毛」を三本ないし五本使う必要がある。そこで、ある言葉を唱えながら三回にわたって「陰毛」を引き抜き、それらを、まだ一度も使っていない土瓶に入れねばならない。その後、この土瓶に泉の水を注ぎ、粘土製の蓋をし、誰も入れない部屋に九日間放置しておくのだという。期限が来たら、土瓶を放置したのと全く同時刻に、不可思議な言葉を唱えつつ部屋の中に入っていけばよい。すると、そこに「芋虫またはコガネムシの姿をした、場合によっては鳥の如き姿をした、小さな獣がいる」のに気付くはずだという。「この獣は時々子供のような叫び声を上げる」らしい。さて、こいつに触らないように注意しつつ、赤い絹の縫い物を一針分わたしてやり、腹の下に敷かせる。こうして、この小型の獣を糠が詰まった箱の中に安置してやる。それから二十四時間後に、銀の硬貨を一枚中に入れ、その箱と一緒に二時間眠らねばならない。起きたら、二時間と一分も経たない内に、硬貨がもう一枚増えているのが目に入ってくる。だが、ルイ金貨〔ルイ十三世以降の王の肖像入り金貨〕にして十二枚以上を要求してはならない。なぜなら、「この小さな獣の能力は、それ以上には及ばない」からだという。[61] この種の実践は、魔女には本当に魔力があるという信仰とは、原則として無関係である。だが、ダルジャンソンの筆致には、一六八二年に作成した勅令の場合と同じで、どこか不安げな疑念が宿っている。こうした実践全ての背後に、悪魔は本当にいないのだろうか、と。現に水を張ったグラスによる占いでは、悪魔に助けを求めているではないか。罪深い神父の祈願によって自然発生し、僅かな宝をもたらしてくれるあの「小さな獣」もまた、暗黙裡にではあるが、悪魔の領域に入り込んでいる。なぜといって、これほど怪しげな状況下で行われている以上、その発生が神による奇跡だとは到底思えないからである。結局のところ、法が確言している以上、悪魔との契約が存在するはずはない。だが、あまりにも大勢の人間がそれを信じているがゆえに、ダルジャンソン自身は、彼らが誤っていることを、躍起になって自分に言い聞かせねばならなかったのである。

ルサージュの一七〇七年の作品『跛《びっこ》の悪魔』は、当時まだ強迫観念の如く人々の頭から離れなかった悪魔の問題を、「非深刻化」する嚆矢《こうし》となった。この点でパリか地方かの違いはない。当作品は、悪魔的なるものとは徐々に無縁になっていく驚異の空間へと、新たに道を切り開いたのである。魔法の壺に閉じこめられたデーモンは、瓶に幽閉された小妖精だとか、魔法のランプの中に押し込められた霊だとかいった、その後に現れる文学上のキャラクターを先取りしている。人間によって解放されたデーモンは、その気になればひどい悪戯を働くことも可能であるにも拘わらず、それは止めて相手のために尽くすのである。これは、恐るべき契約で相手の人間の魂を地獄へ連れ去る、という構図とは大いに異なっている。ただし、前者、後者のいずれのケースであれ、超自然の力が作用している点は同じであろう。それは、善悪の如何を問わず、不可視の力が現世に介入しうる、と見なす世界観を前提にしている。だが、ルサージュが編み出した変異体は、人間を優位に置いている。これは、一世紀半前の状況と比べれば、隔世の感を禁じ得ないほど新しい。勿論、一斑を見て全豹を卜すべきではない。啓蒙の時代の最初の四半世紀が、二つの世界観の移行期に当たる時期であった点を忘れてはならないだろう。例えば、スチュアート朝がフランスへ亡命した際に同行した、同王朝の信奉者アンソニー・ハミルトン侯爵（一六四六―一七二〇年）〔アイルランドの作家で、幼少期よりフランスで過ごし、フランス語の作品を残す。本文にもあるように、スチュアート朝に尽くしている〕は、一七二〇年、『棘ある花の物語』を著して、ほとんど最後とも言える有害で不気味な魔女像の典型を描いて見せている。このテクストには「魔女」という語が四十五回登場しており、上述の調査でコーパスとした全体の半分以上を占めている〔上述の通り、「魔女」という語は複数で七十二、単数で八見付かっているから、合計八十になる〕。物語では、捕らえられ拘留された魔女が描かれている。彼女は、自分の怪物の如く醜い息子を、「立派な女魔術師」である妹の娘と結婚させたがっている。さらに、自分も姪の求婚者と結婚しようという悪しき策略を練っている。著者は、「善」と「悪」の衝突を舞台の前面に押し出している。だが、悪魔や地獄との何らかの契約に直接言及することもなければ、ペテンの臭いを漂わせることもない。この作品は、どちらも本物の魔術的な力を有すると見なされた、二つの相反する極の間の闘いとして提示されている。使用されている語彙をそのまま借りれば、拘留された魔女は、ぞっとするほど恐ろしく、醜く、残虐で非人間的で蠱惑《こわく》的でかつどこか媚びた印象を備えている。同時に彼女は、地獄の如く永劫に呪われている。だが、この最後の形容は、デーモンとの関係を暗示しているに過ぎず、結局曖昧なままでぼかされている。さて、件の魔女は自分の目的を達成するために、自らの力、すなわち魔力を行使する。著者ハミルトンは、この魔力を、魔法、呪文、呪縛、呪術などと言い換えてもいる。ところで、この魔力が効力を発揮するためには、一頭の牝馬を所有している必要があった。ところが、肝心のこの牝馬が死んでしまったために、魔女は魔力を失い、狡知ないし言葉によるまやかししか使えなくなる。結局この囚われの身の魔女は、善き魔術師によって息子共々滅ぼされてしまう。その上、物語の最後では、善き魔術師が、自分は件の魔女の妹ではないことを明かしている。[62]

ハミルトン描くこの逸話は、一七二〇年の時点でまだ魔女現象をどう把握してよいのか迷っていた教養層にとって、一種の悪魔祓いの機能を果していたと見なせる。著者は魔女の肖像にごたごたと粉飾を施し、滑稽極まりない魔女像を織り上げている。何せこの囚われの女は、「火の掛かった大鍋の中に薬草や木の根をぶち込み、それを、口から抜け落ちた三オーヌ〔昔の長さの単位で一メートル二十センチ〕もある一本の歯で、ぐるぐるとかき混ぜていた。こうして怪しげな薬を暫《しばら》くかき混ぜた後、彼女は鍋の中に三匹のカエルと三羽のコウモリをぶち込んだのであった。」彼女の「一本の指には、先ほどの歯と同じくらい長い爪」が伸びていて、自ら調合した恐るべき料理を堪能する上で、大いに役立っていた。また彼女は、この料理の入った鍋に、「新たに喉を掻き切って殺した男の、まだ生暖かい血」を混ぜ込むこともあったという。この魔女は怒りに駆られると、身の毛もよだつような叫びを上げるのが常で、ある時などはそのせいで歯が一本抜け落ち割れてしまったらしい。ここでは、サタンの主催するサバトや魔女たちの料理に関する紋切り型《ステレオタイプ》に、執拗な誇張が施されている。こうして描かれた魔女の像を、伝統的な悪魔学《デモノロジー》の信奉者たちは一体どう受け取ったのであろうか。一般の読者は、恐怖を呼び覚ますメカニズムが、笑いによって破壊されているのを実感しただろう。同時に、善良な魔術師が〔危ない結婚を強要されそうになった〕若者たちを救う行為を通して、美の勝利が印象付けられるようになっている。結局、「悪」は魔女とその息子の消滅によって息の根を止められるのである。

こうして文学のもたらす戦慄は、暗い現実や警備当局が報告している憂慮すべき事態、あるいは裁判所やフランスの地方を動揺させていた異常な事件などの、言わば解毒剤として機能するに至るのである。

一七二〇年以降になっても、行商人が呼び売りする書籍や万用暦〔日の出、日没時間、星宿、故事、俚諺、定期市などを暦日ごとに記した暦〕は、魔術や超自然の介入に関し、不安を煽るようなイメージを広めていた。だが、文学作品に於いては、これとは別の一定の方向性が打ち出されたと見てよかろう。その証拠に、ハミルトンが打ち出した新たな文学形式は、その後も何度か姿を現している。中でも、ジャック・カゾット（一七一九―九二年）の筆の貢献度は大きい。彼の『千と一の四方山話』に登場する魔女トロワボス〔Troisbosses：直訳は「三つの瘤」〕は「邪悪な妖精」で、常に「同業者」のリゼットと争っている。トロワボスはデーモンに命じることができ、その気になればこのデーモンに馬乗りになることも可能だという。また一七六三年に発表された『オリヴィエ』では、マホメットの宗教を奉じる「危険なバガス」〔Bagasse：「オリーヴの搾りかす」の意味がある〕が、魔法によって主人公の男を自分の宮殿内に招き入れようとする。ただし、ここでもサタンとの契約という概念は微塵も見られない。なるほど、ヴォルテールは『バビロンの王女』の中でこの契約に言及しており、悪魔は巨大な黄金の鳥の姿で登場している。だが、彼は魔女現象を絵空事として相手にしていないのである。もっとも、ヴォルテールは意地の悪いことに、『ジュネーブの内戦』の中で、ジャン＝ジャック・ルソーの愛人テレーズ・ルヴァスールを、「地獄を思わせる醜い魔女[63]」などと形容している。いずれにしろ、魔女の概念は、悪魔学者《デモノローグ》たちの非難するところから離脱すると同時に、一六八二年の勅令で、魔女を公的に引き継いだ似非占い師への非難からも、ずっと離れた場所へと移動していくのである。悪魔のイメージ同様、魔女のそれも、文学の世界で、ある種の自律性を獲得していくことになる。こうして、魔女や悪魔は主にフィクションの空間に流れ込んでくるのだ。もちろん、このテーマが、否定的、さらには侮蔑的な暗示を含み込んでしまうのは、どうしようもない。だが同時にこのテーマは、その軽い調子やアイロニー、あるいはハミルトン流の誇張によって、大いに通俗化し一般受けするようになるのである。

以上を勘案すると、フランスに於ける一七二〇年から一七三〇年にかけての十年間は、デーモンの表象に関し決定的な転換点を画した時期と言えよう。少なくとも、主立った文学者や芸術家にとってはそうであった。もちろん、彼らの見方が、一般民衆のそれとぴったり重なったとは考えにくい。だが、少なくとも、上流の教養層が、フィクションないしは医師サン＝タンドレの意見に近い知識人たちの放っていたメッセージを吸収し、一時代前に魔女狩りの推進者たちが刻印しようとしていたサタンのイメージを、もはや額面通りには受け取らなくなっていた、と考えてもよかろう。それに、フィクションは恐らく、不安を除去し治癒を促す重要な役割を担っていたとさえ思われる。なぜかと言うと、フィクションは、一七二五年以降熾烈を極めた論争の影を留めておらず、その上、ほぼいつも「善」が「悪」に勝利するという図式を保っていたからである。ところで、ブルーノ・ベッテルハイム（一九〇三―九〇年：オーストリア出身のアメリカの精神科医）によると、妖精譚はそれがいかにおどろおどろしくても、現代の子供たちの心に対し極めて教育的かつ有益な効果を及ぼすと指摘している(64)。この指摘は、そのまま我らがフィクションにも適用できるのではなかろうか。ところで、ルイ十五世の治世の初頭に、驚異的なるものという範疇《カテゴリー》が確立していった。だがこの範疇は、人々が信じ込んでいた、しかも社会的な現実として強烈な密度を有していた、悪魔やその業という概念とは一線を画していた。一昔前まで、悪魔の具体的な危険性を口実に、魔女が火刑台に括り付けられていた事実を、ここで想起しておく必要があろう。この種の強迫観念は、民衆層、エリート層の如何を問わず、未だに同時代人の心に深く根付いていた。だからこそ、ハミルトンが描く逸話は、その極端な誇張にも拘わらず、否、その誇張ゆえにこそ、鎮静剤的な効果を発揮し得たのではなかろうか。当時は、多くの者が、激しい論争を前にいずれの陣営を選ぶべきか迷っていたはずであり、また、悪魔学《デモノロジー》のシンパたちが有名な裁判を通じて集めてきた「証拠」を前に、誰もが躊《ため》躇《らい》を感じていたに違いない。こうした状況下にあって、ハミルトンのフィクションは、この現実問題を、個人の意識下の夢幻的な次元に移し換えてくれたのである。繰り返すが、デーモンを中心に据えたものの見方は、未だに広い社会空間を染め上げ、宗教的世界を支配していた。そんな中で、フィクションという迂回路を経ることにより、この複雑な主題に関し個人的な感想を抱く可能性が開けたのである。しかもその際、公的に何らかの立場に与《くみ》する必要は生じないのだ。ところで、悪魔はこの種の作品では、哲学者へと変貌を遂げている。と言うのも、悪魔は地獄を棚上げし、「善」と「悪」について、または、思惟する主体つまり人間について論じているからである。その上悪魔には、クリスチアン・ヴィルヘルム・エルンスト・ディートリッヒという人の『野蛮人』と題したデッサンに見られるような、どこか憎めない雰囲気さえ漂っている。腰には剣を携え、優雅に着飾ったこのデッサン上の悪魔には、洗練された貴族の風格さえ漂っている。もっともこの悪魔は、やはり醜い顔立ちで、鉤型の鼻を備え、下唇は不自然に大きく、耳は尖っている。それでも人間の顔立ちである点は否めない。もっとも、長い首や前腕部、大腿部を覆っているもじゃもじゃの体毛はどこか獣を思わせ、素性も怪しくならざるを得ない。それに、乗馬靴で隠されてはいるが、恐らく足の蹄は割れていると思われる。(65)

恋するベルゼブル

デーモンを文学というジャンルに、それもいずれ幻想文学へと発展していくジャンルに組み込むには、あと一歩だけ踏み出せばよかった。もっとも、悪魔に対する信仰が、すべてフィクションの世界に回収されてしまったわけではない。現実の悪魔信仰は、他の分野で厳然として残っている。それは特に、教育と宗教の分野で強い生命力を保っていた。だが、文学とそれ以外の二つの道は、相互に交錯しつつも、ますます違いを際立たせ離れていく。今後は文学や芸術の領域に於けるような夢幻的な領域と、実生活上の行動規範を誘導しうる深刻な信仰の領域の二つが、相対しているかのような印象を与えるだろう。確かに、この二領域は、同じ一つの共同幻想に由来しているが、前者は自らその幻想の姿を浮き彫りにしていくのに対し、後者を擁護する者たちは、悪魔への信仰が現実の問題と接点を持つことを強調する。換言すれば、後者はそのまま信じているのであり、前者は自分が想像しているに過ぎないと弁《わきま》えているのである。

一七七二年に刊行されたジャック・カゾットの『恋する悪魔』は、多少の曖昧さを包含しつつも、悪魔が信仰の領域から想像の領域へと移行する時期を画している。一七六〇年以降になると、啓蒙の哲学がますます影響力を増していく知的状況下にあって、悪魔学《デモノロジー》上の論争は沈静化に向かう。上述したように、これ以前の作品でも超自然をテーマに掲げていたカゾットは、ある者たちに言わせれば、フランス文学史上初めて幻想文学に属する物語を書いたことになる(66)。彼は、悪魔による欺きという伝統的なテーマを物語として展開している。悪魔ベルゼブルは、好奇心旺盛だが暇を持て余しているスペイン人の青年アルヴァールを手玉に取ろうとする。ベルゼブルは様々な姿を纏って彼の前に出現する。美しきビオンデッタもその内の一つである。この小説の斬新さは、悪魔が、その狙った獲物に恋をしてしまい、自分の仕掛けた罠に自分で嵌ってしまう点にある。この作品には当初から多種多様な解釈が施されてきた。一八四五年、ジェラール・ド・ネルヴァルはこれを、空想的な物語の内に、秘教的な理論を置換した作品だと見なしている。マックス・ミルネールは、そこに倫理的作品や幻想的物語などではなく、象徴的物語を見て取るべきだと主張している。また、ジョゼフ・アンドリアーノは、カゾットをゴシックロマンス〔中世のゴシック様式の古城などで起きる、超自然の怪奇をテーマに据えた小説のジャンル〕の先駆者と位置づけている(67)。確かにこの書物は、幻想という観点から論じられる嫌いが強すぎたように思われる。そもそも、フランスで幻想文学が本当に産声を上げるのは、ホフマン〔一七七六—一八二二年：多数の幻想小説を書いたドイツの作家・作曲家〕の作品が二十巻本で出版された一八三〇年代のことである。それに、カゾットは何よりもまず同時代に理解されているのだ。彼は、ジャン・ボダンが一五八〇年に刊行した論考『魔女の悪魔狂』や、バルタザール・ベッカーの『魔術的世界』(オランダ語版は一六九一年、フランス語版は一六九四年)を読んでいる。物語の最後で、アルヴァールの尋常ならざる体験から教訓を引き出してみせる学者の口を借りて、カゾットはこの読書体験を明白に告白している。また、『秘儀的学問を巡るガバリス侯爵との対話』と題されたピエール・ド・モンフォーコン・ド・ヴィラール神父の著作も、利用していた可能性がある。ヴィラールが悲劇的な死を遂げる数年前の一六七〇年に出版されたこの書物は、バラ十字団〔十七世紀のドイツで結成された秘密結社〕に攻撃を加えたため、大いに物議を醸した代物である。

カゾットが物語る話は、多様な伝統を受け継いでいる。ロセやカミュに代表される悲劇的物語が、既に悪魔による誘惑というテーマを活用していた。また、魔女裁判では、魔女とデーモンとの間の性交渉なるものが、判事の要請により極めて詳細にわたる形で問題とされていた。さて、カゾットの物語の独創性は、話の曖昧さを増幅していくその手付きにある。そもそも最初から、デーモンはかなり稀な外観を選びそれを纏っている。何と、ラクダの頭の形を取って登場するのである。これは雄山羊だとか蛇だとかいった、通常の紋切り型を避けたいという欲求に根ざすのであろうか。それはともかく、その後悪魔は雌犬に姿を変えている。これが、普通予測できるような、黒色の力強い大型犬マスチーフなどではない点が興味深い。話者の目指すところは、最後に美女ビオンデッタの姿が登場した際に明らかとなる。彼女は、主人公の男性を上手く誘惑するために、服従という戦略を展開する。先のラクダや雌犬は、悪魔の人間に対する従順の、否もっとはっきり言えば服従の明白なシンボルに過ぎないと言える。なるほど、人間は結局ビオンデッタ=悪魔を誘惑する。しかし、そもそもは、悪魔が人間を陥れようとしていたのである。ところがベルゼブルの方が、主人公に狂おしいくらいの恋心を抱いてしまうのだ。それだけではない。カゾットは、逸話の全編に、どうしようもない疑念が漂うように工夫している。そもそも、スクブス〔女夢魔〕と人間との間に、性的交渉は本当にあったのだろうか。それとも、この交わりは、人間の空想の産物に過ぎないのであろうか。少なくとも一七七六年の最終版を読む限り、こうした印象を抱かずにはおれない。今、最終版と言ったのは、最初は全く別の結末が用意されていたからである。自分が「半＝憑依」状態〔《obsédé》：既出。《possédé》と比べれば、憑依の程度は身体に留まり軽いので、「半＝憑依」と訳出しておいた〕にあることを知った主人公アルヴァールは、ビオンデッタの衣服のボタンを摑《つか》み、デーモンを払い除けようとする。「悪霊め、と私は力強く言った、お前が俺をその正道から踏み外させ、無謀にもお前をそこから呼び出した、お前の住処たる奈落へと俺を連れ去るのが目的なら、一人でそこへ帰って二度と出てくるな。」この言葉を聞くと、若い女は消え去り、同時に、ラクダの巨大な頭の形をした暗雲が、天空へと昇っていった。この箇所に関し、カゾットは一七七六年に加筆したエピローグでこう述べている。「初版が出ると、読者諸兄には、結末があまりに唐突だと感じられたようだ。大部分の読者は、主人公が嵌《はま》る罠が、十分な花々に覆われていることを望んでいた。そうすれば、アルヴァールが地獄へと墜落せずに済むからである。」だがこの点でさらに興味をそそられるのは、草稿段階（出版はされていない）での構想である。その素描によると、最後は「悪」が勝利を収める予定であった。「アルヴァールはそこでは敵から騙されて終わる。しかも二部構成の作品は、先ず第一部で主人公の破滅を描き、第二部でその後の展開を描いていた。半＝憑依の状態から完全な憑依状態に陥ったアルヴァールは、もはや悪魔の掌で踊る道具に過ぎなくなる。つまり悪魔は、主人公を使ってあちこちに無秩序を撒き散らすのである。」もっとも、最終版が「善」の完全な勝利を証しているとは言い難い。「この最新版では、批評家の諸見解を調和させようと試みている。アルヴァールはある程度は騙され役を演じるが、犠牲者にはならない。彼の敵たる悪魔は、彼を騙すために、却って誠実、否、さらに慎み深くさえあろうと努めざるを得ない。そのために、悪魔本来の事の運び方が破綻をきたし、その成功は不完全となってしまう。[68]」こうして第三の道、すなわち、悪魔学者《デモノローグ》とその論敵とが擁護している立場の、ちょうど中間を採ることになった。そのために、読者は完全な疑念に捕らわれざるを得ない。なぜなら読者は、綴られた文字《エクリチュール》が現実を表明しているのか、それとも、喚起された内容の純粋に空想的な側面をなぞっているに過ぎないのか、決して判断が付かないからである。

『恋する悪魔』の草稿に関し著者自身が語っている、この興味深い歴史を読むと、カゾットが三つのヴァージョンの間で揺れていたのが浮き彫りになる。我々現代人には、三つの全てが夢の領域の内部に収まるように映る。だが、カゾットの同時代人にとっては、事情は全く異なる。先ず、直ぐに没になった草稿段階での第一のヴァージョンは、人間をサタンに従属させているため、悪魔の実在性を擁護する数多の者たちに、あまりにも近付きすぎている。一七七二年の初版に見られる第二のヴァージョン（読者受けの良くなかったもの）も、やはり悪魔学《デモノロジー》に重心を置きすぎている。なぜなら、デーモンを追い出すための悪魔祓いの叙述は、悪魔の存在を前提にしているからである。さて、目の肥えた読者の意見が反映したとでも言いたくなる第三のヴァージョンは、純粋に夢幻的な空間を見事に創出している。と言うのも、結論で尊敬すべき博士が述べているように、「我らが敵たる悪魔は、人間への攻撃方法を驚異的に洗練させている」からである。だがここでは、デーモンの敗北も同様に確実なものに映じる。「デーモンが貴方を誘惑したのは事実だ。しかし、貴方を堕落させることに成功したわけではない。〔……〕悪魔は自分が勝利し貴方が敗北したと主張している。だが、勝利も敗北も、悪魔、貴方の双方にとって、『幻想』でしかない。何れにしろ、貴方は改悛すればこの『幻想』を洗い落とすことができる。[69]」ここでは、堕落に新たな手が加えられたため、物語の虚構性が一層強まっている。もはや「曖昧さの君主」の名を恣《ほしいまま》にできるのは、人間に制御されるベルゼブルではなく、作家その人だと言えるだろう。ところで、『ガバリス侯爵』〔既出〕の主人公にとっては、悪魔とはグノーム〔地中に住み地中の宝を守る醜い小妖精〕、サラマンドル〔火トカゲ〕、ウンディーヌ〔北欧神話で水の精〕、あるいはシルフィード〔ゲルマン神話で大気の小妖精〕といった原初的な霊に過ぎない。それらは教父たちによって、悪魔的な特徴を無理矢理被せられた存在である。カゾットがヴィラールのこの作品を読んだという確証はないが、少なくともこうした知識は完璧に備えていた。例えば、カゾット描く騎士道物語の『オリヴィエ』を繙《ひもと》いてみよう。そのある章には、小鳥の妖精ストリジリーヌに魔法をかけられたオングランの、奇妙なお話が見出せる。魔法の軟膏を擦り付けられたオングランは、サバトに到着する。そこで彼は、その信奉者に囲まれた「悪しき霊の君主」に出会う。このデーモンの首領は、ストリジリーヌに対し腹を立てていた。彼女があまりに自分勝手に行動するからである。そこでデーモンはオングランに、かの妖精とその取り巻きたちを元の姿に戻すための秘法を授ける。この魔法を使ったところ、彼女たちは、コウモリの翼を備えた、「胸の悪くなるようなハルピュイア〔ギリシア神話で、女面鷲身の三姉妹の女神。暴風と死を司り、子供と霊魂を誘惑する〕」の姿に戻ってしまった。我に返り、しかも授けられた魔力も弱まってきた頃、先ほどの善良と言えなくもないサタンがやってきて、立ち去る前にこうオングランに述べる。「分かるでしょう。誰が何と言おうと、私はいつも悪行ばかりに手を染めているわけではないのですよ。」サタンが見返りにオングランに求めたのは、もし見たことを文章にする場合には、自分のことをあまり悪く書きすぎない、という一点だけであった。[70] これは著者の単なるはぐらかしであろうか。それとも、悪魔を一つの幻影として描出するための、新しい手法なのであろうか。と言うのも、この悪魔の頭領は、ストリジリーヌら真夜霊〔女や雌犬の姿で夜中に徘徊し男の血を吸う一種の吸血鬼〕に反逆される君主にすぎず、しかも仕返しをするにしても、姑息な手段ばかり用いているからである。サタンは、今や話者の心にしがみついてでも、何とか生き延びようとしているのだろうか。

勿論カゾットは、いかなる領域であれデーモンが人間界の出来事に介入することはできない、とするバルタザール・ベッカー〔既出〕の見解を知悉していた。だが、彼はこの理論を断定的に持ち込んだりはしない。それよりも、作品の全編に疑念を漂わせ、読者を夢想へと誘う方を選んだのである。『恋する悪魔』の最終版で、カゾットは、後に文学に於いて幻想的なるものの鍵となる両義性を、見事と言うほか無い手付きで、最後まで維持し続けている。[71] その際、彼が一つの新しいジャンルの創出を目指していたとするのは、恐らくあたるまい。カゾットがそのような野心を抱いたとは思われない。そうではなく、自分の文化的宇宙の中で、悪魔が占める割合に限度を設けようとしたのであろう。もちろんその折りに、語り掛けている読者に対し、自らの立場を暗に認めて貰うよう目配せをするのも忘れてはいない。だが、悪魔の占める位置、というのは微妙な問題でもある。なるほど、確かにカゾット自身は、ベルゼブルに全能を認める立場からは大きく乖離している。だが、この点については色々な意見が存在し得た。その蔵書の内容から判断して、秘教や神秘主義《オカルティズム》に熱中することの多かった教養ある同時代人たちには、闇の力を認めたがる傾向もあったのである。そこで、純粋に夢幻的なるものと、恐るべき存在に満ちた想像界《イマジネール》との間の境界線上で戯れることが、恐らくは、多種多様な意見を共存せしめる上で唯一可能な道であったと思われる。こうして、ジャック・カゾットは、悪魔をもはや信じない、あるいはほとんど信じない自由思想家たちや、悪魔の存在には疑問を感じつつも、やはり恐怖心を抱かずにはいない者たちに語り掛けると同時に、悪魔を素朴に信じている人々をも念頭に置いているのである。つまり誰もが、この両義的で曖昧な物語を、自分なりに解釈できるのだ。また、誰もが、デーモンは人間意志に縛られているという教訓を、大なり小なりこの逸話から受け取るであろう。サタンは遂に瓶の中に詰められてしまった。傲慢な悪魔としてであれ、下っ端の悪魔としてであれ、サタンは今後、命じるよりは寧ろ従う存在とならざるを得ない。サタンが今まで駆使してきた数々の策略は、「ある一つの寓意《アレゴリー》的な場に集められるであろう。そこでは、理性的原理が情念と相争うのである。その場とは人の魂であり、そこが両者の主戦場となるのである。[72]」

　カゾット（一七九二年没）とも接点のあったシャルル・ノディエが、一八三〇年に刊行した『文学に於ける幻想的なるものについて』とともに、ロマン派は怒濤の如く押し寄せるようになる。だが、そこに至るまでの期間に、超自然は、宗教によって世界を説明しようとする原理と、徐々に袂を分かっていく。戦慄を呼ぶ悪魔のイメージは、長らく宗教的かつ道徳的な領域内で保たれてきたが、これ以降の文学的な想像界《イマジネール》に於いてはその力を失っていく。そのイメージは、幻想や幻影に、あるいは、社会的に何ら深刻な結果を生まない戦慄へと変換されていく。魔女狩りの火刑台の時代とは、まさに隔世の感がある。その実質を喪失した空想上のデーモンは、芸術や文学の空間に自らの居場所を見出し、しかもその空間は徐々に遊びの要素をも取り込むようになっていく。十八世紀末頃から、このような一種の文化的領域が、緩やかながらも自律性を獲得していき、教義の守護者たる神学者たちの独占状態に終止符を打つのである。この文化が、あたかも夢で織りなされたヴェールの如く、教養人たちの精神の上を漂い始める。こうなると、知識人たちは、人間存在の本質的な悲劇性に基礎を置く宗教観の強い圧力から、徐々に離脱していくのが理の当然であろう。驚異の世界へと向かいつつあった幻想的なるものは、実生活とは断絶した夢の世界、何が起きてもおかしくない夢の世界を織り上げながら、現実の存在と想像の世界との間に、あるいは現実の人間とその諸々の信仰との間に、一定の距離を設け始めたのである。フロリアン〔一七五五―九四年：フランスの作家。「寓話詩」等の作品を残す〕は一七九二年の『ヴァレリー』の中で、ヒロインに幽霊の話をさせている。彼女は恋の病で亡くなったが、恋人のお陰で新たな生を手に入れたと語っている。著者は、ひたすら叙述するばかりであって、何ら説明を施そうとはしない。英国人のウィリアム・ベックフォード〔一七六〇―一八四四年：英国の作家。幻想奇譚の『ヴァテック』一編のみによって記憶される〕が一七八二年にフランス語で執筆し、一七八六年に出版した『ヴァテック』は、悪魔との契約や地獄下りの様子を描いているが、そこにユーモアを孕んだシーンを差し挟むことも忘れてはいない。例えば、ハーレムの女性たちが黒人の宦官を騙すシーンなどがそれに当たる。ポーランド人の学者ヤン・ボトツキ〔一七六一―一八一五年：ポーランドの考古学者、旅行家。著作は全てフランス語。『アラビアン・ナイト』風の幻想小説『サラゴサ手稿』がカイヨワに再発見され評価される〕は、自殺する直前の一八一四年から翌一八一五年にかけて『サラゴサ手稿』を完成させている。これは一種の暗黒小説〔主に英国の十八、十九世紀のゴシックロマンスを指す〕で、幾つもの逸話が入れ子構造を成しているが、より重要なのは、そこに神秘主義《オカルティズム》やエロティシズムの筆致がはっきりと看取できる点である。ノディエ〔一七八〇―一八四四年：夢と狂気の領域を開拓した博識なフランスの作家で、ネルヴァルの先駆者と見なされている〕は一八二二年に出した『ディボー・

ド・ラ・ジャキエールの冒険』を執筆するに当たって、この作品から着想を得ている。英国では、アン・ラドクリフ（旧姓ウォード）が、一七九四年に発表した『ユードルフォの怪奇』を始めとする一連の暗黒小説を書き進めている。さらにマシュー・グレゴリー・ルイス（一七七五―一八一八年：英国の作家、政治家。代表作『修道士』は戒律を破って我が身を悪魔に売る修道士を扱った恐怖小説）は、一七九六年、幻想的な小説『修道士』を書き上げている。神秘に包まれた城、幽霊、あるいは骸骨などが、フランスでも大いに模倣されたこのジャンルの作品のページを埋め尽くしている。なお、こうした暗黒小説に関しては、やがてモンタギュー・サマーズが『ゴシック・ビブリオグラフィー』と題した、六〇〇ページ以上にわたる膨大な書誌を拵《こしら》えることになる。さて、一八一六年にドイツ語で刊行されたエルンスト・テーオドール・アマデウス・ホフマン（一七七六―一八二二年：ドイツ・ロマン派を代表する作家の一人で、作曲家でもあった）の『悪魔の霊液』は、カゾットに着想を得た作品である。幻想譚の本当の生みの親であるカゾットは、晩年に、『一七九一年の聖ヨハネの祝日の前の土曜日から日曜日にかけての晩に見た我が夢』と題した小編なども残している。

フランスを見ても、ヨーロッパ全体を見渡しても、十九世紀初頭が一大転機を画していることは間違いない。悪魔のイメージは深いところで変形を被り、悪の外在的な存在としての表象は不可避的に遠ざかっていく。つまり悪魔は、誰もが自らの内部に宿している「悪」の形象としての側面をますます強めていくのである。もちろん、これら二つの極端な表象の間に、多様な変異体が幾つも存在しているのは言うまでもない。換言すれば、過去の義務を重んじる厳格なキリスト教の系譜上にあるものから、諸々の主題を扱い時には互いに矛盾することもある様々な哲学に由来するものまで百花繚乱である。つまりは、各々の国や社会的カテゴリーに応じて、それぞれ異なる見解が数多く横たわっているのである。それでも、内なるデーモンが、西欧文化の支配へと緩やかに歩を進めつつあったのは間違いない。

第6章

内なるデーモン（十九—二十世紀）

悪魔はフランス革命と共に消滅したわけでも、あるいは理性、科学、ないしは産業化の襲撃を受けて消え去ったわけでもない。悪魔のイメージは相変わらず西洋の想像界《イマジネール》に宿り続けた。もっとも、それはもはや宗教的な教義にのみ関わる存在ではなくなり、十九世紀から二十世紀のヨーロッパに見られた多種多様な知的、文化的、社会的な動きと共振するようになる。マックス・ミルネールは、対象を文学の領域のみに限って、悪魔の存在の次元を、次の四つに分類している。先ずは、しばしば流行と繋がることも多い、単なるモチーフとしての悪魔。次に、何らかの傾向や思想ないし悪徳などを体現した表徴《オンブレーム》としての悪魔。次に、神話としての悪魔。すなわち、「それ固有の力学に従い、それ固有の法則に支配される、思想の集団的な冒険」を集約する神話としての悪魔。なお、これは人間の存在条件を決定するものとされる。最後に象徴《シンボル》としての悪魔。この場合は、詩人が自分固有の形態を生み出すことからも分かるように、著者の個人的な介入が悪魔の表象段階でより顕著に見られる(1)。以上の四次元を見てくると、そこに時間軸に沿って、集団から個人への変移が見出せるのが分かる。この動きは、言うまでもなくルネサンス期・イタリアの芸術や思想の領域から始まったものである。こうした、緩やかながらも進んでいった個人の発明は、間違いなく西洋文明の根元的特徴の一つを成している。そして、悪魔の歴史もまた同じ道筋を辿っているのである。サタンの伝統的な表象は、宗教改革および反宗教改革の時代の、宗教上、道徳上の集団的コンセンサスの岸辺を徐々に離れていく。この伝統的表象は、啓蒙時代の哲学者による批判に晒されて、大いに揺さぶられた後、少数の著作家たちが何とか死守し広めようと努めてきた、教会の正統的教義の中へと逃避していく。こうして、大いなる伝統は、決して消滅はしないものの、あたかもあら皮の如く縮こまっていく。その反対に、人間に緊密に寄り添った、より内在化されたデーモンの表象が力を得てくる。このデーモンは、人間の闇の顔ないしは人間の空虚な仮面に過ぎない。さらにこのデーモンは、考え得る様々な変異体を採りうる。それは個人の情念と共同体の抱く恐怖の何れをも包み込みつつ、モチーフ、表徴《オンブレーム》、神話、そして象徴《シンボル》の何れにもなりうる。デーモンの変異体の中には、十九世紀末にフロイトの強烈な個性が刻印された、あの精神分析学の境界域を蠢《うごめ》くものも存在する。その他にも、デーモンの変異体の中には、根元的な説明原理が錯綜する新たな領域の成立、すなわち人文科学の成立に寄与したものも存在する。こうして悪魔が産み落とした実の娘たる精神分析学や人文科学は、西洋を前方へ推進せしめると同時に、西洋に自らの本質、運命、目的などを自省せしめる、硬度の高い一つのメカニズムを提供したのである。つまり、世界の征服と、科学ならびに技術を駆使してより良い生活の獲得に向かったヨーロッパ人は、人間の本性に関し、身を苛むと同時に極めて豊穣な結果をも生み出しうる問いかけを、強烈な意志をもって自らに課したのである。ところで、人間の本性を善、悪のいずれと捉えるかは、依拠する哲学によって答えが異なってくる。だがいずれにしろ、本性の捉え方によって、人間の心の内部に沈潜したデーモンを信じるか否かが決まってくると言える。最も楽観主義的な者たちは、悪魔を、無知な時代に由来する迷信の名残であり、嘲笑ないしは好奇の対象に過ぎないと見なして、この問題自体を一掃してしまう。また、教会の伝統主義的な教えに必ずしも完全に従いはしないが、それでも悪魔の力を信じる者たちは、大まかに言って二つの対照的なグループに分割できるであろう。この点は、アメリカ合衆国をも含むプロテスタント系の国々の方が、ラテン系の国々よりも、罪ある肉体に潜む内的なデーモンに対し、より大きな恐れを抱いていると換言してよかろう。こうした違いは、恐らく、代々受け継がれてきた宗教的な感受性の差異に由来すると考えられる。同時にこの違いは、共有する世界観の差、あるいは共同体や社会的コンセンサスの捉え方の差にも由来していると思われる。さらに言えば、啓蒙思想が、次いで十九世紀の社会主義的ユートピア思想が広めた、人間は生まれながらにして善である、という見解の受け取り方にも由来するであろう。

教義上の永続性

哲学者側からの攻撃に揺さ振られながらも、カトリック教会は執拗なくらい悪魔に関する伝統的な教義の伝播に努めている。その上、ジョセフ・ド・メーストル（一七五三―一八二一年）〔政治家、作家。フランス革命に反対し、王政の維持と教皇の絶対権を主張した〕は、悪魔をフランス革命、それがもたらした混乱や道徳的退廃、そして国王や教皇といった既存の権威を拒絶する態度と同一視している。また、レオ十三世は一八七九年に回勅「永遠の父の」〔encyclique：教皇が全世界の司教、または一国の司教を通じて全教徒に与える教書〕を発し、トマス神学が永久に有効であると宣言している。こうした枠内では、デーモンの客観的実在性に疑念が呈されることはあり得ない。この外的実体性の教義は、二十世紀中葉まで、ローマ教会にとっては主要な指針で在り続けた。だが二十世紀も半ばに達すると、伝統に完全に逆らうのは避けつつも、教会の教義の行き過ぎを和らげようとする神学者が登場してくる。例えばプロテスタントの神学者カール・バルト（一八八六―一九六八年）〔「弁証法神学」を唱えたスイスのプロテスタント神学者〕は、サタンを「非＝天使」と定義している。「悪魔とは非＝存在、非＝知である。それは、虚偽であり、非現実であり、空虚であり、非＝

人格である。」バルトよりさらに過激なルドルフ・ブルトマン（一九九六年没）〔ドイツの新約学者、プロテスタント神学者、新約聖書の「非神話化」を唱えた〕は、科学の進歩が「霊的存在やデーモンへの信仰を一掃した」とまで述べている。また、ヘルベルト・ハーグ〔ドイツのプロテスタント神学者〕は、一九六九年に刊行した『悪魔との訣別』の中で、悪魔を「悪」の擬人化したものに過ぎないと見なし、悪魔の実在を否定している。さらに、一九六六年に出された『オランダ新教理問答書』のように、ドイツのその他の神学者の中にも、悪魔の存在が信仰の真実を担保した例しは一度もない、と断言した者が存在する。ただし、こうした疑義は、南の国々の教会よりも、ヨーロッパ北部の進歩的な教会の内に、より過激な形で見出される。現にカトリックの聖職者は、デーモンの実在という教義に固執している。先ず、一九七二年にパウロ六世がこの教義を再確認した。さらに一九九二年には『カトリック教会公教要理〔教理問答書〕』が、「サタンないしは悪魔とよばれるこの存在もしくは堕天使」の実在を改めて強調している。さらに一九九八年初頭、ヨハネ・パウロ二世がこの主題を改めて採り上げる必要性を痛感したと述べている。ところが、多数の信者、さらには神学者までもが、こうした表明に違和感を抱かざるを得なかった。一部の神学者たちは、この種の見解を緩和し、もはや悪魔に執着しない現代の信者の需要に応えようとさえしている。ただし、その他の大部分の神学者たちは抑制し、聖職者、信者の双方に気を配っている。その一例として、一九九七年に『悪魔』を上梓したドミニコ会士のドミニック・セルブローを挙げられよう。彼はこう言っている。「悪魔は存在している、だがそれを絶対に信じてはならない」と。(2)

こうした宣言に見られる慎重さや微妙な陰影も、ルシファーが人間の外部に存する実体だとするカトリック教会の見解を、全く改めるには至っていない。一九八五年、ヨハネ・パウロ二世は悪魔の術策をこう非難している。すなわち、「悪魔自らが世界の創世時以来叩き込んできた『悪』が、人間自身によって、また社会階層間や国家間といったシステムおよび対人関係に於いて、自動的に蔓延するためにも、悪魔自身は姿を現さない」という戦術を採るのだ、と。だが、過去のサタン神話が大いに弱体化した点は否めない。大部分のヨーロッパ人がこの種の神話を受け入れていないし、その数は増加する一方である。オランダのカトリック教徒に於いては、一九六六年から一九七九年までの間に、悪魔を信じる人が六十パーセントから五十パーセントに、地獄を信じる人が五十パーセントから四十パーセントに、また煉獄を信じる人が三十パーセントから二十パーセントにまで下落している。また一九九〇年に行われた「ヴァルール・ヨーロペエンヌ」誌のアンケート結果によると、掟を守るカトリック信者〔pratiquant：日曜毎に教会のミサに行く熱心な信者のことを指す〕の内四十九パーセントがデーモンの存在を信じていると断言しているのに対し、無信仰を掲げる者で信じているのは五パーセントに満たない、しかも人口全体で見れば、十九パーセントにしか達しないという。(3) 勿論、これほど多面的なテーマを巡る人々の概念把握の違いを、正確に浮き彫りにすることは、世論調査という手段には無理である。例えば、無神論者と信者とが、このテーマを巡って同様の思考回路を用いるとは到底思えない。それでも、一般的な傾向として以上の数字は現状を雄弁に物語っている。つまり、もの凄い大波が、過去の集団的な恐怖心を洗い流しており、熱心なカトリック信者の多くもその波に呑まれているのである。その為、神学者や聖職者たちはこの変化に対処せざるを得なくなっている。ヨーロッパでは、「劫罰のキリスト教」が目を見張るような規模で後退しつつあるのだ。この現象に最近拍車がかかっている事実は、悪魔のイメージが激変しつつある点に明白に現れている。なぜなら、悪魔は、自由や快楽を謳歌するメッセージの内部に、ますます取り込まれるようになったからである。(4) 減少の一途にある熱心な信者〔pratiquants：既出〕にとっても、悪魔というテーマは、ある種懐古趣味的な宗教のイメージと結び付いて映るようである。ルネサンス期に知的・芸術的な領域の中で主に湧出してきた自由解放の動きは、ここ数世代の間に、大きくその輪を広げ、全ての社会階層に広く浸透していったと言える。ベルナール・スイシェールが「この、悪の像《フィギュール》の個人化と心理化」(5) と表した現象は、サタンに対する集団的恐怖心の後退を決定的にしたと同時に、制度的な教会の立場をも衰退せしめるに至っている。ヨハネ・パウロ二世が悪魔の狡知について語った言葉は、この点で的を射ている。狡猾な悪魔は、人間自身の悪を際だたせるために自らは姿を現さないが、だからこそ悪魔の実在を信じる必要性があると主張し、この問題を上手く処理しているからである。だが、ローマが非常に微妙な立場に置かれているのも事実だ。なぜなら、一般信徒が求めているより穏健なキリスト教が、ローマ・カトリックの基盤を切り崩しつつあるからである。デーモンという主題は、言わばデーモンへの恐怖から切り離されることで、その地位を向上させ、それに伴って既成の宗教が凋落していく。例えば、フランスでは熱心な信者の二人に一人が地獄を信じていない。ところで、地獄を信じない、とはすなわち、天国の存在にも懐疑を抱くことに通じ、さらには、たとえ寛大でも遙か彼方に霞む神よりは、自らの内部により注意を向ける態度へと繋がっていく。熱心なカトリック信者が少数派に転落しているがゆえに、この態度はますます増長していくだろう。その上、社会全体が不信心かつ快楽主義的な方向に傾いており、さらには、あらゆる種類の千年王国運動〔millénarisme(s)：ここでは、「千年王国思想」を指してはいない。なお「千年王国運動」とは、終末意識とユートピア待望論に根ざした宗教的な社会運動で、ヨーロッパ以外の各地でも頻発している。この運動は「現世」での幸福や快楽を追求する傾向があるから、従来のカトリックの教義とは相容れない部分が多い〕を奉じるセクトが増殖し続けているのだから、なおさらである。悪臭を放つおどろおどろしい悪魔の消滅は、十六世紀および十七世紀にヨーロッパを席巻した宗教の一形態の消滅を意味している。否、より正確には、この宗教は、三千年期〔紀元後三千年代〕の境界線上にあって、いまだに消滅し続けているのである。こうして、悪魔に纏《まつ》わる神話は文学の中に引き込まれていく。それを迎え入れた十九世紀初頭の「熱狂文学」〔幻想、怪奇、悪魔主義などの諸特徴を有するロマン派文学の一傾向。ノディエ、ロートレアモンなどが代表的。理性や道徳律から外れるところに人間の力強さを見る傾向が強い〕は、この悪魔という宗教的・道徳的なテーマを、通俗化し「非深刻化」する道を切り開くことになる。

悪魔との戯れ――暗黒小説と熱狂文学

中世の神秘劇に於いても、十八世紀のバロック演劇に於いても、サタンは常に主役の一人を演じてきた。特に十八世紀には、悲劇、悲喜劇、パストラル〔ここでは、羊飼いの男女の恋愛を扱った劇作品〕あるいはバレエ作品が、深刻さを削ぎ落としつつ、悪魔を次から次へと舞台上に載せていた。この流行には、変身に対する人々の好みが反映している。フランス革命期の観衆も、同様に悪魔劇を好んで見ていた。(6) この発想源は、恐らく、民衆文化や数々の物語ないしは伝説が好んで採り上げたベルゼブルに、換言すれば、二十世紀まで人間に担がれ続けた愚かな悪魔に求めうるだろう。(7) もちろん、滑稽な悪魔のテーマだけで、それへの恐怖心が消え去ったわけではない。それでもこのテーマは、当時の宗教の教えや説教が吹き込んだ戦慄すべき悪魔像に対する、一種の均衡抑制剤として、言わば悪魔祓いの役割を担ったのである。同様に、吸血鬼もよく知られていて、読者を戦慄させるような筆致で描かれていた。一六九四年の「メルキュール・ガラン」誌〔一六七一年にドノー・ド・ヴィゼによって創刊された雑誌。一七二四年に「メルキュール・ド・フランス」誌と改名し、十八世紀最大の週刊文芸誌になる〕は、ポーランドやロシアで猛威を振るっていた吸血鬼を、大きく採り上げている。彼ら吸血鬼は夜な夜な隣人の血を吸いに襲ってくる。これを撃退するには、その頭部を断ち切るか、胸を切り裂くしか方法がない。仮に上手く返り討ちに合わせた場合、「棺の中に、ずっと以前に死んだはずなのに、まだ柔らかく柔軟で膨れあがり深紅の色をした死体」が見付かるという。人々の中には、この死体から湧き出る血液を集め、それで「吸血鬼の横暴から身を守る上で有効な」一種のパンを作る者もいたらしい。このパンを食した者を、吸血鬼は以後決して襲えないからである。この現象の説明の仕方の背後には、誘惑者たる悪魔の姿が見え隠れする。なぜなら、死骸に侵入して墓から脱出せしめるという行為は、まさしく悪魔のそれであるからだ。吸血鬼の存在を信じている者たちも、この説明法に拠っている。一七三二年、メドベダ〔セルビア南部の都市〕を中心にセルビアで生じた数々の吸血鬼事件の噂が広まると、バンパイヤへの信仰は頂点に達し、ヨーロッパ中がこの存在に関する議論に熱中することになる。(8)

十九世紀初頭になると、悪魔という主題は今までとは全く異なる位相を獲得する。マックス・ミルネールはこう指摘する。「悪魔が文学的な主題となるには、その実在性と力とが疑問符に括られねばならない。」十八世紀末に、この断絶が現実に生じる。それまで哲学者たちは確かに疑問を呈してはいた。だが、疑問が確信に変ずることはまず無かった。(9)ところが、十九世紀に入ると、教養層の想像界《イマジネール》の中で、この疑問が確信へと変わる。粉砕され粉々になったサタンのイメージは、今後諸々の新たな流行を取り入れ、かつ社会や風俗の変化に順応せざるを得なくなっていく。こうして多面的な側面をあれこれ抱え込みつつ、文学ないし芸術の舞台に上がる以外に、サタンには手だてがなくなる。その結果、サタンに纏《まつ》わる多種多様な象徴《シンボリズム》が生まれたばかりか、正統派の神学者たちがずっと擁護してきた、キリスト教のサタン神話の有していた統合力が、見る見る弱体化していく。一七九六年、当時まだ十九歳だったマシュー・グレゴリー・ルイス〔既出。一七七五—一八一八年：英国の作家、政治家。代表作『修道士』は戒律を破って我が身を悪魔に売る修道士を扱った恐怖小説〕が著した『修道士』は、この点で決定的な役割を果たし、しかもイギリス、フランス、ドイツの各文学作品に深い影響力を及ぼすことになる。幽霊、幻視、薬種、毒、強姦そして近親相姦といった、ある意味で青年期特有の幻影に充ち満ちたこの書物は、ルシファーを、この上なく美しい十八歳の若者の姿に描いている。ルシファーはその額に燦然と輝く星を有し、肩には深紅の翼を備え、バラ色の光線と陰影に包まれ、甘美な芳香を放っている。また、風刺作家たちも悪魔という主題をこぞって採り上げ、パロディー色の濃い模倣作を数多く書いている。もっともそこで描かれる悪魔は、極めて滑稽な人物に成り果ててはいるが。さて、ちょうど同じ頃、ウィリアム・ブレイク（一七五七―一八二七年）〔英国の詩人、画家、神秘思想家〕もまた、キリスト教の伝統が描いてきた足跡を、平気で掻き乱している。正統派の教義は却下しつつも、人間には何らかの宗教が必要だ、と彼は主張する。つまり、イエスの宗教が分からなければ、少なくともサタンの宗教くらいは抱かねばならぬ、というわけである。[10]一八〇八年制作の『アダムとイヴを見守るサタン』と題した版画の中で、ブレイクはサタンを一人の若く美しい天使の如くに描いている。『修道士』に於けるルイスの教えが、ここでも忠実に守られている。こうした美しいサタンは、悪魔の芸術的表象の一原型として、長らく君臨するだろう。それは、堕天使の、背徳的ながらも輝くばかりの美しさを特に強調する。バイロンもまたこの種のサタンを持ち上げ、横暴なる神に対するその反逆を言祝《ことほ》いでいる。

十八世紀末の英国の暗黒小説は、それなりに関心を惹くおどろおどろしい雰囲気を醸し出している。そこに漂っている「ある種の神聖な恐怖」が、凡庸極まりない残酷さだけが売り物のこれらの物語を、何とか救っている。暗黒小説は未だに昔ながらのサタン神話を真に受けている。だからこそ、このジャンルをそのまま真似たフランスでの模倣作は、どこかぎこちなく、成功を収められなかったと思われる。フランスでは、啓蒙の哲学者たちが悪魔の問題に疑義を呈していた分、この種の悲痛な話にはもはやそれほど重きを置いていなかった。それでもオペラ座でさえ、このテーマを売り物にすることがあった。例えば、一七九二年十二月五日には、ロアゼル・ド・トレオガトの『悪魔の城―四幕散文の英雄劇』が初演されている。だが、悪魔をモチーフとした流行作は、別の新たな道を歩み始めていた。その代表作家はサド侯爵であろう。彼は、キリスト教のデーモンは信じないが、人間の邪悪なる本性は信じるのである（人間は「悪」に浸潤された状態で存在せざるを得ない、『ジュリエット物語、あるいは悪徳の栄え』）。またサド以外に、パロディー作家や、ジャック・カゾット流の幻想譚を受け継いだ作家たちも活躍している。ところで、恐怖政治や革命に於ける血塗れの現実を経験した者たちにとって、心を和ませてくれるのは笑いである。しかも、反教権主義や敵たる英国に対する偏見が充ち満ちていた社会に於いては、恐ろしい悪魔なる存在は押し潰される以外にない。こうして、民衆的伝統を汲み上げつつ、暗黒小説のパロディー作品は、滑稽な悪魔に特筆すべき地位を与えている。例えば一七九九年に刊行された作品のタイトルは、『悪魔を打倒せよ、獣を打倒せよ』となっている。また、淫らな筋書きでバラバラな印象を免れない『蓋無き空壺』という作品に、僅かながらも統一感を与えている存在がいるとしたら、それはサタンである。各章の主要な繋ぎ役たるこのサタンに対し、最後に次のような祈りが捧げられる。「御婦人たちに毒気を吹き込んで下さる貴方様、優雅な紳士諸君に下痢を与えて下さる貴方様。貴方様だけが、我らの小説、我らの現代劇を成功に導いて下さいます。」また、『デーモンの城ないしは恋する司祭』という作品は、相当露骨な反教権主義の思想の持ち主である匿名の著者によって書かれている。著者はその中で、この作品は読者諸兄に背中を押されるようにして書いた、何しろ、幽霊や妖精や地獄の話ばかりがよく売れるのだから、と記している。[11]

十九世紀初頭になると、ヨーロッパ大陸では、人間存在を悲劇的に把握する姿勢はもはや支配的ではなくなりつつあった。啓蒙思想、さらには革命のもたらした亀裂が、世界に注がれる視線を新たなものへと変えたのである。信者たちに於いては罪の意識の内在化が、信者でない者たちに於いては「悪」の把握の内在化が、ますます進行していった。文学の領域でカゾットが切り開いた道が、大きく広がっていったのだ。ピエール・フランカステルはこう説明している。「各個人は自らを一つの小宇宙と見なしている。そして、運命の悲劇が展開される場所、『善』と『悪』の力が衝突する場所は、各個人の意識の深奥となるのである。こうして各個人は、人類共通の集団的な悲劇に参画しているとは、もはや見なされなくなる。諸々の力の衝突は、個人個人の内的なものとなる。人間は自分自身と闘うのであり、デーモンも人間各自の内部に存在するのである。[12]」

フランス革命と第一帝政との間の孤児として生まれた第一次王政復古期には、特に一八一八年以降、ひたすら恐怖心を煽る文学作品が盛んになっていく。シャルル・ノディエ（一七八〇―一八四四年）は既に一八二一年の時点で、これらを「熱狂派」と言う名称で括って非難している。[13] このジャンルの美学は、暗黒小説、当時流行のその翻訳物、特にバイロンのそれなどに源泉を汲んでいる。また、一八一九年に出たポリドーリの『吸血鬼』を始めとする、悪魔的なテーマからも着想を得ている。ノディエ自身も短編『スマラ』〔正確には『スマラあるいは夜の悪魔たち』〕（一八二一年）の内に、吸血鬼、怪物、供儀に付された嬰児たち、等々の不気味な存在を鏤《ちりば》めているが、「熱狂派」と異なる点として、彼には夢の遊戯的な枠組みが存在していること、ならびに「夢中夢」という物語形態さえ見出されることが挙げられよう。夢の中および夢の中の夢に登場する二人の話者は、己を蝕《むしば》んでいる悔恨の念を想像の内部で昇華しようと試みている。ここでは、悪魔などの主題そのものに力点が置かれているのが分かる。だが同時に、現実的なるものと、カゾットに由来する夢幻的なるものとの間の、曖昧な揺らめきをも看取できる。デーモンとは、まさしく人間そのものなのである！　ノディエは、種々様々な迷信や宗教的感情を真に受けることはない。彼はただ、それらを物語の背景として利用し、自分の不信仰を暗示して見せるだけである。しかし、この操作を通して、自らが一旦は熱狂の域にまで高めた数々の神話群の信憑性を、逆に読者に怪しませるのである。こう考えて来ると、悪魔を、伝統的キリスト教の理論に近い恐るべき実在として提示していた外来のサタン概念の輸入に、彼が苛立っていた理由も推し量られよう。なぜなら、「熱狂派」は、人間の外部に存在する怪物的な像《フィギュール》に、文字通り幻惑されていたからである。

「熱狂派」からすれば、人間を憎悪しているこれら怪物的存在は、古典的な悪魔と類似した超自然の力を行使して、人間を苦しめずにはいない。その原型となったのは、シェリー夫人〔一七九七―一八五一年：英国の小説家〕が一八一八年に世に送り出し、一八二一年に仏訳された『フランケンシュタイン』博士の被造物たる怪物であろう。この英国の女流作家は、科学者の創造した怪物を、創造主と堕天使との関係性を凝縮した象徴と見なしている。事実、怪物はこう叫ばずにはいられない。「俺は、サタンこそが、俺の置かれた状況を最も忠実に反映してくれる象徴だと何度思ったことであろう」と。ここではミルトンの遺産が直接取り込まれている。と言うのも、怪物は、他でもないあの『失楽園』を読みながら、このような類縁関係の意識を獲得していくからである。ところで、シラー〔一七五九―一八〇五年：ドイツの詩人、劇作家。ゲーテと共にドイツ・古典主義文学を代表する詩人でもある。政治的反逆や裏切りなどを描く才にも恵まれていた〕亡き後、ルシファーの復権を果たしたのはバイロンである。彼はルシファーをあらゆる反逆の父、さらには、呪われし者の原型と見なしている。我らがメアリー・シェリーもこのバイロンに倣って、自らがその悲痛な運命を語って止まない主人公を、善良で繊細な存在でありながら、人間に酷たらしくも疎外されたために（それも人間を助けようとしたにも拘わらずだ）、邪悪な方向へと傾斜せざるを得ない怪物として描いている。だが面白いのは、シェリーがこの怪物を、しばしば「デーモン」と形容している点である。こうした両義性の故に、この作品は、強力かつ不幸な外的存在としての悪魔をフランスよりも重んじる英国文化の中に、容易に位置付けられるようになる。悪魔をその権威で操っている恐るべき神は、当の怪物にすれば、「極めて不正であり、この自分を平気で踏みにじる」存在である。「本当は、貴方様〔神〕の正義と恩恵ならびに愛情は、この自分にこそ約束されねばならない」、怪物は生みの親フランケンシュタインにこう愚痴をこぼしている。後述するように、フランスの作家たちも「反逆の天使」という全く同等の見方をやがて持ち出すようになるが、それが国内の想像界《イマジネール》に深い刻印を残すことにはならない。これに対し英国にあっては、このテーマは、魔女狩り時代の恐ろしい悪魔が退き、「悪」が個人化を遂げるまでの長い移行期の間、ずっと君臨し続けている。あたかも英国文化は、この至高の反逆者と手を切るためにも、暫《しばら》く人間と付き合うのを許さざるを得ない、と見なしていたかの如くである。こうして縁が切れる頃、つまり十九世紀もそろそろ押し詰まった頃、スティーヴンソンの『ジキル博士とハイド氏』（一八八六年）が登場し、「悪」の内在化という概念がやっと発展を遂げ始めるのである。もっとも、外在的な怪物が視界から完全に消え失せたわけではない。その強烈な典型例として、アブラハム・ストーカー〔一八四七―一九一二年：アイルランドの作家。ブラム・ストーカーと呼ばれることが多い〕の『ドラキュラ』（一八九七年）を挙げることができる。既に十九世紀初頭に二つの偉大な伝統の間に見られた、時系列的なズレや感受性の違いは今後も存続し続ける。この点では、イギリスとフランスとの間の溝が、より一般的には、アメリカをも含めた北部ヨーロッパ圏とラテン系諸国との間の溝が埋まることは、その後も無かったのである。「熱狂的」な文学作品は、フランスでは一八一八年から一八二二年にかけて本格的な広がりを見せている。十人ほどの作家が筆を滑らしているが、その「熱狂」の密度には多少なりとも濃淡が見出せる。ある者たちは特に怪物のイメージを前面に押し出そうとしているし、別の者たちは、このジャンルにかこつけて、人間と強力なサタンとの関係を中心に据え、その筋を展開している。若きオノレ・ド・バルザックも、このテーマで多くの作品を産み出した一人である。一八二二年に上梓した『百歳』（または『魔女』）はその代表例であろう。そもそも、「人間喜劇」全体を通して、サタンは随所に顔を覗かせている。一八二〇年から一八二一年にかけて執筆された彼の最初の小説『ファルテュルヌ』では、題名と同じ名前を冠せられ、天界を思わせる美しさを湛えたヒロインが、魔的な力を有していると して告発される。だが著者バルザックは細心の注意を払い、この申し立てには根拠が無いことを示そうとしている。ここには、カゾットからノディエへと受け継がれたあの伝統、すなわち、悪魔的な力の作用に対し、濃厚な疑念を漂わせようとする伝統が息づいている。マックス・ミルネールは、この作品のモデルとなったと思しきイギリスの前例を見出している。ウォルター・スコットの作品と見なされている『グラスリンの美しき魔女』（一八二一年に仏訳されている）がそれである。物語に登場する民衆は、彼女の内に、悪魔と契約を交わした魔女を見て取る一方で、知識人たちは彼女の超自然的な力を、ドルイド僧の学問に由来すると見なしている。(14) バルザックの場合とは異なり、イギリスの作品では、悪魔や魔女に一定の現実性が付与されていることがここでも分かる。

「熱狂文学」は一八二二年頃を境に廃れていく。ただし、その末裔が産み落とされるケースが無いわけではない。一八三三年に執筆され一八三九年に出版されたペトルス・ボレルの作品『ピュティファール夫人』や、フレドリック・スーリエの『二つの遺骸』（一八三二年）ないし『悪魔の回想録』（一八三七年）がその典型例であろう。マリオ・プラーツは、最後の『悪魔の回想録』をこう形容している。この作品は、「背筋の寒くなる薄笑いを浮かべ、人食い鬼の如き猛々しい目付きをしながら、これから貪り喰らおうとする犠牲者をその視線で舐め回している、ベルゼブルの如き残虐な幻影に満ちている」、と。この書の中では、サドの『ジュスティーヌ』が、ある女（家族によって地下牢に幽閉されているアンリエット・ビュレという女性）を発狂させるために、その本人に手渡されているのである。[15]

同時期に、サタンというテーマが、文学、音楽および造形美術の中で頻繁に変奏を繰り返すようになる。これは、一八三〇年頃成人を迎えたロマン派が、自らの青年期を洪水の如く覆っていた、サタンと関連するような図像や音に、大いに魅了されていた事実を裏付けてくれる。ただし物語の恐ろしさを高めることに腐心した熱狂文学派とは異なり、一八二四年から一八三〇年にかけて活躍した彼らは、対象とより距離を置いた歴史的ないし民俗学的な手法を開拓していった。彼らは、幽霊、小妖精、小人、あるいは魔女などを、特定の時代が生んだ民間信仰の反映に過ぎないとする、あのウォルター・スコットの影響下にあった。こうした詩的ならびに歴史的な合理主義は、自らは過去が喚起する概念に固執しないが、それでも過去の信仰対象を好んで祭り上げようとする、どちらかと言えば反動的な新しい世代の作家たちにとって、しっくりとくるものであった。一八二八年、三十歳の若き医師フェルディナン・ラングレは、『楽しい知識のお話』を世に問うている。著者がそこで意図的に用いている懐古主義的な文体は、ゴシック体の活字と相俟って効果を上げている。ただし著者は、主題そのものを真に受けてはいない。例えば、「悪魔を自分に仕えさせた司教様の驚くべき冒険」という逸話は、滑稽で愉快な光景を展開する序章となっており、超自然から苦悩を煽る重苦しい側面を剝ぎ取っている。さらに一八二九年から一八三〇年頃にかけて、ホフマンの最初の翻訳、特に『悪魔の霊液』（最初はスピンドラーという偽名で出版されている）のそれが出版されたのに伴い、ドイツの影響が強く感じられるようになる。読者はそこに、暗黒小説の雰囲気らしきものを改めて感じ取ったと思われる。だが、ホフマンの新しさは、超自然的雰囲気に曖昧さを持ち込んだ点にあろう。だからと言ってホフマンが、超自然を小説のモティーフとしてのみ利用したとは言えない。なぜなら、彼自身、超自然的世界を信じており、自らのテクストに、不安や恐怖、不気味な中間的存在や諸々の徴、夢、幻視ないし前兆などを鏤《ちりば》めていたからである。それでも、その曖昧さを残す調子は、一八三〇年から一八四〇年にかけてフランスで大成功を収めた幻想小説の調子と、波長をほぼ同じくしている。それらは、サタンの現実性やイギリス流の吸血鬼への恐怖を背景に退け、夢幻的なるものの占める場所を特権化したのである。一八三〇年に「メルキュール・ド・フランス」誌に掲載された『輪廻』という作品は、長い間ネルヴァルの作品とされてきたが、実際にはアイルランド作家マック・ニッシュの筆になることが分かっている。さて、この作品中では、ある学生がデーモンと法的関係を結び、友人の身体と自らのそれとを交換する。そして友人の身代わりとなって埋葬されるのだが、結局は病院の死体解剖室で目を覚まして一件落着となる。マックス・ミルネールは、以上から次のように結論付けている。フランスの作家たちは、怪奇へと至る道を果敢に切り開く。だがその際に彼らは、「合理主義的な余韻に浸っているため、日常生活の枠内に悪魔を介入させるのを拒もうとするのである。」換言すれば、彼らは「可能と不可能との間の境界線をより不確実で曖昧なものにしよう」[16]と努めているのだ。ミルネール同様に、我々も、十九世紀の初め三分の一の頃の作家が、オカルト的なものに魅惑を感じていたことを理解できるだろう。さらに、彼らが一種遊戯的な手付きで、悪魔や幽霊あるいはデーモンなどを喚起しようと努めたことも理解できるはずである。これを、懐疑主義の極めて洗練した形と見なす者も存在するだろう。もっとも、この流行も一時的なものに留まっている。一時代前の熱狂文学の場合と同じく、幻想譚もまた、一八三三年以降になると読者の支持を途端に失ってしまうのである[17]。一方、一八二九年に『パリに於けるウォルター・スコットの夕べ』を刊行した愛書家ジャコブは、知識層内部での「幻想」の流行を体現している。彼は、民間伝承的なテーマや習俗の研究、あるいは犯罪や魔術に対し、学識層が関心を示す嚆矢となっている。伝説や民間伝承に対する熱中は、一八三五年頃に、換言すれば幻想譚が衰退し始めたまさしくその頃に、ますます高まっていく。ル・ルー・ド・ランシーは一八三六年、『伝説集』に序文を寄せ、また一八四二年には『新青本叢書』に紹介文を寄せている。因みに『新青本叢書』とは、十七世紀以降行商人によって売り歩かれた民衆本を集めた叢書で、そこでは、超自然や驚異あるいは妖精譚などが犇《ひし》めいていた。さらに一八四〇年には、アメデ・ド・ボーフォールが、『フランス民間伝説・民間伝承集』を刊行している[18]。その後もこうした動きは盛んになる一方で、先ずは学問的な雑誌で採り上げられ、その後、『魔女』の著者ミシュレの叙情的な筆致に受け継がれていく。

ヴォルテールの祖国にあって、悪魔的なるものがこれ程までに受け入れられた最大の理由は、数々の「熱狂派」のテクストを始め、ほとんどの物語の中心に、常に実在への疑念が燻《わだかま》っていたからであろう。サタンの流行とは、フランスにあっては、曖昧さの君主ないしは夢幻的なデーモンの流行と同義なのである。悪魔は一つのモチーフ、一つのシンボルに過ぎなくなり、大いなるキリスト教神話の側面を急速に失っていったと言い換えてもよい。バルザックが「人間喜劇」の中でサタンに原型としての重要な地位を与えているのは事実である。しかし彼はサタンに対し、伝統に根ざした宗教的な役割を一切与えていない。一八三五年刊行の『和解したメルモト』は、確かに悪魔との契約をテーマとして採り上げてはいるが、契約の無効性を示すのがその目的である点を忘れてはならない。と言うのも、登場人物は皆、契約内容を値引きしつつ他人に売り付けていき、結局その契約は商業社会の中で一切の価値を喪失し、遂には破棄されて終わってしまうからである。これに対し英国では、ミルトンの遺産が、暗黒小説からバイロンに至るまで、種々様々な形で受け継がれていき、悪魔の実在性に対する暗い信仰が命脈を保つのである。悪魔は、反逆の原型として、人間を超越した位置に祭り上げられるのだ。フランスのロマン派は、この伝統に接ぎ木をしようと試みるだろう。だがそれが大成功を収めることはほとんどない。

悪魔主義者たちの反逆の天使

ルイ・フィリップの治世〔一八三〇―四六年〕の初期に、多種多様な形態のサタンが激増したために、悪魔のイメージは、少なくとも当時の文学や芸術作品を享受していた都会の教養層にとっては、非常に月並みな存在になってしまった。魔女狩りの時代の強迫観念は跡形もなく消え去り、一過性の流行だけが問題となるようになった。ある意味で、戦慄を楽しんでみせる世俗的な美学が生まれ、それが、超自然から恐るべき側面を剝ぎ落とし、終いには超自然を嘲笑や好奇の対象にまで格下げしたのである。ところで、啓蒙思想家と革命の国フランスは、衰弱はしたものの回復を見出しつつあった既成宗教と、それなりの接触を再び持つようになっていた。当時の、溢れんばかりの雑多な地獄の住人たちの犇《ひし》めき具合は、実はこうした対照的な諸文化現象に対応するように、存在していたのである。なぜなら、あちこちで蠢《うごめ》く多種多様な悪魔たちは、過去の教義を堅持する立場から、それをきっぱり拒絶する立場までの、段上の長い斜面に各々自分の居場所を見出していたからである。結局のところ、悪魔の諸形態が分散しつつあった中で、各々がお気に入りの悪魔を見付けていたことになる。悪魔の多様化は恐らくは、一八三〇年の七月革命から一八四八年の二月革命に至る時期に自己を模索中であった社会の、何らかの不安定さを反映しているとも思われる。

一八三二年から一八三四年にかけての、いわゆる小ロマン派《プチ・ロマンティック》の作家たちは、自分たちが極めて悪魔主義的であることを宣言していた。彼らはそれ相応の風采や顔付きを身に付けようと努力し、また美女たちに対しては、それに相応しい語り口や文体を駆使しようと努めている。例えば、テオフィル・ゴーチエは、生まれ付き蒼白で、どこかオリーヴ色を帯びた顔を自慢に思っている。「御婦人たちは、私の内にサタン的な一面と、敬愛すべき理性的な一面とを感じ取っていた。」自分が悪魔的と見なす徴候を、他者の内に読み取ってそれを愛するのは、上品な趣味とされていた。あるロマン派の婦人は、「彼はサタンの目をしているわね、私はサタンを敬愛しておりますのよ」と述べている。また、ある恋する男は、相手の女性の瞳を「地獄の窓」に準《なぞら》えている。さらに文学上の紋切り型は、神の死を宣告し、「暗闇の霊」がそれに取って代わるとしていた。ウージェーヌ・ブラン、オネディ、ブナンといった詩人は、創造主に嘲笑や侮蔑の言葉を浴びせ、デーモンに惜しみない賛辞を送った。ジュール・ファーヴルもその例に漏れず、「地獄と無の礼賛者バイロン」を褒め称えている。もっとも、マックス・ミルネールはこうした地獄の理想化を額面通りに受け取るべきではないと主張している。彼によれば、これは単なる流行り、それも若気の至りの遊戯に過ぎず、そこに罪の感覚や、目眩《めくるめ》くような「悪」の乱舞は見て取れないという。第一、読者が自己同一化する傾向の強い作品の主人公に、この悪魔のモデルが適用される例は存在しない。唯一の例外は、ウージェーヌ・シュー〔一八〇四—五七年：パリの下層社会の生活を描いた作家。代表作に『さまよえるユダヤ人』、『民衆の秘密』などがある〕の『サラマンドル』に登場するスザフィーであろう。(19) 船で冒険の旅に出るミステリアスなザフィー氏は、若く蒼白な美男子である。その優しい目は時として悲しみや辛さを湛えている。彼は、ルイスやバイロン描くところの堕天使を彷彿とさせずにはいない。

ヴィクトル・ユゴーが一八三一年に上梓した『ノートルダム・ド・パリ』の内にも、悪魔的な想像界《イマジネール》が影を落としている。もっとも、この作品は、中世の心的光景を意図的に再構築することを主眼としている。換言すれば、小説装置による現代の日常からの脱出が意図されていると言える。これは、幻想譚の孕む両義性とは一線を画しているし、暗黒小説が認めさせようとする悪魔の実在性とはますます乖離している。主人公カジモドは、デーモンに違いないという噂を立てられているが、怪物にしては余りにも人間的にすぎるため、読者の恐怖心を掻き立てるには至らない。『フランケンシュタイン』にも通じるが、ユゴーのこの作品と似たような発想で描出された、エルネスト・フイネの

『魔女』に登場する老いたジプシー女は〔『ノートルダム・ド・パリ』に登場するジプシーの美女エスメラルダを念頭に置いている〕、醜さゆえに自分を受け入れてくれなかった人間たちに、復讐を叫ばずにはいない。いずれにしろ、あらゆる場面に呼び出される悪魔たちは、その独特な姿を失い、ますます普通の男や女に似通ってくる。また、ゴヤがその晩年（一八二八年没）に描いたあの不気味な『魔女』は、結局美しい魅惑的な娘たちに道を譲ることになる。ベルギーの画家アントワーヌ・ウィールツ（一八〇六―六五年）〔象徴的で表現主義的な作品を多く残した〕の場合がまさしくこれに該当する。ウィールツはウィリアム・ブレイクの見方を受け継ぎ、「墓のキリスト」を主題にした一八三九年作のトリプティック〔蝶番で繋いだ三枚続きの絵画、彫刻〕の右パネルに、サタンを「極めて謎めいた美しい闇の存在」として描いている。[20] その黒い目、その扇情的な胸に当てられた痙攣するような爪は、人間の様々な情念を、大人に対する若者の反抗の象徴へと仕立て上げている。大人とはこの場合、このような美しい存在を苦しめて止まない過酷な神の象徴でもある。ところで、デーモンは音楽の世界にも潜入している。一八三〇年に発表されたベルリオーズの『幻想交響曲』第五楽章は、「一夜のサバトの夢」に捧げられている。また、いかなる分野の仕事も引き受けるデーモンは、挿絵画家の才能をも刺激している。彼らのデッサンのお陰で、悪魔は、過去から継承したおどろおどろしい側面を若干留めつつも、人々にとってより親しみやすいキャラクターになり果せている。一八三三年一月一〇日付けの「シャリヴァリ」紙〔シャルル・フィリポンが創刊した風刺新聞。一八三二―九三年〕にガヴァルニ〔一八〇四―六六年：挿絵画家、石版画家。ルイ＝フィリップの時代を風刺的に描いた〕が描いた「柵の外の悪魔」は、髪の隙間から二本の角が覗いてはいるものの、基本的にはファッショナブルな若い男性である。うっとりとした様子の若い二人の娘が、この「公証人の見習いで、かつ芸術家で学生でもある悪魔」に腕を預けている。しかもキャプションによれば、悪魔の方は、「全悪魔の中でも、最も騒ぎ好きで自由な思想の持ち主であるばかりか、極めて陽気で誰からも愛されている」らしい。ドーミエ〔一八〇八―七九年：画家、石版画家。当時の政治、風俗の素描を数多く残す〕も同じ新聞に「想像」と題したシリーズを掲載している。その中で、一八三三年二月十九日付けの紙面を飾った挿絵は、腹痛を主題にしている。そこでは、巨大な鋸《のこぎり》を持った二匹の小悪魔が、病人の腹部に挑みかかっている。一八三三年四月二十七日付けの紙面に載った挿絵は、頭痛をテーマにしているが、先と同様に、小悪魔たちが鉄床《かなとこ》を叩いたり鐘を鳴らしたりと大騒ぎを演じている。このシリーズには、それほど目立たないがより不安を煽る類の悪魔も登場する。その場合、服飾に目のない婦人を始めとする、欲望の塊のごとき人間が、尻尾を生やした怪しげな人物に、その欲求を満たして貰っているのである。ラムレも一八三三年三月八日と二十二日付けの「シャリヴァリ」紙に、「悪魔劇」と題した挿絵を載せている。そこでは、一匹のデーモンが他のデーモンたちを前に、死について説教を垂れている。さらに別の悪魔は、娘たちを踊らせているが、そのすぐ脇にいるロバの荷鞍には、地獄行きの罪人の積荷が既に乗せられている。この他にも、ダンディー、乳母、曲芸師の姿の悪魔が見受けられる。[21] 以上で展開されている奇妙な光景の上には、ボッシュやブリューゲルの記憶が漂っている。また、日常生活風景を飾るこれら悪魔たちの多様な活動の内には、ドイツ語圏の「トイフェルビュッヒャー」〔「悪魔本」の意。既出〕の影響をも看取できるだろう。これらの悪魔は、どのような機会に罪を犯しやすいのか、また、どのような場合に改悛すべきか、という問題に人々の注意を引き付けているのである。

世紀の中葉が近付くにつれ、サタンが歩むはずの王道が、紆余曲折せざるをえなくなる。換言すれば、サタンへの関心は薄れないが、そのイメージが極端に細分化してしまうのである。既に一八三二年の時点で、テオフィル・ゴーチエは『オノフリウス』を著し、ダンディーなデーモンの特徴をほぼ固定化して見せている。このデーモンは、赤毛の口ひげをたくわえ、目は緑色、顔色は蒼白で、お洒落な服装に身を包んでいる。その唇は湾曲していて皮肉を湛え、自分の犠牲者のことを嘲笑するには最適である。この種の冷笑的で洗練されたメフィストフェレス像は、その後、美術作品、オペラ、さらには広告にまで浸透していき、現代の我々に近いところではマンガやアニメにまで進出していくことになる。[22] さらに、全く別の領域に於いてではあるが、司祭のアルフォンス＝ルイ・コンスタン（一八一〇―七五年）〔カトリック司祭だったが神秘主義に傾き、エリファス・レヴィの名で『オカルト哲学大全』を著している〕は、ルシファーが気紛れな神によって不当な罪の宣告を受けているという考えを抱いた。そこで彼は、一八四〇年代にエリファス・レヴィの筆名で膨大な数の書物を著し、ルシファーを肯定的な霊力として描くのである。彼はジョルジュ・サンドに導かれ、サタンを革命と自由のシンボルと見なしている。因みにサンドは『コンスュエロ』に於いて、サタンの内に「貧者の神、弱者の神、被抑圧者の神」を、さらには「合法的な革命の大天使」をさえ見出している。さて、エリファス・レヴィは、ナポレオン三世を崇拝するようになると、今度は悪魔を、法と秩序の厳かな守護神に変じせしめている。この仰々しい悪魔主義は、世紀末になると、改めて一部の崇拝者や三文文士たちを惹き付けることになる。[23] 悪魔というテーマに情熱的な関心を傾けた第三のタイプは、ヨーロッパ全体の知識界に見出される。それは、魔女裁判の研究という形で表面化した。先ずドイツで、一八四三年にヴィルヘルム・G・ゾルダンが、裁判文書を資料にしつつ、魔女狩りに関し初めて合理主義的な大部の研究書を著している。だがフランス人たちも遅れをとっていたわけではない。コラン・ド・プランシーやヴァランシエンヌ〔北仏、リール南東の郡庁所在地〕のアルチュール・ディノーの名前が先ず浮かんでこよう。後者のディノーは、早くも一八四四年の時点から、一六一三年にデーモンに憑依《ひょうい》されたとされる、リールのブリジット修道会の尼僧たちの事件に関心を寄せている。さらに彼は、この種の問題を扱うことのできる地方誌「北仏ならびにベルギー中部に於ける歴史的・文学的古文書室」を創刊している。[24] なお、一八六二年には、ミシュレの『魔女』の初版が先ずはベルギーで出版されている。危険を予感したフランスの版元が醜聞を恐れたため、こうした経緯を辿ったのである。この作品は、叙情性を湛えつつ、ロマン派特有の視点――全く誤ってはいるが――を内包している。ミシュレによれば、反旗を翻した女性が、自分たちのおかれた劣悪で抑圧的な状況から抜け出るために、意図的に悪魔の下に走ったというのである。[25] このように、イヴと悪魔たる蛇との関係というテーマを、肯定的に、さらには優しさを込めて読み直す姿勢というのは、ロマン派の特徴と言えるだろう。ヴィニーも、ルシファーの伴侶およびアダムの愛人とされたリリス（フランス語読みは「リリト」。タルムードのラビ伝承では、デーモンたちの母親とされていた。その後、スクブスの長、アダムの最初の妻、等々様々な解釈が施されている）のために、一編の詩を捧げようと考えていたのである。

ジョルジュ・サンドやエリファス・レヴィによって復権を果たした悪魔は、ラムネー〔一七八二―一八五四年：司祭。カトリック・リベラリズムの先駆者の一人。司祭職を放棄し、教会と和解できぬまま死ぬ〕、プルードン〔一八〇九―六五年：社会主義者でアナーキズムの創始者〕、アルフレッド・ド・ヴィニー〔一七九七―一八六三年：ロマン派の詩人、作家、劇作家〕、ヴィクトル・ユゴーらによっても、改めて見直されている。ヴィニーの長編詩『エロアまたは天使の妹』は、「光を放つ者」たるルシファーの栄光を讃えている。ユゴーの場合は、その長いキャリアの中でこのテーマに関する立場は様々に変化するが、それでも彼は、一八五四年に執筆に着手し、死後の一八八六年に出版された叙事詩をサタンに捧げている。そのタイトルもずばり『サタンの終わり』である。なるほどユゴーのサタンも罪を背負ってはいるが、しかし自らの疎外に苦しんでいる点では、人間と相通ずる特質を有しており、共感を覚えずにはいられない存在として描かれている。神に対する闘いを展開する中で、サタンの翼から羽毛が一枚抜け落ち、それが「自由」と名付けられた美しい女性の天使の姿に変じる。神とサタン双方から二重の許可を得たこの天使「自由」は、人類を「悪」に反抗するよう勇気づけ、自由に到達するのを阻んでいる象徴的存在、すなわちバスチーユを破壊するよう励ます。この後、和解の作業が始まる。デーモンは、自分が全宇宙から拒まれているがゆえに苦しんでいる。彼は叫ぶ、「神は俺を憎んでいる」と。だが、創造主はこれに否と答える。「サタンは死んだ。だから生まれ変われ、天界のルシファーよ。来るがよい、額を燭光に輝かし、影の中から立ち上れ。」こうして著者は「悪」の否定へと到達する。それもそのはず、なぜなら、愛そのものたる宇宙は無限で忍耐強いからである。(26)

周知の通り、あの悪魔に纏《まつ》わる古きキリスト教神話は、魂の隷属と変化への恐れを引き起こすものであった。サタンの終焉とは、むしろこの神話の終焉を意味している。一八七六年、ドラクロアは『ルシファーの叛乱と反逆の天使たち』を、一種の解放のほとばしりとして描いている。[27] 幾つもの力強い裸体が、武器を振り翳しながら天を摩《ま》するが如く躍動している。だが、光り輝くルシファーの正体を暗示しているのは、その黒い翼以外には見当たらない。ルシファーは革命の礼賛者に変じており、あらゆる束縛を払い除けている。それはもはや、反抗者を罰する地獄の主として描かれてはいない。こうした主題は、ヨーロッパ全体で、反逆や革命の精神を標榜していた者たちを魅惑したのである。例えばスペインでは、同じく一八七六年、リカルド・ベルヴェルが『反逆の天使』と題した彫像を制作しているが、この作品は一八七九年のパリの万博で賞を受けている。さらに、一八七三年、一八八二年、および一八八三年に、ミルトンの『失楽園』のスペイン語訳の再版が出されている。[28] こうしたロマン派的な見解は、なるほど、一部の悪魔主義的なセクトに完全なる解放幻想を吹き込みはしたが、それでも後世に幅広く後継者を得ることはないだろう。十九世紀の中頃に悪魔というテーマが細分化し分裂してしまったために、悪魔を巡る神話それ自体も一貫性を喪失してしまう。少なくとも、最も教養ある層に於いてはそうである。ただし、悪魔を中心に据えた特殊なカトリック文学や、時代状況に敏感な正統派の反動が高まったのは事実だが、これらの運動は狭い域を出ていない。一八四五年から一八六〇年にかけて、並はずれた成功を収めた新聞連載小説が、悪魔の主題を若干扱ったのも事実である。例えば、版元のギュスターヴ・サンドレは一八四六年に「地獄叢書」を編み、暗黒小説のみを収録しようとした。もっとも、この試みは一巻で潰えてしまう。また、エドガー・アラン・ポーの影響を色濃く受けつつあった幻想譚の方も、伝統的な悪魔にはほとんど重きを置いていない。幻想物語の著者たちは、降霊術や磁気説〔人体と相互に影響し合って作用する磁力に似た働きを天体が持つとする説〕という大海の上を漂う方を好んだのである。さらに、一八四五年から一八六〇年にかけて、最後の春を満喫した幻想劇も、悪魔よりは、むしろ音楽や妖精譚や笑劇を必要としていたのである。

こうして、悪魔は「大部分の人々にとって、ますます深刻味に欠ける存在になっていった。小説、詩作品、演劇作品、オペラなどは、上述したデーモンを巡るロマン派的なイメージを活用し続けたが、そこに悪魔への確信があったわけではない。マックス・ミルネールはその理由を、現実的なるものと幻想的なるもの、知りうるものと知り得ないものとの間の境界線が、曖昧になったからだと指摘している。(29)

だが、「悪」の概念が時を経るに従って内在化していった、という説明の方が納得しやすいかもしれない。悪魔を巡る伝統的な神話を再生しようと試みていたのは、以上の動きとは無縁のカトリック勢力に限られる。一例として、一八五三年にアメデ・ポミエが著した『地獄』を挙げることができる。正統教義の支持者たちは、サタンの終焉が神の終焉へと繋がる危険を察知していた。換言すれば、サタンの終焉は、地獄の恐るべきイメージの刻印によって、絶えず劫罰への恐怖を掻き立ててきた宗教の終焉へと繋がりかねない。だが、もはや勝負あった、と言わねばならない。少なくとも知識層の文化圏ではそうである。理性や科学や産業の発展に伴って、地獄に君臨していた巨大な雄羊たるサタンは、ますますその居場所を狭められずにはいない。サタンについてのこうした古い概念は、無教養な下層民にのみ相応しい迷信だと見下されるようになった。しかし、この概念が、少なくともヴァチカン第二公会議〔一九五九―六二年：カトリック信仰と道徳の諸原則を確認すると同時に、その現代化をも図り、聖体祭儀、秘蹟の儀式書、教会行政組織などに多くの改革と進展を見た〕に至るまでは、教会が最も上手くコントロールしてきた社会層に於いて、執拗なほどに命脈を保ち続けたのも事実である。ただ、この点については後述に譲りたい。さて、思想家や芸術家たち、あるいは最先端を走っていた人々の大部分は、思想や技術の進歩とは相背馳する先の懐古趣味的な概念を、一斉に退けたのである。これらの概念が、一切の抵抗や革命を封じようとする反動的な動きと同一視されたがゆえに、ますます嫌悪感を催させたのである。それゆえ、躍進を遂げつつあった自由思想や、飛ぶ鳥を落とす勢いの楽天的な科学主義は、サタンに関する懐古的概念を格好の攻撃材料にしている。こうして、地獄への恐怖や宗教的制約による横暴から自らを解放していく過程で、新しいタイプの西洋的主体が析出してきたのである。肥大化した自己を宿すようになるこの新しい主体は、当時の支配的文化によって矮小化され嘲笑され否定までされたあの外在的悪魔よりも、むしろ自分という存在の深部により大きな関心を寄せるようになる。時を経るにつれ自伝が流行していった事実が、ますます進むこの内在化現象を裏打ちしてくれる。個人は自らの内に、自ら自身を見つめ、そこに、不気味な深淵や欲求不満、あるいは抑圧された己の欲望を見出すに至る。だが、これは個人の義務でもあった。と言うのも、個人は公の場では自らの情動や情念を抑制し、世俗的な礼儀作法の証、すなわち洗練されたマナーを身に付けねばならないからである。[30]まだフロイトの発見にまでは到達していなかったから、当時の個人は、無意識の何たるかを正確には把握していなかったろう。それでも彼は、無意識の孕む潜在的な異常性、あるいはその闇の部分に気づき始めていた。こうした枠組みの中で捉えるならば、一八五三年に於ける交霊円卓〔交霊術で、霊との交信に利用される円卓〕の流行や、一八五七年以降、モルジン〔スイス国境近くの、レマン湖の南方にある町〕での憑依事件に対し、人々が示した異常なほどの関心も、説明が付くというものである。* こうした状況から、世紀中葉が移行期に当たることが了解されよう。それは、地獄の悪魔の時代と、万人の中に眠っている怪物的な分身の時代とを繋ぐ躊躇《ためらい》に充ちた移行期であり、十六世紀の宗教上の衝突以来進展を遂げてきた、あの強圧的なキリスト教を、際限なく脱構築していた局面だったのである。

当時のヨーロッパの知的世界は、一種のプリズムとして機能していた。このプリズムには、数度にわたる革命後、再度自信を取り戻しつつあったカトリックの伝統的見解から、ルシファーを人民の解放者と同一視する自由思想までの間に横たわる、種々多様な思想の濃淡が映し出される。後者の一例として、一八七七年のカルヴィナックの発言を挙げておこう。曰く、「神とはすなわち『悪』であり、サタンとはすなわち進歩であり科学である」と。思想の坩堝《るつぼ》

* 一八六一年にオート・サヴォア県モルジンで起きた、集団的な「憑依現象」。一二〇人もの若い女性が、憑依に似たヒステリックな状態に陥った。精神的な病を研究していたコンスタン医師が派遣され治療に当たっている。後の調査では、真っ赤に熱せられた鋳鉄製ストーブのせいで、多くの娘が呼吸困難に近い状態に陥っていたという。その証拠に、彼女らを別の場所に隔離すると、即座に快癒に向かったという。

と化した知識人の世界は、より曖昧で混乱した見解をも受け入れている。中には、キリスト教の礎《いしずえ》を崩壊せしめるべく、極めて意図的に衝撃を与えようとする者も存在した。ベルギーの画家・版画家であるフェリシアン・ロップス（一八三三―一八九八年）〔象徴主義と印象派への移行期に位置するベルギーの画家、版画家。グロテスクでエロティックな作品を残す〕はそうした意図の持ち主の一人で、特に『サタニック』というタイトルで括られた五枚の版画の連作は注目に値する。その中の一枚である『受難図』〔*Le Calvaire*：「キリスト受難図」ないしは「キリスト磔刑図」の意〕には、濃密なエロティシズムと悪魔主義とが浸透している。黒ミサを連想させるような何本もの高い蠟燭、それらに照らし出された真紅の背景の中心に、悪魔の冷笑を湛えた十字架上のキリストらしき人物像が浮かび上がっている。頭上に添えられた《Belz》〔悪魔の「ベルゼブル」を意味する〕の文字から、この人物の正体がすぐに悪魔だと分かる。この十字架上の悪魔は、臀部から伸びた鉤爪で、恍惚の表情を浮かべている、どこかマグダラのマリアを思わせるような女性の髪を、本人の身体に縛り付け締め上げている。女性は裸で、その頭部は、誘惑者の勃起した巨大な男根の下の、膨れた睾丸に押し付けられている。作家ユイスマンスは、この版画が「貴方〔見る者〕に取り憑き、貴方を苛むだろう」と記しているくらいだ。[31] 最も真面目な知識人たちでさえ、この種の悪魔的なるものやその神秘性に、ある意味で幻惑されていたのは明らかである。彼らは、民衆的な伝統や迷信に興味を寄せており、それらを躍起になって非難する時ですら、そこに何らかの魅力を感じないではいられなかった。さらに、一八六〇年以降になると、非合理的なるものが大流行し急激に広まっていく。因みに、一八六〇年は、エリファス・レヴィが、『魔術の歴史』と『大いなる神秘の鍵』という二冊の著作を刊行した年に当たっている。既存の秘教的集団は、その不確かな難解さや逸話に流れやすい傾向をあげつらい、レヴィを寄ってたかって非難している。しかし彼のこうした著作物は、「素人の」読者に、言い換えれば、専門知識は無いが、魔術に関心を抱いている者たちに、熱烈に歓迎されている。このようにレヴィやその他大勢の著作家たちのお陰で、世紀の最後の三分の一の時期には、オカルト趣味が再び流行するのである。影響を与えた作家には、スタニスラス・ド・ガイタ（『呪われし学問についての試論』）、エドワール・シューレ（『奥義を極めし者』）、あるいはマルティニスト〔マルチネス・ド・パスカリやサン＝マルタンの説いた心霊説の哲学に与する者たち〕のパピュスらがいる。パリの有名人たちも、こうしたテーマに情熱を傾けている。ユイスマンス、マラルメ、マンデス、バレス、サティ、ルオー、ピュヴィ・ド・シャヴァンヌ、およびその他大勢の著名人たちが、輪廻転生、善悪二霊信仰、ヒンズー教の神秘思想、あるいは照明派理論〔十六、十七世紀のドイツに誕生し十九世紀の半ばまでヨーロッパに広がった神秘主義。個人の内的な天啓を重んじる〕などについて、熱心に議論を交わしていた。神智論者、マルティニスト、あるいは薔薇十字団〔十七世紀のドイツで結成された秘密結社〕も活発に活動し、秘密のロッジ〔フリーメーソンの集会所〕も結成されるようになっている。こうした動きは、作家たち、ならびに諸々の特殊な社会集団の双方を巻き込んでいった。[32] もっとも、パリの一般市民、ましてや地方の住民に至っては、オカルト的なるものに対するこの種の好尚を抱くには程遠かった。とは言え、上述した如き多種多様なオカルト趣味の醸成は、文学や芸術などの流行の最先端にいたいと望んでいた人々が、宗教や科学の用意した答を前にして感じた、様々な不満を反映している。当時、宗教の影響力が弱体化していたのは確かだが、それに換わって、社会的かつ文化的な圧力が強力に作用するようになっていたのも事実である。この圧力は、十九世紀特有の世紀病を産み出している。それはインテリ層だけを襲ったわけではない。当時の美術や文学作品、あるいはウィーンで産声を上げたばかりのフロイトの精神分析学、さらには一八八六年に刊行されたスティーヴンソンの有名な小説『ジキル博士とハイド氏』などを考慮に入れると、人格の二重化という症候群が浮き彫りになってくる。サルペトリエール病院〔パリ十三区にある、神経科と精神科を中心とした病院〕ではシャルコー〔一八二五―九三年：精神病学者で、ヒステリーや催眠術の研究を行う。フロイトの師に当たる〕が女性のヒステリーの研究に着手している。ヒステリーは、生理的な不調からくる症状と言える場合もあるが、同時に、極端な抑圧状態に置かれた女性患者が、心理的な緊張を来して発症するケースも少なくない。それは、家族や社会が押し付けてくる、息詰まるような抑制を原因としている。この「親密さという横暴」(33)は、今まで以上にナルシシズムを内包した、新しい行動様式の緩やかな誕生を告げている。これにより、「闇の君主」は力を削がれ、人間の内部に巣くう「デーモン」にその地位を明け渡すことになる。この「デーモン」の存在は確かに気味が悪い。だがそれは、単に、主体の抑圧された闇を指しているに過ぎない。いずれにしろ、女性の身体は、不安を引き起こすと同時に、極めて強い関心の対象となっていった。この関心は、あらゆる知の領域に跨っている。強烈な関心を持って女性の身体を観察したミシュレから、上述のシャルコーを経由して、女性に対する病的な恐怖心を、安手の装飾で飾り立てて紛らしたフェリシアン・ロップスに至るまで、多くの知識人が女の身体に視線を注いだのである。

シャルル・ボードレール(一八二一―一八六七年)の作品は、この移行期が孕む曖昧さの一切を抱え込んでいる。彼にとって、悪魔とは非常に親密な存在であると同時に、全くの他者でもあるのだ。彼は、正統的教義を信奉してはいないものの、カトリック文化の中で育っており、無神論を退けてもいる。科学による説明に懐疑的だった詩人は、疎外と「悪」の双方を、人間の実存に深く巣くう現実と見なしている。その『日記』の中で、ボードレールはこう記している。「誰の内にも、同時に二つの傾向が存在している。一方は神へと向かうものであり、他方はルシファーへと向かうものである。」「悪」は魅力に満ちていると同時に、破壊的でもある。デーモンは、自由の擁護者であり、同時に偽善の権化でもある。詩人にとってデーモンは、ある外在的な力を意味している。「悪魔の最も見事な策略とは、自分が存在していないと貴方に思いこませることにある」、ボードレールは、懐疑主義者、あるいは啓蒙哲学の進歩の概念を振り回す者たちに、こう説明している。もちろん、悪魔は、破壊的な心象や欲望を植え付けることを通して、人間精神の内部で作用する場合もある。さて、我らが詩人に、悪魔主義者のレッテルを貼って非難することも可能だろう。と言うのも彼は、「男性美の最も完璧な類型はサタンである」と断言しており、さらに、『サタンの連禱』の中では、「嗚呼、我が愛しきベルゼブルよ、我は汝を崇拝す」と宣言しているからである。もっとも、彼が悪魔に付与したイメージは、その人生の段階に応じて変化を見せているがゆえに、極めて複雑な様相を呈している。先ず一方で、人間に対する悲観主義が骨の髄まで染み込んでいるこの思想家には、近代の黎明期に西欧を支配していた、あの恐るべき宗教の重みを想起させる側面がある。その一方で、彼は自らの内部に、様々な矛盾や深淵、あるいは、その根元を明確に示してはいないものの、種々の悪の花々を見て取っている。彼の弟子ヴェルレーヌ自身は、「悪」の問題を師匠ほど深刻に掘り下げてはいないが、ボードレールを模倣した者たちに、「呪われた詩人たち」という名称を冠している。一方ランボーは、『地獄の季節』を悪魔に献じている。彼はその中で、自らを、神聖なる力と悪魔的なる力とが衝突する場所として、「善」と「悪」とが闘う場所として描いている。また、ロートレアモンという筆名で『マルドロールの歌』（一八六八—一八六九年）を刊行したイジドール・デュカスは、最も恐るべき形態をとった「悪」と向き合わねばならない、また、残酷さこそは誠実と天才の証であるなどと主張して、己の魂の闇の最深部に於ける紆余曲折を辿って見せている。(34)

悪魔の子供たち

十九世紀の中葉以降になると、ヨーロッパ、北アメリカのいずれに於いてであれ、デーモンという主題は、思想や芸術などの洗練された分野で、明らかな衰退を辿るようになる。この後、人々の関心は悪魔の肖像よりも、むしろ人間内部の暗闇へと向けられていく。もっとも、こうした「大いなる伝統」のみが社会で機能していた唯一の要素ではない。その他にも、学校で教えられていた基本的な書籍類などが、重要な役割を果たしている。さらに、口承による伝承、あるいは宗教教育の重要性も見逃せない。このように複雑な方程式が絡み合う中で、各国によって状況が異なるのは当然である。例えば、第三共和制のフランスにあっては、義務教育の範疇に、啓蒙哲学や世俗主義の理想の伝播が組み込まれている。この施策は、方言を話す地方や伝統的な民間信仰の抵抗に加えて、教理問答書や告解制度の実践などで受け継がれていたキリスト教的概念の残存を、その攻撃目標として採られたものである。従って、地方ごとに相当の違いが生じるという結果になる。幾つもの異なった世界が接触し、場合によっては衝突していたのだから、状況を単純明快に把握しえないのも当然であろう。合理主義的な知識人たち、科学による脱神聖化の動きに反対していた教会のシンパたち、無神論者の論考を鵜呑みにする者と迷信を捨てきれない者とに分かれていた民衆層、こうした人々が激しい論戦を交わしていたという事実から、信仰という領域を支配するための絶え間ない闘いが続いていたことが了解できる。こうした状況下にあって、十九世紀末以降は、催眠術の問題が論争の焦点を占めるに至る。シャルル・エロが一八九九年に刊行した『悪魔と催眠術』という書は、この術の根底を支配しているのは悪魔以外にありえない、と単刀直入に言ってのけた。一方、一九〇八年に『近代以前の魔女現象』を著したエルネスト＝フロラン・パルマンティエは、この意見に与していない。彼によれば、「以前は、悪魔は魔女たちの口を介して話していた。」だが今日では、「人々は、『霊的存在』が霊媒を介して意見を表明すると真剣に考えている」という。この点は、「ある種の心的な力」と「下意識のエネルギーの振動」とによって説明可能だ、とパルマンティエは考えたようである。この論争は、「魔女現象」を取り仕切るべき司法を困惑させていなかったなら、信者と合理主義者との間の数ある小競り合いの一つで終わっていただろう。ところが、催眠術は「悪魔的」な実践に属していたにも拘わらず、一八九二年の法により司法はこれに介入できなくなっていたのである。だが、実際のところ、ことは以前なら司法の管轄下にあったものである。その上、催眠術が、ペテンと医学との境界線上に位置する療法と見なされていたため、なおさら司法は無関心ではいられなかったと思われる[35]。

子供や青年は、こうした象徴的な衝突が起こると、極めて有効な教化対象と見なされるようになる。十六世紀、十七世紀に於けるカトリックとプロテスタントとの間の、ないしは、正統教義の信奉者たちと民間魔術の伝統の擁護者たちとの間のあの闘争の際も、子供と青年を自陣営に引き込もうとしたわけで、今回の場合もこの点では何ら変わらない。[36] なるほど、十八世紀の啓蒙の哲学者たちに抑え込まれてきた経験を有するフランスの教理問答書の著者たちは、少なくとも一八九〇年代までは、サタンを主題として反撃するにしても、慎重を期するのが常であった。[37] 従って、十九世紀を通して何度も再版された、アンシャンレジーム期のある教理問答書を繙《ひもと》くと、なるほど魔女の犯す愚行やペテン、迷信の奇妙でグロテスクな側面が描かれており、しかも悪魔の活動も否定されていないのが分かる。だがそれでも、デーモンの役割は極端に矮小化されているのである。一八二〇年から一八四〇年にかけて作成された複数の新しい版も、同様のモデルを雛形にしている。一八三七年から一八四五年までパリで神学を教え、その後オルレアンの司教になったデュパンルー猊下が著したマニュアルに至っては、デーモンのデの字も登場しない。占い師や交霊術が問題となる時でさえ、デーモンは不在なのである。ところが事態は世紀末に至って急変する。サタンの返り咲きは、先ずは、悪魔の介入と自然現象とを区別しようとした著作家たちの、手堅い書物によって準備されたと言える。一八九一年に出されたブルロン神父の『教理問答書注解』が、この点を裏打ちしてくれるだろう。確かに、執筆者ブルロン神父は、交霊円卓の背後に悪魔の影を見てはいないし、さらには無意識という仮説を認めてさえいる。だが、この時期には、カトリシズムを脅かす要素が累積して、危険水域にまで達していた。先ず、プロテスタントならびにその他の新興宗教が力を増していたし、さらには、ピウス九世が非難したように、無神論、物質主義、合理主義、懐疑主義、そして中でもフリーメーソンのような、現代の誤った主義主張が幅を利かせていた。そこでブルロン神父は、いわゆるレオ・タクスィル〔ジャーナリスト。後述〕の自白を引き合いに出してくる。というのも、この告白に従えば、フリーメーソンのロッジ〔フリーメーソンの秘密の集会所、支部〕は、サタンの到来を準備するために、サタンを崇拝する場所として秘密裏に使われていたことになるからである。タクスィルは、こうして一八九〇年代のカトリック信者を、大いに動揺させたのであった。一方で、交霊術者やフリーメーソンの方は、教会を学校から分離させるために、さらに真剣な闘いを展開しており、エミール・コンブ〔一八三五―一九二一年：第三共和制下急進党の政治家。首相となり（一九〇二―〇五）、政教分離法案を提出した〕の努力を支えようとしている。彼らの目的は、修道会を追放し、国家を教会から分離せしめることにあった。この目的は一九〇五年に現実のものとなる〔政教分離法〕。さて、こうして状況が緊迫してくる中で、ブルロンの筆を通し、「闇の君主」は再び姿を現すに至る。カトリック信者の全てが、悪魔のロッジというものを信じていたわけではないが、彼らは少なくとも、宗教の根幹を破壊せんとする者たちの登場によって、衝突が次第にエスカレートしていくのを感じ取っていた。また、交霊術を悪魔視する傾向が強まった点も、一九一〇年に至るまで、フランスの教理問答書中でデーモンが復権を果たした事実を説明してくれるだろう。この点については、十九世紀末にボンヌ・プレス社がパリで刊行した『図解・教理問答書』を繙《ひもと》き、そこに付された幾枚もの版画を眺めれば、よく理解できるはずである[38]。そこには、子供たちを七つの大罪から遠ざけるために、それらへの恐怖心を植え付けたいという意図と狙いが看取できる。と言うのも、各々の大罪に呼応する形で、深淵が口を開いているからである。そして、翼を広げ三つ又の熊手を持った巨大な暗黒のサタンの待ち構える地獄へと、罪人が墜落していくイメージが描かれているのである。

こうしたテーマの突然の再出現は、フランス以外の国でも観察される。それは例えば、プロテスタント圏の中の少数派であるカトリック社会のように、周囲から抑圧を受けている場合に顕著に見られる。オランダを例にとろう。そこでは、十九世紀末にパリで出版された挿絵入りの教理問答書が、一九一〇年に複製され、五つの司教区の公認印を得て頒布されている。その後一九六四年にこのジャンルが消滅するまで、それは数世代に亘る人々の想像界《イマジネール》を言わば「造形」してきたのである。問答書は、天使の如き善良なる子供を育てる良きキリスト教教育と、「悪魔の子供」を作り上げる悪しき教育とを対峙せしめている。この「悪魔の子供」は、短い角とコウモリの翼および尻尾を備えた黒い影を引き連れ、しかも喧嘩腰の形相をした悪童として描かれている。この子供自体がまさしく小さなデーモンであって、あらゆる誘惑に身を任せ、不可避的に地獄へと堕ちていくのである。従って、「悪」へと下る坂道は、急な傾斜を描かずにはいない。もっとも、「悪」は小さな事柄から始まる。つまり、「卵を盗むものは、いずれ牛をも盗む」というわけだ〔Qui vole un œuf volera un jour un bœuf：フランスの諺で、小さな盗みを働く者はやがて大きな盗みを働くようになる、の意〕。否、より正確に言えば、自分でビスケットを掠め取りながら、その罪を妹に被せるような子供は、必然的に悪人になる、ということになろう。このような悪童を見て、その守護天使は無力で悲しげな顔を見せている。逆に、この「悪ガキ」に付きまとうデーモンは、その獲物たる子供が育つに応じて、自らもその背丈を伸ばしていく。こうした挿絵は、恐怖を掻き立てるとまではいかないが、それでも、黒いデーモンが遍在し、地獄で懲罰の炎が燃え盛る様子は、やはり不安感を煽らずにはいない。しかも、同様の挿絵を繰り返し差し挟むことによって、この書は悪魔および自己への恐怖心を煽る宗教を吹き込んでいることになる。他にもオランダでは、同じ類の挿絵を満載した子供向けの宗教書が、一九二七年から一九五三年までに六回も版を重ねている。その上、インドネシア語の翻訳まで刊行されている。また、一九五一年には、俗に「ティルブルフ」版〔ティルブルフはオランダ南部のロッテルダムの南東にある町〕と呼ばれている挿絵入り教理問答書の最後の版の一つが刊行されている。もっとも、地獄の表象に満ちたこの種の漫画が、子供たちにどれほどの影響力を行使し得たかは計りがたい。それでも、こうした挿絵入り教理問答書の消滅に伴って、悪魔の存在を信じるオランダのカトリック教徒の数が減少しているのも事実である。ある調査によると、一九六六年から一九七九年までの間に、悪魔を信じる割合が、六〇パーセントから五〇パーセントに減っている。これと連動する形で、地獄を信じる者の割合も、五〇パーセントから四〇パーセントへと落ちている。[39]

もちろん、教育の影響力や、繰り返し姿を現す挿絵のインパクトを過大評価することはできない。ましてや、それらが上述した変化の一切をもたらした、などとは言えない。聴衆ないし読者は、常に自分の個性や、こうした問題を捉える際の文化的知覚に応じて、多かれ少なかれ情報を取捨選択するものである。例えば昔の布教団は、地獄と天国の様子が描かれた絵画を持参したが、それを見たアメリカの「インディアン」たちを、完全なキリスト教徒に改宗させることはできなかった。また、十七世紀のブルターニュ人たちの間に残っていた数々の迷信をすら、消し去ることは不可能であったのだ。ただし、こうした絵画は、人々の宗教心に変化をもたらしたり、また時には新しい行動様式を惹起したりする場合はあっただろう。絵に描かれた地獄への恐怖心、ないしは自己の内奥に感知される地獄への恐怖心を吹き込む場合、このような結果がもたらされる可能性は高い。もちろんその結果を正確に計るのは無理だが、こうしたテーマを巡る教育を長期に亘って受けた者たちの告白に耳を貸すならば、ある程度のことは分かる。例えば、フラマン＝ユゴー・クラウスは、『ベルギー人の悲しみ』という本の中で、ひたすら罪とデーモンに関する話をし続けた教育者たちのせいで、恐怖心を刻み込まれ、不安に怯えた思春期を送ったと述べている。[40]欲望の抑圧という原理は、何もフロイト派だけの専有物ではない。子供たちの眼前で薄ら笑いを浮かべるサタンもまた、彼らが「善」と「悪」とを区別する上で、相当の貢献をしているのである。と言うのも、サタンは、先ず子供たちに自己抑制の気持ちを刻印する。その過程を通して、子供たちは悪魔の攻撃から身を守ったり、自分たちの深奥から湧出してくる衝動を抑制したりすることを教わるのである。一九六五年、ある精神科医が、こうした事情をよく物語ってくれる逸話を紹介している。毎年四旬節の時期になると、バスク地方のサン・ジャン・ピエ・ド・ポールの近在の村々から、多くの若い娘がこの医師の元に連れてこられたのだという。彼女たちは皆何らかの精神病の発作に苦しんでいたらしい。この件に関し、医師はこう語っている。「私は、非常に雄弁な一人の若い宣教師の存在を突き止めました。毎年この時期になると、彼は、地獄での恐るべき責め苦に関して、微に入り細を穿つようにして、しかも極めてサディスティックな調子で、彼女らに語り続けていたのです。」精神科医は、地元のカトリック教を彩る数々の「古い迷信」の存在があって初めて、こうした現象が際だった様相を呈すると結論付けているが、これは正しいと思われる。[41]なぜなら、個人の恐怖心が増大するためには、より広範な文化的基盤と連動している必要があるからである。従って、「悪魔の子供たち」（＝悪童たち）が、あの戦慄を呼ぶ教理問答書を真に受けるためには、自分たちを取り巻いている危険、ならびに自分たちが他者に対してもたらしている危険を、理解する必要がある。そのためには、子供たちは、啓蒙思想の楽観主義や科学信仰の支配している場よりも、むしろ悲劇的なものの見方に染まった環境に身を置いている必要があるのである。

悪魔的な無意識

西洋が発明した人文科学が、思想の中で本当に重要な位置を占めるためには、主体たる個人が、悪魔学《デモノロジー》ないしは悪魔に関する知を退け、自分自身を関心の主要な対象にする時期を待たねばならなかった。この知的ナルシシズムは、それ自体が神からの離反であり、ルネサンス期の思想家たちの挑戦の再来を思わせ、かつ十八世紀の哲学者たちが辿った道と交錯していると映る。こうした知に飢えた一群の人々が探し求めたのは、博識なる狂人、換言すれば、ロマン派の愛した光と反逆の天使ルシファーと、フランケンシュタイン博士とを掛け合わせたような存在であった。こうした自己を巡る神話は、「闇の君主」の神話をますます後方へと退けながら、少なくとも我々の文化の中核に位置するようになる。つまり、根元的な両義性はもはや天空のコスモスに出現することはなく、人間の内部そのものに、言い換えれば、偉大さと脆弱さを併せ持ち、神聖にして悪魔的であり、偉大であると同時に悲惨でもある、自己という混合体の内部に巣くうことになったのである。

改めて脚光を浴びるに至った、自己なる巨大な神秘を探索し始めた一人が、ジークムント・フロイト（一八五六—

一九三九年）である。生命力に溢れ、芸術家がひしめき合い、文明の坩堝《るつぼ》であった、そして、西ヨーロッパと大陸のその他の部分とを繋ぐ連結符でもあった、あの十九世紀末のウィーンに、フロイトは見事なタイミングで登場したのであった。彼は特に、内省の作業に不可欠な儀式にまで高められたアメリカの精神医学界に於ける療法に対し、今日でも大きな影響力を保っている。だが、もし仮にフロイトが、ある一つの精神世界から、別の精神世界への渡し守役を演じていなかったならば、これ程の影響力を発揮することはなかったであろう。西洋を揺り動かした、深い文化的変動の言わば共鳴箱として、彼はまさしく、加速しつつあった近代という転換点に位置しているのである。この変化を密かに駆り立てていたのは、共同体よりも個人を上位に置こうとする動機であろう。そのため、これまでは教会や国家および社会関係を紡ぎ出すその他諸々のシステムが、強い圧力や規範を押し付けていた領域に、力学的な緊張関係が持ち込まれることになった。こうした諸機関は、消滅したわけでは勿論ない。それどころか、上述したような諸々の変動に見事に順応した場合も見受けられる。しかしながら、「自己」の本格的な崇拝を前にして、国家や教会がますます頻繁に異議申し立ての対象となっていくのも事実であろう。知的かつ文化的な次元に於いて、十九世紀末は、西洋にあっては、集団の利害と個人のそれとが対立を深めていった時期に当たる。個人は、自らの自我がかけがえのないものであることを夢見、その夢想の上に立って自分の運命をより良く操作しようとした。こうした力学的磁場の内部から、二つの新たな説明原理が登場してくる。一方は弛緩していた社会網を締め直すための説明システムであり、もう一方は個人の権利を強調するためのそれである。戦闘的なナショナリズムやマルクス主義が前者に属している（マルクス主義が、社会の鎖から自由になった人間を創造すると主張していたのは確かだが）。ところで、この時期に本格的な地位向上を遂げた人文科学だが、これは、集団的帰属意識を強めるための意味の貯蔵庫であると見なすことも可能だし、逆に、個人の孕む果てしない潜在性を明るみに出すための技術だとも見なしうる。後者の技術は、個人の独創性への関心を精力的に切り開いていこうとする研究者によって利用された。歴史学や社会学について、この観点から論じることも不可能ではなかろう。だが、精神分析学や心理学を対象にした方が、遙かに分かりやすい。さらに、フィールドワークでの緻密な調査を前提とする場合の、民俗学や人類学をも加えうるだろう。さて、歴史に意味を付与する理論や、文明の軌跡を正確に辿ろうとする理論〔歴史学や社会学系の学問を指す〕を棚上げするならば、クロード・ベルナール〔一八一三―七八年：近代実験医学の祖、近代科学の方法論を確立し、思想界や文学界にまで広く影響を与えた〕流の実験科学とは対照的な位置を占めている人文科学は、ある意味で悪魔の産み落とした娘だと言える。もちろん、人間存在についての伝統的な神学理論の消滅を恐れる人文科学の敵たちからすると、それが悪魔の如く映る、という意味ではない。そうではなく、人文科学が、伝統的なサタン神話の廃墟の上に築かれたという意味である。人文科学は、フロイトが無意識と呼んだ深淵へと降りていくことで、サタン神話に取って代わったのだ。なお、無意識はより単純に、唯一存在たる個人の、自分の姿を鏡の内に覗く個人の、欲望、必要、そして権利と呼び慣わされるようになる。

フロイト個人のサタンに関する見解そのものは、それほど重要視する必要はない。ただ彼の見解は、同時代人たちを広く包み込みつつあった「世界の脱魔法化」という動きを理解する上では、役に立つ。もっともこうした動きは、十九世紀の終わり三分の一の期間に、多数の著作家たちによって既に準備されていた。彼らは、ジュールダン氏〔モリエールの喜劇『町人貴族』の主人公〕が改めて散文を見直したが如く、無自覚の内にも何とか無意識に辿り着きつつあった。* だが研究者ルイザ・ド・ウルトゥベイによれば、フロイトは自己分析を行った際に、悪魔の問題を提起してもいる。彼女によれば、三つの異なった概念が、悪魔というコンセプトを成立せしめていると、フロイトの目には映っ

＊　ジュールダン氏は、哲学の教師から散文と韻文の違いを教わり、生まれていた時分から散文を使っていたことに妙な感激の仕方をする。フロイト以前の著作家たちも、既に「存在」していた「無意識」に到達しつつあったことを、ユーモラスに表現したのだと思われる。

たらしい。デーモンは先ず、無意識で抑圧された暗黒の力の象徴と見なされる。つまり、悪魔ないしは魔女の周囲に、小児期特有の倒錯した性が結実することになる。だがデーモンは同時に、誘惑者としての父の代理〔原文にはドイツ語の Vaterersatz も掲げられている。ただしこれだけでは、「父の代用品、代理」くらいの意〕でもある。この概念を、初期のフロイトはしばしば引き合いに出している。さて、第三点だが、これは精神分析学の創始者に於いては、非常に抑圧された形で、そっと顔を覗かせるに過ぎない概念である。つまり、父＝悪魔と、母＝魔女という二つが、極めて緊密に結び合っており、「結合した両親」を形成している、という見解がそれだ。[*42] 何れにしろ、このテーマに惹かれた彼は、十七世紀のオーストリアで起きたサタンとの契約事件を巡って一書をものし、『十七世紀に於ける悪魔的神経症』と題して上梓している。ある手紙の中で、フロイトは、十五世紀末の有名なデモノロジーの書『魔女への鉄槌』を注文し、「熱心に研究した」と述べている。さらに同じ手紙の中で、魔女たちの飛行を採り上げ、「彼女らの使う大きな箒は、恐らく彼女らの偉大なる主ペニスであろう」と暗示している。さらに付け加えて、魔女たちの性的倒錯は「原始の性的崇拝」の残滓であることを、ほとんど信じて疑わないとさえ述べている。「従って私は、秘密で儀式を行っていた、原始的な悪魔崇拝の宗教があったと夢想している。[43]」フロイトは神とルシファーの双方を神話に過ぎないと見なしていたから、右の言辞は、彼の普段の見解とは相容れないようにも映る。確かに彼はこう書いてはいなかったか。すなわち、悪魔とは、パラノイア妄想を基底に据え、かつ自己正当化の幻影を含み込んだ、集団的な幻想に過ぎない、と。「我々にとって、デーモンとは、抑圧され背後に押しやられた衝動に由来する、排斥すべき悪しき欲動そのものを意味する。従って我々は、中世がこうした心的創造物を外的世界に投影した存在を、単に退けるだけである。言うなれば、我々は、こうした投影と縁の深い病人の内的生活の内に、その幻影が芽生えるのを見守るだけである」(『十七世紀に於ける悪魔的神経症』よりの引用)。こうした観点に立つと、欲動は「悪魔と関連付けされている《デモニザシオン》」〔«démonisation»、著者の造語。同じく造語だがよく使用される«diabolisation»が、「悪魔視」、「悪魔化」という否定的な意味合いを帯びるのを避けようとしている」ことになる。なぜなら、欲動それ自体は、欲動を邪悪の根元と思い込ませる道徳的良心が作用しない限り、善でも悪でもないからである。ある注釈者は、フロイトにとって悪魔的な力は、悪ではないと結論付けている。これは、「より上位の原理、すなわち、道徳的法を作り出し、精神的生活の重要な部分を抑圧しにかかる、超自我や神としての父」(44)が悪へと傾斜せしめられているのとは、かなり異なっていよう。

我らが偉大なる思想家の見解は、特にその後半生に於いて、とりわけ文明の諸現象にますます関心を抱くようになって、相当の変化を遂げることになる。従って、我々は彼にここで喧嘩を売る積もりはない。それでも、サタンのイメージについては、極めて重要な内的矛盾が含まれている点は指摘してよかろう。サタンのイメージは、一九一四年に於けるランク〔オットー・ランク：一八八四―一九三九年。オーストリアの精神分析医〕の場合と同じで、彼にとっても死の観念と結び付いてはいなかっただろうか。それを前提にして、フロイト思想のある専門家は、〔外在的悪魔の原型に時折言及する〕彼の方法論に首尾一貫性が欠けている、と指摘している。その理由はこうだ。「悪魔のイマーゴ〔精神分析の用語で、無意識的人物原型のこと。幼児期に父や母の像を元に形成され、その後の人間関係に影響を与えるとされる。ここでは、「悪魔の原型」くらいの意に解して良いだろう〕と結び付いた不安は、多様な自己防衛のメカニズムを紡ぎ出す。だが、これらのメカニズムは整合性を勝ち得るのにあまり成功していない。なぜなら、そうしたメカニズムは、奇妙で非論理的ないしは誤ったイメージの出現を招いてしまうからである。(45)」だがこの点に関しては、フロイトをより正当に評価しようと努めるべきではなかろうか。当時の彼は苦悩に満ちた移行期を経験していたのだから。先ず、外在的悪魔の存在を信じる者は、恐らく民間の諸集団にあっては、まだかなりの人数に上っていたと思われる。子供という集団を例に

＊　フロイトは「誘惑者としての父」という概念から離れ、やがて悪魔を「両親憎悪の象徴」と見なすに至っている。ここでは、この点を指していると思われる。

採れば、少なくともフランスとオランダでは、教理問答書によって、外在的な悪魔のイメージが再び息を吹き返していたと考えられる。ここで、フロイト自身の小児期や学友たちにとって、教理問答書の悪魔がどう映ったかを考えると、かなり面白いかもしれない。が、それはともかく、フロイトによる無意識の発見は、悪魔の主題に取り囲まれようとも、それへの不安を飼い慣らしうることを前提としていた。ただし、仮に悪魔を飼い慣らしても、それと同じくらい強敵の一貫性に欠けた諸存在から、我が身を守らねばならなかったのではあるが（夢の断片や精神的錯乱、不安等々の「無意識」から湧出してくる「諸存在」を意味している）。ここで重要なのは、内部に宿るデーモンというものが、欲すると否とに拘わらず、強力なキリスト教文化の影響下にあった当時のインテリ階層にとっては、無害な文学上の戯れなどではあり得なかった、という点である。周知の通り、フロイトは「世紀末」の多くの思想家や芸術家たちと同様に、悲観主義的な側面を多分に備えていたが、このペシミズムも以上の枠組み内で考えれば、より良く理解されよう。つまり彼は、悪魔に対する恐怖を抑圧しただけではないことになる。そればかりか、彼の内奥からは、しばしばサタン崇拝を巡る非論理的な信仰が湧き上がっていたのである。従って、一方では神話的存在に過ぎないと切り捨てておきながら、他方では外在的な悪魔の実在性まで信じていた節があるのだ。この点は、一九二一年にイギリス人のエジプト学者マーガレット・マレーが、魔女のサバトの実在性を「科学的」に証明したと主張した事実と連動している。なぜなら彼女は、ヨーロッパには古来、角を生やした神を崇拝する秘密の集団が存在し、その当時も残存していたと主張したからである。(46) 同時代人として、フロイトもまた、ユゴーやドラクロアが賞賛した反逆の天使という、ある種ロマン派的な概念を共有していた。ただし彼の方は、他の人々とは若干異なっている。と言うのもフロイトは、悪魔を人間の入り組んだ無意識の方へと引き込もうとしたからである。彼に言わせれば、反逆の天使（無意識）は、自らの欲望を悪魔視して抑え込もうとする暴君たる父＝神を、後方へ押し退けようとする息子を思わせるからである。ただし、反逆の天使の密かな復権が、サタニズムの再興に直結すると見なすべきではない。それはむしろ、当時のヨーロッパで広く進行中であった、個人という主体の「脱罪悪化」の動きと結び合っている。なるほど、悪魔を追い払ってみたところで、悪魔は即座に舞い戻って来る。もっとも、その悪魔は、もはやキリスト教が織り上げた妙な衣装を纏ってはいない。そうではなく、ロマン派が思い描いたルシファーの美しさを多少なりとも備え、しかも、個人の文化の進展に伴うナルシシズムを刻印した形で、再登場するのである。

　悪魔が、生命や性ないしは死そのものの比喩となる日、さらには、自己中心主義の極みとも言える態度が許される日、すなわち「悪魔とは、まさしく私のことだ[47]」と断言できるようになる日は、まだまだ先の話である。だが、フロイトの前後に、彼の掲げた概念をそのまま共有しようとしまいと、内なる悪魔を標榜した者は数多く存在している。それと言うのも、デーモンの内在化という捉え方は、政治的かつ宗教的な当時の平均的見解を超越するものであり、芸術から実人生へ、ないしはその逆方向へと溢れ出ていったものであり、さらには、古来のサタン信仰とすら共存しえたものでもあったからである。大衆作家の一人であったポール・フェヴァル〔一八一七—八七年：怪盗活劇小説の『せむし男』（一八五八）などを書いたフランスの作家〕は、一八七四年に暗黒小説のパロディーである『吸血都市』を書き上げているが、その中では、作家アン・ラドクリフ〔既出〕その人が主役を張っている。ここに登場する、幾千もの墓に覆われた幽霊都市セレーヌには、まだ外的実在としての悪魔が存在する余地が残されている。アブラハム・ストーカー〔一八四七—一九一二年：既出。『ドラキュラ』を書いたアイルランドの作家〕が一八九七年に著した有名な『ドラキュラ』に於いても事情は同じである。なお、フリードリッヒ・ヴィルヘルム・ムルナウは、この小説に着想を得て、一九二二年に『吸血鬼ノスフェラトゥ』という素晴らしい映画を完成させている。ところで、周知の通り、吸血鬼に嚙み付かれれば、彷徨《さまよ》える死者の仲間入りを余儀なくされる。これを阻止するには、誰か慈悲深き者が、吸血鬼の心臓に杭を差し込む以外にない。ここでは、悪魔の領域と人間の領域とが明確に区別されている。だが吸血鬼は、その恐るべき歯を携えて、悪魔の世界から人間界へと移行しうる。この逆は普通あり得ない。ところが、エミール・エルクマンやグラシアン＝アレクサンドル・シャトリアンが、一八五〇年から一八六〇年にかけて著したおよそ二十篇の幻想物語に於いては、二つの領域を分かつ境界線がより曖昧になっている。彼らは、人間存在に潜むより獣的な側面に魅了されているのだ。従って、彼ら描く主人公たちは、フクロウ、ミミズク、猫、カラス、コウモリ、あるいはもっと恐ろしい肉食獣たる『狼男ユーグ』といったような、伝統的にサタンと縁の深い動物に姿を変えることが多い。こうして文学は、自己の深奥に息づく不気味さを引きずり出し、父祖伝来の恐怖心を増幅させ人々を戦慄せしめようとする。エドガー＝アラン・ポーを始めとするアメリカ文学に通じていた、オーギュスト・ド・ヴィリエ・ド・リラダン〔一八三八―一八八九年：象徴主義の先駆となるフランスの作家、詩人〕についても同様のことが当て嵌まる。リラダンは、極めて単純な方法を用いるだけで、言い換えれば、堕落しきった魂を描くだけで、読者の恐怖心ないしは不安感を掻き立てることができた。『残酷物語』、『トリビュラ・ボノメ』、『新残酷物語』等々の彼の作品には、「悪魔の姿はないが、その業は看取できる」とよく言われるが、故なしとしない。例えば『前兆』という短編は、上着が墓に触れたことを契機にして、ある青年が、死を越えて一人の司祭と交信する物語であるが、そこには、交霊術や秘教の影響が色濃く影を落としている。また、ギー・ド・モーパッサン（一八五〇―一八九三）の作品は、悪魔そのものとは無縁であり、十九世紀後半の平凡な生活風景を描いたものが多い。それでも彼は、『水の上』（一八八一年）では来世の突如の転倒を喚起して見せ、『出現』（一八八三年）では、可視的秩序に突然亀裂を入れて見せ、『磁気』（一八八二年）では、奇異な事象を描いて見せる。慧眼な悲観主義者にして冷徹な心理学者でもあったモーパッサンは、狂気に陥らざるを得ないほど、自らの存在の深部を探った。従って、読者が彼の諸作品から受ける戦慄は、明らかに彼の感じた個人的な激しい恐怖に由来している。[48] フロイトの同時代人であったモーパッサンは、文明の内部に高まりつつあった不安感を、敏感に感知した者の一人である。信仰という柱によって支えきれなくなった個人という主体の発見が、余りに荷の重いものであったことがここから了解されるだろう。

「闇を飼い慣らす」

ある一群の者たちは、実証主義や科学万能論に極めて懐疑的であるばかりか、当時のその他の既成のあらゆる主義主張に対しても、冒瀆的な言辞を吐いている。フランスでは、彼らは「デカダン派」との名称の下に括られている。混沌や異常を偏愛する彼らは、社会の手綱を握っている階層を前にして、若さ故の苛立ちを募らせるとともに、未知なる何ものか、あるいは闇に潜む何ものかを巡って、さらに深い思索へと向かっていく(49)。この当時は、不合理なるものが頭を擡《もた》げ、様々な脅威に晒されていた教会と、これを中傷する者たちとが衝突を繰り返していた時期に当たっている。上述したように、悪魔は、諸々の言説や子供向けの教理問答書の内に、大挙して侵入してきた。十九世紀の最後の十年間にあっては、悪魔はさらに複雑で流動的な世界、換言すれば、オカルト趣味やサタニズムの復活によって息を吹き返した超自然の世界に、再び登場することになる。死後出版されたエリファス・レヴィの著作物が、すなわち『光輝の書』（一八九四年）や『偉大なる奥義ないしはヴェールを脱いだオカルティスム』（一八九八年）といった著作物が、悪魔というテーマの再流行に拍車を掛けている。加えて、ジョゼファン・ペラダンの作品である『至高の悪徳』が、バルベイ・ドールヴィイ（一八〇八―八九年：戦闘的カトリシズムを信奉する作家で、広義のロマン派に属する。貴族主義的立場に依拠しつつ、ブルジョア社会とゾラ流の実証主義を軽蔑・批判し、超自然的かつ悪魔主義的な作品を残した）によって激賞されている。この著作は、一八八四年から一九〇八年にかけて編まれ、二十一作品を収めることになる『ラテンのデカダンス』の劈頭を飾っている。そこで強調されているのは、人間を超越した力が、その運命を司っているという点である。

だが、悪魔の再登場は、バルベイ・ドールヴィイが一八五六年に筆を起こし、一八七四年にその二千二百部を刊行するに至った『レ・ディアボリック』〔＝『悪魔のような女たち』〕によって、既に準備されていたと言える。超保守的なカトリックである著者は、六篇の中短篇から成るこの作品集の中で、悪徳と堕落のテーマを掘り下げている。その全てが、不吉な存在としての女性を採り挙げているのである。その内の一編、『ホイストに於けるカードの手の内』〔ホイストは英国起源のカードゲームでブリッジの前身。十九世紀のフランスで大流行した〕を繙《ひもと》くと、おどろおどろしい世界が目の前に広がる。と言うのも、ストラスヴィル夫人という女性は、自らの長女を殺し、さらに、その長女が禁じられた恋を重ねた末にもうけた赤ん坊をも殺害し、その後、どこか嬉しげな様子で、進んで毒をあおって自殺しているからである。バルベイは、恐らくその自覚はなかったろうが、あの『悲劇的物語』の教化的なトーン、なかんずく十七世紀初頭に司教のカミュが編んだ悲劇譚のトーンを、改めて取り込んでいるように思われる。[50] あの大規模な魔女狩りの時代に人々が抱いていた悲痛な運命観が、実証主義の勝ち誇る時代にあっても、再び不吉な輝きを取り戻したわけである。ただし、〔「悲劇譚」の場合と同じく〕淫欲や傲慢やヒステリーや欺瞞に操られている登場人物たちは、ここではもっぱら生身の〔＝直接外在的な悪魔とは結び付かない〕人間として把握されている。それゆえにこの作品は、保守的・体制的な人々の顰蹙を大いに買ったが、同時に、あらゆるジャンルの文学に糧を提供することにもなった。結局のところ、悪魔は追放先から呼び戻され、人間の心の内部で猛威を振るうに至ったと言ってよい。ここでは、教会の伝統と、当時の文化内に芽生えた個人の称揚という傾向との間に、ある種の総合が成立しているのが分かる。バルベイは、公衆道徳に対する紊乱罪で訴追されるが、この事実は彼の作品が成功を収めたことを逆に物語っている。彼の影響力は絶大なものとなり、ユイスマンス〔回心前、回心後のいずれの局面にあっても〕、レオン・ブロア〔一八四六－一九一七年：秘教的カトリシズムの立場から終末論的な作品を手掛けた作家、批評家〕あるいはレオン・ドーデ〔一八四〇－一九七年：ジャーナリスト、作家。モーラスとともに右翼紙「アクシオン・フランセーズ」を創刊〕といったキリスト教作家から、ジャン・ロラン、オクターヴ・ミルボー（一八四八—一九一七年：ジャーナリスト、作家）、ピエール・ルイ（一八七〇—一九二五年：ベルギー生まれの詩人、小説家）あるいはジュール・ボアといった「デカダン派」に至るまで、極めて広範に及んでいる。

バルベイ・ドールヴィイと親しかったレオン・ブロアも、神から引き離された人間存在の絶望を描いている。『血の汗』（一八九三年）や『不快な物語』（一八九四年）は、「魂の腐敗」を描き出し、宇宙編成を旨とする神の計画を、何とか妨害しようとする悪魔の活動を浮き彫りにする。これらの作品が目指していたのは、人間たちに対し、「我が身に降りかかり得る永遠の劫罰への聖なる恐怖」を刻印することであった。ジュール・ボアの方は、ペラダンと同様に「魔術の教師」であって、秘教や象徴主義に熱中し、多様な文学作品に加えて、一種の歴史的研究書である『サタニズムと魔術』（一八九五年）や、『現代の軌跡』（一九〇七年）と題された「形而上学」を巡るエッセーなどもものしている。ジョリス＝カルル・ユイスマンス（一八四八—一九〇七年）は、文化的な渡し守の役割を見事に果たしている。と言うのも、一八八四年に刊行された『さかしま』の中で、彼は当時の流行（主に自然主義を指す）の一切を退け、スーラ（一八五九—九一年：点描画法を主唱した新印象派の画家）、フェリシアン・ロップス（既出）、ヴェルレーヌあるいはヴィリエ・ド・リラダンのような、その当時は顧みられなかった無名の芸術家たちを逆に称揚したからである。

一八九一年に刊行された『彼方』は、悪魔主義的な熱狂に包み込む形で、当時のパリの生活を描き出している。ジル・ド・レ（一四〇四—四〇年：フランスの軍人で陸軍元帥。戦闘中の数々の暴虐、性的倒錯に基づく幼児大量虐殺、黒魔術を好む背教の廉で、絞首火刑に処される）の人物像を中心に据えながら、ユイスマンスは、往年の悪魔学者《デモノローグ》たちが抱いていた過去のサタニズムを、当時のそれと、とりわけ、秘密結社のメンバーたちが実践していた黒魔術に宿るサタニズムと結び付けた。こうして、二十世紀は、乱交集会にまで達してしまうほどの、悪魔的実践に対する本格的な熱狂と共に幕を開けることになる。例えば、一九〇三年にガブリエル・ルゲは『黒ミサ』を出版し、その中で、乱交に耽るモンテスパン夫人（一六四〇—一七〇七年：ルイ十四世の寵姫で、才色兼備をうたわれ、王との間に八人の子供をもうけている。だが、一連の毒殺事件に関わったとして、徐々に宮廷での影響力を失っていく〕の姿を描出している。また、「アシエット・オー・ブール」〔assiette au beurre：直訳は「バター用の皿」だが、比喩的には「利権、役得、儲け口」などの意味がある〕誌は、全体を黒魔術という主題に捧げた号を発刊している。[51] ところで、「デカダン派」の掲げる倫理の内には、明らかに、自己同一性に纏《まつ》わる危機感が看取できる。それは、自己を発見する過程で経験する不安感に他ならない。この不安感を表明する者は（表明の仕方は異なるが、その不安の密度は同程度に強い）、パリから遥か遠くにあっても存在した。例えば、ウィーンではフロイトが、英国ではロバート・ルイス・スティーヴンソンが、アイルランドではオスカー・ワイルドが、各人各様にこの不安感を紡ぎ出していた〔正確には、ワイルドはアイルランド出身の英国の詩人、作家、劇作家で、ロンドンで活躍し、晩年はパリで過ごす〕。因みに、ワイルドは、一八九五年に世間を騒がせた裁判が行われるまで〔九五年、ダグラス卿との男色関係で裁判にかけられ、有罪判決を受けた後、二年間投獄された〕、英国の知識人たちに大いに持て囃されていた。彼はフランス人やその流行にも影響を与えており、一八九二年一月に流行した緑のナデシコは、「ワイルドの美学の、風俗の領域に於ける」象徴と見なされた〔「緑のナデシコ」は、おそらくホモセクシュアルのシンボルと思われる。因みにプルーストの肖像画の一つに、それらしきものが描きこまれているのは興味深い〕。こうした主題が前面に躍り出てくる折には、必ず強烈な悲劇的感覚を伴っていた。もっとも、ワイルド以上に脅迫的な悲劇的感覚を備えていたのが、『ジキル博士とハイド氏』（一八八六年）の中で、個人の内部の深淵を探索したあのスティーヴンソンである。また、ニューヨークでは、フロイトの好敵手であったアーネスト・ジョーンズが、一九一一年に『夢魔、魔女、悪魔』を刊行している。[52] 彼は、キリスト教徒が悪魔を主たる敵と見なしたのは正しいと考える。なぜなら、悪魔は、キリスト教が根絶しようと躍起になっているリビドー〔フロイトが仮定した、性衝動に基づくエネルギー。ユング派では、心的エネルギー全般を指している〕のエネルギーを象徴しているからである。ジョーンズに言わせれば、悪を体現するあらゆる存在は、なかんずく魔女は、権威と抑圧の問題の双方と関係が深い。デーモンは、父の息子に対する憎悪と同時に、父親に戦いを挑み反抗する息子の憎悪をも象徴している。以上の見解には、キリスト教、フロイトの精神分析学およびロマン派に由来する諸概念が、雑多に入り交じっている。こうした考え方は、宗教的な諸要素をふんだんに取り込んだ精神分析学を介して、自己抑制を試みようとするアメリカ流の実践へと繋がっていく。

　フランスに戻ると、ジャン・ロラン（一八五五―一九〇六年）の悪徳に対する強度の関心も、右と同じ文化的メカニズムにその源を発している。この「いかがわしい魂を覗き見する者」（彼の作品『フォカス氏』の中の登場人物の一人もこう形容できる）であるロランは、隠蔽されしものを摘出し称揚して止まない。人間であれ事物であれ、最初に目に映る姿は決して本物ではない。彼にとっては、あらゆる存在が、背徳的で病的かつ虚偽に満ちた邪悪な力によって、密かに取り憑かれ操られているのである。現世がそのまま体現している地獄、彼が鋭く抉り出して見せる数々の仮面、夢と濃密な関係を結んでいるがゆえに、一層困惑を誘う眩暈の如き現実が、表層の背後に控えているのだ。

　さて、こうしたサタニズムの再来が、社会的にどれほどのインパクトを持ち得たかを、正確に計ることは不可能であろう。だが少なくとも、それが、秘密結社やデカダン派の文学の愛好者という、限られた狭い世界にのみ限定されていたと言えないことは、ほぼ確実である。例えば、モーリス・ルナール（一八七五―一九三九年）は、超自然の物語を何十篇も世に出しているが、その多くが「ル・マタン」紙を始めとする新聞に掲載されているのである。ルナールは、科学の進歩を敏感に察知しつつも、それを逆に利用して、熱狂的妄想の世界を編み上げようとする。その一例が、『レルヌ博士』（一九〇八年）という作品で、そこに登場するレルヌ氏は、フランケンシュタインを彷彿とさせる、あの博識なる狂人という類型に属している。こうした類型は、映画の『ジェームズ・ボンド』シリーズに典型的に見られるように、現代に至るまで、西欧の想像界《イマジネール》に付きまとって離れない。モーリス・ルナールは、理性もなるほど重要だが、「万物は別の仕方でも〔傍点、著者〕存在しうる」と説いている。『不動の旅』（一九〇九年）中の中編小説では、ある男が魔法を用いて一人の女を誘惑している。彼女は、常に、同じ決められた時刻に、彼に会いに行くようにプログラムされてしまう。するとどうだろう、彼女は男の死後も、同時刻に通い続けるのである。勿論、男の死骸は日を追うごとに、悪臭の度合いを強めていくというのに。そう、身の毛も弥立《よだ》つ恐怖は、実は極めて凡庸な物事の中にこそ潜んでいる。この恐怖の文学の著者ルナールは、人間には決して知り得ない何ものかが、人間の運命に押し掛かっていることを、読者に感得させようとしているのである。この点で彼に通ずる作家としては、ブリュッセル生まれの作家で、一八八七年に『魔女』を上梓したジョゼフ＝アンリ・ロニー（兄）〔一八五六―一九四〇年：ベルギーのフランス語作家。一九〇八年まで、弟のセラファン＝ジュスタンと、ロニー兄弟の筆名で共作している〕を挙げることができる。その作品『若き吸血鬼』（一九二〇年）を繙《ひもと》くと、ヒロインは、「現世に紛れ込んだ異質なる者」が醸し出す不気味さを漂わせ、読者をしばしば不安にさせずにはいない。あたかも病気を相手にする時のように、一見科学的な方法で分析を施してはいるが、実は作家は、超自然の世界の扉をこじ開け、人間と、吸血鬼を含む異質ないし霊的な存在とが、現世で共存する可能性を示唆して、同時代人の科学信仰を秘やかに切り崩しているのである。隠れた脅威ないしは異質なる他者という主題は、後世にも広く受け継がれていく。アメリカに於ける『エックス・ファイル』（*X-Files*）〔超自然や宇宙人などの存在を前提にしないと理解できないような、現在未解決の出来事や事件を扱ったドラマ番組〕というテレビ・シリーズが、その代表例であろう。ヨーロッパの多くの国々でも、この連続ドラマが熱狂的に支持されたことも書き添えねばなるまい。この中では、外在的悪魔の命脈が保たれていると言えるのではなかろうか。もちろん悪魔は、キリスト教伝来の古典的な形態を取っているわけではない。それでも、「悪」の概念の個別化、心理化が進むその渦中にあって、外在的悪魔が生き延びているのは確かとは言えまいか。戦慄すべき恐怖は、人間ならざる外的存在への恐れと、各々の魂の内奥に隠蔽されたおぞましきものへの恐れとの間を、振り子の如く揺れ動いているのである。科学を根拠に超自然をきっぱり拒否する立場から、それが内的なデーモンであれ、外部から襲ってくる脅威であれ、超自然を絶頂へと祭り上げる立場に至るまで、作家たちは、各自の楽譜に応じて、様々な音域で演奏を行っているのである。

悪魔を巡るこうした言説の不気味さが頂点に達するのは、狂信的な小集団が紡ぎ出す秘教的な教義として、サタニズムが前面に押し出される時である。一八九三年、バタイユ博士なる人物が『十九世紀に於ける悪魔』という書物を刊行し、主にユダヤ人とフリーメーソンのメンバーから成り、ルシファー崇拝を掲げるセクト、パラディオン〔Palladium：元来は古代都市トロイアの守護神（女神）パラスの像のこと。この像が存在する限りトロイアの安全は保証されたという。なお、オカルトの領域では、サタンの図像を意味する〕の存在を暴露している。バタイユ博士は、パラディオンの元女司祭とされるディアナ・ヴォーガンの告発という形で、この書を出版したのであった。この女性は、改悛しセクトを脱会した人物として登場し、パラディオンが世俗の権力奪取を狙っていることを暴いている。カトリック系の保守的な新聞「ラ・クロア」の反応を見ても分かる通り、この一件は体制側の世論に大きな動揺を与えた。一九二五年に列聖されることになるテレーズ・ド・リジュー〔一八七三―一八九七年：聖テレジア、カルメル会修道女〕ですらが、ディアナ・ヴォーガンに書簡を書き送っている。[53] ところが、テレーズが没し、その自伝『ある魂の遍歴』が出版された一八七九年に、大混乱が生じたことは想像に難くない。と言うのも、同じ年に、反教権主義のジャーナリスト、レオ・タクスィルが、パラディオンとディアナ・ヴォーガンは、自分がでっち上げたフィクションに過ぎないことを明らかにしたからである。この悪ふざけは、守勢に立っていた教会人たちには、換言すれば、教理問答書を通して、デーモンを時代の好みに合わせようと努力していた最中の教会人たちには、極めてショッキングな出来事であった。また、この悪ふざけにより、文化と信仰の領域で、その支配権を巡る熾烈な闘争が展開されていたことも、明るみに出たと言える。さらに、当時の合理的かつ科学的とされていた社会にあって、サタンを巡る想像界《イマジネール》が執拗に生き延びていたことも伺われよう。ただし、ここでいう想像界の残存とは、数世紀前に由来する伝統への、単なる回帰を意味しているわけではない。むしろ、当時の多種多様な著作家や芸術家たちが、超自然の世界を改めて練り上げていたことを、ここで看過すべきではない。また、この知的ペテンが成功した理由をよく理解するためには、当時蔓延していた悲観主義《ペシミズム》を押さえておく必要がある。この悲観主義《ペシミズム》は、何も教会だけの専有物ではない。自分を悩ます恐怖感を、敢えて文学的ないしは美学的な戦慄を覚えることで払い除けようとした者たちが、実は大勢存在していたのである。そうすることで、ある者たちは、神なき人間の孤独を忘れようとしたし、他のある者たちは、自らの皮膚の奥に隠された野獣を飼い慣らそうとしたし、さらに別の者たちは、なるほど一昔前とその様相は異なっているものの、未だあちこちで蠢《うごめ》いているに違いない幽霊や吸血鬼やデーモンを追い払おうとしたのである。産声を上げつつあった精神分析、あるいは、脱魔術化された世界の到来が、必ずしも楽観主義《オプティミズム》を醸成するわけではない。なぜなら、それらによって、恐怖心を煽られる機会はむしろ増えたからであり、また、自然という陰鬱な書物を十分に読み解きうる説明原理は、存在しないという見方が広がったからである。人々は、何の支障もなく宗教を嘲笑するようになっており、これが十分な説明のシステムとなることはあり得ない。同時に、勝ち誇っていた科学の方も、博識なる狂人や傲慢なフランケンシュタインなどを産み落としていたのだから、やはり当てにならない。こうした腐植土の上に、文字通りの悪魔主義《サタニズム》が芽生えてきたとしても、不思議はない。それは、既成の教義の断固たる拒絶として、あるいは、主体（自らを取り囲む希望なき宇宙の、唯一の主人たる自己主体）を称揚することに唯一の真実を見出すという宣言として、登場してくる。と言うのも、悪魔主義《サタニズム》を掲げるこの種のセクトの創始者たちは、主体的個人に対する熱狂的な崇拝の念を、密かに抱いている場合が多いからである。彼らは神の全てを放棄し、自分という主役以外の一切の導き手を認めない。彼らは、精神分析学が暴いて見せた、諸々の衝動や欲望の極限にまで行き着こうとする。その際セクトの首領たちは、新たなものの見方を打ち出してくる。それによると、自己内部に隠された闇の力は、抑圧されているのだから、個人にとっては元来肯定的なものであり、逆に、この抑圧を生んできた様々な抑制機関は、悪しきものだと相成る。こうして彼らは大いなる世界から断絶し、自己の完全な「非・罪悪化」へと到達する、否、少なくともこの理想に近付こうとする。こうした悪魔主義《サタニズム》を掲げるセクトの創始者の一人に、英国のピューリタンの家庭に生まれたアレイスター・クロウリー（一八七五—一九四七年）がいる。彼はケンブリッジで学んだ後、秘教の世界にのめり込んでいく。一九一二年に「黄金の暁会」〔Ordre du Temple d'Orient：OTO〕に入会したクロウリーは、その支部を英国に設立している。彼は「バフォメ」と自称するが、これは、裁判の際に、「黄金の暁会」のメンバーたちが崇拝していたとして非難された、両性具有の偶像を意味すると同時に、オカルト主義の象徴とも見なされていた。ここから、クロウリーとエリファス・レヴィとの繋がりが見えてくるだろう。さて、一九二〇年、彼は、サルデーニャ島にサタン崇拝のための修道院を設立する。そこでは、参加者たちが、麻薬漬けになりながら、乱交パーティーに明け暮れていた。ところがメンバーの一人が死亡するに及んで、クロウリーはイタリアから追放される。彼は数々の著作と、「ルーツィフエル」〔Luzifer：ルシファーのドイツ語読み〕という雑誌を残して、アメリカで没している。クロウリーの弟子の中には、ケネス・グラント、チャールズ・スタンフィールド・ジョーンズ、あるいはウィルフレッド・スミスらがいる。彼らは「黄金の暁会」に貢献し、「地獄の天使たち」や「サタンの奴隷たち」といった反体制的なセクト集団の創始者となっている。「ファイナル・チャーチ」〔「最後の教会」〕を設立したチャールズ・マンソンも同じ系譜上にある。一九六九年、彼の弟子たちは五人の人間を虐殺しているが、その中には、映画監督のロマン・ポランスキー〔一九三三年—：ポーランド出身の映画監督〕の夫人であったシャロン・テートも含まれていた。彼ら弟子たちは、殺害した五人の犠牲者の血で、家の壁〔虐殺はシャロン・テートの自宅で行われた。尚、犯人の一人テックスは、「私は悪魔だ、悪魔の仕事をしに来た」と叫んだらしい〕にサタンの碑文を書き付けている。こうした現象は、アメリカ合衆国にあっては、現代でも重要性を帯びているが、この点は後述することにしたい(54)。

紙上の悪魔

二十世紀の前半は、サタンの再侵略に晒された十九世紀末と比べるならば、悪魔の存在感はかなり希薄になったと言わざるを得ない。二つの世界大戦の間、とりわけホロコーストが明らかとなった時期に、「悪」の問題が絶えず提起されていたのは事実である。しかしながら、同じ「悪」でも、サタンらしいサタンは、もはや特定の領域以外では殆ど人気を失っていた。文学作品の内部で、言わば紙上の悪魔として命脈を保つ場合はあったが、文学そのものが悪魔を以前ほど重視しなくなっている。また、美術の分野にも悪魔は残存したものの、やはり往年の重要性は喪失している。つまり、十八世紀に端を発する悪魔の衰退曲線は、ここで一気にその落下の斜度を強めているのである。コンスタンティヌス帝の回心以後初めて、毎年増え続ける膨大な数の西洋人たちが、キリスト教の伝統から乖離するに至ったのである。単にキリスト教の根本的な教えを殆ど知らないまま育ったがゆえに、こうした結果に行き着いた例も少なくない。例えば、かなり早い時期に脱キリスト教化を遂げた、フランス北部の鉱山地帯がこのケースに当たる。そこでは女たちが日曜日に折を見ては教会に通い続けたが、男たちは、酒場で社交に勤しんだり、アーチェリーやボールゲームと言った団体競技や伝書鳩飼育などで時間を潰しつつ、彼女たちが帰ってくるのを待っていたのである。ところが、炭坑で働くために大勢が集団移住してきたポーランド人たちは、その敬虔さに於いて際立っていた。それ故、彼らポーランド人たちと、労働組合運動や共産主義あるいは社会主義に強く影響を受けた、他の労働者たちとの間の違いは、ますます目立つようになっていく。国によってかなりの相違はあるが、二十世紀は、後半のみならずその全体を通して、[55]宗教的な戒律の遵守が大幅に後退していった時期である。マルクス主義は、こうして自由になった空間を、部分的に埋め合わせることに成功している。その背後には、歴史の進歩と人間の解放とに、新たな希望を見出そうとしたマルクス主義の姿勢が見え隠れする。この他にも様々な見解が流通し、人間に関し性善説を展開したり、あるいは、そこまで行かなくとも、超越論的な価値に疑問を呈し、相対主義的な倫理を説いたりしたのである。さらに、社会主義的ユートピア思想や、個人的主体を顕揚する考え方も流行るが、それらが放ったメッセージは、他のものとは若干異なる。しかしながら、上記の全ての主義主張が、不動にして厳格な唯一神の意志への従属を、峻厳に拒んだ点では一致している。それらは返す刀で、悪魔に対する古来の恐怖心をも切り崩していったのである。

教会のあらゆる努力にも拘わらず、また場合によっては教会の宿敵の努力にも拘わらず、既成の宗教権力は、自己の顕揚や個人の解放といった、ヨーロッパ特有のメカニズムを崩すことは出来なかった。しかも、自己や主体の重視は、最終的には、二十世紀後半に於ける、悪魔に纏わる諸実践の著しい減少へと繋がっていく。文学は、この辺りの事情を裏付けてくれる。と言うのも、デーモンの問題は、言わば余白の部分に於いてしか提起されなくなるからである。デーモンを採り上げたのは、数人のキリスト教系の大作家、ないしは、極めて特殊な領域に属する書き手に限られていた。例えば、サイエンス・フィクションや推理小説へと軸足を移しつつあった、広義の幻想譚がこれに属する。特に後者の推理小説は、十六世紀の悲劇的物語と密接な関係にある、あの暗黒小説群の影響を未だに留めている。だが結局のところ、教会から立ち去った悪魔は、人々の心からも消え去ったのである。もっとも、過去の悪魔像とは全く異なる形で、サタンが再び表舞台に登場することには留意すべきであろう。サタンは、二十世紀最後の三分の一の期間に、真新しくしかも人気の高いメディアに於いて、華々しく返り咲くことになるからである。

それでもこの当時の悪魔の退潮は否めない。その衰弱ぶりをよく示しているのが、ピエール・マッコルラン〔一八八二―一九七〇年：『霧の波止場』などの作品を書いた作家。モンマルトルや港町を舞台に、芸術家、娼婦、船員などの生活を叙情的なタッチで描いている〕である。彼は、一九二〇年に『黒人レオナール大将とジャン・ミュラン師匠』〔十六世紀の魔女狩りに従事した判事ピエール・ド・ランクルの著作に登場する悪魔の渾名。コラン・ド・プランシーの『地獄の辞典』にも再録されている）を執筆した際、「悪」がこの地上から完全に消滅することすら想像していたくらいである。もっとも、『悪意』（一九二三年）の中では悪魔との契約という概念を再び採り上げており、また、『夜のマルグリット』に於いてはファウスト伝説をテーマとしている。マッコルランが悪魔という主題を扱うその手付きを見れば、彼が幻想譚に於ける中道を歩んでいることが分かる。と言うのも彼は、その物語に魔術的な息吹を吹き込み、しかも突飛な様相をも与えはするが、同時に探偵小説的な謎をあちこちに仕掛けているからである。換言すれば、彼の作品は、読者の意識を十分に刺激するが、不安で掻き乱すところまでは行かない、ということになろう。ピエール・ヴェリー（一九〇〇―六〇年：フランスの探偵小説家。『サンタクロース殺人事件』（三四年）、『バジル・クルックスの遺言』（三〇年）などが代表作）、アレクサンドル・アルヌー（一八八四―一九七三年：音楽と科学を主題に据えた作品を多く手掛けたフランスの作家）、ジャン・カスー（一八七九―一九八六年：フランスの作家、美術批評家。スペイン美術の紹介に努め、戦後はパリ近代美術館館長としても活躍）らも、悪魔をテーマに据えた作品を認《したた》めたが、大きな成功を収めるには至っていない。マルセル・エーメ（一九〇二―一九六七年）（フランスの作家で、短篇に独自の才能を示した。素朴さと怪奇性の異様な調和を特徴とする）も夢幻的な世界を作り上げたが、ユーモアやアイロニーを鏤《ちりば》めて雰囲気を和らげている。彼の小説世界には、『緑の牝馬』（一九三三年）や『壁抜け男』（一九四三年）あるいは『女大蛇《おろち》』といった存在がふんだんに登場する。この他にも、民間信仰という宝庫から、様々な逸話や伝説を汲み取ろうとする者もいた。そもそもエーメ描く「女大蛇」自体が、ジュラ地方に伝わる「蛇の娘」という話に着想を得ている。またアナトール・ル・ブラは、『太陽と靄のお話』（一九一三年）の中で、ブルターニュ地方の伝承を様々に変奏している。ル・ブラはこうした民間伝承を物語の枠組みとして使い、この地方で「アンクー」と呼ばれる死を擬人化した存在を登場させ、死に対する特殊な感受性に焦点を当てている。そこでの超自然は、地上を覆うそれ以上に深く謎めいた霧として物語を包み込んでいる。同様に、オーヴェルニュ地方に古来伝わる生活を活写した小説『山のガスパール』の著者アンリ・プーラ（一八八七―一九五九年：故郷オーヴェルニュ地方を舞台にした小説を書いた。独特の自然描写とリリシズムを有し、『山のガスパール』はアカデミー・フランセーズ小説大賞を、『三月の風』はゴンクール賞を受賞している）も、『おとぎ話の宝庫』を採集し、一九四八年から一九六二年にかけ、十三巻にも上る書物に纏《まと》めて出版している。彼はさらに、こうした伝承に自らの着想をも織り込んで、『地方の魔女』（一九三三年）や『狼の皮膚をした男』（一九五〇年）などの作品をものしている。クロード・セニョル（一九一七年：フランスの作家。民間伝承に取材し、悪魔をテーマにした作品を多く残す）も、『木靴を履いた悪魔』（一九五九年）や『ル・ガルー』（一九六〇年）など数多くの幻想物語を手掛けると同時に、様々なフォークロアを収集して出版している。その集大成が、大作『悪魔のバイブル』である（一九六四年）。九百ページに亘るこの作品に於いて、民衆層が思い描くデーモンは、神学の伝統上にある、あの角を生やした毛深い姿で現れることは滅多にない。そうではなく、従僕、呪術師、オオカミ使い、憑依《ひょうい》された者、魔術師、魔女といった姿を借りて登場することの方が、圧倒的に多いのである。ここに現れる悪魔たちは、からかわれたり担がれたりし、また、人間と同じ情念に操られてしまうケースも少なくない。さらに、その生命が宿っているとされる卵を見付けてそれを砕いたりすると、人間同様に死んでしまう場合すらある。(56) ここでは、闇の帝王たるサタンが、もはや平均的な農民を怯えさせる力を失った、と考えるべきであろうか。それとも逆であろうか。つまり、悪魔払いのため都市部から派遣された教会人たちが、その後の規範となるような文章や叙述を残しているが、そこから推察されるほどには、サタンが民衆に大いなる恐怖感を与えたことなど、実は一度もなかったと考えるべきであろうか。あるいはまた、他の社会と同じように農村部も、角を生やした悪魔よりは自己に内在するデーモンを重視しようとする、あの大きな文化的変容を経験したと考えるべきであろうか。と言うのも、現代の農村部の文化に於いても、邪悪なる存在の痕跡は残っているが、それは、罪人を罰している地獄のサタンの姿を留めてはおらず、むしろ人間の異常な衝動のシンボルとして残存しているからである。一九七〇年頃フランス西部の魔女を調査するため、ある女性の民族学者がフィールドワークを行っているが、そこでも同じ結果が得られている。つまり、彼女が収集した逸話には、古典的な悪魔が欠如しており、それに換わって、常に人間の情念と直結した邪悪な力が喚起されているのである。(57) 魔女狩りが盛んだった頃に、サタンを文化に接ぎ木せんとした企ては、恐らくは恐怖を原理とする文化の衰退と共に、危機に瀕したのかも知れない。そう考えるならば、括弧に括るべき例外的な僅か数世紀間の、その括弧が閉じようとしていると考えてもよい。仮にそうであるなら、農村部にあっても、外在的で超越的な悪魔よりは、むしろ自己に内在するデーモンの方が、より頻繁に喚起された理由がさらに明確になるだろう。いずれにしろ、こうした民族学上の情報収集作業に拍車が掛かったのは明らかである。その結果を多くの学者が書き取っているが、その中でも最も重要な仕事をしたのは、間違いなくアーノルド・ヴァン・ゲネップであろう。彼は一九三七年から一九五八年に亘る歳月をかけて、『現代フランスの民間伝承』という立派な仕事を、八巻の書物に纏めている。こうした研究者たちは、情報の保有者が亡くなる度に、共同体の蓄積物が必然的に消滅に近付いていく、という意見をよく吐露している。だからこそ、可能な限り、それらを急いで記録すべきだという結論に落ち着くのである。この見解や手法には、過ぎ去りつつある世界へのノスタルジーが漂っている。農村部にあっても都市部のインテリ層にあっても、近代という時代の洗礼を受け、それに揺さ振られる中で、ルシファーはもはや危機的状況に陥ってしまったのだ。なぜなら、農村部、都市部のいずれの世界も、日常の非・神聖化を経験したからである。もっとも、ごく少数の作家が、この世俗化を食い止めようとしたのも事実である。

実際、デーモンの実在の徴候を執拗に追い求めた者たちが、何人か存在している。例えばジョルジュ・ベルナノスは、全作品でこのテーマを掘り下げている。彼は『悪魔の陽の下に』(一九二六年)にサタンを引き込み、さらに『ウィーヌ氏』(一九四六年)では、人間存在やその倦怠、実存の違和感などと密接に結び付きつつも、人間という共犯者なしでは、やはり行動し得ない悪魔を描出している。『悪魔の陽の下に』に登場する神父ドニサンは、〈絶望した少女ムシェットの魂を救うため）自己犠牲の精神から悪魔の餌食となることを敢えて欲し、馬喰《ばくろう》の姿に身を変えた悪魔と遭遇する。疲労困憊の挙げ句、ドニサンはサタンの申し出を受け入れそうになるが、彼を見守っていた祈りの霊によって、悪魔への全面的な献身から辛うじて逃れる。その後、彼はサタンを自らの力に屈服せしめるが、その秘密を奪い取ろうとして傲慢の罪を犯し、そのためにサタンを逃してしまう。[58] ここで、我らがキリスト教作家は、宗教的教義を改めて取り込んでいるのが分かる。だが、悪魔という概念を「心理主義化」する傾向を反映する形で、伝統的教義にある種の緩和を施しているのも事実である。結局のところベルナノスは、神父ドニサンの経験した事柄の真実性に、疑念が漂うように筆を運んでいるのである。神父の経験は、もしかしたら、疲労と断食が産み出した幻覚に過ぎないかも知れないのだ。これはドストエフスキーが採った手法を思い起こさせる。彼は、『カラマーゾフの兄弟』（一八七八年）の中で、多少やつれ、白髪交じりでリウマチを患ってはいるが、それ以外の点ではごく平凡な悪魔を登場させている。しかし、それによって作家が試みたのは、人間の人格の最も暗い側面を、残酷なまでに抉《えぐ》り出すことだったのである。また、ここで、カゾットの『恋する悪魔』を想起してもよい。これは「悪」が潜みうる内的な深淵を初めて踏査した作品であるが、ここでも夢と現実を区別することは極めて困難となっている。ドニ・ド・ルージュモン（一九〇六―八五年：スイスの評論家。西欧の恋愛の悲劇的概念を扱った『愛と西欧』（邦題は『愛について』）で知られる）も『悪魔の分け前』で、堕天使の神話を蘇らせている。彼はヒットラーやスターリンの顔の背後に、あるいは人間の様々な情念の内部に、つまりはあらゆる場所に悪魔を見て取っている。[59] ルージュモンは、「悪」の普遍的な大海の中に悪魔を沈め、地獄の主人が有していた伝統的な定義の信憑性を全く消し去るのに貢献している。同時に、十六世紀以来、ずっと悪魔の定義を支えてきた世界観《コスモス》そのものの真実性を突き崩す上でも、重要な役割を果たしている。名伏しがたい恐怖を喚起するために、ヒットラーの肖像をわざわざ悪魔のそれと重ね合わせる必要がもはやなくなっただけに、なおさら古い悪魔観は不要となったのである。現に、一九九九年三月、ＮＡＴＯ軍がコソボ自治州に進駐すると、セルビア人はビル・クリントンを形容するために、また、アメリカ人はセルビアの大統領〔ミノシェビッチ〕を非難するために、ヒットラーの名前を利用しているのである。

二十世紀の前半に、悪魔を巡る神話が溶解していった点は、議論の余地がない。一九四八年、カトリック系のある雑誌が大部の特別号『サタン』〔カルメル修道会が発行している研究誌。ただしこの号は、雑誌というよりも歴とした一冊の書物。悪魔の象徴的数字に符号するかの如く、六六六ページより成る〕を発行し、このテーマに今までにない種々多様な視点から論考を加えている。例えばフランソワーズ・ドルトーは、精神分析学の古典的な手法を用い、悪魔払いを〔個人の心理の次元に於ける〕ある種の闘いと見なしている。彼女は宗教的概念を背景としつつ、「善」と「悪」について、さらには教育的配慮の名の下に抑圧された欲望について論じている。[60] いずれにしろ、今後は様々な文化的媒体が、悪魔の特徴そのものを退け、諸々の悪魔像の内に、単なる喚起能力のみを汲み取るようになっていく。それは恰《あたか》も、読者の無意識が、怪しげで曰く言い難い、かつ深く秘められた感情と、即座に繋がるかの如くである。一例を挙げておこう。民衆的な幻想物語で、いわゆる「暗黒大河小説」という一派に属する小説群があり、一九五〇年代以降、同じ版元から「不安」双書を成す作品として刊行されている。B・R・ブラス（ロジェ・ブロンデルの筆名）、クルト・シュタイナー（アンドレ・ルーランの筆名）、あるいはブノア・ベッカーといった作家たちがこの派に属している（ベッカーはフランケンシュタインのテーマを採り上げている）。彼らは、H・P・ラヴクラフト〔一八九〇―一九三七年：アメリカの怪奇小説家〕率いるアングロサクソン系の一派に影響を受けているが、悪魔的なテーマを採り上げる際にも、探偵小説といった現実的な枠組みを維持しようとする。こうして彼らは、大衆小説や日常に材を求める幻想譚などを経由しつつ、最終的には十七世紀の悲劇譚にまで繋がっていく。ただし、ガストン・ルルー〔一八六八年―一九二七年：フランスの探偵小説家。新聞記者で名探偵のルルタビーュが活躍する作品群で有名。『血みどろの人形』、『殺人機械』などの怪奇小説も手掛けている〕のように、読者への目配せや文学的韜晦によって、怪奇的要素をしばしば和らげるのもその特徴である。[61]

ところで、ベルナノスの息子の一人ミシェルが、この双書に於いて、ミシェル・タルベールというペンネームでしばしば筆を振るっていた（『死者が見張っている』、一九六四年、など）ことは、大変興味深く思われる。(62)

二十世紀のヨーロッパに於ける、悪魔の文学的ないし芸術的な変容の全体像を捉えることは、まだ不可能である。変容過程に於ける幾つかの転換点を指摘することしか、今のところはできない。ただし、十七世紀の西欧が有していた「善」と「悪」に対する統一的な見方が消滅したために、悪魔というテーマが、各国特有の文化に上手く順応しえたことは裏付けられよう。例えば、世俗性を謳歌していたフランスでは、このテーマにヴェールが被さってしまい、見分けがつかないほどになってしまう。悪魔の主題は、探偵小説というリアリズムの中に紛れ込んでしまったからである。フランスでは、暗黒小説以降のアングロサクソン系に比べ、また、悪魔的な要素を取り入れることの多いアメリカの「スリラー」に比べればなおさら、デーモンの影が差す度合いは低い。ここで、より東に目を転じると、オーストリア＝ハンガリー帝国が、この分野で独自の見方を打ち出していたことが分かる。フロイトの見解に加え、一八二二年から一八二三年にかけて生まれた、プラハ出身の三人のユダヤ人作家たちのそれを挙げねばならない。「悪夢の規則的連続」を提示したフランツ・カフカ、「ある魂の犯罪的歴史」を執拗に書き取ったエルンスト・ヴァイス〔一八八四―一九四〇年：オーストリアの作家。フロイトの影響を強く受けた。放浪生活の末パリで自殺している〕、そして「最後の審判を司る師」レオ・ペルツ〔一八八四―一九五七：プラハ生まれで、十五歳にウィーンに移住したオーストリアの作家。幻想的物語と探偵小説の境界線上で仕事をし、多くの傑作を残した〕の三人である。イスラエルに移住後一九五七年に亡くなったペルツの世界に於いては、人生は憎悪の対象以外の何ものでもない。彼の小説（『最後の審判を司る師』、『石橋の下の夜』、『チュルリュパン』、『三つ目の弾丸』、『小さき林檎よ、汝は何処を転がっているのか』等々）に登場する人物は、残酷な神の慰み物でしかない。なぜなら、神は「巧緻な仕方で人間に〔復讐を〕実践すること」を通して、「永遠という退屈」を凌《しの》ごうとするからである。人間は、神の意志に逆らう道化ないしは反逆者でしかなく、自らが愛するものを破壊する悲劇へと陥らざるを得ない。人は、自由意志に基づいて行動していると信じつつも、最後の弾丸を残して置かざるを得ないのだ。地獄落ちを避けられない人間は、最後は自殺へと追い込まれる。彼の最高傑作は、恐らく『ボリバール侯爵』（一九三〇年）と『スウェーデンの騎兵』（一九三六年）であろう。前者の物語には全く希望が見出せない。侯爵の亡霊は、ある亡くなった女性の胸に彫られた、青いキンポウゲの入れ墨への執着から、数人の将校を動かし二連隊を全滅させてしまう。亡霊は、最終的にはドイツの若い将校に乗り移ってその身体の内に居座る。デーモンが用意している道程は、不可解さに充ち満ちている。だが、死者が生者の上に君臨している世界にあっては、人間が終末たるアポカリプスへと向かって歩んでいけるのは、この道程以外にはあり得ない[63]。著者の魂に張り付いたこの種のペシミズムは、彼の属するユダヤ人の文化に由来している。同時にそれは、教会が掲げた旗印の下に「善」と「悪」とを文化的に統合した時代への、すなわち十六世紀、十七世紀という時代への、著者の憧憬にも源を発している。例えば『三つ目の弾丸』は、読者をコルテス〔一四八五—一五四七年：メキシコのアステカ王国を征服したスペイン人〕の時代のメキシコへと連れ去り、コルテス暗殺を謀るルター派のドイツ人と引き合わせる。また、『チュルリュパン』〔主人公はフロンドの乱の頃生きたとされるカツラ製造業者〕は、ルイ十三世治下のパリで、危うくフランス革命が勃発しそうになったという設定をとっている。さらに『石橋の下の夜』では、十六世紀末のプラハに於けるルドルフ二世〔一五五二—一六一二年：神聖ローマ皇帝。マクシミリアン二世の子。反宗教改革を支援すると同時に、ボヘミア地方のプロテスタントに信仰の自由をも認める。学芸を愛し、ティコ・ブラーエやケプラーの庇護者となっている〕とユダヤ人女のエステルとの恋愛を描く上で、占星術や錬金術あるいはカバラ〔ヘブライ神秘説。中世から近世にかけて流行した密教的神知論。旧約聖書を寓意的に解釈した〕などを鏤《ちりば》めた、極めて神秘的な枠組みを採用している。これらの作品のいずれもが、この世には何も存在しない、歴史には何の意味もない、と繰り返し主張している。最後に挙げた作品は、読者を、著者がその幼年時代を過ごしたプラハへと連れて行く。それは、ユダヤ人街が破壊されている最中に当たっていた。そう、美しきエステル〔聖書中の「エステル記」に登場するユダヤ人女エステルをモデルにしている。彼女はペルシア王アハシュロエスと結婚することで、ユダヤ人を虐殺から救っている〕の夫ルドルフが、その莫大な財産ゆえに建立できた街が、今や灰燼に帰そうとしているのである。ここでヨーロッパのより中央部に視線を移し、ベルギーの様子を概観しておきたい。自信に溢れた反宗教改革の遺産と、活発な自由思想の双方が浸透していたこの国では、独特な驚異文学が花開いている。[64] この文学ジャンルは、ジャック・ブレル〔一九二九―七八年：ベルギー出身のシャンソン歌手、作詞、作曲家。最初は死のイメージに満ちた反体制的な歌を世に出すが、すぐさま大衆の好みに取り込まれる〕のシャンソンが描くような、凡庸な世界内の体制順応主義に対する反発として現れている。ただし、H・P・ラヴクラフトを中心とするアングロサクソン系の作家たちとは異なり、彼らは、社会的重圧に突如疑問符を突き付けたりはしない。そうではなく、日常性に亀裂や歪曲を生ぜしめ、緩やかに混乱を招じ入れるのである。例えばフランツ・エランス（一八八一―一九七二年）〔ベルギーのフランス語作家。細密描写を思わせる現実描写の中に、驚異や幻想を嵌め込む手法を特徴とする〕は、神や悪魔にも精神分析にも一切触れることなく、『生ける亡霊』（一九四四年）を探し求めたり、『夢の中の目』（一九六四年）に於いては人間の情念を測深したりし、結局は『この世最後の日』（一九六七年）へと辿り着いている。また、ロベール・プーレの『アポカリプスへの前奏曲』（一九四三年）は、その悲劇的テーマ群によって、上述したプラハの三人が、とりわけレオ・ペルツが、人間の運命に対して苦悩に満ちた問い掛けを投じたことを想起させる。さて、この中でも最も有名なジャン・レイ（一八八七―一九六四年）は、幽霊や怪物や悪魔を好んで採り上げている。彼はこれらの喚起を通して、神の宿る天界と人間界との狭間に、間隙を縫うようにしてできた第三の現実が存在することを暗示しようとする。この第三番目の世界は、生者にとって全く不可知の現実であるがゆえに、恐怖心を掻き立てずにはいない。この計り知れない現実の発見から、戦慄を誘う恐怖の念が生まれてくる。その最高傑作である『マルペルトゥイ』（一九四三年）の中で、ジャン・レイはその結末を入念に準備している。主人公は、自分が出会う人物の悉《ことごと》くが古典古代の神々の再来であることを見抜けない。だが、気付いた時には、時すでに遅く取り返しがつかない、という設定になっている。『大いなる夜想曲』（一九四二年）は、現世と並行する世界を設定し、そこを堕天使で溢れかえらせている。この堕天使たちは、原則として人間には無関心である。ただし、人間を戦慄せしめたり、その肉体や血を腐敗させて喜ぶ場合に限り、此岸に介入してくる。罪業や贖罪や禁忌といった概念を、奥深く刻印されたクリスチャンたるジャン・レイは、この領域ではアングロサクソン系の幻想作家たちに近付いていると言えよう。また、一般大衆が、フランスに比べこの種のテーマ群をずっと好むベルギーにあっては、彼はかなり大きな影響力を、少なくとも一九四〇年代以降行使するようになった。否、若者をターゲットにした一連の出版物、すなわち、レイがジョン・フランダースの筆名で刊行した百余りの『ハリー・ディクソン』シリーズをも考慮に入れるならば、彼の影響力は絶大であったとさえ言ってよい。現にジャン・レイ自身も、『恐怖と冒険の物語』（一九七二年）や『幻想的動物誌』ならびに『都市《ボロー》の怪物たち』（二作とも一九七四年）[65]を含め、このシリーズが自分の最良の作品の一部を成すと認めている。彼が直接影響を与えた作家は数知れずいるが、中でも代表的なのは、人間に対する動物の勝利の物語や、人間の動物への変容などを描いて見せたトマス・オーエンであろう。だが、こうした直接的影響以外にも、ジャン・レイは、ベルギーが誇る漫画、そして映画にまで、それなりのインパクトを与えている。[66]一方、ミシェル・ド・ゲルドロード（一八九二―一九二六年）〔ベルギーのフランス語詩人、劇作家、小説家。前衛劇の先駆者ならびにベルギーを代表する幻想小説家として名を成した〕も、その劇作品の中で、恐怖と眩暈に満ちた独自の世界を築き上げている。彼はそこで、ファウストや擬人化した死ないしは悪魔の肖像を、それらと戯れるかの如く利用している。この点で、ゲルドロードを「デーモンの管理人」と形容しても問題はあるまい。それほどに彼は、あらゆる被造物に対する悪魔の支配を強調し、地獄の様相を白日の下に晒したいと思っていた。なるほど、ボッシュの絵画ほど暗い影に覆われているわけではない。それでも、ゲルドロードのサタン的ペテンに関する叙述を見ると、そこに、古来伝わる民衆的な嘲笑の実践が看取できる。それはほとんど笑劇へと転じうる類のもので、苦悩を解き放つ笑いを惹起すると言ってよい。『魔法』（一九四一年）に含まれる、薄明に包まれたような十二の短篇の場合は、右とは様相が異なる。それらは全編一人称による語りで統一されており、より不安を煽る調子で、神秘性や奇怪さを探求している。存在することの不安と取り組んだ作家は他にもいる。例えば、モニク・ワトーは『我は闇なり』（一九六二年）を著し、ルシファー崇拝の有り様を喚起している。またジャック・ステルンベール〔一九二三年— ：ベルギーのSF作家〕は、一九五〇年代に書いた作品を『血の凍る物語』と題して一冊に纏《まと》め、一九七四年に上梓しているが、その全編に、人間の置かれた条件の不条理さが染み渡っている。さらに、『二月のデーモン』（一九七〇年）や『大いなる亡霊』（一九七五年）をものしたジェラール・プレヴォも、生きることの困難を、根元的な絶望を基調にしたベルギー人作家らしい手法で描いている。プレヴォにとって人間とは、空しい幻覚の如き世界を彷徨《さまよ》う、無数の幽霊ないしは影に過ぎない。彼とは反対に、ガストン・コンペールは、滑稽さや嘲笑ないしは下品さを駆使している。全体像を把握しづらい点では、ベルギーの多種多様な作家群は、イギリスやアメリカないしはフランスとは一線を画している。そこには、スペイン治下に育成された独特のカトリシズムが、ベルギー文化を、ペシミズムとは言わぬまでも、ある種の苦悩で彩った痕跡が伺えよう。この点でベルギーは、ヴォルテールないしは世俗主義の勝ち誇っている国フランスとは、趣を異にしている。また、イギリス、さらにはアメリカとも異なり、より内在化した悪に焦点を当てる傾向がある。因みに、右のアングロサクソン圏では、次章でも論じるように、デーモンは身近な存在として、昔ながらの地獄の硫黄や炎や血と再度結び付くのである。

　フランスでは、超自然を扱う文学が、ベルギーほど重要な位置を占めていないし、英語圏の国々と比べても、その文化的影響力はあまり大きくない。しかもごく最近に至るまで、このジャンルは男性の支配下にあった。この点では、アングロサクソン圏との違いは明白である。英語圏には、既に十八世紀末の時点でアン・ラドクリフ〔既出〕が文名を上げているし、さらにはメアリー・シェリー〔既出〕、ヴァージニア・ウルフ、イーディス・ウォートン〔一八二六―一九三七年：アメリカの女流作家。本拠をパリに移し作家活動を行う〕その他多数の名前が思い浮かぶ。また、アガサ・クリスティーやエリス・ピーターズら女流作家の探偵小説を扱った書店が、大成功を収めていることも忘れてはならない。彼女たちは、人間の心を締め付ける悪魔的な情念を基礎に据えて、その筋立てを練り上げている。(67) さて、以上の文化的、美学的な相違は、恐らくは宗教的、道徳的な諸現象とも連動していると思われる。特に、女性が作家という職業を選ぼうとする場合は、フランス社会に於ける女性の地位も関係してくるだろう。いずれにしろ、悪魔というテーマは、合理主義者や無神論者たちに嘲笑されて一旦戸口から追い出されたわけだが、比較的狭い分野に限られてはいるものの、今度は窓から舞い戻ってくる場合もあった。ノエル・デルヴォーが『血搾りの寓意』〔*Pressoir mystique*：元来はキリストの身体から搾った血で、人類の原罪を洗い清めることのアレゴリー〕や『アルフェオニの舞踏会』あるいは『不死のトカゲ』などで世に問うた幻想物語が、これに該当する。彼の作品は、恐らくキリスト教的と言えるが、同時に秘儀的であり極めて病的な暗部をも孕んでいる。デルヴォーの作品は全て、日常の脱神聖化や神の後退に対する反動という色調を帯びている。それもそのはずで、教会はその影響力が著しく減退するのを目の当たりにせねばならなかったし、また、二十世紀初頭の〔悪魔主義やサタン崇拝を掲げた〕教会の不倶戴天の敵たちも、相当の退却を余儀なくされているのである。従って、超自然の記憶が二重に衰弱を強いられたとしても不思議はない。その上、神秘主義《オカルティズム》や秘教は、超常現象を扱う極めて民衆的な分野の著作物を別にすれば、文学の世界では非常にマージナルな役割しか果たせなくなっている。悪魔や神秘といった形態は、星占いのファンや宗教セクトの指導者たち、あるいは秘儀や神秘の愛好家たちが切り開く狭い信仰世界へと、亡命を余儀なくされている。つまり、超自然という不安定な存在は、既成の宗教との闘いが最高潮にあった頃のような、イデオロギーとしての力をもはや喪失してしまっている。超自然の世界は、知識階層からは軽蔑され、日常生活にあっては広範に伝播されているものの、その広がり方があまりに無意識的・自動的なため平凡化を強いられている。つまり、悪魔を中心とする超自然界は、空の貝殻に、あるいは、表面的な関心しか引けない薄っぺらな対象に成り下がってしまったのである。星占いの表〔ホロスコープ〕をみて運勢を占う者や、〔占い用の〕水晶球を扱う専門家の元に足を運ぶ者は、確かにまだ大勢残っている。だが殆どの場合それは、ある種の反射的な行動であったり、何となく好奇心に駆られたに過ぎなかったり、単調な日常から束の間脱して、ささやかなスリルを味わおうとしているだけなのである。

超自然のテーマが、フランス社会に比較的小さな影響しか与えなかったことを、補足的に裏打ちしてくれるのが、「フィクション」という雑誌の辿った足跡であろう。一九五三年に創刊されたこの雑誌は、長らくの間、アメリカから輸入された数々の漫画に加えて、驚異譚、幻想譚、そして科学的想像の物語（サイエンス・フィクション）を積極的に掲載した、唯一のものであった。この雑誌のお陰で発掘されたフランス人作家も存在する。例えば、一九五八年から一九七四年まで編集長を務めたアラン・ドレミユーがそうである。彼は、吸血鬼に興味を示し、恐怖を煽る不気味な存在に惹かれており、自身一九六七年に『禁じられた世界』を発表している。また、画家で作家のロラン・トポールも、一九六〇年にこの雑誌でデビューを果たしている。だが、「フィクション」に掲載された大部分の作品は、アングロサクソン系の作家たちに源を発するものであった。否、より正確に言えば、当時合衆国で大流行していたラヴクラフトの恐怖物語を真似た作品が、そこに載せられたのである。つまり、一九七〇年代のフランスの創作家たちが、この種の伝統に関心を示すことは稀であったのだ。さて、先の雑誌は一九六二年に「奇異」と題した欄を設けている。にもかかわらず、掲載される幻想的物語の数は徐々に減少していき、一九六八年にはほぼ完全に消滅してしまう。一方サイエンス・フィクションの分野には、ルネ・バルジャヴェル〔一九一一―八五年：SF作家。科学と文明への懐疑を基調とする作品を発表し、第二次大戦後のアメリカSFの洪水の中で独自性を発揮〕、ピエール・ブール〔一九一二―　：インドシナでの対日抵抗運動などの経験を生かし、後に映画化された『戦場にかける橋』などの小説を発表。やはり映画化された『猿の惑星』などのSF作品も手掛ける〕、ジェラール・クラインなどフランス人作家も一定数は存在していたが、事実上アングロサクソン系の支配下にあったことは否めない。ここでクロード・クロッツ（またの名をパトリック・コーヴァン）の小説、すなわち一九七四年に出版された『パリ＝バンパイア』に触れておくと、この作品は、ドラキュラ伯爵の辿った究極の変転を描くに際し、滑稽な調子を採用した点で一際目立っていると言える。

幻想物語の優れた研究者バロニアンは、一九七八年に上梓した著作の結論を、次のような見解で締め括っている。すなわち、悪魔に纏《まつ》わるこの「カウンター・カルチャーの言説」は、イギリス、アメリカ合衆国、ドイツあるいはロシアなどの国々と異なり、フランスではマイナーなジャンルの域を出なかった、と。(68) この違い（バロニアンはこれ以上細かくは論じていないが）は、各々の社会に於いて、悪魔的なるものが占めていた地位と関係がある。文学の歩んだ道筋を辿り直すならば、二十世紀にあっては、サタンの像は、まるであら皮の如く縮み続け〔peau de chagrin：財産などのように少しずつなくなっていくものについて、フランス語では「あら皮」という表現を用いる〕、しかも、ますます多くの西洋人たちが、サタンを、人間に内在する何ものかと考えるようになっていった経緯が分かる。民間伝承を覗いても、サタンが人間内部に入り込み、その情念や欠点と同一化していったことが確認できる。従来の古典的なサタン像は余りにも脆弱な状態に転落し、時には普通の人間と何ら変わらない、極めて哀れな存在にまで成り下がったりしている。ただし、この大まかな傾向は、どこでも同じ密度で現実化していったわけではない。ヨーロッパ北西部および大西洋へと伸びている地域は、この点に関して、南部とは全く異なった反応の仕方を見せている。この二つを分け隔てる境界線は、ベルギーを貫通する線として引けるだろう。先ずこの地域で南部に位置するフランスは、長期間にわたって様々な啓蒙哲学思想や一七八九年に確立した諸原理、あるいは戦闘的な世俗主義の洗礼を受けており、それゆえに、悪魔を、各人に内在する悪に過ぎない、さらには、単なる気晴らしの手段や、いまや往年の立派な爪を削られた遊び相手に過ぎない、などと簡単に定義付けている。一方、アン・ラドクリフ、ブラム・ストーカー、ロバート・ルイス・スティーヴンソン、アガサ・クリスティー、アルフレッド・ヒッチコックなどを輩出したイギリスは、デーモンが人間の内奥から飛び出し、宿主であった人間に加えて、世界そのものまでをも破壊せんとする様子を、相当の恐怖の念を抱きつつ眺めていたのである。ピューリタンの国アメリカも、同じ文化的な大波に洗われている。昔のオーストリア＝ハンガリー帝国の領内も、恐らくは類似した状況にあったと思われる。ただしそこでは、フロイトの唱えた無意識が、カルパティア山脈〔チェコスロバキア東部からルーマニア北部に至る山脈〕の吸血鬼たちの強烈なイメージと、あるいはカフカやレオ・ペルツが描き出した、あの生きる困難と、競合していたのであった。以上の議論を再検証するために、より最近の時期、すなわち二十世紀末の状況を探索する作業が残っている。映画、音楽、漫画、広告などの世界から、我々は本当にデーモンを狩り出せるのだろうか、その場合、デーモンのイメージの細分化が、諸文明が大枠で示した内容と一致しているのだろうか、また、それが、悪魔の勝ち誇る合衆国とそうではない例外的なフランスとを、明確に対置することになっているのだろうか――こうした点については以下の章で検討してみたい。

第7章 快楽あるいは恐怖—二十世紀末のデーモン

悪魔は常に時代の申し子であった。西洋の人間が宗教を選択する余地の無かった時代に、あるいは、異端者を訴追し魔女を火炙りにしていた時代に錬成された、大いなるキリスト教神話の一つであった悪魔は、次には反抗と革命の時代が産み落としたロマン派的な象徴主義の内部へと滑り込んでいった。その後間もなく、悪魔は、個人的主体を祭り上げようとする社会の内部にあって、様々な変貌を遂げるようになっていく。と言うのも、個人を絶対化する傾向が強まってくるにつれ、画一的な宗教的見解を押し付けようとする思考システムが、後退りを余儀なくされたからである。こうして教会が、特にカトリック教会が緩やかに後退していくにつれ、「悪」の問題を全く新たな角度から考察する余地が生じてくる。共産主義の実験が最近破綻したが、これも全く同じ現象の連鎖を産み出している。なぜなら、鉄のカーテンもやはり画一的な制服を皆に強いようとしたからである。つまり、共産主義というドグマティズムは、既成の宗教と競合したが、同時にそれらと全く同一の構造を備えていたのだ。だからこそ、共産主義は、人類という強力な共同体的ヴィジョンを引っさげて、覇権を握るべく、既成の宗教に対し事ある毎に対抗しようとしたのである。なるほど、マルクス主義が、現世に於ける進歩と幸福を説いたイデオロギーであったのは事実である。しかし、それが目指した理想国家は、遂に日の目を見ることは無かった。

この五世紀間を通して初めて、ヨーロッパは自らを作り上げる基礎となった、あの大いなる共同体の神話を奪い取られることになった。こうした類の神話は、社会全体に自らを刻印するには至らず、一定の特殊な分野に於いてのみ生き残りを果たし得た。さらに言えば、大陣営間のイデオロギー闘争が収束していき、それに換わってより矮小化した多種多様な衝突が、前面に躍り出てくるようになる。コロンブス、ルターあるいはカルヴァン以来ヨーロッパ大陸を覆ってきた主要な特徴の一つが、今や消滅してしまったのである。今までは、カトリック対プロテスタント、革命の信奉者対王政復古主義者、自由主義陣営対ナチス・ファシスト、冷戦を闘った東西両陣営、等々に見られるような、お互い恒常的に衝突しているが、どちらか一方が圧倒的に勝ちを収めることのないような敵対関係から生まれる、闘争をバネとした絶えざるダイナミズムの創生が、ヨーロッパの原動力となってきた。ヨーロッパ共同体という新しい統合システムの創出、あるいは、血に染まったバルカン半島が象徴する、好戦的ナショナリズムの台頭と隣国の悪魔視というような、失われた過去の原動力を新たに埋めるべき最近の動きについて、今論じている余裕はない。ここではただ、右記の如く非常に新しい枠組み内にあっては、従来のデーモンのイメージが、社会的現実を動かす根元的な原動力の役割を果たし得ない、という点さえ押さえておけばよい。その理由は、「悪」が消滅したからでは勿論ない。それどころか、「悪」は二十一世紀初頭にあってさえ、我々の眼前で公然と繰り広げられている。そうではなく、人類が経験しつつある数々の深刻な苦悩と、歴史的な悪魔像との間に不均衡が生じたことに、右の理由を求めるべきであろう。十八世紀末以来観察されてきた変化が、二十世紀末の二、三十年の間に、急速に歩を速めるようになったのだ。サタンは、もはや売れ筋の商品ではなくなったと言わざるを得ない。

快楽主義や個人の地位向上、ないしは幸福の追求、さらには、絶えずエスカレートして止まない快楽そのものが、ますます重要視されるようになった世界にあっては、悪魔はしばしば肯定的な仕方で消費されるようになる。悪魔は、恐ろしい姿をした外在的存在でなくなるばかりか、自己に対する恐怖心すら、換言すれば内在的デーモンへの恐れ（それがたとえ精神分析学の提示するものであれ）すら、もう引き起こさなくなる。広告の謳い文句にあっては、悪魔は快楽ないしは快適さの象徴となることも少なくない。これは、ロマン主義や平等を基調とする文化の影響下で、二世紀間にわたる非神話化を遂げたフランスには、ぴったりと当て嵌まる現象である。より一般的に言えば、往時よりカトリック教に支配されて来た国々は、悪魔の神話を、それを通俗化する過程を通して、また、それを、大衆文学や広告、映画、漫画等々の、広大な遊戯的想像界《イマジネール》に取り込むことによって、後方に追いやったのである。こうした分野では、ベルギーが第一線に立っていると言えよう。そこでは、芸術や文学あるいは幻想的な映画作品が、苦悩に彩られた過去の遺産を活用する場合を別にすれば、一般的には快楽が美学的戦慄を誘っていたからである。

だが一つの社会が、上から下まで同質であるはずもない。従って、カトリック国の全住民が、デーモンに対する過去の恐怖心を忘れ去っている、などと主張するのは荒唐無稽である。その上、悪魔に纏《まつ》わる遊戯的文化も、種々異なる様々な次元で消費されている点を忘れてはならない。ある者たちは、そこに気晴らしを求めるであろうし、また別の者たちは、自分が読んだりスクリーン上に見たりした内容を、額面通り受け取るであろう。従って、悪魔に対し、極めて多層的な信仰形態が存在していることをより良く理解するためには、我々の文化内にそれとなく浮遊している「伝説体験」という、社会的に極めて曖昧な概念をより緻密に分析する必要がある。この点では、都市に於ける風聞や伝説の検証が、問題解決の糸口を与えてくれるだろう。

悪魔というテーマを扱うもう一つの側面を浮き彫りにするために、プロテスタントの伝統が色濃い国々を俎上に上げる必要がある。その中には、敵対していた二陣営が、ルター以来ずっと、魂の指導法を巡って争ってきたドイツなども含まれる。スカンジナビアとゲルマンの伝統を背景としているそれらの国々では、デーモンは人々の心性《メンタリテイー》の内に、明らかに他所に比べてより重要な位置を占めてきたのが了解される。すなわちデーモンは、十六世紀のトイフェルビュッヒャー〔既出、「悪魔本」の意〕の流行と共に広まり、ゲーテを経由して、デンマーク人カール＝テオドール・ドライエルの幻想的な映画や、ドイツの表現主義芸術などの内に流れ込んでいく。ヨーロッパ北西部の海洋国の延長線上にあるアメリカ合衆国は、この分野では例外的とも言える坩堝《るつぼ》を形成している。スカンジナビアやドイツ系移民の文化をも吸収していった、いわゆるワスプ〔WASP：White Anglo-Saxon Protestant の略。米国の支配的特権階級を形成するとされる、アングロサクソン系で新教徒の白人〕の文化、換言すればアングロサクソン系に起源を持つ清教徒の白人文化は、悪魔への強烈な強迫観念の上に築かれたものである。人間の魂の深奥に宿った悪魔は、開拓者たちが築こうとした新しい世界を、脅かし続けたのであった。経済とテクノロジーの分野では、アメリカはひたすら迅速に時間を駆け抜けていったと言える。その代わりに、様々な要素を連合する共通の文化の領域では、時間はその速度を緩めている。ヨーロッパと同じく、複雑で多様な社会構造を持つアメリカに目を凝らすならば、そこに強烈な悪魔化の動きが、急速に台頭してくるのが分かる。極端なケースになると、ある種のサタン崇拝は強迫観念を産み出し、最終的には暴力事件や連続殺人犯の増大へと繋がってしまう。だがより日常的な想像界《イマジネール》の枠組みで捉えた場合でも、サタンとその同類が、新大陸の住民たちの幻想《ファンタスム》に取り憑いているのが了解できる。その証拠に、吸血鬼、狼男《ルー・ガルー》、動物の姿をした人間、魔女、さらには内的悪魔の纏う無数の仮面が、ハリウッド映画に溢れかえっており、また、都市に於ける伝説や、「コミック」ないしはその他の漫画本の中に、大挙して雪崩れ込んでいるのである。さらに冷戦時代には、ロシアの脅威が、しばしば悪魔を巡るイメージ群によって表象されていた。とりわけ、宇宙からの侵略者を主題に据えた映画や、善良な市民を騙す邪悪なスパイを扱った映画に於いては、この傾向が強く見られる。「善」と「悪」とが、換言すれば、アメリカという「約束の地」〔元来は神がイスラエル人に約束したカナンの地のこと〕とソヴィエトという地獄とが、大規模な衝突を繰り返す、あの西洋特有の力学的原理によって、サタンは再び活力を取り戻している。

こうしてサタンは、アメリカ文明の中で、いまだに強い存在感を維持しているのである。そういうわけで、カリフォルニアが快楽主義の代名詞であるにも拘わらず、アメリカでは、サタンを快楽の概念と繋げることがしばしばタブーとなる。サタンはあくまで恐怖の象徴であり続けねばならないのだ。だが、一体いつまでそうあり続けられるだろうか。と言うのも、敵対していたソヴィエト帝国の消滅と共に、全世界で絶対的な覇権を確立するに至ったアメリカは、諸々の革命後のヨーロッパと同じく、自らを基底で支えてきた二元論的なものの見方の核心部分を失ってしまったからである。それ故に、アメリカは、旧大陸では退行しつつある強力な内在的デーモンに対し、たった一人で、しかも素手で立ち向かわねばならなくなったのだ。少なくともこの点を根拠に、アメリカのマス文化が、ヨーロッパを完全に制圧することはない、とは言えるだろう。なぜなら、恐怖を扱うアメリカ製の諸作品は、悪魔を快楽の象徴と見なす動きと上手く同調できないがゆえに、ヨーロッパでは、アメリカ本国よりもずっと遊戯的な次元で消費されてしまうからである。

悪魔はまだいるのか？　慎重なる悪魔払い

「悪」を個人的かつ心理的な現象と把握する立場は、二十世紀中葉以降、ますます堅固になっていった。そのため、悪魔の存在を疑う傾向にも拍車がかかっている。だからこそ、教皇庁はその存在を再度明確に主張せざるを得なかった。もっとも、信者のみならず司祭たちまでが、過去の神学的遺物に映るものを喚起することに対して躊躇を覚えるという現状にあって、教皇庁が慎重を期したのは事実である。それでも、一九七二年にパウルス六世が、一九八四年と一九八八年にはヨハネス・パウルス二世が、あるいはまた、一九九二年に出版された『カトリック教会公教要理』が、悪魔に関する教義を再確認している。この態度には、論争の的ではあるが極めて重要な主題を、決して消滅させてはならない、という意志が感じられる。[1]「悪」を相対化する姿勢、ないしはそれを主観的に把握する姿勢は、聖職者たちが説いてきた教義を、土台から崩壊せしめる危険があるので、以上の動きも当然と言えよう。だが、サタンの実在性を余りに執拗に強調するならば、第二ヴァチカン公会議（一九五九―六二年：カトリック信仰と道徳の諸原則を確認すると同時に、その現代化をも目指した）の影響下で育った信者たちの目には、それは受け入れがたい、少なくとも極めて幼稚な態度と映ってしまうだろう。従って、教皇庁ならびに神学者たちは、これらの危険の間を、上手く切り抜けることが求められている。その上、個人が、昔のように不幸に屈服するのを止め、ますます自己自身に注意を払うようになった社会にあって、悪魔払いの要請も増加しているのである。それがゆえに、教会はなおさら注意深く振舞わねばならなくなっている。

パウルス二世は一九七二年に祓魔師《エクソシスト》の組織を解体しているが、それでも彼らは役割を果たし続けている。一九九九年一月にローマで、悪魔払いのための新たな儀式が公開されている。それまでの間、すなわち一九九一年以降は、暫定的な儀式形態が、医師および心理学者の協力を得つつ極めて慎重に適用されている。[2]それでも、ローマ司教区に属する祓魔師《エクソシスト》ガブリエル・アモルトは、自分が関わった五万件の中で、正真正銘の憑依《ひょうい》と断定できたケースは八十四件に過ぎなかった、と告白している。[3]彼は、悪魔の存在を断言すると同時に、この問題は慎重に扱うべきであるとも主張している。一方、別の祓魔師《エクソシスト》ルネ・ローランタンは、同僚の支持は殆ど無いものの、終末論的な物言いをしている。彼によれば、現在「デーモンは、使徒パウロやヨハネが反キリストに関して行った預言を裏付けるほどに、前代未聞の大規模な攻撃を仕掛けてきている」[4]というのだ。彼は、祓魔師《エクソシスト》の役割の重要性を強調し、「患者」が、その軽信につけ込んで法外な治療代を要求する、民間の「脱魔術師」や女占い師の元へ行かぬよう注意している。だが、この古典的な議論からは、逆に、悪魔の伝統的なイメージと結び合ったお祓いの実践に、人々が深いところで執着している景色が浮かび上がってこよう。既に一九八九年の時点で、雑誌「ル・ヌーヴェル・オプセルヴァトゥール」のジャーナリストたちが、フランスである調査を行っているが、それを見ると、詐欺師と祓魔師《エクソシスト》との闘いが、いかに不公平なものであるかがよく分かる。[5] と言うのも、国税庁が集計した数字によると、国内には四万人の占い師が存在しており、その元を訪れる人の数は、毎年一千万人に上るらしいからである。その上、一回訪問する度に、二百フランから千フランまでの間の料金を支払わねばならない。さらに、祈禱師ないしは魔女と称する者たちも、およそ三万人存在している。また、民間療法の信奉者も増加の一途を辿っている。その上、町の一般医の七パーセントまでもが、医学界で正式に認められていないテクニックを使っている始末である。また、R・T・L・〔ラジオ・テレビ・ルクセンブルク。国営ラジオしか存在しなかった頃から、本社と送信施設を国外に置いたいわゆる周辺局の一つ〕で、ディディエ・デルリッヒが持っていた番組「メディア・メディウム」は、一九八九年三月三十一に放送を中断するまで、二百万人以上の聴衆を惹き付けていた。さらに星占い《ホロスコープ》のマニアたちのためには、一九八五年の時点で、何と五十四万部の発行数を誇っていた専門誌が存在している。その内の十七万部のタイトルは、ずばり「ホロスコープ」そのものであった。[6] この非合理的なるものへの熱狂の度合いが尋常でないことは、同時期のフランス国内の医者の数が四万九千人、主任司祭が三万八千人、精神分析医が四千三百人に留まることを知れば、より明確になるだろう。祓魔師《エクソシスト》に至っては、十五人程度しか存在していない。しかも、国内の司教区への散らばり方はまちまちである。特に、ル・アーヴル〔北仏、セーヌ川河口にある港湾都市〕からシャンベリー〔アルプス山脈西麓の交通の要衝〕を結ぶ線上にある北部一帯には、アルザス地方を例外として、殆ど存在していない。シャンパーニュ地方またはロレーヌ地方のどの司教区にも、またパリ近郊の殆どの司教区にも（パリとポントアーズ〔パリ北西部オアーズ川右岸の町〕は例外）、祓魔師《エクソシスト》の姿はない。一方、南部で平行線を引いた場合の一帯では、存在しない方が珍しい。司教区の中には、二人、場合によっては三人も抱えている所がある。とりわけ目立つのは、西部と南西部（バイユー〔ノルマンディー地方北西部の町〕、クータンス〔ノルマンディー地方、コタンタン半島南西部の町〕、アンジェ〔ロアール川下流域にある町〕、ル・マン〔フランス中西部にあるサルト県の県庁所在地〕、アングレーム〔フランス西部のシャラント県の県庁所在地〕、アジャン〔フランス南西部のガロンヌ川沿いの町。ロット・エ・ガロンヌ県の県庁所在地〕ならびにモンペリエとリヨンの周辺地域であろう。オータン〔ブルゴーニュ地方ディジョンの南西方にある町〕では、一九七七年に「フランス祓魔師協会《エクソシスト》」の会長に選ばれたランベイ神父が、自分がこの仕事に従事するようになった一九五五年以降、不合理なるものがめざましい躍進を遂げたと述べている。以前は、自分の門戸を叩いた「呪いの犠牲者」は、一年に十五人程度に留まっていたが、今では一週間に三人はやって来る、と彼は言っていたのである。その彼によれば、こうした依頼人たちは、誰かが自分に呪いを掛けたという確信を抱き、自分一人では解決の仕様がないという苦悩に苛まれるや否や、様々な専門家の元を訪ね歩くようになるという。例えば、雌牛の乳が枯れたとか、脱脂乳しか出なくなったとか、あるいは性的不能に陥ったとか、配偶者に捨てられた、とかいった内容が、彼らの苦情のリストに見出せる。その場合彼らは先ず、民間の「脱呪術師」、祈禱師、あるいは占い師の元に相談に行き、例えば浮気性のパートナーの「愛情が戻る」よう頼んだりする。ランベイ神父によれば、相談を受けたこれらの詐欺師たちは、依頼者から可能な限りの金銭を巻き上げると、もはや用済みとばかりに、彼らを聖職者の元へ追いやるのだという。神父のこうした言葉の内には、農村に古来伝わる魔術的な伝統の残滓や、不安の原因を取り除くに必要な一連の手続きの原型を看取できるだろう。つまり、個人による具体的な努力が実りをもたらさない場合、仲介者が必要となる。その中でも、最も「有能」な者ですら失敗してしまうと、残るは司教区の祓魔師《エクソシスト》だけとなるのである。[7] だが、こうした進展の仕方は、何も農村に限ったことではない。それは、宗教改革による対立抗争の時代以降に、ローマ教会が再度その強力な支配下に引き込んだ地域に、特徴的に見られるものである。特に、西部地域、アルザス地方、およびその他の南仏の一帯に顕著に見出せる。こうした地域は、カルヴァン派の勃興が、カトリック側の激しい反動を惹起した場所に当たっている。この点では、プロテスタントの影響力が弱かったパリ近郊や、ギーズ公ならびに旧教同盟が、初めから非妥協的なカトリック擁護を行った場所、すなわちシャンパーニュ地方やロレーヌ地方とは、全く趣を異にしている。このように、数世紀にわたって事態が不変であるという事実は、十七世紀以降、特定の土地にあっては、悪魔への恐怖に基礎を置いた宗教教育が、いまだに残っていることを裏付けている。これは宗教的な再征服を目的としており、ベルギーやドイツでも同じように重要視されている。さて、一九九一年の一月以降のフランスに於ける祓魔師《エクソシスト》の数は、十五人から二百人へと、飛躍的に増加している。それはあたかも、社会に於ける苦悩の増大に対し、あるいは信仰の実践の衰退と諸セクトの繁殖によりカトリック教会に突き付けられている脅威に対し、何とか応えようとする努力の如く映るのである。

それもそのはずで、人口の圧倒的多数を占めるようになった都市生活者たちも、間違いなく非合理的なるものの高まりに気付いていたと思われる。ある意見によると（これは都会人たる自分たち自身を安心させようとして発せられているようにも映るが）、非合理なるものは、農村部のみならず、都会の内部にも深く根を下ろしているという。いかなる社会的カテゴリーもいかなる文化的階層も、この非合理からは逃れ得ない。「超常現象に対する大いなる信仰は、それへと向かう何らかの文化を前提としている」のである。一九八一年に、二千三百五十人を対象にして行ったアンケート結果によると、上級管理職は、調査対象者の平均値よりも、テレパシー（五十四％）、空飛ぶ円盤〔主にUFOを指していると思われる〕（三十七％）、星占い《ホロスコープ》（三十％）、呪術（二十三％）、そして交霊円卓（二十二％）などを信じる傾向がより強い、という結果が出ている。中間管理職で以上の数字を越えるのは、空飛ぶ円盤（四十二％）のみに過ぎない。いずれにしろ、管理職全体としては、労働階級や農業従事者あるいは小商店主などと比べて、この種の事柄に於いては、ずっと信じ込みやすい傾向があると了解できる。また一九八八年に調査対象となったモンペリエ大学の学生を例にとるならば、彼らの内二十四％が悪魔の存在を認めている。教会に足を運ばない学生の中では、比率は十九％に留まっているが、熱心な信者ならびに比較的熱心な信者に於いては、各々六十二％、三十八％と高い数字に達している。[8] このような数字上の相関関係は、カトリック教会が最近打ち出した、悪魔への信仰を再活性化しようとする努力を見事に反映している。現に社会学者たちは、強度の宗教的同化が、超常現象ないしは心霊現象への固執にブレーキをかけると指摘している。二十世紀末以来、サタンのイメージを新たに強調しようとする姿勢が強まっているが、これは恐らく、雑多な秘教的教義に惹き付けられている人々の精神を、デーモンへの恐怖心と神への忠誠という古い図式内に引き込むことで、再び里帰りさせようとする意志の表れだと解釈できる。こうした試みがヨーロッパで成功を収めたか否かは、後世の人々が判断してくれるだろう。ただ、ある種の著作家たちに言わせれば、正統的信仰を、超常・心霊現象によって単に置き換えるだけではない、この「宗教的なるものへの回帰」は、穏健的なキリスト教の存続形態だということになる。と言うのも、人々の心には以上の二つ〔正統的信仰と超常現象などに夢中になる気持ち〕が共存しており、その上彼らは、例えば無神論や不可知論ないしはセクトへの執着などから、信仰のあり方に心底反抗心を抱いているわけではないからである。[9]

いわゆる「厳密な」科学に従事している者たちもまた、いつも何事にも動じず、ただひたすら理性だけによって導かれているとは限らない。特に、彼らが自分の専門領域という枠組みから飛び出てきた場合に、その傾向が強くなる。こう記すと、必ず、それは彼らの知性の「休息期間」に過ぎないとか、彼らは、専門領域とはほぼ無縁の世界に侵入して、何らかの遊戯に興じているに過ぎないとかいった反論が寄せられる。が、それだけでこの問題を説明しつくしたとは言い難い。と言うのも、時には、神学的精神と先端的研究とが融合することもあり得るからである。例えば、ある哲学者が、「人間の事象の中心に位置付けうることができ、しかもいかなる経験的事実をも越えたある一貫性を有した、『悪』の力と『謎』とが実在することを支持するのは、正しい」と信じたとしても、別段、特記すべき事柄ではない。この哲学者は、単に自分の意見を主張して、哲学者としての職責を果たしているに過ぎないからである。ところが、自分の専門領域に関わるエッセーの中で、ある生物学者がこう結論していた場合は、事情が大いに異なってくる。彼曰く、「私は、教皇の見解に与しつつ（サタンを実在としたパウルス六世の見解）、悪魔がまさしく実在していることを主張したい。勿論、啓示的事実ないしは信徳に基づいて、その実在を証す積もりはない。そんなことをすれば、物質界の現象に魅了されている生物学者としての立場に反するであろう。そうではなく、人々の想像内を満たしてきた伝統的な悪魔の表象を破棄しさえすれば、誰にでも可能な観察を続けた結果、先の主張へと繋がっていけるのである。」この立派な学者は「デーモンと一対一で対峙」した際に、つまりは自己と向き合った際に、いかなる戦略を採るべきかという点についても、助言を与えてくれている。なぜここで自己かというと、他でもない、「悪魔とは、私そのもの」(10)だからである。角と尻尾を備えた過去の遺物たるサタン像を退けると同時に、悪魔の最大の狡知は、自らが存在しないと我々に思い込ませることにある、と喝破したボードレールの系譜上にも連なるこの傑出した研究者は、最近修正を加えられた神学と、デーモンの心理学的内在化に関し人文科学がもたらした成果との間に、絶妙なバランスを実現しているのである。

こうして、彼は、悪魔の存在を信じる権利を手中にする。但し、言うまでもないが、生物学そのものだけが、この姿勢へと彼を導いたわけではない、という点を彼は明確にしておく義務を負っている。さて、政治家の世界でも、非合理的なるものが侵入してくることは、科学界と同じく明らかである。政治家が、科学者以上に、運命の法則に絡め取られている以上、これは当然の結果だろう。元合衆国大統領ロナルド・レーガンと占星術師たちとの関係は、よく知られているから、ここで特にとり上げる必要は無かろう。フランスに目を向けるならば、過去の幾人かの首相たち、および少なくともここ三代にわたる共和国大統領たちは、女占い師や占星術師に助言を求めていたという、専らの噂である。中には、いまだに占い師の世話になり続けている者までいる。話ができすぎていて、眉唾物ではないかと疑いたくなるような逸話まである。それによると、一九八一年の大統領選挙の際、最有力の二候補は、そうとは全く知らずに、同じ女占い師の元でばったり遭遇してしまったのだという。当然ながら、大政党のメンバーたちも、夢を商う者たちや水晶玉で占う者たちの、重要な顧客リストのトップに名を連ねている。反対に「未開」の思考に身を委ねている者たち、換言すれば、軽信と結び付けられやすい農民たちは、その他の人々に比べて、星占い《ホロスコープ》、カード占い、占星術あるいはテレパシーなどに信を置く度合いは、ずっと低いのである。[11]

一九九九年、「ル・ヌーヴェル・オプセルヴァトゥール」誌は、[12]「悪魔の再来」というタイトルの号を出している。その特集には、いつも通り悪魔払いについて若干触れる一方、改めてランベイ神父を登場させている。さらにそこでは、儀礼的な犯罪や悪魔的なロックミュージック、「ウィカ」というセクトのサタン崇拝主義者たち（アメリカから最近入ってきた悪魔崇拝現象のこと）などが紹介されている。後述する通り、デーモンの突然の再出現は、とりわけアメリカ合衆国に於いて顕著に観察される。それ以外には、一九九〇年に悪魔払いの儀式を大幅に改革したカトリック教会内でも、デーモンの再湧出が見られる。こうした流行にも支えられて、一九八〇年代の半ば以降、多くの週刊誌や幾つかの新聞、諸々の雑誌や専門家を集めた学会などが、サタンのイメージを主題に採り上げるという回帰現象が生じている。つまり悪魔は再び、あちこちからお座敷がかかるようになったのである。[13]さて、以上の現象が物語っているのは、「地球という村」に於いて、文化的な伝達がいかに高速になったか、ということである。もっともフランスにあっては、宗教への無関心の増大や個人的快楽の追求のゆえに、そして恐らくは地方に根付くに必要な文化的バックグラウンドが消滅していたという事実のゆえに、外国産の悪魔を本土に接ぎ木することに失敗している。確かに、数人の若者のグループが墓荒らしを行ったり、その他のルシファー崇拝主義者たちがスキャンダルを起こしたりしてはいるが、それらが、将来性を秘めた大規模な運動への序曲と見なされることはなく、ただ単に理解不能な異常行動として片付けられるに留まっている。例えば、上述したセクト「ウィカ」、すなわちルシファー派の魔女たちが組織する国際的な団体は、アメリカ合衆国では二百万人のメンバーを、また、英国では五十万人のメンバーを誇っているとされるが、フランスに於けるその数は五百人を上回らないと考えられている。しかも、一九八三年に「リコルヌ」〔「一角獣」の意味〕が離脱して後は、二つに分裂したままである。この二派の信奉者たちは、自らをルシファーに仕える魔女と自任し、リリト〔既出。悪魔たち、就中《なかんずく》、サタンの母親とされている〕を崇め、角を生やした神セルヌノスを祀り、夏至と冬至の夜には徘徊を繰り返し、いつも十字架を逆さまに掛けている。セックスは彼らにとって重要な意味を帯びており、男女の大司祭の前で性交に及んだりする。彼ら秘儀加入者たちが、かなりの数の悪魔学《デモノロジー》の書を、さらには幾人かの歴史家の書物にも目を通していたことは明白である。と言うのも、奇妙なことに彼らの主義主張の内には、カルロ・ギンズブルグによって引き継がれることになる、あのマーガレット・マレーの筋立てが読み込めるからである。今日ではもはや顧みられることはないが、この筋立ては、角を生やした神の存在を措定して、近代の魔女狩りを「学問的に」説明しようとした試みだったと言える。この伝説はそれでも、最近の漫画の世界に、特にディディエ・コメスのそれに侵入しつつある。これは悪魔の最終的な変身であろうか。もっとも、マレーに発するこうした伝説が、大人になった漫画読者層の文化的知識の内に、いまだに生き続けている可能性は否定できない[14]。さて、「ウィカ」以外にも、「闇の子供たち」、「業火の運搬人」、あるいは「緑の修道会」といった不気味なセクトが存在するが、それらは一九九〇年代初頭以来、休止状態にあると思われる。ただし、「ル・ヌーヴェル・オプセルヴァトゥール」誌上のルポルタージュの筆者は、主にリヨン、ディジョン、トゥール、オルレアン、およびカーンを中心に、この種の小さなセクトが三十七ほど存在しているとする。筆者はまた、怪しげな個人も紹介している。例えば、ルシファー崇拝主義者たちの教皇を名乗る男がそれで、彼は、容赦ない国税局に追い回されて、ペール・ラシェーズ〔パリ二十区にある同市最大の墓地。ショパン、バルザックなど有名人の墓が多数ある〕にあるステュディオ〔一室のみの住居〕に逃げ込んだのだという[15]。

右のジャーナリストたちは、特別号の企画のためにわざわざ調査を行っている。従って、悪魔に纏《まつ》わるその主張を額面通り受け取らず、一定の距離を保つことは重要であろう。それでも、一九八〇年代の半ば以降、悪魔の主題に関心が集中し始めた経緯を見るならば、このテーマが、先ずは外来の見解を引き継ぎそれを流行らせた者たちの強い関心を引き、次いで、一般大衆の興味をも刺激するに至った様子が良く理解できる。因みに、悪魔的な主題を扱った刊行物は、主に教養層の世界に属するものである。パリのいわゆる名士たちから、地方の知識層に至るまで、特に、「ル・モンド」紙や代表的な週刊誌の読者層が、このテーマに関心を寄せているのである。換言すれば、この現象は、民衆的なものではない、つまり、駅売りの大衆小説あるいは王妃やスターの登場するロマンチックな作品を、好んで手に取る人々とは恐らく無関係のものだと言える。確かに、サタンは諸々のセクトの怪しげなメンバーたちと付き合ったり、祓魔師《エクソシスト》の後について農村部にも出掛けていったり、寂れた町の住人たちの想像界《イマジネール》に取り憑いたりしている。だが、基本的にサタンは、社会階層の上部を介して再来を果たしたのである。ところで、占星術師らは個人の切望に応えることを通して、しかもサタンの影を一切喚起することなく、巨万の富を築くに至っている。ところがサタンは、この個人の願望とは殆ど無縁である。すなわちサタンは、例えばルシファー崇拝主義というマイナーな運動や、農村部における民間信仰の残存や、あるいは、アメリカ発の様々な神話の氾濫で関心を掻き立てられた教養層などを通して、言い換えるならば、原則として、共同体内の幾つかの「部分」の内に登場しているにずぎない。また、祓魔師《エクソシスト》が慎重な態度に終始したために、ヨーロッパでは「脱魔術師」が、アフリカでは「マラブー」と呼ばれるイスラム教修道者が、大成功を収めるに至っている。彼らの前には、ストレスに苛まれる都会生活者という巨大な市場が出現したのだ。こうした顧客たちは、苦痛と無縁な快楽という理想、何の拘束も受けない楽しみという理想へと、より早くかつより完全に到達できはしないか、と心を砕いている。世紀末の新たな宗教たる商業主義的宣伝ないしはCMが、こうした「理想」をたれ流しにしている以上、この焦りも当然の帰結と言えよう。ところが、即時的な幸福を当然の如く要求するようになると、ますます寿命が延びつつある人生に於いて、その不幸の数を増大させてしまうことになりかねない。なぜなら、人生とは元来が不幸に満ちたものであり、快適さを旨とする医学であれ精神分析学であれ、あらゆる性質の援助であれ、これらの不幸を癒し得ない場合が幾らでも存在するからである。宗教という心理的な拠り所が失われ、しかも、今現在、弱体化しつつある国家の援助も受けられない状況下では、また、人間関係が不安定になる一方であり、危機を迎えるカップルが増え、安定した標識が失われ、都会というジャングルで孤独に暮らす者が増大しつつあるという状況下では、男女のいずれを問わず、自分たちが今ある現状に置かれた原因を、死に物狂いで探し当てようとするのも無理はなかろう。こうした人々は、自らの人生に意味を与えるために、また、透明人間のような状態を脱し、他人と没交渉かつ他人に無意味な存在と見なされることから逃れるために、仲介者となってくれる存在を探し求める。彼らは、その仲介者から何か治癒を求めるというよりも、その関心や注意を引こうとするのである。彼らはそのためなら、いかなる経済的負担をも引き受け、いかなる試練にも耐えうる用意ができている。なぜなら彼らは、与えられた過程を通して、実存しているという感覚を味わったり、誰かに対する関心を醸成したり、いままでそこに到達できずに自分を責めていた、その幸福に向かって歩んでいるという実感を得られるからである。ところで、こうして魔法に酔わされた都会人と、農村部で占い師の元に通う者たちとの間には、大きな差異が広がっている。前者にとって、犠牲の山羊は殆どないしは全く意味をなさない。都会人たちは、周囲との間に存する潜在的な衝突の原因を、何とか除去したいという欲求をあまり抱かない。隣人の素性も全く知らないような、さらには、看取る友もなく静かに死んでいっても遺体の腐臭が漂い出すまで誰にも気付かれないような、パリの如き大都会にあっては、これは当然の帰結であろう。また、彼らの違和感が、異邦人やよそ者に対する恐怖心や憎悪の念として結晶化することもない。占い師との面談で彼らが求めているのは、ほつれた社会関係の布地を繕って貰うことでも、農村部の人々が求めるように、自分を見放した共同体への再帰を取りなして貰うことでもない。そうではなく、彼らは、魔術師から、直接的な慰めや安心感を得ることをひたすら求めているに過ぎない。その分魔術師たちの方は、顧客の不安感に付け込んで濡れ手で粟という結果に相成る。自分の選挙や出世に不安を抱いている政治家たちが占い師の世話になるのも、同様の現象と見なしうる。非合理的な援助の手すら必死で追い求める姿勢が、知的、経済的にそれほど恵まれていない人々の専売特許ではない証拠を、ここに見出せよう。こうした姿勢は、社会の全階層に浸透しており、科学者の世界や、合理主義者ないし無神論者の世界も、決して例外ではないのである。

「悪魔《もの》の如《ごと》く良し」――コマーシャル、ビールと漫画

自己への恐怖心は、他者へのそれをも惹起する。他人が自分と同じくらい混乱した無意識に蝕まれていると疑い出すならば、これは当然の結果と言える。いずれにしろ、こうした恐怖心が、二十世紀末のヨーロッパにあっては、角を生やした伝統的なデーモンへの戦慄に取って代わったのである。もっとも、自己や他者への恐怖心は、十九世紀の場合とは異なり、遊戯的な読み物や見せ物を通して、しばしば昇華されてしまう。それどころか、ヨーロッパ大陸の大部分に浸潤していった、あの幸福の独裁と快楽という宗教の名の下に、単純明快に否定されてしまう場合もままある。大部分の人が、もはや伝統的な地獄などを一切信じていないし、無意識に秘められた野蛮な欲動、否、露わな情念をすら、抑制する必要性など無いと思っているのである。カリフォルニアから上陸してきた快楽主義の波動は、教会や共産主義が課していた道徳的な教えの波が引いていくにつれ、難なく西洋の大地を覆うに至っている。我らがヨーロッパ大陸に於いて、右の快楽主義は、フランス革命や、その後の数多のユートピア的社会主義思想に端を発する幸福と進歩の理想の延長線上で、新しいスタイルを身に付けるようになる。それは、人民の解放から個人のそれへと軸足を移していくのである。一九六八年には「禁止することが禁止される」〔五月革命のスローガン〕と宣言され、さらに一九七〇年代には性の革命が進行したことからも、この点が伺える。つまり、我々は苦しむためではなく、人生や自らの身体そのものを楽しむために、この世に生を受けたのだ、さらに過激な意見によれば、幻覚剤や麻薬の享楽に

耽るために存在しているのだ、という見解が徐々に広がっていったのである。こうして、「掟」と快楽との間の、「善」と「悪」との間の境界線は、ぐらぐらと揺らぎ後退し霞んでいった。そこに、伝統的なキリスト教の観点から見た、例の悪魔の仕掛ける罠を察知する必要は、もはや全くない。ここで起きているのは、文明を深いところで揺さ振る変化以外の何ものでもない。義務的な努力の治世が衰退し、即物的幸福の獲得を個人の根元的権利と見なす治世が、新たに台頭してきたと言えるであろう。

教会の悪魔は、こうした環境下では、骨折り損の草臥れ儲けを行っているに過ぎない。悪魔はもはや主人ではなくなっている。それは、キリスト教共同体の救済を確実にするために（人間という種の困難な存続を可能にするために、と説明する向きもいるだろうが）、絶対に抑止せねばならぬ、あの獣的欲望の忌むべきシンボルであることすら、もう止めてしまったのである。ロマン派は既に、悪魔を闇の放つ美で染め上げ、かつ、人間の情念の深淵を復権せしめると同時に、自由を謳う革命の強烈なエネルギーを称揚していた。その後、個人が自分自身への警戒心を解くようになっていき、以前なら獣性の表れとして避けたであろう自身の身体を、うっとりと見惚れて眺めるようになって以来、悪魔は徐々に望ましき存在へと変貌を遂げていく。つまり、人間に内在するデーモンは、その宿主のナルシシズムに合わせて、再び自己形成を行ったのである。これにより、既成のコードが転倒してしまう。のみならず、罪に対する悪魔的な嗜好や、禁忌侵犯に伴う快楽などが、その逆転したコードにまとわりつくようになる。ボードレールの強烈な体験の後、サタンは、悩める芸術家やインテリの世界を離れていき、コマーシャルを支える中心的存在へと、緩やかにしかし堅実に脱皮を重ねていった。換言すれば、快楽への反射的反応を瞬時に呼び起こしうる、一つの商品へと姿を変えていったのである。フランス語の比喩的表現に「悪魔を地獄に叩き込む」というのがあるが、これは今日では「性交する」の意味で用いられている。ここに、欲動を押さえることを巡る古典的なキリスト教の教えを嗅ぎ分けるのは、ほとんど無理だとは言えまいか。

だがこうした意味の逆転は、一朝一夕に実現されたわけではない。それは、悪魔を肯定的に把握するテーマ系が緩やかに足場を固めていった過程で、徐々に現実化していった。何よりも先ず、ルシファーと直接結び付いた幾つかの要素が、肯定的な評価へと繋がっていく。例えばオランダでは、王位と株式市場ならびに宗教を仮想敵とした社会党系の新聞が、「赤い悪魔」というタイトルの下に発刊されている。簡単に推測がつくだろうが、同国に於いてデーモンは、タバコが曰く言い難い快楽であることを宣言している。その証拠に、第一次世界大戦の前後には、多くのパイプに、デーモンの頭部が描かれていたのである。また一九三〇年には、音楽雑誌のポスターにも悪魔が描かれており、懸命にトランペットを吹いて人々を楽しませている。[16] フランスも遅れをとっていたわけではない。ここでもコマーシャルが、悪魔の通俗化に大いに貢献している。コマーシャルは悪魔を、快楽やアイロニーあるいは汚らわしい獣に対する人間の勝利などを表現する、あるコード体系の中に押し込めていくのである。「ポスター・コマーシャル博物館」を覗いてみると、ベルエポック〔十九世紀末から第一次世界大戦までの良き時代〕とそれに続く時期に出された、悪魔を題材とするカラー版の傑作を幾つも見ることができる。その中のファウストないし悪魔は、ただ単に劇作品や文学作品の「消費」へと、人々を駆り立てるだけではなく、劇場などの快適さやそこでの悦楽の「消費」をも煽ってやまない。例えばメフィストフェレスは、オリンピア劇場やフォリー・ベルジェール劇場ないしはロベール・ウダンの劇場へと、観衆を誘っている。メフィストフェレスはまた、「熱を生み出し、咳やリュウマチや胸痛の症状を和らげてくれる」「発熱器」を推奨して、日々の生活をより快適なものにしよう、と必死に呼び掛けている。薬用酒ゴディノーの生産者の言を信じるならば、「世紀の発明」たるこの薬は寿命を延ばすそうだが、これを勧めているのも悪魔なのである。そこでは緑の衣装を纏《まと》っている老いたファウスト博士が、羽根飾りの付いた帽子を被り顎髭をたくわえた赤い衣装の人物に勧められて、この妙薬を飲んでいる。また、ル・ピュイ〔中央山塊の頭部、サン＝テティエンヌの南西方にある町。中世以来の巡礼の地で、現在ではオート・ロワール県の県庁所在地〕産の飲み物「モーラン・キナ」の栓を抜いているのも、またもや悪魔である。一方、赤い悪魔のシルエットは、ウィックス社の製品で瓶発酵させた霊薬である「ヴロール」の瓶を、岩場に腰を下ろしながら釣り上げている。また、ある薬の箱のラベルは、「悪魔が魚の目を安全に除去してくれます」と謳っている。子供たちも例外ではなく、地獄の主に対する恐怖感を相対化する方向へと引き寄せられている。さらに、中央ヨーロッパやハンガリーで二十世紀の数十年間に刷られた絵葉書には、毛むくじゃらで角を生やした悪魔が登場している。ところがこの悪魔は、聖ニコラの祝日に〔聖ニコラは伝統的に乳飲み子として描かれることが多い。なお、北方では聖ニコラはサンタ・クロースと同一視されている〕、揺り籠で大人しくしている小さな坊やに繋がれてしまっている。つまり、悪魔が追い回したり飛び付いたりできるのは、どうしようもない腕白小僧だけなのである。さらに言えば、女性も悪魔を好き放題にいたぶっている。例えば、ハンガリーの二人の娘は、跪いているデーモンの角を摑んでひどく痛めつけ、思うに任せて引きずり回している始末である。また、ある若い御婦人は、恐ろしいというよりも、滑稽極まりない操り人形のような悪魔を、微笑みながら振り回しているのである。(17)

悪魔をこのような形態に描く傾向は、さらなる禁忌へと近づくことを可能にしていく。あるいは、完全なキリスト教徒の厳格さとは程遠い、途轍もない快楽へと近付いていくことに繋がる。しかも快楽は、刺激的なコマーシャルの氾濫によって、極めて魅惑的に映るに至っている。さらにこうしたコマーシャルは、大胆にも宗教用語から、自身の象徴的言語を借りたりもしている。否、のみならずコマーシャルは、霊的なテーマ系にズレを生ぜしめ、快楽以上のもの、すなわち幸福すらをも消費者に提供する過程を通して、宗教に取って代わりさえする。(18) 映画に於いても、幾つかの作品には同様の傾向が見て取れる。ミッシェル・シモンとジェラール・フィリップが熱演したルネ・クレールの一九四九年の作品『悪魔の美しさ』は、デーモンへの恐怖心とは無縁になった欲望の突然の噴出を、よく表している。ルネ・クレール監督は、戦争と占領という悲惨な経験によってますます高まった生への欲求という観点から、ファウストの神話を再生して見せている。教授のファウスト氏（ミッシェル・シモン）は、後世に何も残さずに近々この世を去らねばならぬことを嘆いていた。そこにメフィストフェレスが現れ彼に罠を仕掛ける。すなわち、何も代償はいらぬが、ジェラール・フィリップの若さと美貌とを与える、と話を持ち掛けてくるのである。こうして溢れる生命力を得たファウスト氏〔今度はジェラール・フィリップが演じることになる〕は、非常に裕福になると同時に、ある王女に恋をする。そこで彼は悪魔と契約を交わすことを決意し、自らの富と権力と他人からの敬意ならびに愛情を確保しようとする。ゲーテのような深刻な調子から程遠い処にあるこの作品は、抑えがたい人間の情念の優位性を強調することにより、往年の悪魔への恐怖を相対化しようと試みている。ただし、悪魔という主題を完全に「非深刻化」する時代が到来したとは言い切れない。なぜなら、宗教教育や道徳的圧力によって、多くの同時代人が罪への恐れを抱かざるを得なかったからである。さて、モーリス・トゥルヌールの『悪魔の手（半生の悪魔）』（一九四二年）の内に、当時自らの姿を重ねた者も少なくはないだろう。これは挫折した芸術家（ピエール・フレネーが熱演）についての、陰鬱な作品である。この芸術家は、愛する女性に蔑まれ、いつか「大物」になろうと目論んで、自身の魂を悪魔に売るのである。想像界《イマジネール》という次元で見るならば、ここには、十六世紀、十七世紀に魔女狩りを担当した判事たちの告訴内容を思わせる、あの独特のものの見方が重なってくるだろう〔自身の欲望充足のために悪魔と契約した、という考え方を指していると思われる〕。

快楽で死にそうだ、という現状！　二十世紀末は、各人が誰でも完璧な幸福を得る権利を有しているという感覚に支えられた、例の快楽主義の巨大なうねりがさらに大きく膨れあがった時期である。特に一九九〇年代末には、テレビのコマーシャルが、この見解をヨーロッパ中に鳴り響かせるに至っている。そこでは、様々なスターやファッションモデルが、例えばあるシャンプーの利点を並べ立てた後、「だから私にはぴったりなのよ！」と結論付けて得意げになっている。哀れなベルゼブル〔既出〕は、快楽へと歯止め無く突進していくこの運動の中に絡み取られてしまったのである。それどころか、ベルゼブルは、悪魔的な色調を全く喪失し、極端な悦楽や完全な充足感の、単なる遊戯的なメタファーになってしまう場合もある。ここで是非指摘しておかねばならないが、以上のことは、まだそれほど遠くない過去に、魔女狩りの火刑台を眺めていた聴衆に対し、悪魔が象徴していた悲劇的な恐ろしさと比べるならば、文字通り劇的な急変であったと言わざるを得まい。何せ、魔女狩りの世紀といっても、我々から見てせいぜい十世代くらい前の時代に過ぎないのであるから。また、強硬な反宗教改革路線を押し進め、その影響下に多くの魔女迫害が行われたベルギーにあっては、換言すれば、プロテスタントのオランダ連合州（一五七九年にスペイン領オランダの北部七州がユトレヒト同盟に加盟して成立）と「八〇年戦争」（一五六八年―一六四八年）（一五六八年はオランダ独立戦争が始まった年。一六四八年は、ウェストファリア条約が結ばれ、三十年戦争が終結、オランダ＝ネーデルラント、スイスの独立が認められる）で激しい争いを繰り返してきたカトリック圏の境界領域にあっては、右に記した価値の転倒は、信じがたいくらい目覚ましいものと言わざるを得ない。だが、悪魔を信じる古来のメンタリティーが、一切合切消滅したはずもない。その証拠に、ベルギーの中でもカトリック勢力の影響力がいまだに強い地域で、こうした信仰を残そうという圧力が働いている。悪魔への古き信仰はまた、文学作品や幻想的な映画の内部にも流れ込んでいる。数多くある映画作品の中から二例挙げるなら、ジャン・レイとアンドレ・デルヴォーのそれとなろう。デルヴォー監督が一九六八年に制作した『ある晩列車で』（イヴ・モンタンとアヌーク・エーメが出演）（邦題は、『イヴ・モンタンの深夜列車』）という作品は、ドイツの表現主義の影響と、悪魔の実在への戦慄とを混在せしめている。そこでの悪魔は、登場人物や観衆たちを、楽しむが如く惑わし、死の勝利という結末まで運んでいく。もっとも、主人公は「前方投影法」によって、最後の鉄道事故の様子を予め目撃してはいるが。いずれにしろ、悪魔を映画ないしは文学へと置換する行為は、数世紀にわたる悪魔への重苦しい信仰を経た後、それを振り落とそうとする一種の集団的悪魔払いが、今まさに完成しつつあることをも物語っている可能性がある。こうした作家や監督たちのいる夢幻的なフランドル地方は、言うまでもないが、恐るべき宗教迫害を実践した十六世紀と地理的には同じ場所でも、実質的にはもはや同じではない。言い換えるならば、現実の恐怖や終末論的な苦悩を振り撒いた後、悪魔は想像界《イマジネール》の内部のみに入り込んでそこに居座ったが、それ故にこそ、戦慄そのものを楽しむという遊戯的空間が、徐々に開けてきたとも言えるのである。

悪魔は特に、その昔魔女狩り用の火刑台が無数に立てられたアルデンヌ県〔ベルギー国境に接する北仏の県〕出身の二人の漫画家の作品中に、頻繁に姿を現している。[19] その内の一人ジャン＝クロード・セルヴェは、奇妙ないしは不気味な人物の話を読者に提供している。例えば、ラ・トシャレットという老婆は夜な夜な白い狼に変身して、ある男性魔女の陰謀から村を救おうと活躍している。また、シナリオライターのジェラール・ドゥワォームが創造した人物ヴィオレットは、セルヴェの筆にかかると、一九一〇年代の美しい野生児の女に変貌してしまう。やんちゃな彼女は、同時に森の中に一人で暮らし、薬草を知悉しており、その上人間を意のままに操ることができる。『優しいヴィオレット』の中では、サタンの信奉者によってサバトに招かれたものの、そこがあまりにも退屈だと感じた彼女は、サバトでさらなる大混乱を引き起こしてしまう。さて、もう一人の漫画家ディディエ・コメスは、アルデンヌのドイツ語圏で生まれ、マリスト会士〔J・-C・コランが一八二二年にリヨンに創立した聖母マリアに献身する修道会の会員〕たちに教育を受けている。コメスはその作品中で、呪術的な儀式を幾つか喚起している。例えば『沈黙』の中では、卵を使った儀式が採り上げられている。因みに、この漫画本は呪文を掛け合うという決闘に引き込まれた、口の利けない一人の男を主人公にしている。一方、『ラ・ブレット』は、最後には自殺を余儀なくされた、ある孤独なドイツ人に関する実話を物語っている。これについて著者はこうコメントしている。「彼は『沈黙』の場合のように、短刀で自殺したのではない。そうではなく、男根を抉《えぐ》り取って去勢したのだ。その後、血塗れの裸体で通りに出ていき、お前らが俺を存在していないかの如く扱った結果が、これなのだ！　と人々に訴えようとしたのである。」我々は、神秘主義《オカルティズム》と、農村部に於ける人間関係の不可思議さに対する、コメス自身の個人的な強い関心を以上に読みとれるだろう。セルヴェは「信じている振りをしている」と主張しているが、コメスの方は、田舎での教育と宗教教育という二重の影響を深く被っているように思われる。彼は、魔術に対する村民特有の素朴な恐怖を保持していると同時に（知らない人と握手をしたり視線を合わせたりするのを避ける、という姿勢にこの側面が現れている）、マリスト会士の教師たちの道徳的な教えをも維持し続けているのである。フラマン＝ユゴー・クラウス〔既出。『ベルギー人の悲しみ』などの著書がある〕の書物に於いてと同様、青年期に自らに浸透してしまったキリスト教的素地は、コメスにあっても鮮明に残っており、それがゆえに、交霊術ないしはほぼ説明不可能な何ものかに対し、不安とない交ぜになった魅力を感じずにはいないのである。以上の漫画の成功は、軽信と疑念という相反する極に挟まれる形で、想像世界の内部に於いて、デーモンが占めうる空間が存在し広がっていったことを物語っている。恐らくこれは、今まで命名不能であった事柄について語り、闇を飼い慣らし、あるいは、宗教的恐怖から多少なりとも遊戯的な戦慄へと移行するための、一手段であったのかも知れない。[20]

こうした漫画の主要な読者は、十五歳から二十四歳までの若者たちである。彼らの内には、世代の歴史的な違いとも重なる形で、極めて重要な文化的変容が刻印されていることが分かる。と言うのも、彼ら以前の一九四五年から一九六五年までの期間に描かれたフランスやベルギーの漫画は、話の本当らしさを求める年齢層、逆に言えば、空想的なるものに疑念を感じる十一歳から十四歳までの読者層に語り掛けていた。従って、幻想性を取り入れるにしても、探偵ものという枠組みが必ず維持されており、科学的進歩の名の下に、最後は理性の勝利の謳歌、ないしはサイエンス・フィクションらしい凱歌で幕を閉じると相場が決まっていた。ところが一九六五年以降は、事情が大きく異なってくる。と言うのも、「ピロット」〔「パイロット」の意〕という新聞の影響下で、このジャンルの漫画は、十五歳から二十四歳というより高齢の読者層の好みに合わせるようになったからである。ここでの代表的な漫画家としては、ゴットリブ、フレッド、マンドリカ、あるいはドルイエなどが挙げられよう。彼らの筆は、完璧な社会、幸福、あるいは自然や平和ないしは想像力の解放（例えば、マンドリカの『仮面を被ったキュウリの野菜探検物語』）などに対する強い渇望を表現していた。その他にも、幼年期へのノスタルジックな夢想が、ユートピアに対する強烈な憧憬と交錯しつつ織り込まれている。こうして、体制順応的で「道徳的」な主人公の漫画から、非順応的なスタイルの漫画へと軸足が移行していく。[21] さらに、読者の中には、一九六〇年代に少年期を脱して青年期へと足を踏み入れた者もいるはずで、彼らは、当時の趣味を反映したお気に入りの新聞を幾つか抱えながら、双方のジャンルの漫画を行き来していたことも忘れるべきではない。例えば、共産主義思想に染められていた「ヴァイヤン」という新聞は、一九六五年に「ヴァイヤン＝ル・ジュルナール・ド・ピフ」〔「ヴァイヤン」は「勇敢な」の意、「ピフ」は「鼻、嗅覚」の意〕へと衣替えし、一九六九年にはさらに「ピフ・ガジェット」〔「飾り物の鼻」が直訳〕と名称を変更している。また同じ一九六九年に、アイロニカルな文化批判を追及する路線を取った「タンタン」や「スピルー」といった新聞も（大人の新聞「ハラキリ」などの、政治的闘争主義とは大いにかけ離れている）、「ピロット」ほどではないものの、やはり上述した変化の気流に相乗りしているのである。つまり、第二次大戦直後に生まれた世代が、その前世代のモデルとは断絶した新たな想像界《イマジネール》の中に滑り込んできたのである。少なくとも、秩序や大人の生態に対する異議申し立てに共鳴し、ユートピア的で快楽主義的な理想に同一化していた若者たちは、六八年〔世界的な学生運動の起きた年〕前後の漫画によって育まれたと言える。こうした漫画は、カトリックの漫画や、ミッキーマウスに象徴されるような、体制的で妙に健全な動物の世界とも一線を画している。[22] 輪郭は曖昧だが、それでも、この社会的コンテクストの中でこそ、悪魔の前例無き後退が実現したことを理解せねばならない。個人的快楽を謳う哲学や、「しっかりと歩く者たち」（「ピフ」に描かれた先史時代のヒーロー「ラアン」が好んで使った表現。尚、ラアンは、「ピフ」という新聞同様、古い宗教的、道徳的な束縛を拒絶する存在である）が現世で追及する幸福が、悪魔を背景に押しやったと言ってよい。ミッションスクールの卒業生で、こうした影響から距離を置こうとした者たちにあっても、既成の宗教を拒否しようとする姿勢が、極めて鮮明に現れることがある。それが個人的な「御祓い」の儀式へと行き着く場合すら存在する。その代表例は、マリスト会の学校の寄宿生であったディディエ・コメスであろう。彼は自分の漫画集の中で、神父を「カラス」呼ばわりしており、さらに『ラ・ブレット』の中では、フクロウに変身する魔女を登場させ、その魔女に、ある邪悪な主任司祭の毒牙から、一人の女性を救い出させている。自己の一部分を、言い換えれば、自分の名前をドイツ語化することすら押し付けてきた青年期の教育を捨て去ったコメスは、教会によって隅に追い遣られていた農村部の古来の魔術的文化を、改めて復活せしめようと目論んだのである。(23)

一九六〇年代を転換期として、フランスあるいはベルギーの想像界《イマジネール》に激震が走ったことは、いくら強調しても過ぎることはない。この時代の若者たちは、個人の意志の力を特権化し、角を生やした悪魔に象徴される、あの苦悩に貫かれた共同体的な信仰を拒絶するという気分の中で、成人に達している。文化的媒体の伝播経路全体に言えることだが、漫画自体もまた、束縛なき刹那的快楽の追求を可能にしてくれる、ユートピア幻想を孕んだ解放の欲求に染まっている。恐るべき神とその神の下に活動する黒い天使を拒絶する、この幸福追及という新たな宗教の高揚に、何らかの形で影響を受けなかった作品が、この当時あり得たであろうか。私の初めての書物となった『フランス近代に於ける民衆文化とエリート層の文化』（一九七八年）も、私自身はっきりと自覚していたわけではないが、それでも、漫画からテレビや映画を経て高級な文化領域に至るまでのあらゆる表象体系に浸透していた、あの大規模な上げ潮に影響を受けていたのである。エリート文化の攻勢の前に、私がそこで紹介した農村部の世界は、ほぼ同時期のディディエ・コメスが描いて見せた、過ぎ去りし田舎の黄金時代という神話と同様の色調に染まっている。その後の数十年間を経て分かったのは、それが、ベビー・ブームの世代による過去の美化であったということである。なるほど、二十一世紀初頭の若者たちも、いまだに当時の漫画やその他の作品を読み続けている。しかし、彼らがそこに、その当時と同じく自己の理想を重ねているとは言い切れない。なぜなら、一九七〇年代半ばの危機の時代の子供たち、そしてその後の子供たちも、先行世代から、その他の想像界《イマジネール》をも受け継いでいるからである。だがいかなる想像界《イマジネール》も、古典的なデーモンには大きな位置を与えていない。今日のヨーロッパの大部分の者にとって、デーモンは死して埋葬された存在なのである。この点で、アメリカ文化とヨーロッパ文化との間に存する距離は重要である（この点はさらに先で改めて論じる）。さて、一九七三年に、ウィリアム・フリードキンが監督し、エレン・バースティンとマックス・フォン・シドーが主役を演じた『エクソシスト』が封切りされている。この映画は全世界で大成功を収めたが、就中アメリカ合衆国では三千万人以上を動員し、まさしく驚異的な大ヒットとなった。原作の方も米国では六百万部が売れるというベストセラーになっている。ところがフランスでは、この映画は厳しい批判に晒されてしまう。とりわけ「ル・ヌーヴェル・オプセルヴァトゥール」と「テレラマ」が批判的で、カゾット以来のフランスの幻想譚の特徴である曖昧性を漂わせずに、悪魔を実在として把握しているという非難を浴びせている。この映画が、いまだにアクチュアルな問題を扱っていると評価したのは、神秘的な事柄を専門に扱っている『ノストラダムス』という出版物のみであった(24)。一言で言えば、フランスのインテリ層は映画に疑念を表明したことになる。映画館に人々が殺到しなかったことから判断すると、大部分の人々もインテリ層同様の反応を示したと言える。特に若者に支持されなかったという、この映画の相対的な失敗が、漫画によって準備されていた、という可能性は否めない。なぜなら、一九六〇年代の半ば以降、漫画はその読者の世界観を「脱魔術化」することに貢献したからである。フランスではサタンは、あら皮の如く収縮するのを余儀なくされたと言えよう。

ところで、集団的無意識が存在し、それが旗の如くある社会の上部ではためいているという考え方は、歴史家の目にはもはや適切とは思われない。しかしながら、何と表現してよいかは分からぬが、国、地方、あるいは地域などの共同体の構成メンバー間に、ある種の類似的な空気が漂っているのは否定できない。これをステレオタイプと呼ぼうが、同時に体験され共有された想像界《イマジネール》と呼ぼうが、どちらでも構わない。フランスの国家であれ、ブルトン人であれ、あるいはランデルノー〔ブルターニュ半島西部の都市〕の住民であれ、それぞれが、様々に変化を繰り返しつつも、諸々の同じ信仰や感情を包含した一つの布地の中に織り込まれているのである。そしてこの布地の、その十全たる意味と強烈な色合いを浮き彫りにするためには、その布地を、それが織られた環境と状況ならびに特定の時期の中に置き直してやる必要がある。例えば、言語の違いなどから共同体に亀裂が入っているベルギーにあっても、表象のレベルに於いて、ベルギー特有のアイデンティティーを醸し出す諸特徴が見出せるのである。だからこそ、国民はどちらかの言語〔フランス語とオランダ語あるいはフラマン語〕を使用しているが、にもかかわらず、フランスやオランダとは異質なベルギーらしさなるものが生じてくるのだ。この印象には、私の偏見が紛れ込んでいて、一概に正しいとは言えぬかも知れない。だが、最近のベルギーでは、悪魔を「非深刻化」する傾向が、国内全土に亘って共通に見られるように思われてならない。なるほど、ベルギーにはフランス以上に、強烈な宗教的感情が浸透していたのは事実だ。特に、アンリ四世がナントの勅令によりプロテスタントに対し寛容政策を採るようになると、十七世紀の初頭、地元のカトリック勢力は、その「生ぬるい」臣下たちに容赦ない非難を浴びせるようになった。現在のベルギー人の想像界《イマジネール》も、漫画作品に見られるように、カトリック由来の象徴的要素に、恐らくは強い影響を受けていると思われる。一例を挙げれば、エルジェ〔ジョルジュ＝レミ・エルジェ：一九〇七—八三年：『タンタンとミルー』*Tintin et Milou* という冒険漫画で有名なベルギーの漫画家〕は作品を介して、次のようなメッセージを伝播している。『タンタンとチベット』（一九六〇年）の中で、犬のミルーが喉の渇きを覚えた際、別の犬の姿を纏《まと》ったデーモンが現れてウイスキーを飲むように勧める。ところが、ミルーと瓜二つの守護天使は、彼が誘惑に屈服するのではないかと恐れつつ、ミルーのことを憐れむような目で見守っているのである。この箇所を読んだ幼い読者は、悪魔という自らの分身で罪を提示し、同時に「善」を理想化された自己像として表現している、例の挿絵入り教理問答書のことを自動的に思い起こすであろう。[25] また、「大学での闘争」ならびに今でも続いている学校での「闘争」を通して、カトリックが、自由思想との間に生ぜしめた対立の溝は、フランスよりもベルギーに於いてより深いものとなっている。だがそうは言うものの、ベルギー人たちも、「悪魔の如く良い」極端な快楽に絡み付いている幾つかの象徴を、やはり共有していることに変わりはない。例えば、サッカーのベルギー代表チームは、国民の熱狂的な団結を図るファクターとしては珍しい、「赤い悪魔」の異名を冠せられてはいなかったか。テレビでは、アニメーションに登場する冷笑的な笑みを浮かべた真っ赤なメフィストフェレスが、代表選手の活躍を歌い上げている。コマーシャルに使われるようになって以来、悪魔の肖像は、ますます生活上の最高の喜びを喚起するようになっている。そこでの悪魔の形態を知るためには、より細かい調査をせねばならないだろう。ここでは、極めてベルギーらしい飲み物、すなわち世界の中でも最良の製品とされるベルギービールの分野のみに焦点を当てておきたい。国民皆が抱く矜持が手伝って、その味わいは彼らには格別のものと思われるし、またその消費形態によって、ベルギー人たちの社会的紐帯も深まっている。言語上、政治上、および経済上の対立があるにも拘わらず、ビールの周りには夢の如き一体感が醸成されるのである。無数の酒場に見られることだが、典型的なのは、やはりブリュッセルの大広場にある巨大なビヤホール「ロワ・デスパーニュ」〔「スペイン王」の意〕であろう。日曜日にそこを覗けば、テーブルの周囲には何とも言えぬ一体感が漂っているのが分かる。ところで、デーモンはもはやこの種のパーティーには欠かせない存在となっている。その象徴的な現れとして、泡だった美味なるビールの中でも、特に有名なブランドの名称を挙げることができる。これらのビールは、極めて濃密な幸福感のメタファーとして、デーモンを用いているのである。先ず、愛好家たちの垂涎の的であるグーズビール〔ベルギー産の甘味の強いビール〕の「モール・スビット」〔*Mort subite*：「突然死」の意〕が最も有名だろう。また、醸造元のユイグが最近発売した琥珀色の強いビールは、「デリリウム・トレメンス」〔ラテン語で「アルコール性譫妄」の意〕と命名されている。より明確なのは、フーガルデン社が出しているアルコール度が八・八％と高い濃色のビールであろう。「禁断の実」という名称が冠せられたこのビールのラベルは、クラナッハを思わせる、多少とも異常な雰囲気に包まれた「誘惑」の絵で飾られている。そこでは、エデンの園にいる裸体のアダムとイヴが、今にも手の届きそうな天国を喚起させると同時に、キリスト教的な罪悪感の残滓ともうまく折り合いを付けているという印象を与える。アダムは、比類なきこのビールがなみなみと注がれた大きなジョッキを、イヴの方に差し出している一方、イヴも自分のビールに心を奪われている。ラベルにはフランス語とフラマン語で、誇らしげにこう刻まれている。「神秘的な暗紅色のユニークなビール」で、数種類のスパイスが利いた「芳醇で複雑な秘密の味わいを醸し出している」と。また、アルコール度数八度の通称「丘のビール」すなわち「クインティーヌ」は、純粋かつ単純な仕方で、それが魔術的な効果を有していることを強調している。と言うのも、そのラベルには、影絵で、悪魔学《デモノロジー》の伝統に忠実な魔女の絵が、すなわち箒に跨った一人の魔女の絵が描かれているからである。ビール醸造の技術が、ほとんど宗教の域にまで達し、大学でもそれが教授されるほどの国ベルギーにあっては、この快楽の象徴が、往年の恐怖の対象と密接に結び付く過程を経て、伝統的な悪魔に対する恐れが一気に退いていったことが手に取るように分かる。しかも、多くのアメリカ人の場合とは異なり、自己内部に潜むデーモンを恐れ、それを監視する代わりに、ベルギーにあっては、デーモンに阿《おもね》り、デーモンを甘きネクタル〔ギリシア神話で、神々が飲む不老長寿の酒〕に漬けこみ、デーモンをビールの泡の中へと沈めることを好んだのである。ここには、誰もが求めて止まない個人的な幸福の追求が、時を経るごとに濃密になっていく様子が伺える。もちろん、この徴候が誰にも当て嵌まるわけではない。恐怖心を煽《あお》る往年の伝統に執着している者たちもまだいるだろうし、悪魔の影に多少なりとも怯えている人々も存在するであろう。なるほど、地域色の濃い幻想的文学や映画が、そしてそれらを引き継いだ漫画が、ベルギー王国内に於いて、悪魔の神話を通俗化するのに貢献したのは間違いない。だが同時に、この王国も他のヨーロッパ諸国と同じく、合衆国のホラー映画が雨の如く降ってくる「地球という村」に属していることもまた、紛う方ない事実なのである。[26]

西欧の新しい大衆文化は、こうした影響から完全に逃れるわけにはいかなかった。しかしながら、その影響力は、フランスとベルギーでは比較的小さかったと言える。悪魔の通俗化という観点から見れば、この現象を上手く説明できるだろう。フランス語圏の漫画は、合衆国のそれとは異なり、悪魔を深刻に受けとめたことは一度もない。例えば一九七二年六月の「ピロット」六五八号にロロが描いた『スーパースター・サタン』は、そこに漂うアイロニーとユーモアとによって、『エクソシスト』で猛威を振るった恐るべき悪魔とは、全く様相を異にしている。吸血鬼やゾンビ〔霊力で生き返った人間で、霊の言いなりになる〕も、ゴットリブがしきりに戯画化したフランケンシュタインの怪物同様に、しばしばパロディーの対象となっている。また、「ピロット」の六六三号（一九七二年七月）には、祝別されたアイオリ〔アイオリとは、ニンニク入りマヨネーズソースのこと。魚料理や冷製の肉に使う〕を調合した後それを服用して自殺した吸血鬼が出てくる。この種の漫画を読んだフランス人が、アメリカ製のホラー映画を見たところで、はたして「新大陸」の住民と同じくらい深刻にそれを受けとめるであろうか。確かに、漫画家の中には、ラヴクラフト〔既出。アメリカの怪奇小説家〕流の、不安を煽り立てる暗黒調をベースにする者も幾人か存在している。例えば、フィリップ・ドルイエがそうで、その作品『孤独のスローン』で描かれた主人公の物語を辿れば、ドルイエが堕落や怪物のテーマに魅せられているのが一目瞭然となる。その他にもエンキ・ビラルや、ユゴー・プラットが漫画集『コルト・マルテス』の中に挿入した、魔女狩りをテーマとする作品群も忘れるわけにはいかない。さて、このように広い範囲ごとに、感受性に違いが見られるという事実は、一九四九年七月十六日に制定されたある有名な法とも関係がある。この法は、フランス国内で、漫画の中に暴力シーンや覆面強盗を描くことを禁じている。こうして、フランスやベルギーに特有の伝統が芽生えることになったのである。歴史家たちはいまだに、この法が二十世紀最後の四半世紀の読者たちに、非常に良い影響を施したと賞賛して止まない。[27] さて、その他の場所、とりわけプロテスタント圏のヨーロッパにあっては、文化が異なった変容過程を辿ってきたことも手伝ってか、大西洋の彼方から侵入してきたホラーや暴力をテーマとする作品群が、フランス語圏以上に重要な影響力を行使している。例えば、悲劇的な美学を映画の中で実践して見せたのは、大陸北部、とりわけドイツではなかったか。こうした映画は、イギリスの暗黒小説やゴシック小説、あるいはルターの世紀にゲルマン語圏に出回ったトイフェルビュッヒャー〔既出。「悪魔本」の意〕などに、その発想源の一部を汲み取っているのである。

表現主義のデーモン――『ゴーレム』から『怒りの日《ディーエス・イーラエ》』まで

第七芸術〔映画のこと〕は産声を上げた時から既に、悪魔と大なり小なり関連した現象を描くことに対し見事に適応していた。年を経るごとに巧みになっていく特殊撮影技術のお陰で、作家の筆が描いてきた地獄や人間の魂の深奥に於ける混乱を、スクリーン上で「見る」ことが可能になったのである。絵画作品とは異なり、映画は、映し出す形態を動かすだけでなく、さらには驚異的な喚起力を備えた音声をも獲得していく。こうして映画を通じ、ロマン派の教えや暗黒小説の名手たちの教え、さらには無意識の発見の教えるところをも、今まで以上に増幅して伝えることが可能となったのである。この分野にあっては、二十世紀最初の二、三十年が、驚くほど豊穣な時期であった。特に、一九一三年から一九三三年までの、ドイツ表現主義の時代がその絶頂期を成している。(28)

第一次世界大戦の危機が迫っていた頃、ヨーロッパは既にサタンの息吹を感じていた。一九一三年、デンマーク人のステラン・リュエ〔一八八〇―一九一四年〕は、ドイツ向けに『プラハの大学生』を監督し、パウル・ヴェグナー〔「ヴェゲナー」と記すこともある〕を主役で使っている。そこではプラハという古都が、暗い雰囲気を醸し出すのに貢献している。ただし、実在した森の中に復元された、昔の墓地を撮影することは、ユダヤ人社会から拒否されている。さて、この視覚的ロマン主義作品は、文学に於ける長兄〔言うまでもなくロマン主義文学のこと〕の面影を留めていると同時に、マックス・ラインハルト〔一八七三―一九四三年：オーストリア生まれの舞台の演出家にして映画監督。派手で壮大な舞台演出で有名。映画では、レアリスムから表現主義へと移行している〕の舞台の影響をも受けている。特に明暗法というテクニックを、ラインハルトから引き継いでいる。この明暗法は、ゲーテの跡を継いで、悪魔の影を追い求めたゲルマン系の映画人一派の、商標の如きシンボルとなっていく。さて、奇異なるものに魅せられていたヴェグナーは、『プラハの大学生』の撮影の折に、一九一四年自ら撮ることになる彼独自の『ゴーレム』の着想を得ている〔「ゴーレム」とは、ユダヤ伝説に於いて、「生命を与えられた人造人間」のことを指す〕。ゲットー〔ユダヤ人指定居住地区。ユダヤ人街〕に伝わるある伝説、すなわち、一五八〇年頃「ラビのロウ師によって生命を吹き込まれた、〔ゴーレムという〕あの神秘的な粘土の人間」に関する伝説を知ったヴェグナーは、それを基に映画のシナリオを完成させ（現在は紛失）、自らも映画に出演している。一九二〇年頃、彼は『ゴーレム―その誕生譚』〔ドイツ語の直訳は「ゴーレム。いかにして彼はこの世にやって来たか」となる。なお、邦題は『巨人ゴーレム』〕というタイトルの下に、再び同じ趣向の映画を構想している。一九一四年のシナリオでは、撮影時における「ゴーレム」発見の逸話と過去とが交錯していたが、今回の新しいシナリオでは、筋の時代設定を十六世紀に限定している。[29] 神と張り合おうとする傲慢な男が怪物を生み出すという主題は、今後、世界中の映画が最も頻繁に追求するテーマの一つとなっていく。中でも、フランケンシュタインや狂人の学者を主人公に据えつつ、右の話を変奏した夥しい数の作品が制作されている。

フランスでは、ルイ・フイヤードが『吸血鬼』（一九一五―一九一六年）を撮り（もっとも中味はアクション映画で、タイトルは羊頭狗肉の感を免れない）、アメリカ合衆国でもこの主題に皆が熱中していた頃（一九一三年に『吸血鬼』、一九一六年に『吸血鬼の痕跡』）、スカンジナビアやゲルマン系の製作者たちは、辛抱強く悪魔の道を掘り下げていき、そこから黒く輝くダイヤモンドを抽出しようとしていた。こうして、第七芸術たる映画の傑作が生まれてくる。その一つであるローベルト・ヴィーネ〔一八八一―一九三八年：ドイツの映画監督〕の『カリガリ博士』（一九二〇年）は、曖昧さを前面に押し出している。と言うのも、主人公たちが経験する出来事は想像上のものと思われるが、戦争に敗北して大混乱の中で苦悩している現実のドイツを枠組みにして、デーモンが解き放たれているからである。権力欲と殺人衝動に駆られているカリガリ博士は、プロイセンの独裁的特徴と、それに抵抗している勢力の公然たる非難とを共に喚起させる。批評家の中には、この作品がヒットラーの登場を予見している、とすら主張する者もいる。フリッツ・ラング（一八九〇―一九七六年：オーストリア生まれのドイツ表現主義を代表する映画監督）の『ドクトル・マブゼ』（一九二二年の『賭博者ドクトル・マブゼ』、特に一九三三年のトーキー『怪人マブゼ博士』）もこの系列に属しているだろう。なお、戦争直後の数年間は特に実りある時期であった。「スクリーン上の悪魔」を調査したロット・アイスナーによれば、悪魔関連の映画は、一九二五年までに四十本ほど、また一九二五年からトーキーが出現する一九二九年までに三十本ほどが見付かるという。ゴーレムやカリガリ博士ないしはドクトル・マブゼに倣って、同類の人物像を造形した者も少なからず存在している。それほどに、これらの主人公は映画作家と観客の双方を熱狂させたのであった。ラングが世に送った最初の『ドクトル・マブゼ』は、オーバーラップの手法を駆使して、幻想的なヴィジョンを織り上げるのに成功している。重ね写しの一例としては、催眠状態に陥ったマブゼ伯爵と、そのジェスチャーを真似ている幽霊の分身どものオーバーラップが挙げられよう。また、奇異さを際立たせるために、光や周囲の雰囲気も効果的に取り込まれている。例えば、火の傍らで瞑想しているマブゼの上には、その火の光に照らし出された一枚の絵が掛かっており、そこにはマブゼに似たルシファーの巨大な肖像が描かれている、といった具合である。[30]また、一九二〇年作の『巨人ゴーレム』を例に採れば、炎に囲まれた輪の中にラビが閉じ込められている場面があるが、ここにも巧みな特殊撮影と素晴らしいオーバーラップの技法が応用されている。さらに、生命を吹き込まれた粘土の像が、生きた俳優へと繋がっていくシーンのカメラワークなどは、まさしく魔術師的な離れ業であって、観客の目を見事に幻惑してしまうのである。[31]

フリードリッヒ・ヴィルヘルム・ムルナウ（一八八九―一九三一年：アメリカに帰化したドイツの映画監督。ドイツ表現主義の第一人者〕が一九二二年に、余計な技巧や装飾を排して撮った作品は、ドイツ表現主義の至宝と言える。『ノスフェラトゥ、あるいは恐怖の交響曲』は、副題が示しているように、アブラハム・ストーカー〔既出。アイルランドの作家で、『ドラキュラ』の作者。ブラム・ストーカーと呼ばれることが多い〕がドラキュラをテーマにした作品から、自在に着想を得ている。その大部分が、リューベック〔ドイツ北部のバルト海に臨む都市。中世有数のハンザ都市でもあった〕やブレーメン〔ドイツ北西部ブレーメン州の州都〕の自然を背景として撮影されたこの映画は、一八三八年にブレーメンを襲ったペストの原因を説明しようとしている。蘇るために若者の血を吸い続ける、カルパティア山脈〔チェコスロバキア東部からルーマニア北部に至る山脈〕の吸血鬼ノスフェラトゥは、ある物件の紹介のためノスフェラトゥの恐るべき館にやってきた一人の不動産業者の従業員の後について行く。こうして、あちこちに死と悲嘆をばらまく旅の身となる。長い旅路の後、ノスフェラトゥは上述した従業員の隣人となり、その若き妻ナナを毒牙に掛ける。だがこの犠牲は必ずしも無駄ではなかった。と言うのも、吸血鬼はナナの血を吸うことに気を取られすぎ、暁の到来に気付かなかったからである。こうして太陽の光が彼の破滅をもたらす。その際、ノスフェラトゥは文字通り灰燼に帰してしまう(32)。特殊効果などを使わないで撮影された、数々の印象的な場面には、形而上学的不安が滲み出ている。例えば、船に置かれたノスフェラトゥの棺の中には、彼が生き残るのに不可欠なカルパティア山脈の土が入っており、さらにその脇には棺に似た木箱が安置されている。ところが、この木箱には、何とネズミが溢れかえっているのである。また、呪われた船体の入港の場面や、人気のない路地に立っている複数の葬儀人夫の光景。あるいは、雄鳥の鳴き声とともに消え去る吸血鬼の様子。こうした場面から滲み出す形而上学的不安は、ロマン派の作家たちの筆に浸透していたのと同種の、ゲルマン文化に特徴的な極めて悲劇的かつ幻想的な地下水脈に、その源泉を汲んでいる。ノスフェラトゥは、一切の人間性を放棄したファウスト博士による悪魔との契約と、生命の中核にフロイトが見出した死への衝動の双方を、同時に体現する存在である。結局のところノスフェラトゥは、個人に罪悪感を植え付ける道を幾つも切り開いていった西欧の、ある意味で交差点のような存在なのである。しかも、ホフマン描く超自然の世界によって、この罪悪感を刻印しようとする傾向は、ドイツの奥深くにまで浸透していたのであった。

こうした想像界《イマジネール》と、同時期のスカンジナビアのそれとの間には、緊密な関係が成り立つ。恐らくこの事実は、どちらの地域も、プロテスタント、中でもルター派が重要な位置を占めていたことと無関係ではあるまい。十七世紀以降トイフェルビュッヒャー〔既出。「悪魔本」の意〕が廃れてしまったのは確かだが、これらの地域でのデーモンの捉え方には、カトリック諸国に比べて、より強迫観念的な特徴がしばしば看取できる。いち早く魔女狩りのテーマを開拓していた映画作品の存在が、この点を裏付けてくれる。例えば、余りに不当な評価しか与えられていないデンマークの偉大な映画監督ベンジャミン・クリステンセン（一八七九―一九五九年）〔医師、オペラ歌手を経て、幻想映画の監督になる〕は、『魔女狩りの時代』（一九二一年）の中で、あらゆる種類の迷信を強烈に批判し、さらに、教会が演じた有害なる役割をも強調している。クリステンセンは、歴史的なドキュメンタリーと、役者による演技のシーンとを交錯させ、また、ある種のユーモアを交えつつ自分自身悪魔と医者の二役を演じている。さて、以上の批判的観点から見て、彼は、祓魔師《エクソシスト》のサディズムや憑依現象に襲われた尼僧院のヒステリーを非難したミシュレと、見事に歩調を合わせていると言える〔十九世紀最大の歴史家ミシュレは、その著書『魔女』の中で「魔女狩りはローマ教会の犯した犯罪である」と断言している〕。ところで、我らがデンマークの監督は、その美学的アプローチによって、『第七の封印』のベルイマン〔一九一八年―　：スウェーデンの映画・舞台監督。北欧の自然を背景に、魂の根源に迫る独自の映像世界を創出〕に影響を与えている。なお、ハリウッドに移ったクリステンセンは、その後も『悪魔のサーカス』や『サタンの七つの足跡』（一九二九年）といった同種のテーマの作品を撮っている。

同じくデンマーク人だが、クリステンセンよりも十歳若いカール＝テオドール・ドライエル〔一八八九―一九六八年：デンマークの演劇評論家・映画監督〕は、サイレント映画の大家の一人である。ドイツやスイスにも在住経験のある彼は、ルター派特有の厳格さを特徴とする、簡素で飾り気のない作品を撮っている。『ジャンヌ・ダルクの受難』（一九二八年）の後、彼の最初のトーキーである『吸血鬼』（一九三二年）が、続いて『怒りの日』（一九四三年）、『言葉（オルデ）』（一九五五年）そして『ゲルトルート』（一九六四年）が発表されている。『吸血鬼、あるいはデイビッド・グレイの奇妙な冒険』を貫いているのは、超自然的なるものである。そこには、実は吸血鬼である一人の老女が登場する。ところが、ある大胆不敵な男が、墓地でその墓を暴き、尖った杭を彼女の身体に突き刺したため、最後は消滅してしまう。死体は即座に骸骨に変じるのである。ある意味で地獄を探索していると言えるこの映画では、時折短い言葉が挿入されるものの、大体において緩慢さと静寂とが画面を支配している。例えば、大胆な医者による「処刑」の後、この医者の家の窓の背後に、炎に包まれた老女の巨大な顔面が現れる、といった調子なのである。[33] 不幸な少年期のトラウマに取り付かれていると言ってよいこの映画作家の、その後の作品群は、より内在的なものとなっており、しかもある種熱に浮かされたような熱狂に充ち満ちている。例えば、『怒りの日《ディーエス・イーラエ》』は、その舞台を十六世紀に設定し、神父アブサロムと、彼よりずっと若い後妻アンヌを登場させている。アブサロムの最初の結婚でできた息子のマルティンが現れるに伴って、悲劇が幕を開ける。と言うのも、アンヌとマルティンの二人が、互いに強く惹かれ合うようになるからである。悪魔的な魔術への信仰と、曰く言い難い悪意を背景に据えつつ、この映画は人間の魂の秘められた深奥を探っていく。禁じられた恋の目覚めに伴って、アンヌは自分が有する力を自覚する。それと言うのも、彼女は、火炙りにされたある魔女の娘だったからである。もっとも、アブサロムがまだ彼女のことを愛していたために、彼女は一旦は致命的な運命に見舞われずに済む。しかし、結局は彼女の秘密の欲求のせいで、アブサロムは突然死んでしまう。独占欲が強く、しかも容赦ない彼女の継母は、これを機にアンヌを魔女として公に非難する。その後、アンヌは罪の意識と良心の呵責に悩まされることになる。ここでは、悪魔の姿は全く見えない。悪魔の存在は、情念の爆発を通して暗示されているに過ぎない。しかしそれでも、悪魔は出現の機会を虎視眈々と狙っているように映る。この点は、例えば強烈な罪悪感の表出などから察知しうる。ただし、いくら良心の呵責を覚えても、罪人は極端な要求を課してくる隠れた神を完全に満足させることはあり得ない。また、誰についても言えることだが、この罪人もまたデーモンから完全に逃れるわけには行かないのである。この監督の示す暗い心理学は、その暗さにも拘わらず、両大戦間のデンマーク文化、あるいはより広く見たスカンジナビア文化と、上手く調和しているように思われる。

初めての世界大戦に終止符が打たれ、歴史が逡巡している間に、ヨーロッパ北部を支配していた感受性、その中でもスカンジナビアよりはむしろドイツに於ける人々の感受性は、明暗に富み混乱を孕み陰鬱で時には暗澹とした映像を、スクリーン上に反映させることを後押しした。こうしてムルナウは闇を描く大家となっていく。『ノスフェラトゥ』から『ファウスト』（一九二六年）へ、さらにはサーカス界の悲劇を扱った『四人の悪魔』（一九二八年）へと創作が続いていく。また、ローベルト・ヴィーネは、『オルラックの手』（一九二四年）を、フリッツ・ラングは『メトロポリス』（一九二七年）、『M』（一九三一年）〔原題は *M. le Maudit*：直訳は「呪われし紳士」ないしは「紳士の悪魔」〕を、ゲオルグ＝ヴィルヘルム・パブスト〔一八八五―一九六七年：ドイツの映画監督。第一次大戦後のドイツの世相をリアリスティックに描写した〕は『ルル』〔原題は *Loulou*：「ならず者」の意味がある。なお、ドイツ語の原題は *Die Buchse der Pandora*「パンドラの箱」〕（一九二九年伝説的な女優ルイーズ・ブルックスが主演）をそれぞれ発表し、ムルナウと同じ路線を歩んでいる。これらの作品では、遍在しうるサタンは今や人間の身体の内部に深く潜み、その宿主を破滅へと追い遣っていく。この時期に表現主義の傑作が驚くほど多く生み出されたのは、恐らく偶然ではない。一九一八年の敗戦の影響下で、「悪」を内在化していくうねりの如き変化が、ここに完成を迎えたのである。『オルラックの手』に登場する狂気の外科医は、自分の娘に別の顔を与えたいという観念の虜となってしまうが、この医者はピーター・ローレ演ずるところの、『M』に登場するM氏〔呪われし者〕の双子の兄弟だと言える。さらに、怪しげなエロティシズムに彩られたルルは、言わば彼らの妹であり、ジョゼフ・フォン・スタンバーグ監督（一八九四―一九六九年：オーストリア出身の米国の映画監督。『嘆きの天使』で、マレーネ・ディートリッヒを一躍スターにした）の『嘆きの天使』（一九三〇年）（ドイツ語の原題は *Der Blaue Engel*：「青い天使」の意）でマレーネ・ディートリッヒが演じたローラと同類の人物である。後者の作品では、女性の官能性と絡めつつ、立派な教授が地獄の如き境遇へと堕ちていく有様が描かれているが（『嘆きの天使』はハインリッヒ・マンの原作『ウィンラート教授』を映画化したもの。高校の教師が街のキャバレーの踊り子ローラの性的魅力の前に理性を失い、彼女にのめり込んでしまうが、最後には人生の破滅に至ってしまう物語）、これはファウスト伝説のテーマに新風を吹き込んだ作品だと言ってよい。因みに、魔法の如きカメラワークを見せたこのウィーン出身のアメリカ人監督は、ムルナウの同名の作品とドイツ表現主義に対し、心からの賛辞を呈している。スタンバーグ描く危険な魅力を湛えた女性、言わば「悪の華」と、自己に内在するデーモンを制御できない男性とは、陰鬱な想像界《イマジネール》を支配している激烈なカップルの典型となっている。こうした敗北の宿命を、『M』（「呪われし者」）ほど巧みに描いた作品は他にない。少女を惨殺した犯人は、その後暗黒街のメンバーたちが「即興」で作った法廷で裁かれるわけだが、ここには、国家の後には個人をも捉えて離さない宿命の有り様が描出されている。

「俺はどうしようもない、本当だ。このおぞましい部分は、俺の中にあるんじゃねえのか。この火もこの声もこの拷問も。俺自身から逃れるなんて、どだい無理な話だ。俺にはできねえ。」

ヨーロッパ北方の監督たちは、映画が有する強い喚起力を存分に活用して、西洋に於ける悪魔の神話を、無比のテクニックを駆使しつつ再び蘇らせている。第二次世界大戦に至るまで、ドイツ人とスカンジナビア人たちが、同胞にも歓迎されたこの悪魔的世界を支配することになる。(34) 第一次大戦で被ったトラウマは、ドイツ文化に大きな動揺をもたらした。そのトラウマが、ここで古来の強迫観念と結び付いたのだと言える。また、北欧の伝説が放つ暗い輝きとも多少は連結したであろうし、さらに言えば、プロテスタント圏に流布したトイフェルビュッヒャーの悲観主義ともより緊密に繋がったと思われる。こうして、「悪」に包囲され「悪」に浸潤された人間は、一種の黄昏時を迎えているとする、鋭敏な感覚が生じてきたのである。人生は、ほとんど希望の持てない白黒のスクリーンに過ぎなくなってしまった。ロマン派的な表現、それも暗黒の研ぎ澄まされた表現に没頭した芸術家たちにとって、幸福なんぞは現世に属するものではない。彼らは、ラテン語圏の啓蒙的哲学者が描くユートピアとも、「今ここ」にある人間の運命をすら変革できると夢想する革命思想とも、全くかけ離れている。二十世紀最大の映画監督の一人、スウェーデン人のイングマール・ベルイマン（一九一八年生まれ）〔既出〕も、『牢獄』（一九四八年）〔実際は一九四九年作だと思われる〕の中で、登場人物の一人にこう言わせてはいなかったか。すなわち、「人生なんて、死に向かって進んでいく、意味のない残酷な旅路以外の何ものでもない」と。こうした北欧の伝統は、一九二一年、ヴィクトール・シェーストレーム〔一八九七—一九六〇年：スウェーデンの俳優、映画監督。スカンジナビアの伝説を題材にした傑作を多く世に送った〕の最高傑作である『幽霊の荷馬車』の中で、既に表現を与えられていた。この伝統は開花したままその後も長く続き、特にイングマール・ベルイマンの『第七の封印』（一九五六年）の内に受け継がれていく。この映画を支配しているのは、まさしく死そのものであり、その死は、主人公の騎士とチェス・ゲームを展開した後、一組の男女以外は容赦なく呑み込んでしまう〔ペストの流行する中世が舞台となっている。主人公は、遠征に失敗した十字軍の騎士で、人生に疑義を抱き諸国を遍歴する〕。この作品からは、根源的なペシミズムを和らげることができるのは、「人間の情の優しさ」以外には存在しない、というメッセージが読みとれる。

カトリック圏の国々では、こうした陰鬱な映像が長らく押し寄せることは全くなかった。この点でアメリカ合衆国とも全く異なっている。合衆国では、プロテスタントの影響が、大規模な商業的要請とも重なり合って、こうした暗澹たる映像を大量に生み出すことになるのである。

暗黒のスクリーン―ホラー、サスペンス、そして異常

ルイ・フイヤード（一八七四―一九二五年：『ファントマ』、『バンパイヤ』などを撮った映画監督で、ジャック・フェデ、ルネ・クレールらを育成した）の『バンパイヤ（吸血鬼）』（一九一五―一六年）に収められている、常軌を逸した十の逸話の中では、「悪」がその支配を確立している。もっとも、ここで扱われているのは吸血鬼そのものではなく、犯罪者たちである。彼らはその親分格に当たる大吸血鬼、サタン、毒殺者などと同じくらい残酷である。映画の冒頭を飾る「ヴァンプ（妖婦）」は、黒いタイツをはいた犯罪者たちの女ボス、イルマ・ヴェップ（Irma Vep：Vampire の換字変換《アナグラム》）で、ムズィドラがこの役を演じている。夜のパリを徘徊するこの女強盗は、絶対王政の時代に恐るべき悪党が組んでいた、あの伝説的な「奇跡の宮廷」（中世・近世に存在した強盗などの隠れ場を指す。昼間に障害者の恰好をしていた連中が、夜になると、まるで奇蹟が起きたかの如く、健常人に戻っていることに由来する名称）の系譜上にある。因みに、ヴィクトル・ユゴーの『ノートルダム・ド・パリ』を一九二三年に映画化した作品の中でも、この窃盗団が登場している。さて、フイヤードと共に、フランス映画も地獄の扉を叩くことになる。ただし、スウェーデン人やドイツの表現主義者たちが描く夢幻的な光景とは違って、フランス人たちは人間の内部に地獄を見て取っている。なお、フイヤードの『バンパイヤ』は、シュールレアリストたちを熱中させたものの、保守的なブルジョアの眉を顰めさせる結果に終わっている。彼はその後、『バンパイヤ』に比べて、意図的に破壊的要素を抑えたシリーズをも撮影している。その『ジュデックス』の冒険にあっては、常に「善」が勝利を収めることになっている。もっとも、悪魔がフランスで全く無視されて

いたわけではない。それは、他に比べより曖昧かつ多様な形態を採っていたに過ぎない。既に一八九六年の時点で、ジョルジュ・メリエス〔一八六一―一九三八年：世界初の映画スタジオを作り、独創的なトリックを駆使して『月世界旅行』などを制作した〕が、『悪魔の館』を撮り、デーモンを極めて多面的に捉えて画面に登場させようと、懸命になっていた。もっとも、『悪魔の館』だけが舞台ではなく、修道院や旅籠あるいはメフィストの実験室などにも、デーモンは姿を現している。メリエスはさらに、デーモンに対し、『悪魔による四百の笑劇』（一九〇六年）まで演じさせている。一九四二年にモーリス・トゥルヌールが撮った『悪魔の手（半生の悪魔）』は、サタンをちっぽけな公証人の姿へと矮小化している。また、マルセル・カルネ〔一九〇九―九六年：一九四五年、『天井桟敷の人々』でフランス映画史上に不滅の金字塔を打ち立てた名匠〕は同じく一九四二年、『悪魔が夜来る』の中でサタンに不気味な面相を与えているが、結局はジュール・ベリー演じる極めて人間的な存在に変じている。因みにこの作品は、中世を舞台にした魅惑的な恋の物語に仕上がっている。さて、同じカルネが、一九三九年に制作した『陽は昇る』は、アメリカの暗黒街映画〔film noir：フィルム・ノアール。犯罪映画、暗黒街映画の総称で、ヒロイックなギャング映画とは異なり、暗く悲惨な最後を迎える〕の影響を受けているが、民衆主義《ポピュリスム》〔心理分析に基づくブルジョア文学に反対し、庶民の日常生活を素朴に描き出そうとした一九三〇年代の文学運動〕的な悲劇の中核に、姿を隠しつつも、悪魔は既にそこに「いた」のではなかろうか。と言うのも、ジャン・ギャバン演じる主役は、この世の悲惨を一人で引き受け、好意を寄せていた若い女性を虐待したごろつきを殺害した後、自害を遂げてしまうからである。また、ルネ・クレールの『悪魔の美しさ』（一九四九年）のように、デーモンを普通の人間としてよりは、むしろより魅力的に描こうとした作品も存在している。ジェラール・フィリップの輝きとミッシェル・シモンの才能に溢れているにも拘わらず、重苦しくて退屈だと評されることが少なからずあるこの映画は、ファウスト神話のテーマを変奏したものである。否、より正確を期するならば、人類がその魂を科学に売ったという月並みな見解をそのテーマとしている、と言うべきかも知れない。ジャン・コクトーもまた、『美女と野獣』の中で、詩的な衣装を纏《まと》わせて悪魔を登場させている。これは、童話を壮麗なる白昼夢へと変じた作品である。周知の通り、こうした童話の類は、子供たちの魂に無意識的教訓をもたらすものである。コクトーの作品にあってさえ、無意識への訴えは、生きること、死ぬことの双方を教示している。後にジャン・マレの容姿を得て素晴らしい姿に変じるはずの野獣は、森に迷い込んだ呑気な商人の世界に、死と「悪」とをもたらす。この男が軽率にも摘み取ってしまった薔薇の花は、イヴの林檎を幾分喚起させるところがある。というのも、恐ろしい怪物すなわち野獣は、自分が薔薇の所有者であるから、摘み取った代償に男の娘の一人「ベル」〔「美女」の意〕を供物として寄越せと要求してくるからである。しかし、彼女は野獣によって非常に鄭重に扱われ優待されたので、嫉妬に駆られた姉妹たちは、自分たちの兄と若き友人のアヴナンに対し、こうした宝の分け前を頂きに行くよう頼む。しかしアヴナンはそこで殺されてしまう。ところが、「ベル」の視線の力により、野獣の方は魅力的な王子に変身する。ここには、ハリウッドを支配したハッピーエンドと同じ大団円が見られるが、にも拘わらず、「悪」もまた顕現化せずにはいない。少なくとも、その「悪」を手なずけること、愛の力で「野獣的なるもの」を殺すこと、人間の野蛮な部分を遠くへ押しやることは可能であるかのような印象を受けるだろう。だが、どこまで押しやれるものだろうか。

恐らくそれほど遠くまでではなかろう。それは、一九二九年から一九三四年までの間に撮影されたアメリカのギャング映画の、極めて暴力的な内容を見れば分かる。実はこの期間だけで、ごろつきや変質者をテーマにした映画が、二百五十本から三百本も制作されている。しかもこれらの作品は、世界中の映画に計り知れない影響力を行使したのである。ジョゼフ・フォン・スタンバーグ〔既出〕が一九二七年に撮った『暗黒街』が、その原型を提供している。スタンバーグはこの翌年にも『ドラグネット』を発表している。最も特筆すべき作品としては、マーヴィン・ルロイ監督〔一九〇〇―八七年：甘美なメロドラマを得意とするハリウッド黄金期の巨匠〕の『小さな皇帝』〔邦題は『犯罪王リコ』、一九三一年〕（主役はエドワード・G・ロビンソン）、ウイリアム・ウエルマンが監督しジェームズ・ギャグニーが演じた

『民衆の敵』、そしてホワード・ホークスの『スカーフェイス』〔「頬の傷」の意。左の頬に傷があったアル・カポネの異名〕などが挙げられる。これらは全て、アル・カポネの生涯から着想を得ており、しかも、どれもがギャングの出世とその避けがたい失墜とを物語っている。ところが、一九三四年の「ヘイズ法」〔ヘイズは米国の弁護士、政治家、映画界の重鎮。Hays Code と呼ばれる制作倫理規定を作った〕は、反道徳的な内容を一切スクリーン上に映し出してはならないと規定したため、このジャンルに壊滅的な打撃を与えている。その後、映画監督たちは、連邦警察を持ちあげる作品へと方向転換し、さらに一九四〇年代には私立探偵が活躍する物語へと移行していく。例えば、ジェームズ・ギャグニーは、既成の秩序の守り手を演じる役へと再転換を図り、移行期を見事に乗り切っている。もっともしばらく後になって、ギャングたちはスクリーン上に戻ってくる。その代表作としては、マックス・ノセック〔一九〇二―七二年：ポーランド出身の映画監督〕の『ディリンジャー』、アーサー・ペンの『俺たちに明日はない』〔アーサー・ペン〔一九二二年― 〕：『俺たちに明日はない』でニューシネマ時代をリードした映画監督。なお、原題は *Bonnie and Clyde*〕、フランシス・フォード・コッポラ〔一九三九年― ：『ゴッドファーザー』や『地獄の黙示録』などで数々の賞を受賞している、現代アメリカを代表する映画監督〕の『ゴッドファーザー』などが挙げられる。

世界的な経済危機の時代に制作されたアメリカの暗黒街映画《フィルム・ノアール》が、フランスでそのまま模倣されることはなかった。フランスでは、犯罪の異常さを並べ立てるよりは、むしろ犯罪王たちの陰鬱な狂気を、フイヤードの『バンパイヤ』に見られるような、個人の悪魔的側面と結び合わせながら描くことに関心が向いていた。デーモンは、フランスの観客にその存在を実感させる上で、派手な演出や極端な暴力シーンをもはや必要としていなかった。観客たちは、入念に描写された主人公の諸特徴の内に、人間の限りない悪意を嗅ぎ出すことができたのである。しかも、探偵小説のお決まりの筋立てにもかかわらず、観客の心には不安が湧き上がってくるような仕組みが成立していた。こうした曰く言い難い残酷さを描いた映画人の代表は、アンリ＝ジョルジュ・クルーゾー〔一九〇七―七七年：『フランスのヒッチコック』と呼ばれたサスペンスの巨匠）であろう。彼は、犯罪を背景としながら、個人の闇の側面を、正確かつシニックに描いて見せる。ピエール・フレネーが主演した『密告』（一九四三年）（原題は、*Corbeau*：「カラス」。「カラス」という名の下に、ある村にばらまかれた密告の手紙が、リンチ事件にまで発展する不幸を描いている）は、上辺《うわべ》の立派さの奥に、途轍もない秘密、多様な欠陥が潜んでいることを証している。作者クルーゾーは、社会的関係の全体に、典型的な「悪」の予兆を漂わせている。また、ルイ・ジュヴェ（一八八七―一九五一年：俳優、演出家。ジロドゥーを始めとする二十世紀前半の主要な戯曲を演出し、主役として多数の舞台、映画で活躍した）がその才能を遺憾なく発揮している『犯罪河岸』（一九四七年）では、クルーゾーは暴力を通俗化することを通して、不安や苦悩を表現している。その他の代表作に、『悪魔のような女』（一九五五年）、未完で終わった『地獄』（一九六四年）などがある。以上のタイトルはどれも喚起力に富んでいるが、実際の物語は最も現実的かつ身近なところで展開している。なぜなら、デーモンはこの地上に、つまりは我々人間の各々の内部に存在しているからである。

　フランスの映画監督たちは、ホラー映画に由来する怪物というテーマに、ほとんど惹かれることはなかった。このテーマを再び採り上げたのはアメリカ人たちである。彼らは、一九三〇年代の初頭以後、換言すれば、ナチスがあまりに退廃的な表現主義を非難していた頃に、このモチーフを好んで選択している。彼らは吸血鬼に纏《まつ》わる作品を、一九二七年から一九四五年までの間に、一ダース以上も撮っている。例えば、トッド・ブラウニング（一八八〇―一九六二年：メロドラマを手掛けていたが、『魔神ドラキュラ』の成功を機に、終始一貫して恐怖映画を撮り続けた）は、『真夜中のロンドン』（一九二七年）、『魔神ドラキュラ』（一九三一年）、『バンパイヤの印』（一九三五年）などを、またアール・C・ケントンは『フランケンシュタインの家』（一九四四年）を映像化している。[35]なお、ベラ・ルゴシはドラキュラ伯爵の役を演じて、非常に有名になっている。また、その後ドラキュラには、一種のブランド・イメージが付いたり、その息子や娘が創造されたりしている。さらに、ハリウッドが独占していたジャンルの成功にあやかるために、往年の映画のタイトルに似たものが使われてもいる。もっとも、テレンス・フィッシャー〔一九〇四—八〇年：イギリスの映画監督。ドラキュラ、フランケンシュタイン、狼男などの「怪物」シリーズで、独特の境地を切り開く〕の『ドラキュラの恐怖』が一九五八年に発表され、イギリスで吸血鬼ものが再流行するようになるまでは、このテーマに関心を寄せた監督は、たった一人しか存在せず、それもイギリス人ではなかった。カール＝テオドール・ドライエル〔既出。デンマークの演劇評論家・映画監督〕がその人で、彼はフランス語のタイトルの下に『吸血鬼（ヴァンピール）』を撮ったのである。ドラキュラがイギリス人の作家ブラム・ストーカーの豊穣なる想像力から生まれたことを考慮するなら、また、その犠牲者たちが、イギリス人のありとあらゆる特徴で飾り立てられていたことを考えるならば、これは極めて象徴的な例外だと言える。それでも、テレンス・フィッシャーが、クリストファー・リーを起用して、質の高い作品を何本か撮り、華々しくドライエルの後を引き継いだのは確かである。一九六〇年代に入ると、メキシコ、イタリア、あるいはフランスの監督たちも、このテーマに挑むようになる。ヴァディム〔ロジェ・ヴァディム（一九二八年—　）：フランスの俳優、映画監督。美女の吸血鬼を登場させるなど奇抜なアイデアに富む〕に倣えば、このテーマは『面白くて死にそうだ』〔一九六〇年。邦題は『血とバラ』。芸術的なバンパイヤ映画として評価が高い〕となろうか。

大規模な経済危機〔一九二九年のニューヨーク株式市場大暴落に端を発し、一九三三年まで続いて、ソ連以外の世界全体を巻き込んだ大恐慌を指す〕に見舞われていた頃の合衆国では、怪奇映画がドル箱になっていた。ユニヴァーサル・スタジオは、一九三〇年代の初頭に、ホラーを専門とするに至っている。その際、ドラキュラの題材のみならず、フランケンシュタインが創造した怪物（ボリス・カーロフが演じている）の不幸や、カール・フロイント〔一八九〇—一九六五年：映画監督だが、カメラマンとしてより名を馳せている。ドイツ表現派の多くの作品を撮影している〕が考案・監督した『ミイラ再生』（一九三二年）などのテーマが付け加わっている。メトロ・ゴールドウィン・メイヤー〔MGM：米国の映画制作会社。トレードマークは「吼えるライオン」〕も遅れをとっていたわけではない。それを象徴するのは、トッド・ブラウニングが一九三二年に撮った『怪物団（フリークス）』（ビデオを借りる場合、そのタイトルは原題通りの「フリークス」である。「フリークス」freak(s)とは英語で、サーカスやカーニバルの見せ物となる怪物（小人を始めとする奇形の人間）を指している。実際この映画には、多くのフリークスが登場する）であろう。これはサーカス団の様々な人間模様を背景にした、恐るべき愛の復讐の物語である。今日では神話的な次元にまで高められたこの物語も、最初は激しい検閲の嵐に見舞われている。だが、そんなことでトッド・ブラウニングがめげるはずもない。その証拠に、ミステリー映画のヴェテランであるブラウニングは、一九三六年には『悪魔の人形』を撮影している。さて、株の全面的大暴落に続いて、連鎖的な自殺が起き、誰もが失業する危機に脅かされていた時期が到来する。この頃の幻滅的な雰囲気は、怪物の大氾濫には打って付けであった。と言うのも、怪物が不安に対する治療薬として機能したからである。アメリカ人たちは、内在化の方向へと向かったフランス人とは異なり、自分たちのフラストレーションや不安を、スクリーン上に強く投影したのであった。つまり、彼らは、ドラキュラのような外在的な敵に対する恐怖を、払い落としていたわけではない、と換言できる。個人個人に伝染可能で、その身体にまで潜入しうるこうした存在を、彼らは恐れていた。バンパイヤに噛まれた犠牲者は、永遠に救済の希望を手放さねばならないのだから、当然であろう。こうした吸血鬼たちのセクトは、セーラム（マサチューセッツ州北東部の港町。一六九二年に魔女裁判が行われたことで一躍有名になった）で火炙りにされた魔女たちのセクトをも連想させる。以上の全ての背後には、サタンが控えているのだ。サタンは、不敗かつ無敵なのである。唯一の治癒法は、「悪」との一切のコンタクトを断ち、万が一それが現れたら、即座に消し去ることである。アーネスト・B・シュードサックとメリアン・C・クーパーが指揮した『キング・コング』（一九三三年）は、観客に対し、一種の集団的な祓いの儀式を提供しており、このジャンルでの精華とも言える名作である。美女のアンに恋した「野獣」のコングは、現代の森林、すなわち自分が逃げ込んだ摩天楼で、殺される以外に逃げ道はなかったのである（周知の通り、巨猿キング・コングはエンパイヤステートビルディングの屋上で四機の飛行機に攻撃され、アンを守りつつ落下して自らは死んでしまう〕。フランス人の好みにより合うように制作されたコクトーの後の作品〔『美女と野獣』（一九四六年）〕との違いは、明白である。アメリカの清教徒気質《ピューリタニズム》は、悪魔に全く美を認めないし、ましてや悪魔と妥協することなどあり得ない。そこにあるのは、恐怖だけである。なぜなら、デーモンは、人間を他の人間にとっての狼へと変じてしまうからだ。例えば、『ザロフ伯爵の狩り』（一九三二年）で獲物となるのは人間であるし、また、チャールズ・ロートン〔一八九九―一九六二年：アメリカの俳優。監督としては『狩人の夜』（一九五五）が唯一の作品〕が主演した『失われし魂の島』〔『獣人島』と呼ばれることが多い。一九七七年にこの映画をリメイクしたドン・テイラー監督の『ドクター・モローの島』が発表されている〕には、サディストの狂った科学者が住んでいるのである。

カトリック教が、これほど強烈な強迫観念に対し、免疫力を有していると断言することは無理であろう。ただ、それを内在化し相対化する過程で、この強迫観念をある程度鎮められる、という仮説は成り立つかも知れない。現に、大いなる危機の時代に、ドイツを含むヨーロッパは、アメリカほどにはこの種の悲劇的観念に取り憑かれてはいなかった。上述した通り、フランスでは悪魔はむしろ哲学者の風貌を与えられている。映画人たちは、大胆にも悪魔と軽やかに戯れることすら間々ある。例えば、当時合衆国に亡命していたルネ・クレールは、『奥様は魔女』（一九四二年）〔原題の直訳は、「我が妻は魔女である」となる〕と題して憚らない。確かに、アメリカに比べて、ヴォルテールの祖国の方が、一七八九年の革命以降極めて世俗的で平等主義的な文化を育んで来たのは確かである。そのため、フランスは古典的なデーモンに大した地位を与えていない。その上、デーモンのイメージは、ロマン派の美しき反逆の天使によって、影が薄くなってもいる。勿論、アメリカにも、フランク・キャプラ〔一八九七―一九九一年：巧みなユーモアと理想主義や夢を盛り込んだ名作を多数発表している〕、ジョージ・キューカー〔一八九九―一九八三年。『マイ・フェア・レディー』の監督として有名。俳優の演技を引き出す術に長けていたので「俳優の監督」と呼ばれた〕、レオ・マッケリー〔一八九八―一九六九年：ヒューマニズムと喜劇性の作風で知られる〕、エルンスト・ルビッチ〔一八九二―一九四七年：ドイツのベルリン出身。一九二二年にハリウッドに渡り、サイレント時代には洒落た恋愛喜劇を、トーキー時代にはシネ・オペレッタのジャンルを開拓している〕などのように、喜劇的な映画制作に輝かしい才能を示した映画監督は存在している。彼らは、観客に経済の危機を忘れさせ、時には宗教の煙幕を晴らしてさえくれる。例えばルビッチの『天国は待ってくれる』（一九四三年）は、愛すべきファンタジーであり、バラ色の天国を提示して死を「非深刻化」してしまう。しかしながら、世界の悪魔的側面の探求の方が、米国にあってはより濃厚に見出され、またその企ては、派手な映像の集成の内に爆発的な展開を見せている。これと正反対なのが、イギリスの容赦なくアイロニカルなカトリック教徒、アルフレッド・ヒッチコック〔一八九九―一九八〇年：字幕書きから一九二五年に監督デビューし、スリラーとサスペンスの神様として君臨。『レベッカ』（一九四〇年）でハリウッド入り〕である。彼は、「善」と「悪」の不確かな境界線を喚起し、それをさらに曖昧に近づけてしまう。特に、一九三〇年代末までの初期作品にその傾向が強い。ヒッチコックはまた、『三十九夜』（一九三五年）、『第三逃亡者』（一九三七年）〔原題の直訳は、「若くして無実」となる〕、『バルカン超特急』（一九三八年）〔原題の直訳は「女が失踪する」となる〕などの作品で、恩寵と地獄の劫罰の問題にも取り組んでいる。彼もまた、他のヨーロッパの監督と同じく、悪魔の存在を直接喚起するような怪物的世界よりは、むしろ、個人の心理の世界に問題を設定している。そこでは、即物的な恐怖よりも、「サスペンス」〔元来は英語で「未定、宙づり、どっちつかず、あやふや」の意味。ここではこの原義に近い意味で用いられている〕に由来する話の混迷から、不安が掻き立てられる仕組みが採用されている。つまり、幻惑され漠たる不安を徐々に覚えていくという、曖昧な段階を経て初めて、危険を拒絶したい気持ちが働くのである。ヒッチコックが描く主人公は、常に、悪魔的な連鎖に引き込まれた「若くて無実な」者たちであり、運命に翻弄される藁《わら》しべの如き存在である。彼らが放り込まれている世界は、フランソワ・トリュフォー〔一九三二―八四年：映画評論家から監督になったヌーヴェル・ヴァーグの中心的存在。『大人は判ってくれない』でカンヌ監督賞を受賞。その他にも多数の秀作がある〕が『三十九夜』を評した時の表現を借りるならば、「全てが危険の徴候であり、全てが脅威である」ような世界なのである。また、ヒッチコックは、至高なる監督の役割を演じつつも、どこか嘲笑的なウィンクを飛ばしている。例えば、上着の上に置かれた聖書にピストルの弾丸が跳ね返るシーンを撮っているが、こういう彼自身にも悪魔的な要素が見出せないだろうか。米国に呼ばれた名匠アルフレッドは、そこでも稀有なる才能を発揮して、『白い恐怖』（一九四五年）〔原題は、*Spellbound,*「魔法にかけられた」の意〕の中で、またもや人間の潜在意識の世界を探っている。彼の技法はその後ますます円熟していき、心が疼くような倫理観をスクリーン上に漂わせるに至っている。この点で彼の作品は、「悲劇的物語」を語り続けた司教ジャン＝ピエール・カミュのそれを彷彿とさせる。(36) 自分たち自身は恐らく殆ど意識していないと思われるが、「フィルム・ノアール」の映像作家たちは、バロック時代特有の罪の断罪の道を、あるいは、十七世紀初頭に絶頂期を迎えた罪悪感の強化という道を、再び辿りつつある。ヒッチコックの最高傑作の一つ『見知らぬ乗客』（一九五一年）は、心で悪と闘いつつも、他人に操られる人間を登場させている。デミウルゴス〔造物神、プラトン哲学で世界の形成者としての神。後のグノーシス思想では、物質的な被造世界を作った悪の元凶と見なされている〕の如き我らが映画監督は、道徳の根本原理を完全に覆しうるという見解に到達するようなシーン、換言すれば、人間の情念が極めて不吉な動きを見せるシーンを撮りつつ、当の人間を弄《もてあそ》んでいる風に見える。そのシーンとはこうである。すなわち、互いに全く知らない者同士の二人の若者が、列車の中で愛想よく会話を交わしている。ところが最後には、交換殺人を行う約束へと達してしまう。しかも、一方が求める殺人を他方が不履行にしたい場合には、なぜか壊れた回転木馬のある場所に行き、そこで命を賭けた決闘に勝たねばならなくなるのだ。このように自《みずか》らの罪悪感を相手に転移するというテーマは、第七芸術たる映画の巨匠ヒッチコックの全作品に、大なり小なり見られるものである（例えば、『レベッカ』（一九四〇年）、『間違えられた男』（一九五七年）など）。また、『鳥』（一九六三年）では、翼を生やした恐るべき包囲者〔鳥のこと〕たちの、不可解な一時的休戦を上手く利用して、主演のカップルが悲劇の舞台であるボウデイガ湾から、逃げ去ってしまう。こうして〔＝一種の敵前逃亡を描くことで〕ヒッチコックは、

「悪」を制御できるという確信を、見る者たちから奪い取ってしまい、その不安を倍加させるのである。

ヒッチコックのこうした初期のメッセージが、アメリカ人に向けて発せられた頃合いは、極めて時宜に適っていたと言える。なぜなら、第二次世界大戦の間、米国では、プロパガンダを目的として、敵を極端に単純化した上で悪魔視する傾向が強くなっていたからである。恐ろしい形相の日本人やナチスが、自由と「善」のために戦っている美しいアメリカ兵と対置される図式に、かなり嫌気を覚えていた観客も少なくなかったはずである。彼らは、人間性に潜む巧妙さ、さらに言えばその異常性を楽しみたいと感じていたに違いない。それはちょうど、長年にわたって楽しみを剝奪され続け、危険に対峙せざるを得なかった西洋の若者たちが、人生の様々な快楽を再発見していった構図と似通っている。ロバート・ミッチャムが好演しているラオール・ウォルシュ〔一八八七—一九八〇年：犯罪映画、戦争映画、西部劇を中心に、アクション物を多数発表した〕の西部劇の一つ『追跡』（一九四七年）〔仏語タイトルの直訳は「恐怖の谷」、英語のオリジナルは、*Pursued*「追跡されし者」〕は、幼児期の様々なトラウマを祓いのけようとしている男を主役に据え、一九三〇年代の半ば以降低調気味だったジャンルを再び活性化させている。よりヒッチコック調に近いものとしては、フィルム・ノアールの中で、ジーメン〔連邦捜査局所属の犯罪捜査官、刑事〕が担っていた役割を引き継いだ私立探偵の物語が挙げられよう。これらの作品は、犯罪そのものだけでなく、人間の最も暗澹たる部分に対する強い関心をも呼び起こしている。その点で、ギャングが派手に暴れ回る伝統的ジャンルとは、一線を画している。同時に考えられるのは、ヨーロッパに遅れを取ってはいるものの、また、古典的な恐ろしい悪魔像を保ちつつではあるものの、個人的心理の探究と「悪」の内在化とがアメリカでも進展しつつある、という点だ。[37] さて、右のジャンルでは、一九四一年に『マルタの鷹』を撮ったジョン・ヒューストン〔一九〇六—八七年：俳優、脚本家を経て映画監督になる。荒々しい男性的な作品を得意とし、一九四八年に『黄金』でアカデミー監督賞を獲得している〕が範を示している。この作品でヒューストンは、友人のハンフリー・ボガードをタフガイの「私立探偵」の原型に仕立て上げている。また、物語は、裏切りの雰囲気の中で、街に降り注ぐ雨ないしは迫り来る闇を背景として、ピーター・ローレが好演した、慇懃だが邪悪極まりない悪党（またしても呪われし者の役柄）との壮絶な闘いを描いている。この探偵ものというジャンルは、一九五五年まで成功を収め続けることになる（一九四九年の『キー・ラーゴ』、一九五一年の『アフリカの女王』など）。また、一九四三年に多才なプロデューサー、ヴァル・リュートンの指揮の下、マーク・ロブソンがカメラを回した『第七の犠牲者』は、地獄の如きニューヨークの街を舞台に、追跡される主人公が逃げ回る様を描いている。この作品は同時に、フィルム・ノアールのジャンルを、サタニズムが支配する暗黒の地下水と直接結び付けてもいる。

　ところで、デーモンそのものが忘れ去られたわけでは勿論ない。例えば、一九四二年に、やはりヴァル・リュートンがプロデュースし、ジャック・ターナーが監督した『キャット・ピープル』は、合衆国で大成功を収めている。この作品は、一般人の中に忍び込んでいる猫族が、犯罪を完遂しようとする筋立てになっている。ここにもまた、セーラム（既出）症候群のテーマが、換言すれば、悪魔の共犯者たる、秘密の内なる敵という主題が看取できよう。その後十年も経ない内に、オルダス・ハックスリー（一八九四―一九六三年：英国の小説家、評論家）が同じモチーフを、小説や戯曲でさらに深化せしめている。[38] 一般大衆がこの主題に惹かれているがゆえに、映画スタジオの方も新たな作品で、その期待に応えざるを得ないのは当然である。例えば、ヴァル・リュートンは、この傾向を徹底的に追い続けている。彼は、『第七の犠牲者』と同年の一九四三年にジャック・ターナーが監督した『ブードゥー』（黒人呪術師の意）と『ボディー・スナッチャー』（人体を乗っ取る植物の話。原作はJ・フィニーの小説『盗まれた街』で、今までに三度映画化されている）の二作品に対し、続けざまに出資している。また一九四五年には、ロバート＝ルイス・スティーヴンソン（既出。『ジキル博士とハイド氏』や『宝島』の作者）の小説に基づいて、ロバート・ワイズ（一九一四年　：『ウエストサイド物語（ストーリー）』や『サウンド・オブ・ミュージック』などで知られる米国の映画監督）が監督し、ボリス・カーロフが主演した『死体を売る男』が、やはりヴァル・リュートン（今回はシナリオ制作にも協力している）によってプロデュースされている。もっとも、冷戦に突入すると、反コミュニズム的な妄想が、地獄の怪物の再湧出を覆い隠してしまう。今度は、最もおぞましいデーモンとして、「赤」が急浮上してきたからである。一九四九年以降になると、サイエンス・フィクションは、他者、特に宇宙人に対する複合的な恐怖心を表現するようになる。だがこの宇宙人こそは、星条旗を掲げる穏健な国を、隙あらば侵略しようと狙っている、悪魔のロシアの象徴なのである。彼らは場合によっては、アメリカの良き市民の身体にまで侵入して来る。詰まるところセーラム（の魔女現象）は、様々な形に語尾変化していることになる。ここからは、悪魔的なる存在の侵略に対する根強い恐怖心が、社会の変化に適応しつつも、永続的に存在している事実が浮き彫りになってくる。こうした映画の大部分は、確かに稚拙で「安っぽい」作品に違いない。それでも、驚異を求めている大衆に広く受け入れられたのは否めない。アメリカの一般大衆は、脅威に晒されている自国を見張ってくれるスーパーマン、そしてスーパーマンなどが活躍する漫画を、喜んで受け入れたのである。また、ハリー・ホーナー（一九一〇―九四年：チェコで生まれたアメリカの映画監督）の『レッド・プラネット・マース』（一九五二年）（直訳は「赤い惑星・火星」）は、そのタイトルが示している通り、新たなる「赤」の危険を告発している。さらにロバート・ワイズ監督は、『地球の静止する日』（一九五一年）が訪れるのを心配している。もっとも、十年後に同じ監督が『ウエストサイド物語（ストーリー）』を制作する羽目になるのではあるが（『ロミオとジュリエット』をニューヨークのスラム街に再現したミュージカルの大作で、SFからは程遠い作品）。さて、サタンの謀略の故に、中でも原子爆弾の脅威を通して、この世の終末を喚起した映画人は数え切れない。原爆を告発した一例としては、ラナルド・マクドゥーガル監督（一九一五―七三年：アメリカのシナリオライター、映画監督、プロデューサー）の『地球と肉体と悪魔』（一九五九年）が挙げられよう。ところで、合衆国は、少なくとも映画の鑑賞者たちは、一体どのようにしてスクリーン上に溢れかえっている他惑星からの異邦人、あるいはカニやら人形やら墓荒らし（ドン・シーゲル（一九一二―九一年：クリント・イーストウッドと組んだ『ダーティハリー』で有名な監督）の『ボディ・スナッチャー／恐怖の街』（一九五六年）および一九七八年のフィリップ・カウフマン〔一九三六年 ：『存在の耐えられない軽さ』など繊細かつスケールの大きい作品により知られる〕によるリメイク版〔『SF／ボディ・スナッチャー』〕やらの襲撃から、どのようにして地球を守り抜けたのであろう、またよくも飽きなかったものだ、と訝《いぶか》る向きもおられよう。少なくとも言えるのは、彼らにはデーモン幻想の偉大なる創造者にして消費者でもある友人、すなわち英国人の積極的な支援があったという点である。それもそのはずで、ブリテン島では一九五〇年代末以降、ドラキュラやフランケンシュタインが大当たりを続けていたのである。さらに、ドラキュラに愛人を与えるだけでは満足できなかったテレンス・フィッシャーは、一九六一年に『吸血狼男』を制作して、新たな呪いの世界を開拓している。イギリスの有名な映画スタジオであるハマー・プロは、幻想的なモチーフがいかに重要であるかを、既に一九五五年の時点で見破っており、ヴァル・ゲスト監督〔一九一一年― ：イギリスの幻想映画を得意とする映画監督〕の『原始人間』〔原タイトルは『クオーターマス・エクスペリメント』〕を世に送っている。これはナイジェル・ニールの原作『クオーターマス教授』を基に作られた、長期に亘る冒険シリーズの冒頭を飾る作品である。また、このシリーズはテレビでもドラマ化され、一九七九年まで続いている。さらに、一九九三年に始まったアメリカのテレビドラマ・シリーズで、世界的な成功を収めた『X・ファイル（*X-Files*）』〔FBIの特別セクションX-ファイル課の優秀な捜査官モルダーとスカリーが、常識外れの不可思議な未解決事件を再検討、再調査する、というロングランのTVシリーズ〕も、近代の魔女狩り、とりわけセーラムのそれに遡るテーマ系の水脈に、換言すれば、邪悪な存在が人間の身体に侵入するという、深くかつ恒久的なテーマ系（この主題に翳りの見えた時期もないわけではないが）の水脈に、間違いなくその発想の源泉の一部を汲み取っている。

　こうした主題が一時的に衰退する場合、多くは世代交代の現象によって説明できるだろう。ハマー・プロやハリウッドがこの種のテーマの作品を雨霰と降り注いだために飽きられた、というわけである。それでも、これに換わる他の種類の作品が同様の理由で飽きられると、またしても悪魔的なテーマ群が力強い再来を果たすことになる。なぜなら、「悪」とは何かを理解することは、文化の流れの中にあって、常に無視できない重要性を帯びているからである。例えば、一九六八年から一九七七年にかけて最大の収益を上げたのは、刑事ものである。中でも、都会というジャングルの中で、悪びれながらも正義の味方を自任する刑事を主役に据えた作品が、大いに人気を博している。その典型例が、一九七一年に制作されたドン・シーゲルの『ダーティハリー』であろう。同じ年にイギリスでは、ケン・ラッセル監督（一九二七年― ：奔放な映像と幻想的な世界が特色。スキャンダラスな物語を扱いつつ、人間の深層部分を抉り出す）が『肉体の悪魔』（原題は「デビル」*The devils* であり、原作はジョン・ホワイティング。レイモン・ラディゲの同名の小説とは関係ない。なお、内容はルーダンの悪魔憑きを扱っている）を撮り、魔女と火刑台、不寛容と処刑の物語を紡ぎ出している。この年は、それまで人気を博していた、バンパイヤや怪物の物語が落ち目になり始めた時期と一致している。また、アメリカ合衆国では一九七三年に、ウィリアム・フリードキン（一九三九年― ：テレビ局のドキュメンタリー番組を多く手掛けた後、映画監督デビュー。『フレンチ・コネクション』でアカデミー作品賞、監督賞を獲得）の『エクソシスト』が空前の大ヒット作となっている。ボストンや東海岸の観客たちが、この映画を見て集団的なヒステリー現象を起こしたことは、新聞報道で広く知れ渡っている。憑依《ひょうい》された人間の身体に対する、カトリックの悪魔払いの儀式が、ピューリタンの心に強烈な印象を残したのだろう。一方多くのヨーロッパ人たちは、地獄の臭いが漂う前評判の高いこの作品を見に行って、むしろ落胆して帰途についている。ところが、米国では一九七五年には、入場者数が三千万に達している。ここから、悪魔という主題が、社会学の対象になるだけの影響力を持っていたことが分かる。

一九七〇年代のアメリカの想像界《イマジネール》は、スパイや殺し屋が企てる陰謀、という強迫観念に主に支配されていた。例えば、汚い刑事《デカ》ダーティハリーは、文字通りの意味、比喩的な意味の双方の次元で、社会全般の堕落に対する嫌悪感を体現していたと言える。マーティン・スコセッシ（一九四二年― ：現代のアメリカを代表する映画監督。『タクシードライバー』（一九七六年、カンヌ映画祭グランプリ）、『アフター・アワーズ』（一九八五年、同監督賞）など数々の傑作を発表）の諸作品に見られるように、自分に何らかの罠が仕掛けられている、という感覚を抱いていた個人も少なくあるまい。そうでなければ、デニス・ホッパー〔一九三六年―　：ハリウッドの若手俳優として活躍するが、やがて離れ、監督・主演した『イージー・ライダー』で映画界に復帰し、ニューシネマの旗手となる〕描く『イージー・ライダー』の主人公たちのように、死の夢想に身を預けていたやも知れない。因みに、この映画は、その後ヤング・ジェネレーションからの熱狂的な支持を得るに至っている。さて、社会にくすぶる不満は、ヴェトナム戦争と無縁ではない。この不安は、今から振り返るならば、それほど深刻だったとは思えないが、それでも信頼感の喪失によってかなり膨張しつつあったのも事実である。これに追い打ちをかけたのが、一九六〇年代に於けるケネディ大統領の暗殺、ならびに、ソヴィエトの脅威の増大であろう。一九五〇年代以降、人々の関心が薄れ、B級映画シリーズの中でやっと命脈を保ってきたサイエンス・フィクションやホラー映画は、ずっとマイナーなジャンルと見なされてきたが、事ここに至って、商業的には大成功を収めている。例えば、ジョージ・ルーカス〔一九四四年―　：全世界を『スター・ウォーズ』旋風に巻き込んだことで有名〕の『スター・ウォーズ』（一九七七年）や、スティーヴン・スピルバーグ〔TVムービーの監督として出発。今や娯楽大作でヒットを連発するアメリカのスター監督〕の『未知との遭遇』（一九七七年）がその代表作で、これらは人々に安堵感を与えている。そこでは、常に「善」が勝利を収めるため、熱狂を持って迎えられたのも頷ける。また、ジョン・ギラーミン〔一九二五年―　：フランスでの助監督時代を経て、アメリカ資本の援助を得た、娯楽性の高い映画を制作するようになる〕の『タワーリング・インフェルノ』（一九七四年）のように、恐怖心を煽る特殊効果を備えた、いわゆるパニック映画も、人々を怖がらせると同時に惹き付けもした。大衆は同時に、『エクソシスト』を始めとする、戦慄すべき映像にも飛び付いたのであった。いずれにしろ、人々のこうした熱狂は、主に、潜在的な不安の解放というメカニズムによって説明できるだろう。逆に言えば、アメリカ人の大多数にとっては、『エクソシスト』に明白に描出されたデーモンへの恐怖心が、心理的構造を支える重要な要素であり続けている、となろう。この流行は、ヨーロッパに比べて、より濃度が高く、またより深い次元で「生きられた」と言える。ヨーロッパでは、上述の諸作品は、主に若い世代の関心を引いたに過ぎない。しかも、熱烈な支持を得たとは到底言い難く、遊戯的に受容されたとしか映らない。全く同じ相違が、一九九〇年代のヴァイオレンス映画や連続殺人シリーズなどからも看取できる。なぜなら、こうした作品が、米国では現実の犯罪を多数惹起しているのに対し、旧大陸では殆ど影響力を持ち得なかったからである。

一九七〇年代の恐怖映画の流行を、文化的な瓦解の徴候と読み解くのも可能である。なるほど、こうした映像作品が、ルシファー崇拝主義者たちのセクトに脈々と生きていた悪魔的幻想を、再活性化させたのは事実である。しかし、それは一面の真理に過ぎない。と言うのも、ポーランド人のロマン・ポランスキー（一九三三年―　：『水の中のナイフ』（一九六八年）でデビューし、以後異色作を撮り続けている）が、既に一九六八年の時点で、『ローズマリーの赤ちゃん』を撮り、文化的瓦解へと向かうパンドラの箱を開けたとも解せるからである。これはデーモンの子供に関する物語だが、ポランスキーはこの子供を決してスクリーン上に登場させない。そのため、ちょうどカゾットやその他フランス幻想譚の名手たちの場合と同じく、この物語もまた、事実性に対する疑念を漂わせるのである。つまり、これが単なる悪夢に過ぎない可能性を、捨てきれないことになるのだ。この作品発表の一年後、彼の妻で女優のシャロン・テートは、カリフォルニアで、サタン崇拝主義者たちによって、恐るべき状況の下に虐殺されている。この殺人事件が、夫の仕事と関連していた可能性はあるが、断言はできない。ただし、ポランスキーは、一九六七年の『吸血鬼の舞踏会』（邦題は単に『吸血鬼』。ユダヤ人故に十字架を怖れない吸血鬼や、ホモの吸血鬼なども登場する吸血鬼映画の究極のパロディー）に於いて、ドラキュラのテーマを茶化していたことを付言しておかねばなるまい。

一九七〇年代にアメリカで撮影された映画の重要かつ新しい特徴の一つとして、ホラーの主役に子供が採用されるに至ったことが挙げられる。それは、混乱した社会で、大人がそれぞれの役割を伝えていくことの困難さを示しているようにも解釈できるし、また、次世代に廃墟の如きものしか残せないと痛感している、大人の世代の強烈な罪悪感を反映しているとも解しうる。事態が本当にこれほど酷いなら、荒廃した世界の相続者たちの憎悪が掻き立てられるのも無理はない、というわけである。少なくとも、若者が「悪」の特権的な媒介者となる数々の具体例を、右のように解釈する自由はあろう。『エクソシスト』やその続編で、イギリス出身のジョン・ブアマン〔一九三三年―　：BBCで数々のドキュメンタリーを制作した後、一九六七年にハリウッドに招かれる〕が演出・監督した（一九七七年）『エクソシスト2』などは、その典型例である。なお、ブアマンはその作品で、苦痛を伴うが浄化をもたらす何らかのイニシエーションによって、人間の源泉へと必然的に回帰すべきである、とする見方を探求している（例えば一九七二年作の『脱出』など）。さて、より明確な例は、ブライアン・デ・パルマ〔一九四〇年―　：コロンビア大学で映画を修士課程まで専攻。在学時から秀作を発表。本文中の『キャリー』の世界的大ヒットにより一流監督の仲間入りを果たす〕が演出・監督した『キャリー』〔仏訳のタイトルは *Carrie au bal du diable*：「悪魔の舞踏会でのキャリー」〕であろう。その他にも、突然変異を起こした危険で容赦ない子供たちや、殺人狂の青年、あるいはギョッとするほど恐ろしい怪物などが、テレビのシリーズドラマに溢れかえっている。さらに、ジョージ・A・ロメロ〔一九四〇年―　：CMの演出などを経て監督に。スプラッタおよびホラー映画の巨匠〕の『ナイト・オブ・ザ・リビング・デッド　ゾンビの誕生』（一九六八年）は、身体の腐敗した人食い吸血鬼をスクリーン上に載せている。彼らバンパイヤにやられて生き残れる者は存在しない。この呪われし女の一人から生まれた最後の人間は、救助隊員によってゾンビと見なされて捕らえられ殺されてしまう。これはヴェトナムの寓意《アレゴリー》であろうか。あるいはただ単に、ドラキュラ伯爵をテーマとした映画に於けるように、悪魔に汚染された者は、一人残らず根絶やしにせねばならないという見解が、執拗に残っているに過ぎないのであろうか。とにかく、呪われし者の翼に触れられた者は、救済の望みを一切断たれてしまうのである。

アメリカでは、映画に、またテレビにはなおさら、サタンの洪水が押し寄せて止まない。そこでは、幽霊や狼男《ルーガルー》、魔女やあらゆる種類の動物捕食者などが、ひたすら増殖を続けている。生ける屍で、絶えず餌食を求めて徘徊するフレディー・クリューガーを主役にした有名なシリーズ『エルム街の悪夢』は、暴力と流血を巡る不気味な強迫観念がまだ健在であることを、見事に示している。アングロサクソンの文化内では、デーモンはいまだに遍在し続けているのである。ところで、イタリア人のリカルド・フレダ〔一九〇九年―　：イタリアの映画監督。スケールの大きな作品が多い〕が、わざわざ〔アングロサクソン系の〕ロバート・ハンプトンという偽名を使って、一九六二年には『ヒッチコック博士の恐るべき秘密』を、また一九六三年には『ヒッチコック教授の幽霊』を撮っているが、これは単なる偶然とは言い難い。この監督は、一九五六年に発表した自作品『バンパイヤ』が不如意な成績に終わったのに対し、テレンス・フィッシャーが一九五八年に打ち出した『吸血鬼ドラキュラ』が大当たりしたのを目の当たりにして、この大成功にあやかろうと考えたのである。その上、主人公の名前が、サスペンスの巨匠のそれと同じである点も、当たりを取る上で何らかの貢献をしたと思われる。なお、この映画は、娘の姉妹の血を利用して、その娘を再生しようと絶望しつつも躍起になる、狂人的な科学者を俎上に載せている。イタリア流のホラー映画は、マリオ・バーヴァ〔一九一四―八〇年：優秀なカメラマンから監督になる。『悪魔の仮面』〔一九六〇〕など幻想的作品に優れる〕の『血塗られた墓標』（一九六〇年）〔原題は「悪魔の仮面」*La Maschera del demonio*〕のように、独創的で質の高い作品を生みはするが、それも長くは続かない。一九六〇年代の半ば以降は著しく後退していき、その後は『フランケンシュタイン』や『エクソシスト』の亜流をやっと捻り出すに留まっている。もちろん、イタリアでもこうした映画に対する民衆の需要は存在していた。だがそれは、イギリス、特にアメリカと比べて、深い文化的現象に結晶するだけのエネルギーを備えていなかったのだ。さらに広げて言えば、一般的にラテン系の民族は、アングロサクソン系のホラーから到来した強烈なイメージに馴染めず、それとある程度の距離をとる傾向がある。なぜならそこには、彼らが共有していない紋切り型《ステレオタイプ》が、幾つも存在しているからである。では、ドイツ人のヴェルナー・ヘルツォーク〔一九四二年―　：『フィッカラルド』がカンヌ映画祭監督賞を受賞した、ニュー・ジャーマン・シネマの旗手〕が撮った『ノスフェラトゥ』（一九七九年）〔原題は、*Nosferatu, phantom der Nacht*：「ノスフェラトゥ、夜の幽霊」である〕はどうかと言うと、こちらはドイツ表現主義の傑作〔ムルナウの『吸血鬼ノスフェラトゥ』を指している〕を、極度に耽美的にリメイクしているため、殆ど戦慄を引き起こさない。また、最近の幾つかのフランス映画にも、主に内在化した悪魔をテーマとした質の高い作品がないわけではない。その代表作は、ロベール・ブレッソン〔一九〇一―一九九九年：脚本家、短編作家を経て監督に。『田舎の司祭の日記』で数々の賞に輝き、以後高く評価される〕監督の『恐らくは悪魔』（一九七七年）であろう。これは悪魔の絶え間ない介入を強調する作品である。[39]

映画に於ける悪魔の表現という領域で、特異だが根源的に重要な位置を占めているのは、一九六一年以降イギリスに移住したアメリカ人スタンリー・キューブリック〔一九二八―一九九九年：カメラマン出身の監督で、完璧主義と時代を先取りした作品を世に送り続けた鬼才〕である。隠遁者の如き風采を備え、地獄を喚起する術に長け、有名ではあるが、ハリウッド産業から完全に認知されたこともなければ、オスカーで賞一つ獲ったこともないこの監督は、社会通念に反すると同時に、極めて複合的でもある作品を撮り続けた。長編映画全十三編の内なんと三編もが、アメリカ映画協会が作成した二十世紀最良のアメリカ映画百選の中にランクインしている。その三作とは、『ストレンジラブ博士』（一九六四年）〔原題は、*Doctor Strangelove; or how I learned to stop worrying and love the bombe.*「ストレンジラブ」は「奇妙な愛」の意。なお邦題は『博士の異常な愛情　または私は如何にして心配するのを止めて水爆を愛するようになったか』である。以後は便宜上『ストレンジラブ博士』と称する〕、『二〇〇一年宇宙の旅』（一九六八年）、および『時計じかけのオレンジ』（一九七一年）である。[40] キューブリックは既に一九五八年に制作した『栄光への道』で、世間の顰蹙を買っている。と言うのも彼はそこで、愛国主義的なあらゆるステレオタイプを侵犯し、全ての人物を狂気の徴候の下に置きながら戦争を描いて見せたからである。『ロリータ』（一九六二年）は、ナボコフの原作を翻案した作品で、激しい風紀紊乱を引き起こしたが、にも拘わらずキューブリック初の興行的成功を収めている。ハマー・プロが吸血鬼を巡る幻想譚で大当たりを取っていた頃に、同じく成功を収めたのが、上述した『ストレンジラブ博士』である。これは水爆の脅威のテーマを茶化した桁外れの笑劇で、爆弾の上でロデオ〔カウボーイが行った乗馬や投げ縄の競技会。ロデオに似た自転車競技も指す〕が行われるシーンや、偏狭な軍人たちの殺人狂の様子、あるいは世界を破滅へと導きかねない狂気の科学者の不気味な映像が、いまだに印象に残る傑作である。キューブリックは危険極まりない科学的実験を描きつつ、二重人格という極めてアングロサクソン的なジャンルを、文字通り粉砕してしまっている。上述した通り、このジャンルは、スティーヴンソンが一八八六年に上梓した小説を基に成立したもので、当時も様々な『ジキル博士とハイド氏』がスクリーン上に映し出されていた。一九八〇年代初頭に実施された調査によると、二十二のシナリオに基づいた映画作品が数え上げられている。その中の力作と言えば、一九二〇年のジョン゠ステュアート・ロバートソンによる翻案〔『狂える悪魔』〕と、一九三一年のルーベン・マムーリアンによるそれ、および一九四一年のヴィクター・フレミング〔一八八三―一九四九年：カーレーサーから映画界入りした異色の監督。『風と共に去りぬ』の監督として余りに有名〕による作品〔後者二作品は『ジキル博士とハイド氏』と原作通りのタイトル〕が挙げられる。[41] ところで、『ストレンジラブ博士』では冷笑的な調子が濃厚だが、だからと言って、人間の内部に野獣が潜んでいる、というあのメッセージが込められていないわけではない。この作品の一年前に、ジェリー・ルイス監督〔一九二六年―　：アメリカの俳優、映画監督〕が、『底抜け大学教授』〔原題は *The Nutty Professor*：「いかれた教授」の意〕（フランスでは『ジェリー博士とミスター・ラブ』のタイトルで配給されている。これはジェリー・ルイス一流の爆笑喜劇）の脚本・監督を既に行っている。この映像作家が二流だとの噂があるが、『底抜け大学教授』はこの噂を覆す秀作になっている。これは、多くのアメリカ人たちを取り憑くように悩ましている主題を、換言すれば、イギリスでのハムレット、ドイツでのファウストと同じくらい合衆国で良く知られているテーマを、滑稽なタッチで描いている。キューブリックとルイスは共に、同胞の文化に、それも恐怖心が宿っているそのど真ん中に、触手を伸ばしている。彼らが喚起する笑いは確かに辛辣で、例えば一九二五年にスタン・ローレル〔一八九〇—一九六五年：米国の喜劇映画俳優。ハーディーと共にコンビを組み、Laurel and Hardy と称した〕が演じた『ピックル博士とプライド氏』〔「ピックル」は「悪戯小僧」の意、「プライド」は周知の通り「誇り、自尊心」の意〕の喚起するそれとは、懸隔の差がある。それでも彼らは、科学それ自体の問題と、人間精神の深淵に対峙せざるを得なくなった進歩の神話という、誰もが取り組もうとしないテーマを、白日の下に晒すのに貢献している。

　こうした問題は、現にキューブリックの念頭に取り憑いて離れなかった。『二〇〇一年宇宙の旅』は、サイエンス・フィクションへの興味が渦巻くようになった初期の頃に、すなわち一九六八年に発表されている。この奇異かつ雄大な映画は、観客を「スター」（星）の遙か彼方にまで連れて行く。この作品もまた、キューブリックの全作品に一貫して流れているメッセージを、つまり、人間は本質的に「悪」を孕んでいること、人間の破滅は狂気の科学者がいなくとも不可避であること、そして狂気は「栄光への道」の途上を含め、ありとあらゆる場所に宿っていること、こうしたメッセージを内包しているのである。また、一九七一年の『時計じかけのオレンジ』は大いに物議を醸している。これは、極端に暴力的な物語であり、先ずは合衆国を席巻し、その後二十世紀末のヨーロッパにも伝染していった、都会での現実の殺人合戦を不思議と予感させるものである。この傑作がスキャンダラスとされた原因は、ひとえにキューブリック監督のあまりに幻視的かつ予言的な明晰さに求めうるだろう〔実際、キューブリックは近未来の風俗やセンスを先取りする才能に恵まれていたとよく評価される〕。ところで、この逸話の枠組みを提供していたのが、若きイギリスの殺人鬼たちであるのは事実である。だが、我らが天才監督は、誰もが口を閉ざしたがる内容を、換言すれば、アメリカという巨大なオレンジの皮の下に潜伏している、無限の抑えがたい邪悪な力を、敢えて表現しようとしたのである。同時期に、「ダーティハリー」を始めとする柄の悪い刑事《デカ》たちが発していたのも、全く同じメッセージである。ただし、「刑事もの」は、観客や視聴者に対し、強固なバリヤが自分たちの同類で兄弟でもあるはずのデーモンから、自分たちを守ってくれているという印象を与える。反対に彼らは、キューブリックには不安を覚えずにはいられない。なぜなら、彼は、万人が罪を帯びているというメッセージによって、誰にも心の平安を与えてくれないからである。

一九八〇年の『シャイニング』は、改めてホラー映画に挑戦した傑作である。この当時の恐怖映画は、『エクソシスト』や『キャリー』の二番煎じを、あるいは『オーメン』(一九七六年)や『エイリアン』(一九七九年)などを提供し、観客に媚を売る手法で、商業的な成功を収めていた。これらと明らかに一線を画する『シャイニング』は、人里離れたホテルに、両親とやって来た少年の身に降り掛かる悪夢を扱っている。一切の出来事はこのホテル内で生起する。この秘密の場所は、少年を極度の不安に陥れる。なぜなら、ホテル全体に、他に類を見ないような破滅的雰囲気が漂っているからである〔このホテルでは、前任者の管理人が家族を惨殺した後に自殺している〕。この異様な雰囲気は、ドアの下から大量に溢れ出し、廊下へと滝の如く流出する血液によって暗示される。この血は、観客を、スクリーン上の戦慄の各場面と直結せしめる役割を負っている。だがこの映画の迫力は、むしろ、ホテルの醸し出す破壊的な狂気が、ジャック・ニコルソン演じる少年の父親の人格へと乗り移っていく処に、より強烈に感じ取れる。悪魔的存在へと変貌を遂げた父親は、自分の子供を殺害するために、恐怖の追跡を開始するのである。ここでもまた、我らが鬼才は、アメリカ人を捉えて離さない強迫観念の中核部へと到達している。しかも彼は、その強迫観念を転倒しているのだ。なぜなら、一般には悪魔的な子供が画面に溢れているのに対し、ここでは状況が逆転しているからである。こうして、大人がその深奥に恐るべき死への衝動を隠蔽していることが、明らかにされていく。この役回りを演じるジャック・ニコルソンには、鬼気迫るものが感じられる。文明人たちは、ニコルソンの演技を目で追いながら、「悪」の道へと傾いていきかねない、自分自身のおぞましい無意識の欲求、自《みずか》らの内部に巣くう慄然とするような暗黒のゾーンを、茫然自失しつつ発見するに至るのだ。『バリー・リンドン』(一九七五年)、『フルメタル・ジャケット』(一九八七年)、『アイズ・ワイド・シャット』(一九九九年の死去の前に完成した遺作)といった作品群は、強い印象を刻印する最後の里程標であり、表現主義の映画や、キューブリックが誕生した当時のドライエル〔既出。デンマークの映画監督〕が有していた傾向を、すなわち、人間の本性を暗い視線で見詰める姿勢を、改めて思い起こさせるものでもある。

恐らくは「悪魔」がまだ徘徊しているのだろう……少なくともアメリカは悪魔と縁を切ったわけではない。一九七三年に端を発する石油危機、ヴェトナム戦争の後遺症、貧困や失業の増大などが、衰退への恐怖、さらには瓦解への恐怖を煽《あお》っている。これこそ、ジェームズ・キャメロン〔一九五四年―　：カナダ出身。サスペンス、アクション作品を多く手掛ける。『タイタニック』ではアカデミー賞を制した〕の『タイタニック』（一九九七年）が発していたメッセージである。すなわち、贅沢に身を埋め現実に盲目であり続けるならば、仮借ない運命によって罰せられるであろう、というメッセージである。もちろん、この映画では、甘ったるい恋愛の駆け引きが、一抹の希望を宿していたことは確かである。さて、ヨーロッパの若者が、このハリウッド映画を、全く別の次元で消費していた可能性は否めない。彼らは、この作品に魅惑されはしただろうが、同時に、こうした世界は自分たちのそれとは異なっている、と感じたのではなかろうか。いずれにしろ、ピューリタンの伝統的なライトモチーフが、旧大陸の観客を一律に感動させたとは考えにくい。ただし、『タイタニック』の主題は、マイケル・ベイ〔一九六四年―　：ビデオの演出家から監督へと転身。次々とアクション大作を放っている〕がブルース・ウィリスを主演に据えた『アルマゲドン』（一九九八年）〔地球に激突するアステロイド（小惑星）を、ＮＡＳＡが核爆弾を使って回避するというＳＦもの〕の重苦しさに比べ、ずっと軽妙かつ巧みである。『アルマゲドン』では、合衆国のみが、小惑星《アステロイド》との衝突の危機に見舞われた地球を救い得ることになっている。この見解は、「アメリカ軍ならびにワスプ〔White Anglo-Saxon Protestant：米国の支配的特権階級を形成するとされる、アングロサクソン系で新教徒の白人〕のアメリカの栄光を讃える、退屈なコマーシャル」[42]映画の発する訓示を、よく表現している。もっとも、米国で上げた膨大な収益を考慮するならば、一九七〇年代の恐怖映画を引き継いだプロデューサーたちに、先見の明があったことは認めざるを得ない。彼らは、共産主義の脅威が去った後の世界で、大衆を戦慄せしめるに足る致命的な危機を、新たに見付け出そうと躍起になったのである。日本の子供たちにはお馴染みの、そして早くも一九五六年にアメリカのスクリーン上に姿を現した、巨大な爬虫類ゴジラも新種の脅威の一つと言える。映画〔ここではローランド・エメリッヒ監督の『ゴジラ』(一九九八年)を主に指していると思われる〕の主人公たちは、聖書を片手に抱えつつこの怪物と対峙するのである。さらに、映画のヒーローたちは、彗星にも敢然と立ち向かってもいる(一九九八年の『ディープ・インパクト』〔スピルバーグが製作総指揮、ミミ・レダーが監督〕)。また、最初は「キュート」に思われた火星人たちが、突如殺人鬼に変わる『マーズ・アタック』(一九九六年)〔ティム・バートン監督。一九五〇年代のB級映画の味わいを蘇らせたコミカルなSF作品〕も同系列の作品だと言える。これらの作品中では、幸運と神の御加護のお陰で、世界最良の文明を守る新たなスーパーマンたちに抵抗できるものは一切存在しない。もっとも、本当に世界最良となるには、建国の精神に宿っていた諸価値を復活せしめる、という条件は付くが。その中の一つは、間違いなくデーモンである。もしそれが存在しないのならば、それを創り上げ、もはや匹敵する者が外部に存在しない社会の、内的紐帯を強くするよう工夫せねばならない。勿論、新たなデーモンの創造が、サタン崇拝主義へと、換言すれば、極端な実験的試みへと繋がる危険を忘れるわけにはいかない。極端に軽信しやすい者たち、あるいは未熟な若者たちは、自分の所属する文化が語り続けて止まない、あの自己内部の深淵に近付くために、こうしたサタニズムへと傾斜しがちだからである。人間内部に埋め込まれた「悪」という、例の強迫観念的な図式を基に制作されたサム・ライミ〔一九五九年―:『死霊のはらわた』で一九八〇年代のスプラッタ映画の方向性を決定づけた監督〕の『シンプル・プラン』は、その他の多数の作品と同じく、人間の深淵を浮き彫りにしている。B級ながら優れたこの探偵映画は、幸せが金では買えないことを証している。と言うのも、金銭欲のせいで、ミネソタ州のごくありふれた三人の住人は、その隠れた欠陥を露わにしてしまうからである。本来アメリカの模範的な生活さえ送っていれば事足りるはずの、奥深い田舎町を舞台にしながら、この映画では、彼らの家族と愛情と友情とが突然砕け散ってしまうのである。

アメリカのデーモン

悪魔はもはや紙上の存在、小説のページの合間に弱々しく横たわった存在、あるいは映画やテレビの画面に取り込まれただけの存在に過ぎないと、果たして言えるだろうか。否、断じてそのようなことはあり得ない。特にアメリカ合衆国は、悪魔の邪悪な力に対する強い信仰を保ち続けている。だからこそヨーロッパの大部分と一線を画しているし、悪魔を登場させた作品の受容の仕方に、しばしばギャップが生じるのである。否、さらに言えば、ヨーロッパに於いて、これらの作品が時折失敗してしまうのである。アメリカ文明のレジャーや「ファースト・フッド」の方が、数々の書物や映画やテレビドラマのシリーズによって伝達されるピューリタン的なイデオロギーよりも、ずっと容易にヨーロッパ人たちの間に浸透できると言えよう。であるから、文化の奥深くに根ざす諸々の実践形態と、遊戯的な消費形態とは、截然と分けて考えねばならない。この観点から見ると、アメリカ文明を基底で支える様々な紋切り型《クリシェ》は、フランスやラテン語圏の国々に於いてよりも、北ヨーロッパ、とりわけイギリス、ドイツ、オランダで、より容易に受容されると言える。この事実は、言語ないしは言語上の類似性と連関しているだけではない。それだけでなく、そもそもこれらの地域の文化基盤が、こうしたアメリカ的な紋切り型《クリシェ》に対して好意的なのである。昔からそこにプロテスタント教が浸透していたことが、この好意的な姿勢を存分に引き出しているのは間違いないが、勿論それだけではない。これに、感受性の類似という要因を加えねばならない。例えば、スカンジナビアやゲルマンの幻想譚の伝統は、ルターから表現主義芸術を経て今日に至るまで、デーモンに重要な地位を与えてきている。その上、第二次世界大戦後のドイツに蔓延していた集団的な罪悪感は、セーラムの魔女狩り〔既出〕に劣等感を抱いているアメリカ人たちの感覚と、かなり類似している。セーラムではあらゆる冒瀆を排除しようとしたが、それが果たして正しかったかどうかと自問すると、後になってアメリカ人たちは自責の念に駆られるのである。さらに、悪魔を巡る神話への執着が、アメリカと北ヨーロッパを繋ぐ上で不可欠な連結符となっている。ところで、アメリカの想像界《イマジネール》の主要素を過小評価したり、あるいは外国産だからと、距離をとりつつそれらを受容していたのでは、彼らの最も根源的な確信を共有するには至らない。例えば、『オズの魔法使い』〔アメリカの児童文学者ライアン＝フランク・ボームの作品で、映画化もされた有名な作品〕や『ジキル博士』の重要性を正当に評価せず、ドラキュラのマントを眼前にして身震いするよりもむしろ冷笑を浮かべ、『キャリー』や『フレディー』の悪事に関して無知なままで、しかも、『リップ・ヴァン・ウィンクル』〔アメリカの作家ワシントン・アーヴィングが一八一九年に書いた民話集〕や『ピーター・ラグ』、あるいはチャーリー・ブラウンやスヌーピーとその仲間たちについて、曖昧な知識しか持ち合わせていない場合、アメリカの想像界《イマジネール》の中心部へと入り込むことはできない。ただ単に、それらを軽い好奇の対象ないしは「大きな子供」の遊びと見なすに留まり、それらが、社会の深部を映す鏡として機能していることを、決して解するには至らないであろう。

一八一九年にワシントン・アーヴィング〔一七八三―一八九五年：米国の作家。『スケッチ・ブック』、『リップ・ヴァン・ウィンクル』など、米国を舞台にして、様々な民話や英国の習俗などを描いたロマンチックな文章により、国際的な名声を獲得している〕が著した『リップ・ヴァン・ウィンクル』は、山の中で二十年間眠り続けたのち、自分の村に戻ってきた一人の村民が、新しいアメリカの姿を目にし、そこで幸せに過ごす逸話を物語っている。また、ウィリアム・オースティンの『消えたピーター・ラグ』（一八二五年）は、新大陸を彷徨い続けるオランダ人という設定になっている。ピーター・ラグは、おぞましい罵詈雑言を吐き、天と地の双方に敬意を払わなかったために、馬車で永遠に彷徨することを義務づけられてしまう。こうした逸話は、米国にあっては、フランスに於ける「赤頭巾ちゃん」や「親指小僧」と同じくらい広く知られたものとなっている。さて、こうした物語は、新大陸の開拓者たちの文化に浸透していた悪魔学《デモノロジー》と、非常に濃密な関係性を結んでいる。[43] この悪魔に力点を置くパイオニア文化は、十七世紀末のセーラムに於ける魔女裁判によって、強烈な蘇りを見せ、その後はサタンに纏《まつ》わる口承文化の中で保たれ、何世代をも経て今日にまで伝えられている。アメリカのサイエンス・フィクションの名匠H・P・ラヴクラフト〔既出。アメリカの怪奇小説家〕は、こうした蓄積を、素晴らしい筆さばきで、自分の著作の内に移し換えるのに成功している。ラヴクラフトは、自分が、「戦慄を誘う苦悩」を最初に描写したアーヴィングに多くを負っていることをよく弁《わき》えていた。彼によれば、「初期の入植者たちの感情的、神秘的かつ宗教的な傾向」は、広大な自然や、恐るべき「インディアン」が潜んでいる薄暗い危険な森などと絡み合って、ヨーロッパから持ち込んだ伝統に、さらなる神秘に包まれた複合的要素を付け加えるに至ったのだと言う。「復讐心が強く杓子定規な監視の目を光らせているカルヴァン派の神が、言い換えれば、地獄の敵たる悪魔と未来永劫対立している神が、こうした傾向をますます強固なものにしたのである。[44]」

文学、映画、テレビのいずれもが、こうした原初に根ざす伝統の痕跡を留めており、それを消し去ることなど不可能である。この伝統にどれほど感情移入できるか否かは、言うまでもなく社会的な諸環境によって異なってくる。それ以外にも、年齢や性あるいは社会のマイノリティーに属しているか否か、といった多様なパラメーターが存在している。アメリカのインテリ階層は、ホラー映画の成功は、国民の中でも教育レベルの低い人々によって支えられている、と得意げに指摘している。また彼らは、エリートの文化や芸術とは截然と区別できる大衆文化が存在すること、さらには、古きヨーロッパに於けるのと同様の革新的かつ啓蒙的な運動も別に存在していることなどを指摘しているが、これは間違ってはいない。しかしそうは言っても、『アルマゲドン』や緑色の爬虫類『ゴジラ』のように、月並みではあるが大作に違いないものが、それぞれ米国だけで一億三千万ドルを稼いだという事実は否めない。ここから少なくとも、無数の人間が映画館に押し寄せたことが分かる。映画産業の目論みは見事に当たったと言えよう。さらにこの巨大産業は、『エクソシスト』の大成功に便乗して、様々な監督を使い、悪魔をテーマとする続編を作らせている。『オーメン』（一九七六年）、『エクソシスト2』（一九七七年）、『オーメン2　ダミアン』（一九七八年）、『オーメン　最後の闘争』（一九八一年）等々がこれに該当する。デーモンというイメージは、それがいかなる形態で現れようとも、合衆国にあっては大いに人々の注意を惹くのである。この悪魔のイメージはまた、数々の「都市伝説」を、換言すれば、突拍子もない嘘のような話を土台にした、ある共通の文化圏をも育んできた。それらは、噂のネットワーク上を、あるいは、隠れるようにして張り巡らされた無数の情報の運河を通して伝播していく。そして、大都会の中で不安に戦《おのの》いている個人に、安心感を与えるのである。こうした噂話の中の幾つかには、明白な証拠があるとされるが、それは、何らかの目撃者がいたことを前提にしている。もっとも、話している当人はそれが事実かどうか確かめたわけではない。だからこそ、笑いを誘わずにはいない話が飛び交う。例えばこうだ。猫を乾かそうとして電子レンジに入れたら破裂してしまったとか、紫外線を浴びすぎた女たちが文字通り焼け焦げてしまったとか、飛行機は雲の破壊者であるだとか、サーカスの象が、車を足掛け台と間違えて踏みつぶしてしまった、とかいった調子である。[45] こうした噂話は、新奇なるものや未知なるもの、あるいは「良心なき科学」〔«science sans conscience»：フランソワ・ラブレーの「良心なき学問は魂の破滅でしかない」«Science sans conscience n'est que ruine de l'âme.»を踏まえた表現〕に対する不信感を、上手く表現することを目指している。噂話によって、一般の人間は、自分と同様に考える人々と連帯しているという感覚を覚え、噂の中に出てきた危険を避けうると思うのである。また、デーモンが我々を待ち伏せしている、といった類の「都市伝説」も少なくない。例えば、悪魔に生きたまま呑み込まれた動物の話などは、無数に存在している。この種のテーマは、一九五六年にドン・シーゲル〔既出〕が撮った『ボディ・スナッチャー／恐怖の街』（一九七八年にはリメイク版が制作されている）〔以下の本文にもある通り、英語の原タイトルの直訳は、「ボディ・スナッチャーの侵入」である。因みにボディ・スナッチャーとは、死体泥棒ないしは墓暴きの意。この映画は、人間の身体に侵入し乗っ取ってしまう植物を主題にしている〕に於けるモチーフと並行関係にある。ところで、原タイトルの仏訳〔L'Invasion des profanateurs de sépultures：直訳は「墓暴きたちの進入」〕は恐らく正確ではない。と言うのも、この映画で採り上げられているのは、身体への侵入というテーマだからである（「ボディ・スナッチャーの侵入」）。このタイトルの修正が意図的に行われた可能性は、非常に高い。と言うのも、身体への侵入という極めてアメリカ的な主題は、墓暴きなどとは異なり、フランスの幻想的文化の中では、共鳴を得にくいからである。また、合衆国では、その流行により数々の続編を生んだ、リドリー・スコット〔一九三九年―　：様式美に溢れる独自の映像で評価の高い監督『ブラック・レイン』（一九八九年）や『ハンニバル』（二〇〇〇年）などが代表作〕の『エイリアン』（一九七九年）が、未知の惑星で遭遇したある怪物について物語っている。この怪物は、宇宙船のある乗組員の胃に卵を植え付ける。生まれ出た恐るべき捕食者は、その胸を突き破って飛び出し、宿主は血飛沫《ちしぶき》をあげながら死んでしまう。その後怪物（エイリアン）は、新たな宿主を捜し始めるのである。また、ジャック・ショルダー監督の『ヒドゥン』〔原題は *The hidden*：「隠されしもの」の意〕も、明らかに悪魔的と分かる布地を、誇張気味に大きく織り上げている。寄生者は、自らを宿す者に、比類なき邪心と尋常ならざる強さを吹き込んでしまう。だが、その身体が死に瀕すると、別の宿主へと移り住むのである。都会の噂話もまた、身体の孔の一つから、危険な存在が侵入してくるという強迫観念を抱え込んでいる。これは古来より伝わる恐怖感で、人々は御守りや護符により身体の開口部を守ろうとした。耳にピアスを付ける現代の習慣も、ここに由来している。噂話は同時に、病気を指す一種のメタファーである、現在進行形の死に対する恐怖も表現している[46]。都会の噂話はさらに、デーモンを巡るテーマ系とも直結している。と言うのも、近代のとば口にあって火刑台で焼かれた魔女たちには、その魔法の犠牲者がいたわけだが、彼らの主張と噂話が繋がっているからである。彼ら犠牲者たちは、魔女たちが魔術で病気を引き起こしたとか、人間やとりわけ家畜の腹の中に、蛇を始めとするおぞましい動物を生ぜしめ弱らせてしまう、と訴えていたのである。祓いの儀式を受ける悪魔憑きも、何やら蠢《うごめ》く怪しげな存在を吐き出すが、これは、彼らの身体に悪魔が宿っている証左となる。一旦は忘れられていたサタンの赤い糸は、セーラムに発して、

「都市伝説」や「腹で育まれる蛇」（単に食欲旺盛な子供の比喩だと思われるが）への恐怖を繋いでいき、最後には『エイリアン』へと到達するのである。

現代の噂の中で、幽霊のヒッチハイカー（消えるヒッチハイカー）というモチーフは、アメリカ人たちが好んで採り上げるものである。[47] 幽霊は、現在のフランスの想像界《イマジネール》の中では殆ど居場所がないが、[48] そうは言っても、これがスコットランドだけの名物ということにはならない。幽霊は、アングロサクソン系の幻想譚に文字通り取り憑いている。大部分の場合ぞっとするような姿を纏《まと》っているが、時には人間の生活面で助けになってくれる場合もある。ジョゼフ・L・マンキーウィッツ（一九〇九―九三年：スリラーや喜劇で洒落た味を出すアメリカの映画監督）が監督し、悩ましくも輝かしいジーン・ティアニーが主演した素晴らしい映画『幽霊と未亡人』は、その典型例であろう。「都市伝説」の選集の編集に当たったフランス人の著作家たちは、ある種の逸話が、「我が国にほとんど入ってきていない」ために、すっぽりと抜け落ちていることを認めている。「例えば、赤ん坊を犠牲にした廉で告訴された、サタン崇拝主義者たちの悪行に関するかなり物騒な逸話や、ハロウィーン（我々の「諸聖人の祝日」ないしは「万聖節」に近い）の折に、変装したアメリカの子供たちが、御菓子を求めて近所を練り歩いたところ、毒の入ったキャンディーを受け取ってしまったといった噂話などである。[49]」文化的イメージの河川が、これほど異なった方向に灌漑される例は、他に見出しようがないと思われる。アメリカの悪魔に対する強迫観念は、実際のところ、我々フランス文化内に、辛うじて移し換えられるに過ぎない。なるほど、最近はアメリカ式のハロウィーンが流行っているし、映画やテレビにも彼の地のホラーが大量に侵入しているのは確かである。それでも、伝説の深部は、同じ規則によって支配されてはいないのである。合衆国では、サタン崇拝主義の近親者や両親によって、子供が「儀式的な虐待」に遭っている例が告発されており、それがこの十五年来、集団的な強迫観念にまで高じているが、ヨーロッパでこれに匹敵する具体例は見当たらない。[50] なるほど、小児愛《ペドフィリー》に絡む事件は少なくない（特にベルギーで起こったデュトルー事件（一九八〇年代から九〇年代にかけ、デュトルーは数々の少女を誘拐、レイプし、さらに人身売買の対象とした。殺された犠牲者も多い）が、これらは共同体全体を大きな恐怖の中に陥れ、ただでさえ弱体化している国をさらに不安定にしてしまうのは確かなものの、ある意味では単なる刑事犯罪であり、右の儀礼的虐待とは次元を異にしている。

二十世紀末のアメリカ社会に於いては、その中核部が、デーモンに対する強迫観念によって深く侵食されている。ところが大西洋の向こう側では、この強迫観念は大いに緩和されている。こうした妄想のゆえにアメリカでは、比較的マージナルではあるものの、現実に脅威を孕んでいる活動的なセクトが、ヨーロッパに比べずっと盛んである。その内の幾つかは、堂々と悪魔の名を引き合いに出している。例えば、上述した「ウィカ」〔既出。ルシファー派の魔女が組織する国際的な団体〕は、米国の全人口のほぼ一パーセントに当たる、およそ二百万人の信奉者を組織しているとされる。キリスト教に圧倒されてしまった、いわゆる異教神崇拝を唱えるこれらの新・魔女主義者たちは、厳密な意味でのサタン崇拝主義者たちとは、大いに異なっていると主張している。彼らは、合衆国で盛んな宗教的原初主義に近く、政治的には左で、新・魔女主義者のツザンナ・ブダペスト（《Z》）に似て、戦闘的なエコロジストないしは極端なフェミニストである場合が多い。従って「ウィカ」のメンバーたちが、ナチズムや道徳的秩序、ないしはルシファー崇拝主義者たちを特徴づける右翼性に対して、好感を寄せることは先ずあり得ない。この他に、チャールズ・マンソンの「ファイナル・チャーチ」も、一九六九年に映画監督ロマン・ポランスキーの妻シャロン・テートを含む五人を殺害した事件で、有名になっている〔上述〕。なお、殺人鬼たちは、被害者の血液を使って、家の壁に悪魔の碑文を書き残している。また、一九六六年に「サタンの教会」を設立したアントン・ラ・ヴェイ〔サタニズムの大祭司を自称するが、官能的快楽への没入を説くなど、サタン崇拝の側面は必ずしも強くない〕は、一九七五年に『ザ・サタニック・バイブル』を刊行して、膨大な数の読者を吸い寄せている。この他にも、新しい反体制的な集団が多数産声をあげており、恰も挑発するが如く、サタン、ルシファー、ネフティ〔古代エジプトの女神。冥界の支配者オシリスの妹で、セトの妻とされる。キリスト教文化圏では悪魔視されている〕あるいはセト〔古代エジプトでは、雷や嵐を司る神とされた。キリスト教文化圏では、デーモンの一人とされている〕の名前を自らに冠している。(51) こうした集団に関する噂は、十分慎重に取り扱わねばならない。特に、その噂話が、人間を犠牲にした云々という内容である場合はなおさらである。勿論、そうした犠牲が行われる可能性は皆無である、とはとても言い切れないが。ところで、彼らの教団やその儀式は、アメリカからカナダや、イギリス、ドイツ、オーストリア、オランダ、そしてフランスにまで溢れ出している。勿論、フランスなどでは、生みの親である米国よりもずっと穏健な存在に変じてはいる。むしろ、フランスではここ数年来、かなり稀ではあるが、それでも人目を引く墓暴きが問題となっている。これは、サタニズムやナチズムに魅了された若者たちの仕業である。だが、最も懸念すべき徴候は、やはりアメリカ合衆国に集中している。(52) ここでは、ナチズムと合体したある恐るべき暴力事件が発生している。この暴力のエスカレーションに比肩できる現象は、他のどこにも見出せないだろう。一九九九年四月二十日、コロラド州デンバーの裕福な郊外リトルトンで、二人の高校生が昼休みに、他の学生や教師たちに向かって機銃掃射を行い、十三人の死者と二十人の負傷者を出した後、自殺を遂げたのであった。マスクで顔を覆い黒衣を纏った彼らは、幾つかのコメントによれば、ヒットラーの誕生日を祝うため、とんでもない大量虐殺《ホロコースト》の蛮行に打って出たのだという。彼らは、長く黒い外套を羽織って学校に来ていた「トレンチ・コート・ギャング」のメンバーであり、ゆえに自分たちがマージナルな存在だと感じていた、否、自分たちを意図的に周辺的な存在に仕立て上げていったと言える。彼らは、悪魔的で異常な出来事や様々な武器、さらには人種差別的なメンタリティーに魅力を感じていた。しかし、この二人の破滅的な行動は、サタンに取り憑かれた文化が、狂気へと横滑りしていく一つの徴候に過ぎない。なぜなら、この虐殺劇は、アメリカの学校で最近起きた数々の悲劇の一つに過ぎないからである。以下に幾つか具体例を挙げておく。一九九七年十月一日、ミシシッピー州のパールでも、似たような状況下で二人が死亡している。一九九七年十二月一日、ケンタッキー州のパドゥーカでは、三人の死者が、一九九八年三月二十四日にはアーカンサス州のジョーンズボローで四人が死亡している。さらに同年四月二十四日には、ペンシルヴァニア州エディンバラで教師が一人殺されている。一九九八年五月二十一日には、オレゴン州スプリングフィールドで、二人の生徒が殺され、二十五人が負傷を負っている。[53] ところが連邦政府当局は、これほど深いトラウマを生んだ事件を逆手にとって世論に働き掛け、合衆国憲法に記載されている古い伝統、すなわち、火器の類を自由に販売してよいとする見解に、歯止めを掛けることができなかったのである。コロラド州では、十八歳になれば、火器を自由に購入できる。ここでは、デーモンとの無意識レベルでの駆け引きが、実は問題となっている。「我らは神の内に信を置く！」として、デーモン〔火器の類も含む〕を屈服せしめる自信が先ずなければならない。マスコミは、青少年の秘密の生活などを探りながら、若き殺人者の問題に接近しそこにメスを入れている。[54] しかしながら、誰一人として、映画や「ヘビ・メタ」の音楽といった様々なチャンネルを経て押し寄せてくる、あの悪魔を巡る諸幻想を押し留めることはできないでいる。都会を経巡る噂話の中でも目立つのが、抱擁中のカップルを襲う、フック（鉤）を手にした狂人の話である。ここに道徳的な教訓が込められているのは一目瞭然だが、この教訓がホラー映画、中でも有名な『十三日の金曜日』シリーズ〔殺人鬼の代名詞となったホラー・キャラクターのジェイソンが大暴れするシリーズ。全九作を通して百人以上の人間が殺されている〕の内に受け継がれていることから、大変なトラウマを与える教訓譚となっているのは間違いない。一九八〇年から一九八九年まで続いたこのシリーズでは、生ける屍、あるいは一種の「世俗化した悪魔」であるジェイソンが主役となり、そのフック（鉤）は、悪魔の鉤爪の代替品として機能している。[55] 地獄のロックンロールに話を移すならば、レッド・ツェッペリンが、『天国への階段』と題された「ヒット曲」の中に、下意識《サブリミナル》に訴える〔サブリミナル：閾下、すなわち意識に上らない部分に秘密のメッセージを浴びせるやり方を指す。例えば、映画の中に、認知できない速度で「コーラ」などの映像を紛れ込ませ、購買意欲を掻き立てる、などの方法がある〕悪魔的なメッセージを忍び込ませたとして訴えられている。真偽の程は明確にされなかったが、幾つかの国では、この機会に乗じて、レコードやＣＤのジャケットにその旨を記す義務を課したのである。これは、こうした事柄にあっては各市民が個人的に問題を引き受ければよい、つまりは、「悪」との個人的な関係の中で各人が解決すればよい、という結果を生みだすに至っている。また、イギリス出身のジューダス・プリーストというグループは、自殺扇動を行ったとして法廷に召喚されている。と言うのも、二人の青年が、ドラッグとアルコールにまみれた一九八五年十二月二十三日の夜のこと、一九七八年に出た曲『俺よりも上手くやるお前』を聞いた後、お互いに頭に弾丸を撃ち込んで死んでしまったからである。彼らの両親たちは、曲の中に、「やっちまえ」というフレーズが連打するが如く出てきており、それがサブリミナルな効果を発揮したと主張している。それから十六年経った一九九〇年になっても、彼ら同じロック・ミュージシャンたちは、釘のついた革ジャン、すなわち地獄の天使の格好をしながら、いまだにアメリカの若者たちを魅了し続けている。彼らは、二十五万ドルを支払うという条件の下に、この訴訟に勝ったのであった。(56)

仮にサブリミナル効果を狙わなくとも、上述したような恐るべき結果に至っていただろう。明らかに病的で悪魔的ないしは人種差別的なメッセージをこれ見よがしに伝播しているだけで、デーモンに対する恐怖心に基盤を置いた社会では、戦慄すべき結果を招くに十分である。ここではむしろ、こうした逸脱が、なぜもっと頻繁に行われないかを敢えて自問すべきではなかろうか。と言うのも、武器の所有を始めとして、こうした分野では全く自由が許されているからである。アメリカ・モデルを謳歌している者たちは、基礎が良くできているからだ、と誇らしげに言うだろう。これは恐らく正しい。錯乱や行き過ぎは、魔女の燃えたぎる鍋の表面に浮かんでいるに過ぎないと言えよう。なるほど、映画やテレビが提供してくれる巨大なショーを眺めている以上、誰もが部分的には同じ成分を消費しているには違いない。それでも、米国民の大部分は、この種の逸脱とは無縁である。しかし実のところ、悪魔やそれが象徴する誘惑は、米国の文化にあっては、良き麦と毒麦とを区別する上で、極めて重要ではなかろうか。ルシファーを完全に拒絶するためにも、信用を落とさない程度には、ルシファーに近付いておく必要があるのではなかろうか。アメリカに於ける暴力やサタニズムの分析は、こうした枠組みの中で行わない限り、十分な意味把握へと至らないだろう。『ドラキュラ』、『エイリアン』、ホラー映画、スティーヴン・キング（一九四七年―　：米国の恐怖小説家。『キャリー』（一九七四年）、『シャイニング』などによって、一部の好事家にしか読まれなかった恐怖小説を世界的なベストセラーにした）の著作、その他多くの媒体が発信しているメッセージは、全て同じである。すなわち、目を凝らして見よ、だが誘惑に屈してはならない、というメッセージだ。人生に仕掛けられた罠を知るためには、「悪」を垣間見なければならない。ただし、「悪」に連れ去られてはならない。否、「悪」に軽いジャブを喰らわされるのすらいけない。なぜなら、バンパイヤに少しでも噛まれれば、それは永遠の劫罰を意味しているからである。この文明は、純粋さが完全に保たれている処でしか、希望を見出せないのだ。従って、少しでも染みが付くと、汚染された構成員を犠牲に供して、残された共同体を救わねばならない。そこで善悪の境界線を明確にするためには、闇の帝王の存在が根源的に必要となる。だからこそ闇の帝王は、恒常的であると同時に、風俗の変化に順応し変貌を遂げるだけの柔軟さをも、備えているのである。悪魔は、アメリカ国民のエッセンスたる良き市民たちと、容赦なく地獄に投げ入れるべき悪しき者たちとを区別してくれる。純粋なる者たちの共同体《シテ》を完全に破壊しかねないあらゆる汚染を回避するためにも、セーラムに掲げられた火刑台は、様々な形態の下に、常に更新され続けねばならない。武器を売買する自由が認められ、かつ、自分はサタンないしはヒットラーの信奉者であると吹聴すること、あるいは、悪魔的なロックンロールや賭博に耽ること（少なくともラスヴェガスでは）、その他あらゆる異常が許されているのは、恐らくはこうした理由によると思われる。もちろん、こうした倒錯的行動は、一種の固定膿瘍の如く、良き市民の厳密な監視の下に置かれねばならない。いずれにしろこれは、人間の弱点に配慮する一つの方法、換言するなら、悪魔が共同体全体を侵食するのを避けるために必要な一つの方法である。もちろん、その為には、デヴィッド・リンチ監督（一九四六年―　：アニメーションの短編で注目され、『エレファント・マン』で世界的に脚光を浴びる）が『ワイルド・アット・ハート』（一九九〇年）で描写した二人の主役セイラーとルーラのように、悪魔の掟と自分たちの失墜とを認めた者たちが、犠牲に供されねばならないのだが。さて、同級生による学校での虐殺劇や、「怪物」たちが遂行した連続殺人は、今後も続く一方であろう。個人個人が「悪」と対峙しそれを克服しない限りは、上記の如き殺人を眼前にして、「悪」のもたらす災禍を留めることは不可能であるという潜在的な確信を、共同体のレベルで強めていくことになろう。「完全に無垢な者は誰一人存在しない」、カトリックのアルフレッド・ヒッチコックならそう述べたかも知れない。もちろん、アメリカ的意識もこの教訓を認めている。だからこそ、恐ろしく忌まわしいデーモンの影や、吸血鬼、トカゲ、巨大な昆虫やべとべとした爬虫類、ないしは生ける屍、さらには、以上の存在が有する特徴を全て備えた宇宙人「エイリアン」などを、激しく揺り動かして見せるのである。この過程を通して、生来罪を犯しやすい存在を、狭き徳の道へと、何とか押し出してやろうとするのである。

米国では、一九九一年に、住民十万人に対し十件の殺人が起きるに至って、暴力的犯罪がその頂点に達している（これに対し、フランスでは二・三人、カナダでは二・八人に過ぎない）。一九六六年から一九九〇年にかけての期間に、アメリカ国内に於ける殺人の数は、一一三パーセントも増加した勘定になる。血生臭い出来事が、情報番組からフィクションに至るまであらゆるメディアを侵食しており、「連続殺人鬼」が胡散臭いながらも英雄扱いされるような、ある意味で残酷さの染み渡った一つの文化モデルを、アメリカは世界全体に提示していると言える。アメリカが個人、共同体の双方のレベルで抱いている神話的な確信とは、人間の内に眠れる野獣に対して、社会は一時的な防御壁しか築けない、というものである。暴力は、野蛮と文明の間を揺れ動いて止まない個人の心から、放射線状に広がっていく。研究者ドニ・デュクロはこれを、「狼男《ルー・ガルー》のコンプレックス」と呼んでいる。彼は「この強度な矛盾が、無限の富を生み出し得る、両義的なエネルギーを支えている」[57]と主張している。さらにデュクロは、このコンプレックスが、古き北欧神話の遺産に由来しており、サガ〔古代アイスランド語で書かれた中世散文物語群の総称〕に登場する狂乱にしかない野蛮に対する恐怖心は、主として、の兵士や、オーディン〔北欧神話の主神で、戦い、智恵、詩歌の神〕の物語に源を発するとまで主張しているが、この辺りになると大幅に説得力が減じてしまう。と言うのも、各人の深奥に埋もれている野蛮に対する恐怖心は、主として、プロテスタント圏の北部ヨーロッパに由来しており、それが合衆国の創設者たちによって、十七世紀に、ピューリタンの衣を被せられて持ち込まれたからである。こうして、人間の呪われし部分を飼い慣らすことは、アメリカン・ドリームの一部を成すようになる。もっとも、この傾向は、ヴェトナム戦争のもたらしたトラウマや、一九七三年以降の経済危機などと相俟って、信頼感の喪失が実感されるようになるや失墜を始める。また、当然ながら極端に悪魔視されてきた競争相手ソヴィエトの消滅も、人間の呪われし部分を根絶することには結び付かなかった。なぜなら、呪われし部分は、それを包含している文明と、あまりに当然ながら、不可分の関係にあるからである。ここで問題となるのは、暴力を抑制するための独創的な方法であろう。その際には、暴力装置を独占している中央政府の力を借りずに、また、開拓者たちから継承した神話的な自由を制限せずに、とりわけ武器に対する信仰心を抑え込まずに、事を進める必要がある。これはヨーロッパとは二重の意味で異なっている。すなわち、習俗の文明化の過程が、ヨーロッパでは、物理的な非武装化と連結していた点、および、市民各人に対する強い心理的抑制に依拠していた点で、異なっているのである。

アメリカに於いて分別が集団のレベルにまで高まるか否かは、個人次第である。個人の役割は、共同体の救済にとって決定的に重要であることが、明らかになっている。旧大陸では、その反対がむしろ正しい。そこには集団的な保護用のネットが張られていて、個人が直接、それも武器を手にしつつ、生存のための闘いを生き抜く必要はまずない。また、デーモンも、新大陸の多種多様なセクトとは全く異なる教会が囲い込んでおり、信者が一人でデーモンに立ち向かう必要性は殆どない。大部分のフランス人を、その防護用の網で囲ってくれている社会保障制度は、一種の精神的な安心の装置として、あるいは恐怖心に対する保障の装置としても機能している。こうした装置は、個人の責任を極端なまでに強調するアメリカ社会では、あまり上手く作動しない。その上、アメリカでは、神の意図に関して、カルヴァン派的な疑念が濃厚に漂っている。つまり、全ての信者が救われることはない、という見解が追い打ちを掛けているのだ。確かに、こうした宗教的なピューリタニズムが、米国でその影響力を大きく減じているのは事実である。だが、その教訓がアメリカ文化の内奥で生き延び、ある者たちの絶望に滋養を与えているのもまた事実である。彼らはこう考えているのだ。既に自分たちは「悪」に神を引っ張られている運命にあるのだから、闘ったって仕方がないではないか、と。こうした世界観は、先ずは純粋な強者たちのために出来上がっている。その他の者たちは、仮借なく地獄の方へと滑り落ちていく。少なくとも、困窮や社会的疎外の方へと、あるいは、弱者にとって容赦ない世界へと落ち込んでいく。だから、彼らが埋め合わせのために、人工の楽園を何とか見出そうとする努力は、彼らの社会的不適合、あるいは、厳格なる神が彼らの頭上に落とした烙印の酷さなどを物語っている。何せ、神はその不可知なる意図の執行を、サタンに任せているのである。これと同様の理屈で、成功が全てであるアメリカに於いて、社会的な関係がぎくしゃくするのも仕方ないという、ある種の正当化を図ることも不可能ではない。だがそうしたところで、セーラム以来のコンプレックスに満ちた心理が歩んできた、仮借ない道筋を辿り直すことには繋がらない。セーラムこそは、純粋さという強迫観念と、人間は純粋さのためだけに生きているのではないという確信との間に立ち上ってくる、言葉に尽くしがたい矛盾を孕んでいる。とにかく人間は、常に自らを監視し、自らを犠牲にし、それの正体を暴くべく努力せねばならない。「それ」とは一体何か、だって？　言うまでもない、悪魔である！

結論　デーモンとのダンス

最終章は、この書物の基本的スタンスを読者に提示している。私にとって歴史とは、煌《きら》めいていた過去が眠っている、埃を被った博物館などではない。歴史とは動きであり、流れである。それは、我々の処にまで達し、我々の各々を形作り、絶えず動き、無数の仕方で文化を交錯せしめるものである。ところで、文化とは、人々を統合すると同時に引き離すものだが、その人々が、自分たちのみがその運命を決定できると、あまりに簡単に信じ込んでいるようである。従って私は、悪魔の発見へと旅だった際には、逆の方法を採った。つまり、現在から出発して、流れをその水源へと辿ったのである。今日悪魔が我々の精神世界ないしは我々の想像界《イマジネール》（個人の内部に蓄積された悪魔の表象が、その人の行動を左右するという意味合いで）で占めている位置を理解するために、私は悪魔の足跡の一切合切を再度尋ねてみる必要に迫られたのである。しかも三千年期のとば口にあって、社会学者や歴史家たちが、宗教的なるものの回帰について語っているのだからなおさらである。もちろん、いわゆる信仰の問題は棚上げにしておこう。信仰の領域では各人が自分の位置を決めればそれでよい。この書では、西洋という特殊性の中で、悪魔というテーマが、生きた文化といかなる関係を切り結んだかを、俎上に上げたのである。西洋のダイナミズムは、生存の悲劇性を眼前にした際の絶望的緊張を、果たして乗り越えられたのだろうか。およそ一千年も前から、もちろん最近に於ける修正や恐らくは急激な断絶はあったにしろ、この問題に対するヨーロッパの答を要約するならば、悪魔を際立たせて、それをあらゆる不幸、あるゆる悪徳の父に仕立て上げ、神を疑うのを回避した、となろう。こうして個人が感受した劇的な緊張は、昇華のプロセスを経て、共同体の巨大なエネルギーを、文明を支える強靭な思想を、そして、抑えがたい知的欲求や征服欲を、ダイナミックに生み出していったのである。アメリカ大陸に於いても、この個人的緊張感は、同じ要素、同じ解決法を提供し、そこからデーモンに対する強烈な強迫観念が結晶していった。それは、社会の中核部に象嵌されることになろう。ヨーロッパ北部も、同様の苦悩を抱き続けるが、それは一九一八年のドイツ敗北によって、さらに増幅される。この点は、表現主義者たちが見事に描き出した処である。だからこそ、合衆国から到来した悪魔に纏《まつ》わる強烈な映像を、この地では、他の場所よりもスムーズに受け入れたと考えられる。もっとも、最近の様々な変化を見ていると、北部の国々が、アメリカというモデルに還元できるわけではないことが、浮き彫りになってくる。過去に於けるような束縛を嫌い、より平穏な信仰生活を送りたいと願う信者たちと呼応するように、ドイツやオランダのカトリックの聖職者たちは、悪魔を介した恐怖の伝播に消極的になっている。プロテスタント圏でも事情は同じで、サタンというコンセプトに対し、疑念を表明したり、サタンから人々を解放しようとしたりする動きが目立っている。ラテン語圏の国々にベルギーを加えた地域では、もっと早くからこの方向へと向かいつつあった。それは、フランス革命で徐々に敷かれ始め、ロマン派の台頭で急速に発展し、現在の我々へと継承されてきた道である。十九世紀が残したもう一つの遺産、すなわち、悪魔への恐怖をますます内在化しつつ刻印していこうとする傾向は、そこでは正反対の力学と衝突することになる。取り分け大きく立ちはだかったのは、悪魔の問題を脱神聖化しようと努めた精神分析学、ならびに、啓蒙哲学に由来する強固な楽観主義であろう。今日見られる刹那的な幸福の追求や快楽主義の源泉も、ここに求めうる。こうした態度は、時として「悪魔的に良い」〔«diablement bon»：「非常に、この上なく良い」の意味になるが、ここでは文脈が分かるように直訳しておいた）商品を消費する快楽へと繋がっていく。と言うのも、コマーシャルは、滑稽なルシファーのイメージを平気で利用するからである。こうして、悲劇的なるものは、覆い尽くされ、腐食され、時には「自己」の専制的な増長によって否定すらされるに至る。寿命が年々延びていき、医学が目覚ましい発展を遂げ、死が隠蔽され、束縛なしに刹那的に生きることが推奨されているという現実は、富の増大をもたらした前代未聞の経済的発展を果たした産業国の中に於いて、わずか一世紀の間に、苦痛を拒絶し、恐怖の支配する空間を縮小しようとする動きが、見事に成功したことを物語っている。なるほど、アメリカでもヨーロッパでも、幻想的ないし超自然的なるもの、あるいは社会学者言うところの「神聖」なるものへの、大いなる渇望が強まっているのは確かである。だが最近のこの「超越の回帰」は、換言すれば、以前は宗教的領域に属していたが、その後「理性」によって抑圧されるに至った諸概念の回帰は、残酷なるものの再湧出を意味してはいない。一般的に言えば、ラテン語圏の国々とベルギー、それにヨーロッパ北部の幾つかの地域にあっては、この動きはむしろ、人間生活のあり方を和らげることに貢献している。なぜなら、この動きは、実生活上の苦悩を緩和してくれるような、遊戯的な原理に基づいている場合が多いからである。対象がアメリカの単純なホラー映画であっても、同様のことが言える。さて、文化の母胎が同一ではない以上、アメリカのホラー映画の受容形態にも、大西洋の両岸では際立った違いが見られる。フランスでは、信仰心の顕著に強い信者とごく少数のルシファー崇拝主義者たちを例外とすれば、ハリウッドのレジャー産業が放った作品の観客たちの大部分は、遊び心で怖がって見せるに過ぎず、デーモンに関する様々なメッセージをさっさと消費してしまって一件落着である。「文化的例外」が存在する以上、大きなメディア産業は、それぞれの地域に適合するように、諸々のメッセージに「再解釈」を施すことも珍しくない。逆もまた真なりであって、我々に固有の神話で、合衆国の観客を相当数集めようとするなら、やはり「リメイク」を施さねばならないだろう。

西洋で起きた激変の一つとして、最近の悪魔の後退、およびその内在化を挙げうる。この世には存在しない幸福の概念を基礎に据えて、集団的な表象を行ってきた伝統的な宗教は、特にラテン語圏の諸国で退却を余儀なくされている。二十世紀末になって西欧の住人たちが、「神聖なるもの」への大いなる渇望を表明しているのは確かだが、これは恐らく既成の教会の失敗を物語っていると思われる。同時に人々が、安全の必要性を執拗なまでに感じていることと、第二次大戦直後から一九六五年くらいまでに思春期を迎えた世代があまり経験できなかった、新たな幸福や快楽への志向が高まっていることも物語っていよう。この世代に属する人達の弟や妹は、彼らよりも甘いミルクを飲んで育っている。さらに、漫画や映画やテレビ（ここではサブリミナルは考慮しない）の放つメッセージを大量に浴びており、その上、自由の謳歌、個人の快楽の追求、刹那的な喜びの享受などを勧める、諸々の流行の影響下にもある。そうした彼らは、悪魔に纏わる古来のコンセプトを受け入れるにしても、十分に距離を取って受容するようになっている。それもそのはずで、西洋の悲劇的スタンスに立つ者たちが、悪魔に関する概念を相変わらず伝播せしめようとしても、その概念自体が現実から乖離してしまい、ついには、夢幻的な角度から見て、しばしば心地よい感情を生み出すイメージ群へと変貌していったからである。悪魔に纏わる幻想の回帰は、結局は、過去のような恐怖にではなく、美学的ないしは感覚的な愉悦に繋がっていった。つまり、悪魔を巡る幻想は、終末に対する苦悩や、永遠の罪滅ぼしのためにある地獄への、臭気漂う灼熱の地獄への、肉体的レベルで感じ取られる恐怖を復活せしめようとする過程で、却って人々の頭の中で爆発し砕け散ってしまったのだ。[1] 十七世紀初頭に多くの教養層の心を捉えたロセや司教のカミュの「悲劇的物語」は、読者の感受性をキリスト教の鋳型に合うように型取り、悪魔を無限に恐ろしい存在へと仕立て上げている。ところが彼らの悲劇譚は、結局は上述した如く、恐怖の度合いのより低い次元へと分散していったのである。このテーマは、現代の新聞やテレビが伝える血みどろの三面記事の内に入り込み、不可視なるもの、あるいは、漠然とその存在を感じているデーモンや神々が司る、諸々の偶発事などを喚起している。こうしたデーモンなどは、言わば強い不安感を抱かせずに人々を魅了する、一種の平板化した超自然だと言えよう。内奥では深刻なものを包摂しつつも、殆どの場合取るに足りないこの種のテーマ群は、過度に至らない程度に戦慄を惹起し、読者に対して、刺激のない日常という束縛から逃げ出す契機を与えることになる。現代人が夢中になる超常現象なども、これと同じ類の現象と見なせる。星占い《ホロスコープ》、魔除け、祈禱師、占い師と言った存在は、どことなく脆弱だがそれでも神聖なる何ものかと接触する機会を、危険に引き込むことなく人々に提供できる。一九八一年に「ソフレス」〔SOFRES＝Société française d'enquête par sondage：フランス・アンケート調査会社〕が「ボンヌ・ソワレ」誌のために行ったアンケートによると、調査対象となったフランス人（十五歳以上）の五十八パーセントが、ハシバミの棒による水源の発見〔水脈占い師〕を、あり得ることとして信じているという。さらに、四十一パーセントが、催眠術ないしは手を置く術による治療を、四十パーセントが磁気感知〔放射線感応能力。物体の発する放射線を感知することで、水脈や鉱脈ないしは病因などを探知する能力〕を、三十七パーセントがテレパシーによる思考の伝達を、また三十六パーセントが占星術の黄道十二宮による性格判断を、それぞれ信じているという。ところで、今から三、四百年前には、こうした軽信者を追放したり、時には、当時悪魔の学問と呼ばれていたものに溺れていた者たちを、火炙りにしてさえいたのである。だが今は隔世の感がある。と言うのも、宇宙人や空飛ぶ円盤〔ＵＦＯ〕（調査対象者の三十一パーセント）を信じることは（これは、大なり小なり悪魔的存在との遭遇を、現代風にアレンジしたものである）、都市《シテ》の匿名性の中で孤独感に苛まれている者たちを、むしろ安心させているからである。これには一理あって、他所からやって来た者たちは、神々を欠いている者たちにすれば、新たなる神々となりうるからである。勿論、外部からの訪問者たちを邪悪な存在と見なす場合、それらが本当の脅威となりうることも当然ある。[2] アメリカ人の想像界《イマジネール》にあっては、このケースが頻繁に見られる。この種の強迫観念は、例えばティム・バートンの『マーズ・アタック』（一九九六年）に表現されている。そこでは、最初友好的だった火星人たちが、突然悪魔の如き獰猛な存在へと変貌するのである。

ホラー映画に、浄化《カタルシス》の効果があることはよく知られている。もっとも、この点ばかり強調すべきではない。なぜなら、合衆国では、このジャンルが邪悪な事件や犯罪を現実に惹起しているからである。アメリカには、ヨーロッパのように、夢幻的世界に対して距離を取るというスタンスがないため、こうした悲劇へと結び付いてしまう。極めてヨーロッパ的で、しかも「サスペンス」映画の天才的な作り手であるヒッチコックの場合は、不安を掻き立てると同時に、観客をその不安から上手く解放することにも成功している。ヒッチコックは、超自然、罪悪、そして悪魔を基礎にした西洋の古い表象システムに直接依拠しつつも、それにイギリス的な味付けをし、さらには、その後の展開も巧みに取り込みながら、様々な隠喩を織り込んでいく。その最初の縫い目は、やはりシェークスピアとマーロー〔一五六四―九三年：イングランドの劇作家〕であろう。この二人は、十七世紀中葉にフランスで産声を上げ、その後ルイ十三世の治世下に司教カミュが育んだ、あの「悲劇的物語」に極めてよく通じていた。さて、ヒッチコックの足跡はその後、十八世紀末のイングランドのゴシック小説へと下っていき、さらには、ホフマンからジャン・レイないしはH・P・ラヴクラフトに亘る幻想的文学へと延びていく。勿論、アガサ・クリスティーやエリス・ピーターズを始めとする多数のイギリス探偵小説家たちの影響も無視できない。より心理的な次元では、フランスの描いた曲線がヒッチコックの辿った足跡と平行に走っている。それはジャック・カゾットに端を発し、魅力的とさえ言える懐疑の巨匠たちや、十九世紀特有の幻想的な曖昧さを醸成した名匠たちを経由していく。言うまでもなく、十九世紀的曖昧さは、悪魔を巡るテーマを扱う際に、フランスに特有に見られる傾向であって、それは文学から映画さらには若者向けの漫画やイラストにまで流れ込んでいく。さて、『ロリータ』を撮った（一九六二年に上映）際に、道徳家たちからの強力な圧力を逃れようとイギリスに渡ったスタンリー・キューブリックの方は、それでもデーモンの内在化を特徴とするアメリカ文化の影響を受け続けている。キューブリックの作品は、アメリカでは極めて悪魔的であるとの評判を得ていたが、これは、アメリカ人たちでさえ正視できない隠蔽された事柄を喚起する能力に、彼がいかに恵まれていたかを裏付けている。彼の作品は、「悪」をあまりに強烈な相に於いて把握し、そこから感情を掻き立てるため、現実的かつ象徴的な暴力を通して、そのはけ口を見出してやらなければならなくなる。アメリカでは、こうした暴力の喚起が、ヨーロッパよりもずっと進んでいるのは言うまでもない。さて、合衆国の観客たちは、ロマン・ポランスキーが『吸血鬼』（一九六七年）で見せたように、デーモンを嘲笑する手口をあまり好まない。中でも、不吉な二重人格という深刻なテーマを茶化し粉砕した、アメリカ生まれのジェリー・ルイス監督が撮った『底抜け大学教授』〔既出。フランス語のタイトルは「ジェリー博士とミスター・ラブ」（一九六三年）〕などは、とりわけ評判が良くない。また、上述したポランスキーの『ローズマリーの赤ちゃん』（一九六八年）も、アメリカ人の好みに合致しているとは言い難い。なぜなら、フランス流の幻想譚に発する悪魔存在への疑念が、映画全体を汚染しているからである。逆に、ヨーロッパ人、なかんずくフランス人を熱狂させるウディ・アレンの感受性は、インテリ層を別にすれば、同胞のアメリカ人の関心を引くには程遠い。アレンが、人間の実存が孕《はら》む深い悲劇的感覚を、それとあまりにも距離を保ちつつ、あまりにも滑稽に描いている以上、これは当然であろう。彼の破滅的なユーモア、特にアメリカでは本格的な制度として確立している、精神分析学に向けられたユーモアは、サタンの業を本気で信じるアメリカ流よりは、ヨーロッパ流の幻影に近いと言えるだろう。

今日、西洋世界に於ける悪魔の家々に辿り着くには、異なった幾つかの道があることは間違いない。感情に訴える悪魔の家に辿り着きたければ、やはり合衆国だろう。そこには、割れた蹄を有する悪魔に対する強い恐怖心が保たれている。悪魔は、ドラキュラが歯の一撃で若く無垢なる犠牲者を葬るように、罪ある肉体に侵入してそれを変質させてしまう。このアメリカにぴったりつけているのがイギリスだろう。その後にランクインするのは、表現主義や暗いロマン主義を生んだ、ゲルマン圏ないしはスカンジナビア圏である。確かに、最近この地域では内的な変化が生じつつあるのが感じられ、それがこの地域の住民の想像界《イマジネール》に変化をもたらしている可能性は否定できないが。さて、以上の対極に位置しているのがフランスで、そこではサタンの高揚に対し免疫力を有した世界観が、随分早い時期から確立していた。それは、啓蒙思想や、堕天使に自由の守護神としての美しさを付与し、その暗いイメージを払拭したロマン主義などに由来する姿勢である。一九六〇年代以来、フランスでは、若者たちが、悪魔をこれでもか、これでもか、という具合に小馬鹿にしている。悪魔は、漫画の世界で笑いものにされており、また、バンパイヤも、祝別されたアイオリを調合した後、それを服用して自殺するという体たらくである。こうなると、フランスの子供たちは、何とも言い難い恐怖の漂う道を歩く際には、新大陸の草原を照らす月の下で舞踏を繰り広げる狼男《ルー・ガルー》や、フレディー、キャリー、エイリアンなどに怯えているアメリカの子供たちを、優しくエスコートしてやらねばならなくなろう。もっともフランス人たちも、超常現象を欲している点では変わらない。だが、一九八八年のアンケート調査で、モンペリエ大学の学生の二十四パーセントがデーモンを信じる、と答えているが、その場合彼らの心に浮かぶデーモン像とは、正確にはどのようなものなのであろうか。この二十四パーセントの内、信者だが教会に通わない者たち（その十九パーセントが悪魔を信じている）と、熱心な信者たち（その六十二パーセントが信じている）とは、果たして悪魔に関し同じヴィジョンを共有しているのだろうか。[3] 勿論、これは疑わしい。また、二十一世紀の初頭に、超自然が、駆け足で返り咲きしつつあるのが本当だとしても、そのインパクトは、各人の年齢や性別、社会的帰属やライフ・スタイルに応じて、さらには、個々人が生活上で受ける諸々の文化的影響に応じて、随分と変わってくるだろう。この点で最も重要な関数となるのは、帰属している国である。例えば、フランスのように、悪魔を巡るその文化的表象が穏やかなものである場合と、合衆国のようにそれが不安を煽るような場合とでは、明らかな違いが生じてくる。ごく少数の漫画家の作品を例外として、フランスやベルギーの漫画は、サタンというテーマを周辺に追い遣っており、読者に安心感をもたらす。一方、アメリカに於ける「ヘビーメタル」音楽の流行や、サタン崇拝主義的なセクトの跋《ばっ》扈《こ》、ないしは学校を中心として「連続殺人」が横行している世相は、全く正反対の心的傾向を証している。また、集団的な強迫観念の共鳴箱である「都市伝説」もまた、旧大陸と新大陸とでは、異なった色合いに染められている。なるほど、いかなる社会であれ、実存の悲劇的側面を完全に除去することはできないし、ましてや、それが共同体の文化的表現として結実することを阻むことは無理である。こうした表現は、各々の集団の内的な紐帯を育む上で不可欠だからである。そうは言っても、悲劇性を飼い慣らす方法は、アメリカよりもヨーロッパでずっと発展していることは否めない。特に、ここ数十年の間に、伝統的なキリスト教の枠組みを、大きく後方に退けた国々にあっては、この傾向が顕著に見られる。これは、悪魔払いの儀式の改革に伴って、教皇庁から最近発せられる言説の中に、サタンが再度溢れだしているという、一見矛盾する現象を説明してくれるだろう。と言うのもこれは、悪魔のあら皮が収縮していくのに応じて、カトリックへの忠実さも減退しているという事実を、教会が明確に察知している証左だと思われるからである。

最近行われた社会学的な調査によると、戦闘的な不可知論が超自然の高揚を阻むのは当然として、堅い信仰の実践もまた、超自然の前に立ちはだかるという。だからと言って、超自然は過去の遺物の残滓に過ぎないとか、あるいは、教育のない階層にのみ蔓延《はびこ》っていると思うならば、大間違いである。事実はむしろ反対であって、一九八一年に「ボンヌ・ソワレ」誌上で明らかにされたアンケート調査によると、テレパシー、占星術、ホロスコープ、カード占い、ＵＦＯ、呪術、交霊円卓、などを信じる割合は、中間管理職や上級管理職の方が、その他の階層よりも明らかに高いことが判明している。なるほど、農民の方が管理職よりも、水脈占い師〔振り子や棒で地下水を発見する〕を信じる率は高い。だが、カード占いや交霊円卓を信用する率になると、前者は後者の半分以下に減少する。その上、呪術を怖れる割合も、管理職の二十二―二十三パーセントに対し、農民は十九パーセントに留まっている。この数字は、一七世紀当時の現象と比べるならば、隔世の感がある。ヨーロッパ、そしてアメリカでは、中でも都会の空虚な空間に住む者にとっては、制度的な宗教が宿していた諸信仰が魅力を失い、超常現象がそれに取って代わった、という説明をここで施すことも可能である。ヨーロッパ全体を対象とした別のアンケート調査によると、大都市の住民の十四パーセントが超自然現象に遭遇した経験があるのに対し、農村部ではその比率は十一パーセントに過ぎないという。もっとも、後者の方が礼拝所を訪れる率は高く、また前者よりも軽信しやすいとされている。(4)

西洋のどこにあっても、超常現象〔心霊現象〕を渇望する声が日増しに大きくなっているのは否めない。だが、この抑えがたい欲求は、常に同じ内容を物語っているのだろうか。そうではなかろう。例えばフランスのような国では、超常現象への渇望は、一千年の昔から継承している悲劇的文化を、啓蒙思想に由来する新たな見解の下に、払い除けようとする欲求と結び付いているだろう。こうなると、超常現象や心霊現象は、悪魔との戯れに過ぎなくなる。否、より正確には、存在の暗黒面との戯れ、あるいは、苦悩を緩和する一手段に過ぎなくなる。さらに言えば、書物、映画、漫画、および、その他の快楽主義色の濃い個人主義哲学を伝播すべき様々なチャンネルを通して、苦悩を外部に投影するための一手段に過ぎなくなろう。昔は、厳しい環境下にあっても人類の存続を可能ならしめるために、集団で苦痛を引き受ける必要があった。今やその必要性は後景へと追い遣られ、快楽を前面に打ち出す考え方がそれに取って代わっている。少なくとも、レジャーと飽食の社会が個人の身体や精神に恵んでくれる直接的な快楽を、あり得そうもない彼岸の名の下に損なうことのないよう腐心するのである。ただし、比較の問題とは言え、ピューリタンの伝統が強く残存している合衆国は例外とすべきではなかろうか。少なくとも、自己への恐怖は、セーラムの延長線上にあって、より強烈でしかも破壊的な力を秘めつつ残っている。そこから育まれた国の使命という精神は、神によって与えられた目的を果たすことへと向かっていく。「我らは神の内に信を置く」というわけだ。その分、デーモンの仕掛ける罠も、広範に残らざるを得ない。なぜなら、悪魔が人間界に執拗に居残ることを許可しているのが、他ならぬ神自身、それも伺い知れぬ意志を秘めた神自身だからである。歴史的な観点から言うならば、アメリカは西洋のダイナミズムを、あるいは、十二世紀から十五世紀の間にサタンが集団的想像界《イマジネール》に入り込むことで、ヨーロッパ文明を活気づけた、あの強力な推進力を、そのまま継承したことになろう。個人に掛かるこの継続的な緊張感は、強い刺激となって、その個人を善悪いずれの方向へも向かわしめる。こうしたエネルギーの累積が、クリストファー・コロンブスや大航海時代には、ヨーロッパの外にまで溢れ出るような強い集団的な活力を生み出したのである。これと同じダイナミズムが、三千年期の入口にある合衆国を、経済、軍事の両面で世界的な覇権国へ押し上げていると言えるだろう。だが、恐るべき神と遍在するデーモンを基礎に据えた、この根源的な悲観主義に対しては、十八世紀以来、人間の解放を旨とする啓蒙主義哲学の楽観主義が、異議を唱え続けている。啓蒙主義は旧大陸に、人間の運命に対するより和らいだ見方を広めていったのである。自らの悲劇的な源とつかず離れずの状態を保ちつつも、近代ヨーロッパの意識は、ロジェ・カイヨワが喚起した、あの「素晴らしき快楽へのノスタルジーと、耐え難い苦痛への恐怖」を抱き続けたのである。[5] こうしてヨーロッパ的意識は、ダンテの地獄を、夢幻的なるものと取り替えるに至る。暗い魔法の世界に、甘美な戦慄を覚えつつ潜り込むが、そこから簡単に抜け出ることのできる世界。こうして、原初の魂、少なくともその希望を捨てることなく、人々は西洋の様々な神話や象徴の大海を泳ぐことができるようになった。一九七四年に刊行されたポール・キュヴリエの漫画『黒き大海の王国』（最初は「タンタン」に載る）が、この複雑な現象全体を象徴的に表現している。その表紙を飾る主人公のコランタンと女の子のザイラは、地獄の口に呑まれつつある。実際のところこの作品は、大勢のデーモンが住み、シャイタン（サタン）が君臨している地獄への、通過儀礼的な旅を主題としている。コランタンは様々な試練に打ち勝ち、ある意味で大人へと脱皮するのだが、別人への恋情を募らせているザイラの愛を勝ち得るには至らない。[6] 私はここに、悪魔に纏わる西洋特有の想像界《イマジネール》の消しがたい痕跡（一九七〇年代の子供たちがそれを追体験しているのである）を見ると同時に、意志の勝利と個人の称揚を旨とする、ラテン世界特有の世界観をも看取せずにはいられない。勿論、その後一九九〇年代に入ると、人間が享受しうるあらゆる快楽を、束縛なしに楽しもうとする世界が到来するのは確かである。いずれにしろ、この作品に漂っているのは、「甘苦い」調子である。と言うのも、コランタンは冒険で成功を収めるも、愛情の点では満たされないからである。勿論、子供向けの新聞という媒体の故に、作者が控え目に表現したのは事実であろう。それにしても、この作品は、アメリカ人とは異なり、悪魔を和らいだ目で受け入れるフランス人の姿勢を凝縮しているだろう。一千年来の遺産を前にして、これほど異なる二つの受容法が生まれるとは、まさしく驚きである！

訳者あとがき

本書は Robert Muchembled, *Une histoire du diable* (*XIIe–XXe siècle*), Éditions du Seuil, 2000. の全訳である。著者のロベール・ミュッシャンブレは、パリ第十三大学の教授として歴史学を講じる一方、中世から近世にかけてのヨーロッパ文化史に関する著作を数多ものしている気鋭の研究者でもある。ミュッシャンブレは学者としてのキャリアを歩み出すに当たって、先ずは、民衆文化とエリート層の文化の交錯と衝突に自らの関心を向けており、その基本的スタンスは今日に至るまで変わっていない。ただ、民衆文化に宿る「非キリスト教的」なる諸要素が、上部からの「キリスト教化」に対峙し抵抗を試みようとする磁場に、彼の関心が収斂していった点は重要である。つまり、ミュッシャンブレにとっては、魔女狩りという一見不可思議な現象を理解すること、さらに敷衍すれば、伝統的な民衆文化の中に位置づけうる「魔女現象」(人々を助ける「村の魔女」という肯定的な存在)が、プロテスタンティズムの勃興と反宗教改革の高まりに由来する強固な「キリスト教化」によって、徐々にマージナルな場所へと送り込まれていく過程を理解すること、この点こそが最も重要な問題であった。このような、民衆文化としての魔女現象とその迫害に対するミュッシャンブレの強固かつ持続的な関心が、本書に結実したことは疑いない。

さて、ミュッシャンブレは、本書『悪魔の歴史 12〜20世紀――西欧文明に見る闇の力学』に於いて、焦点を魔女よりは寧ろ悪魔に絞り直し、西洋の想像界《イマジネール》を浮き彫りにすることを目指している。ただし、本書は、悪魔の歴史を辿った数々の類書とはかなり趣を異にしている。と言うのも、ジェフリー・バートン・ラッセルの仕事に典型的に見られるように、従来、悪魔や魔女を議論の俎上に載せる場合には、その表象や概念を歴史的に辿り直すか、またはラッセル・ホープ・ロビンズのように、闇の世界を事典の内部に閉じ込めようとするのが主流だからである。本書はこうした書物の醸し出す退屈さとは無縁である。また、ヒュー・トレヴァー＝ローパーやノーマン・コーンに代表されるように、二十世紀の集団的迫害（ホロコースト、赤狩りなど）を解読する素材として、魔女狩りをモデルにしようとする、ある種の政治的な思惑を組み込んだ研究が存在することも忘れてはなるまい。だが、こうした研究に共通するのは、悪魔の存在や魔女（狩り）をアプリオリに否定的な色合いで染め上げている点である。本書は、この種の「暗黒」を裁く法廷といったスタンスとも無縁である。では、ミュッシャンブレの独自性はどこにあるのだろうか。それは恐らく、悪魔という西洋文明の「発明」が、近世ヨーロッパの絶えざる発展の原動力となった、というある意味で「肯定的」とも解しうるテーゼを下敷きにしつつ、独自の論を展開している処に求めうるだろう。換言すれば、我らが歴史家は、悪魔を、宗教のみならず文化一般から政治や経済などの広範な領域全体を貫く、一つの力学的原理として把握していることになるだろう。この基本的見解は、言うまでもなくノルベルト・エリアスの『文明化の過程』にその発想源を汲んでいる。つまり、悪魔の「発明」は、自己の悪魔的すなわち獣的な身体に対する罪悪感を煽り、ひいては、それを抑圧する心的メカニズムを個人的レベルで醸成するため、自己抑制力を有する「文明人」の登場を促すことになる。しかも、個人の「獣性」を抑えようとするベクトルは、集団的な「獣性」、すなわち他文明の「獣性（悪魔性）」を克服する方向へと向かっていく。一言で言えば、悪魔の「発明」こそが、西洋文明に於ける宗教的・政治的な「普遍性」の主張を可能にする、とミュッシャンブレは論じているのである。

類書に見られない特徴をあと数点挙げておきたい。先ず、十七世紀に於ける悲劇的物語から十九世紀のロマン派に至るまでの、フランスを中心とした文学作品に於ける悪魔の表象や役割に、かなりの紙幅が割かれている点を評価したい。特に、我が国ではあまり馴染みのない悲劇譚の作者、ジャン＝ピエール・カミュやフランソワ・ド・ロセが紹介されていることは特筆に値する。また、十九世紀フランス文学に於ける悪魔の表象を分析した、マックス・ミルネールやマリオ・プラーツの仕事を、うまくレジュメしている点も好ましく思われる。次に、現代の映画やコマーシャル、漫画、あるいは「都市伝説」などで復活を遂げた悪魔に、相当の紙幅とインクを費やしている点も独自的だと言える。特に、ムルナウからヒッチコックを経由してキューブリックに至るまでの映画を論じた箇所は、スクリーンに投影された現代の「悪の肖像」を浮き彫りにしており、映画フリークでなくとも興味深く思われるだろう。さらに、悪魔を遠景に押し遣った啓蒙思想やフランス革命などを経た現代ヨーロッパと、ピューリタンの心性を保ったまま発展を遂げたアメリカ合衆国とを対置して論じているスタンスも、極めて独自的だと言える。ヨーロッパが、もはや伝統的な恐るべき悪魔を屋根裏部屋に放り込み、新たな装いを施した快楽の象徴としての悪魔を引っ張り出して「消費」しているに過ぎないのに対し、アメリカ合衆国は、『エクソシスト』の成功に代表されるように、いまだに外的かつ内的なデーモンの影に怯えている、という指摘は、イラク戦争に対するフランスとアメリカ（アングロサクソン）の取り組み方の違いを裏付けると思わせるほどに、示唆に富んでいる。もちろん、戦争の原因を、単純に宗教的次元のみに還元するわけにはいくまい。だが、「他者」を「悪魔化」し、それを武力に訴えてでも「福音化」しようとする傾向が、ヨーロッパよりはむしろ合衆国に強く残っているその仕組みの一端を、本書は照らし出していると思えないだろうか。

自己の獣的欲望を抑制し、同時に他者をも自己と同じ自制心の力学下に引き込もうとする仕組み、これこそが、西洋の悪魔のもたらした「文明の果実」と言えるだろう。このように、強烈な罪悪感を植え付ける文化システムは、我々日本人の読者には無縁のものかも知れない。例えば、人間の弱点を哀れみつつ笑う芸能、言い換えれば、人間の罪や愚かさを敢えて裁かず大らかに肯定する芸能、すなわち落語という善悪の彼岸にある伝統芸能が、いまだに多くの人々を惹き付けている我が国にあっては、善悪の此岸にある悪魔や魔女狩りという主題が大勢の関心を引くことは難しいだろう。だが、一神教的な世界観を知的に吸収し、翻って多神教的な世界観の豊かさを再認識するためにも、さらには、悪の問題を「グローバル」に把握する一助とするためにも、本書は何らかの役に立つであろうと、著者ミュッシャンブレの自負心を分かちつつ主張しておきたい。

ミュッシャンブレのフランス語には、時に衒学的に過ぎると思われる表現が散見され、訳出に手間取ったことをお断りしておく。また、本書は西欧全般を対象にしているため、訳者の力量を遥かに越える内容や記述に溢れており、不適切な訳文となってしまった箇所があるやもしれない。さらに固有名詞の置き換えや、映画の邦題などにも、曖昧さが残っていることを告白すべきだろう。読者諸兄の御寛恕を乞うと同時に、お気付きの点は御指摘を頂ければ幸いである。最後になったが、遅々として進まぬ訳出作業を辛抱強く見守ってくださり、貴重な助言をしてくださった大修館書店の清水章弘さんに、心より感謝申し上げたい。

二〇〇三年四月

平野隆文

(55) V. Campion-Vincent, J.-B. Renard, *op. cit.*, «Le fou au crochet», pp. 160-167.
(56) «Le diable revient», *op. cit.*, article de Chantal de Rudder, «Judas Priest, Heavy Metal», p. 27.
(57) Denis Duclos, *Le Complexe du loup-garou. La fascination de la violence dans la culture américaine,* Paris, La Découverte, 1994, pp. 11, 25.

結論　デーモンとのダンス

(1) M. Milner, *La Fantasmagorie, op. cit.*, pp. 253, 259.
(2) J.-B. Renard, *op.cit.*, pp. 177, 179-180.
(3) J.-B. Renard, «Éléments pour une sociologie du paranormal», art. cité, p. 40.
(4) *Ibid.*, pp. 34-36, et J.-B. Renard, *op. cit.*, pp. 176-179, 183.
(5) R. Caillois, art. cité, p. 81.
(6) J.-B. Renard, *op. cit.*, pp. 185-192 が、この漫画について素晴らしい分析を施している。ただし、私には多少精神分析学的に過ぎるようにも映る。ここでは、フランス文化が色濃く反映している点を強調するだけで、十分だと思われる。

(32) *Ibid.,* pp. 69-76.
(33) T. Faivre, *op. cit.,* pp. 203-205.
(34) 1913年に『プラハの大学生』が撮影された、ベルリン近郊のバベルスベルクのスタジオには、映画による幻想譚を主題とした常設展が設けられており、過去の伝統を今に伝えている。次のカタログも参照できる。Rolf Giesen (Potsdam Stiftung Deutsche Kinemathek), *Cinefantastic,* Berlin, Argon Verlag GmbH, 1994.
(35) T. Faivre, *op. cit.,* pp. 205-210.
(36) 本書の第 4 章を参照のこと。
(37) この後の節「アメリカのデーモン」を参照のこと。
(38) Aldous Huxley, *The Devils of Loudun,* Londres, Chatto and Windus, 1952.
(39) ロベール・ブレッソン監督の『恐らくは悪魔』に関する分析は以下に見出せる。*L'Avant-Scène, Cinéma,* n° 408-409, janv.-février 1992, pp. 1-130. また、*Revue du cinéma,* n° 456, janvier 1990, pp. 60-69 には、Andrzej Zulawski 監督の *Le Diable* (1972) が紹介されている。
(40) *Le Monde,* 10 mars 1999, pp. 30-31 に、その年の 3 月 7 日に亡くなったキューブリックに関する優れた特集記事が載っている。
(41) J.-L. Leutrat, *op. cit.,* pp. 122-125.
(42) Samuel Blumenfeld, «La fin du monde est proche, et seuls les États-Unis peuvent sauver la Terre», *Le Monde,* 6 août 1998, p. 17.
(43) Bernard Terramorsi, *Le Mauvais Rêve américain. Les origines du fantastique et le fantastique des origines aux États-Unis,* Paris, L'Harmattan, 1994, 特に、pp. 23-24, 30, 59, 103 を参照せよ。
(44) Howard-Philipps Lovecraft, *Épouvante et Surnaturel en littérature,* Paris, UGE, 1969, p. 87.
(45) Véronique Campion-Vincent, Jean-Bruno Renard, *Légendes urbaines. Rumeurs d'aujourd'hui,* Paris, Payot, 1992.
(46) *Ibid.,* pp. 28-44. この主題に関する書誌も付いている。
(47) *Ibid.,* p. 57.
(48) J.-B. Renard, «Éléments pour une sociologie du paranormal», art. cité, p. 34 によると、1981年に行ったアンケートでは、幽霊を信じているのは、有効回答者の 4 %に過ぎないという (ただし、中間管理職と上級管理職では 6 %に達している)。
(49) V. Campion-Vincent, J.-B. Renard, *op. cit.,* p. 14.
(50) Jeffrey S. Victor, *Satanic Panic. The Creation of a Contemporary Legend,* Chicago, Open Court, 1993; Véronique Campion-Vincent, «Descriptions du sabbat et des rites dans les peurs antisataniques contemporaines», *Cahiers internationaux de sociologie,* vol. XCVIII, 1995, pp. 43-58. このテーマに対し、私の注意を喚起してくれた Jean-Bruno Renard 氏に感謝申し上げる次第である。
(51) J. B. Russel, *Mephistopheles, op. cit.,* p. 253 *sq.*
(52) J.-B. Martin, M. Introvigne (éd.), *op. cit.,* 特に、pp. 23, 64. また以下も参照のこと。Massimo Introvigne, *Enquête sur le satanisme. Satanistes et antisatanistes du XVIIe siècle à nos jours,* Paris, Bibliothèque de l'Hermétisme, 1997
(53) 以上の事件については、*Le Monde,* 23 avril 1999, p. 9 を見よ。リトルトンに関する記事は、前日出された報告記事を修正している。そこには、白い衣服を纏った者も含め犯人グループは 3 人であり、死者は25人に上る、と記されていたのだ。伝説の力は、ジャーナリストと言えども容赦しない、ということか。
(54) «The Secret Life of American Teens», *Newsweek,* 10 mai 1999, pp. 44-60. これは、リトルトンの若き殺人者たちの動機をより良く理解しようとした試みである。

照のこと。Comès（コメス）による M. Murray（前掲書、初版は1921年、フランス語訳は1957年）と C. Ginzburg（*Les batailles nocturnes, op. cit.* はフランスでは1980年に出版されている。これは、「ア・スィーヴル」に「ラ・ベレット」の挿絵が掲載されるようになる 1 年前に当たっている）の理論の使用については、Jean-Bruno Renard, *Bandes dessinées et Croyances du siècle. Essai sur la religion et le fantastique dans la bande dessinée franco-belge,* Paris, PUF, 1986, pp. 199-202 が指摘している。また、魔女狩りについての最新の学説に関しては、R. Muchembled（dir.), *op. cit.* を見よ。

(15) «Le diable revient», *op. cit.,* article de Henri Guirchoun, «La sorcière de Bicêtre», pp. 30-32.

(16) *Duivels en demonen, op. cit.,* pp. 103-143.

(17) R. Villeneuve, *La Beauté du diable, op. cit.,* pp. 55-58 に再録されている資料。

(18) J.-B. Renard, *op. cit.,* p. 173; Julien Potel, *Religion et Publicité,* Paris, Cerf, 1981.

(19) Marie-Sylvie Dupont-Bouchat, Willem Frijhoff, Robert Muchembled, *Prophètes et Sorciers dans les Pays-Bas, XVIe-XVIIIe siècle,* Paris, Hachette, 1978. M.-S. Dupont-Bouchat がルクセンブルクについて書いた箇所を見よ。

(20) Jean-Claude Servais, *La Tchalette et Autres Contes de magie et de sorcellerie,* Éd. du Lombard, 1982; Jean-Claude Servais, Gérard Dewamme, *Tendre Violette,* Casterman, 1982; Didier Comès, *Le Maître des ténèbres,* Casterman, 1980; Didier Comès, *La Belette,* Casterman, 1983; Didier Comès, *Silence,* Casterman, 1980. この他にも以下の作品を参照のこと。François Craenhals, *Les Cavaliers de l'Apocalypse,* Casterman, 1980; Paul Cuvelier, *Le Royaume des eaux noires,* Éd. du Lombard, 1974. さらに、本書巻末の漫画のリスト（仏語）も参照されたし。

(21) J.-B. Renard, *op. cit.,* pp. 11, 213-217.

(22) Roland Francart, *Trésors de la BD religieuse de 1941 à 1985,* Bruxelles, Centrre religieux d'information et d'analyse de la Bande Dessinée, 1985.

(23) J.-B. Renard, *op. cit.,* pp. 199-202.

(24) Jean-Bruno Renard, «Le film *L'Exorciste* à travers la presse», 1975（未刊、このテキストを送って下さった著者に御礼申し上げる）.

(25) 挿絵入りの教理問答書については、本書第 6 章を参照のこと。漫画に於ける天使のテーマについては、J.-B. Renard, *op. cit.,* pp. 19-21, 53 が分析を加えている。「ピロット」の中で、Jean Chakir は、1962年から69年にかけて、太ってはいるが、好感の持てるならず者トラカッサンの冒険を連載している。トラカッサンは、自分の守護神セラファンの懇願と、自らに取り付く悪しきデーモンのアンジェリュールの誘惑との間で、引き裂かれている。

(26) この主題については、本章のさらに先で論じる予定である。

(27) J.-B. Renard, *op. cit.,* pp. 5, 138, 140, 154, 157.

(28) Lotte. H. Eisner, *L'Écran démoniaque. Les influences de Max Reinhardt et de l'expressionisme,* Paris, Le Terrain vague, 1965; éd. enrichie d'illustrations et de textes, Paris, Losfeld, 1981, liste des films, p. 259-272. また、以下も参照のこと。Jean-Louis Leutrat, *Vies de fantômes. Le fantastique au cinéma,* Paris, Éditions de l'Étoile/Cahiers du cinéma, 1995.

(29) L.H. Eisner, *op. cit.,* pp. 37-41.

(30) *Ibid.,* pp. 164-165.

(31) *Ibid.,* pp. 245-249. Carl Boese は、1920年作の「ゴーレム」撮影時に用いられた特殊撮影の技法について書いている。

したペルツのその他の作品は、一九六二年に、ロジェ・カイヨワその他によってこの著者が再発見されて以降、フランス語で読むことができるようになっている。
(64) J.-B. Baronian, *op. cit.,* pp. 235-270.
(65) ここでの刊行年は、フランス語版のそれである。
(66) 映画については第7章で扱う。
(67) 1970年代までの比較的最近の女流作家については、J.-B. Baronian, *op. cit.,* pp. 271-307 を参照のこと。幻想的物語に於ける女性作家の開花については、*ibid.,* pp. 288-293 を見よ。
(68) *Ibid.,* pp. 304, 306.

第7章　快楽あるいは恐怖―二十世紀末のデーモン

(1) G. Minois, *op. cit.,* pp. 112-114. 尚、19世紀以降に於ける教義の不変性に関しては、本書の第6章をも参照のこと。
(2) Radio Notre-Dame, fréquence protestante, «Le diable dans tous ses états», du 13 au 18 mars 1999. なお、3月13日のラジオ放送は、この新しい儀式がフランスの新聞やメディアで大きな反響を呼んでいることに言及している。
(3) Gabriele Amorth (Dom), *Un exorciste raconte,* Paris, Œil, F.X. de Guibert, 1993.
(4) René Laurentin, *Le Démon, mythe ou réalité ?,* Paris, Fayard, 1995.
(5) «Le pouvoir des magiciens. Parapsychologie. Numérologie. Chiromancie. Médecines parallèles. Voyances», *Le Nouvel Observateur,* 1er-7 juin 1989, 特に pp. 12, 14, 29 を参照せよ。
(6) «La France envoûtée. Exorcistes. Astrologues. Voyants. Marabouts», dossier coordonné par Josette Alia, *Le Nouvel Observateur,* 22-28 février 1985, p. 49.
(7) こうした思考回路は、魔女狩りの頃にも存在していた。この点については以下を見よ。R. Muchembled, *La Sorcière au village, op. cit.*
(8) Jean-Bruno Renard,«Éléments pour une sociologie du paranormal», *Religiologiques,* Université du Québec à Montréal, nº 18, automne 1998, pp. 34, 40.
(9) *Ibid.,* pp. 41-43.
(10) B. Sichère, *op. cit.,* p. 14; J.-D. Vincent, *op. cit.,* pp. 271-275. 文中の強調は、各著者によるもの。
(11) «Le pouvoir des magiciens», *op. cit.,* article de Bertrand Deveau, «Les politiques et leurs voyantes», p. 24.; J.-B. Renard, art. cité, p. 34.
(12) «Le diable revient. Sectes. Crimes rituels. Envoûtement. Rock satanique», *Le Nouvel Observateur,* 20-26, décembre 1990.
(13) «La France envoûtée», *op. cit.*; «L'art et la manière de magnétiser les gogos», dossier coordonné par Michel de Prancotal, *L'Événement du jeudi,* 26, octobre -1er novembre 1989; «Le diable», *Panorama, mensuel chrétien,* hors série, nº 12, 1990; «Satan le *beat*», *Libération,* 7, mars 1990; «L'Église croit-elle encore au diable ?», *Panorama, mensuel chrétien,* nº 284, septembre 1993, pp. 70-71; «Les citoyens et les parasciences»(colloque organisé par la Cité des sciences de l'industrie et le journal *Le Monde*), Paris, Albin Michel, 1993; «Satan revient», par Luc Ferry, *L'Expresse,* nº 2187, 10 juin 1993, pp. 120-122; «Qui a peur du diable ?», *La vie,* nº 2561, 29 septembre 1994, pp. 58-61; «Délivrez-nous du diable», *Le Monde,* 1er janvier 1996, p. 9; «Satan et son empire», *Notre Histoire,* nº 143, avril 1997.
(14) 漫画については、上述した「序文」の注7および次の節「悪魔の如く良し」を参

-209.

(35) Jean-Baptiste Martin, Massimo Introvigne（éd.）, *Le Défi magique,* t. 2, *Satanisme, Sorcellerie,* Lyon, Presses Universitaires de Lyon, 1994, p. 162.
(36) Robert Muchembled, *Le Roi et la Sorcière. L'Europe des bûchers, XVe–XVIIIe siècle,* Paris, Desclée, 1993.
(37) Régis Ladous, «Les catéchismes français du XIXe siècle», dans J.-B. Martin et M. Introvigne（éd.）*op. cit.,* t. 2, pp. 205, 219.
(38) R. Villeneuve, *op. cit.,* p. 77 に再録されている。
(39) Paul Dirksee, «Een kind van de duivel ?〔Un enfant du diable ?〕. Het beeld van de duivel binnen het katholiek geloofsonderricht», dans *Duivels en demonen, op. cit.,* pp. 87-102.
(40) Hugo Claus, *Le Chagrin des Belges,* traduction française, Paris, Julliard, 1985.
(41) Gaston Ferdière, «Le diable et le psychiatre», dans *Entretiens sur l'homme et le diable,* sous la direction de M. Milner, *op. cit.,* p. 321.
(42) Luisa de Urtubey, *Freud et le diable,* Paris, PUF, 1983, 特に p. 54 を見よ。また、J.-B. Russel, *Mephistopheles, op. cit.,* pp. 228-229 も参照のこと。
(43) この一節は以下に引用されている。Ermanno Pavesi, «Le concept du démoniaque chez Sigmund Freud et Carl Gustav Jung», dans J.-B. Martin, M. Introvigne（éd.）, *op. cit.,* t. 2, p. 334.
(44) *Ibid.,* p. 335 et L. de Urtubey, *op. cit.,* p. 62.
(45) L. de Urtubery, *op. cit.,* pp. 55, 62, 101.
(46) M. Murray, *op. cit.* この点に関しては、「序章」の注 7 をも参照のこと。
(47) Jean-Didier Vincent, *La Chair et le Diable,* Paris, Odile Jacob, 1996, pp. 272, 275.
(48) J.-B. Baronian, *op. cit.,* pp. 89, 102-105, 118-126.
(49) デカダン派については、*Ibid.,* pp. 127-163 を参照のこと。
(50) 本書の第 4 章を参照せよ。
(51) «Messes noires», *L'Assiette au beurre,* 12 décembre 1903（dessins de Hradecky, Orazi et Ardengo.
(52) J.B. Russel, *Mephistopheles, op. cit.,* p. 229.
(53) G. Minois, *op. cit.,* pp. 98-99.
(54) 次の第 7 章を参照のこと。
(55) J.B. Russel, *Mephistopheles, op. cit.,* p. 252 はこの現象を20世紀後半に限定している。
(56) J. B. Baronian, *op. cit.,* pp. 209-211, 224-226. なお、Claude Seignolle, *Les Évangiles du diable, op. cit.,* pp. 822-825 に、悪魔が死亡する逸話が見出せる。
(57) Jeanne Favret-Saada, *Les Mots, la Mort, les Sorts. La sorcellerie dans le Bocage,* Paris, Gallimard, 1977 ; Jeanne Favret-Saada, Josée Contreras, *Corps pour corps. Enquête sur la sorcellerie dans le bocage,* Paris, Gallimard, 1981.
(58) M. Milner, dans M. Milner（dir.）, *op. cit.,* p. 256.
(59) Denis de Rougement, *La Part du diable,* nouvelle version, Neuchâtel, La Baconnière, 1945.
(60) «Satan», *op. cit.*
(61) ガストン・ルルーの代表作は、『オペラ座の怪人』（1910年）、『呪われた肘掛けいす』（1911年）、『悪魔を見た男』（1912年）、『血みどろの人形』（1924年）などがある。ルルーについては、J.-B. Baronian, *op. cit.,* pp. 230-234 を参照のこと。
(62) J.-B. Baronian, *op. cit.,* pp. 230-234.
(63) Leo Perutz, *Le Marquis de Bolibar,* Paris, Albin Michel, 1991. なお、本文で紹介

(12) Pierre Francastel, communication au colloque *Le Démoniaque dans l'art. Sa signification philosophique,* organisé par Enrico Castelli, Paris, Vrin, 1959. 以下も参照のこと。Max Milner, «Le dialogue avec le diable d'après quelques œuvres de la littérature moderne», *Entretiens sur l'homme et le diable,* sous la direction de Max Milner, Paris-La Haye, Mouton, 1965, p. 237.
(13) この後の作品名や引用については、M. Milner, *op. cit.,* t. 1, pp. 275, 280-281, 314-315 を参照せよ。またノディエについては、J.-Baronian, *op. cit.,* pp. 61-62 を参照のこと。
(14) M. Milner, *op. cit.,* t. I, pp. 324-325.
(15)「前幻想譚」については、J.-B. Baronian, *op. cit.,* pp. 29-53 を参照せよ。Mario Praz, *La Mort, la Chair et le Diable dans la littérature du XIXe siècle. Le romantisme noir,* Paris, Denoël, 1977.
(16) M. Milner, *op. cit.,* t. I, pp. 402-403, 422-423, 464, 473, 514-515.
(17) Pierre-Georges Castex, *Le Conte fantastique en France de Nodier à Maupassant,* Paris, Corti, 1951.
(18) M. Milner, *op. cit.,* t. II, pp. 187, 195-196.
(19) *Ibid.,* t. I, pp. 518-519, 544-545, 553, 562.
(20) Bruxelles, musée Wiertz. R. Villeneuve, *La Beauté du diable, op. cit.* のカバーならびに p. 23 に再録されている。
(21) M. Milner, *op. cit.,* t. 1, pp. 563, 568, 620-621.
(22) テオフィル・ゴーチエとエリファス・レヴィの悪魔に関しては、J. B. Russel, *Mephistopheles, op. cit.,* pp. 201-202 を参照のこと。また、マンガについては本書の第 7 章、および巻末に付したタイトルの一覧表を参照せよ。
(23) M. Milner, *op. cit.,* t. II, p. 246-256.
(24) Wilhelm G. Soldan, *Geschichte der Hexenprozesse aus den Quellen dargestellt,* Stuttgart, 1843 (complétée par Heinrich Heppe en 1880, rééditée par Max Bauer en 1912, et toujours considérée comme une référence). Jacques-Albin Simon Collin de Plancy も多数の著書を著しているので、幾つか代表作を挙げておく。*Histoire des vampires,* 1820 ; *Dictionnaire infernal,* 1825-1826, これは何度も版を重ねている。その他に、*Le Champion de la sorcière et Autres Légendes de l'histoire de France au Moyen Age et dans les temps modernes,* Paris, Putois, 1852 などがある。ヴァランシエンヌの人アルチュール・ディノーが1829年に創刊した *Les Archives historiques et littéraires du Nord de la France et du Midi de la Belgique* は30年間にわたり、18巻を刊行している。
(25) Jules Michelet, *La Sorcière,* (1862), éd. par Robert Mandrou, Paris, Julliard, 1964 ; R. Muchembled (dir.), *op. cit.,* en particulier la bibliographie et la contribution de Marie-Sylvie Dupont-Bouchat.
(26) M. Milner, *op. cit.,* t. II, pp. 358-422, résumé par J. B. Russel, *Mephistopheles, op. cit.,* pp. 197-200.
(27) この絵は、R. Villeneuve, *op. cit.,* p. 53 に再録されている。
(28) G. Minois, *op. cit.,* p. 89.
(29) M. Milner, *op. cit.,* t. II, pp. 262, 310-311, 322, 332, 357.
(30) R. Muchembled, *La Société policée, op. cit.*
(31) この絵は、R. Villeneuve, *op. cit.,* p. 209 に、ユイスマンスのコメントと共に再録、紹介されている。
(32) J.-B. Baronian, *op. cit.,* pp. 129-133.
(33) Richard Sennett, *Les Tyrannies de l'intimité,* Paris, Seuil, 1979.
(34) M. Milner, *op. cit.,* t. II, pp. 424-482 ; J.B. Russel, *Mephistopheles, op. cit.,* pp. 205

(56) *Ibid.,* pp. 507-512, 532.
(57) *Ibid.,* pp. 532-537.
(58) Daniel Mornet, «Les enseignements des bibliothèques privées (1750-1780)», *Revue d'histoire littéraire de la France,* t. XVII, 1910 ; なお、N. Minerva, *op. cit.,* p. 14 はマックス・ミルネールの仕事に言及し、モルネに異議を唱えている。
(59) A. Massalsky, *op. cit.,* pp. 11-22 (特に、以下のデータについては該当箇所を見よ)。
(60) *Ibid.,* tableaux, pp. 15-17.
(61) R. Mandrou, *Possession et Sorcellerie, op. cit.,* pp. 300-301, 308.
(62) A. Massalsky, *op. cit.,* pp. 23-27 でこの逸話の分析が為されている。
(63) *Ibid.,* pp. 28-30.
(64) Bruno Bettelheim, *Psychanalyse des contes de fees,* Paris, Robert Laffont, 1976, introduction.
(65) *Les Sorcières, op. cit.,* planche, p. 27. このデッサンはルーブル美術館所蔵。18世紀のものであること以外、詳細は不明。
(66) Jean-Baptiste Baronian, *Panorama de la littérature fantastique de langue française,* Paris, Stock, 1978, p. 30.
(67) *Ibid.,* pp. 30-31 ; Joseph Andriano, *Our Ladies of Darkness. Feminine Daemonology in Male Gothic Fiction,* University Park, The Pennsylvania University State Press, 1993.
(68) Jacques Cazotte, *Le Diable amoureux et Autres Écrits fantastiques,* avant-propos de Henri Parisot, Paris, Flammarion. 1974, pp. 139-141
(69) *Ibid.,* p. 137. なお、「幻想」という語を強調しているのはカゾット自身である。
(70) *Ibid.,* pp. 145-190, «Enguerrand et Strigilline», 特に p. 172 を参照のこと。
(71) J. Andriano, *op. cit.,* pp. 20-21, 28-29. ただし、著者の「ポスト＝ユング的」な解釈にはほとんど説得力がない。
(72) J. Cazotte, *op. cit.,* p. 142.

第 6 章　内なるデーモン（19—20世紀）

(1) Max Milner, *Le Diable dans la littérature française de Cazotte à Baudelaire (1772-1861)*, Paris, Corti, 1960, 2 vol.; t. II, p. 485.
(2) J.B. Russel, *Mephistopheles, op. cit.,* p. 170 ; G. Minois, *op. cit.,* pp. 111-114; Herbert Haag, *Liquidation du diable,* DDB, 1971 (1re éd. allemande 1969); Dominique Cerbelaud, *Le Diable,* Paris, Les Éditions de l'atelier, 1997. 巻末の «Le diable a bonne presse» を参照せよ。
(3) *Duivels en demonen, op. cit.,* p. 101, note 3, et G. Minois, *op. cit.,* p. 121.
(4) この後の第 7 章を参照せよ。
(5) Bernard Sichère, *Histoires du mal,* Paris, Grasset, 1995, p. 27, 170.
(6) Jean Rousset, *La Littérature de l'âge baroque en France : Circé et le Paon,* Paris, Corti, 1953 ; M. Milner, *op. cit.,* t. I, p. 193, note.
(7) Claude Seignolle, *Les Évangiles du dialbe,* Paris, Maisonneuve et Larose, 1964, p. 732.
(8) Tony Faivre, *Les Vampires. Essai historique, critique et littéraire,* Paris, Losfeld, 1962, pp. 154-156.
(9) M. Milner, *op. cit.,* t. II, p. 487-488.
(10) *Ibid.,* t. I, p. 175 ; J.B. Russel, *Mephistopheles, op. cit.,* pp. 176-177.
(11) M. Milner, *op. cit.,* t. I, pp. 190-192, 200-201.

(27) Leora Auslander, *Taste and Power. Furnishing Modern France,* Berkeley, University of California Press, 1996, pp. 25, 27, 422-423.
(28) Natacha Coquery, *L'Hôtel aristocratique. Le Marché du luxe à Paris au XVIIIe siècle,* Paris, Publications de la Sorbonne, 1998.
(29) R. Muchembled, *Le Roi et la Sorcière, op. cit.,* pp. 74-75 ; R. Muchembled (dir.), *op. cit.,* pp. 187, 215-231.
(30) R. Mandrou, *Magistrat et Sorciers, op. cit.,* pp. 478-486.
(31) J.B. Russel, *Mephistopheles,* p. 127 ; G. Minois, *op. cit.,* p. 88.
(32) Nadia Minerva, *Il diavolo. Eclissi e metamorfosi nel secolo dei Lumi. Di Asmodeo a Balzebù,* avec une préface de Max Milner, Ravenne, Longo Editore, 1990, p. 8.
(33) R. Muchembled, *La Société policée, op. cit.,* pp. 77-122 ; Jürgen Habermas, *L'Espace public, archéologie de la publicité comme dimension constitutive de la société bourgeoise,* Paris, Payot, 1978 (1er éd. allemande 1962).
(34) A. Viala, *op. cit.,* pp. 132-133.
(35) 上の第 4 章を参照のこと。
(36) A. Viala, *op. cit.,* pp. 242-247.
(37) R. Muchembled, *La Société policée, op. cit.,* p. 123 *sq.*
(38) Balthasar Bekker, *Le Monde enchanté, ou examen des communs sentimens touchant les esprits, leur nature, leur pouvoir, leur administration et leurs opérations,* édition en français, Amsterdam, Pierre Rotterdam, 1694, 4 vol. in-12.
(39) *Ibid.,* t. 1. (序文にページ表示がない)。
(40) *Ibid.*
(41) N. Minerva, *op. cit.,* p. 85 に本文中のヴォルテールのテクストが引用されている。
(42) Daniel De Foe, *Histoire du diable, traduite de l'Anglois,* Amsterdam, 1729, 2 tomes, 264 et 302p.
(43) *Ibid.,* 引用と参考箇所は以下の通り。t. 1, pp. 4, 6, 54, et t. 2, pp. 29, 61, 103, 183.
(44) E. Gellner, *op. cit.*. p. 4.
(45) N. Minerva, *op. cit.,* p. 9 およびカルメ師に割かれた章も参照せよ。
(46) Robert Yve-Plessis, *Essai d'une bibliographie française méthodique et raisonnée de la sorcellerie et de la possession démoniaque,* Paris, Chacornac, 1900.
(47) Édité par R. Mandrou, *Possession et Sorcellerie, op. cit.,* pp. 275-328.
(48) Jean-Pierre Carrez, *Femmes en prison. Études de 309 incarnées à la Salpêtrière de Paris, d'après des interrogatories de police (1678-1710),* mémoire de maîtrise inédit, sous la dir. de R. Muchembled, Université Paris-Nord, 1993, pp. 31, 51, 65.
(49) R. Mandrou, *Magistrats et Sorciers, op. cit.,* p. 489 et note 10.
(50) *Ibid.,* pp. 37, 489 (あまりにもタイトルが長いので要約してある)。
(51) R. Villeneuve, *La Beauté du diable, op. cit.,* pp. 204-205 にクレスピー (Crespy) のエッチングが採録されている。
(52) *Ibid.,* p. 207.
(53) *Les Sorcières, op. cit.,* p. 132. 嘲笑的に描かれた魔女たちについては、pp. 129-135 を参照のこと。
(54) Alain Massalsky, *La Sorcellerie en France au XVIIIe siècle,* mémoire de DEA inédit sous la dir. de R. Muchembled, Université Paris-I, 1992, pp. 43-52 が、この作品に分析を施している。
(55) R. Mandrou, *Magistrats et Sorciers, op. cit.,* p. 490.

Grandier, Manchester, Manchester U.P., 1998.

(61) Gregory Hanlon, Geoffrey Snow,«Exorcisme et cosmologie tridentine : trois cas agenais en 1619», *Revue de la Bibliothèque Nationale,* 1988, n° 28, pp. 12-27（この文献と共に、悪魔祓いを記録した調書が2編出版されている）。

(62) R. Mandrou, *Magistrats et Sorciers, op. cit.,* p. 369.

第5章　黄昏の悪魔―古典主義からロマン派へ

(1) Gâbor Klaniczay, «Bûchers tardifs en Europe centrale et orientale», dans R. Muchembled (dir.), *op. cit.,* pp. 216, 220-221.

(2) Georges Minois, *Le Diable,* Paris, PUF, 1998, pp. 74-78. なお、ミノワは懐疑主義の台頭の経緯を辿っているが、それぞれの時代に応じてこの懐疑主義という語の意味にも変化が生じる点を考慮に入れていない。

(3) *Ibid.,* pp. 75-76.

(4) R. Mandrou, *Magistrats et Sorciers, op. cit.,* p. 122, 126-133, 429-433.

(5) L. Febvre, *Le Problème de l'incroyance au XVIe siècle, op. cit.*

(6) R. Mandrou, *Magistrats et Sorciers, op. cit.,* pp. 337-338.

(7) Pascal Bastien, *La Violence ritualisée. Le spectacle de l'exécution en France, XVIe-XVIIIe siècle,* mémoire inédit de DEA sous la direction de Robert Muchembled, Université Paris-Nord, 1998, dactyl.

(8) H. Schilling, *op. cit.,* pp. 208-209.

(9) 第4章を参照のこと。

(10) J.B. Russel, *Mephistopheles, op. cit.,* p. 77 («The Devil between Two Worlds»).

(11) *Ibid.*

(12) R. Mandrou, *Magistrats et Sorciers, op. cit.,* pp. 560-561.

(13) R. Replay, *op. cit.*; M. de Certeau, *op. cit.*; «Journal d'Antoine Denesde, marchand ferron à Poitiers et de Barbe Barré sa femme (1628-1687)», *Archives historiques du Poitou,* Poitiers, t. XV, 1885, p. 66-70 ; D.P. Walker, *op. cit.*; G. Hanlon, G. Snow, art. cité.

(14) R. Mandrou, *Magistrats et Sorciers, op. cit.,* p. 561.

(15) Paul Hazard, *La Crise de la conscience européenne,* Paris, Boivin, 1935.

(16) Robert Muchembled, *Sorcières, Justices et Société aux XVIe et XVIIe siècles,* Paris, Imago, 1987.

(17) René Pintard, *Le Libertinage érudit pendant la première moitié du XVIIe siècle,* Paris, 1943 ; rééd. Genève, Slatkine, 1983.

(18) Robert Mandrou, *Des Humanistes aux hommes de science, XVIe-XVIIe siècle* (*Histoire de la pensée européenne,* t. 3), Paris, Seuil, 1973, 特に pp. 164-167, 178-179 を参照のこと。

(19) J.B. Russel, *Mephistopheles, op. cit.,* p. 80.

(20) *Ibid.,* p. 81.

(21) Keith Thomas, *Religion and the Decline of Magic,* New York, Charles Scribner's Sons, 1971, pp. 476-477.

(22) G. Minois, *op. cit.,* pp. 86-87.

(23) J.B. Russel, *Mephistopheles, op. cit.,* p. 83.

(24) Ernest Gellner, *The Devil in Modern Philosophy,* Londres-Boston, Routledge and Kegan Paul, 1974, pp. 3-7.

(25) J.B. Russel, *Mephistopheles, op. cit.,* p. 83.

(26) C. Havelange, *op. cit.*

Paris, Minuit, 1985, 特に pp. 132-133 を参照のこと。

(38) R. Picard, J. Lafond (éd.), *op. cit.,* pp. XXV-XXXIX, LIII.

(39) 特に、J.-P. Camus, *Trente Nouvelles, op. cit.,* に R. Favret が付した序文 (pp. 12-31) を参照のこと。

(40) J.-P. Camus, *Les Spectacles d'horreur, op. cit.* 特に pp. XVIII-XIX および本文中に引用した物語を見よ。

(41) この瓦版(「カナール」)は、三種類見付かっている。以下の文献に掲載されたリストを参照せよ。Jean-Pierre Seguin, *L'information en France avant le périodique. 517 canards imprimés entre 1529 et 1631,* Paris, Maisonneuve et Larose, 1964, p. 115. この瓦版は当時の多くの著作家たちに知られていた。

(42) 上記第 3 章を見よ。

(43) J.-P. Seguin, *op. cit.,* pp. 14-15.

(44) *Ibid.,* pp. 21, 30, 38-45. 悪魔や幽霊を扱った瓦版のリストについては、同書 pp. 114-121 を参照せよ。

(45) Maurice Lever,«De l'information à la nouvelle : les "canards" et les "histoires tragiques" de François de Rosset», *Revue d'histoire littéraire de la France,* 79e année, 1979, pp. 577-593. 以下も参照のこと。M. Lever, *Canards sanglants. Naissance du fait divers,* Paris, Fayard, 1993, pp. 28-30 (sur Rosset, Camus et les canards), p. 103 *sq.* (canard à propos de Julien et Marguerite de Ravalet) et p. 377 *sq.* (canard de 1613 sur les amours d'un gentilhomme avec le diable dans le corps d'une femme morte).

(46) «Le Siècle de saint Augustin», numéro special de *XVIIe siècle,* 1982, nº 135.

(47) Jean-Nicolas Parival, *Histoires tragiques de nostre temps arrivées en Hollande,* Leyde, 1656.

(48) R. Muchembled, *La Société policée, op. cit.,* chapitre III.

(49) Anne de Vaucher Gravili, *Loi et Transgression. Les histories tragiques du XVIIe siècle,* Lecce, Milella, 1982, p. 21. また、以下も参照のこと: S. Poli, *op. cit.,* p. 167.

(50) 1580年から1640年までの期間の犯罪については、R. Muchembled, *Le Temps des supplices, op. cit.,* pp. 127-185 を参照のこと。

(51) 以上の三つの図式については、A. de Vaucher Gravili, *op. cit.,* p. 23 を参照のこと。

(52) *Ibid.,* pp. 25-44 ; S. Poli, *op. cit.,* p. 170.

(53) この重要な主題については、S. Poli, *op. cit.,* p. 30 を見よ。

(54) A. de Vaucher Gravili, *op. cit.,* p. 20 に引用されている。なお、同書の pp. 25-33 も参照のこと。

(55) *Ibid.,* pp. 54-55 ; なお、ボワテルの引用に関しては、S. Poli, *op. cit.,* p. 509 を参照した。

(56) Jean Rousset, *Anthologie de la poésie baroque,* Paris, A. Colin, 1961, t. 1, p. 6.

(57) A. de Vaucher Gravili, *op. cit.,* pp. 80-83.

(58) René Descartes, *Œuvres choisies,* t. 2, *Morale,* Paris, Garnier, 1955, p. 82.

(59) Pierre Debongnie, C. SS. RR., «Les confessions d'une possédée. Jeanne Fery (1584-1585)», dans «Satan», *Études carmélitaines,* 1984, pp. 386-419.

(60) Michel de Certeau, *La Possession de Loudun,* Paris, Gallimard-Julliard, 1980; Daniel Pieckering Walker, *Unclean Spirits. Possession and Exorcism in France and England in the Late Sixteenth and Early Seventeenth Centuries,* Londres, Scholar Press, 1981. さらに以下も参照のこと。R. Mandrou, *Magistrats et Sorciers, op. cit.,* et Robert Rapley, *A Case of Witchcraft. The Trial of Urbain*

(19) Paris, Sertenas, 1559.

(20) 著者ボエスチオーについてはR.A. Carrがその校訂版の冒頭に付した優れた序文を参照せよ。また以下の論考も見よ。Jean Céard, *La Nature et les Prodiges. L'insolite au XVIe siècle en France,* Genève, Droz, 1977, chapitre X, «Les débuts d'un genre. L'histoire prodigieuse», p. 253.

(21) R.A. Carr, *Pierre Boaistuau's* Histoires tragiques, *op. cit.,* pp. 210-215 ; J. Céard, *op. cit.,* pp. 262-265（但し、セアールが言うところの「サタン排除の論理」は採用していない）.

(22) Pierre Boaistuau, *Histoires tragiques,* éd. R.A. Carr, *op. cit.,* pp. 132-134.

(23) Sergio Poli, *Histoire(s) tragique(s). Anthologie / Typologie d'un genre littéraire,* Bari-Paris, Schena-Nizet, 1991, liste des titres pp. 15-17 ; Raymond Picard, Jean Lafond（éd.）, *Nouvelles du XVIIe siècle,* Paris, Gallimard, 1997, pp. XX-XXIV.

(24) Bénigne Poissenot, *Nouvelles Histoires tragiques*〔*1586*〕, éd. annotée par Jean-Claude Arnould et Richard A. Carr, Genève, Droz, 1996, pp. 48-49, 50-51.

(25) Vérité Habanc, *Nouvelles Histoires tant tragiques que comiques*〔*1585*〕, éd. annotée par Jean-Claude Arnould et Richard A. Carr, Genève, Droz, 1989, pp. 21-22, 286-287.

(26) R. Picard, J. Lafond（éd.）, *op. cit.,* p. XXII ; S. Poli, *op. cit.,* p. 34. また、ロセについては、François de Rosset, *Les Histoires tragiques de notre temps,* avec une préface de René Godenne, Genève, Slatkine Reprints, 1980, pp. VII-IX を参照せよ。

(27) François de Rosset, *ibid.,* pp. XIII-XVI, 128, 362-363.

(28) *Ibid.,* pp. 48, 199.

(29) *Ibid.,* histoire VIII, pp. 247-264.

(30) 上記の第3章も参照のこと。B.M. Lille, Ms. 380（Rigaux 310）, pp. 302-309（ロセについては、p. 308）et p. 254（カミュへの言及）.

(31) V. Habanc, *op. cit.,* pp. 205, 230-231.

(32) Jean Mesnard, «Genèse d'une modernité», dans Jean Lafond, André Stegmann（études réunies par）, *L'Automne de la Renaissance,* Paris, Vrin, 1981, p. 16.

(33) Robert Mandrou,«Le baroque européen : mentalité pathétique et révolution sociale», *Annales ESC,* 1960, pp. 898-914, ici pp. 901, 903-907.

(34) カミュに関する最重要文献の一部を以下に掲げておく。Jean Descrains, *Essais sur Jean-Pierre Camus,* Paris, Klincksieck, 1992 ; du même, *Jean-Pierre Camus*（*1584-1652*）*et ses «Diversités»,*（*1609-1618*）, *ou la culture d'un évêque humaniste,* Lille, Atelier de reproduction de thèses (1984); du même, *La Culture d'un évêque humaniste. Jean-Pierre Camus et ses «Diversités»,* Paris, Nizet, 1985; Max Vernet, *Jean-Pierre Camus : théorie de la contre-littérature,* Paris, Nizet, 1995 ; カミュの作品の最重要な版も以下に掲げておく。Jean-Pierre Camus, *Les Spectacles d'horreur,* avec une introduction de René Godonne, Genève, Slatkine Reprints, 1973, (éd. de 1630);*Trente Nouvelles,* choisies et présentées par René Favret, Paris, Vrin, 1977. また、以下も参照のこと。R. Picard, J. Lafond,（éd.）, *op. cit.*

(35) J. Descrains, *Essais, op. cit.,* pp. 16, 133 ; R. Picard, J. Lafond（éd.）, *op. cit.,* pp. XXII-XXIV.

(36) Liste établie par René Godenne, dans J.-P. Camus, *Les spectacles d'horreur, op. cit.,* p. XXIV.（このリストを参考にした）。

(37) Alain Viala, *Naissance de l'écrivain. Sociologie de la littérature à l'âge classique,*

1987, pp. 79-91.
(70) L. Lemnius, *op. cit.,* f° 182 r°-v°.
(71) L. Roper, *op. cit.,* p. 59.
(72) E. et J. Lehner, *op. cit.,* p. 18 にこの版画が再録されている。なお、ボエスチオーについては、次の第4章で詳しく論じる予定である。
(73) G. Lascault, *op. cit.*, p. 36 に引用されている。
(74) Norman Cohn, *Démonolâtrie et Sorcellerie au Moyen Age : fantasmes et réalités,* Paris, Payot, 1982（なお、英語の初版のタイトルは、*Europe's Inner Demons,* 1975『ヨーロッパの内なる悪魔』である）。

第4章　サタンの文学と悲劇の文化（1550年—1650年）

(1) ドイツ語の最初の版は、1904年と1905年、ある雑誌に掲載された。フランス語版では以下を参照せよ。Max Weber, *Éthique protestante et l'Esprit du capitalisme,* Paris, Plon, 1964.
(2) Philippe Besnard, *Protestantisme et Capitalisme. La controverse post-wêbérienne,* Paris, A. Colin, 1970, 特に、pp. 18-19 を参照のこと。
(3) N. Elias, *La Civilisation des mœurs, op. cit.*; du même, *La Dynamique de l'Occident,* Paris, Calmann-Lévy, 1975.
(4) R. Muchembled, *La Société policée, op. cit.,* chapitre III.
(5) 上の第3章を参照せよ。
(6) Jacqaues Ridé, «Diable et diableries dans les *Propos de Table* de Martin Luther», dans *Diable, Diables et Diableries au temps de la Renaissance,* Paris, Jean Touzot, 1988, 特に、pp. 114-117, 122 を見よ。
(7) Keith L. Roos, *The Devil in Sixteenth-Century German Literature: The Teufelsbücher,* Berne, Herbert Lang et Francfort-sur-le-Main, Peter Lang, 1972 が、この主題全般に関し明解な説明を提供してくれる。
(8) *Ibid.,* pp. 62, 67, 108-109.
(9) *Ibid.,* pp. 56-57, 69.
(10) *Ibid.,* p. 43. なお、本書第1章も参照せよ。
(11) *Ibid.,* pp. 43-49. サタンとの契約、特にファウスト伝説については、この箇所を参照のこと。
(12) Antonio Pinelli, *La Belle Manière Anticlassicisme et maniérisme dans l'art du XVIe siècle,* Paris, Livre de Poche, 1996（1re éd. italienne 1993）.
(13) *Ibid.,* p. 262. なお、以下の二つの参考文献も参照せよ。Richard A. Carr, *Pierre Boaistuau's* Histoires tragiques: *A study of Narrative Form and Tragic Vision,* Chapel Hill, North Carolina UP, 1979, pp. 236-239 : André Chastel, *La Crise de la Renaissance,* Genève, Skira, 1966.
(14) Pierre Boaistuau, *Le Théâtre du Monde*〔*1558*〕, édition critique par Michel Simonin, Genève, Droz, 1981.
(15) Pierre Boaistuau, *Histoires tragiques* édtiton critique par Richard A. Carr, Paris, Honoré Champion, 1977, p. XV-XIX.
(16) P. Boaistuau, *Le Théâtre du Monde, op. cit.,* p. 59 *sq.,* pp. 100-105.
(17) *Ibid.,* pp. 193, 217.
(18) このジャンルに初めて注意を喚起したのはアルベール＝マリー・シュミットの以下の論文である。彼の素晴らしい論考にこの場を借りて深甚なる謝意を表しておきたい。Albert-Marie Schmidt, «Histoires tragiques», *Études sur le XVIe siècle,* Paris, Albin Michel, 1967, pp. 247-259.

(50) Bibliothèque municipale de Lille, manuscrit 510 (n° 192 du catalogue Rigaux), t. VI d'une copie du XVIIIe siècle des *Remarques* sur la coutume d'Artois de Pierre Desmasures, terminées en 1638, f° 2367 v° et 2376 r°.
(51) L. Febvre, *Le problème de l'incroyance, op. cit.,* pp. 402-403; Robert Mandrou, *Introduction à la France moderne. Essai de psychologie historique, 1500-1640,* Paris, Albin Michel, 1961, pp. 68-77.
(52) David Howes (éd.), *The varieties of Sensory Experience. A Sourcebook in the Anthropology of the Senses,* Tronto, University of Tronto Press, 1991, pp. 8-11.
(53) Carl Havelange, *De l'œil et du monde. Une histoire du regard au seuil de la modernité,* Paris, Fayard, 1998, p. 27.
(54) R. Muchembled, *La Société policée, op. cit.,* chapitre III.
(55) C. Havelange, *op. cit.*
(56) L. Lemnius, *op. cit.,* f° 7, 8 ; G. Bouchet, *op. cit.,* t. III, pp. 192-193, 200-201, 208-209.
(57) David Howes, «Olfaction and transition», dans D. Howes (éd.), *op. cit.,* pp. 128-147, 特に、pp. 144-145. なお、以下も参照のこと。Constance Clasen, David Howes, Anthony Synnott, *Aroma. The Cultural History of Smell,* Londres-New York, Routledge, 1994 ; Alain Colbin, *Le Miasme et la Jonquille. L'odorat et l'imaginaire social au XVIIIe-XIXe siècles,* Paris, Flammarion, 1986 ; du même, «Histoire et anthropologie sensorielle», dans *Anthropologie et Société,* vol. 14, 1990, pp. 13-24.
(58) D. Howes, art. cité, pp. 140-141.
(59) この点に関しては、以下の素晴らしい修士論文にさらなる情報を求めることができる。Aurélie Biniek, *Odeur et Parfums au XVIe et XVIIe siècles,* sous la direction de R. Muchembled, Université Paris-Nord, 1998, pp. 58-65.
(60) *Ibid.,* pp. 71, 73-74.
(61) G. Bouchet, *op. cit.,* t. III, p. 162 ; A. Biniek, *op. cit.,* p. 75 ; L. Lemnius, *op. cit.,* f° 7 v°.
(62) A. Biniek, *op. cit.,* pp. 79-80 ; Roger-Henri Guerrand, *Les Lieux. Histoire des commodités,* Paris, La Découverte, 1985 ; Piero Camporesi, *L'Officine des sens,* Paris, Hachette, 1989 ; du même, *Les Effluves du temps jadis,* Paris, Plon, 1995. なお、雷については L. Lemnius, *op. cit.,* f° 200 v° を参照のこと。
(63) A. Biniek, *op. cit.,* pp. 115-132;なお、治癒のために利用される汚臭については L. Lemnius, *op. cit.,* f° 138. を参照のこと。
(64) Reindert L. Falkenburg,«De duiven buiten beeld. Over duivelafwerende krachten en motieven in de beeldende kunst rond 1500», dans *Duivelsbeelden, op. cit.,* pp. 107-122.
(65) A. Biniek, *op. cit.,* pp. 147-157.
(66) *Ibid.,* p. 92.
(67) Philippe Bosquier, *Tragoedie nouvelle dicte Le Petit Razoir des ornemens mondains, en laquelle toutes les misères de nostre temps sont attribuées tant aux hérésies qu'aux ornemens superflus du corps,* Mons, Charles Michel, 1589 (Genève, Slatkine Reprints, 1970, p. 58).
(68) A. Biniek, *op. cit.,* にはこの種の版画が七つ掲載されている (pp. 189-197) が、私がここで行ったような分析はなされていない。
(69) Jean-Jacques Courtine, Georges Vigarello,«La physionomie de l'homme impudique. Bienséance et "impudeur": les physiognomonies au XVIe et au XVIIe siècle», dans *Parure, Pudeur, Étiquette,* revue *Communications,* n° 46,

た、ルター作とされるロバ＝教皇と1557年のジュネーヴの版画については、同書 pp. 338-339 を参照のこと。

(30) G. Bouchet, *op. cit.,* t. III, p. 250.

(31) この主題については、以下の素晴らしい博士論文を参照のこと。Sylvie Steinberg, *Le travestissement à l'époque moderne* (*XVI*^{e}-*XVIII*^{e} *siècle*). *Recherches sur la différence des sexes,* inédite, sous la direction de Jean-Louis Flandrin, EHESS, 1999.

(32) Mikkaïl Bakhtine, *L'Œuvre de François Rabelais et la Culture populaire au Moyen Age et sous la Renaissance,* Paris, Gallimard, 1970, p. 103.

(33) Lucien Febvre, *Amour sacré, Amour profane. Autour de l'«Heptaméron»*, Paris, Gallimard, 1944.

(34) N. Elias, *La Civilisation des mœurs, op. cit.*; Robert Muchembled, *L'invention de l'homme moderne. Culture et sensibilité en France du XV*^{e} *au XVIII*^{e} *siècle,* Paris, Hachette, 1994, pp. 15-134 (1er éd. 1988); du même, *La Société policée, op. cit.* 以上とは反対の立場、すなわち人間の性質を不変と見なす観点については以下を参照のこと。Hans Peter Duerr, *Nudité et Pudeur. Le mythe du processus de civilisation,* Paris, Éditions de la Maison des sciences de l'Homme, 1998 (1er éd. allemande 1988).

(35) M. Bakhtine, *op. cit.,* pp. 151, 178, 180, 416, 431.（ルビ点による強調は著者）

(36) Louis Maeterlinck, *Le Genre satirique, fantastique et licencieux dans la sculpture flamande et wallonne. Les miséricordes de stalles* (*Art et folklore*), Paris, Jean Schemit, 1910, pp. 138, 182-183, 296.

(37) Sarah Hanley,«Engendering the State: Family Formation and State Building in Early Modern France», dans *French Historical Studies,* vol. 16, 1989, pp. 4-27.

(38) 警視庁付き古文書館（パリ第５区の警察署内）のシリーズ A, B に保管されている収監記録を繙けば、これら死刑囚のリストを作成できる。因みに、同時期に処刑された魔女のリストも作成できるが、その数は前者に比べて格段に少ない。

(39) Heinz Schilling, *Religion, Political Culture and the Emergence of Early Modern Society. Essays in German and Dutch History,* Leyde, E.J. Brill, 1992, 特に p. 244 を参照のこと。

(40) L. Roper, *op. cit.,* pp. 112-113.

(41) *Ibid.,* pp. 156-159.

(42) *Ibid.,* pp. 46, 153. なお以下の文献も参照のこと。Ulinka Rublack, *Magd, Metz' oder Mörderin. Frauen vor frühneuzeitlichen Gerichten,* Francfort-sur-le-Main, Fischer Verlag, 1998.

(43) L. Roper, *op. cit.,* pp. 190-192.

(44) Bibliothèque municipale de Lille, manuscrit 380 (n° 310 du catalogue Rigaux), *Matières criminelles,* 354 p. (le manuscrit a appartenu à un procureur du roi à Douai); p. 178. 淫乱の罪については pp. 171-186 で扱われている。

(45) *Ibid.,* pp. 186-240. この章には「仲介」〔maquerellage〕に関する言及がある (pp. 222-240).

(46) *Ibid.,* pp. 41, 241-275.

(47) この点については第４章を参照せよ。また、強姦に関しては、以下の優れた論考を参照せよ。Georges Vigarellos, *Histoire du viol, XVI*^{e}-*XX*^{e} *siècle,* Paris, Seuil, 1998.

(48) Bibliothèque municipale de Lille, manuscrit 380, *op. cit.,* pp. 277-290, なお、インクブスとスクブスについては、pp. 302-309 を参照のこと。

(49) *Ibid.,* p. 309.

(7) S.F. Matthews Grieco, *op. cit.*
(8) Carel Maaijo Van Hoorn, *Levinus Lemnius, 1505-1568, Zestiende-eeuws Zeeuws genesheer,* Kloosterzande, J. Duerinck-Krachten b.v., s.d.〔1978〕(thèse de doctorat en médecine, V.U. Amsterdam).
(9) ここで参照した版は、Levinus Leminus, *Les Occultes Merveilles et Secrez de nature,* Paris, Galot du Pré, 1574, 213 ff. avec des tables détaillées. その他に1559年のラテン語の初版、1560年のイタリア語版（1570年までにその他 4 版が出ている)、フランス語訳の初版 *Les Secrets miracles de nature...,* Lyon, Jean D'Ogerolles, 1566, puis Paris, 1567（1575年までに再版が 3 回)、1569年にライプツィッヒで刊行されたドイツ語版（1580年までに他に 3 版が、また1580年から1605年までに 5 つの版が出ている)。その後特に目立つのは、1650—1651年にアムステルダムで刊行されたラテン語版と、1658年にロンドンで日の目を見た英語版である。
(10) *Ibid.,* f° 133, 142 v°, 146 v°-148v°, 170-v°, 207.
(11) ここで引用した内容については、以下を参照のこと。Catherine Tempère, *Le sang. Représentations et pratiques médicales en France du XVIe au XVIIIe siècle,* thèse de doctorat inédite sous la direction de Robert Muchembled, Université Paris-Nord, 1997, pp. 132-134.
(12) L. Lemnius, *op. cit.,* f° 155, 166 v°.
(13) *Ibid.,* f° 33.
(14) Laurent Joubert, *Traité du ris, contenant son essance, ses causes, et mervelheux essais, curieusement recerchés, raisonnés et observés,* Paris, Nicolas Chesneau, 1579.
(15) *Ibid.,* épître dédicatoire.
(16) *Ibid.,* pp. 257-259.
(17) Guillaume Bouchet, *Les Serées,* éd. par C.E. Roybet, Paris, A. Lemerre, 1873, t. I, pp. 126-127.
(18) *Ibid.,* t. IV, pp. 44-45.
(19) Lucien Febvre, *Le problème de l'incroyance au XVIe siècle. La Religion de Rabelais,* Paris, Albin Michel, 1968, p. 407（1er éd. 1942).
(20) Alain Ercker, *Archéologie de l'Europe conquérante. Contribution à une anthropologie de l'Occident,* thèse inédite, sous la direction d'Éric Navet, Université Strasbourg-II, 1997.
(21) Richard Bernheimer, *Wild men in the Middle Ages. A Study in Art, Sentiment and Demonology,* New York, Octagon Books, 1970, pp. 34-35（1er éd. 1952).
(22) *Journal d'un bourgeois de Paris sous François Ier,* éd. par Philippe Joutard, Paris, UGE, 1963, pp. 154-155.
(23) 92の図版を載せた最近の版があり、簡単に参照できる。Ambroise Paré, *Des monstres et prodiges,* éd. critique par Jean Céard, Genève, Droz, 1971.
(24) Hyacinthe Brabant, *Médecins, Malades et Maladies de la Renaissance,* Bruxelles, La Renaissance du Livre, 1966, pp. 234-239.（特に医学と怪物についてはこの箇所を見よ).
(25) L. Lemnius, *op. cit.,* f° 98, 186 v°.
(26) オー・ラン県のリエーヴル渓谷に於ける魔女裁判では、悪魔に憑かれた蠅が登場するケースが複数報告されている。未公刊の次の論考を参照させて下さった著者にこの場を借りて感謝したい。Maryse Simon,«Les animaux du diable».
(27) A. Paré, *op. cit.,* chapitre XVI.
(28) H. Brabant, *op. cit.,* pp. 248-249.
(29) アンブロワーズ・パレについては、Gilbert Lascault, *op. cit.,* pp. 250-251 を、ま

(39) R. Mandrou, *op. cit.,* pp. 129-133.
(40) *Ibid.,* pp. 137-152. ここに掲載されているリストを補完するものとして、J.B. Russel, *Mephistopheles, op. cit.,* p. 56, note 51 を挙げておく。
(41) Francisco Bethencourt, *O imaginário da magia. Feiticeiras, saludadores e nigromantes no século XVI,* Lisbonne, Projecto Universidade Aberta, 1987, p. 165 *sq.*; Laura de Mello e Souza,«Autour d'une ellipse: le sabbat dans le monde luso-brésilien de l'Ancien Régime», dans Nicole Jacques-Chaquin et Maxime Préaud (dir.), *Le Sabbat des sorciers, XVe-XVIIIe siècle,* Grenoble, Jérôme Millon, 1993, pp. 335, 342.
(42) Robert Muchembled, *Le Temps des supplices. De l'obéissance sous les rois absolus, XVe-XVIIIe siècle,* Paris, A. Colin, 1992, 特に、pp. 139-145 を参照せよ。
(43) 第 1 章の「悪魔と獣」を参照のこと。
(44) Henri Boguet, *Discours exécrable des sorciers,* texte adapté par Philippe Huvet, avec une introduction de Nicole Jacques-Chaquin, Paris, Le Sycomore, 1980, p. 174.
(45) Texte édité par Robin Briggs, «Le sabbat des sorciers en Lorraine», dans N. Jacques-Chaquin et M. Préaud (dir.), *Le sabbat des sorciers, op. cit.,* pp. 169-172.
(46) R. Muchembled, *La Sorcière au village, op. cit.,* pp. 128-131.
(47) Robert Mandrou, *Possession et Sorcellerie au XVIIe siècle. Textes inédits,* Paris, rééd., Hachette, 1997, pp. 231-244.
(48) François Delpech, «La "marque" des sorcières. Logique(s) de la stigmatisation diabolique», dans N. Jacques-Chaquin et M. Préaud (dir.), *Le Sabbat des sorciers, op. cit.,* pp. 347-368.
(49) Charles Zika,«Les parties du corps, Saturne et le cannibalisme: représentations visuelles des assemblées de sorcières au XVIe siècle», dans N. Jacques-Chaquin et M. Préaud (dir.), *Le Sabbat des sorciers, op. cit.,* 特に pp. 391, 395, 399.
(50) *Ibid.,* p. 413.
(51) Lyndal Roper, *Oedipus and the Devil. Witchcraft, Sexuality and Religion in Early Modern Europe,* Londres-New York, Routledge, 1994, とりわけ、pp. 25, 153, 192 を参照のこと。
(52) N. Elias, *La Civilisation des mœurs, op. cit.*

第 3 章　肉体の悪魔

(1) Bibliothèque Municipale de Lille, manuscrit 366 (n° 116 du catalogue Rigaux), f° 104 v° pour la date, G v° et H r° à propos des recettes citées.
(2) Mirko D. Grmek (dir.), *Histoire de la pensée médicale en Occident.* t. 2, *De la Renaissance aux Lumières,* Paris, Seuil, 1997, p. 8.
(3) この主題に関する優れた解説として、*Ibid.,* pp. 157-163. を挙げておく。
(4) L. Roper, *op. cit.,* 特に pp. 119, 191-193 を参照のこと。
(5) Évelyne Berriot-Salvadore, *Un corps, un destin. La femme dans la médecine de la Renaissance,* Paris, Champion, 1993; Sara F. Matthews Grieco, *Ange ou Diablesse. La représentation de la femme au XVIe siècle,* Paris, Flammarion, 1991; Robert Muchembled, *Cultures et Société en France du début du XVIe siècle au milieu du XVIIe siècle,* Paris, SEDES, 1995, pp. 162-184.
(6) É. Berriot-Salvadore, *op. cit.,* pp. 199-200.

(14) *Ibid.*, p. 131.
(15) *Diables et Diableries. La représentation du diable dans la gravure des XVe et XVIe siècles* (coordonné par Jean Wirth), Genève, Cabinet des estampes, 1977, p. 25.
(16) *Ibid.*, et Jurgis Baltrusaitis, *op. cit.*, p. 310.
(17) Ernest et Johanna Lehner, *Picture Book of Devils, Demons and Witchcraft,* New York, Dover Publications, 1971, p. 7.
(18) *Der Mensch um 1500, op. cit.*, pp. 124-125, 139, 143, 145.
(19) *Ibid.*, p. 147（贅沢な服装を纏った裕福な貴族の夫婦と、太鼓をたたいている骸骨が描かれている）.
(20) J. Kadaner-Leclercq, art. cité, pp. 47-49.
(21) *Duivels en demonen. De duivel in de nederlandse beeldcultuur,* (catalogue d'exposition, dir. par Petra Van Boheemen et Paul Dirksee), Utrecht, Museum Het Catharijneconvent, 1994, p. 115.
(22) J. Kadaner-Leclercq, art. cité, pp. 50-57.
(23) Descriptions dans *Les Sorcières, op. cit.*, pp. 2, 33, 41, 44, 46-47, 49, 74, 102.
(24) この絵は、Robert Muchembled（dir.）, *op. cit.*, pp. 80-81 et p. 85 に掲載されている。
(25) 複製は以下に掲載されている。Robert Muchembled, *La Sorcière au village, XVIe-XVIIIe siècle,* Paris, Gallimard, 1991, ill. n°16（Dürer）, および J. Kadaner-Leclercq, art. cité, p. 57（Deutsch）.
(26) R. Muchembled（dir.）, *op. cit.*, pp. 52-53, 69-70.
(27) この点については、第 4 章を参照のこと。
(28) H.C. Erik Midelfort, *Witch Hunting in Southwestern Germany 1562-1684. The Social and Intellectual Foundations,* Stanford, Stanford UP, 1972（Wiesensteig については pp. 86-90 を見よ）. またこの文献を補足するものとして以下を挙げておく。Wolfgang Behringer, *Witchcraft Persecutions in Bavaria. Popular Magic, Religious Zealotry and Reason of State in Early Modern Europe,* Cambridge, Cambridge UP, 1997.
(29) H.C.E. Midelfort, *op. cit.*, pp. 32-33.
(30) 本書の第 4 章を参照のこと。
(31) Jeffrey Burton Russel, *Mephistopheles. The Devil in the Modern World,* Ithaca, Cornell UP, 1986, pp. 30-31, p. 54.
(32) *Ibid.*, pp. 31-33.
(33) 悲劇的文化については第 4 章で分析する。また、悪魔に憑かれた身体に関しては第 3 章で論ずる。
(34) Lène Dresden-Coenders,«De demonen bij Jeroen Bosch. Zoetkocht naar bronen en betekenis», dans *Duivelsbeelden. Eeen cultuurhistorische speurtocht door de Lage Landen,* sous la dir. de Gerard Rooijakkers, Lène Dresden-Coenders et Margreet Geerdes, Baarn, Ambo, 1994, p. 168 *sq.*
(35) Robert Mandrou, *Magistrats et sorciers en France au XVIIe siècle. Une analyse de psychologie historique,* Paris, Plon, 1968, pp. 126-128.
(36) 以下の第 3 章に於いて、医学的見解が、いかに簡単に、悪魔に対する強い恐怖へと繋がっていくかを論証する予定である。
(37) R. Mandrou, *op. cit.*, liste des titres, pp. 25-29.
(38) 1580年の初版本を見よ。また、以下の翻訳も参照。Jean Bodin, *On the Demon-Mania of Witches,* trad. par Randy A. Scott, avec une introduction de Jonathan L. Pearl, Toronto, Victoria University, 1995, pp. 99, 114, 132, 149, 177, 202.

Apes and Ape Lore in the Middle Ages and the Renaissance, Londres, The Warburg Institute, 1952 も参照のこと。
(28) J.E. Salisbury, *op. cit.,* p. 100.
(29) *Ibid.,* p. 159 *sq.*
(30) *Ibid.,* pp. 98-99, pp. 128-129.
(31) Jurgis Baltrusaitis, *Réveil et Prodiges. Le gothique fantastique,* Paris, A. Colin, 1960, pp. 338-339.
(32) Enrico Castelli, *Le Démoniaque dans l'art. Sa signification philosophique,* Paris, Vrin, 1959 に収録されている。また（裏返しになってはいるが）Gilbert Lascault, *Le Monstre dans l'art occidental. Un problème esthétique,* Paris, Klincksieck, 1973 の内側のタイトルページと向き合う箇所にも収録されている。
(33) Robert Deschaux,«Le Livre de la deablerie d'Éloy d'Amerval», dans *Le Diable au Moyen Age, op. cit.,* pp. 183-193.
(34) J.E. Salisbury, *op. cit.,* pp. 134-135, p. 141, p. 163.
(35) *Ibid.,* pp. 178-180.

第2章　サバトの夜

(1) Opinion résumée par Henri Platelle (chanoine), *Les Chrétiens face au miracle. Lille au XVIIe siècle,* Paris, Cerf, 1968, p. 56.
(2) Paul Beuzart, *Les Hérésies pendant le Moyen Age et la Réforme, jusqu'à la mort de Philippe II (1598), dans la région de Douai, d'Arras et au pays de l'Alleu,* Le Puy, Imprimerie Peyriller, 1912, pp. 36-101.
(3) *Ibid.,* texte intégral du jugement cité, pp. 473-478.（ここでは、前書に引用された判決文の全文を引いてある）。
(4) Robert Muchembled (dir.), *Magie et sorcellerie en Europe du Moyen Age à nos jours,* Paris, A. Colin, 1994 中の、Richard Kieckhefer と William Monter による論文を参照のこと（pp. 34-35 et pp. 48-49）。
(5) P. Beuzart, *op. cit.,* pp. 68-97 および本文に引用した判決文については、p. 480 *sq.* を見よ。また、これを補完する文献として、Gordon Andreas Singer, *«La Vauderie d'Arras», 1459-1491. An Episode of Witchcraft in Later Medieval France,* thèse inédite, University of Maryland,1974 が挙げられる。なお、University Microfilm International, Londres et Ann Harbor によってマイクロフィルム化されている。
(6) *Les Sorcières,* catalogue de l'exposition de la Bibliothèque nationale, 1973, pp. 59-60. また、これを補完するものとして以下も挙げておく。«Typologie des scènes de sorcellerie au Moyen Age et la Renaissance. Esquisse d'une évolution», dans Hervé Hasquin (dir.), *Magie, sorcellerie, Parapsychologie,* Bruxelles, Éditions de l'Université de Bruxelles, 1985, pp. 46-47.
(7) J. Delumeau, *La Peur en Occident, op. cit.,* p. 349.
(8) Henri Institoris, Jacques Sprenger, *Le Marteau des sorcières,* présenté par Armand Danet, Paris, Plon, 1973.
(9) *Ibid.,* pp. 17-18.
(10) *Ibid.,* pp. 33-39 および pp. 48-49 に付せられた地図を参照のこと。
(11) *Der Mensch um 1500. Werke aus Kirchen und Junstkammern,* Berlin, Staatlichen Museen Preussischer Kulturbesitz, 1977 (catalogue d'exposition).
(12) *Ibid.,* pp. 118, 130, 156.
(13) *Ibid.,* pp. 157-158.

第1章　サタンの登場（12—15世紀）

（1）Jacques Levron, *Le Diable dans l'art,* Paris, Picard, 1935, pp. 14-18 を参照のこと。また、Roland Villeneuve, *La beauté du diable,* Paris, Pierre Bordas et fils, 1994, pp. 17-22 も参照せよ。
（2）Neil Forsyth, *The Old Enemy. Satan and the Combat Myth,* Princeton, Princeton UP, 1987, pp. 5-7, pp. 439-440.
（3）*Ibid.,* pp. 438-440.
（4）Jeffrey Burton Russel, *Lucifer. The Devil in the Middle Ages,* Ithaca-Londres, Cornell UP, 1984.
（5）Jules Baissac, *Le Diable. La personne du diable. Le personnel du diable,* Paris, Maurice Dreyfous, s.d., p. 118.
（6）Robert-Léon Wagner, *«Sorcier» et «Magicien». Contribution à l'histoire du vocabulaire de la magie,* Paris, Droz, 1939 を参照のこと。特に、PP. 37-62.
（7）Georges Duby（présente）, *L'An Mil,* Paris, Julliard, 1967, p. 138 に引用されている。
（8）J.B. Russel, *op. cit.,* pp. 62-87.
（9）M. Murray, *op. cit.*
（10）Barbara Allen Woods, *The Devil in Dog Form. A Partial Type-Index of Devil Legends,* Berkeley, University of California Press, 1959.
（11）J.B. Russel, *op. cit.,* p. 68 *sq.*
（12）Patricia Merival, *Pan and the Goat-God,* Cambridge, Cambridge UP, 1969. ただし、この研究書はより後代を主な対象としている。
（13）J.B. Russel, *op. cit.,* pp. 160-161.
（14）N. Elias, *La Civilisation des mœurs, op. cit.*
（15）J. Delumeau, *La Peur en Occident, op. cit.,* p. 233. また、H. Legros, «Le diable et l'enfer : représentation dans la sculpture romane», dans *Le Diable au Moyen Age（doctrine, problèmes moraux, représentations）,* Senefiance n° 6, Université de Provence, 1979, 特に、pp. 320-321 をも参照のこと。
（16）Jérôme Baschet, «Satan ou la majesté maléfique dans les miniatures de la fin du Moyen Age», dans Nathalie Nabert （dir.）, *Le Mal et le Diable. Leurs figures à la fin du Moyen Age,* Paris, Beauchesne, 1996, pp. 187-216.
（17）Jérôme Baschet, *Les Justices de l'au-delà. Les représentations de l'enfer en France et en Italie（XIIe-XVe siècle）,* Rome, École française de Rome, 1993, pp. 219-220.
（18）Jean Delumeau, *La Peur en Occident, op. cit.,* p. 234.
（19）J. Baschet, *op. cit.,* pp.496-497, 590-591.
（20）*Ibid.,* p. 583, pp. 586-587.
（21）*Ibid.,* p. 583.
（22）*Ibid.,* p. 591.
（23）Jacques Krynen, *L'Empire du roi. Idées et croyances politiques en France, XIIIe-XVe siècle,* Paris, Gallimard, 1993, p. 407 および「結論」を見よ。
（24）J. Baschet, art. cité, pp. 198-202.
（25）J. Baschet, *op. cit.,* p. 509.
（26）J.B. Russel などが前掲書で、上のような単純な見方を提示している。
（27）Joyce E. Salisbury, *The Beast within. Animals in the Middle Ages,* New York-Londres-Routledge, 1994. 特に p. 9 及び pp. 96-97 を見よ。また、H.W. Janson,

原　注

序章　悪魔との一千年

(1) Roger Caillois, «Métamorphoses de l'Enfer», *Diogène,* n° 85, 1974, p. 70.
(2) この恐怖を土台にしたキリスト教、ならびに、魔女狩り時代のキリスト教に関しては、次の仕事を参照すればよく理解できる。Jean Delumeau, *La Peur en Occident, XIVe-XVIIIe siècle. Une Cité assiégée,* Paris, Fayard, 1978, et *Le Péché et la Peur,* Paris, Fayard, 1983.
(3) R. Caillois, art. cité, p. 84.
(4) 本書の第７章を参照せよ。
(5) Norbert Elias, *La Dynamique de l'Occident,* Paris, Calmann-Lévy, 1975. 同じく、*La Civilisation des mœurs,* Paris, Calman-Lévy, 1973, et *La Société de Cour,* Paris, Calman-Lévy, 1974. また以下も参照せよ。Robert Muchembled, *La Société policée. Politique et politesse en France du XVIe au XXe siècle,* Paris, Seuil, 1998.
(6) 著書数の膨大さの故に、完全に網羅した書誌を作るのは事実上不可能である。従って、巻末の書誌は、本書執筆に当たって特に役立った書物を選択的に掲載している。尚、我々の迷信が絶えず修正され保持されている巨大な貯蔵庫たる第七芸術（映画）についても、特別にリストを作成しておいた。
(7) こうしたテーマについては、本書第７章を参照のこと。Margaret Murray, *The Witch-Cult in Western Europe,* Oxford, Oxford UP, 1921 (trad. française, *Le Dieu des sorcières,* Paris, Denoël, 1957); Carlo Ginzburg, *Les Batailles nocturnes. Sorcellerie et rituels agraires en Frioul, XVIe-XVIIe siècles,* Lagrasse, Verdier, 1980 (1re éd. italienne, 1966). 古くなったとは言え、この種の歴史学的発想はいまだに豊かな成果をあげている。cf. Carlo Ginzburg, *Le Sabbat des sorcières,* Paris, Gallimard, 1992.
(8) プロテスタント系のラジオ局「ラジオ・ノートルダム」は、1999年３月13日から18日まで「悪魔の実態の全て」という番組を放送している（この放送について情報を寄せてくれたパスカル・バスチアン氏に謝意を表したい）。尚、本書の第７章ならびに以下も参照のこと。Édouard Brasey, *Enquête sur l'existence des anges rebelles,* Paris, Filipacchi, 1995, compte rendu dans *Paris Match,* n° 2415, 7 septembre 1995, pp. 3-6.
(9) 本書第７章で、デーモンに関連したイメージの、現代に於ける伝播形態について分析している。
(10) Max Milner, *La Fantasmagorie. Essai sur l'optique fantastique,* Paris, PUF, 1982, p. 253. これは、次の論文の主旨を引き継いでいる。cf. Jean Bellemin-Noël, «Notes sur le fantastique (textes de Théophile Gautier)», *Littérature,* n° 8, décembre 1972, pp. 3-23.

上山安敏、牟田和男編『魔女狩りと悪魔学』1997 人文書院
馬杉宗夫『黒い聖母と悪魔の謎』1998 講談社現代新書
江口之隆『西洋魔物図鑑』1996 翔泳社
大和岩雄『魔女はなぜ空を飛ぶか』1995 大和書房
大和岩雄『魔女はなぜ人を喰うか』1996 大和書房
鏡リュウジ『世界史・戦慄の魔女狩り—血塗られた魔女裁判の恐怖』1993 日本文芸社
鏡リュウジ『ウィッチクラフト・魔女術—都市魔術の誕生』1994 柏書房
角野栄子『魔女のひきだし』1997 白泉社
樺山紘一『西洋学事始』1987 中公文庫
清末尊大『ジャン・ボダンと危機の時代のフランス』1993 木鐸社
蔵持不三也『祝祭の構図—ブリューゲル、カルナヴァル、民衆文化』1984 ありな書房
蔵持不三也『異貌の中世—ヨーロッパの聖と俗』1986 弘文堂
澤井繁男『ルネサンスの知と魔術』1998 山川出版社
澁澤龍彦『悪魔のいる文学史』1982 中公文庫
高階秀爾『ルネサンスの光と闇—芸術と精神風土』1987 中公文庫
高橋義人『魔女とヨーロッパ』1995 岩波書店
種村季弘『悪魔崇拝』1979 青土社
浜林正夫『魔女の社会史』1985 未来社
松原秀一『異教としてのキリスト教』1990 平凡社
真野隆也『堕天使』1996 新紀元社
牟田和夫『魔女裁判—魔術と民衆のドイツ史』2000 吉川弘文館
森島恒夫『魔女狩り』1972 岩波新書
渡邊昌美『中世の奇蹟と幻想』1989 岩波新書
渡邊昌美『異端審問』1996 講談社現代新書

『ユリイカ』1994年2月号　特集「魔女」1994 青土社
平野隆文　連載「悪魔のいるルネサンス」『ふらんす』白水社（1997年7月号より1998年3月号まで連載）

註　欧文、和文いずれの文献リストにも、雑誌論文は『ふらんす』以外は掲載しなかった。

主要参考文献

ホイジンガ、ヨーハン『中世の秋』全２巻（堀越孝一訳）1976 中公文庫
ポルタ、Ｇ・デッラ『自然魔術』（澤井繁男訳）1990 青土社
マレー、マーガレット『魔女の神』（西村稔訳）1995 人文書院
ミノワ、ジョルジュ『未来の歴史』（菅野賢治、平野隆文訳）2000 筑摩書房
ラッセル、ジェフリー・バートン『悪魔―古代から原始キリスト教まで』（野村美紀子訳）1984 教文館
ラッセル、ジェフリー・バートン『魔術の歴史』（野村美紀子訳）1987 筑摩書房
ラッセル、ジェフリー・バートン『サタン―初期キリスト教の伝統』（野村美紀子訳）1987 教文館
ラッセル、ジェフリー・バートン『ルシファー―中世の悪魔』（野村美紀子訳）1989 教文館
ラッセル、ジェフリー・バートン『悪魔の系譜』（大瀧啓裕訳）1990 青土社
ラッセル、ジェフリー・バートン『メフィストフェレス―近代世界の悪魔』（野村美紀子訳）1991 教文館
リンク、ルーサー『悪魔』（高山宏訳）1995 研究社
ル・ゴフ、ジャック『中世の知識人』（柏木英彦、三上朝造訳）1977 岩波新書
ル・ゴフ、ジャック『煉獄の誕生』（渡辺香根夫、内田洋訳）1988 法政大学出版局
ル=ロワ=ラデュリ、エマニュエル『ジャスミンの魔女―南フランスの女性と呪術』（杉山光信訳）1985 新評論
レヴィ、エリファス『魔術の歴史』（鈴木啓司訳）1998 人文書院
ローズマリー、エレン・グィリー『妖怪と精霊の事典』（松田幸雄訳）1995 青土社
ローズマリー、エレン・グィリー『魔女と魔術の事典』（荒木正純、松田英監訳）1996 原書房
ロビンズ、ロッセル・ホープ『悪魔学大全』（松田和也訳）1997 青土社

サドゥール、ジョルジュ『世界映画全史』全12巻、（村山匡一郎、他、訳）1992-2000 国書刊行会

阿部謹也『中世の罪と罰―亡霊の社会史』1989 弘文堂
池内紀『悪魔の話』1991 講談社現代新書
池上俊一『動物裁判』1990 講談社現代新書
池上俊一『狼男伝説』1992 朝日出版社
池上俊一『魔女と聖女』1992 講談社
池上俊一『身体の中世』2001 ちくま学芸文庫
伊藤進『怪物のルネサンス』1998 河出書房新社
伊藤進『森と悪魔』2002 岩波書店
上山安敏『魔女とキリスト教―ヨーロッパ学再考』1993 人文書院

サルマン、ジャン=ミッシェル『魔女狩り』（富樫瓔子訳、池上俊一監修）1992 創元社
シュミット、ジャン=クロード『中世の迷信』（松村剛訳）1998 白水社
シュメルツァー、ヒルデ『魔女現象』（進藤美智訳）1993 白水社
ショーニュ、ピエール、他『魔女とシャリヴァリ』（長谷川輝夫、他、訳）1986 新評論
スタインメッツ、ジャン=リュック『幻想文学』（中島さおり訳）1993 白水社
セリグマン、カート『魔法―その歴史と正体』（平田寛訳）1991 人文書院
ターナー、アリス・K.『地獄の歴史』（野崎嘉信訳）1995 法政大学出版局
デル・オソ、F. ヒメネス『世界魔女百科』（蔵持不三也、杉谷綾子訳）1977 原書房
ド・ジヴリ、グリヨ『妖術師・秘術師・錬金術師の博物館』（林瑞枝訳）1986 法政大学出版局
トドロフ、ツヴェタン『幻想文学　構造と機能』（渡辺明正、三好郁朗訳）1970 朝日出版社
トマス、キース『宗教と魔術の衰退』上・下（荒木正純訳）1993 法政大学出版局
ドリュモー、ジャン『恐怖心の歴史』（永見文雄、西澤文昭訳）1997 新評論
トレイスター、バーバラ・H.『ルネサンスの魔術師』（藤瀬恭子訳）1993 晶文社
トレヴァー=ローパー、ヒュー『十六・七世紀に於けるヨーロッパの魔女熱狂』（小川晃一訳）1978 未来社
トレヴァー=ローパー、ヒュー『宗教改革と社会変動』（小川晃一、他、訳）1978 未来社
ニノー、ジャン・ド『狼憑きと魔女―17世紀フランスの悪魔学論争』（富樫瓔子訳、池上俊一監修）1994 工作社
バシュヴィッツ、クルト『魔女と魔女裁判―集団妄想の歴史』（川端豊彦・坂井洲二訳）1981 法政大学出版局
パルー、ジャン『妖術』（久野昭訳）1990 白水社
バルトルシャイティス『幻想の中世―ゴシック美術における古代と異国趣味』全2巻、（西野嘉章訳）1998 平凡社ライブラリー
ヒューズ、ペントルヌ『呪術―魔女と異端の歴史』（早乙女忠訳）1968 筑摩書房
フーコー、ミッシェル『狂気の歴史―古典主義時代における』（田村俶訳）1975 新潮社
プラーツ、マリオ『肉体と死と悪魔―ロマンティック・アゴニー』（倉智恒夫、南條竹則、草野重行、土田知則訳）1986 国書刊行会
フランドラン、ジャン=ルイ『農民の愛と性―新しい愛の歴史学』（蔵持不三也、野池恵子訳、1989 白水社
フランドラン、ジャン=ルイ『性の歴史』（宮原信訳）1992 藤原書店

sentations visuelles des assemblées de sorcières au XVIᵉ siècle », dans N. Jacques-Chaquin et M. Préaud (dir.), *Le Sabbat des sorciers*, *op. cit.*, p. 389-418.

Zumthor, Paul, *Victor Hugo poète de Satan*, Paris, Robert Laffont, 1946 (rééd., Genève, Slatkine, 1973).

2．邦語文献

（原則として現在でも入手しやすい主要なものに限定。また、悪魔や魔女を扱った文学作品などは省略し、参考文献にとどめた。）

イェイツ、フランセス『薔薇十字の覚醒―隠されたヨーロッパ精神史』（山下智夫訳）1986 工作社

イェイツ、フランセス『魔術的ルネサンス―エリザベス朝のオカルト哲学』（内藤健二訳）1988 晶文社

ウォーカー、ダニエル・P.『ルネサンスの魔術思想―フィチーノからカンパネッラへ』（田口精一訳）1993 平凡社

エヴァンズ、エドワード・ペイソン『殺人罪で死刑になった豚―動物裁判に見る中世史』（遠藤徹訳）1995 青弓社

エリアス、ノルベルト『文明化の過程』全2巻（赤井慧爾、中村元保、吉田正勝訳）1977-1978 法政大学出版局

エリアーデ、ミルチャ『オカルティズム、魔術、文化流行』（楠正弘、池上良正訳）1989 未来社

エーレンライク、B. / イングリッシュ、D.『魔女、産婆、看護婦―女性医療家の歴史』（長瀬久子訳）1996 法政大学出版局

カバントゥ、アラン『冒瀆の歴史―言葉のタブーに見る近代ヨーロッパ』（平野隆文訳）2001 白水社

キャヴェンディッシュ、リチャード『黒魔術』（栂正行訳）1992 河出書房新社

ギンズブルグ、カルロ『チーズと蛆虫―十六世紀の一粉挽屋の世界像』（杉山光信訳）1984 みすず書房

ギンズブルグ、カルロ『ベナンダンティ―16-17世紀における悪魔崇拝と農耕儀礼』（竹山博英訳）1986 せりか書房

ギンズブルグ、カルロ『夜の合戦、16-17世紀の魔術と農耕信仰』（上村忠夫訳） 1986 みすず書房

ギンズブルグ、カルロ『闇の歴史―サバトの解読』（竹山博英訳）1992 せりか書房

ゲティングズ、フレッド『悪魔の事典』（大瀧啓裕訳）1992 青土社

ケーラス、ポール『悪魔の歴史』（船木裕訳）1995 青土社

コーン、ノーマン『魔女狩りの社会史―ヨーロッパの内なる悪霊』（山本通訳）1983 岩波書店

réincarnation, spiritisme, sorcellerie, fin du monde : chrétien devant les mystères de l'occulte et de l'étrange, Mulhouse, Salvator, 1986.
Viala, Alain, *Naissance de l'écrivain. Sociologie de la littérature à l'âge classique*, Paris, Minuit, 1985.
Viatte, Auguste, *Victor Hugo et les Illuminés de son temps*, Montréal, Les Éditions de l'Arbre, 1942 (rééd., Genève, Slatkine, 1973).
Victor, Jeffrey S., *Satanic Panic. The Creation of a Contemporary Legend*, Chicago, Open Court, 1993.
Vigarello, Georges, *Histoire du viol, XVIe-XXe siècle*, Paris, Seuil, 1998.
Villeneuve, Roland, *Dictionnaire du diable*, Paris, Bordas, 1989.
–, *La Beauté du diable*, Paris, Pierre Bordas et fils, 1994 (1re éd. 1983).
Vincent, Jean-Didier, *La Chair et le Diable*, Paris, Odile Jacob, 1996.
Vries, Theun de, *De duivel. Een essay*, Amsterdam, De Beuk, 1992.

Wagner, Robert-Léon, *Sorcier et Magicien*, Paris, Droz, 1940.
Walker, Daniel Pieckering, *Unclean Spirits : Possession and Exorcism in France and England in the Late Sixteenth and Early Seventeenth Centuries*, Londres, Scolar Press, 1981.
Weber, Eugen, *Satan franc-maçon : la mystification de Léo Taxil*, Paris, Julliard, 1964.
Weber, Max, *L'Éthique protestante et l'Esprit du capitalisme*, Paris, Plon, 1964.
Wegner, Wolfgang, *Die Faustdarstellung vom 16. Jahrhundert bis zur Gegenwart*, Amsterdam, Erasmus Buchhandlung, 1962.
Wheatley, Dennis, *The Devil and All His Works*, Londres, Hutchinson, 1971.
Wolf, Leonard, *Horror : A Connoisseur's Guide to Literature and Film*, New York, Facts and Files, 1989.
Woods, Barbara Allen, *The Devil in Dog Form. A Partial Type-Index of Devil Legends*, Berkeley, University of California Press, 1959.

Yonnet, Daniel, Costel, Louis, *Le Diable et l'Exorciste*, Rennes, Ouest-France, 1993.
Yve-Plessis, Robert, *Essai d'une bibliographie française méthodique et raisonnée de la sorcellerie et de la possession démoniaque*, Paris, Bibliothèque Chacornac, 1900.

Zacharias, Gerhard, *Satanskult und Schwarze Messe : ein Beitrag zur Phanemonologie der Religion*, Wiesbaden, Limes Verlag, 1964 (traduit en anglais, *The Satanic Cult*, Londres, Allen and Unwin, 1988).
Zika, Charles, « Les parties du corps, Saturne et le cannibalisme : repré-

tique et le fantastique des origines aux États-Unis, Paris, L'Harmattan, 1994.

Testa, Carlo, *Desire and the Devil : Demonic Contracts in French and European Literature*, New York, Peter Lang, 1991.

Teyssèdre, Bernard, *Le Diable et l'Enfer au temps de Jésus*, Paris, Albin Michel, 1984.

–, *Naissance du diable : de Babylone aux grottes de la mer Morte*, Paris, Albin Michel, 1985.

Thomas, Keith, *Religion and the Decline of Magic. Studies in Popular Beliefs in Sixteenth and Seventeenth Century England*, Londres, Routledge and Kegan Paul, 1971.

Thomas, Pascal, *Le Diable, oui ou non ?*, Paris, Centurion, 1989.

Thorndike, Lynn, *A History of Magic and Experimental Science*, New York, MacMillan, 1923-1958, 8 vol.

Todorov, Tzvetan, *Introduction à la littérature fantastique*, Paris, Seuil, 1970.

Turmel, Joseph, *Histoire du diable*, Paris, Rieder, 1931 (l'auteur a utilisé le pseudonyme de père Louis Coulange pour *The Life of the Devil*, New York, A.A. Knopf, 1930).

Urtubey, Luisa de, *Freud et le diable*, Paris, PUF, 1983.

Van Hoorn, Carel Maaijo, *Levinus Lemnius, 1505-1568. Zestiende-eeuws Zeeuws genesheer*, Kloosterzande, J. Duerinck-Krachten b.v., s.d. [1978], (thèse de doctorat en médecine, V.U. Amsterdam).

Vandenbroucke, François, Lyonnet, S., Daniélou, J., Guillaumont, A., Guillaumont, C., « Démon », dans *Dictionnaire de spiritualité ascétique et mystique : doctrine et histoire*, publié sous la direction de M. Valler, F. Cavallera, J. de Guibert, Paris, Beauchesne, 1932-1995, 17 vol. ; vol. 3, p. 142-238.

Vatter, Hannes, *The Devil in English Literature*, Berne, Francke, 1978.

Vaucher Gravili, Anne de, *Loi et Transgression. Les histoires tragiques du XVIIe siècle*, Lecce, Milella, 1982.

Vénard, Marc, « La hantise du diable », dans *Le Temps des confessions (1530-1620/30)*, sous la responsabilité de Marc Vénard (*Histoire du christianisme*, t. 8), Paris, Desclée, 1992, p. 1029-1059.

Vergnes, Georges, *Les exorcistes sont parmi nous*, Paris, Robert Laffont, 1978.

Vernet, Max, *Jean-Pierre Camus : théorie de la contre-littérature*, Paris, Nizet, 1995.

Vernette, Jean, *Occultisme, Magie, Envoûtements : ésotérisme, astrologie,*

Schmidt, Albert-Marie, « Histoires tragiques », dans *Études sur le XVIe siècle*, Paris, Albin Michel, 1967, p. 247-259.

Scott, Walter, *Letters on Demonology and Witchcraft addressed to J.G. Lockhart*, Londres, 1830 (rééd. New York, Citadel Press, 1970).

Seguin, Jean-Pierre, *L'Information en France avant le périodique. 517 canards imprimés entre 1529 et 1631*, Paris, Maisonneuve et Larose, 1964.

Seignolle, Claude, *Le Diable dans la tradition populaire*, Paris, s.l., 1959.

–, *Les Évangiles du diable, selon la croyance populaire*, Paris, Maisonneuve et Larose, 1964.

Senn, Bryan, *Fantastic Cinema Subject Guide : A Topical Index to 2 500 Horror, Science Fiction and Fantasy Films*, Jefferson (NC), McFarland and Co, 1992.

Sennett, Richard, *Les Tyrannies de l'intimité*, Paris, Seuil, 1979.

Sharpe, James A., *Instruments of Darkness. Witchcraft in Europe, 1550-1750*, Londres, Penguin, 1996.

Sichère, Bernard, *Histoires du mal*, Paris, Grasset, 1995.

Siècle de saint Augustin (Le), numéro spécial de *XVIIe siècle*, 1982, nº 135.

Simonin, Michel, *Vivre de sa plume au XVIe siècle, ou La Carrière de François de Belleforest*, Genève, Droz, 1992.

Singer, Gordon Andreas, *« La Vauderie d'Arras », 1459-1491. An Episode of Witchcraft in Later Medieval France*, thèse inédite, University of Maryland, 1974, microfilmée par University Microfilm International, Londres et Ann Harbor.

Skal, David J., *Hollywood Gothic : The Tangled Web of Dracula from Novel to Stage to Screen*, New York, Norton, 1990.

Soldan, Wilhelm G., *Geschichte der Hexenprozesse aus den Quellen dargestellt*, Stuttgart, 1843 (complétée par Heinrich Heppe en 1880, rééditée par Max Bauer en 1912)

Sorcières (Les), catalogue d'exposition, Paris, Bibliothèque nationale, 1973.

Stanford, Peter, *The Devil. A Biography*, Londres, Heinemann, 1996.

Steinberg, Sylvie, *Le Travestissement à l'époque moderne (XVIe-XVIIIe siècle). Recherches sur la différence des sexes*, thèse inédite sous la direction de Jean-Louis Flandrin, Paris, EHESS, 1999.

Summers, Montague, *The History of Witchcraft and Demonology*, Londres, Routledge and Kegan Paul, 1926.

Tempère, Catherine, *Le Sang. Représentations et pratiques médicales en France du XVIe au XVIIIe siècle*, thèse de doctorat inédite sous la direction de Robert Muchembled, Université Paris-Nord, 1997.

Terramorsi, Bernard, *Le Mauvais Rêve américain. Les origines du fantas-*

Roper, Lyndal, *Œdipus and the Devil. Witchcraft, Sexuality and Religion in Early Modern Europe*, Londres, Routledge, 1994.
Roskoff, Gustav, *Geschichte des Teufels*, Leipzig, F.A. Brockhaus, 1869, 2 vol.
Rosset, François de, *Les Histoires tragiques de notre temps*, avec une préface de René Godenne (éd. de 1615, car la 1re, celle de 1614, est perdue), Genève, Slatkine Reprints, 1980.
Rougemont, Denis de, *La Part du diable. Nouvelle version*, Neuchâtel, La Baconnière, 1945.
Rousset, Jean, *La Littérature de l'âge baroque en France : Circé et le Paon*, Paris, Corti, 1953.
–, *Anthologie de la poésie baroque*, Paris, A. Colin, 1961.
Rublack, Ulinka, *Magd, Metz' oder Mörderin. Frauen vor frühneuzeitlichen Gerichten*, Francfort-sur-le-Main, Fischer Verlag, 1998 (éd. anglaise, *The Crimes of Women in Early Modern Germany*, Oxford, Clarendon Press, 1999).
Rudwin, Maximilian, *Satan et le satanisme dans l'œuvre de Victor Hugo*, Paris, Les Belles Lettres, 1926.
–, *Romantisme et Satanisme*, Paris, 1927.
–, *The Devil in Legend and Literature*, Chicago-Londres, The Open Court Publishing Company, 1931.
Russell, Jeffrey Burton, *The Devil. Perceptions of Evil from Antiquity to Primitive Christianity*, Ithaca-Londres, Cornell UP, 1977.
–, *Satan. The Early Christian Tradition*, Ithaca-Londres, Cornell UP, 1981.
–, *Lucifer. The Devil in the Middle Ages*, Ithaca-Londres, Cornell UP, 1984.
–, *Mephistopheles. The Devil in the Modern World*, Ithaca, Cornell UP, 1986.
–, *The Prince of Darkness : Radical Evil and the Power of Good in History*, Ithaca-Londres, Cornell UP, 1988.

Salisbury, Joyce E., *The Beast within. Animals in the Middle Ages*, New York-Londres, Routledge, 1994.
Sartre, Jean-Paul, *Le Diable et le bon Dieu : trois actes et onze tableaux*, Paris, Gallimard, 1951.
Satan, numéro spécial de la revue *Études carmélitaines*, Paris, 1948.
« Satan », dans le *Dictionnaire de Théologie chrétienne*, par une équipe internationale de théologiens, édition française dirigée par Joseph Dore, t. 1, *Les Grands Thèmes de la foi*, Paris, Desclée, 1979.
Schilling, Heinz, *Religion, Political Culture and the Emergence of Early Modern Society*, Leyde, E.J. Brill, 1992.

Pourrat, Henri, *Le Diable et ses diableries*, Paris, Gallimard, 1977.
Pozzuoli, Alain Krémer, Jean-Pierre, *Dictionnaire du fantastique*, Paris, Jacques Grancher, 1992.
Praz, Mario, *La Chair, la Mort et le Diable dans la littérature du XIXe siècle : le romantisme noir*, Paris, Denoël, 1977 (rééd., Gallimard, 1999 ; 1re éd. italienne 1928).
Pynsent, Robert, « The Devil's Stench and Living Water : A Study of Demons and Adultery in Czech Vernacular Literature of the Middle Ages and Renaissance », *The Slavonic and East European Review*, 1993 t. 71, p. 601-630.

Quaife, G.R., *Godly Zeal and Furious Rage. The Witch in Early Modern Europe*, Beckenham, Croom Helm, 1987.

Rapley, Robert, *A Case of Witchcraft. The Trial of Urbain Grandier*, Manchester, Manchester UP, 1998.
Rauch, André, « Le corps. Objets et territoires actuels de l'histoire (1972-1985) », *Ethnologie française*, t. XVI, 1986, p. 379-390.
Renard, Jean-Bruno, *Bandes dessinées et Croyances du siècle. Essai sur la religion et le fantastique dans la bande dessinée franco-belge*, Paris, PUF, 1986.
–, « Le film *L'Exorciste* à travers la presse », 1975 (inédit, mes remerciements à l'auteur pour la communication de ce texte).
–, « Éléments pour une sociologie du paranormal », *Religiologiques*, Université du Québec à Montréal, n° 18, automne 1998, p. 31-52.
Renaut, Alain, *L'Individu. Réflexions sur la philosophie du sujet*, Paris, Hatier, 1995.
Réville, Albert, *Histoire du diable. Ses origines, sa grandeur et sa décadence*, Strasbourg, Treuttel et Wurtz, 1870.
Ribémont, Bernard (dir.), *Le Corps et ses énigmes au Moyen Age*, Caen, Paradigme, 1993.
Richardson, James T., Best, Joel, Bromley, David (éd.), *The Satanism Scare*, New York, Aldine de Gruyter, 1991.
Ridé, Jacques, « Diable et diableries dans les *Propos de Table* de Martin Luther » dans *Diable, Diables et Diableries, op. cit.*
Rivière, Claude, *Les Rites profanes*, Paris, PUF, 1995.
Rooijakkers, Gerard, Dresden-Coenders, Lène, Geerdes, Margreet (dir.), *Duivelsbeelden. Een cultuurhistorische speurtocht door de Lage Landen*, Baarn, Ambo, 1994.
Roos, Keith L., *The Devil in Sixteenth-Century German Literature : The Teufelsbücher*, Berne-Francfort-sur-le-Main, Lang, 1972.

munications présentées au dixième colloque international sur les nouveaux mouvements religieux, Montréal, août 1996, Montréal, Fides, 1998.

Pagels, Elaine, *The Origin of Satan*, Londres, Allen Lane, The Penguin Press, 1995.

Paré, Ambroise, *Des monstres et prodiges*, préface de Gisèle Mathieu-Castellani, Paris-Genève, Slatkine, 1996 (éd. originale 1573 ; éd. critique par Jean Céard, Genève, Droz, 1971, avec 92 figures).

Parival, Jean-Nicolas, *Histoires tragiques de nostre temps arrivées en Hollande*, Leyde, 1656.

Pavesi, Ermanno, « Le concept du démoniaque chez Sigmund Freud et Carl Gustav Jung », dans J.-B. Martin et M. Introvigne (éd.), *Le Défi magique*, t. 2, *op. cit.*

Pearl, Jonathan L., « A School for the Rebel Soul' : Politics and Demonic Possession in France », *Historical Reflections/ Réflexions historiques*, t. 16, 1989, p. 186-306.

Pensée scientifique, les citoyens et les parasciences (La), colloque de La Villette, Paris, Albin Michel, 1993.

Picard, Raymond, Lafond, Jean (éd.), *Nouvelles du XVIIe siècle*, Paris, Gallimard, 1997.

Pinelli, Antonio, *La Belle Manière. Anticlassicisme et maniérisme dans l'art du XVIe siècle*, Paris, Livre de Poche, 1996 (1re éd. italienne 1993).

Pintard, René, *Le Libertinage érudit pendant la première moitié du XVIIe siècle*, Paris, 1943 (rééd., Genève, Slatkine, 1983).

Platelle, Henri (chanoine), *Les Chrétiens face au miracle. Lille au XVIIe siècle*, Paris, Cerf, 1968.

Poissenot, Bénigne, *L'Esté [1583]*, éd. établie, commentée et annotée par Gabriel-A. Pérouse et Michel Simonin, avec la collaboration de Denis Baril, Genève, Droz, 1987.

–, *Nouvelles Histoires tragiques [1586]*, éd. annotée par Jean-Claude Arnould et Richard A. Carr, Genève, Droz, 1996.

Poli, Sergio, *Histoire(s) tragique(s). Anthologie/Typologie d'un genre littéraire*, Bari-Paris, Schena-Nizet, 1991.

Pollmann, Judith, *Another Road to God. The Religious Development of Arnoldus Buchelius (1565-1641)*, s.l.n.d. [Université d'Amsterdam, thèse soutenue le 16 avril 1998].

Potel, Julien, *Religion et Publicité*, Paris, Cerf, 1981.

Potters, Petrus, *Verklaring van den Katechismus der Nederlandsche bisdommen*, Bois-le-Duc, Teulings, 2e éd. 1928-1931, 7 vol ; 5e éd. 1946, 7 vol.

Moureau, François, Simonin, Michel, *Tabourot, seigneur des Accords. Un Bourguignon poète à la fin de la Renaissance*, Paris, Klincksieck, 1990.

Muchembled, Robert, *Culture populaire et Culture des élites dans la France moderne (XVe-XVIIIe siècle). Essai*, Paris, Flammarion, 1978 (2e éd., coll. « Champs », 1991).

–, *La Sorcière au village (XVe-XVIIIe siècle)*, Paris, Gallimard-Julliard, coll. « Archives », 1979 (rééd., coll. « Folio Histoire », 1991).

–, *Les Derniers Bûchers. Un village de Flandre et ses sorcières sous Louis XIV*, Paris, Ramsay, 1981.

–, *Sorcières, Justice et Société aux XVIe et XVIIe siècles*, Paris, Imago, 1987.

–, *L'Invention de l'homme moderne. Culture et sensibilités en France du XVe au XVIIIe siècle*, Paris, Fayard, 1988 (2e éd., Hachette, coll. « Pluriel », 1994).

–, *La Violence au village. Sociabilité et comportements populaires en Artois du XVe au XVIIe siècle*, Turnhout, Brepols, 1989.

–, *Le Temps des supplices. De l'obéissance sous les rois absolus, XVe-XVIIIe siècle*, Paris, A. Colin, 1992.

–, *Le Roi et la Sorcière. L'Europe des bûchers, XVe-XVIIIe siècle*, Paris, Desclée, 1993.

Muchembled, Robert (dir.), *Magie et Sorcellerie en Europe du Moyen Age à nos jours*, Paris, A. Colin, 1994.

Muchembled, Robert, *La Société policée. Politique et politesse en France du XVIe au XXe siècle*, Paris, Seuil, 1998.

–, « L'autre côté du miroir : mythes sataniques et réalités culturelles aux XVe et XVIe siècles », *Annales ESC*, 40e année, 1985, p. 283-305.

Mulhern, Sherrill, « Satanisme électronique : le sabbat high-tech », *Scientifictions. La revue de l'imaginaire scientifique* (Amiens, Encrage), n° 1, vol 2, 1997, p. 11-28.

Murray, Margaret Alice, *The Witch-Cult in Western Europe*, Oxford, Oxford UP, 1921 (trad. française : *Le Dieu des sorcières*, Paris, Denoël, 1957).

Nabert, Jean, *Essai sur le mal*, Paris, PUF, 1955.

Nabert, Nathalie (dir.), *Le Mal et le Diable. Leurs figures à la fin du Moyen Age*, Paris, Beauchesne, 1996.

Niderst, Alain (textes réunis par), *Le Diable*, Paris, Nizet, 1998.

Nodier, Charles, *Du Fantastique en littérature*, préface de D. Gravier, Paris, Chimères, 1989.

Obendiek, Harmannus, *Der Teufel bei Martin Luther : Eine theologische Untersuchung*, Berlin, Furche, 1931.

Ouellet, Bertrand, Bergeron, Richard (dir.), *Croyances et Sociétés. Com-*

Matthews-Grieco, Sarah F., *Ange ou Diablesse ? La représentation de la femme au XVIe siècle*, Paris, Flammarion, 1991.
Mello e Souza, Laura de, « Autour d'une ellipse : le sabbat dans le monde luso-brésilien de l'Ancien Régime », dans N. Jacques-Chaquin et M. Préaud (dir.), *Le Sabbat des sorciers*, *op. cit.*, p. 331-343.
Der Mensch um 1500. Werke aus Kirchen und Junstkammern, Berlin, Staatlichen Museen preussischer Kulturbesitz, 1977 (catalogue d'exposition).
Merivale, Patricia, *Pan and the Goat-God*, Cambridge, Cambridge UP, 1969.
Meslin, Michel (dir.), *Le Merveilleux : l'imaginaire et les croyances en Occident*, Paris, Bordas, 1984.
Mesnard, Jean, « Genèse d'une modernité », dans J. Lafond, A. Stegmann (études réunies par), *L'Automne de la Renaissance*, *op. cit.*
Messadié, Gérard, *Histoire générale du diable*, Paris, Robert Laffont, 1993.
Michelet, Jules, *La Sorcière* (1862), éd. par Robert Mandrou, Paris, Julliard, 1964.
Midelfort, H.C. Erik, *Witch-Hunting in Southwestern Germany 1562-1684. The Social and Intellectual Foundations*, Stanford, Stanford UP, 1972.
Milner, Max, *Le Diable dans la littérature française de Cazotte à Baudelaire (1772-1861)*, Paris, Corti, 1960, 2 vol.
Milner, Max (dir.), *Entretiens sur l'Homme et le Diable*, Paris-La Haye, Mouton, 1965 (Centre culturel international de Cerisy-la-Salle).
Milner, Max, *La Fantasmagorie. Essai sur l'optique fantastique*, Paris, PUF, 1982.
–, « Le dialogue avec le diable d'après quelques œuvres de la littérature moderne », dans *Entretiens sur l'Homme et le Diable*, sous la direction de M. Milner, *op. cit.*, p. 235-265.
Minerva, Nadia, *Il diavolo. Eclissi e metamorfosi nel secolo dei lumi. Da Asmodeo a Belzebù*, Ravenne, Longo Editore, 1990.
Minois, Georges, *Histoire des enfers*, Paris, Fayard, 1991.
–, *Histoire de l'enfer*, Paris, PUF, 1994.
–, *Le Diable*, Paris, PUF, 1998.
Monter, E. William, *Witchcraft in France and Switzerland. The Borderlands during the Reformation*, Ithaca, Cornell UP, 1976.
–, *Frontiers of Heresy. The Spanish Inquisition from the Basque Lands to Sicily*, Cambridge, Cambridge UP, 1990.
Morand, Georges, *Sors de cet homme, Satan !*, préface de Mgr Daniel Perrot, Paris, Fayard, 1993.
Mornet, Daniel, « Les enseignements des bibliothèques privées (1750-1780) », *Revue d'histoire littéraire de la France*, t. XVII, 1910.

Lévy-Valensi, J. (Dr), *La Médecine et les Médecins français au XVIIe siècle*, Paris, J.-B. Baillière et fils, 1933.
Lhermitte, Jean, *Vrais et Faux Possédés*, Paris, Fayard, 1956.
Link, Luther, *The Devil : A Mask Without a Face*, Londres, Reaktion Books, 1995.
Lorenzi, Lorenzo, *Devils in Art : Florence, from the Middle Ages to the Renaissance*, Florence, Centro Di, 1997.
Lougee, Carolyn C., *Le Paradis des femmes. Women, Salons and Social Stratification in Seventeenth-Century France*, Princeton, Princeton UP, 1976.
Lovecraft, Howard-Phillips, *Épouvante et Surnaturel en littérature*, Paris, UGE, 1969.
Lowe, Thompson R., *The History of the Devil. The Horned God of the West*, Londres, Kegan Paul, 1929.

MacFarlane, Alan D.J., *Witchcraft in Tudor and Stuart England. A Regional and Comparative Study*, Londres, Routledge and Kegan Paul, 1970.
Maeterlinck, Louis, *Le Genre satirique, fantastique et licencieux dans la sculpture flamande et wallonne. Les miséricordes de stalles (Art et folklore)*, Paris, Jean Schemit, 1910.
Maître, Jacques, « La consommation d'astrologie dans la société contemporaine », *Diogène*, n° 53, 1966, p. 92-109.
Maldonat, Jean (R.P.), *Traicté des Anges et Démons. Mis en françois par maistre François de la Borie*, Paris, 1605.
Mandrou, Robert, *Introduction à la France moderne. Essai de psychologie historique, 1500-1640*, Paris, Albin Michel, 1961.
–, *Magistrats et Sorciers en France au XVIIe siècle. Une analyse de psychologie historique*, Paris, Plon, 1968.
–, *Des Humanistes aux hommes de science, XVIe et XVIIe siècles (Histoire de la pensée européenne*, t. 3), Paris, Seuil, 1973.
–, *Possession et Sorcellerie au XVIIe siècle*, Paris, Fayard, 1979.
–, « Le baroque européen : mentalité pathétique et révolution sociale », *Annales ESC*, 15e année, 1960, p. 898-914.
Martin, Jean-Baptiste, Laplantine, François (éd.), *Le Défi magique*, t. 1, *Ésotérisme, Occultisme, Spiritisme*, Lyon, Presses universitaires de Lyon, 1994.
Martin, Jean-Baptiste, Introvigne, Massimo (éd.), *Le Défi magique*, t. 2, *Satanisme, Sorcellerie*, Lyon, Presses universitaires de Lyon, 1994.
Massalsky, Alain, *La Sorcellerie en France au XVIIIe siècle*, mémoire de DEA sous la direction de Robert Muchembled, Université Paris-1, 1992 inédit.

Lafond, Jean, Stegmann, André (études réunies par), *L'Image du monde renversé et ses représentations littéraires et paralittéraires de la fin du XVIe siècle au milieu du XVIIe siècle*, Paris, Vrin, 1979.
– (études réunies par), *L'Automne de la Renaissance*, Paris, Vrin, 1981.
Lagrée, Michel (dir.), *Figures du démoniaque, hier et aujourd'hui*, Bruxelles, Facultés Saint-Louis, 1992.
Lagrée, Michel, « Le démoniaque et l'histoire », *Figures du démoniaque hier et aujourd'hui*, *op. cit.*, p. 13-29.
Lalouette, Jacqueline, « Le combat des Archanges (Saint-Michel et Satan dans les luttes politiques et religieuses de la France contemporaine) », dans *Le Diable*, *op. cit.*, p. 69-85.
[Lambert de Saumery, Pierre], *Le Diable hermite ou avanture d'Astarot bani des enfers*, par Mr. de M***, Amsterdam, chez François Joly, 1741.
Larner, Christina, *Enemies of God. The Witch-Hunt in Scotland*, Baltimore, The Johns Hopkins UP, 1981.
–, *Witchcraft and Religion. The Politics of Popular Belief*, Oxford, Basil Blackwell, 1984.
Lascault, Gilbert, *Le Monstre dans l'art occidental. Un problème esthétique*, Paris, Klincksieck, 1973.
Laurentin, René, *Le Démon, mythe ou réalité ?*, Paris, Fayard, 1995.
Le Goff, Jacques, *La Naissance du Purgatoire*, Paris, Gallimard, 1981.
Lea, Henry Charles, *A History of the Inquisition of Spain*, New York, MacMillan, 1906-1907, 4 vol.
Lebigre, Arlette, *L'Affaire des Poisons*, Bruxelles, Complexe, 1989.
Legros, H., « Le diable et l'enfer : représentation dans la sculpture romane », dans *Le Diable au Moyen Age*, *op. cit.*, p. 307-330.
Lehner, Ernest et Johanna, *Picture Book of Devils, Demons and Witchcraft*, New York, Dover Publications, 1971.
Lemne (Lemnius), Levin, *Les Occultes Merveilles et Secretz de Nature*, Paris, Galot du Pré, 1574 (1re éd. latine 1559).
Leneuf, Nicolas, Vernette, Jean, *Exorciste aujourd'hui ?*, Mulhouse, Salvator, 1990.
Leutrat, Jean-Louis, *Vies de fantômes. Le fantastique au cinéma*, Paris, Éd. de l'Étoile/Cahiers du cinéma, 1995.
Lever, Maurice, *Canards sanglants. Naissance du fait divers*, Paris, Fayard, 1993.
–, « De l'information à la nouvelle : les "canards" et les "histoires tragiques de François de Rosset », *Revue d'histoire littéraire de la France*, 79e année, 1979, p. 577-593.
Levron, Jacques, *Le Diable dans l'art*, Paris, Picard, 1935.
Lévy, Maurice, *Lovecraft, ou, Du Fantastique*, Paris, UGE, 1972.

Introvigne, Massimo, *Enquête sur le satanisme. Satanistes et antisatanistes du XVIIe siècle à nos jours*, Paris, Bibliothèque de l'Hermétisme, 1997.
Introvigne, Massimo, Melton, J. Gordon (dir.), *Pour en finir avec les sectes. Le débat sur le rapport de la commission parlementaire*, Paris, Dervy, 1996.

Jacques-Chaquin, Nicole, Préaud, Maxime (dir.), *Le Sabbat des sorciers en Europe, XVe-XVIIIe siècle*, Grenoble, Jérôme Millon, 1993.
Janson, H.W., *Apes and Ape Lore in the Middle Ages and the Renaissance*, Londres, The Warburg Institute, 1952.
Joubert, Laurent, *Traité des Erreurs populaires au fait de la médecine et du régime de santé*, Bordeaux, 1570 (nombreuses rééditions, dont celle de la première partie à Bordeaux en 1578, de la seconde à Paris en 1579).
–, *Traité du ris, contenant son essence, ses causes, et mervelheus essais, curieusement recerchés, raisonnés et observés*, Paris, Nicolas Chesnay, 1579 (Genève, Slatkine Reprints, 1973).
« Journal d'Antoine Denesde, marchand ferron à Poitiers et de Barbe Barré sa femme (1628-1687) », *Archives historiques du Poitou*, t. XV, Poitiers, 1885, p. 53-332.
Journal d'un bourgeois de Paris sous François Ier, éd. par Philippe Joutard, Paris, UGE, 1963.

Kadaner-Leclercq, Jacqueline, « Typologie des scènes de sorcellerie au Moyen Age et à la Renaissance. Esquisse d'une évolution », dans Hervé Hasquin (dir.), *Magie, Sorcellerie, Parapsychologie*, *op. cit.*, p. 39-59.
Kelly, Henry Ansgar, *Le Diable et ses démons. La démonologie chrétienne hier et aujourd'hui*, Paris, Cerf, 1977 (1re éd. américaine 1974).
Klaniczay, Gábor, « Bûchers tardifs en Europe centrale et orientale », dans R. Muchembled (dir.), *op. cit.*, p. 215-231.
Klaniczay, Gábor, Pocs, Éva (éd.), *Witch Beliefs and Witch-Hunting in Central and Eastern Europe*, colloque de 1988 à Budapest, dans *Acta Ethnographica Hungarica*, vol. 37, 1991-1992.
Kolakowski, Leszek, *The Devil and Scripture*, Londres, Oxford UP, 1973.
Krynen, Jacques, *L'Empire du roi. Idées et croyances politiques en France, XIIIe-XVe siècle*, Paris, Gallimard, 1993.

La Fontaine, Jean Sybil, *Speak of the Devil. Tales of Satanic Abuse in Contemporary England*, Cambridge, Cambridge UP, 1998.
Lacroix, Michel, *Le Mal*, Paris, Flammarion, 1999.
Ladous, Régis, « Les catéchismes français du XIXe siècle », dans J.-B. Martin et M. Introvigne (éd.), *op. cit.*, t. 2, p. 203-228.

–, avec la collaboration de Bernardino Fantini, *Histoire de la pensée médicale en Occident*. T. 2, *De la Renaissance aux Lumières*, Paris, Seuil, 1997.

Guerrand, Roger-Henri, *Les Lieux. Histoire des commodités*, Paris, La Découverte, 1985.

Haag, Herbert, *Liquidation du diable*, DDB, 1971 (1re éd. allemande 1969).

–, *Teufelsglaube*, Tuebingen, Katzmann, 1974.

Habanc, Vérité, *Nouvelles Histoires tant tragiques que comiques [1585]*, éd. annotée par Jean-Claude Arnould et Richard A. Carr, Genève, Droz, 1989.

Habermas, Jürgen, *L'Espace public, archéologie de la publicité comme dimension constitutive de la société bourgeoise*, Paris, Payot, 1978 (1re éd. allemande 1962).

Hanley, Sarah, « Engendering the State : Family Formation and State Building in Early Modern France », dans *French Historical Studies*, vol. 16, 1989, p. 4-27.

Hanlon, Gregory, Snow, Geoffrey, « Exorcisme et cosmologie tridentine : trois cas agenais en 1619 », *Revue de la Bibliothèque nationale*, 1988, n° 28, p. 12-27.

Hasquin, Hervé (dir.), *Magie, Sorcellerie, Parapsychologie*, Bruxelles, Éditions de l'Université de Bruxelles, 1985.

Havelange, Carl, *De l'œil et du monde. Une histoire du regard au seuil de la modernité*, Paris, Fayard, 1998.

Hazard, Paul, *La Crise de la conscience européenne*, Paris, Boivin, 1935.

Houdard, Sophie, *Les Sciences du diable. Quatre discours sur la sorcellerie*, préface d'Alain Boureau, Paris, Cerf, 1992.

Howes, David (éd.), *The Varieties of Sensory Experience : A Sourcebook in the Anthropology of the Senses*, Toronto, University of Toronto Press, 1991.

Howes, David, Lalonde, Marc, « The History of Sensibilities : Of the Standard of Taste in Mid-eighteenth Century England and the Circulation of Smells in Post-revolutionary France », *Dialectical Anthropology* (Dordrecht-Boston-Londres, Kluwer Academic Publ.), vol. 16, 1991, p. 125-135.

Huxley, Aldous, *The Devils of Loudun*, Londres, Chatto and Windus, 1952.

Huysmans, Karl-Joris, *Là-bas*, Paris, 1891.

Institoris, Henry, Sprenger, Jacques, *Le Marteau des sorcières*, présenté par Amand Danet, Paris, Plon, 1973.

France, Anatole, *La Révolte des anges*, Paris, Calmann-Lévy, 1913 (rééd., Paris, Presses Pocket, 1991).

Freud, Sigmund, *Totem et Tabou. Interprétation par la psychanalyse de la vie sociale des peuples primitifs*, Paris, Payot, 1968 (1re éd. allemande 1913).

–, « Une névrose démoniaque au XVIIe siècle », dans *Essais de psychanalyse appliquée*, Paris, Gallimard, 1978, p. 211-251.

Froc, Isidore (dir.), *Exorcistes*, Paris, Droguet et Ardant, 1992.

Frossard, André, *Les 36 preuves de l'existence du Diable*, Paris, Albin Michel, 1978.

Garçon, Maurice, Vinchon, Jean, *Le Diable. Étude historique, critique et médicale*, Paris, Gallimard, 1926.

Garnot, Benoît, *Le Diable au couvent : les possédées d'Auxonne (1658-1663)*, Paris, Imago, 1995.

Gaudriault, Raymond, *Répertoire de la gravure de mode française des origines à 1815*, Paris, Promodis, 1988.

Geertz, Clifford, *Savoir local, Savoir global. Les lieux du savoir*, Paris, PUF, 1986.

Geertz, Hildred, « An Anthropology of Religion and Magic », *Journal of Interdisciplinary History*, t. 6, 1975, p. 71-89.

Gellner, Ernest, *The Devil in Modern Philosophy*, Londres-Boston, Routledge and Kegan Paul, 1974.

Ginzburg, Carlo, *Les Batailles nocturnes. Sorcellerie et rituels agraires en Frioul, XVIe-XVIIe siècles*, Lagrasse, Verdier, 1980 (1re éd. italienne 1966).

–, *Le Sabbat des sorcières* (traduit de l'italien par Monique Aymard), Paris, Gallimard, 1992 (1re éd. italienne 1989).

Godbeer, Richard, *The Devil's Dominion. Magic and Religion in Early New England*, Cambridge, Cambridge UP, 1992.

Goulemot, Jean-Marie, « Démons, merveilles et philosophie à l'Age classique », *Annales ESC*, 35e année, 1980, p. 1223-1250.

Greenblatt, Stephen J., *Learning to Curse. Essays in Early Modern History*, Londres, Routledge, 1990.

–, *Ces merveilleuses possessions. Découverte et appropriation du Nouveau Monde au XVIe siècle*, Paris, Les Belles Lettres, 1996.

Grillot de Givry, *Le Musée des sorciers, mages et alchimistes*, Paris, Librairie de France, 1929.

–, *Witchcraft, Magic and Alchemy*, New York, Dover Publications, 1971.

Grmek, Mirko D. (dir.), avec la collaboration de Bernardino Fantini, *Histoire de la pensée médicale en Occident*. T. 1, *Antiquité et Moyen Age*, Paris, Seuil, 1995.

anthropologie de l'Occident, thèse inédite, sous la direction d'Éric Navet, Université Strasbourg-II, 1997.
L'Estampe en France du XVIe au XIXe siècle, Paris, Bibliothèque nationale, 1987.

Faivre, Tony, *Les Vampires. Essai historique, critique et littéraire*, Paris, Losfeld, Le Terrain vague, 1962.
Falkenburg, Reindert L., « De duiven buiten beeld. Over duivelafwerende krachten en motieven in de beeldende kunst rond 1500 », dans *Duivelsbeelden*, *op. cit.*, p. 107-122.
Favret-Saada, Jeanne, *Les Mots, la Mort, les Sorts. La sorcellerie dans le Bocage*, Paris, Gallimard, 1977.
Favret-Saada, Jeanne, Contreras, Josée, *Corps pour corps. Enquête sur la sorcellerie dans le Bocage*, Paris, Gallimard, 1981.
Febvre, Lucien, *Amour sacré, Amour profane. Autour de « L'Heptaméron »*, Paris, Gallimard, 1944.
–, *Le Problème de l'incroyance au XVIe siècle. La religion de Rabelais*, Paris, Albin Michel, 1968 (1re éd. 1942).
–, *Combats pour l'histoire*, Paris, A. Colin, 1992.
–, « Sorcellerie, sottise ou révolution mentale ? », *Annales ESC*, 3e année, 1948, p. 9-15.
–, « Pour l'histoire d'un sentiment, le besoin de sécurité », *Annales ESC*, 11e année, 1956, p. 244-247.
Ferdière, Gaston, « Le diable et le psychiatre », dans *Entretiens sur l'Homme et le Diable*, sous la direction de Max Milner, *op. cit.*, p. 317-331.
Ferreiro, Alberto (dir.), *The Devil, Heresy and Witchcraft in the Middle Ages : Essays in Honor of Jeffrey Burton Russel*, Leyde, Brill, 1998.
Foe (*voir* Daniel De Foe).
Fornari, B., « Félicien Rops ou la modernité satanique », *Rops et la modernité*, catalogue de l'exposition du musée d'Ixelles (Belgique), 1991.
Forsyth, Neil, *The Old Enemy : Satan as Adversary, Rebel, Tyrant, and Heretic*, Princeton, Princeton UP, 1986.
–, *The Old Enemy. Satan and the Combat Myth*, Princeton, Princeton UP, 1987.
Francart, Roland, *Trésors de la BD religieuse de 1941 à 1985*, Bruxelles, Centre religieux d'information et d'analyse de la Bande Dessinée, 1985.
Francastel, Pierre, communication au colloque *Le Démoniaque dans l'art. Sa signification philosophique*, organisé par Enrico Castelli, Paris, Vrin, 1959.

et XVIe siècles (coordonné par Jean Wirth), Genève, Cabinet des estampes, 1977.
Dinaux, Arthur, « Exorcisme des brigittines de Lille (1613) », *Belgique judiciaire*, t. II, n° 90, 1844, col. 1471-1479.
Dinzelbacher, Peter, *Angst im Mittelalter*, Paderborn, Schöningh, 1996.
Dirksee, Paul, « Een kind van de duivel ? [Un enfant du diable ?]. Het beeld van de duivel binnen het katholiek geloofsonderricht », dans *Duivels en demonen, op. cit.*, p. 87-102.
Duby, Georges, Perrot, Michelle (dir.), *Histoire des femmes en Occident*, Paris, Plon, 1991, 5 vol.
Duclos, Denis, *Le Complexe du loup-garou. La fascination de la violence dans la culture américaine*, Paris, La Découverte, 1994.
Duerr, Hans Peter, *Nudité et Pudeur. Le mythe du processus de civilisation*, Paris, Éd. de la Maison des sciences de l'Homme, 1998 (1re éd. allemande 1988).
Duivel in de beeldende kunst (De), Amsterdam, Stedelijk Museum, 1952.
Duivels en demonen. De duivel in de nederlandse beeldcultuur (dir. par Petra van Boheemen et Paul Dirksee), Utrecht, Museum Het Catharijneconvent, 1994.
Duivelsbeelden. Eeen cultuurhistorische speurtocht door de Lage Landen (dir. par Gerard Rooijakkers, Lène Dresden-Coenders et Margreet Geerdes), Baarn, Ambo, 1994.
Dunois-Canette, François, *Les Prêtres exorcistes : enquête et témoignages*, Paris, Robert Laffont, 1993.
Dupont-Bouchat, Marie-Sylvie, Frijhoff, Willem, Muchembled, Robert, *Prophètes et Sorciers dans les Pays-Bas, XVIe-XVIIIe siècle*, Paris, Hachette, 1978.
Duviols, Jean-Paul, Molinié-Bertrand, Annie (dir.), *Enfers et Damnations dans le monde hispanique et hispano-américain*, Paris, PUF, 1996.

Eco, Umberto, *De Superman au surhomme*, Paris, Grasset, 1993.
Eisner, Lotte H., *L'Écran démoniaque. Les influences de Max Reinhardt et de l'expressionnisme*, Paris, Le Terrain vague, 1965 ; éd. enrichie d'illustrations et de textes, Paris, Losfeld, 1981.
Eliade, Mircea, *Méphistophélès et l'androgyne*, Paris, Gallimard, 1962.
Elias, Norbert, *La Civilisation des mœurs*, Paris, Calmann-Lévy, 1973.
–, *La Société de Cour*, Paris, Calmann-Lévy, 1974.
–, *La Dynamique de l'Occident*, Paris, Calmann-Lévy, 1975.
Enfers et Paradis, Conques, Les Cahiers de Conques, 1995.
Epstein, Jean, *Le Cinéma du diable*, Paris, Jacques Melot, 1947.
Ercker, Alain, *Archéologie de L'Europe conquérante. Contribution à une*

Dainville, François de, *La Naissance de l'humanisme moderne*, Paris, Beauchesne, 1940.
–, *L'Éducation des jésuites (XVIe-XVIIIe siècle)*, Paris, Minuit, 1978.
Dansereau, Michel, « Le diable et la psychanalyse », *Relations*, t. 34, 1979, p. 168-172.
De Foe, Daniel, *Histoire du diable, traduite de l'Anglois*, Amsterdam, 1729, 2 tomes.
Debongnie, Pierre (C. SS. RR.), « Les confessions d'une possédée. Jeanne Fery (1584-1585) », dans *Satan, Études carmélitaines*, *op. cit.*, p. 386-419.
Delcambre, Étienne, *Le Concept de la sorcellerie dans le duché de Lorraine au XVIe et au XVIIe siècle*, Nancy, Société d'archéologie lorraine, 1948-1951, 3 vol.
Delpech, François, « La "marque" des sorcières. Logique(s) de la stigmatisation diabolique », dans N. Jacques-Chaquin et M. Préaud (dir.), *Le Sabbat des sorciers*, *op. cit.*, p. 347-368.
Delumeau, Jean, *La Peur en Occident, XIVe-XVIIIe siècle*, Paris, Fayard, 1978.
–, *Le Péché et la Peur* Paris, Fayard, 1983.
Demos, John Putnam, *Entertaining Satan. Witchcraft and the Culture of Early New England*, Oxford, Oxford University Press, 1982.
Denis, Philippe, *Les Églises d'étrangers en pays rhénan (1538-1564)*, Paris, Les Belles Lettres, 1984.
Descartes, René, *Œuvres choisies*, t. 2, *Morale*, Paris, Garnier, 1955.
Deschaux, Robert, « Le Livre de la deablerie d'Éloy d'Amerval », dans *Le Diable au Moyen Age*, *op. cit.*, p. 183-193.
Descrains, Jean, *Jean-Pierre Camus (1584-1652) et ses « Diversités » (1609-1618), ou la culture d'un évêque humaniste*, Lille, Atelier de reproduction des thèses, (1984), 2 vol.
–, *La Culture d'un évêque humaniste. Jean-Pierre Camus et ses « Diversités »*, Paris, Nizet, 1985.
–, *Essais sur Jean-Pierre Camus*, Paris, Klincksieck, 1992.
Diable (Le), Paris, Dervy, 1998 (colloque de Cerisy, publié par les *Cahiers de l'Hermétisme*).
Diable au Moyen Age (doctrine, problèmes moraux, représentations) (Le), Senefiance, n° 6, Université de Provence, 1979.
Diable dans le folklore de Wallonie (Le), Bruxelles, Ministère de la Communauté française, 1980.
Diable, Diables et Diableries au temps de la Renaissance, Paris, Jean Touzot, 1988.
Diables et Diableries. La représentation du diable dans la gravure des XVe

–, « Le Diable singe de Dieu selon les démonologues des XVIe et XVIIe siècles », dans *Le Diable*, *op. cit.*, p. 31-45.

Cerbelaud, Dominique, *Le Diable*, Paris, Les Éditions de l'atelier, 1997.

Certeau, Michel de, *La Possession de Loudun*, Paris, Gallimard-Julliard, 1980.

Chastel, André, *La Crise de la Renaissance*, Genève, Skira, 1966.

Chiara (Dr), « Les Diables de Morzine en 1861, ou les nouvelles possédées », *Gazette médicale de Lyon*, Lyon, 1861.

Cinefantastic, par Rolf Giesen (Potsdam Stiftung deutsche Kinemathek), Berlin, Argon Verlag GmbH, 1994.

Clasen, Constance, Howes, David, Synnott, Anthony, *Aroma. The Cultural History of Smell*, Londres-New York, Routledge, 1994.

Cohn, Norman, *The Pursuit of the Millennium. Revolutionary Millenarians and Mystical Anarchists of the Middle Ages*, Londres, 1978 (1re éd. 1957).

–, *Démonolâtrie et Sorcellerie au Moyen Age : fantasmes et réalités*, Paris, Payot, 1982 (1re éd. anglaise 1975).

Collin de Plancy, Jacques-Albin Simon, *Le Champion de la sorcière et Autres Légendes de l'histoire de France au Moyen Age et dans les temps modernes*, Paris, Putois, 1852 (nombreux autres titres dont *Histoire des vampires* (1820) ; *Dictionnaire infernal* (1825-1826, souvent réédité par la suite).

Coquery, Natacha, *L'Hôtel aristocratique. Le marché du luxe à Paris au XVIIIe siècle*, Paris, Publications de la Sorbonne, 1998.

Corbin, Alain, *Le Miasme et la Jonquille. L'odorat et l'imaginaire social, XVIIIe-XIXe siècle*, Paris, Aubier, 1982.

–, *Le Temps, le Désir et l'Horreur*, Paris, Flammarion,1991.

–, « Histoire et anthropologie sensorielle », dans *Anthropologie et Sociétés*, vol. 14, 1990, p. 13-24.

Costel, Louis, *Car ils croyaient brûler le diable en Normandie*, Les Sables d'Olonne, Sodirel, 1978.

–, *Un cas d'envoûtement*, Paris, Fayard, 1979.

Courtine, Jean-Jacques, Vigarello, Georges, « La physionomie de l'homme impudique. Bienséance et "impudeur" : les physiognomonies au XVIe et au XVIIe siècle », dans *Parure, Pudeur, Étiquette*, revue *Communications*, n° 46, 1987, p. 79-91.

Cristiani, Léon, *Actualité de Satan*, Paris, Centurion, 1954.

–, *Présence de Satan dans le monde moderne*, Paris, 1959.

Cuttler, Charles C., « Two Aspects of Bosch's Hell Imagery », *Scriptorium*, 23, 1969, p. 313-319.

Campion-Vincent, Véronique, Renard, Jean-Bruno, *Légendes urbaines. Rumeurs d'aujourd'hui*, Paris, Payot, 1992.

Camporesi, Piero, *L'Officine des sens*, Paris, Hachette, 1989.

–, *Les Effluves du temps jadis*, Paris, Plon, 1995.

Camus, Dominique, *Pouvoirs sorciers. Enquête sur les pratiques actuelles de sorcellerie*, Paris, Imago, 1988.

Camus, Jean-Pierre, *Les Spectacles d'horreur*, Genève, Slatkine Reprints, 1973 (éd. de 1630).

–, *Trente Nouvelles*, choisies et présentées par René Favret, Paris, Vrin, 1977.

Carmona, Michel, *Les Diables de Loudun*, Paris, Fayard, 1988.

Caro Baroja, Julio, *Les Sorcières et leur monde*, Paris, Gallimard, 1972 (1re éd. espagnole 1961).

Carr, Richard A., *Pierre Boaistuau's* Histoires tragiques : A Study of Narrative Form and Tragic Vision, Chapel Hill, North Carolina Press, 1979.

Carrez, Jean-Pierre, *Femmes en prison. Étude de 309 internées à la Salpêtrière de Paris, d'après des interrogatoires de police (1678-1710)*, mémoire de maîtrise inédit, sous la direction de Robert Muchembled, Université Paris-Nord, 1993.

Cassirer, Ernst, *La Philosophie des formes symboliques* (traduction de l'allemand), Paris, Minuit, 1972, 3 vol.

Castelli, Enrico, *Le Démoniaque dans l'art. Sa signification philosophique*, Paris, Vrin, 1959.

Castex, Pierre-Georges, *Le Conte fantastique en France, de Nodier à Maupassant*, Paris, Corti, 1951.

Catéchisme en images : 70 gravures en noir avec l'explication de chaque tableau en regard, Paris, Maison de la Bonne Presse, 1908 (les gravures sont des réductions des chromolithographies de 0,48 à 0,66 m du *Grand Catéchisme en images.* Voir les *Explications du Grand Catéchisme en images*, par E. Fourrière, Paris, Maison de la Bonne Presse, 1900, et le *Nouveau Catéchisme en images*, par un vicaire de Saint-Sulpice, Paris, Lethielleux, 1909).

Cave, Térence, *Pré-histoires. Textes troublés au seuil de la modernité*, Genève, Droz, 1999.

Cazotte, Jacques, *Le Diable amoureux*, préface et notes de Francine de Martinoir, Paris, Seuil, 1992 (éd. originale 1772).

Céard, Jean, *La Nature et les Prodiges. L'insolite au XVIe siècle, en France*, Genève, Droz, 1977.

– (études réunies par), *La Folie et le Corps*, Paris, Presses de l'École normale supérieure, 1985.

Rome. Le carnaval à Rome, éd. par Emanuelle Kanceff, Turin, Giapichelli, s.d.

Boucher, Ghislaine, *Dieu et Satan dans la vie de Catherine de Saint-Augustin, 1632-1668*, Tournai, 1979.

Bouchet, Guillaume, *Les Serées*, éd. par C.E. Roybet, Paris, A. Lemerre, 1873-1882, 6 vol.

Boudet, Jean-Patrice, « La genèse médiévale de la chasse aux sorcières », dans Nathalie Nabert (dir.), *op. cit.*, p. 35-52.

Bourdieu, Pierre, *La Distinction : critique sociale du jugement*, Paris, Minuit, 1979.

Bourrat, Marie-Michèle, Soupa, Anne, *Faut-il croire au diable ?*, Paris, Bayard-Centurion, 1995.

Boyer, Paul, Nissenbaum, Stephen, *Salem Possessed. The Social 0rigins of Witchcraft*, Cambridge (Mass.), Harvard UP, 1971.

Brabant, Hyacinthe, *Médecins, Malades et Maladies de la Renaissance*, Bruxelles, La Renaissance du Livre, 1966.

Brasey, Édouard, *Enquête sur l'existence des anges rebelles*, Paris, Filipacchi, 1995 (compte rendu dans *Paris Match*, n° 2415, 7 septembre 1995, p. 3-6).

Bricaud, Joanny, *J.-K. Huysmans et le satanisme. D'après des documents inédits*, Paris, 1913.

Briggs, Robin, *Communities of Belief. Cultural and Social Tensions in Early Modern France*, Oxford, Clarendon Press, 1989.

–, *Witches and Neighbours. The Social and Cultural Context of European Witchcraft*, Londres, Harper Collins, 1996.

–, « Le sabbat des sorciers en Lorraine », dans N. Jacques-Chaquin et M. Préaud (dir.), *Le Sabbat des sorciers*, *op. cit.*, p. 169-172.

Brincourt, André, *Satan et la poésie*, Paris, Grasset, 1946.

Bruyn, Lucy de, *Woman and the Devil in Sixteenth-Century Literature*, Tisbury (Wiltshire), Compton Press, 1979.

Burguière, André, Revel, Jacques, *Histoire de France*, t. 2, *L'État et les Pouvoirs* ; t. 4, *Les Formes de la culture*, Paris, Seuil, 1989 et 1993.

Caillois, Roger, « Métamorphoses de l'Enfer », *Diogène*, n° 85, 1974, p. 70-90.

Campion-Vincent, Véronique, « Démonologie dans les légendes et paniques contemporaines », *Ethnologie française*, t. XXIII, 1993, p. 120-130.

–, « Descriptions du sabbat et des rites dans les peurs antisataniques contemporaines », *Cahiers internationaux de sociologie*, vol. XCVIII, 1995, p. 43-58.

Bernheimer, Richard, *Wild Men in the Middle Ages : A Study in Art, Sentiment, and Demonology*, New York, Octagon Books, 1970.
Berriot-Salvadore, Évelyne, *Un corps, un destin. La femme dans la médecine de la Renaissance*, Paris, Champion, 1993.
Besnard, Philippe, *Protestantisme et Capitalisme. La controverse post-wébérienne*, Paris, A. Colin, 1970.
Bethencourt, Francisco, *O imaginário da magia. Feiticeiras, saludadores e nigromantes no século XVI*, Lisbonne, Projecto Universidade Aberta, 1987.
Bettelheim, Bruno, *Psychanalyse des contes de fées*, Paris, Robert Laffont, 1976.
Beuzart, Paul, *Les Hérésies pendant le Moyen Age et la Réforme, jusqu'à la mort de Philippe II (1598), dans la région de Douai, d'Arras et au pays de l'Alleu*, Le Puy, Imprimerie Peyriller, 1912.
Beziau, Claude, *Les exorcistes parlent face à la sorcellerie*, Les Sables d'Olonne, Le Cercle d'Or, 1978.
Biniek, Aurélie, *Odeurs et Parfums aux XVIe et XVIIe siècles*, mémoire de maîtrise inédit, sous la direction de Robert Muchembled, Université Paris-Nord, 1998.
Bizouard, Joseph, *Des rapports de l'homme avec le Démon : Essai historique et philosophique*, Paris, Gaume et Duprey, 1864-1866, 6 vol.
Boaistuau, Pierre, *Histoires tragiques extraictes des œuvres italiennes de Bandel, et mises en nostre langue françoise par P. Boaistuau, surnommé Launay, natif de Bretaigne*, Paris, Sertenas, 1559.
–, *Histoires tragiques*, éd. critique par Richard A. Carr, Paris, Champion, 1977 (1re éd. 1559).
–, *Le Théâtre du Monde (1558)*, édition critique par Michel Simonin, Genève, Droz, 1981.
Bodin, Jean, *On the Demon-Mania of Witches*, traduit par Randy A. Scott, avec une introduction de Jonathan L. Pearl, Toronto, Victoria University, 1995.
Boguet, Henri, *Discours exécrable des sorciers*, texte adapté par Philippe Huvet, avec une introduction de Nicole Jacques-Chaquin, Paris, Le Sycomore, 1980.
Bois, Jules, *Le Satanisme et la Magie*, avec une étude de J.-K. Huysmans, Paris, Léon Chailley, [1897].
Bosquier, Philippe, *Tragoedie nouvelle dicte Le Petit Razoir des ornemens mondains, en laquelle toutes les misères de nostre temps sont attribuées tant aux hérésies qu'aux ornemens superflus du corps*, Mons, Charles Michel, 1589 (Genève, Slatkine Reprints, 1970).
Bouchard, Jean-Jacques, *Journal*. I. *Les confessions. Voyage de Paris à*

Barchilon, Jacques, *Le Conte merveilleux français de 1690 à 1790. Cent ans de féerie et de poésie ignorées de l'histoire littéraire*, Paris, Librairie Honoré Champion, 1975.

Barkan, Leonard, *The Gods Made Flesh : Metamorphosis and the Pursuit of Paganism*, New Haven, Yale University Press, 1986.

Baronian, Jean-Baptiste, *Panorama de la littérature fantastique de langue française*, Paris, Stock, 1978.

Baschet, Jérôme, *Les Justices de l'au-delà. Les représentations de l'enfer en France et en Italie (XIIe-XVe siècle)*, Rome, École française de Rome, 1993.

–, « Les conceptions de l'Enfer en France au XIVe siècle : imaginaire et pouvoir », *Annales ESC*, 40e année, 1985, p. 185-207.

Bastien, Pascal, *La Violence ritualisée. Le spectacle de l'exécution en France, XVIe-XVIIIe siècle*, mémoire inédit de DEA sous la direction de Robert Muchembled, Université Paris-Nord, 1998, dactyl.

Baudrillard, Jean, *La Transparence du Mal. Essai sur les phénomènes extrêmes*, Paris, Galilée, 1990.

Bayard, Jean-Pierre, *Le Diable dans la cathédrale*, Paris, Morel, 1960.

–, *Le Diable dans l'art roman*, Paris, Tredaniel, Éd. de la Maisnie, [1982].

–, *Les Pactes sataniques*, Paris, Dervy, 1994.

Bechtel, Guy, *La Sorcière et l'Occident. La destruction de la sorcellerie en Europe des origines aux grands bûchers*, Paris, Plon, 1997.

Beckman, Jacques, « Le diable d'après les procès de sorcellerie en Wallonie », *Le Diable dans le folklore de Wallonie*, *op. cit.*, p. 52-67.

Béguin, Albert, « Balzac et la fin de Satan », dans *Satan, Études carmélitaines*, *op. cit.*

Behringer, Wolfgang, *Witchcraft Persecutions in Bavaria. Popular Magic, Religious Zealotry and Reason of State in Early Modern Europe*, Cambridge, Cambridge UP, 1997.

Bekker, Balthasar, *Le Monde enchanté, ou examen des communs sentimens touchant les esprits, leur nature, leur pouvoir, leur administration et leurs opérations*, Amsterdam, Pierre Rotterdam, 1694, 4 vol. in-12 (1re éd. néerlandaise 1691).

Beliën, H.M., Van der Eerden, P.C., *Satans trawanten : heksen en heksenvervolging*, Haarlem, J.H. Gottmer, 1985.

Bellemin-Noël, Jean, « Notes sur le fantastique (textes de Théophile Gautier) », *Littérature*, n° 8, décembre 1972, p. 3-23.

Bergeron, Richard, *Damné Satan ! Quand le diable refait surface*, Montréal, Fides, 1988.

Bernanos, Georges, *Sous le soleil de Satan*, Paris, Plon, 1926.

主要参考文献

1．欧文文献

Aconce (Aconcius), Jacques, *Les Ruzes de Satan recueillies et comprinses en huit livres*, Bâle, Pierre Perne, 1565.

Amorth, Gabriele (Dom), *Un exorciste raconte*, Paris, Œil, F.X. de Guibert, 1993 (traduit de l'italien).

Andréesco, Ioanna, *Où sont passés les vampires ?*, Paris, Payot, 1997.

Andriano, Joseph, *Our Ladies of Darkness. Feminine Daemonology in Male Gothic Fiction*, The Pennsylvania State UP, 1993.

Ankarloo, Bengt, Henningsen, Gustav (éd.), *Early Modern European Witchcraft. Centres and Peripheries*, Oxford, Clarendon Press, 1990.

Archives historiques et littéraires du Nord de la France et du Midi de la Belgique (Les). Fondées en 1829 par le Valenciennois Arthur Dinaux, elles ont publié 18 volumes en une trentaine d'années.

Ariès, Paul, *Le Retour du diable : satanisme, exorcisme, extrême droite*, Villeurbanne, Golias, 1997.

Ariès, Philippe, Duby, Georges (dir.), *Histoire de la vie privée*, Paris, Seuil, 1985, 5 vol.

Augé, Marc, *Théorie des pouvoirs et Idéologie. Étude de cas en Côte-d'Ivoire*, Paris, Hermann, 1975.

Augé, Marc, Herzlich, C. (éd.), *Le Sens du mal. Anthropologie, histoire, sociologie de la maladie*, Paris, Archives contemporaines, 1984.

Auslander, Leora, *Taste and Power. Furnishing Modern France*, Berkeley, University of California Press, 1996.

Baissac, Jules, *Le Diable. La personne du diable. Le personnel du diable*, Paris, Maurice Dreyfous, s.d.

Bakhtine, Mikkaïl, *L'Œuvre de François Rabelais et la Culture populaire au Moyen Age et sous la Renaissance*, Paris, Gallimard, 1970.

Baltrusaitis, Jurgis, *Le Moyen Age fantastique*, Paris, A. Colin, 1955.

–, *Réveils et Prodiges. Le gothique fantastique*, Paris, A. Colin, 1960.

Thierry Robin, *Crève, le Malin*, Éd. Rackham, 1990.

Jean-Claude Servais, *La Tchalette et autres contes de magie et de sorcellerie*, Éd. du Lombard, 1982.

– et Gérard Dewamme, *Tendre Violette*, Casterman, 1982.

Sorel, *Le Diable*, Éd. Les Amis de la BD, 1997.

Tacito et Froideval, *666. Ante Demonium*, Zenda, 1993 (suites : *666. Demonio fortissimo*, 1996 ; *666. Lilith imperatrix mundi*, 1997).

Jacques Tardi, *Le Démon des glaces*, Dargaud, 1974.

Henri Vernes et William Vance, *La Prisonnière de l'Ombre Jaune* (une aventure de *Bob Morane*), Dargaud, 1972 (suites : *Les Poupées de l'Ombre Jaune*, Éd. du Lombard, 1975 ; *Les Sortilèges de l'Ombre Jaune*, Éd. du Lombard, 1976).

Quelques bandes dessinées

（悪魔関連漫画）

Aristophane, *Conte démoniaque*, Éd. l'Association, 1996.
Enki Bilal et Pierre Christin, *La Croisière des oubliés*, Dargaud, 1975.
Caza (Philippe Cazamayou, dit), « Mandragore », dans *Pilote*, n° 78 *bis*, 1980.
–, *L'Age d'Ombre : Les Habits du Crépuscule*, Dargaud, 1982.
–, *L'Age d'Ombre : Les Remparts de la Nuit*, Dargaud, 1984.
Pierre Christin et Jean-Claude Mézières, *Les Oiseaux du Maître*, Dargaud, 1974 (une aventure de *Valérian*, héros créé en 1967 dans *Pilote*).
– et Jacques Tardi, *Rumeurs sur le Rouergue*, Futuropolis, 1976 (publiée dans *Pilote* en 1971).
Didier Comès, *Silence*, Casterman, 1980.
–, *Le Maître des Ténèbres*, Casterman, 1981 (le héros, Ergün l'Errant, est apparu la première fois dans *Pilote* en 1973).
–, *La Belette*, Casterman, 1983.
François Craenhals, *Les Cavaliers de l'Apocalypse*, Casterman, 1980.
Paul Cuvelier et J. Van Hamme, *Le Royaume des Eaux noires*, Éd. du Lombard, 1974 (fait partie de la série *Corentin*).
Le Diable, par un collectif, Éd. Vents d'Ouest, 1993.
Froideval et Pontet, *Succubus. La guerre des âmes*, Glénat, 1996.
Hergé, *Tintin au Tibet*, Casterman, 1960 (la tentation de Milou).
Jacques Martin et Gilles Chaillet, *Les Portes de l'Enfer* (un épisode de *Lefranc*), Casterman, 1978.
Pat Mills et Simon Bisley, *Slaine. Le dieu cornu*, Zenda, 1991 (met en scène le dieu celtique Cernunnos).
Chantal Montellier, *La Fosse aux serpents*, Casterman, 1990 (aventures de *Julie Bristol*).
–, *Faux Sanglants*, Dargaud, 1992 (aventures de *Julie Bristol*).
–, *L'Ile aux démons*, Dargaud, 1994 (aventures de *Julie Bristol*).
Nicollet, *Le Diable*, Éd. Humanoïdes Associés, 1978.

« Les Français et le diable », par Julien Potel, *Panorama, mensuel chrétien*, hors série, n° 12, *Le Diable*, 1989.
« La France envoûtée. Exorcistes. Astrologues. Voyants. Marabouts », *Le Nouvel Observateur*, 22-28 février 1985.
« La France semble relativement épargnée par le mouvement sataniste » (profanation de tombes par fans de « Black Metal »), *Le Monde*, 29 juin 1996, p. 14.
« Le gentil couple cuisinait le cadavre à la diable », par J.-B. Hareng, *Libération*, 9 novembre 1983.
« La messe noire de Marseillette » et « Les braises de Lucifer », *Le Progrès*, 8 et 13 novembre 1983.
« Messes noires », *L'Assiette au beurre*, 12 décembre 1903 (dessins de Hradecky, Orazi et Ardengo).
« Le pouvoir des magiciens. Parapsychologie. Numérologie. Chiromancie. Médecines parallèles. Voyances », *Le Nouvel Observateur*, 1er-7 juin 1989.
« Qui a peur du diable ? », *La Vie*, n° 2561, 29 septembre 1994, p. 58-61.
« Le retour de Satan », par L. Rosenweig, *Libération*, 9 octobre 1984.
« Le roman gothique », *Europe*, n° 659, mars 1984.
« Satan et son empire », *Notre Histoire*, n° 143, avril 1997.
« Satan le *beat* », *Libération*, 7 mars 1990.
« Satan revient », par Luc Ferry, *L'Express*, n° 2187, 10 juin 1993, p. 120-122 (à propos de plusieurs livres, dont celui de Messadié).
« Satanisme électronique : le sabbat high-tech », par Sherrill Mulhern, *Scientifictions*, n° 1, vol. 2, 1997, p. 11-28.
« Satanisme, le fléau des années 90 », par Dominique Cellura, *Newlook*, mars 1991, p. 129-139 ; avril 1991, p. 110-122 ; mai 1991, p. 132-142.
« The Secret Life of American Teens », *Newsweek*, 10 mai 1999, p. 44-60.
« Tuez les chrétiens, tuez les chrétiens… » (satanisme et « Death Metal »), *Le Monde*, 12 juillet 1996, p. 8.
« Van Seth tot Satan, van Mefisto tot metafoor », *NRC Handelsblad, Cultureel Supplement*, 27 décembre 1991.

Le diable a bonne presse

domaine français essentiellement

（悪魔関連記事）

« Les aiguilles du diable au pays de Gaspard des montagnes », par G. Ziegler, *Le Dauphiné libéré*, 14 avril 1985.

« L'art et la manière de magnétiser les gogos », dossier coordonné par Michel de Pracontal, *L'Événement du jeudi*, 26 octobre-1er novembre 1989, p. 74-105.

« Les citoyens et les parasciences » (colloque organisé par la Cité des sciences et de l'industrie et le journal *Le Monde*), Paris, Albin Michel, 1993.

« Contre les margoulins de l'irrationnel » *L'Événement du jeudi*, 26 octobre-1er novembre 1989.

« Délivrez-nous du diable », *Le Monde*, 1er janvier 1996, p. 9.

« Le diable », *Panorama, mensuel chrétien*, hors série, n° 12, 1989.

« Le diable et le Mal. Questions au théologien », par l'abbé Grelot, *Panorama, mensuel chrétien*, hors série, n° 12, *Le Diable*, 1989.

« Le diable revient. Sectes. Crimes rituels. Envoûtements. Rock satanique », dossier sous la direction de Vincent Jauvert et Claude-François Jullien, *Le Nouvel Observateur*, 20-26 décembre 1990, p. 8-31.

« Le diable sur mesure », *Lumière et Vie*, n° 212, avril 1993.

« L'Église croit-elle encore au diable ? », *Panorama, mensuel chrétien*, n° 284, septembre 1993, p. 70-71.

« Essor de la violence "satanique" aux États-Unis (crimes rituels et gangs démoniaques) », par Ingrid Carlander, *Le Monde diplomatique*, février 1991.

« Le fantastique américain », *Europe*, n° 707, mars 1988.

« Les fantastiques », *Europe*, n° 611 mars 1980.

« La fin du monde est proche, et seuls les États-Unis peuvent sauver la Terre », par Samuel Blumenfeld [à propos du film *Armageddon*], *Le Monde*, 6 août 1998, p. 17.

1989 年：スーザン・シーデルマン『シー・デビル』。
1990 年：ティボール・タバク『我は狂人なり』。
1990 年：デヴィッド・リンチ『ワイルド・アット・ハート』、ニコラス・ケイジ、ローラ・ダーン。
1991 年：ジョン・ハリソン『フロム・ザ・ダーク・サイド　ザ・ムービー　3つの闇の物語』。
1991 年：ケネス・ブラナー『愛と死の間で』。
1991 年：ジョン・マクノートン『ヘンリー（ある連続殺人鬼の記録）』。
1991 年：ジョージ・A・ロメロ『ザ・ダーク・ハーフ』。
1991 年：ジェームズ・キャメロン『ターミネーター２』、アーノルド・シュワルツェネッガー。
1991 年：スティーヴ・マイナー『ワーロック』。
1992 年：フランシス・フォード・コッポラ『ドラキュラ』、ゲイリー・オールドマン、ウィノナ・ライダー。
1993 年：『X-ファイル』（製作：クリス・カーター、出演：デヴィッド・デュカヴニー、ジリアン・アンダーソン。アメリカの連続テレビドラマ。最初の放送は1993年で、いまだに続いている）。
1995 年：ジャン＝マリー・ポワレ『俺たちは天使だ』、ジェラール・ドパルデュー、クリスチャン・クラヴィエ。
1996 年：ジェラール・ウーリー『運転手つき幽霊』、フィリップ・ノワレ。
1996 年：ティム・バートン『マーズ・アタック！』、ジャック・ニコルソン、グレン・クローズ。
1997 年：ウェス・クレイヴン『スクリーム』（「スクリーム」シリーズの第１作）。
1997 年：ジェームズ・キャメロン『タイタニック』、レオナルド・ディカプリオ、ケイト・ウィンスレット（ジャン・ネギュレスコの『タイタニック』（1953年）をはじめ、この主題を扱った先行作品は少なくない）。
1998 年：マイケル・ベイ『アルマゲドン』、ブルース・ウィリス。
1998 年：ミミ・レダー『ディープ・インパクト』。
1998 年：サム・ライミ『シンプルプラン』。
1999 年：スタンリー・キューブリック『アイズ　ワイド　シャット』、ニコール・キッドマン、トム・クルーズ。

た俳優兼演出家〕に着想を得た作品)。
1982 年：ジム・ヘンソン、フランク・オズ『ダーク・クリスタル』。
1982 年：リドリー・スコット『ブレード・ランナー』、ハリソン・フォード。
1982 年：マリオ・バーヴァ『デモンズ』。
1982 年：トビー・フーパー『ポルターガイスト』(続編：ブライアン・ギブソン『ポルターガイスト２』(1986年)、ゲイリー・シャーマン『ポルターガイスト３　少女の霊に捧ぐ』(1987年))。
1982 年：ジョン・カーペンター『ザ・シング』(クリスチャン・ナイビーとハワード・ホークスの『ザ・シング』(1951年) のリメイク版)。
1983 年：ディック・マース『悪魔の密室』。
1983 年：ジョージ・A・ロメロ『クリープショウ』(５話からなるオムニバス形式のホラー。続編：マイケル・ゴーニック『クリープショウ２　怨霊』(1987年))。
1983 年：サム・ライミ『死霊のはらわた』(「スプラッタ映画」の走りの一つ。続編：サム・ライミ『死霊のはらわたII』(1987年))。
1983 年：トニー・スコット『ハンガー』、カトリーヌ・ドヌーヴ、デヴィッド・ボウイ (ニューヨークに密かに暮らしてきた吸血鬼の話。アメリカで非常に受けた幻想譚)。
1984 年：ウェス・クレイヴン『エルム街の悪夢』(ロバート・イングランドが好演した、恐るべきフレディ・クルーガーが評判となり、他の監督が指揮する続編が５編制作されている。なお、1995年にはウェス・クレイヴン監督の『ウェス・クレイヴンの新たな悪夢　本当の話』も完成している)。
1984 年：ジェームズ・キャメロン『ターミネーター』、アーノルド・シュワルツェネッガー。
1986 年：デヴィッド・リンチ『ブルーベルベット』、イザベラ・ロッセリーニ、デニス・ホッパー。
1986 年：アラン・J.・パクラ『ドリーム・ラバー』。
1986 年：デヴィッド・クローネンバーグ『ザ・フライ』。
1986 年：トビー・フーパー『死霊伝説』。
1987 年：ランベルト・バーヴァ『デモンズ２』。
1987 年：ラリー・コーエン『セーラムへの帰還』
1987 年：スタンリー・キューブリック『フルメタル・ジャケット』。
1987 年：ジャック・ショルダー『ヒドゥン』。
1987 年：ジョージ・ミラー『イーストウィックの魔女たち』、シェール、スーザン・サランドン、ミシェル・ファイファー、ジャック・ニコルソン。
1988 年：デヴィッド・クローネンバーグ『戦慄の絆』ジェレミー・アイアンズ。
1988 年：ロバート・イングランド『976 イーヴル』。
1988 年：ゲイリー・シャーマン『ポルターガイスト３　少女の霊に捧ぐ』。

1976年：マーティン・スコセッシ『タクシードライバー』、ロバート・デ・ニーロ。

1976年：ピーター・サイクス『悪魔に捧げる娘』。

1977年：リチャード・ロンクレーヌ『悪循環』。

1977年：ロベール・ブレッソン『恐らくは悪魔』（この映画については次の文献を参照のこと。*L'Avant-Scène, Cinéma*, n° 408-409, janv.-février 1992, pp. 1-130.）

1977年：エリオット・シルヴァースタイン『ザ・カー』、（スティーヴン・スピルバーグの『激突』（1971年）を剽窃している）。

1977年：ジョージ・ルーカス『スター・ウォーズ』（続編：アーヴィン・カーシュナー『スター・ウォーズ　帝国の逆襲』（1980年）、リチャード・マーカンド『スター・ウォーズ　ジュダイの復讐』（1983年）、ジョージ・ルーカス『スター・ウォーズ　エピソード１／ファントム・メナス』（1999年））。

1977年：スティーヴン・スピルバーグ『未知との遭遇』。

1977年：ダリオ・アルジェント『サスペリア』、ジェシカ・ハーパー、ジョーン・ベネット、アリダ・ヴァリ。

1978年：ダリオ・アルジェント『インフェルノ』。

1978年：ジョン・カーペンター『ハロウィン』、ドナルド・プレゼンス、ジェイミー・リー・カーティス。

1979年：リドリー・スコット『エイリアン』、シガニー・ウィーバー（複数ある続編の中で、ジェームズ・キャメロン『エイリアン２』（1986年）を挙げておく）。

1979年：ジョン・カーペンター『ザ・フォッグ』。

1979年：ジョージ・ミラー『マッドマックス』（続編：同監督『マッドマックス２』（1981年）、『マッドマックス３』（1985年）。なお、どの作品にもメル・ギブソンが主演している）。

1979年：ヴェルナー・ヘルツォーク『ノスフェラトゥ』、クラウス・キンスキー、イザベル・アジャーニ。

1980年：スタンリー・キューブリック『シャイニング』、ジャック・ニコルソン。

1980年：ショーン・カニンガム『13日の金曜日』（1989年までに８作〔1993年の作品も入れると９作になる〕が制作された「13日の金曜日」シリーズの走り。1960年代から70年代にかけて、ダリオ・アルジェントをはじめとするイタリアの「探偵もの」に、その着想を負っている）。

1981年：ヴァレリアン・ボロウズィック『ジギル博士と女たち』。

1981年：ジョン・ランディス『狼男アメリカン』。

1981年：イシュトバン・サボー『メフィスト』、クラウス・マリア・ブランダウアー（1960年の『ファウスト』を書きかつ演じたドイツの俳優　グスタフ・グリュンドゲンスの人生〔ファウストやメフィスト役で一時代を築い

ィゲの『肉体の悪魔』とは全く無関係〕。

1971年：ドン・シーゲル『ダーティハリー』、クリント・イーストウッド（その後の続編4作にはイーストウッドが出演。テッド・ポスト『ダーティハリー2（マグナム・フォース）』(1973年)、ジェームズ・ファーゴ『ダーティハリー3（エンフォーサー）』(1976年)、クリント・イーストウッド『ダーティハリー4（サドゥン・インパクト）』(1983年)、バディ・ヴァン・ホーン『ダーティハリー5（デッド・プール）(1988年))。

1971年：スタンリー・キューブリック『時計じかけのオレンジ』、マルコム・マクダウエル。

1972年：ヴェルナー・ヘルツォーク『アギーレ・神の怒り』、クラウス・キンスキー。

1972年：ジョン・ブアマン『脱出』。

1972年：アンジェイ・ズラウスキー『悪魔』(この作品に関しては以下の文献を参照せよ。*Revue du cinéma,* n° 456, janvier 1990, pp. 60-69.)〔このポーランド映画は、その残忍さや暴力的内容のために制作当初以来、公開禁止処分を受けていた〕。

1972年：アルフレッド・ヒッチコック『フレンジー』。

1972年：フランシス・フォード・コッポラ『ゴッドファーザー』、マーロン・ブランド、アル・パチーノ。

1973年：ウィリアム・フリードキン『エクソシスト』、エレン・バースティン、マックス・フォン・シドー（続編：ジョン・ブアマン『エクソシスト2 異端者』(1977年)、ウィリアム・ピーター・ブラッティ『エクソシスト3』(1990年))。

1973年：テレンス・フィッシャー『フランケンシュタインと地獄の怪物〈モンスター〉』。

1974年：トビー・フーパー『悪魔のいけにえ』。

1974年：リリアーナ・カヴァーニ『愛の嵐』、ダーク・ボガード、シャーロット・ランプリング。

1974年：ジョン・ギラーミン『タワーリング・インフェルノ』、スティーヴ・マックイーン、ポール・ニューマン、ウイリアム・ホールデン、フェイ・ダナウェイ。

1975年：スタンリー・キューブリック『バリー・リンドン』、ライアン・オニール。

1975年：ジョゼフ（ホセ）・ララツ『吸血鬼』。

1976年：ブライアン・デ・パルマ『キャリー』、シシー・スペイセク。

1976年：リチャード・ドナー『オーメン』、グレゴリー・ペック、リー・レミック（続編：ドン・テイラー『オーメン2　ダミアン』(1978年)、ウイリアム・ホールデン；グラハム・ベイカー『オーメン　最後の闘争』(1981年))。

1976年：コンスタンティン・S・コシ『救世主…サタンの息子 II』。

士の恐るべき秘密』、バーバラ・スティール。

1962年：スタンリー・キューブリック『ロリータ』、ジェームズ・メイスン、スー・リオン、ピーター・セラーズ。

1963年：ジェリー・ルイス『底抜け大学教授』、ジェリー・ルイス。

1963年：ロバート・ワイズ『たたり』。

1963年：アルフレッド・ヒッチコック『鳥』、ティッピ・ヘドレン。

1963年：ロバート・ハンプトン（リカルド・フレダの偽名）『ヒッチコック博士の幽霊』、バーバラ・スティール。

1964年：トマス・ミラー（カミッロ・マストロチンクエの偽名）『地下聖堂とインクブス』、クリストファー・リー。

1964年：スタンリー・キューブリック『博士の異常な愛情　または私は如何にして心配するのを止めて水爆を愛するようになったか』（『ストレンジラヴ博士』）、ピーター・セラーズ。

1964年：アンリ＝ジョルジュ・クルーゾー『地獄』、未完。

1964年：カール＝テオドール・ドライエル『ゲルトルード』。

1964年：ハリー・アッカーマン、その他『奥様は魔女』（252話に亘るテレビドラマ・シリーズ）、エリザベス・モンゴメリー。

1965年：ジャン・リュック・ゴダール『アルファヴィル』、エディー・コンスタンティーヌ。

1966年：フレディー・フランシス『サイコパス』。

1966年：カミッロ・マストロチンクエ『堕天使』。

1967年：ロマン・ポランスキー『吸血鬼』。

1967年：アーサー・ペン『俺たちに明日はない』、ウォーレン・ベイティ、フェイ・ダナウェイ。

1968年：スタンリー・キューブリック『2001年宇宙の旅』。

1968年：ジョージ・A・ロメロ『ナイト・オブ・ザ・リヴィング・デッド　ゾンビの誕生』（ロメロ監督による続編には『ゾンビ』（1978年）『死霊のえじき』（1986年）がある）。

1968年：ロマン・ポランスキー『ローズマリーの赤ちゃん』、ミア・ファロー。

1968年：アンドレ・デルヴォー『イヴ・モンタンの深夜列車』、イヴ・モンタン、アヌーク・エメ。

1969年：ルキノ・ヴィスコンティ『地獄に堕ちた勇者ども』、ダーク・ボガード、イングリッド・チューリン。

1969年：デニス・ホッパー『イージー・ライダー』、ピーター・フォンダ、デニス・ホッパー、ジャック・ニコルソン。

1969年：サム・ペキンパー『ワイルドバンチ』。

1970年：クロード・シャブロル『肉屋』、ステファーヌ・オードラン、ジャン・ヤンヌ。

1971年：ケン・ラッセル『肉体の悪魔』、オリヴァー・リード、ヴァネッサ・レッドクレーヴ〔ルーダンの悪魔憑きの事件を扱った作品で、レイモン・ラデ

1958年：テレンス・フィッシャー『フランケンシュタインの復讐』。
1958年：スタンリー・キューブリック『突撃』、カーク・ダグラス。
1958年：オーソン・ウェルズ『黒い罠』、オーソン・ウェルズ、チャールトン・ヘストン、ジャネット・リー。
1958年：アルフレッド・ヒッチコック『めまい』、ジェームズ・スチュアート、キム・ノヴァク。
1959年：テレンス・フィッシャー『バスカーヴィルの犬』、ピーター・カッシング、クリストファー・リー（シドニー・ランドフィールドが1939年に一度撮っている）。
1959年：ロバート・ワイズ『明日への賭け』、ハリー・ベラフォント、ロバート・ライアン。
1959年：ラナルド・マクドゥーガル『地球と肉体と悪魔』、ハリー・ベラフォント。
1959年：アルフレッド・ヒッチコック『北北西に進路を取れ』、ケーリー・グラント、エヴァ・マリー・セイント。
1959年：マイケル・パウエル『血を吸うカメラ』、カール・ベーム。
1960年：フリッツ・ラング『悪魔のドクトル・マブゼ』。
1960年：ロジェ・ヴァディム『血とバラ』、アネット・ストロイベール、メル・フェラー。
1960年：グスタフ・グリュンドゲソス『ファウスト』。
1960年：マリオ・バーヴァ『血塗られた墓標』、バーバラ・スティール（マリオの息子ランベルト・バーヴァが1990年に同名のリメイク版を制作している）。
1960年：ジョルジョ・フェローニ『石女の水車小屋』。
1960年：アルフレッド・ヒッチコック『サイコ』、アンソニー・パーキンス、ジャネット・リー、ヴェラ・マイルズ。
1960年：ジョルジュ・フランジュ『顔のない眼』、ピエール・ブラッスール、アリダ・ヴァリ。
1961年：イエジー・カワレロウィッチ『尼僧ヨアンナ』（ルーダンの悪魔憑きの事件を、18世紀ポーランドの尼僧院に移し換えた作品）。
1961年：テレンス・フィッシャー『吸血狼男』、オリヴァー・リード（非常に豊穣なテーマ。ジョー・ダンテ『ハウリング』（1980年）、ジョン・ランディス『狼男アメリカン』（1981年）、ダニエル・アティア『青い恐怖』（1985年）、マイク・ニコルズ『ウルフ』（1994年）、アンソニー・ウォラー『ファングルフ　月と心臓』（1998年））。
1961年：ロバート・ワイズ、ジェローム・ロビンス『ウエスト・サイド物語』、ナタリー・ウッド（「ロメオとジュリエット」の悲劇を、アメリカの舞台に移し換えたミュージカルの大作）。
1962年：ルイス・ブニュエル『皆殺しの天使』。
1962年：ロバート・ハンプトン（リカルド・フレダの偽名）『ヒッチコック博

1948年：イングマール・ベルイマン『牢獄』。
1949年：ルネ・クレール『悪魔の美しさ』、ジェラール・フィリップ、ミシェル・シモン。
1949年：ラオール・ウォルシュ『白熱』、ジェームズ・キャグニー。
1951年：ブレテイン・ウィンダスト（ラオール・ウォルシュの偽名）『脅迫者』、ハンフリー・ボガート。
1951年：アルフレッド・ヒッチコック『見知らぬ乗客』、ファーリー・グレンジャー、ロバート・ウォーカー。
1951年：ロバート・ワイズ『地球の静止する日』。
1952年：ハリー・ホーナー『レッド・プラネット・マース』。
1953年：アンドレ・ド・トス『肉の蠟人形』（マイケル・カーティスの同名の映画（1933年）のリメイク版）。
1954年：アルフレッド・ヒッチコック『裏窓』、ジェームズ・スチュアート、グレース・ケリー。
1955年：ロバート・アルドリッチ『キッスで殺せ』。
1955年：ヴァル・ゲスト『原始人間』（「クオーターマス教授」シリーズの第一弾で、ハマー・プロが制作。ナイジェル・ニールの原作によるテレビドラマ（1979年まで続く）を映画化したもの。映画で最もできのよいものの一つは、ロイ・ベイカー『クオーターマスとピット』（1967年））。
1955年：アンリ・ジョルジュ・クルーゾー『悪魔のような女』、シモーヌ・シニョレ、ヴェラ・クルーゾー、ポール・ムーリス（リメイク版：ジェレマイア・チェチック『悪魔のような女』（1996年）、シャロン・ストーン、イザベル・アジャーニ）。
1955年：カール＝テオドール・ドライエル『奇跡』。
1955年：ジャック・アーノルド『タランチュラ』。
1955年：ロジャー・コーマン『原子怪獣と裸女』。
1956年：テリー・モース『ゴジラ』（1954年、本多猪四郎の『ゴジラ』に着想を得ている。なお、この作品は日本で数々の続編を生んでいる）。
1956年：ドン・シーゲル『ボディ・スナッチャー／恐怖の街』、ケヴィン・マッカーシー、ダナ・ウィンター（リメイク版：フィリップ・カウフマン『SF／ボディ・スナッチャー』（1978年））。
1956年：イングマール・ベルイマン『第七の封印』、マックス・フォン・シドー。
1956年：リカルド・フレダ『バンパイヤ』、ジアナ・マリア・カナレ。
1957年：アルフレッド・ヒッチコック『間違えられた男』、ヘンリー・フォンダ、ヴェラ・マイルズ。
1958年：テレンス・フィッシャー『吸血鬼ドラキュラ』、クリストファー・リー、ピーター・カッシング（イギリスのハマー・プロがとばした大ヒット作で、その後イタリアを中心に多くの模倣作品が続出する）。
1958年：ジャック・ターナー『夜のデーモン』。

ダー『キャット・ピープル』(1982年))。

1942年：ルネ・クレール『奥様は魔女』、ヴェロニカ・レイク、フレデリック・マーチ。

1942年：モーリス・トゥルヌール『悪魔の手（半生の悪魔)』、ピエール・フレネー。

1942年：マルセル・カルネ『悪魔が夜来る』、アルレッティ、ジュール・ベリー、アラン・キュニー。

1943年：エルンスト・ルビッチ『天国は待ってくれる』、ジーン・ティアニー。

1943年：アンリ＝ジョルジュ・クルーゾー『密告』、ピエール・フレネー、ジネット・ルクレール。

1943年：カール＝テオドール・ドライエル『怒りの日《ディーエス・イーラエ》』。

1943年：ジャック・ターナー『レオパード・マン』(プロデュースはヴァル・リュートン)。

1943年：アルフレッド・ヒッチコック『疑惑の影』、ジョゼフ・コットン。

1943年：マーク・ロブスン『第7の犠牲者』(プロデュースはヴァル・リュートン、ニューヨークのあるセクトの話)。

1943年：ジャック・ターナー『ブードゥリアン』(プロデュースはヴァル・リュートン)。

1944年：アール・C・ケントン『フランケンシュタインの家』、ロン・チャニー。

1944年：ロバート・ワイズ、ガンザー・V・フリッチ『キャット・ピープルの呪い』(プロデュースはヴァル・リュートン)、シモーヌ・シモン。

1945年：アルベルト・カバルカンティ、チャールズ・クライトン、アジル・ディアデン、ロバート・ハマー『夢の中の恐怖』(5つの幻想物語のアンソロジー)。

1945年：ジャン・コクトー『美女と野獣』、ジャン・マレー、ジョゼット・デイ。

1945年：マックス・ノセック『デリンジャー』(1973年、1991年にリメイク版)。

1945年：マーク・ロブスン『吸血鬼ボボラカ』、ボリス・カーロフ。

1945年：アルフレッド・ヒッチコック『白い恐怖』、イングリッド・バーグマン、グレゴリー・ペック。

1945年：ロバート・ワイズ『死体を売る男（ボディ・スナッチャー)』、ボリス・カーロフ、ベラ・ルゴシ。

1947年：ジョゼフ・L・マンキーウィッツ『幽霊と未亡人』、ジーン・ティアニー。

1947年：ロバート・ワイズ『ボーン・トゥ・キル』。

1947年：アンリ・ジョルジュ・クルーゾー『犯罪河岸』、ルイ・ジュヴェ。

1947年：ラオール・ウォルシュ『追跡』、ロバート・ミッチャム。

1948年：ロバート・ワイズ『月下の銃声』、ロバート・ミッチャム。

は20を超える。中でも、テレンス・フィッシャー『ファラオの呪い』（1959年、ピーター・カッシング）が出色。さらに1999年にはスティーヴン・ソマーズがリメイク版を作成している。このテーマは、ジョルジュ・メリエスの『クレオパトラ』（1899年）に遡るもの）。

1932年：ハワード・ホークス『暗黒街の顔役（スカーフェイス）』、ポール・ムニ（リメイク版：ブライアン・デ・パルマ『スカーフェイス』（1983年）、アル・パチーノ、ミッシェル・ファイファー）。

1932年：カール＝テオドール・ドライエル『吸血鬼（ヴァンピール）』、ジュリアン・ウエスト、シビル・シュミッツ（なお、シュミッツの人生に発想を得た作品として、ライナー・ヴェルナー・ファスビンダー『ベロニカ・フォスのあこがれ』（1982年）を挙げることができる）。

1933年：ジェームズ・ホエール『透明人間』。

1933年：アール・C・ケントン『ドクター・モローの島（獣人島）』、チャールズ・ロートン、ベラ・ルゴシ（リメイク版：ドン・テイラー『ドクター・モローの島』（1977年）、バート・ランカスター）。

1933年：アーネスト・B・シュードサック、メリアン・C・クーパー『キングコング』、フェイ・レイ（リメイク版：ジョン・ギラーミン『キングコング』（1976年））。

1933年：フリッツ・ラング『怪人マブゼ博士』（トーキー）。

1935年：トッド・ブラウニング『バンパイヤの印』、リオネル・バリモア、ベラ・ルゴシ。

1935年：アルフレッド・ヒッチコック『三十九夜』、マデリーン・キャロル、ロバート・ドーナット。

1936年：トッド・ブラウニング『悪魔の人形』、リオネル・バリモア、モーリーン・オスーリヴァン。

1937年：アルフレッド・ヒッチコック『第３逃亡者』、ノヴァ・ピルビーム、デリック・ド・マーニー。

1938年：アルフレッド・ヒッチコック『バルカン超特急』。

1939年：マルセル・カルネ『陽は昇る』、ジャン・ギャバン。

1940年：アルフレッド・ヒッチコック『レベッカ』、ローレンス・オリヴィエ、ジョーン・フォンテーン。

1941年：ヴィクター・フレミング『ジキル博士とハイド氏』、スペンサー・トレーシー、イングリッド・バーグマン。

1941年：ジョン・ヒューストン『マルタの鷹』、ハンフリー・ボガート、メアリー・アスター。

1941年：ジョージ・ワグナー『狼男』。

1941年：アルフレッド・ヒッチコック『断崖』、ケーリー・グラント、ジョーン・フォンテーン。

1942年：ジャック・トゥルヌール『キャット・ピープル』（プロデュースはヴァル・リュートン）、シモーヌ・シモン（リメイク版：ポール・シュレー

1926年：フリードリッヒ・ヴィルヘルム・ムルナウ『ファウスト』。
1927年：トッド・ブラウニング『真夜中のロンドン』、ロン・チャニー。
1927年：ヘンリック・ガレーン『アルラウネ』、ブリジット・ヘルム、パウル・ヴェグナー（娼婦と絞首刑に処せられた男の精子から生まれた、邪悪なファム・ファタル〔男を破滅に追い込む妖婦〕を提示している）。
1927年：フリッツ・ラング『メトロポリス』。
1927年：ジョゼフ・フォン・スタンバーグ『暗黒街』、ジョージ・バンクロフト。
1928年：ジャン・エプスタン『アッシャー家の末裔』。
1928年：カール＝テオドール・ドライエル『ジャンヌ・ダルクの受難』、ルネ・ファルコネッティ。
1928年：フリードリッヒ・ヴィルヘルム・ムルナウ『４人の悪魔』（ロベルト・ディヌセン『４人の悪魔』（1911年）のリメイク版）。
1928年：ジョゼフ・フォン・スタンバーグ『ドラグネット』。
1929年：アルフレッド・ヒッチコック『ヒッチコックの恐喝《ゆすり》』、アニー・オンドラ。
1929年：ゲオルグ・ヴィルヘルム・パプスト『パンドラの箱』（『ルル』）、ルイズ・ブルックス。
1929年：ベンジャミン・クリステンセン『サタンの７つの足跡』。
1930年：ジョゼフ・フォン・スタンバーグ『嘆きの天使』、マレーネ・ディートリッヒ、エミール・ヤニングス。
1930年：アベル・ガンス『終末』。
1930年：マーヴィン・ルロイ『小さな皇帝』〔邦題は『犯罪王リコ』〕、エドワード・G・ロビンソン。
1931年：ルーベン・マムーリアン『ジキル博士とハイド氏』、フレデリック・マーチ。
1931年：トッド・ブラウニング『魔神ドラキュラ』、ベラ・ルゴシ（リメイク版は数多ある。テレンス・フィッシャー『ドラキュラ』（1958年、クリストファー・リー、ピーター・カッシング）もその一つである）。
1931年：ウイリアム・ウエルマン『民衆の敵』、ジェームズ・キャグニー。
1931年：ジェームズ・ホエール『フランケンシュタイン』、ボリス・カーロフ（続編に、ジェームズ・ホエール『フランケンシュタインの花嫁』（1935年）がある。その他にもリメイクや続編は数多存在している。『フランケンシュタインとルー・ガルー』（1943年）や、テレンス・フィッシャー『フランケンシュタイン　地獄の怪物』（1973年）等々）。
1931年：フリッツ・ラング『M』、ピーター・ローレ。
1932年：アーネスト・B・シュードサック、メリアン・C・クーパー『ザロフ伯爵の狩り』、レスリー・バンクス。
1932年：トッド・ブラウニング『怪物団（フリークス）』。
1932年：カール・フロイント『ミイラ再生』、ボリス・カーロフ（リメイク版

悪魔に纏わる映画、ホラー映画、暗黒映画（フィルム・ノアール）のリスト

（年代順に選別したもの）

〔映画のタイトルの後の人名は、主演した俳優名〕

1896年：ジョルジュ・メリエス『悪魔の館』（吸血鬼を扱った映画のハシリで、1957年から1970年にかけ何十人もの監督が手掛けることになる、豊穣なジャンルを打ち立てた作品。先の期間には1年にほぼ6作のテンポで作品が撮られている）。

1906年：ジョルジュ・メリエス『悪魔による四百の笑劇』。

1913年：ステラン・リュエ『プラハの大学生』（リメイク版：1926年、ヘンリック・ガレーン『プラハの大学生』、コンラド・ヴァイト）。

1914年：パウル・ヴェグナー『ゴーレム』、パウル・ヴェグナー。

1915～1916年：ルイ・フイヤード『吸血鬼』、ムズィドラ。

1920年：ローベルト・ヴィーネ『カリガリ博士』。

1920年：ジョン＝ステュアート・ロバートソン『ジキル博士とハイド氏』（『狂える悪魔』）、ジョン・バリモア（1913年および1920年には、翻案した作品が他にも登場している）。

1920年：パウル・ヴェグナー『巨人ゴーレム』、パウル・ヴェグナー。

1921年：ヴィクトール・シェーストレーム『幽霊の荷馬車』（リメイク版：1939年、ジュリアン・デュヴィヴィエ『幽霊の荷馬車』、ピエール・フレネー、ルイ・ジュヴェ）。

1921年：カール＝テオドール・ドライエル『サタンの刃』。

1921年：ベンジャミン・クリステンセン『魔女狩りの時代』。

1922年：フリッツ・ラング『ドクトル・マブゼ』（『賭博者ドクトル・マブゼ』）。

1922年：フリードリッヒ・ヴィルヘルム・ムルナウ『ノスフェラトゥ、あるいは恐怖の交響曲』、マックス・シュレック。

1924年：パウル・レニ『蠟人形の陳列室』。

1924年：ローベルト・ヴィーネ『オルラックの手』、コンラド・ヴァイト（リメイク版：1935年、カール・フロイント『マッド・ラブ』、ピーター・ローレ；1961年、エドモン・T・グレヴィル『オルラックの手』、メル・フェラー、ダニー・キャレル、クリストファー・リー）。

1925年：スコット・ペンブローク『ピックル博士とプライド氏』、スタン・ローレル。

1925年：ルパート・ジュリアン『オペラ座の怪人』、ロン・チャニー。

わ行

ら行

や行

ま行

な行

は行

た行

さ行

か行

索　　引

（人名・作品名）

あ行

［訳者略歴］

平野隆文（ひらの　たかふみ）

1961年生まれ。東京大学大学院博士課程修了。

青山学院大学助教授。

専門：フランス・ルネサンス文学・思想。

［主要著訳書］

A. フィエロ『パリ歴史事典』（共訳）

R. シャルティエ／G. カヴァッロ編『読むことの歴史』（共訳）

G. ミノワ『未来の歴史』（共訳）

A. カバンドゥ『冒瀆の歴史』

朝比奈・横山編『はじめて学ぶフランス文学』（共著）

悪魔《あくま》の歴史《れきし》 12《じゅうに》 ～ 20 世紀《にじゅっせいき》――西欧文明に見る闇の力学

NDC 191　566p　天地22cm

初版第１刷発行――2003年５月20日

訳者――平野隆文《ひらのたかふみ》

発行者――鈴木一行

発行所――株式会社大修館書店

〒101-8466 東京都千代田区神田錦町３-24

電話 03-3295-6231 販売部/03-3294-2355編集部

振替 00190-7-40504

［出版情報］ http://www.taishukan.co.jp

装丁者――下川雅敏

印刷所――三松堂印刷

製本所――三水舎

ISBN4-469-25071-6　Printed in Japan

読むことの歴史——ヨーロッパ読書史

R・シャルティエ、G・カヴァッロ編、田村毅ほか訳
A5判・六五〇頁　本体六、〇〇〇円

黙読はいつから始まり、文化にどのような影響を与えたか。区切りのない文章を人はどのように読み取ったか…古代ギリシアから現代まで、西欧文化の根幹をなした読書行為と時代との相互関係を明らかにした初の試み。

天国の歴史

コリーン・マクダネル、バーンハード・ラング著　大熊昭信訳
A5判・七三八頁　本体五、五〇〇円

時代時代によって人々は死後の世界、つまり天国をどのように想像してきたのであろうか？天上のイメージを中心にした西欧文化史話。

西欧絵画に見る天国と地獄

ロバート・ヒューズ著　山下圭一郎訳
菊判・三二二頁　本体三、〇〇〇円

西欧絵画では、一五〇〇年もの間、天国と地獄とが最も重要なテーマだった。本書は、時代を追って天国と地獄がどう描かれたかを実証的に探究する。

キリスト教美術シンボル事典

ジェニファー・スピーク著　中山理訳

菊判・二九八頁　本体四、三〇〇円

聖母子像にはなぜザクロが描かれるのか？　聖ゲオロギウスが竜を殺すのはなぜか？…など、西欧・東欧の美術を読み解くには、古代から国際共通語のように通用したキリスト教美術シンボリズムの謎を知らねばならない。東方正教会とカトリック教会の両面から、多くの図版を使い平易に解説。旅行者がステンドグラスの絵解きをするヒントともなろう。

世界神話大事典

イヴ・ボンヌフォワ編　金光仁三郎ほか訳

B５判・函入・一、四一〇頁　本体二一、〇〇〇円

人類の活動を把握するには神話や宗教の理解が不可欠で、文明、言語、社会構造への配慮も必要だ。フランスの神話研究は、レヴィ＝ストロース、デュメジルらの巨星を生んだが、本事典はその伝統を継ぎ、世界各地の神話を網羅し、地域固有の神話や人類普遍的神話構造を探究した。邦訳にあたり、全巻を地域別・時代別に編集しなおした。図版七〇〇余点。